경제편

재정·금융정책(1)

대한제국기 일제의 재정 및 금융 침탈

경제편

일제침탈사
자료총서 40

재정·금융정책(1)

-대한제국기 일제의 재정 및 금융 침탈

동북아역사재단 일제침탈사 편찬위원회 기획
김명수·조명근 편역

동북아역사재단
NORTHEAST ASIAN HISTORY FOUNDATION

| 발간사

일본이 한국을 침탈한 지 100년이 지나고 한국이 일본의 지배로부터 벗어난 지 70년이 넘었건만, 식민 지배에 대한 청산은 이루어지지 못하고 있다. 일본의 독도영유권 주장은 도를 넘어섰다. 일본은 일본군'위안부', 강제동원 등 인적 수탈의 강제성도 인정하지 않고 있다. 일본군'위안부'와 강제동원의 피해를 해결하는 방안을 놓고 한·일 간의 갈등은 최고조에 이르고 있다. 역사문제를 벗어나 무역분쟁, 안보위기 등 현실문제가 위기국면을 맞고 있다.

한·일 간의 갈등은 식민 지배의 역사를 어떻게 볼 것인가 하는 역사인식에서 기인한다. 역사는 현재와 과거의 대화이며 이를 기반으로 미래로 나아갈 수 있다. 과거 침략의 역사를 미화하면서 평화로운 미래를 말하는 것은 불가능하다. 식민 지배와 전쟁발발의 책임을 인정하지 않고 반성하지 않으면 다시 군국주의가 부활할 수 있고 전쟁이 일어날 위험성도 배제할 수 없다. 미래지향적 한일관계를 형성하고 나아가 동아시아의 평화와 번영의 기틀을 조성하기 위해 일본은 식민 지배의 책임을 인정하고 그 청산을 위해 노력해야 할 것이다.

식민 지배의 역사를 청산하기 위해서는 식민 지배는 어떻게 이루어졌는지 그 실상을 명확하게 규명하는 일이 긴요하다. 그동안 일본제국주의에 맞서 조국의 독립을 위해 헌신한 독립운동가들의 활동을 찾아내고 역사적으로 평가하는 일에는 상당한 성과를 거두었다. 반면 일제 식민침탈의 구체적인 실상을 규명하는 일에는 충분한 노력을 기울이지 못했다. 제국주의가 식민지를 침탈했다는 것은 너무나 당연한 사실로 여겨졌기 때문에, 굳이 식민 지배에서 비롯된 수탈과 억압, 인권유린을 낱낱이 확인할 필요가 없었는지도 모른다. 그러는 사이 일본은 식민 지배가 오히려 한국에 은혜를 베푼 것이라고 미화하고, 참혹한 인권유린을 부인하는 역사부정의 인식을 보이는 데까지 이르고 있다. 일제의 통치와 침탈, 그리고 그 피해를 종합적으로 조사하고 편찬할 필요성이 여기에 있다.

일제침탈사를 체계적으로 정리하는 일은 개인이 감당하기 어렵다. 이에 우리 재단은 한국학계의 힘을 모아 일제침탈사 편찬위원회를 꾸렸다. 편찬위원회가 중심이 되어 일제의 식민지 침탈사를 정치·경제·사회·문화 모든 방면에 걸쳐 체계적으로 집대성하기로 했다. 일제 식민침탈의 실체를 파악하기 위해 2020년부터 세 가지 방면으로 사업을 추진하고 있다. 하나는 일제침탈의 실상을 구체적이고 생생한 자료를 통해서 제공하는 일로서 〈일제침탈사 자료총서〉로 편찬한다. 다른 하나는 이들 자료들을 바탕으로 연구한 결과물을 〈일제침탈사 연구총서〉로 간행한다. 그리고 연구의 결과를 대중들이 이해하기 쉽게 〈일제침탈사 교양총서〉를 바로알기 시리즈로 간행한다. 자료총서 100권, 연구총서 50권, 교양총서 70권을 기본목표로 삼아 진행하고 있다.

〈일제침탈사 자료총서〉에서는 정치·경제·사회·문화 모든 방면에 걸쳐 침탈의 역사를 자료적 차원에서 종합했다. 침략과 수탈의 역사를 또렷하게 직시할 수 있도록 생생한 자료를 제공하는데 목표를 두었다. 그동안 관련 자료집도 여러 방면에서 편찬되었지만 원자료를 그대로 간행한 경우가 많았다. 이번에 발간되는 자료총서는 해당 주제에 대한 침탈의 실상을 체계적으로 이해할 수 있는 구성방식을 취했으며, 지배자의 언어로 기록되어 있는 자료들을 독자들이 쉽게 읽을 수 있도록 모두 번역했다. 자료총서를 통해 일제 식민 지배의 실체와 침탈의 실상을 있는 그대로 이해할 수 있게 되기를 기대한다.

2022년

동북아역사재단 이사장

| 편찬사

1945년 한국이 일제 지배로부터 해방된 지 77년의 세월이 지났다. 그럼에도 불구하고 일본 사회 일각에서는 여전히 일제의 한국 지배를 합리화하고 미화하는 주장이 나오고 있으며, 최근에는 한국 사회 일각에서도 일제 지배를 왜곡하고 옹호하는 주장이 나오고 있다. 이는 한국과 일본 사회, 한일 관계와 동아시아 국제관계의 미래를 위해서도 결코 바람직하지 않은 일이다.

이에 동북아역사재단은 일제의 한국 침략과 식민 지배에 대한 학계의 연구 성과를 총정리한 〈일제침탈사 연구총서〉를 발간하기로 하였다. 이에 따라 2019년 9월 학계의 전문가를 중심으로 편찬위원회를 구성하였으며, 편찬위원회는 학계의 연구 성과를 토대로 정치·경제·사회·문화 부문에서 일제의 침탈이 어떻게 이루어졌는지 정리하여 연구총서 50권을 발간하기로 하였다.

주지하듯이 1905년 일제는 러일전쟁에서 승리한 뒤, 한국에 군대를 주둔시키면서 한국의 외교권을 빼앗고 통감부를 두어 내정에 간섭하였다. 1910년 일제는 군사력으로 한국 정부를 강압하여 마침내 한국을 강제병합하였다. 이후 35년간 한국은 일제의 식민 통치를 받았다.

일제는 한국의 영토와 주권을 침탈하였을 뿐만 아니라, 군사력과 경찰력으로 한국을 지배하면서, 정치·경제·사회·문화의 모든 부문에서 한국인의 권리와 자유, 기회와 이익을 박탈하거나 제한하였다. 정치적으로는 군사력과 경찰력, 각종 악법을 동원하여 독립운동을 탄압하고, 한국인의 정치활동을 억압하고 참정권을 박탈하였으며, 집회와 결사의 자유를 억압하였다. 경제적으로는 일본자본이 경제의 주도권을 장악하고, 일본인 위주의 경제정책을 수행했으며, 식량과 공업원료, 지하자원 등을 헐값으로 빼앗아 갔고, 농민과 노동자 등 대다수 한국인의 경제생활을 어렵게 하였다. 사회적으로는 한국인들을 차별적으로 대우하고, 한국인의 교육의 기회를 제한하고, 한국인으로서의 정체성을 박탈하여 결국은 일본의 2등 국민으로 만들고자 하였다. 문화적으로는 표현과 창작의 자유, 종교와 사상의 자유를 억압하고,

한글 대신 일본어를 주로 가르치고, 언론과 대중문화를 통제하였다. 중일전쟁, 아시아태평양전쟁을 도발한 뒤에는 인적·물적 자원을 전쟁에 강제동원하고, 많은 이들을 전장에 징집하여 생명까지 희생시켰다.

〈일제침탈사 연구총서〉는 침탈, 억압, 차별, 동화, 수탈, 통제, 동원 등의 단어로 요약되는 일제의 침략과 식민 지배의 실상과 그 기제를 명확히 밝히고자 하였다. 이를 통해 일제의 강제병합을 정당화하거나 식민 지배를 미화하는 논리들을 비판 극복하고, 더 나아가 일제 식민 지배의 특성이 무엇이었는지, 식민 통치의 부정적 유산이 해방 이후에 어떤 영향을 미쳤는지를 밝히고자 하였다.

편찬위원회는 연구총서와 함께 침탈사와 관련된 중요한 주제들에 관하여 각종 법령과 신문·잡지 기사 등 자료들을 정리하여 〈일제침탈사 자료총서〉도 발간하기로 하였다. 아울러 일반인과 학생들이 보다 쉽게 읽을 수 있는 〈일제침탈사 교양총서〉를 바로알기 시리즈로 발간하기로 하였다.

일제의 한국 침략과 식민 지배의 역사는 광복 후 서둘러 정리해냈어야 했지만, 학계의 연구가 미흡하여 엄두를 내기 어려웠다. 이제 학계의 연구가 어느 정도 축적되어 광복 80주년을 맞기 전에 이와 같은 작업을 할 수 있게 된 것을 다행으로 생각한다. 한일 양국 국민이 과거사에 대한 올바른 역사인식을 갖고 성찰을 통해 미래를 향해 함께 나아갈 수 있기를 기대하면서 삼가 이 책들을 펴낸다.

2022년

동북아역사재단 일제침탈사 편찬위원회

| 차례

| 일러두기

1. 국한문 혼용 자료는 현대어로 바꾸되 최대한 원문을 훼손하지 않는 방향으로 정리하였다. 내용 이해에 큰 문제가 없을 경우 한자어를 그대로 두었고, 현재 사용하지 않는 용어의 경우 현대어로 바꾼 후 괄호 안에 한자를 써주거나 내용이 길면 주석으로 설명했다. 한문 번역에 가까운 경우, 한문 부분의 해석을 해주고 괄호로 해당 한문 문구를 넣었다. 어려운 한자어는 각주로 설명했다.
2. 모든 사료는 현대어로 번역하거나 풀어쓰는 것을 원칙으로 했다. 단 인명, 지명 등의 고유명사나 특정 한자어 등 원 상태로만 의미가 분명하게 전달되는 단어는 한자나 원어를 괄호 속에 병기하였다. 풀어 쓴 단어, 외국인명의 원음 표기 등의 경우에도 괄호로써 병기하였다.
3. 각 장과 절의 서두에 배치된 해제에서는 시대적 배경과 사료의 역사적 의미를 서술하였다.
4. 원 자료에 각주가 있는 경우 각주에 '*원저주'로 표기하였다. 편자의 각주는 일반 각주 처리를 하였다. 원 자료에 있는 '중략'은 '중략-원문', 편자가 중략한 경우 '중략-편자' 등으로 기재하여 구분하였다.
5. 원문이 보이지 않는 경우에 '■■'로 입력했다. '…' 등으로 입력한 것은 원문 그대로 입력한 것이다.

| 편역자 서문

이 책은 일제의 한국 침탈사 중 재정 및 금융에 초점을 맞추어 주요 자료들을 선별해 편역한 것이다. 총 3개년에 걸친 기획 중 첫 번째로 출판되는 이 책은 대한제국기만을 대상으로 했고, 일제강점기는 1910년부터 1930년대 중반까지의 시기와 중일전쟁 전후부터 일제가 패망할 때까지의 두 시기로 나누어 향후 계속 발간할 예정이다.

주지하듯 자본주의 경제체제에서 금융이라는 것은 흔히 인간의 몸속에 흐르는 혈액에 비유된다. 적당량의 혈액이 몸에서 만들어지고, 만들어진 혈액이 온몸에 잘 전달되어 산소를 공급해야만 건강이 유지된다. 그렇다면 심장은 금융기관에 해당한다. 피가 심장으로 들어와 폐를 거쳐 산소를 공급받고, 심장의 펌프작용을 통해 산소와 함께 영양분이 몸 곳곳으로 전달되는 것이다. 따라서 자본주의 경제체제의 형성은 금융제도 및 금융기관의 형성으로부터 시작된다. 일본제국주의가 한국 경제를 식민지적으로 재편하려 할 때 가장 많은 신경을 쓴 부분도 '한국의 재래 금융 강제 개편'과 '자국 금융제도에 종속된 금융제도의 이식'이었다.

> "수형조합이라는 것은 1905년에 제정된 약속수형조례 및 수형조합조례에 기초하여 만들어진 것으로, 과거에 조선 상인들 사이에 이용된 어음표(於音票, 어음표는 그 성질 지참인불 약속수형의 일종으로 불수인(拂受人) 발급인이 서로 양단한 수형의 한쪽 편을 소유하여 나중에 이를 맞춰본 뒤 채무 변제를 하는 것을 신용 있는 발급인의 수형은 마치 지폐와 같이 전전(輾轉) 유통하였고, 또한 금액에서도 한 장으로 수만 원에 달하는 것이 있었고, 형식이 매우 불완전했음에도 불구하고 비교적 수수(授受)의 무역으로써 유통이 원활한 것은 놀랄 만한 것이었다)의 유통이 오랜 인습(因襲)으로 폐해를 낳았고, 건전한 금융 발달을 저해하는 것이 매우 심했다."[1](강조점은 인용자)

---

1 『조선식산은행십년사』, 1928년, 9~10쪽.

위의 인용문에서 알 수 있듯이 근대적 금융제도가 계통적으로 확립된 일본의 입장에서 보면 찢어진 종이를 서로 맞대어 확인하고 어음을 유통시키는 한국의 재래 금융이 다소 어색하게 보였겠지만 한국의 금융제도는 원활하게 작동하고 있었다. 자신들이 보기에는 오래된 인습이었을지 모르나 나름의 합리성을 가지고 신용에 입각한 거래가 이루어지고 있었는데, 이를 강제로 재편하여 자신들의 금융체계에 종속시키려 했음을 알 수 있다.

그 시작이 1878년 일본 제일(국립)은행 부산지점 설치이다. 1876년 강제 개항 이후 확대되던 한일 무역을 조장하고, 한국 재류 일본 상인들의 금융을 돕기 위한 것이었지만, 나중에는 한국에서 채굴된 지금을 사들여 일본에 납품함으로써 일본의 금본위제 실시를 돕는 중요한 임무를 수행하였다. 이러한 임무 수행은 제일은행의 위기를 극복할 수 있는 계기를 마련해 주었다. 이는 제일은행장 시부사와 에이이치(澁澤榮一) 이후 한국 금융의 식민지적 재편에 적극 관여하게 된, 말하자면 국익에 사익을 일치시켜 추구한 전형적인 사례였다.[2] 이후 제일은행이 해관세를 취급하며 해관세 납부에 어음을 발행하였고, 뒤에 제일은행권을 발행하여 법화로 강제 유통시켰으며, 한국에서의 경제적 이권을 노리고 각종 차관을 제공함으로써 실질적으로 한국 중앙은행 역할을 하게 된다. 이러한 일련의 과정은 일본의 한국 식민지화 과정과 정확히 일치한다.

1904년 2월 러일전쟁의 발발과 함께 한국에 대한 지배권을 공고히 해가던 일제가 동년 10월 재정고문 메가타 다네타로(目賀田種太郎)를 영입하여 화폐정리사업이나 재정정리사업을 전개한 것은 한국의 재정과 금융을 장악하고 일본에 종속시키려는 의도였다. 그 과정에서 혼란을 겪는 한국 상인들을 돕고, 화폐정리사업으로 발생한 금융 경색을 타개한다는 명분으로 설립한 각종 금융기구는 한국 금융의 식민지화를 가속하였다. 일본과 유사한 화폐제도 성립, 한성공동창고주식회사 설립, 한성수형조합 조직, 농공은행 설립, 한국인 경영 은행에 대한 원조와 경영 간섭, 중앙은행으로서의 한국은행(1911년부터 조선은행으로 개칭) 설립으로 이어지는 과정에서 한국인은 자본 동원 대상이 되거나, 한국인들을 대상으로 한 은행 경영을 위한 구색 맞추기에 동원되는 정도에 그쳤다. 일본에 종속된 화폐금융제도 수립이 이루어진 것이다.

---

2 島田昌和, 2007,『澁澤榮一の企業者活動の研究: 戰前期企業システムの創出と出資者經營者の役割』, 제10장, 日本經濟評論社.

이 책에서는 각종 금융기관의 설립 과정과 그 활동상을 잘 보여줄 수 있는 자료들을 모아 총 4장으로 구성하였다. 제Ⅰ장에서는 1878년에 제일(국립)은행이 부산에 지점을 설치한 이후 1908년까지 30년 동안 한국에서 활동한 모든 내용을 『한국에 있어서 제일은행』(1908)을 통해 검토하였다. 제일은행이 30년 동안 해관세 취급, 화폐정리사업, 제일은행권 유통, 한국 국고금 취급, 한국 중앙은행의 역할 등을 어떻게 획득하고 전개했는지 그 의도와 함께 과정을 상세하게 정리하여 일제가 한국 금융을 어떻게 장악해 갔는지를 알 수 있게 했다.

제Ⅱ장에서는 재정고문으로서 화폐정리사업과 재정정리사업을 주도한 메가타의 전기 『남작 메가타 다네타로』(1938)의 제8장 「한국 재정고문 시대」를 완역해 수록하였다. 여기에는 1904년 9월 30일 인천으로 입국하여 10월 14일 고용계약을 체결한 이후 1907년 11월 7일 서울을 떠날 때까지 만 3년이 넘는 기간 동안에 이루어졌던 메가타의 행적을 정리해 놓았다. '그들'의 시각으로 '공적' 형태로 정리했지만, 비판적으로 읽다 보면 새로운 사실과 얼마나 꼼꼼하고 집요하게 한국을 식민지로 만들고자 했는지 알게 될 것이다.

제Ⅲ장에서는 대한제국기에 설립되거나, 설립하려 했지만 일제의 방해로 설립이 좌절된 금융기관들에 대한 자료를 수록하였다. 대한제국은 1901년 화폐조례를 공포하여 금본위제 실시를 공식 선언한 이후 정화 준비와 중앙은행 설립을 통해 근대적인 금융제도를 확립하고자 노력하였다. 해관세를 담보로 하여 차관을 도입해 정화를 확보하고자 했고, 1903년에는 중앙은행을 설립하여 태환은행권을 발행하고자 했다. 그러나 러일전쟁 발발과 메가타에 의한 화폐정리사업 실시로 최종 좌절되었는데, 이와 관련한 자료들을 정리해 놓았다. 또한 통감부기 한국 중앙은행 설립 문서들도 번역해 수록하였다. 일제도 일개 사립은행에 불과한 제일은행이 한국의 중앙은행으로 기능한다는 것이 부자연스러웠을 것이다. 러일전쟁의 승리로 한국에 대한 지배권을 승인받은 일제는 실질적 식민지로 전락한 조선을 통치하기 위해 보다 근본적인 재정 및 금융제도 수립이 필요했다. 그 결과가 1909년 한국은행 설립이었다. 여기서는 한국통감부와 대장성에서 검토한 한국은행 설립 관계 자료들을 모아 한국은행이 식민지 중앙은행으로서 설립되는 일련의 과정을 직접 자료를 통해 검토할 수 있도록 했다.

제Ⅳ장에서는 일본의 금융 침탈에 대해 당시 한국에 있던 일본인들이 어떤 반응을 보이고, 어떻게 대응했는지 신문기사를 통해 살펴보았다. 자료로 활용된 신문은 대부분 《한성신보》

로, 《한성신보》 기사를 통해 당시 재조 일본인의 여론을 확인할 수 있다. 예컨대 대한제국의 중앙은행 설립 움직임을 주도한 것이 이용익이라 보고 집중적으로 그에 대한 비난 기사를 실었다. 1902년도 사설에서는 이용익의 무리한 재정 계획 및 그에 대한 일부의 비난을 통해 '역적'이라고 규정하는 등 적대감을 고스란히 드러냈다. 그리고 1903년 들어서는 대한제국의 중앙은행 수립 및 은행권 발행 계획 소식을 계속 전하면서 그 실현 불가능성을 강조하였다. 이 외에도 본문에 수록한 많은 《한성신보》 기사는 이후에 전개된 일제의 반대 의견과 궤를 같이 한다. 사실상 일본 정부의 방침을 일본인 언론을 통해 전파한 것이라고 볼 수 있다.

『재정·금융정책(1)-대한제국기 일제의 재정 및 금융 침탈』은 대체로 일본어 자료가 많다. 특히 이 책에서 완역을 시도한 제Ⅰ장의 『한국에 있어서 제일은행』은 난해한 일본어 본문 때문에 그간 자료로 이용되지 못한 부분도 적지 않았다. 이에 최대한 원문대로 직역하되 독자들의 이해를 돕기 위해 때로는 의역으로 문맥을 최대한 살리고자 했다. 혹시 있을 수 있는 오역을 대비해 원문과 대조하기 쉽도록 페이지 번호도 삽입해 두었다. 제Ⅱ장의 『남작 메가타 다네타로』의 경우도 페이지 번호를 삽입해 두었다. 다만 본문을 읽는 데 도움이 되도록 뒷부분에 관련 자료를 덧붙여 두었는데, 대부분 대한제국기 법조문이어서 읽기에 다소 불편한 점이 있어 필요에 따라 현대문으로 바꾼 경우도 있다. 제Ⅲ장의 경우에는 다양한 자료를 모아 정리했기 때문에 페이지 번호를 따로 삽입하지 않았다. 제Ⅳ장에 제시된 《한성신보》 자료도 마찬가지다.

최근 축적된 연구성과로 대한제국기 및 일제강점기에 대한 다양한 평가가 이루어지고 있지만, 대체로 일제가 생산한 자료에 입각하고 있다는 한계가 지적되곤 한다. 이를 어떻게 극복할 것인가는 우리가 풀어야 할 숙제다. 이 책에 수록된 자료들 역시 대부분 '그들'이 생산한 것들로 당시의 한국을 식민지화하려던 '그들'의 과잉 의욕이 노골적으로 드러난 경우도 적지 않다. 대한제국기에 식민자들과 피식민자들 사이의 대립과 갈등이 식민지 제도 형성 과정에서 어떻게 '해소'되는지를 직접 검토할 수 있다면, 그간 힘들게 행간을 읽고자 했던 노력이 보상받게 될 것이다. 이 자료집이 그러한 노력에 조금이나마 도움이 되기 바란다.

편역자를 대표하여

김명수

전체 해제

이 책은 일제침탈사 자료총서 40권 경제편-재정·금융정책(1)으로 기획되었고, 제목은 『대한제국기 일제의 재정 및 금융 침탈』로 정하였다. 대한제국기 일제에 의한 금융 침탈 관련 내용이 주를 이루지만 메가타 다네타로(目賀田種太郎) 관련 내용에 조세제도와 같은 재정 관련 사항도 같이 수록하여 참고할 수 있게 했다.

이 책은 총 4장으로 구성되어 있다. 제Ⅰ장에서는 대한제국기 한국 금융의 식민지적 재편으로 볼 수 있는 1878년부터 1908년까지 30년 동안 한국에서 이루어진 제일은행(1873년 제일국립은행으로 설립되어 1896년 영업기간 만료와 함께 주식회사 제일은행으로 개조)의 활약상을 다루었다.

제Ⅱ장에서는 재정고문으로 부임하여 한국의 재정정리사업과 화폐정리사업을 주도한 메가타의 전기 중 제8장을 완역하였다. 메가타가 재정고문으로 재임하는 동안 한국의 재정과 금융은 급격한 변화를 경험하였고, 이 변화에 적응하지 못한 많은 한국 상인들이 몰락하였다. 메가타는 금융경색을 이유로 각종 금융기관을 설립하였으며, 재정 정리와 근대화라는 이름으로 조세제도 개혁 등 각종 재정제도 개혁을 추진하였다.

제Ⅲ장에서는 대한제국기에 이루어진 금융의 자주적 근대화 노력과 좌절을 담았다. 대한제국은 제일은행과 메가타를 필두로 한 재정 및 금융 침탈에 대항하여 중앙은행 설립, 금본위제를 실시하기 위한 정화 확보 차원에서 차관 도입 등 재정 및 금융 근대화를 시도했으나 일제의 방해로 좌절되고 말았다. 이러한 내용은 특히 아라이 겐타로(荒井賢太郎)가 탁지부 차관으로 부임한 1907년부터 한국은행이 설립되는 1909년까지의 각종 논의와 문건에 잘 드러난다. 한국은행을 설립했다는 것은 그간 제일은행이 담당하던 식민지 중앙은행의 필요성이 대두했으며, 이는 한국에 대한 식민통치체제가 확립되었음을 의미한다. 한국은행은 1911년 조선은행으로 개칭한 후 일제강점기 한국의 중앙은행으로 기능하게 된다.

제Ⅳ장에서는 일제가 행한 각종 재정 및 금융 침탈에 대해 당시 한국에 거주하던 일본인들이 어떻게 인식하고 대응했는지《한성신보》기사를 통해 검토할 수 있도록 했다. 이하는 각 장의 상세 내용을 간략히 정리한 것으로 해제를 대신하고자 한다.

Ⅰ. 대한제국기 한국 금융의 식민지적 재편

제일은행은 1878년 부산에 지점을 설치한 이후 일제의 한국 경제 침략을 선봉에서 지원하였다. 즉 일제의 군사력과 외교적 압력에 기대어 1905년에 제일은행권이라는 '일람불어음'을 발행하여 강제 통용시켰으며, 개항장의 해관세 취급과 국고금을 취급하는 금고 업무도 맡아 실질적인 중앙은행 역할을 담당했다. 이러한 역할은 1909년 한국은행이 설립될 때까지 계속되었다.

여기에 번역된 『한국에 있어서 제일은행(韓国に於ける第一銀行)』(1908)은 제일은행이 제일국립은행으로서 부산에 지점을 처음 설치한 1878년부터 1908년까지 30년 동안 한국에서 활동한 모든 행적이 담겨 있다. 말하자면 일제가 한국 금융을 어떻게 장악해 갔는지를 알 수 있는 중요한 자료다. 30년 동안 해관세 취급, 화폐정리사업, 제일은행권 유통, 한국 국고금 취급, 한국 중앙은행의 역할 등을 어떻게 획득하고 전개했는지 그 의도와 과정이 상세하게 정리되어 있다. 또한 제일은행과 일본 외무성 및 대장성이 얼마나 긴밀하게 협조하며 한국 금융과 재정을 장악해 갔는지가 양측의 왕복문서에 잘 나타나 있어 대한제국기 일제의 한국 침탈사를 연구하는 데 빼놓을 수 없는 사료와 정보로 꼽을 만하다. 실제로 제일은행 스스로 밝혔듯이 『한국에 있어서 제일은행』은 제일은행이 직접 생산한 기록과 문서를 토대로 재한국일본공사관 외교문서, 한국재정 정리보고, 한국총람, 대한법규유찬 등을 참조하여 작성되었다. 통계 부분은 『주식회사 제일은행 한국 각 지점 출장소 개업 이래 영업 상황』이라는 별책에 따로 정리하였다.

'1. 한국에 있어서 제일은행의 연혁'에서는 1878년 제일은행이 제일국립은행이었을 당시 부산에 지점을 두게 된 경위부터 각 지점들의 설립 경위, 그리고 한국에서 어떤 역할을 했는지 구체적으로 개괄하였다.

'2. 한국 해관세 취급'에서는 제일은행이 한국 해관세 사무 취급이라는 이권을 얻게 된 경위와 그 구체적인 방법, 그리고 그로 인해 제일은행이 얻게 되는 이익과 이를 지키기 위한 다양한 노력이 그들의 언어로 설명되어 있다. 조선은 1876년 강화도조약으로 일본에 의해 강제 개항을 당했지만, 두 차례의 아편전쟁과 난징조약, 그리고 일본의 미일화친조약과 미일수호통상조약에 의한 개항을 고려할 때 19세기 중반의 서세동점(西勢東漸)과 개항 및 통상 확대는 피할 수 없는 흐름이었다. 이때 수출입 증가와 함께 다양한 금융업무가 필요했는데, 이를 담당하는 것은 막대한 자금을 항상적으로 확보할 수 있는 엄청난 이권이었다. 우리의 경우 일본 제일은행이 이 업무를 담당했다.

'3. 한국 화폐 정리 전말'에서는 메가타 다네타로(目賀田種太郎) 일본 대장성 주세국장이 한국 정부의 재정고문에 임명된 후 주도한 화폐정리사업의 구체적인 내용이 상세하게 정리되어 있다. 여기에서는 1898년의 화폐조례에 의해 '각인부원은'이라는 일본의 1엔 은화가 본위화로 유통되게 된 경위, 1901년의 화폐조례 내용과 일본 화폐제도와의 관계 및 자국 화폐제도에 일치시키고자 했던 일본의 움직임, 1905년의 신화폐조례 내용과 오사카주조국에서 한국 화폐를 주조하게 된 경위와 내용이 소개되어 있다.

'4. 한국 정부 대상금'에서는 한국 정부의 차관 도입 시도를 일본이 어떻게 저지했는지, 그 과정에서 제일은행이 어떤 역할을 했는지, 그리고 실제 한국 정부가 제일은행으로부터 어떤 명목으로 얼마나 차입했는지에 대해 설명하고 있다. 당시 한국 정부는 해관세를 저당으로 차관 도입을 시도했는데, 해관세 취급을 담당하던 제일은행은 한국 정부의 차관 도입 시도가 자신들의 지위를 크게 위협할 수 있었기 때문에 일본 정부와 밀접히 연계하여 적극적으로 저지하고자 했다.

'5. 은행권 발행'에서는 소위 제일은행권이라 불린 일람불어음 발행 과정이 정리되어 있다. 제일은행권 발행은 1901년 10월 14일 대장대신에게 보낸 제안서를 시작으로 외무대신과 대장대신의 허가를 받아 동년 11월 5일 하야시 공사가 인천지점에 제일은행권 발행을 승인함으로써 본격화하였다. 이 장에서는 제일은행권 발행과 관련한 각종 규칙과 발행 상황, 법화로 공인되는 상황, 그리고 제일은행권 유통에 대한 한국인들의 저항 상황을 정리하였다.

'6. 일본중앙금고 파출소 사무 취급'에서는 제일은행 각 지점이 1894년 청일전쟁 당시 일본은행의 위탁을 받아 임시중앙금고파출소로서 일본금고 사무를 대리함으로써 군용금 보관 및 출납 사무를을 담당했음을 설명하고 있다.

'7. 한국 공채 인수'에서는 1905년 한국 정부가 일본은행과 계약을 체결하고 일본 화폐 200만 원을 조달하기 위해 공채를 모집하기로 했던 내용이 계약 조건과 함께 정리되어 있다. 그리고 1906년 3월에 일본흥업은행에서 1천만 원의 기업자금(起業資金)을 차입하기로 한 사실, 나중에 흥업은행이 흥업채권을 발행하여 이에 충당할 계획이었다는 사실, 그리고 당시 한국의 중앙금고를 담당하고 있던 제일은행이 이에 관여하고 있었음을 확인할 수 있다.

'8. 한국 국고금 취급'에서는 제일은행이 한국의 국고금 취급을 인수하게 된 경위가 정리되어 있다. 1896년 3월에 회계법이 발포되면서 회계연도가 오늘날과 같은 1월 1일부터 12월 31일까지로 정해졌다. 하지만 국고금 취급을 담당할 기관이 없었고, 1904년 금고출납역 설치에 관한 탁지부령이 발포되었음에도 금고출납역이 임명되지 않았다. 이에 1905년 1월 탁지부 대신과 메가타 재정고문이 협정을 맺고, 탁지부와 제일은행이 국고금 취급 계약을 체결하며 제일은행은 탁지부령에 의해 금고출납역을 맡게 되었다. 이러한 내용과 함께 각 지역의 관련된 협정과 계약 내용, 서울의 중앙금고를 비롯해 각 지역에 지금고 및 금고출장소 설치 과정이 상세하게 소개되어 있다.

'9. 한국 중앙은행으로서의 제일은행'에서는 1905년 1월 제일은행이 한국 정부로부터 화폐 정리 사무 및 국고금 취급에 관한 일체의 사무를 제일은행에 위탁하고, 제일은행권의 무제한 통용에 대한 공인을 획득했음을 알 수 있다. 같은 해 3월에 일본 칙령 제73호로 외무대신과 대장대신의 감독하에 한국 중앙은행의 역할을 담당하게 되었음 또한 확인할 수 있다. 아울러 제일은행의 영업 종류와 영업 방법, 그리고 통감부의 감독 사항이 정리되어 있다.

'10. 한국 산출 지금은 수납'에서는 1878년 제일은행이 부산지점을 설치한 이래, 특히 일본은행이 설립된 1882년 이후 태환 준비를 위한 정화(正貨)의 필요에 응하여 한국에서 산출된 사금(砂金) 매입을 대리했음을 볼 수 있다. 제일은행의 지금은 매입 업무는 1897년 일본이 금본위제를 채택하면서 더욱 활기를 띠었는데, 일본 정부로부터 자금을 대부받아 경성, 평양, 원산 등에 분석소를 설치한 뒤로 꾸준히 지금괴 매입이 증가했음을 알 수 있다.

마지막으로 '11. 한국 금융기관'에서는 1908년 당시 한국 금융기관의 현황에 대해 정리하고 있어 참고가 된다.

『한국에 있어서 제일은행』은 제일은행이 한국의 중앙은행 역할을 담당했다는 사실만으로도 중요한 문건이다. 특히 계약서나 관련 협정, 규칙, 해관세 납부, 화폐교환의 구체적 방법 등이 상세히 정리되어 있어 대한제국기 일제에 의한 강제적 금융 재편 과정과 내용을 잘 이해할 수 있다. 대한제국기의 재정과 금융을 알고자 하는 이들에게는 필독서가 아닐 수 없다.

그간 『澁澤榮一傳記資料(시부사와 에이이치 전기 자료)』 제16권 일부 혹은 주한일본공사관 기록 일부가 번역되어 한국사데이터베이스를 통해 제공되고 있지만, 외교문서나 조약문이 갖는 난해함으로 인해 전문 연구자 외에는 그 흐름을 따라잡기가 쉽지 않은 것이 현실이다. 이에 『한국에 있어서 제일은행』을 꼼꼼히 번역하여 대한제국기 금융사 측면에서 일제침략사를 규명할 수 있는 사료로 제공하는 이유도 여기에 있다.

Ⅱ. 대한제국기 식민지 경제 침략의 주역

1938년에 발행된 『남작 메가타 다네타로(男爵目賀田種太郎)』를 저본으로 제8장 한국 재정고문 시대에 해당하는 342~553쪽을 완역하였다. 메가타가 주도한 화폐정리사업뿐 아니라 재정 정리와 관련된 각종 활동들도 포함되어 있다.

메가타가 한국 정부의 재정고문으로 활동한 기간은 만 3년이 좀 넘는다. 1904년 9월 30일 인천으로 입국하여 10월 14일 고용계약을 체결한 이후 1907년 11월 7일 서울을 떠났다. 같은 기간에 한국에서는 화폐 정리와 재정 정리라는 이름으로 강제된 '개혁'이 이루어졌고, 그로 인한 금융 경색을 해결하기 위해 각종 금융기관이 설립되었으며, 한국을 식민지로 경영하기 위한 각종 제도가 일본의 주도로 만들어졌다. 메가타는 돈이 흘러가는 곳이라면 어디든지 '개혁'이라는 이름으로 일본식 제도를 이식시키기 위해 노력했다. 그것이 그가 재정고문으로 온 이유였다.

메가타의 이력 중 한국과 관련하여 주목할 만한 것은 1883년부터 1904년 10월 한국 재정고문에 취임할 때까지 줄곧 대장성에 있으면서 일본의 세제나 재정제도 정비에 주력했다는 점이다. 특히 담배(연초)나 소금 전매제도 구축에도 힘썼다. 일본 정부가 메가타를 한국에 보낸 이유도 이러한 경험을 바탕으로 한국의 재정고문으로서 일본에 유사한 화폐금융제도 및 재정제도를 구축하게 하려는 데 있었음을 짐작할 수 있다. 따라서 일본의 한국 화폐금융 및 재정 침탈의 역사를 이해하려면 핵심 인물인 메가타의 활동에 대한 비판적인 검토가 필요하다. 즉, 재정고문 부임 때부터 귀국 때까지의 활동을 하나의 일관된 흐름으로 읽어갈 필요가 있는 것이다.

사실 메가타 혼자서 이 모든 일을 했던 것은 아니다. 하야시 곤스케(林權助)는 1899년부터 1906년까지 주한공사로 있으면서 러일전쟁(1904.2.8), 한일의정서(1904.2.23), 제1차 한일협약(1904.8.22), 그리고 '을사늑약'이라 불리는 제2차 한일협약(1905.11.17)까지 한국의 국권 침탈 과정에서 굵직한 사건을 한국 내에서 직접 주도했던 인물이다. 제1차 한일협약 체결은 메가타가 한국 정부의 재정고문에 취임하는 근거가 되었다.

메가타가 재정고문으로 있던 기간에 일본 외무대신으로 외교를 이끌었던 고무라 주타로(小村壽太郎) 역시 비슷한 기간에 한국의 식민지화에 중요한 역할을 했다. 제1차 가쓰라 다로(桂太郎) 내각에서 1901년부터 1906년까지, 제2차 가쓰라 내각에서 1908년(明治 41)부터 1911년까지 외무대신을 지낸 고무라는『한국에 있어서 제일은행』에 게재된 왕복 문서에서 가장 많이 등장하는 이름이기도 하다. 고무라 외무대신과 하야시 주한공사가 외교로 한국을 침탈했다면, 메가타 재정고문은 시부사와 제일은행 두취(頭取)와 함께 한국 내에서 한국경제의 식민지적 재편 최전선에서 활약한 인물이다. 따라서 그의 활동을 면밀히 검토하는 것은 일본제국주의의 한국 침략 전개 과정과 그 성격을 이해하는 데 많은 도움이 된다.

Ⅲ. 한국 근대 중앙은행 설립 관계 자료

1. 대한제국기 근대 화폐금융제도 수립

대한제국은 1901년「화폐조례」(칙령 제4호)를 공포하고 금본위제를 공식 선언하였다. 금본위제도를 실시하기 위해서는 정화 준비와 은행권 주조 및 발행을 담당할 중앙은행이 필요하다고 인식하고 1900년 대한특립제일은행(이하 '특립은행')을 설립하였다. 이 자료집에서는 특립은행에 관련된 법령을 수록하였다. 대한제국은 궁내부 산하에 중앙은행을 설립하여 황실 주도의 근대적 금융제도 수립을 기도하였다. 즉, 특립은행은 황실이 1/4의 자본금을 출자하고, 궁내부가 직접 감독하는 중앙은행으로 구상되었다. 그러나 운남신디케이트와의 차관 교섭이 실패하여「화폐조례」와 특립은행 설립은 실현되지 못하였다.

대한제국은 1902년 일본제일은행권이 불법적으로 유통되는 등 화폐 주권이 침탈당하자 다시 1903년 3월 24일「중앙은행조례」(칙령 제8호)와「태환금권조례」(칙령 제9호)를 공포하였다. 계속해서 1903년 8월에는 중앙은행 사무소를 설치하고 주식 모집에 착수하였고, 창립위원도 임명하였다.

대한제국의「중앙은행조례」는 1900년 특립은행에 비해 많은 차이가 있는데, 특립은행은 궁내부가 출자한 반관반민의 조직이지만 '중앙은행'은 순전히 민영은행으로 출범하였다. 중역 인사와 감독권 행사는 특립은행의 경우 모두 궁내부에서 행사한 반면, '중앙은행'은 모두 정부(탁지부 대신)가 그 권한을 가졌고, 정·부총재는 고등관으로 규정하여 정부 관리로 간주하였다. 업무에 있어서는 국고금 취급을 강조하였는데, 무엇보다 해관세를 중앙은행의 핵심 업무로 강조함으로써 일본 제일은행이 수행하던 특권을 회수하려고 한 의지를 강력하게 드러냈다. 은행권 발행을 보면 특립은행의 경우 「화폐조례」에서는 규정이 없으나, '중앙은행'은 「태환금권조례」를 통해 이를 계획했는데, 대한제국은 정화 준비 발행에 제한 외 발행을 결합한 독특한 제도를 채택하였다. 대한제국은 시장에 필요한 통화를 탄력적으로 공급하겠다는 계획하에 이와 같은 제도를 채택했는데, 이는 화폐 남발의 위험성을 어떻게 관리할 것인가라는 운영 주체의 문제도 해결해야 하는 과제이기도 했다.

한편, 대한제국이 중앙은행을 설립하자 일본은 반대 의견을 제시하였다. 일본이 가장 크게 문제 삼은 것은 국고금 취급이었다. 국고금 취급은 결국 일본 제일은행이 수행하던 해관세 취급이라는 특권을 회수하는 것이었기 때문에 강력히 반발한 것이다. 그러나 1904년 2월 러일전쟁이 발발하며 재정고문으로 파견된 메가타 다네타로가 화폐정리사업을 실시함으로써 대한제국의 근대적 화폐제도 수립은 좌절되고 말았다.

2. 통감부기 한국 중앙은행 설립 관계 문서

'1) 한국은행 창설 준비 관계 자료'의 경우, 우선 통감부에서 자체적으로 마련한 한국 중앙은행 설립에 관한 구상안('1) 한국은행 설립 사정 서류')이 수록되어 있는데 이 구상안은 한국법에 근거하여 대한은행을 설립하고, 중역에 한국인 등용을 고려한 점, 그리고 상업금융은 겸영하지 않은 채 순전한 중앙은행으로 설립하려 한 점을 특징으로 들 수 있다. 그런데 여기서 통감부가 무엇보다 고심한 것은 기존에 조선에서 중앙은행 역할을 한 제일은행의 발권 특권을 몰수하는 데 어느 정도로 보상을 할 것인가였다. 이 구상안에 대해 통감부 탁지부 차관인 아라이 겐타로(荒井賢太郎)와 대장성 이재국장 쇼다 가즈에(勝田主計)가 논의한 사항['2) 한국 중앙은행 설립 제1차 관계 자료(1907년경)']이 있는데, 여기서는 한국의 독자적인 중앙은행 설립과 동시에 일본은행 지점 설치안도 함께 제안하고 있었다. 일본은행 지점 설치의 경우 경성에 지점을 설치하고, 이 지점을 통할점으로 하여 한국의 화폐 정리와 국고 및 국채 사무를 취급한다는 안이었다. 그리고 통감부와 제일은행 간의 논의('3) 제일은행 자료')를 수록

하였는데, 이는 조선통감 이토 히로부미(伊藤博文)가 제일은행 두취 시부사와 에이이치(澁澤榮一)에게 중앙은행 설립 계획과 그 내용을 전달한 것에서 비롯되었다. 여기에는 '① 한국중앙금융기관 설치안, ② 대한은행조례, ③ 대한은행으로의 업무 인계에 관한 명령안'이 수록되어 있다. 대한은행 설립안은 당초의 대한은행안과는 기본적으로 두 가지의 다른 점이 있다. 하나는 한국법에 기초하여 설립되는 한일합병은행이 아니고, 일본법에 기초하여 설립되는 한일합병은행이며, 다른 하나는 중앙은행 업무만 하는 것이 아니고, 대만은행과 마찬가지로 중앙은행 업무와 보통은행 업무를 겸영한다는 점이다. '대한은행조례' 영업 조항은 당시의 '대만은행법'과 거의 차이가 없는데, 다만 은행권 정화 준비에 일본은행 태환권이 추가되고, 감독 권한이 상세히 규정된 것이 달랐다. 이 외에 몇 개 조항은 제일은행의 중앙은행 활동 실태를 근거로 하여 한국 사정에 부합하는 조문으로 구성되어 있다. 기존 중앙은행 업무 전업에서 보통은행 겸영안으로 전환한 것은 중요한 결정이라고 볼 수 있는데, 어떤 이유로 그렇게 되었는지는 분명히 나와 있지 않다. 통감부 아라이(荒井) 탁지부 차관은 이치하라 모리히로(市原盛宏) 제일은행 한국 총지점 지배인에게 1908년 8월 12일 자로 통첩을 보내 제일은행 철수와 관련된 각종 현안을 논의하였다.

'2) 한국은행 설립 사정 서류'는 통감부와 제일은행 간의 교섭을 거쳐 한국은행이 설립되는 과정에서 작성된 자료이다. 제일은행이 발행한 은행권 상각 등 권리 의무 인계에 관한 교섭을 거친 후 1909년 신설 중앙은행인 한국은행이 설립되었다. 한국은행조례가 이전의 구상안인 대한은행조례와 다른 점은 다음과 같다. 우선, 한국법에 기초하여 한국 정부 단독으로 정부 소유의 주식 3만 주를 인수하여 한국은행을 설립하는 것으로 하였다. 정부 소유의 주식은 공모주와 같이 당초 1/4이 불입되면 한국은행이 발족하고, 일반 주주에 대해서는 배당이 6%에 이를 때까지 한국 정부가 배당 보증을 행하는 것으로 하였다. 또한 제일은행 우선주를 없애고 공모 주식을 7만 주로 늘렸고, 중역에 한국인 임용 규정을 없앴다. 영업 조항에는 정부의 인가를 받아 공공단체에게 무담보 대부를 추가하였고, 적립금과 납부금 비율도 개정하였다. 정부 보조로 정부대하금 120만 엔(무이자, 5년 거치 10년 상환)이 부여되었다.

3. 조선은행법 제정 관계 서류

이 자료는 한국은행에서 조선은행으로 명칭을 바꾸면서 공포된 『조선은행법』의 제정 과정에서 일본 정부인 대장성과 조선총독부 간에 발생한 주요 쟁점에 대해 논의한 내용을 모은 자료이다. 강제병합 이후 조선총독부는 1909년에 공포된 한국은행조례(1909.7)를 대신할 조선은행법 제정을 일본 대장성과 협의하였다. 후자는 대체로 전자를 계승하는 형태로 진행되었는데, 양측은 감독권 소재를 두고 첨예하게 대립하였다. 이는 한국은행조례에 표기된 '정부'를 어떻게 해석하느냐에 대한 문제였다. 이 자료군을 통해 조선총독부와 대장성이 조선은행 감독을 둘러싸고 어떤 입장을 취했는지 확인할 수 있다.

조선총독부는 '정부'를 모두 조선총독으로 고칠 것을 제안하였으나 대장성은 조선총독이 아닌 일본 정부라며 정반대 의견을 제시하였다. 조선총독은 조선의 정무는 모두 조선총독에게 위임하는 것이 조선통치의 근본 방침이라는 원칙을 들어 정당성을 주장하였다. 실제 입법 과정에서는 조선총독부의 의견이 상당히 관철된 것으로 보인다.

그런데 법안과는 별도로 대장성과 총독부 간에 작성된 '조선은행 감독에 관한 조선총독부와 대장성 간의 합의안'에 주목해야 한다. 이 합의는 조선은행 감독권을 둘러싼 논란이 한창이던 1911년 3월 11일에 작성되었는데, 핵심은 조선총독이 대장대신과 '사전'에 협의해야 할 사항이다. 합의안에 따르면 조선총독은 정관 변경, 은행권 발행에 관련된 제반 사무, 제한 외 발행 세율, 정부 대상금, 일본 내 영업소 설치, 이사 인사권 등을 행사하기 위해서는 우선 대장성과 사전에 협의를 거쳐야만 했다. 이로 인해 조선총독의 감독권은 매우 제한적인 것으로 귀결되었다.

이처럼 이 자료는 양측이 이견을 보인 내용을 서로 왕래하며 조율하고 있어서 조선은행법 제정 과정에서 쟁점이 된 내용을 파악하는 데 큰 도움이 된다.

Ⅳ. 일제의 금융 침탈과 재조 일본인 언론의 원조

제Ⅳ장에서는 조선에 침투한 재조 일본인 언론 기사를 통해 민간에서 기도한 일제의 화폐금융 침략책을 살펴볼 것이다. 우선 《한성신보》는 주한일본공사관과 협조관계를 유지하면서도 자신들의 지향점에 따라 일본인의 경제적 이익을 확보하는 데 주력한 신문이었다. 따라서 재조 일본인, 특히 거류지 일본 상인들의 조선 경제 실태와 정책에 대한 인식과 대응을 살펴볼 수 있어 그 사료적 가치가 크다고 할 수 있다. 이 자료집에서는 《한성신보》의 화폐금융 분야를 소개하고 있는데, 1896년 기사에서는 조선에 설립된 최초의 민간은행인 조선은행의 동향을 소개하고, 「정관」 83개조 전문을 게재하였다. 독립협회 출신의 고위 관료와 상인들이 중심이 되어 설립한 조선은행은 그 관련 자료가 매우 희박한 상태였는데, 《한성신보》에서 83개조에 이르는 정관을 소개함으로써 그 내용을 확인할 수 있게 되었다. 한편, 《한성신보》에서는 1902~1903년 대한제국의 중앙은행 설립 시도와 태환은행권 발행에 대해 반발하는 기사를 연속적으로 게재했는데, 이를 통해 재조 일본인 측의 태도를 확인할 수 있다. 특히 그 주도자로 이용익을 지목하고 그에 대한 비난 기사를 1902년도부터 지속적으로 게재하였다. 그리고 1903년 대한제국의 중앙은행 수립에 대해서는 그 실현 불가능성을 설파하였다. 이와 같은 논조는 이후 전개된 일본 측의 반대론과 그 궤를 같이한다는 점에서 사실상 일본 정부의 의견이 언론을 통해 전파된 것이라고 볼 수 있다.

다음으로 《조선협회회보》라는 잡지의 관련 기사를 수록했다. 이 회보는 재조 일본인 단체인 조선협회가 10호까지 발행하였다. 회보에는 조선의 경제 및 사회에 관련된 각종 조사 자료가 수록되어 있어 참고 사항으로 활용할 수 있는데, 여기서는 화폐금융과 관련된 기사를 선택하였다. 1902년 7월에 발간된 1~3회에는 〈한국화폐문제 조사 자료〉, 〈한국 화폐의 연혁〉, 〈한국 백동화의 유래 및 남발의 사정〉 등 당시 대한제국의 화폐금융과 관련된 기사를 연속으로 게재하였다. 〈한국화폐 문제 조사 자료〉에서는 관련 통계조사를 소개했고, 〈한국 화폐의 연혁〉에서는 당시 조선에서 유통되고 있는 각종 화폐에 대한 구체적 실태를 소개하였다. 〈한국 백동화의 유래 및 남발의 사정〉에서는 당시 일본 측이 가장 문제 삼았던 백동화 문제를 자세하게 분석하였다. 1902년 11월에 발간된 4회에서는 〈일한은행설립안〉이란 기사가 게재되었는데, 당시 대한제국에서 추진하고 있던 중앙은행 설립에 대응하여 나온 것으로 보인다. 이 일한은행은 일본 상인들의 이해관계가 충실히 반영되었다는 점에서 그들이 한국에서 영업하면서 느꼈던 불편을 확인할 수 있을 뿐 아니라 화폐 및 금융 침략의 구체적인 실천 방안을 제시했다는 점에서 가치가 있는 자료이다.

I

대한제국기 한국 금융의 식민지적 재편

해제

제일은행은 1878년 부산에 지점을 설치한 이후 조금씩 한국 경제에 침투하여 일본의 경제 침략을 선봉에서 지원하였다. 제일은행은 일제의 군사력과 외교적 압력에 기대어 1905년에 제일은행권이라는 일람불어음을 발행하여 강제 통용시켰으며, 개항장의 해관세 취급과 국고금을 취급하는 금고 업무도 맡아 실질적인 중앙은행 역할을 담당했다. 이러한 역할은 1909년 한국은행이 설립될 때까지 계속되었다.

여기에서 원문을 번역한 『韓国に於ける第一銀行(한국에 있어서 제일은행)』(1908)은 1878년 제일은행이 제일국립은행으로서 부산에 지점을 처음 설치했을 때부터 1908년까지 30년 동안 한국에서 활동한 모든 행적이 담겨 있다. 말하자면 일본제국주의가 한국 금융을 어떻게 장악해 갔는지를 알 수 있는 중요한 자료이다. 30년 동안 해관세 취급, 화폐정리사업, 제일은행권 유통, 한국 국고금 취급, 한국 중앙은행의 역할 등을 어떻게 획득하고, 전개했는지 그 의도와 함께 과정이 상세하게 정리되어 있다. 또한 제일은행과 일본 외무성 및 대장성이 얼마나 긴밀하게 협조하며 한국의 금융과 재정을 장악해 갔는지가 양측이 주고받은 문서에 잘 나타나 있어 대한제국기 일본제국주의의 한국 침탈사를 연구하는 데 빼놓을 수 없는 사료이다. 실제로 『한국에 있어서 제일은행』은 제일은행 스스로가 밝혔듯이 제일은행에서 직접 생산한 기록과 문서들을 토대로 재한국일본공사관의 외교문서, 한국재정 정리보고, 한국총람, 대한법규유찬 등을 참조하여 작성되었다. 통계 부분은 『주식회사 제일은행 한국 각 지점 출장소 개업 이래 영업 상황』이라는 별책에 따로 정리하여 제공했다.

『한국에 있어서 제일은행』은 총 11개의 장으로 구성되어 있다. 목차는 다음과 같다.

제1장 한국에 있어서 제일은행의 연혁

제2장 한국 해관세 취급

제3장 한국 화폐 정리 전말

제4장 한국 정부 대상금

제5장 은행권 발행

제6장 일본중앙금고 파출소 사무 취급

제7장 한국 공채 인수

제8장 한국 국고금 취급

제9장 한국 중앙은행으로서의 제일은행

제10장 한국 산출 지금은 수납

제11장 한국 금융기관

제1장에서는 1878년 제일은행이 제일국립은행이었을 당시 부산에 지점을 두게 된 경위부터 각 지점들의 설립 경위, 그리고 한국에서 어떤 역할을 했는지 개괄하고 있다.

제2장에서는 제일은행이 한국 해관세 사무 취급이라는 이권을 얻게 된 경위와 그 구체적인 방법, 그리고 그로 인해 제일은행이 얻게 되는 이익과 이를 지키기 위한 다양한 노력들이 그들의 언어로 설명되어 있다. 조선은 1876년 강화도조약으로 일본에 의해 강제로 개항을 당했지만, 두 차례의 아편전쟁과 난징조약, 그리고 일본의 미일화친조약과 미일수호통상조약에 의한 개항 등을 고려할 때 19세기 중반의 서세동점(西勢東漸)과 개항 및 통상 확대는 피할 수 없는 흐름이었다. 이때 수출입의 증가와 함께 다양한 금융업무가 필요했는데 이를 담당하는 것은 막대한 자금을 항상적으로 확보할 수 있는 엄청난 이권이었다. 우리의 경우 일본 제일은행이 이 업무를 담당했다.

제3장에서는 메가타 다네타로(目賀田種太郎) 일본 대장성 주세국장이 한국 정부의 재정고문에 임명된 후 주도한 화폐정리사업의 구체적인 내용이 상세하게 정리되어 있다. 이 장에서는 1898년의 화폐조례에 의해 각인부원은이라는 일본의 1엔 은화가 본위화로 유통된

경위, 1901년의 화폐조례 내용과 일본 화폐제도와의 관계 및 자국 화폐제도와 일치시키고자 했던 일본의 움직임, 1905년의 신화폐조례 내용과 오사카주조국에서 한국 화폐를 주조하게 된 경위와 내용이 소개되어 있다.

제4장에서는 한국 정부의 차관 도입 시도를 일본이 어떻게 저지했는지, 그 과정에서 제일은행이 어떤 역할을 했는지, 그리고 실제 한국 정부가 제일은행에서 어떤 명목으로 얼마나 차입했는지를 설명하였다. 당시 한국 정부는 해관세를 저당으로 차관 도입을 시도했는데, 해관세 취급을 담당하던 제일은행으로서는 한국 정부의 차관 도입 시도가 자신들의 지위를 크게 위협할 수 있었기 때문에 일본 정부와 밀접히 연계하여 적극적으로 저지하고자 했다.

제5장에서는 소위 제일은행권이라 불린 일람불어음의 발행 과정이 정리되어 있다. 제일은행권 발행은 1901년 10월 14일 대장대신에게 보낸 제안서를 시작으로 외무대신과 대장대신의 허가를 받아 동년 11월 5일 하야시 공사가 인천지점에 제일은행권 발행을 승인함으로써 본격화하였다. 이 장에서는 제일은행권 발행과 관련한 각종 규칙과 발행 상황, 법화로서 공인되는 상황, 그리고 제일은행권 유통에 대한 한국인들의 저항 등을 정리하였다.

제6장에서는 제일은행 각 지점이 1894년 청일전쟁 당시 일본은행의 위탁을 받아 임시중앙금고 파출소로서 일본금고 사무를 대리함으로써 군용금 보관 및 출납 사무 취급을 담당했음을 설명하고 있다.

제7장에서는 1905년 한국 정부가 일본은행과 계약을 체결하고, 일본 화폐 200만 원을 조달하기 위해 공채를 모집하기로 했던 내용이 상세한 계약 조건과 함께 정리되어 있다. 1906년 3월에도 한국 정부가 일본흥업은행에서 1,000만 원의 기업자금(起業資金)을 차입하기로 한 사실, 나중에 흥업은행이 흥업채권을 발행하여 이를 충당할 계획이었다는 사실, 그리고 당시 한국의 중앙금고를 담당하던 제일은행이 이에 관여하고 있었음을 확인할 수 있다.

제8장에서는 제일은행이 한국의 국고금 취급을 인수하게 된 경위가 정리되어 있다. 1896년

3월에 회계법이 발포되면서 회계연도가 오늘날과 같은 1월 1일부터 12월 31일까지로 정해졌다. 하지만 국고금 취급을 담당할 기관이 없었고, 1904년 금고출납역 설치에 관한 탁지부령이 발포되었음에도 금고출납역이 임명되지 않았다. 1905년 1월 탁지부 대신과 메가타 재정고문 사이에 협정을 맺고, 탁지부와 제일은행 사이에 국고금 취급에 관한 계약이 체결됨으로써 제일은행이 상기 탁지부령에 의한 금고출납역의 지위를 획득하였다. 각 지역의 관련 협정과 계약 내용, 그리고 서울의 중앙금고를 비롯해 각 지역에 지금고 및 금고출장소를 설치한 과정이 상세하게 소개되어 있다.

제9장에서는 1905년 1월 제일은행이 한국 정부로부터 화폐 정리 사무 및 국고금 취급에 관한 일체의 사무를 제일은행에 위탁하고 제일은행권의 무제한 통용에 대한 공인을 획득했음을 알 수 있다. 동년 3월에 일본의 칙령 제73호로 외무대신과 대장대신의 감독하에 한국 중앙은행으로서의 역할을 담당하게 되었음을 확인할 수 있다. 아울러 제일은행의 영업 종류와 영업 방법, 그리고 통감부의 감독 사항이 정리되어 있다.

제10장에서는 1878년 제일은행이 부산지점을 설치한 이래, 특히 일본은행이 설립된 1882년 이후 태환 준비를 위한 정화(正貨)의 필요에 응하여 한국에서 산출된 사금(砂金) 매입을 대리해 왔다. 제일은행의 지금은 매입 업무는 1897년 일본이 금본위제를 채택하면서 더욱 활기를 띠었다. 이를 위해 일본 정부에서 자금을 대부받아 경성, 평양, 원산에 분석소를 설치한 뒤로 꾸준히 지금괴 매입이 증가했음을 알 수 있다.

마지막으로 제11장에서는 1908년 당시 한국 금융기관의 현황에 대해 정리하고 있어 참고가 된다.

『한국에 있어서 제일은행』은 제일은행이 한국의 중앙은행 역할을 담당했다는 사실만으로도 중요한 문건이다. 특히 계약서나 관련 협정이나 규칙, 해관세 납부, 화폐교환의 구체적 방법들이 상세하게 정리되어 있어 대한제국기 일제에 의한 강제적 금융 재편 과정과 내용을 잘 이해할 수 있다. 대한제국기 재정과 금융을 알고자 하는 이들에게는 필독서가 아닐 수 없다.

그간 『澁澤榮一傳記資料(시부사와 에이이치 전기 자료)』 제16권 일부나 주한일본공사관 기록 등에 있는 자료가 일부 번역되어 한국사데이터베이스를 통해 제공되고 있지만, 외교문서나 조약문이 갖는 난해함으로 인해 전문 연구자 외에는 그 흐름을 따라가기가 쉽지 않다. 경우에 따라서는 원문 자체에 오류가 있기도 하다. 자료집 간행에 있어서 이러한 오류를 바로잡는 것도 필요하다.

예컨대, 1901년 화폐조례에 규정되어 있는 화폐의 크기, 중량(무게), 소재 구성을 나타내는 단위가 현재와 상이하기 때문에 이를 이해하지 못하는 경우가 많다. 화폐조례에 금화 양목(量目), 즉 무게가 '四錢四分四厘四毛四(줄바꿈)六「グラム」六六六五'라고 되어 있는데 이것을 어떻게 읽을 것인지 난해하다. '4전 4푼 4리 4모 4'와 '16그램 6665'로 나누어 읽어야 한다. 결론적으로는 16.6665그램인데, 척관법에 의할 경우 1전(錢)은 1돈(匁) 또는 1문(文)과 통하여 3.75그램이고, 푼(分)은 돈의 10분의 1, 리(厘)는 돈의 100분의 1, 모(毛)는 돈의 1,000분의 1, 모(毛) 다음의 4는 돈의 10,000분의 1에 해당한다. 실제로 계산해 보면 정확히 16.6665가 나온다. 하지만 6그램 6665로 되어 있다. 이는 원문의 오류이다.

『한국에 있어서 제일은행』은 이번 기회에 꼼꼼하게 번역하여 대한제국기 금융사 측면에서 일제 침략사를 규명할 수 있는 사료로 제공해야 하는 이유도 여기에 있다.

제 I 장은 두 부분으로 나누어 첫 번째는 위에서 언급한 『한국에 있어서 제일은행』을 번역해 수록하고, 그다음으로 대한제국기 한국 금융의 식민지적 재편 과정을 이해할 수 있도록 관련 자료를 추가하였다.

1. 한국 내 제일은행의 설립과 활동

〈자료 01〉 한국에 있어서 제일은행

(第一銀行編, 1908, 『韓国に於ける第一銀行』)

서언

제1장 한국에 있어서 제일은행의 연혁

제2장 한국 해관세 취급

제3장 한국 화폐 정리 전말

제4장 한국 정부 대상금

제5장 은행권 발행

제6장 일본중앙금고 파출소 사무 취급

제7장 한국 공채 인수

제8장 한국 국고금 취급

제9장 한국 중앙은행으로서의 제일은행

제10장 한국 산출 지금은 수납

제11장 한국 금융기관

범례

1. 이 책은 1878년(明治 11)에 본행이 처음 한국에 지점을 설치한 때부터 수십 년 동안 이루어진 관계 사업의 전말을 약술한 것으로 본행 사무에 참고하기 위해 편찬하여 등사를 대신하여 인쇄에 부친 것이다.
1. 이 책은 주로 본행 여러 기록과 문서들로 편찬했으나 한국재정 정리보고, 한국총람, 대한법규유찬 등을 적잖이 참조했다.
1. 이 책에서는 가급적 숫자와 통계를 생략했다. 이에 관한 것은 별책 『주식회사 제일은행 한국 각 지점 출장소 개업 이래 영업 상황』으로 정리하여 참고할 수 있도록 했다.

1908년(明治 41) 8월

서언

우리 제일은행이 한국에 개업한 지 어언 30년. 그 경영 해마다 점진(漸進)하여 점포가 하나씩 늘어나 지금은 5개 지점과 10개 출장소를 가지고 있다. 현재 한국의 중앙은행이라는 영광을 입은 것은 원래부터 우연이 아니다. 옛날로 거슬러 올라가 피아(彼我)의 교역[懋遷]이 적막했던 광경을 회상하는 것은 격세지감을 느끼게 한다. 생각건대 본행이 부산지점을 창립한 것은 1878년(明治 11)으로 이는 한국에 있어서 은행의 효시라 할 수 있을 것이다. 이어 원산과 인천에 출장소를 설치하여 금괴 매입을 시작하였고, 해관세 출납에 종사하여 다소나마 거래[取引]의 편리함이 알려지게 되었다. 하지만 피아(彼我) 발달의 정도가 같지 않아서 걸핏하면 무역의 나아갈 길[針路]을 방해하는 것이 하나가 아니었다. 다음에 그 현저한 것을 열거하면 다음과 같다. 즉 1884년(明治 17)의 폭동, 소위 갑신의 난(갑신정변), 1889년(明治 22) 이래 수차례에 걸친 방곡령, 1893년(明治 26) 출미금지령(出米禁止令), 기타 한전(韓錢)의 가치 하락, 백동화 남발 등 모두 경제계를 요란스럽게 만들고 은행업을 교란시키는 것으로 그 폐해가 맹수나 독사보다도 심했다 하겠다. 이런 상황에서 본행은 차라리 각 점을 철거하여 그 위험을 피하고자 한 것이 한두 번이 아니었지만, 스스로 창설의 뜻을 저버릴 수 없어 방어에 나섰고, 겨우 참담한 피해를 면할 수 있었다. 그러는 사이에 1894년(明治 27), 1895년(明治 28) 청일전쟁 때 정세가 일변하여 교통과 무역 모두 면목을 새롭게 하였고, 본행의 업무도 크게 발전했다. 자본의 수요가 매우 증가했기 때문에 1902년(明治 35)에 이르러 은행권을 발행하였고, 한국 경제계의 일대(一大) 기관임을 자임하여 농공상업을 진흥시킨 것이 적지 않았다. 그리고 1904년(明治 37), 1905년(明治 38) 러일전쟁 후 정계의 풍운이 비로소 정화되자 스러진 많은 일이 일제히 일어나는 융운(隆運)을 만나고, 본행 종래의 미공(微功)도 드러나게 되어 결국 칙령 제73호로 한국에 있어서 업무를 규정받기에 이르렀다. 또 은행권을 한국의 법화로 무제한 통용하는 특전을 부여받았다. 통감부를 설치한 뒤에는 그 시정(施政) 방법이 착착 시의에 맞아 피아의 인민이 안도하고 각기 그 본업에 정진하여 영원의 장계(長計)를 계획하기에 이르렀다. 이는 실로 본행이 한국에서 겪은 30년의 신고(辛苦)를 저절로 내외상하가 양지하는 바이기에 조금이나마 당초의 계획[期念]을 달성했다고 할 수 있을 것이다. 따라서 그 사적이 연기처럼 사라지는 일이 없도록 최근 행원을 시켜 기록들을 점검하고 부문을 크게 나누어 (제일은행의-역자) 한국영업사(韓國營業史)를 편찬하게 했다. 이는 장래 한국 금융업에 종사하는 자로 하여금 그 원류(源流)를 상세히 알게 하고, 본행 경영의 정신을 영구히 알게 하려 함이다. 이에 인쇄를 앞두고 감히 요령(要領)을 기록하여 서언으로 삼는 바이다.

1908년(明治 41) 중추(仲秋)

제일은행 두취 시부사와 에이이치(澁澤榮一) 적다(識)

1. 한국에 있어서 제일은행의 연혁

본행은 1896년(明治 29) 9월 제일국립은행의 존립 기한 만료로 그 조직을 고쳐 영업을 계속했다. 원래 제일국립은행은 1873년 8월에 창립되었다. 당시의 자본금은 244만 원으로 본점을 도쿄(東京)에 두고, 지점을 오사카(大阪), 요코하마(橫濱), 고베(神戶), 교토(京都) 등 4개소에 설치함으로써 일반은행업무를 시작했다. 또 정부의 위탁으로 조세 및 기타 관금(官金) 출납 사무를 취급해 왔다. 1878년(明治 11) 다시 업무를 확장하여 일본에 지점을 증설하는 동시에 한국 부산에 지점을 개설함으로써 한국에서 상업상의 금융기관이 될 계획을 세웠다.

본행이 당시 한국에 지점을 개설하게 된 이유는 주로 환(爲替)과 하환(荷爲替)의 길을 열고, 대부의 방편을 도모하는 한편, 한전(韓錢) 교환을 함으로써 상업상에 편익을 주는 데 있었다. 일본과 한국은 근접한 이웃나라이고, 무역의 경우 예로부터 부산에서 이루어졌으나 아직 환이나 하환의 길을 열지 못해 한전 수수에 불편함이 있었다. 이로 인해 상업이 그다지 발전하지 못해 유감스러웠다. 장래 피아(彼我)의 무역을 활발하게 만들고자 한다면 우선 이러한 결함을 보완함으로써 그 발전을 도모해야 한다. 본행이 당시 교통편이 아직 갖추어져 있지 않고, 경제적 연락이 불충분한 부산에 솔선하여 지점을 창설한 까닭이다.

본행이 처음 부산에 지점을 개설했을 때 한국의 무역항은 오직 부산 하나에 불과했다. 1880년(明治 13) 5월 원산진(元山津) 개항과 함께 원산에 출장소를 설치하였고, 이어 1883년(明治 16) 1월 인천 개항과 함께 그해 11월 인천에 출장소를 설치했다. 이를 통해 환과 하환, 대부 등의 업무를 실시하고, 더불어 각 항 해관세를 취급하였다. 그 후 업무 확장과 한국 경제 및 사회의 발전에 따라 인천출장소는 1888년(明治 21) 9월에 지점이 되었고, 원산출장소는 한때 폐쇄되었다가 1904년(明治 37) 11월 다시 개점하였다. 원산출장소는 1906년(明治 39) 2월에 지점으로 승격되었고, 현재 북한(北韓) 지역의 중요 지점이 되었다. 이어 목포, 진남포, 군산 등이 개항되면서 1898년(明治 31) 10월에 목포에 출장소를 개설하였고, 1903년(明治 36) 3월 다시 진남포와 군산의 2개 항에 출장소를 증설해 해관세 사무를 취급하는 동시에 환과 하환의 방편을 도모했다.

이보다 앞서 인천출장소를 지점으로 개편하는 동시에 경성에 출장소를 두어 한성(漢城)

쪽 관민의 예금 및 대부 업무에 종사하게 했다. 다음 해인 1889년(明治 22) 8월 체신대신의 유달(諭達)[1]로 부산, 인천, 경성 등 세 지점과 출장소에서 우편환과 자금 보관 사무를 취급하게 되었다. 1894~1895년(明治 27~28) 청일전쟁 때는 세 곳 모두 임시 중앙금고 파출소로서 군비 지불 사무를 담당했다. 1903년(明治 36) 경성출장소를 고쳐 지점으로 삼아 업무 확장을 도모했는데, 1904년(明治 37) 러일전쟁 발발과 함께 일본은행으로부터 경성, 인천, 부산 등 세 개 지점과 원산, 진남포 등 두 출장소에 중앙금고 사무 취급을 위탁했고, 평양 및 북한 지방에 임시출장소를 파출하여 군용금 보관 및 출납에 종사하게 했다.

1905년(明治 38) 1월 한국 정부와 화폐 정리 사무 및 국고금 취급 사무에 관한 계약을 체결하고, 그해 3월 일본 정부의 칙령 제73호로 제일은행의 한국 업무에 관한 건을 공포함으로써 자본금을 1천만 원으로 증가시켰다. 경성지점의 조직을 고쳐 한국 총지점으로 삼고, 취체역을 재근시켜 한국의 각 지점과 출장소를 총괄하게 하였고, 영업부, 국고부, 은행권발행부, 조사부 등을 두어 크게 점무(店務) 정리와 개선을 도모했다.

앞의 계약 결과로 1905년(明治 38) 4월 평양 및 대구, 6월 성진, 7월 개성 등에 각각 출장소를 증설하였다. 같은 달 7월에 경성지점을 한국의 본금고(本金庫)로 지정하였고, 8월에 인천, 부산, 원산, 평양, 개성, 목포, 군산, 대구, 진남포, 성진 등의 각 지점과 출장소를 지금고(支金庫)로 삼았다. 1905년(明治 38) 12월에는 함흥과 마산에, 1907년(明治 40) 4월에는 경성(鏡城)에 출장소를 설치했다. 함흥은 1906년(明治 39) 10월에, 경성(鏡城)은 1907년(明治 40) 7월에 지금고가 되어 국고금 사무를 취급해 왔다. 그 후 1908년(明治 41)에 탁지부와 협의하여 농공은행 및 기타 은행과 대리 계약을 체결하여 금고 사무를 취급하도록 했다. 현재 한국의 금고 수는 본금고와 지금고를 합하여 25개소에 달하고, 재경성(在京城) 한국 총지점 지배인은 금고 출납역이 되고, 다른 지점출장소 및 대리점 지배인과 주임자는 그 대리인이 되어 금고 출납에 관한 만반의 사무에 종사했다. 각 사업의 상세 내용에 대해서는 장을 나누어 해설한다.

1 관청에서 백성에게 고지하여 교도(教導)하는 일이나 그 내용을 가리킨다.

2. 한국 해관세 취급

부산을 통해 이루어진 한일 사이의 무역은 오래되었으나 조선 땅에서 일본과의 통상무역에 관해 조약으로 규정된 것은 1876년(明治 9) 조일수호조규(일본명: 日韓修好條約, 강화도조약)가 처음이다. 이 조약으로 1880년(明治 13) 5월 원산진(元山津)이 열렸고, 1883년(明治 16) 1월 인천이 개항되었다. 그 후 통상이 크게 편리해졌고, 한일무역이 눈에 띄게 발전하게 되었다.

인천 개항을 전후하여 한국 정부가 세관 설치 문제를 조금씩 제기하였고, 총세무사 독일인 묄렌도르프가 그 국면에서 해관 설치를 위해 여러 가지로 준비했다. 당시 부산 상인들 중에는 한전(韓錢) 수수에 불편을 느껴 본행 지점에 당좌 또는 진출어음(振出手形)[2]으로 예입을 요청하는 자가 많았다. 은행어음을 시장에 유통하는 자가 증가하여 이를 관세 납부에 이용할 수 있으면 상인의 편의가 적지 않을 것으로 여겨졌다. 1883년(明治 16) 6월 본행은 외무성에 다음과 같은 청원서를 제출했다.

> 이번 조선 정부에서 한일 간 무역품에 그 조약(강화도조약-역자)에 의거하여 과세하게 되면서 그 나라(조선-역자)의 각 개항장에는 머지않아 세관 설립도 있을 것으로 알고 있습니다. 숙고하건대 원래 조선의 화폐는 지금까지는 오직 동전(銅錢) 한 종류에 불과했습니다. 따라서 통상 이후의 상황에 의해 이를 관찰하면, 피아 무역의 빈번(頻繁)과 침정(沈靜)에 따라 조선의 동전 가격과 일본 통화에 갑자기 등상(騰上)과 저락(低落)의 변화를 낳아 항상 일본 상인[商估]을 곤란하게 만들었습니다. 하지만 최근 조선에서도 은전(銀錢)을 증주(增鑄) 발행하려는 움직임이 있었지만, 아직 순전한 조선의 통화로 간주할 수 있을 정도의 공급도 없는 것으로 보입니다. 따라서 향후 상기 과세에 대해 우리 상인이 조선 세관에 납세하는 데 한층 더

---

2 진출어음(振出手形)은 '후리다시테가타', '후리테가타(振り手形)'라고도 한다. 에도시대 환전상(兩替商)에게 예금해 둔 자가 그 환전상을 지불인으로 하여 발행한 어음이다. 또 환전상 사이에서 서로 그 상대를 지불인으로 하여 발행된 어음이다. 기명식으로 소지인에게 지불한다. 오사카에서 많이 이루어져서 '오사카테가타'라고도 부른다.

미혹(迷惑)을 불러일으킬 우려가 없지 않을 것 같습니다. 더군다나 새롭게 만들어져서 정돈되지 않은 세관에 언어가 통하지 않는 일본 상인이 매일 적은 양의 세은(稅銀)을 납부하기 위해 결제[交收]할 때에도 우리 상인의 곤란은 오늘날의 상황에 비추어 볼 때 상상할 수 있습니다. 이에 대해 폐 은행(제일은행-역자)에서는 현재 조선 각항에 출점도 하고 있기 때문에 상기 수세(收稅) 취급을 조선 정부에서 모두 폐 은행에 부탁하도록 담판해 주시기 바랍니다. 그렇게 되면 폐 은행에서 상당한 행원을 파견하여 약간의 수수료를 받고 취급할 것이고, 세은(稅銀) 결제[交收] 때 우리 상인의 편의에 따라 일본 통화와 조선 화폐의 교환방법을 정해 단지 그 가격 등락의 변동을 억제할 뿐 아니라 매우 간편한 절차로 무용의 시간을 낭비할 우려를 없애 조금이나마 피아간 무역 증진에 도움이 되도록 해야 할 것입니다. 이에 그 취급에 따른 전망표를 첨부하여 부탁드리는 바입니다.

1883년(明治 16) 6월 일 제일국립은행

외무경 이노우에 가오루(井上馨) 귀하

수세취급계획서(收稅取扱方見込書)

제1. 조선국 각 개항장에 설립하는 세관에서 수출입 무역품에 대해 일본 상인으로부터 거두어야 할 세금은 모두 일본 제일국립은행의 어음(手形)으로 수취할 것.

제2. 제일국립은행에서 앞의 어음을 제작할 때는 매우 정밀한 인쇄법을 사용하여 힘써 위조의 폐를 막고 그 견본, 인영(印影), 수감(手鑑, 모형) 등은 미리 조선 세관에 제출해 둘 것.

제3. 조선 세관에서 앞의 어음으로 세금을 수취할 때는 그 어음의 지질(紙質) 및 인영, 수감 등을 감정한 뒤 수취할 것.

제4. 앞의 세금은 조선 정부에서 정한 무역장(貿易場)의 본위 화폐로 제한해야 하지만 제일국립은행에서 그 교환의 편의를 얻기 위해서는 자유롭게 다른 화폐도 당일의 시가(時價)대로 수수(收受)할 수 있어야 함. 다만 추후에 세관에 어음과 맞바꾸어 현 화폐로 납부할 때는 본위 화폐로 할 것.

제5. 제일국립은행은 앞의 수세를 취급하게 되면 각 개항장 세관을 설립하는 장소에 지점을 설치하여 형편에 맞춰 세금을 수수하고 어음을 발행해야 함. 단, 세관 또는 제일국립은행의 사정에 따라 협의해 어음 발행소를 세관장 내에 둘 수도 있음.

제6. 세관에 납부한 제일국립은행 어음은 쌍방의 협의를 통해 상당한 시일을 정해 액수를 조회해 두고, 나중에 현 화폐의 납부는 매월 1회 또는 2회로 정해 어음과 맞바꾸어 현화(現貨)로 결제할 것.

제7. 이 방법으로 제일국립은행에서 수수한 화폐에 위조품 또는 부족 등이 있어도 모두 제일국립은행에서 이를 부담하여 어음의 금액을 변상할 것.

제8. 만일 비상사태가 발생하여 제일국립은행이 수수한 세금을 보호할 수 없을 때는 조선 정부에 요청하여 방어를 구해야 하지만 이 방어가 여의치 않아 세금에 손해가 발생했을 때는 제일국립은행은 그 책임을 면할 것.

제9. 조선 정부가 이 취급을 제일국립은행에 의뢰하게 되면 세관의 번잡함이 크게 줄고, 한일 양국의 무역을 편리하게 하는 방법이기 때문에 제일국립은행에 대해 상당한 수수료를 부여할 것.

제10. 제일국립은행이 조선 정부로부터 이 취급 권한을 부여받기 위해서는 상당한 연한(年限)을 정해 조약을 체결할 필요가 있음. 그리고 조선 정부에서 앞의 세금을 일시 어음으로 제일국립은행에 예탁하는 것에 대해 불안감이 있으면 제일국립은행은 그 요망에 응해 상당한 저당물을 제공해야 함.

이상은 대략의 계획입니다만, 다행히 조선 정부와 담판하여 조정할 수 있게 된다면 실제 현장에서 가급적 서로의 편익을 주장하여 취급 조목도 정하게 될 것입니다.

당시 중국[支那] 초상국(招商局)이나 두세 명의 중국 상인 등 관세 취급을 희망하는 자가 있었으나 본행의 신용과 일본 당국자의 노력이 결국 주효하여 상기 세금 취급에 관해 묄렌도르프와 본행의 가계약 체결이 이루어졌다. 동년(1883년) 10월 29일 본행은 일본 외무대신과 대장대신(大藏大臣)에게 다음과 같은 원서(願書)를 제출하여 동년 11월 외무성과 대장성의 승인을 얻었다.

조선 해관세 취급 조약에 대한 상신

조선 세 항구의 수출입세 및 기타 납입금도 당 은행 어음으로 취급하는 일에 대해 올해 6월 중 염서(廉書)[3]로 청원해 두었는데, 이번에 앞의 방법에 기초하여 통리아문 협판 묄렌도르프(穆麟德)와 당 은행 부산포지점 주임 사이에 별지와 같은 가조약(假條約)이 체결되었습니다. 이에 대해 차제에 다시 별지 초안과 같이 본 조약을 체결하고자 하니 상기 조약을 인가해 주셨으면 합니다. 또 상기 조약의 요체는 새롭게 만들어지는 사업이라는 데 있고, 특히 외국과 관계되는 것이기 때문에 별도로 본성(외무성-역자)의 보호를 받지 못하면 충분히 이행하기 어려울 것입니다. 따라서 한국에 있는 공사관 또는 영사관 등에도 본성에서 적절히 통달해 주시기 바랍니다.

1883년(明治 16) 10월 29일 제일국립은행

외무대신 이노우에 가오루(井上馨) 귀하

청원서(願聞屆)[4]

1883년(明治 16) 11월 2일 외무성

조선 해관세 취급에 따른 어음 발행 의원서(義願書)

조선국 개항장에서 해관세를 징수하게 되었기 때문에 상기 납세는 당 은행 개항장 지점의 어음으로 취급했으면 하는 뜻 이전부터 외무성에 품신해 두었던 바, 이번에 조선통리아문 협판 묄렌도르프(穆麟德)가 부산으로 가서 부산지점 주임 오하시 한시치로(大橋半七郎)와 별지 사본과 같이 가조약을 체결했다는 것은 말씀드렸습니다. 다시 외무성의 인가를 얻어 별지 초안과 같이 본 계약을 체결했으면 합니다. 따라서 앞의 조약과 초안에 기재한 대로 조선

3 'かどがき'라 읽어 열거할 개조(箇條)나 이유 등을 적어 나타낸 것이다.

4 '願いを聞き届ける'의 의미가 소원을 들어주다 또는 청을 들어주다의 의미이다.

지점에서 별지 양식과 같이 어음을 발행하고자 합니다. 다만 일본에는 진출어음 발행 규정도 있지만, 해외 무역에 있어서 내국 인민 일반의 편익이 될 것이고, 또 당 은행의 명예와도 관계되어 있으니 특별히 윤허해 주시기 바랍니다. 별지를 첨부하여 이같이 부탁드립니다.

1883년(明治 16) 10월 29일 제일국립은행

대장경 마쓰카타 마사요시(松方正義) 귀하

청원에 대해 승낙할 것. 대장성

1883년(明治 16) 11월 2일

조선 해관세 취급 조약의 첨부서

조선 세 항구의 수출입 세금과 기타 납입금 모두 당 은행 어음을 가지고 취급하는 것에 대해서는 별지 서면으로 인가를 청원했는데, 상기 본 계약을 위해서는 당행 부산지점 지배인 오하시 한시치로(大橋半七郎)라는 자를 곧바로 경성 또는 인천항으로 보내 조선의 관리와 담판한 뒤 이를 체결할 예정입니다. 따라서 그 위임장 및 조약에 대해 요지와 설명서까지 별지와 같이 동인에게 전달해 파견했습니다만, 외국 정부에 관한 조약이기도 하고, 특히 언어와 인정(人情)이 익숙하지 않은 곳이기 때문에 상기 담판의 상황은 그곳 주재 공사 또는 영사께서 특별히 보살펴 주셔서 적당한 체결이 이루어질 수 있도록 해 주셨으면 합니다. 또 그 조약서의 한문[支那文] 같은 것도 신중하게 열료(閱了)해 주시기 바라며, 타당한 자구(字句)를 얻을 수 있도록 해 주시기 바랍니다. 특히 조선 정부의 희망으로 당행에 예치한 세금액에 대해 보증을 요구하면 해당 액수에 대한 공채증서를 본성(本省)에 상납할 것이기 때문에 영사관에서 보신장(保信狀)을 보내주시는 것도 미리 윤허해 주시기 바랍니다. 또한 조약서에 가급적 영사관에서 입회 증인으로서 가인(加印)해 주시면 장래에 쌍방이 납득할 것이라고 생각합니다. 이 또한 승낙해 주시기 바랍니다.

상기 건들을 윤허해 주신 후에는 그 내용을 조선에 있는 공사관 또는 영사관으로 본성에서 공문으로 조회해 주시기 바라며, 이와 같은 내용으로 부원(副願)합니다.

1883년(明治 16) 10월 29일 제일국립은행

외무경 이노우에 가오루(井上馨) 귀하

청원에 대해 승낙할 것

단, 보신장(保信狀)에 관한 것은 세액에 상당하는 공채증서를 당성(외무성)에 제출하면, 당성(외무성) 또는 영사관에서는 위에 대한 예치증서를 그 은행에 부여할 것이기 때문에, 그 은행에서 이를 그 정부에 제출해 보증해야 한다는 것을 명심할 것.

1883년(明治 16) 11월 2일 외무성

해관세 취급 조약문안

조선 정부의 명령을 받들어 역명(役名) 모(某)와 일본 제일국립은행의 위임을 받은 부산포 지점 주임 오하시 한시치로 사이에 조선국 통상 3항의 해관세금 취급에 대해 체결할 조관은 다음과 같다.

제1조

하나. 조선국 통상 3항, 즉 인천, 부산, 원산 등의 해관에 납부하는 세금, 수수료, 벌금 등은 모두 상기 3항에 있는 제일국립은행 지점 또는 분점에서 세무사(稅務司)의 지휘를 받아 이를 취급해야 한다.

제2조

하나. 상기 취급을 담당하게 될 경우 조선 정부에서는 앞의 3항 해관에 납부할 세금, 수수료, 벌금 등은 모두 제일은행 지점 또는 분점에 납부하고, 동 은행의 예탁어음[預り手形]을 가지고 해관에 납부해야 함을 각국 인민에게 포달해야 한다.

제3조

하나. 제일국립은행 지점 또는 분점은 상기 세금, 수수료, 벌금 등을 각국 인민으로부터 수취하면 그 금액에 상당하는 예탁어음을 발급해야 한다.

제4조

하나. 상기 어음은 매우 정밀한 인쇄법을 가지고 힘써 위조의 폐해를 막고, 그 견본, 인영(印影), 수감(手鑑) 등을 미리 세무사에게 제출해두어야 하므로, 세무사는 그 어음의 지질(紙質), 인영, 수감 등을 감정한 후 이를 수취해야 한다.

단, 상기 어음을 감정하기 위해 세무사의 희망에 따라서는 당분간 제일국립은행으로부터 한 사람씩을 해관에 파견해야 한다. 다만 이 파견에 관계된 비용은 세무사가 지급해야 한다.

제5조

하나. 상기 세금, 수수료, 벌금 등은 조선국통상장정(朝鮮國通商章程)에 준거하여 조선의 동전(銅錢)을 가지고 수취해야 하기 때문에, 만약 각국 인민의 사정으로 일본 은화 또는 멕시코 은으로 납부하더라도 제일국립은행 지점 또는 분점은 시가로 이를 매입하고, 상납에는 조선 동전을 사용하게 한다. 어음에는 모두 원위(原位)의 동전을 기입해야 한다.

제6조

하나. 해관에서 각국 인민으로부터 수취한 제일국립은행 지점 또는 분점의 어음은 10일마다 이를 종합하고, 동 은행에서는 그 어음의 매수 및 금액을 조사하여 미리 조제한 통장에 등기하고 압인(押印)한 뒤 해관에 납부해야 한다.

제7조

하나. 상기 절차를 통해 제일국립은행 지점 또는 분점에 예치한 세금, 수수료, 벌금 등은 2개월마다 조선 동전으로 해관에 납부하고, 제6조의 통장은 세무사의 수취인(受取印)을 받아두어야 한다. 단, 세무사의 희망에 따라 이 동전을 가지고 일본 은화 또는 멕시코 은으로 교환하고자 하면 제일국립은행은 그 희망에 따라 그날의 시가로 이를 사들인다.

제8조

하나. 만약 제일국립은행 지점 또는 분점에서 수취한 세금, 수수료, 벌금 중에 위조물[贋物] 또는 부족 등이 있더라도 모두 해당 은행에서 이를 부담하여 해관과 관계가 없어야 한다. 또 해관에서 수취한 동 은행 어음 중에서 위조된 것이 있더라도 마찬가지로 해관에서 이를 부담하여 제일국립은행 지점 또는 분점과 관계없도록 해야 한다.

제9조

하나. 만약 의외의 사변이 발생하여 제일국립은행 지점 또는 분점이 수수한 세금, 수수료, 벌금 등을 보호할 수 없다고 사유(思惟)할 때는 신속하게 해관에 보도(報道)하여 그 보호를 청해야 한다. 그리고 보도했음에도 해관에서 보호의 방도를 다하지 않거나 또는 그 보호가 아직 미치지 못한 시간에 세금, 수수료, 벌금 등에 손해가 발생했을 때는 제일국립은행 지점 또는 분점에서 가능한 한 방어를 다한 사실과 증명이 있으면 그 보호의 책임을 면할 수 있다.

제10조

하나. 조선 정부는 이 해관세금, 수수료, 벌금 등의 수취를 제일국립은행에 부탁하기 때문에 그 수수료로 총 금액[付託高]의 1000분의 2푼 5리를 제일국립은행에 부여해야 한다.[5] 그리고 이 수수료는 매년 두 번, 즉 일본력 5월과 11월에 그 취급고에 비례해 이를 교부해야 한다.

제11조

하나. 이 조관(條款)을 이행하는 연한은 [조선, 일본 1883년(明治 16) 월 일]부터 향후 만 10개년으로 정한다. 만약 기한 중 해관 또는 제일국립은행 지점·분점의 사정으로 이를 개정·증보할 때는 3개월 전에 그 내용을 한편에 통지하고, 조선 정부 및 제일국립은행 본점에 품의하여 나중에 이를 경정할 수 있다.

제12조

하나. 해관 세무사 또는 제일국립은행 지점에서 만약 앞에 게재한 조관(條款)에 위반하는 취급이 있어 그 때문에 한편에 손해를 주었을 때는 위반한 한편은 그 손해를 변상할 의무가 있다. 또 조선 정부나 제일국립은행에서 기한 중에 이 조관을 폐정(廢停)하고자 할 때 한편에서 만족할 만한 정도의 비용을 배상하고 이를 중폐(中廢)할 수 있다. 단, 제일국립은행에서 만일 영업상의 사정으로 조선 각 항의 지점이나 분점을 폐쇄할 경우에는 이 제한에 있지 않다.

이상 증거로써 다음의 두 명은 이 조관에 기명하고 날인한다.

---

5 1000분의 2푼 5리는 0.00025, 즉 0.025%이다.

조선

일본

어음 번역문

此票所註錢文之數當與持票之人立卽兌交並准以此存票完納朝鮮關稅及規費等款是係朝鮮政府與本銀行訂定條約施行者也 一 月 日 番號 番號 證 一

右金額正ニ預リ候ニ付何時ニテモ貴殿或ハ此手形所持人ヘ相渡可申候也

상기 금액을 정히 예입하였기 때문에 언제라도 귀하 혹은 이 어음 소지인에게 건네주어야 합니다.

第一國立銀行

明治 年 支配人

月 日 計算掛

此手形ハ朝鮮政府ト本行トノ約條ニ據リ朝鮮ノ海關稅及海關手數料等ニ納付スルヲ得ベキモノナリ

이 어음은 조선 정부와 본행의 약조에 의해 조선의 해관세 및 해관 수수료 등에 납부할 수 있다.

뒷면

表面所載錢文當與此票交換並准以此票爲朝鮮海關稅及海關費用交納

본행은 위 조약안(해관세 취급 조약 문안)에 의거하여 한국 정부와 교섭을 진행했는데 담판이 용이하게 해결되지 않고 한때는 거의 무산될 뻔했다. 이후 다시 교환 문제로써 조선 정부에 관세 저당으로 멕시코 은화(墨銀) 2만 4천 불(弗)의 대부 약조를 맺고, 또 상기 초안에 다소 수정을 가하여 논의를 겨우 매듭지었다. 그 해관세 취급 조약은 다음과 같다.

조선 통리교섭통상사무아문(統理交涉通商事務衙門) 위파정각사(委派征推司) 묄렌도르프(P. G. von Möllendorff: 穆麟德)와 일본 제일국립은행의 위임을 받은 부산포지점 주임 오하시 한시치로 사이에 조선국 통상 세 항구의 해관세금 취급에 관해 체결한 조관은 다음과 같다.

제1조 조선 통상 3항인 인천, 부산, 원산 등의 해관에서 징수하는 관세, 수수료, 벌금 등은 전부 상기 3항에 있는 제일국립은행 지점 또는 분점에서 세무사의 지휘에 따라 이를 취급해야 한다.

제2조 이번에 상기 3항의 관세수수료, 벌금 등의 취급을 약속함에 따라 조선 정부는 상기 관세수수료, 벌금 등을 모두 제일국립은행 지점 또는 분점에 납부하고, 이를 근거로 해당 은행에서 발행한 예탁어음을 가지고 해관에 완납할 것을 각 조약국의 인민에게 포달하고 일반이 알게 해야 한다.

제3조 제일국립은행 지점 또는 분점이 각 조약국의 인민이 납부한 관세수수료, 벌금 등을 수취했을 때는 그 금액에 상당하는 예탁어음을 발행해야 한다.

제4조 일반적으로 사용하는 예탁어음 용지는 가급적 정밀한 인쇄법으로 위조의 폐를 막고, 미리 예탁어음의 인감, 서법(書法) 등을 세무사에게 제출해 두어야 한다. 그러므로 세무사는 어음 종이의 질, 인감, 서법 등을 상세히 조사한 뒤에 이를 수취해야 한다.

제5조 관세, 수수료, 벌금 등은 전부 조선국통상장정에 비추어 조선 동전, 일본 은화 및 멕시코 은화로 수납해야 한다. 그러므로 제일국립은행 지점 또는 분점에서는 수취한 바의 종류를 예탁어음에 기재해두고 후일 해관에 교부하는 것은 똑같이 예탁어음에 기재된 원래 거둔 동전 은화로 해야 한다.

제6조 각 항 해관에서 수취한 조약국 인민으로부터 완납한 제일국립은행 지점 또는 분점

의 예탁어음은, 이를 각 해관이 완급적의(緩急適宜)의 기일을 정해 동 은행 지점 또는 분점에 인도하고, 동 은행에서는 그 예탁어음의 금액을 상세하게 조사하여 모두 통장에 기재해 날인한 뒤 해관에 제출함으로써 증거로 삼아야 한다.

제7조 제일국립은행 지점 또는 분점은 이 조약에 비추어 수취한 관세수수료, 벌금 등을 2개월마다 해관에 완납하고, 제6조에 기재하는 통장에 세무사의 날인을 요청하여 그 수취의 증거로 삼아야 한다. 만약 세무사가 2개월 내에 예금의 일부를 수취하고자 할 때는 기한에 상관없이 이를 수취할 수 있어야 한다.

제8조 제일국립은행 지점 또는 분점에서 수취한 관세수수료, 벌금 등의 동전, 은화가 만약 위조된 가물(假物)이거나 부족하면 모두 해당 은행에서 부담하여 해관과 관계가 없도록 해야 한다. 또 해관에서 수취한 동 은행 예탁어음 중에 만약 위조 가물이 있더라도 똑같이 해관에서 부담하여 제일국립은행 지점 또는 분점과 관계없도록 해야 한다.

제9조 만약 인사(人事), 천재(天災) 등 예측하지 못한 변(變)이 있어 제일국립은행 지점 또는 분점에서 수취한 관세수수료, 벌금 등을 보호할 수 없다고 판단될 때는 곧바로 해관에 그 상황을 보고하여 구원을 요청해야 한다. 만약 해당 해관이 이 보도를 들었음에도 신속하게 구원하지 않거나 또는 구호가 아직 미치지 못했을 시간에 결국 손실이 발생하면 그 잃는 바의 금액은 해당 은행에서 충분히 진력 방어한 사실을 쌍방에 증명할 경우에는 그 보호의 책임을 면한다.

제10조 조선 정부는 관세수수료, 벌금 등의 취급을 제일국립은행에 위탁하기 때문에 예금고(預高) 총액의 1000분의 2푼 5리를 급여하여 그것으로 위탁 수수료로 삼는다. 해당 수수료는 제7조에서 관세 등을 해관에 완납할 때 이를 차감해야 한다. 단, 해관은 실제 수령한 액수로 계산하기 때문에 아직 실제 수령하지 않은 자에게는 (수수료를-역자) 차감할 수 없다.

제11조 제일국립은행은 조선 정부에서 징수하는 관세수수료, 벌금 등을 정확하게 맡기 위해 2개월 동안 맡은 바의 총액수[總高]에 상당하는 공채증서를 일본 외무성에 맡겨 두어 본행에서 맡아둔 예금의 보증으로 삼아야 한다. 만약 징수하는 바의 세금에 증감이 있으면 이 저당 역시 따라서 증감해야 한다.

제12조 이 조약을 이행하는 연한은 조선력 갑신 정월 28일 일본력 1884년(明治 17) 2월 24일부터 향후 만 2개년으로 한다. 만약 연한 중 제일국립은행 혹은 조선 정부에서 이 조관(條款)을 개정·증보하고자 하면 반드시 3개월 전에 그 뜻을 상대에게 통지하고, 조선 정부 및 제일국립은행 쌍방이 협의하여 개정할 수 있다.

제13조 조선 정부와 제일국립은행에서 만약 기한 2개년 후 이 조관을 폐정(廢停)하고자 하면 기한 6개월 전에 통지하여 폐정해야 한다.

이상의 약조(約條)는 각 번역문 일본문의 2통을 만들어 각자 이에 명기 조인한 뒤 쌍방에 교수함으로써 체약(締約)의 증거로 삼는다.

조선협판통리교섭통상사무 정각사(征摧司) 묄렌도르프(穆麟德)
일본제일국립은행부산포지점 주임 오하시 한시치로(大橋半七郎)
1884년(明治 17) 2월 24일
조선 개국 493년 정월 28일
통리교섭통상사무아문

또 멕시코 은화의 대부 조약은 다음과 같다.

조선통리교섭통상사무아문 위파정각사(委派征摧司) 협판 묄렌도르프와 일본 제일국립은행의 위임을 받은 부산포지점 주임 오하시 한시치로 사이에 조선 정부가 차용하는 멕시코 은화 2만4천 불에 관한 조약을 다음과 같이 맺는다.

제1조 조선 정부가 제일국립은행 지점 또는 분점으로부터 차용하는 바의 멕시코 은화 합계 2만 4천 불은 조선 3항 해관이 사용하는 바로써 상기 금액 안에 인천해관에서 매월 2천 불, 부산과 원산 두 해관에서 매월 2천 불, 즉 1개월 4천 불의 액수를 초과하지 않으면 언제든지 해당 은행에서 이를 찾을 수 있다.

제2조 상기 조약을 맺게 됨에 따라 제일국립은행 지점 또는 분점은 조선 3항 해관에 미리

통첩(通帖, 예금통장)과 수표를 전달해 둠으로써 각 해관에서 동 은행으로부터 수취한 수표를 가지고 자유롭게 수취할 수 있다. 그러므로 동 은행은 수표의 금액에 대해 지불한 바를 가지고 대부금의 증거로 삼아야 한다.

제3조 조선 3항 해관에서 제일국립은행 지점 또는 분점에 변제[返金]할 때는 멕시코 은화 또는 금은괴(金銀塊)로 해야 하나 각 해관의 사정에 따라 시가(時價)로 조선 동화(銅貨)로 변제할 수 있다.

제4조 각 해관에서 위와 같이 변제했을 때는 제일국립은행 지점 또는 분점으로부터 미리 해관에 전달해 둔 통첩(通帖)에 기재 날인한 뒤 해관에 교부하여 수취를 마친 증거로 삼는다.

제5조 조선 3항 해관에서 제일국립은행 지점 또는 분점으로부터 차용하는 바의 멕시코 은화에 대한 이자는 100불에 대해 연 1할(10%)로 해당 은행에서 매일 차감 잔고에 대해 이자를 계산한다. 해관은 그 계산대로 2개월마다 해당 은행에 지불해야 한다.

제6조 조선 정부는 제일국립은행 지점 또는 분점으로부터 조선 3항 해관에 차용하는 멕시코 은화에 대해 상기 3항의 해관세금을 저당으로 제공해야 한다. 단, 조선 정부의 사정에 따라 해당 세금 중에서 때때로 변제해야 한다.

제7조 조선 3항 해관에서 제일국립은행 지점 또는 분점으로부터 차용하는 바의 멕시코 은화는 만 1년[조선력 을유 정월 초 9일, 일본력 1885년(明治 18) 2월 23일]을 기한으로 전부 변제해야 한다. 만약 조선 정부의 사정으로 1년 내에 수시로 변제하는 것도 무방하다.

이상의 조약을 체결한 증거로써 각자 기명 조인한다.

조선협판통리교섭통상사무 정각사(征搉司) 묄렌도르프(穆麟德)

일본제일국립은행부산포지점 주임 오하시 한시치로(大橋半七郎)

1884년(明治 17) 2월 24일

조선 개국 493년 정월 28일

통리교섭통상사무아문

이어 1884년(明治 17) 3월 외무성과 대장성 양성에 다음과 같이 상신하여 윤인(允認)을 얻었다.

> 조선 개항장 세 곳의 해관세 취급 조약에 관한 사항은 지난번에 품신했습니다. 그때 윤인(允認)해 주신 조약안을 가지고 피국(彼國, 조선) 관리와 협의했습니다. 또 경성공사관에서도 각각 취급해 주신 상기 조약 외에 별도로 당 은행에서 조선 정부에 대부하는 건 등에 대한 협의가 마무리되어 올해 2월 24일 두 건 모두 별지 사본과 같이 약정을 맺었습니다. 이에 대해서는 앞으로 이 약정에 대해 귀성(貴省)은 물론 조선 공사관(조선 주재 일본공사관-역자)과 각국 영사관 등에서 적극적으로 보호할 수 있도록 해 주시기 바랍니다. 이로써 결약(結約)되었기에 상신하는 한편 부탁 말씀드립니다.
>
> 1884년(明治 17) 3월 17일 제일국립은행
> 외무경 이노우에 가오루(井上馨) 귀하
>
> 조선 개항장 세 곳의 해관세 취급 조약에 관해서 지난번 상신했던 바 그 후 조선 관리와 협의하고 상기 조약 외에 별도로 당 은행으로부터 조선 정부에 대부하는 건 등에 대한 협의가 마무리되어 올해 2월24일 두 건 모두 별지와 같이 결약(結約)했기에 이같이 다시 상신합니다.
>
> 1884년(明治 17) 3월 17일 제일국립은행
> 대장경 마쓰카타 마사요시(松方正義) 귀하

위와 같이 묄렌도르프와의 조약이 체결되자 본행의 한국 지점은 점원을 늘리고 담당자를 두어 각 해관으로 파견하여 사무의 원활함을 도모했다. 은행 어음의 유통 역시 차츰 그 범위를 확대하게 되어 공사(公私)의 거래에서 얻는 편의가 적지 않았다.

1886년(明治 19) 12월에는 1884년(明治 17) 2월의 조약을 취소하고 다시 신 조약을 체결했다. 그 조약의 전문은 다음과 같다.

일본 제일국립은행의 수세금 취급에 관한 조약

해관총장(海關總長) H. F. 메릴은 조선 국왕 폐하의 정부를 대표하고, 조선국 주재 인천항 일본 제일국립은행 지배인 사와키 야스지로(澤木安次郎)는 동 은행을 대리하여, 쌍방 간에 다음의 조관을 결약한다.

제1조 광서 13년 1월 1일[1887년(明治 20) 1월 24일]부터 인천, 부산 및 원산항 해관장이 징수해야 할 수출입세 및 톤세(噸稅)는 모두 이 3항에 있는 일본 제일국립은행에서 징수한다.

제2조 상기 3항의 해관장은 수출입세 또는 톤세금(噸稅金)을 일본 제일국립은행에 납입하도록 하기 위해 수출입자 및 선박의 대리인에게 세권(稅券)을 발행해야 한다.

제3조 세권(稅券)을 은행에 지참했을 때는 은행의 담당 역원은 상기 기재된 바의 수출입세금 또는 톤세금을 수취하고, 세권에 수취금액을 기입하고, 은행의 공인(公印)을 날인해야 한다. 이같이 수취를 증명한 세권은 이것을 청원인[願人]에게 건네주고, 또 청원인은 다시 이것을 해관장에게 반환해야 한다.

해관장은 매일 전날 해관에 납부한 세금 수취증을 표로 작성하여 은행에 송치한다. 또 은행에서 회계 대조를 하는 데 필요할 때는 수취증도 함께 송치해야 한다.

세금 수취증은 대조를 마친 후 다시 해관에 반환해야 한다.

제4조 은행에서 수취한 수출입세금은 각 항 모두 통상감리(通商監理)의 예금에 기입하고, 예금 인출은 자유에 맡긴다. 그때마다 이것을 통지할 필요는 없다. 톤세로 수취한 금액은 해관장의 예금 중에 기입해야 한다.

제5조 수출입세금은 멕시코 은화, 일본 원은(日本圓銀) 또는 일본 제일국립은행 발행 어음에 한하여 납입할 수 있다. 은행은 징수한 화폐 또는 어음의 순량함을 보증하고, 또 위조된 어음을 수취함으로써 발생하는 손실은 모두 은행에게 변상의 책임이 있다.

제6조 은행은 그 수취한 수출입세금 및 톤세 순액 1,000불에 대하여 5불의 수수료를 받아야 한다. 이 수수료는 각 항 해관장이 조선력 매월 말에 그달 전 기간 동안 은행에서 발행한 수취증과 대조하여 환급세액을 공제하고, 그 잔액을 지불하는 것으로 한다.

제7조 해관장이 징수해야 할 벌금, 수수료, 기타 여러 잡비 등은 각 해관장의 형편에 따라 일본 제일국립은행에 납부할 수 있다. 그럴 때는 납부한 금액은 예금으로 취급, 해관장 계정 중 예금의 부에 기입해야 한다. 상기 금액에 대해 수수료는 지불하지 않는다.

제8조 이 조약은 광서 13년 1월 1일[1887년(明治 20) 1월 24일]부터 실시하고 쌍방 또는 그 직무의 계속자가 해약을 통지할 때까지 계속하는 것으로 한다. 또 상기 통지를 하고 이것을 받은 뒤 6개월을 지나야 무효가 된다.

제9조 1884년(明治 17) 2월 24일 자로 일본 제일국립은행에 납입한 세금은 각 항 해관장의 예금이라고 되어 있는 현행 조약은 이 조약의 시행일에 소멸한다.

동 조약에 규정된 6개월 전에 해야 하는 통지는 쌍방의 승낙으로 취소할 수 있다.

인천에 있는 일본 제일국립은행 지배인

1886년(明治 19) 12월 18일 조인 사와키 야스지로(澤木安次郎)

1886년(明治 19) 12월 27일 경성에서 조인하다

해관장 H. F. Merrill

그 후 총세무사는 쇼닉(J. F. Shoenicke),[6] 모건(F. A. Morgan), 브라운(J. McLeavy Brown)으로 수차례 교체되었지만 해관세 수입은 계속 본행에서 취급하고 한국 정부에서 자금 수요가 있을 때는 상기 관세를 저당으로 하여 때때로 대부를 행했다. 세월이 흘러서 1905년(明治 38)이 되어 한국 재정 개혁이 착수되자 본행은 한국중앙금융기관으로서 화폐 정리 및 국고 사무를 인수했다. 화폐 정리자금으로 300만 원을 대부할 때는 해관세 수입을 저당으로 삼아 계속해서 해관세 취급에 종사하도록 했는데, 1908년(明治 41) 2월 22일부터 해관세 징수는 국고금 출납 사무의 일부로 처리되기 시작했다.

---

6 음력 1889년 10월 4일, 해관 총세무사 메릴의 휴가로 인천세무사 쇼닉(J. F. Shoenicke)을 서리총세무사에 임명하고, 부세무사에 영국인 존슨(J. C. Johnson) 인천세무사 대리를 임명했다. 『고종시대사』 3, 112쪽.

3. 한국 화폐 정리 전말

1) 본위 화폐의 결함

옛날부터 한국은 본위 화폐를 가지고 있지 않아 국내에 유통한 것은 오직 엽전이 있을 뿐이었다. 특별한 법령으로 공인된 것은 아니지만 그 시행된 지가 오래되어 널리 민간에 유통하는 유일한 교환매개물이었다. 하지만 근세에 이르러 대원군이 정권을 잡게 되면서 새롭게 당백전(當百錢)이라는 것을 발행한 일이 있었다. 세월이 흐른 뒤 1882년(明治 15), 1883년(明治 16)경에 이르러 민영준(閔泳駿) 등이 다시 당오전을 주조했다. 당오전이라는 것은 엽전의 5배에 해당한다는 의미이다. 즉 1매를 가지고 엽전 5매의 가격으로 유통시키고자 했던 것인데, 그 실제 가치가 동반되지 못해 그 시행이 여의치 않았고, 결국 유통 구역은 겨우 경인(京仁)과 그 부근으로 제한되었다. 하지만 이때부터 조악한 동전(粗惡錢)이 주조가 시작하여 1889년(明治 22), 1890년(明治 23)부터 1902년(明治 25), 1903년(明治 26)까지 당오전 및 엽전 두 종류 모두 조악전이 활발하게 남발되었다. 처음에는 구리(銅地金)에 아연류를 혼합했으나 종국에는 구리를 대신하여 선철(銑鐵)을 사용하게 되었다. 또한 평양주전소의 주조고(鑄造高)가 나날이 증가하여 그 해독이 미치는 바가 헤아릴 수 없었다. 1894년(明治 27) 평양이 청일전쟁으로 아수라장(修羅場)이 되면서 결국 상기 주조업이 중단되었다. 우연이기는 하나 조금이나마 재계의 혼란을 바로잡을 수 있었다.

조악전 남발이 가장 심했던 1891년(明治 24), 1892년(明治 25)경에 한국 조정은 다시 문명적 화폐제도를 실시하고자 일본으로부터 고문을 초빙하여 전환국을 설치하고 교환소를 두었다. 일본을 모델로 하여 신식 화폐를 주조하고 그 본위 화폐를 1환(圜)이라고 불러 일본의 1원(圓) 은화에 대응하게 했으나 그 사업은 성공에 이르지 못하고 폐지되었다. 하지만 1894년(明治 27) 청일전쟁 때 화폐제도 확립 문제가 다시 일어나 동년 8월에 다음과 같은 신식화폐발행장정(新式貨幣發行章程)을 발포하게 되었다.

신식화폐발행장정(新式貨幣發行章程)

제1조 신식화폐는 네 가지 종류로 나누는데 첫째는 은화(銀貨), 둘째는 백동화(白銅貨), 셋째는 적동화(赤銅貨), 넷째는 황동화(黃銅貨)이다.

제2조 화폐의 최저 단위는 푼(分)으로 하고, 10푼을 1전(錢)으로, 10전을 1냥(兩)으로 한다.

제3조 화폐는 5등급으로 나누는데 최저 단위인 1푼(分)짜리는 황동으로 만들고, 그다음 5푼짜리는 적동으로 만들고, 그다음 2전 5푼짜리는 백동으로 만들고, 그다음 1냥짜리와 5냥짜리는 은으로 만든다.

제4조 5냥짜리 은화를 본위 화폐로 삼고, 1냥짜리 은화 이하는 모두 보조 화폐로 삼는다. 1냥짜리 은화의 1회 수수에는 100냥을 기준으로 삼고, 백동화 이하의 돈을 한 번 주고받는 것은 5냥을 기준으로 삼되, 다만 주고받는 사람이 서로 승인하는 경우에는 이 예에 해당하지 아니한다.

제5조 신식 화폐와 구식 화폐를 똑같이 통용하여 널리 유통하게 하되, 그 비례는 다음과 같다.

황동화 1푼은 구전(舊錢) 1매(枚)에 해당한다.

적동화 5푼은 구전 5매에 해당한다.

백동화 2전 5푼은 구전 25매에 해당한다.

은화 1냥은 구전 100매에 해당한다.

은화 5냥은 구전 500매에 해당한다.

제6조 각종 세목(稅目)과 봉급을 은화로 정한 것은 가능한 한 은화를 쓰되 혹 시기가 맞으면 구전으로 대용할 수 있다. 구전을 가지고 정할 때는 제5조의 비례에 따른다.

제7조 신식 화폐를 많이 주조하기 전에는 당분간 외국 화폐를 섞어 쓸 수 있으나, 다만 본국 화폐와 동질(同質)·동량(同量)·동가(同價)인 것이라야 통용될 수 있다.[7]

---

7 1894년 7월 11일 「신식화폐발행장정」 반포는 은본위제 화폐제도 실시로 여겨진다. 신식 화폐와 구식 화폐의 교환방법은 따로 규정을 정해 동년 7월 20일부터 시행하기로 되어 있었다.

앞에서 본 소위 신식 화폐는 일본의 화폐를 표준으로 하여 주조한 것으로 형질이 어느 정도 정비되었으나 개혁이 성대한 것에 비해 실적이 이에 수반되지 않았다. 본위 화폐로 삼은 5냥 은화 같은 경우는 처음에 겨우 19,923원(圓)을 발행했을 뿐으로 화폐의 불비는 예전 그대로였고, 화폐정책은 여전히 혼돈 중에 있었다.

2) 일본 화폐 유통

한국 화폐의 불비는 자연스럽게 멕시코 은화 및 일본 은화의 수입을 불러 한때 멕시코 은화가 크게 성행했다. 1888년(明治 21), 1889년(明治 22)경까지 그 유통액이 증가 경향을 보였으나 위조가 많아 감식이 곤란했고, 따라서 오랫동안 그 지위를 유지할 수 없었다. 1891년(明治 24), 1892년(明治 25)경이 되면 그 신용이 일본 화폐보다 훨씬 떨어져 점차 다른 곳으로 구축되었고, 몇 년 뒤에는 거의 시장에서 자취를 감추었다.

일본 화폐의 신용이 좋아짐에 따라 이와 교환할 수 있는 태환권의 유통액도 따라서 증가했다. 특히 청일전쟁에서 거액의 일본 화폐가 한국 내에 산포(散布)된 점과 무역 증진에 따라 이를 사용하는 것이 편리하다는 점 때문에 그 거래 범위는 1894년(明治 27) 이후 눈에 띄게 확장되었다. 1897년(明治 30) 여름, 한국에 있는 각 상업회의소가 조사한 바에 의하면 일본 화폐의 유통고는 실로 300만 원에서 350만 원에 달하는 거액이었다고 한다.

이로써 1897년(明治 30) 10월에 일본의 폐제 개혁이 이루어져 금화본위(금본위제)가 실시되자 한국에 있던 일본 상인은 1원 은화로 금화와 교환하기 위해 한국에서 회수하고자 했다. 하지만 다시 불편한 한전(韓錢)을 통화로 사용하게 될 것을 우려하여 본행에서도 중요한 문제로 이를 연구하여 1897년(明治 30) 8월에 다음에 게재하는 조선국폐제사의(朝鮮國幣制私議)를 작성했다. 시부사와(澁澤榮一) 두취는 이것을 가지고 일본은행으로 가서 의견을 상술했다.

조선국폐제사의(朝鮮國幣制私議)

조선국은 종래 한전(韓錢) 외에 화폐라 부를 만한 것이 없고, 매매와 대차는 오로지 이 한전으로 했으므로 외국 통상을 시작한 후 한전과 우리나라(일본) 화폐와의 사이에 시세가 생기고, 무역의 성쇠에 따라 그 시세의 오르내림이 심하였다. 특히 1883년(明治 16), 1884년(明治 17)경 조선 정부에서 조악한 돈을 마구 발행했기 때문에 한전의 시세가 크게 하락하여 무역상의 불편은 이루 말할 수 없었다.

1894년(明治 27) 8월에 조선 정부는 화폐조례를 제정·반포하여 5냥 은화로 나라의 본위 화폐로 삼고, 1냥 은화, 백동화 및 종래의 한전으로 보조 화폐로 삼아 그 유통방법을 규정했으므로 일견 은화본위국의 모습을 보였다. 그렇지만 일국(一國)의 재정이 좋지 않아 화폐 주조액이 지극히 적고 주조한 신화폐는 단지 견본 역할을 하는 데 지나지 않아 통화의 효용을 달성할 수 없었다. 이에 조선 정부는 우리 1엔(圓) 은화의 품위, 양목(量目, 무게), 형상 등이 5냥 은화와 동일하기 때문에 조선의 법화(法貨)로 삼아 조세, 기타 일반의 공적·사적 거래에 사용하는 것을 허락하고, 해관세 같은 경우도 우리 1엔 은화 및 멕시코 은화로 납부해야 한다고 규정하였다. 결국 무역장의 거래는 우리나라의 1엔 은화로 통화를 대용하기에 이르렀다.

그 후 우리 1엔 은화는 조선국에서는 본위 화폐의 위치를 차지하고, 오늘날에 이르러서는 국민 일반에서 이것을 신용하고 최상의 보화로 귀중하게 여긴다. 뿐만 아니라 이 1엔 은화와 교환할 수 있는 일본은행의 태환권 또한 국내에 유통되고, 이전에 매우 불편했던 한전은 유통액이 크게 감축되어 무역장의 거래는 약간 개량에 착수할 수 있었다.

지금 앞서 기술한 사실을 증명하기 위해 부산상업회의소에서 조사한 화폐 유통 개황서 및 동 회의소의 물음에 회답한 경성, 인천, 원산 등의 각 상업회의소로부터 온 보고서를 첨부했으므로 한 번 읽어보면 이 말이 사리에 어긋나지 않음을 알 것이다.

우리 1엔 은화가 조선에서 피차의 인민에게 귀중하게 취급되고 무역장의 통화로 하루도 없어서는 안 되는 것임은 앞서 상세히 기술한 대로이다. 그러나 우리 정부는 지난번에 화폐제도를 개정하고, 올해 10월부터 (이 제도가) 실시됨에 따라 종래 발행한 1엔 은화는 정부의 사정으로 금화 1엔과 교환해야 한다고 규정되었기 때문에 조선 국내에서 유통하는 1엔 은화 및 태환권은 몇 년 지나지 않아 우리나라에 복귀하고, 다시 불편하기 짝이 없는 그 한전을 사용하지 않을 수 없게 될 것이다. 이에 조선 무역의 장래를 깊이 고려하여 널리 적절한 방법을 강구하지 않을 수 없다. 따라서 과거를 참작하여 여기에 사안(私案)을 조목별로 쓰면 아래와 같다.

제1. 현재 조선의 세 항구(부산포·인천·원산) 및 경성에서 유통되는 1엔 은화는 조선 정부 소유와 양국 인민의 소유에 관계없이 그 소유자의 희망에 따라 일정한 각인(刻印)을 날인하고, 당분간 이 각인 은화로 조선국 무역장의 유통 화폐로 충당할 것.

제2. 각인 은화로 조선국 무역장의 유통 화폐로 삼는 것은 사전에 조선 정부로 하여금 동의하게 할 것.

제3. 현재 조선국 무역장에서 유통되는 일본은행의 태환권은 자유 교환방법이 없으므로 무역장 거래가 아직껏 원만하다고 할 수 없다. 따라서 이 태환권도 무타교환(無打交換, 打步 즉 프리미엄 혹은 할증금 없는 교환) 방법을 마련할 것.

제4. 태환권 무타교환 방법을 마련하기 위해서는 그 교환기금으로 다음의 금액을 조선 각지에 마련해두고, 교환 취급 은행을 정하여 이를 취급하게 하고, 그 교환한 태환권 또는 금화를 가지고, 또 1엔 은화의 교부를 청할 때는 일본은행은 언제라도 그 운임과 보험료를 지변(支辨)하여 이를 교부할 것. 단, 교부해야 하는 1엔 은화는 물론 각인 날인한 것이어야 함.

교환기금의 총액은 1엔 은화 60만 엔으로 하며, 그 내역은 다음과 같다.

경성	15만 엔
인천	20만 엔
부산포	15만 엔
원산진	10만 엔

그 밖에 목포·진남포를 개항할 때는 두 지방 각 5만 엔을 필요로 함.

제5. 위 교환방법에 따라 일본은행의 태환권을 조선국의 각 무역장 및 내지까지 널리 유통할 수 있다면 이 나라의 거래는 완전히 면목을 새롭게 하고 양국 무역의 진보 또한 기대할 수 있다고 믿는다. 그러나 불행하게도 금은 비가(比價)의 변동에 따라 태환권이 유통되는 기회를 놓치고 무역상의 거래가 원활하지 않게 된다면 교환·취급 은행은 무기명식(無記名式) 예탁증권을 발행하여 거래의 경색을 도와서 보충해야 할 것.

단, 이 예탁증권 발행에 대해서는 사전에 조선 정부의 인가를 받을 것.

1897년(明治 30) 8월

주식회사 제일은행 두취 시부사와 에이이치(澁澤榮一)

앞의 의견서를 제출한 후 다시 다음의 서면을 작성하여 이를 일본은행 총재에게 송부했다.

조선국 무역통화에 관해서는 일찍이 의견서로 진술한 적이 있습니다만, 상기 각인부 1원 엔화를 유통시켜 동국의 통화로 활용하는 것은 양국 무역상의 필요라고 생각합니다. 따라서 그 절차는 다음과 같이 시행하고자 합니다.

제1. 각인부 1엔 은화를 조선국의 무역통화로 하여 해관세 및 기타 공사의 지불에 이용하는 것은 부산포지점 지배인 도키 고(土岐僙)를 경성으로 파견하여 조선국 총세무사이자 재정고문인 브라운과 협의한 뒤 브라운의 동의하에 브라운이 각 해관장에게 통지할 수 있도록 진력해 주기 바란다.

제2. 브라운이 앞의 절차에 동의했을 때는 제일 먼저 조선 정부가 소유한 1엔 은화에 각인을 압날(押捺)하도록 해야 하므로 브라운이 그 일을 승낙한 뒤에는 상당한 보수를 브라운 또는 조선 국왕에게 증여해 주었으면 한다. 단, 상기 보수금은 브라운과 대면한 모양새로 협의해야 하기 때문에 귀행(일본은행)에서 지출해 주기 바란다.

제3. 위와 같이 브라운의 동의을 얻은 뒤에는 조선국에 유통하는 1엔 은화 및 태환권은 하루라도 빨리 각인부 1엔 은화와 교환했으면 하고, 따라서 상기 교환기금으로 50만 원에서 70만 원의 각인부 1엔 은화를 교부해 주기 바란다.

제4. 앞의 각인부 1엔 은화는 경성, 인천, 부산, 원산 등에 회송하여 교환기금에 충당해야 하므로 각지로의 운임과 보험료 등은 귀행에서 지불해 주었으면 한다.

제5. 전 항의 기금을 가지고 교환한 1엔 은화 및 태환권은 귀행 오사카 지점에 반납해야 하므로 또 필요할 때는 다시 상당한 교환기금을 회송해 주었으면 한다. 단, 이 반납해야 할 금액에 대해서는 그 운임과 보험료도 지출해 주었으면 한다.

제6. 1원 은화에 압날(押捺)하는 각인 문자 및 형식 등은 브라운과 협의한 뒤 정해야 하므로 그 각인은 조폐국에서 압날하도록 도모해 주었으면 한다.

제7. 각인부 1엔 은화와 교환한 무각인(無刻印) 1엔 은화는 오사카로 회송해야 한다고 생각하지만, 만약 조선에서 곧바로 각인을 찍는 편이 비용을 절약할 수 있고 편리하다면 상기 각인 압날할 수 있는 직공과 기계 등을 보내주었으면 한다.

제8. 각인부 1엔 은화와 교환한 태환권, 1엔 은화에 대해서는 상당한 교환 프리미엄(打步) 또는 수수료를 부여해 주었으면 한다.

이상과 같이 미리 들어두기를 바라며 이같이 부탁드립니다.

1897년(明治 30) 8월 주식회사 제일은행 두취 시부사와 에이이치(澁澤榮一)

일본은행 총재 남작 이와사카 야노스케(岩崎彌之助) 귀하

이상에 대해 8월 31일 일본은행 총재로부터 다음과 같이 통지가 있었다.

지난번 귀행에서 신청한 각인부 1엔 은화를 조선국에 유통시키는 건에 대해 대장성에 문의한 바 귀행이 신청한 조항을 목적으로 담판을 진행시키라는 식의 내용으로 지령이 있었기 때문에 그렇게 알고 계시기 바랍니다.

1897년(明治 30) 8월 31일 일본은행 총재 이와사카 야노스케(岩崎彌之助)

주식회사 제일은행 두취 시부사와 에이이치(澁澤榮一) 귀하

이에 본행은 한국 총세무사 브라운과 협의하여 각인 은화를 해관세로 수납하게 할 뜻을 정했다. 또 상처가 없는[無傷] 은화는 일시적으로 각인 은화와 동가로 교환하고, 나중에 시세에 따라 거래할 예정인데, 본행 스스로 교환기관이 되어 한국 내에서 각인 은화의 유통을 계획했다.

이런 경위로 1897년(明治 30) 10월 일본에서 금화본위제가 마침내 실시되었지만 종래 한국 내에 유통된 우리나라(일본) 화폐는 특별히 영향을 입는 바 없이 각인 은화와의 교환도 예정 이상의 좋은 결과를 얻었다.

3) 명의상의 금화본위제

앞 절에서 언급한 바와 같이 일본 원은(圓銀)은 한국의 본위 화폐로 기능했던 실력을 가지고 있었는데, 당시 러시아는 조금씩 한국 재계에 그 세력을 신장시키고자 새롭게 한러은행(露韓銀行)을 설립하고자 계획하고 있었다. 또한 1897년(明治 30) 11월 알렉세예프가 한국 재정고문이 되어 종래 한국 탁지부고문 및 총세무사였던 영국인 브라운의 상관으로 있게 되었다. (알렉세예프는-역자) 일본 화폐의 세력이 날로 강해지는 것을 보고 이를 기뻐하지 않고 각인 은화의 통용은 첫째, 국가의 체면을 더럽히고, 둘째, 한국의 이익을 빼앗기는 것이 될 것이라고 주장하며 그 유통을 방해하고자 했다. 한국 조정 역시 이에 자극을 받아 아무런 전망이나 준비 없이 일본의 화폐조례를 토대로 1901년(광무 5) 2월 12일 칙령 제4호로 다음과 같은 화폐조례를 반포하고, 이어 동월 22일 각인 은화의 유통금지를 고지하였다.[8]

화폐조례(貨幣條例)

제1조 화폐 제조와 발행 권한은 정부에 속한다.

제2조 금화폐의 순금 무게(量目)는 2푼(分)으로 가격의 단위로 정하고, 이를 환(圜)이라 칭한다. 단, 화폐 산칙(算則)은 50전(錢)을 반환(半圜)이라 칭하고, 100전을 1환이라 칭한다.

제3조 화폐 종류는 다음과 같이 정한다.

금화폐	20환
	10환
	5환
은화폐	반환
	20전
백동화폐	5전
적동화폐	1전

8 이 문장에는 오류가 있다. 각인부은화의 유통금지는 1898년 2월 22일의 일이고, 칙령 제4호의 화폐조례가 공포된 것은 1901년 2월 12일의 일이다. 아마도 이 두 가지 사실을 혼동하고 있는 듯하다.

제4조 화폐 양식과 품위와 무게(量目)는 다음과 같다.

본위 화폐			
	경곡척(徑曲尺)	무게(量目)	합성(合成)
20환	9푼 5리[9] 9分5厘	4전 4푼 4리 4모 4=16그램 6665[10] 4錢4分4厘4毛	순금 900푼[11] 삼화동(參和銅) 100푼
10환	7푼9 7分	2전 2푼 2리 2모 2=8그램 3333 2錢2分2厘2毛	순금 900푼 삼화동 100푼
5환	5푼 6리 5分6厘	1전 1푼 1리 1모 1=4그램 1666 1錢1分1厘1毛	순금 900푼 삼화동 100푼

보조 화폐			
	경곡척(徑曲尺)	무게(量目)	합성(合成)
반환	1치 2리 1寸2厘	3전 5푼 9리 4모 2=13그램 4783[12] 3錢5分9厘4毛	순은 800푼 삼화동 200푼
20전	7푼 4리 7分4厘	1전 4푼 3리 7모 7=5그램 3914 1錢4分3厘7毛	순은 800푼 삼화동 200푼
보조 백동화			
5전	6푼 8리 6分8厘	1전 2푼 4리 4모 1=4그램 6654 1錢2分4厘4毛	삼화동 750푼 니켈 250푼
보조 적동화			
1전	9푼 2리 9分2厘	1전 9푼 ○○8=7그램 1280[13] 1錢9分	동 980푼 아연 10푼 주석 10푼

9 곡척은 장수와 단수로 되어 있다. 이 장수와 단수에는 각기 용도를 달리하는 치수가 새겨져 있다. 장수와 단수에는 겉눈과 안눈, 원주눈, 당척눈 등이 새겨져 있다. 곡척의 눈금은 척관법에 의한 리(厘), 푼(分), 치(寸), 자(尺)로 겉눈 장수와 단수에 새겨져 있으며, 반대쪽 장수에는 안눈(평방근눈)과 당척눈이, 단수에는 겉눈과 원주눈이 새겨져 있다. 1치=3.03cm를 기준으로 그 10배는 1자이고, 그 10분의 1배는 푼(分)이다. 1치의 100분의 1은 1리이다.

10 당나라 개원통보전에 의하면 1,000닢(錢)을 1관이라 했다. 이 1,000닢(錢)은 1,000닢(文)과 통한다. 문(文)은 문(匁)과 통한다. 일본의 척관법에 의하면, 1관(貫)은 1,000돈(匁)에 해당한다. 1돈이 3.75g이므로 1관은 3,750g, 즉 3.75kg이다. 보조 단위로 1근(斤)은 160돈, 10분의 1돈은 1푼(分), 10분의 1푼은 1리(厘), 10분의 1리는 1모(毛)라 한다. 우리나라는 1960년에 척관법을 미터법으로 통일시켰다. 1돈=3.75g를 기준으로 그 160배는 1근=600g이고, 그 1,000배는 1관이다. 1돈의 10분의 1배는 푼(分)이고, 1돈의 100분의 1은 1리이다. 따라서 표에서 보이는 전(錢)은 돈(匁)과 같은 의미로 쓰였다고 할 수 있다. 원문에 4전 4푼 4리 4모 4가 6그램 6665로 되어 있으나 16그램 6665가 맞다.

11 푼(分)은 비율을 나타낼 경우 전체의 100분의 1이다. 즉 0.01로 이해하면 되겠다. 따라서 순금 900푼과 삼화동 100푼의 의미는 순금과 삼화동을 9:1로 섞었다는 의미이다.

12 계산해 보면 3그램 4783이 아니라 13그램 4783이 맞다. 수정하였다.

13 계산해 보면 8그램 280이 아니라 7그램 1280이 맞다. 수정하였다.

제5조 금화폐 주조에 공차(公差)가 있어 통용 중 가장 가벼운 무게(量目)는 20환 금화폐는 4전 4푼 2리가 되고, 10환 금화폐는 2전 2푼 1리가 되고, 5환 금화폐는 1전 1푼 ○ 5모까지 된다.

제6조 금화폐는 액수에 제한 없이 법화로 삼고, 은화폐 10환까지와 백동 및 적동화폐 1환까지 한하여 법화로 삼아 통용한다. 단, 주고받는 자가 서로 긍낙(肯諾)하는 경우에는 이 제한에 있지 않는다.

제7조 금화폐가 마손(磨損)하여 통용 최저 무게(通用最輕量目) 아래로 내려간 것, 은화폐와 백동 및 적동화폐에 심히 마손(磨損)한 것, 기타 유통에 불편한 화폐는 그 액면가격에 따라 교환하고, 교환규칙은 탁지부 대신이 부령(部令)으로 정한다.

제8조 화폐의 형식이 분명치 못하거나 사조(私造)한 화폐는 통용치 못한다.

제9조 금을 수납(輸納)하여 금화폐 제조를 청구하는 자가 있을 때는 정부에서 그 청구를 응허(應許)한다.

제10조 종래 발행하던 1냥 은화폐와 2전 5푼 백동화폐와 5푼 적동화폐와 1푼 황동화폐는 전과 같이 통용한다.

제11조 앞의 신식 금은화폐 발행 및 종래 발행하던 5냥 은화폐, 1환 은화폐, 당오전, 1푼 엽전 교환 및 수납(輸納)하여 금화폐 제조를 청구하는 것에 관한 규칙은 탁지부 대신이 부령으로 정한다.

앞의 각인은화 유통금지에 관해 인천지점 지배인 니시와키 쵸타로(西脇長太郎)가 보낸 편지는 다음과 같다.[1898년(明治 31) 3월 1일 자]

편지로 말씀드립니다. 각인은화는 알렉세예프, 카브렐 등의 반대가 있음에도 탁지부에서는 납세에도 이를 수취하고 일반적으로 원활하게 유통하고 있는 것은 지난번 편지에서 말씀드린 대로입니다. 그런데 지난 22일에 탁지부에서는 갑자기 납세에 각인은화 사용하는 것을 거부했을 뿐만 아니라 공적이든 사적이든 일반에게 수수를 금지하여 탁지부의 문 앞과 경성의 사대문에 방문을 붙여 널리 알리고, 우리 공사관에도 공공연하게 통지했습니다. (중략) 원래 이번 일은 외교정략적인 면에서도 한러은행의 관계에 있어서도 깊은 의미가 있습니다.

우리 공사관에서도 외부대신의 통첩에 대해서는 충분히 연구한 다음 회답할 예정입니다. 또 브라운은 공사관 등의 성원을 얻어 충분히 반대 항의를 시도할 것이기 때문에 향후 어떻게 형편이 되어 갈지 지금은 짐작하기 어렵습니다. 하지만 법령으로 금지하지 않는 한, 또 브라운에게 반대 의견이 있는 한 해관세에서 수취하는 것은 지장이 없습니다. 운운

또 동월 7일 자 편지는 다음과 같다.

귀하께서 보내신 제9호 서신 잘 받아보았습니다. 그렇다면 각인은화 통용금지 이유는 지난번 편지에서 제출한 신문지 스크랩으로 아셨으리라 생각합니다만, 탁지부의 문 앞과 기타의 게시에는 단지 '일본 원은(圓銀)에 작은 은자(銀字)를 새긴 것은 지금부터 공사(公私) 모두에서 통용을 금지한다'고 되어 있고, 우리 공사관에 보낸 통첩에는 '근래 여러 외국화폐가 유통하여 식별에 어려움을 겪고 있기 때문에 일본 각인은화는 장래 일반 인민의 통용을 금한다' 운운하는데 지극히 박약한 이유입니다. (하략)

이로써 당시의 정황을 알기에 충분하다. 한편에서는 한국 조정이 우리 원은(圓銀)을 배척하고 있지만, 다른 한편에서는 총세무사 브라운이 이를 해관세에 수수하도록 하는 기이한 모습을 드러냈다.

이같이 알렉세프의 세력이 한국 조정을 압도했다. 이어 동년(1898) 3월 1일에 한러은행도 마침내 개점하여 러시아는 조금씩 한국 재계에 그 날개를 펼치고자 했다. 하지만 러시아 정부의 정책이 갑자기 일변하여 동월 18일에 돌연 알렉세예프를 비롯해 기타 군부고문 여러 명이 해임되었다. 한러은행도 사무상의 어떤 발전도 보지 못한 채 4월 9일 완전히 폐쇄되고 말았다.

러시아 세력은 하루아침에 물러났으나 각인은화 통용금지 문제는 여전히 해결되지 못했다. 우리 정부의 항의도 민간 인사의 설명도 효과를 보지 못했다. 더구나 자국에서 이를 대신할 본위 화폐를 주조할 전망이 없고, 이전에 발포한 화폐조례는 필경 유명무실하여 일찍이 한 개의 금화도 주조 발행한 흔적이 없다. 시부사와 두취가 1898년(明治 31) 5월 한국을 돌아보고 귀국한 뒤 행한 담화는 당시의 정황을 잘 보여준다. 말하길,

(전략) 각인부원은(刻印付圓銀)의 통용금지는 한일 무역상에 큰 관계를 갖는 것이기 때문에 나는 이번 여행을 호기(好期)로 삼아 어떻게 해서든 그 금지를 풀고자 마음먹었다. 다행히 내가 한국에 도착했을 당시는 이미 알렉세예프를 해고했을 무렵으로 크게 러시아의 영향(露風)을 벗어났고, 남은 불꽃도 이미 꺼진 듯했으나 화폐에 관한 문제는 여전한 모양새였다. 왜 그런가 하면 한국의 당로자(當路者)나 기타 일반 인민이 화폐의 진리를 이해하지 못하기 때문이다. 그들은 마치 화폐를 가지고 법률 등을 만들어 내는 것처럼 생각한다. 전혀 본위 화폐와 보조 화폐를 구별하지도 못한다. 화폐 주조는 오직 당로자가 이익을 추구하는 방편이라고 보아 알렉세예프가 주장한 제일국욕론(第一國辱論) 제이국손설(第二國損說)은 상당히 동국인(한국인)의 주의를 환기시켰다. 일본의 고물(古物)인 은화를 한국에 통용시키는 것은 그 이익을 일본에게 빼앗기게 되는 것이라는 등의 의미에서 그 통용금지가 필요할 뿐 무역상의 불이익 같은 것은 조금도 돌아보지 않게 되었다. 이에 나는 사무를 시찰하는 틈틈이 가급적 이 문제에 대해 한국의 당로자와 협의하고자 했다.

그런데 한국인은 내 여행을 보고 어떻게 생각했는지 모르겠지만, 내가 한국에 도착했다는 것을 듣고 찾아오는 사람마다 여러 가지 일을 가지고 왔다. 혹은 경부철도에 조력해라, 혹은 한일은행(韓日銀行)을 세워라, 혹은 조선은행에 조력하라고 했다.[14] 혹은 또 모종의 사업에 대해 자금을 공급하라고 했고, 혹은 화폐 주조에 대해 일본으로부터 지금(地金)을 수입하라는 등 다양한 사람들로부터 상담을 받았지만, 원래 평소 생각도 아니었기 때문에 적당하게 인사하고 도착 후 이삼일 지나 7일에 국왕을 알현했다. 그 결과 국왕은 상의위원(商議委員)을 임명하여 나와 경제상의 일을 회담하게 되었다. 드디어 사실상의 담화가 되어 그 달(1898년 5월) 10일 군무대신 민영기(閔泳綺), 외무협판 유기환(兪箕煥) 두 사람과 우리 공사관에서 회견했다. 나는 화폐 사무에 관해 여러 가지로 주의를 주었는데, 그들은 종래의 화폐, 즉 각인은화로는 아직 충분하지 않으니 다시 일본에서 지금(地金)을 차입했으면 좋겠다고 주문했다. 나는 화폐란 무역량에 따라야 하는 것으로 인구수를 표준으로 해서는 안 된다고 설명했다. 또 조선에서 화폐를 주조하고자 하면 우선 자국에 조폐국을 두고 국민으로 하여금 화폐의 품위와 무게(量目) 등을 알게 하여 화폐의 신용을 유지해야 한다, 현재 일본에서

14 여기서 이야기하는 조선은행은 1897년 2월에 설립된 조선은행을 말한다.

는 매년 조폐국에서 대시험을 실시하고 있다고 설명했다. 가령 만약 지금(地金)을 차입한다고 해도 그 주조를 자국에서 행할 수 없어 다른 나라에 의뢰하게 된다면 일본 화폐를 사용하는 것과 조금도 다름이 없다. 따라서 의도는 상당히 좋지만 지금 갑자기 이를 실행하기 어려운 것을 어찌하겠는가. 그러므로 지금의 계책은 차라리 각인부원은을 이용하는 것이 편리하고 또 이로울 것이고, 일본에서도 일찍이 외국 화폐를 사용한 전례가 있으나 이 때문에 조금이라도 국가의 위신을 손상시키거나 국가의 이익을 상실한 일이 없다고 반복해서 설명했지만 쉽게 그들의 뇌리에 들어가지 않았다. 다음 날 11일 나는 가토(加藤增雄) 공사와 함께 안경수(安駉壽)의 집에서 다시 탁지부 대신 심상훈(沈相薰)과 군무대신 민영기(閔泳綺), 외무협판 유기환(兪箕煥), 그리고 안경수 이 네 사람과 회담하고 반복해서 논변(論辨)한 끝에 마침내 그들은 나의 설명에 동의하게 되었다. 하지만 원은의 통용금지를 풀기 위해서는 국왕의 재가를 얻어야 했기 때문에 여전히 얼마간의 시간이 필요했다. 아울러 보조화 주조는 당연히 필요한 것이기 때문에 이를 시행할 수 있도록 하고, 이어 한국에서도 일본과 같이 중앙은행의 설립이 필요하니 그 설립에 상당한 조력을 해주고, 또 장래 한국에 흥기(興起)하는 다양한 실업에 대해 안전하고 이익이 있다고 판단한 것에는 자금을 공급해 주었으면 좋겠다는 그들의 청구에 나도 힘써서 이를 조성(助成)하겠다는 뜻으로 대답하고 그 담판을 마쳤다. 운운.

이어 동년(1898년) 7월에 마침내 해금령(解禁令)을 보게 되었다.

4) 백동화 남발

각인부원은 배척으로 화폐 결핍이 초래되자 이 기회를 틈타 1898년(明治 31) 봄 무렵부터 전환국(典圜局)의 백동화 주조가 활기를 보였다. 당시 전환국장 이용익(李容翊)은 일본인 마스다 노부유키(增田信之) 등을 통해 원료를 수입했고, 1898년(明治 31) 1월부터 7월까지 반년 동안에 그 주조고가 이미 15만 7백여 원에 달해 동년 5·6월 무렵부터 보조화가 차츰 시장에 넘쳐나게 되었다. 1899년(明治 32)에 전환국은 '홈링거' 상회와 계약하여 또 다시 다량의 원료 수입을 기도했다. 다음에 게재하는 1899년(明治 32) 9월 5일 자 니시와키 쵸타로(西脇長太郎) 인천지점 지배인이 보낸 편지는 그 당시의 사정을 알기에 충분하다.

(전략) 이곳 '홈링거' 상회(홍콩상하이은행 대리점)에서는 이번에 이용익과의 사이에 백동화 원료의 공급 약속이 이루어졌다고 합니다. 금액은 백동화 150만 원(元)이라고도 하고, 또 80만 원(元)이라고도 합니다만, 졸생(拙生)이 탐지한 바에 의하면 150만 원(元) 쪽이 사실인 듯합니다. 그리고 매매가격은 백동화 5천만 개, 인천 도착 37원 50전의 비율, 그 밖에 수수료 2만 원(圓)을 수취하는 약정이었다고 들었습니다. 이 약정 성립에 대해서는 각국 사람들이 모두 반대하는 입장이어서 일본·영국·미국·독일 공사가 연합하여 한국 조정에 충고하는 것이 좋겠다고 생각해 어제 '타운센트', '월터' 등에게 협의했던 바 모두 동의했습니다. 따라서 내일 중으로 이곳 본방인(일본인) 상업회의소의 임시회의를 열어 건의서를 제출할 예정입니다. (하략)

거류민의 권고도 효과 없이 한국 조정은 오로지 주조 이익금을 얻기 위해 (단속하지 않았고, 그 때문에-역자) 남주(濫鑄) 남발(濫發)이 해마다 더욱 심해졌다. 백동화는 결국 가치가 하락했고, 조야 모두가 그 해독을 입게 되었다.

전환국에 의한 백동화 남발이 나날이 심해지자 민간에서도 사주(私鑄)와 위조(僞造)를 시도하는 자가 많이 나타났다. 1901년(明治 34), 1902년(明治 35) 무렵에는 그 정점에 달해 시장의 위해(危害)는 말로 표현할 수 없었다. 또한 한국 조정의 유사(有司, 당국자)는 이들에 대해 아무런 검속도 하지 않았을 뿐 아니라 도리어 황백(黃白, 돈)을 위해 이를 묵인했다. 몰래 전환국으로부터 관주(官鑄)에 사용하는 각인을 빼돌려 사리를 도모하는 등 상식을 가지고는 거의 규율할 수 없었다. 따라서 처음에는 사위사배(詐僞師輩)가 사적으로 소규모 위조를 하는 것에 불과했으나 종국에는 거액의 자금을 투자하여 정교한 기계와 지금(地金)을 준비해 큰 계획의 주조를 통해 부정한 거리(巨利)를 독차지하는 자가 도처에 속출했다. 각 사주(私鑄)는 그 정교함과 조악함의 정도에 따라 혹은 관주(官鑄)와 동등하거나 혹은 약간의 차등을 가지고 지장 없이 세상에 유통하여 흡사 무정부 상태를 드러냈다.

백동화 유통가격의 하락은 점점 물가 상승을 초래하여 비단 민간에 공황을 초래했을 뿐 아니라 재정 역시 궁지에 빠뜨렸다. 정부는 그 방어책으로, 혹은 엽전의 유통 지역에 대해 백동화로 조세를 납부하라는 훈령을 내렸고, 혹은 각지 군대의 급료를 모두 백동화로 지불하는 등 백방으로 손을 써서 그 유통을 강제했음에도, 때로는 흩어지고 때로는 남발되어 결국 실효를 거두지 못했다. 더구나 1902년(明治 35)에는 간상(奸商) 중에 백동화 밀수입을 기도하는 자가 매우 많아져 폐정(幣政)의 문란이 멈출 줄을 몰라 화폐의 신용은 거의 땅에 떨어졌다.

이어 동년(1902년) 11월이 되어 본방(일본)에서 백동화 밀수입 취체(단속)에 관한 칙령이 발포되고, 각 세관 및 우리(일본) 경찰의 검속 역시 엄밀함을 더하게 되면서 밀수입의 폐해는 점차 줄어들게 되었다. 하지만 화폐의 가치 하락과 국고의 궁핍은 점점 심해져서 러일전쟁 무렵까지 재계는 완전히 혼란 속에 있었다.

5) 화폐 정리 착수

1904년(明治 37) 2월 러시아와 일본의 국교가 단절되고, (1904년 2월 23일) 한일공수동맹[15]이 체결되자 양국 관계가 더욱 밀접해 졌다. 그해 10월 14일 대장성 주세국장 메가타 다네타로(目賀田種太郞)가 한국 정부의 재정고문으로 임명되어 정리에 관한 당면의 일을 처리했다. 한국 조정 역시 우리(일본) 권고를 따라 개혁에 힘을 다했다. 동년 11월 28일에 백동화 남주의 원천인 전환국을 폐쇄하였고, 이어 12월에 화폐 정리, 중앙금융기관 설립 및 금고 설치에 착수했다. 이로써 적폐 개선의 서광을 보게 되었다.

메가타 고문이 화폐 정리에 착수하게 되면서 예정한 방침은 다음과 같다.

한국 화폐제도 정리안

제1. 화폐제도 정리 요점

(1) 한국에 본위 화폐가 없고 물가의 변동이 격심하여 상공업 발달과 재정 확립을 바랄 수 없기 때문에 적절하게 가격의 표준을 정해야 한다.

(2) 백동화폐는 제조가 조악하여 사주하거나 위조하기 쉽다. 특히 수년 동안 남조(濫造)에다가 사주와 위조가 오랫동안 행해져서 그 정위(正僞)를 분별하기 어렵기 때

15 일제는 한국 정부에 강요하여 「한일의정서(한일공수동맹조약)」를 체결하였다. 「한일의정서」에는 정부는 일제의 '충고'를 받아 시정을 개선할 것, 3국의 침해시 군사상 필요한 지점을 이용할 수 있다는 내용 등이 규정되어 있었다.

문에 이를 대신해 적당한 보조화를 발행해야 한다. 또 엽전은 그 유통액이 너무 많고 조악한 화폐의 유통이 적지 않기 때문에 이를 환수하여 적당한 분량으로 수축하고 조악한 것은 이를 폐지해야 한다.

제2. 정리 방법

한국의 화폐 정리는 이를 정리라 칭하기보다는 오히려 화폐제도 신설이라고 해야 한다. 이에 대해 여러 종류의 방책이 없지 않겠지만 한국의 현재 자력(資力) 및 국제무역 관계에 비추어 다음의 방책이 가능하다.

(1) 한국의 통상과 교통에 있어서 가장 근접한 것은 일본국이기 때문에 한국 화폐의 본위는 일본과 동일하게 할 것.

(2) 한국 화폐제도의 성부(成否)와 가장 이해관계를 갖는 것 역시 일본국이기 때문에 한국 정부는 일본 정부 혹은 일본 정부의 보증을 얻어 자금을 차입할 것.

이 두 가지 점을 고려할 때 다음의 방책이 가장 적당하다.

1. 한국 화폐의 기초 및 발행 화폐를 완전히 일본과 동일하게 할 것.
2. 한국 화폐제도와 동일한 일본 화폐의 유통을 승인할 것.
3. 본위 화폐 및 태환권은 일본의 것으로 하거나 또는 일본 태환권을 준비로 하여 일본 정부가 감독·보증하는 은행권으로 할 것.
4. 보조 화폐는 모두 한국 정부에서 발행할 것.

제3. 정리 실행 순서

1. 1901년(明治 34, 광무 5) 2월 발포한 칙령 제4호 화폐조례 실시를 선언함으로써 화폐의 기초를 법정할 것.
2. 일본 화폐 유통을 승인하여 정부의 수지에 사용할 수 있게 할 것.
3. 화폐조례 중 청동화(1전), 백동화, 은화(20전, 50전) 등의 양식을 개정하고 이를 공포할 것. 단, 백동화 및 은화 양식은 가급적 정밀하게 하여 위조(僞造, 贋造)를 방지할 수 있는 것이어야 한다. 경찰제도의 불비함과 경제사상이 결핍된 한국 국민에 대해서는 크게 이 점을 주의시켜야 한다. 백동화폐 같은 것은 가급적 연취(緣取, 가장자리에 테를 두름)를 실시하는 것이 득책(得策)이다. 10전 은화 발행을 하지 않음으로써 혼동할 우려가 없고,

새로운 백동화폐로 일견 어지간히 우등하게 보이지 않는 한 새로운 백동화와 같은 형식인 구백동화에 대해 2배의 교환력을 갖게 하는 것은 곤란할 것이기 때문이다.

4. 구동화의 통용기한 및 교환기한을 정해 교환하거나 환수할 것.

청동화 및 엽전은 일정한 기한 후에는 그 통용제한액을 한정하고, 또 환수할 것.

제4. 구화폐 환수 및 교환법

1. 백동화
   (1) 가급적 단기일에 그 통용 및 교환기한을 정한다.
   (2) 신화폐와의 비가(比價)를 정해 점차 금고에서 교환한다.
   (3) 정부의 수납 및 신화 교환 때 백동화의 진위를 검정하여 부정화(不正貨)로 판단되는 것은 그 통용을 금지할 것인가 또는 여기에 절단면을 내 혹은 실가(實價)로 매상할 것인가 소지인으로 하여금 선택하게 한다.
   (4) 백동화 교환을 신청하는 자는 신화폐의 종류를 선택할 수 없고, 오로지 금고의 사정에 맡겨야 한다.
2. 청동 및 엽전
   (1) 일단 정부에 수납한 것은 다시 발행하지 않고 점차 환수하는 방침을 취할 것.
   (2) 엽전 중 양호하여 유통을 승인할 만한 것은 검정한 뒤에 다시 이를 발행하여 소규모 거래를 편리하게 할 것.

이상의 방침에 따라 발포된 법령의 주요 내용은 다음과 같다.

화폐조례 실시에 관한 건

[1905년(광무 9, 明治 38) 1월 18일 칙령 제2호(번역문)]

제1조 본국 화폐의 가격은 금으로 그 기초를 만들어 본위화(本位貨)의 근거를 공고히 할 것.

제2조 위의 조에 의거하여 1901년(광무 5)의 칙령 제4호 화폐조례는 올해 6월 1일부터 실시할 것

형체와 무게(量目)가 동일한 화폐의 무애통용(無碍通用)에 관한 건

[1905년(광무 9) 1월 18일 칙령 제3호(번역문)]

제1조 1901년(광무 5) 2월 12일 칙령 제4호 화폐조례를 실시할 때는 동 조례에서 규정한 화폐와 품위, 무게, 형체 등이 동일한 화폐는 같이 무애통용시켜 공사(公私)의 수수에 사용할 수 있도록 허가할 것.

제2조 본 령은 화폐조례를 실시한 날부터 모두 실행할 것

구화폐 정기 교환에 관한 건

[1905년(광무 9) 1월 18일 칙령 제4호(번역문)]

제1조 1901년(광무 5) 2월 12일 칙령 제4호 화폐조례에 준거하여 본위 화폐를 금으로 했기 때문에 과거에 발행한 통화는 다음의 각 조규(條規)에 의거해서 신화(新貨)와 교환 또는 환수할 것.

제2조 구화(舊貨) 은화 10냥(은화 2元 역시 같다)은 신화 금화 1환(圜)에 상당하는 비율로 정부의 편의에 따라 점차로 교환 또는 환수할 것.

제3조 구백동화폐의 교환 및 환수는 1905년(광무 9) 7월 1일부터 개시할 것.

제4조 구백동화폐의 교환 종료 기한은 만 1년 이상으로 탁지부 대신의 편의에 따라 정할 것.

제5조 구백동화폐의 교환 기한이 종료된 후에는 그 통용을 금지할 것. 단, 통용 금지 후 6개월 동안은 공납(公納)에 사용할 수 있게 할 것.

제6조 이상 조항에 따라 환수 및 교환방법 그리고 교환소는 탁지부 대신이 이를 정할 것.

1905년(광무 9) 1월 20일 칙령 제42호로 화폐조례 일부에 대한 개정 내용이 공포되어 새롭게 은화폐로 20전을 추가하고, 적동화폐를 청동화폐로 고쳤다. 또한 청동화 반 전(半錢)도 추가되었다. 동년 6월에는 탁지부령으로 정리에 관한 시행 세목을 작성하였다. 금화본위제가 마침내 실시되었고, 이와 동시에 형체와 무게가 동일한 외국 화폐의 통용이 공인되었다. 구화 2원(元)은 신화 1환(圜)의 비율로 교환 또는 환수되었다. 또한 구백동화 교환은 7월 1일부터 개시하게 되었고, 폐제개혁의 기초가 이로써 겨우 확립되었다.

6) 화폐 정리 사무 취급 수탁

화폐 정리에 관한 사무가 결행되자 본행은 그 실행 임무를 맡아 1905년(明治 38) 1월에 한국 정부와 화폐 정리 및 그에 필요한 자금 대여에 관한 계약을 체결했다. 그 조문은 다음과 같다.

대한국 정부는 화폐 정리에 관해 주식회사 제일은행과 다음과 같이 계약한다.

제1조 대한국 정부는 별도로 정한 대한국 현행 화폐 정리 예산의 범위 내에서 화폐 정리에 관한 사무를 제일은행으로 하여금 집행하게 한다.

제2조 화폐 정리에 관한 사무 집행에 대해 제일은행은 탁지부 대신의 지휘·감독을 준수해야 한다.

제3조 대한국 정부는 제일은행권을 공인하고, 공사(公私) 거래에 지장 없이 무제한 통용시켜야 한다.

제4조 대한국 정부는 화폐 정리에 필요한 일체의 비용에 충당하기 위해 화폐 정리자금으로서 300만 원을 제일은행에 교부한다.

제5조 제일은행은 화폐 정리에 관한 일체의 경비 및 수입을 별도 회계로 정리해야 한다.

제6조 제일은행은 화폐 정리 사무 착수 후 1년 반이 경과하면 화폐 정리의 수지 계산을 해야 한다. 화폐 정리 사무를 종료했을 때도 마찬가지이다.

제7조 전 조(前條)의 계산 결과, 정리자금에 부족이 발생했을 때는 대한국 정부는 해당 부족 금액을 즉시 제일은행에 지불해야 한다.

제8조 화폐 정리에 관해 대한국 정부에 손실을 입혔을 때는 이에 대해 충분한 주의를 기울였음에도 여전히 손실을 피할 수 없었음을 증명하지 못하면 제일은행은 대한국 정부에 대해 배상의 의무가 있다.

위의 조항을 확약하고, 그 증거로 계약서 일문(日文)과 한문(韓文) 각 2통을 만들어 각자 2통씩 영유한다.

1905년(明治 38) 1월 31일

탁지부 서무국장 이중옥(李重玉)

대한국 정부 재정고문 메가타 다네타로(目賀田種太郎)

주식회사 제일은행 경성지점 지배인 시미즈 다이키치(清水泰吉)

본 계약의 신고를 수리하고 이를 승인한다.

1905년(明治 38) 1월 31일

특명전권공사 하야시 곤스케(林權助)

대한국 정부는 화폐 정리자금을 주식회사 제일은행으로부터 차입하는 데 대해 다음과 같이 계약한다.

제1조 대한국 정부는 화폐 정리 비용 및 그 자금으로 300만 엔을 제일은행으로부터 차입한다.

제2조 전 항의 차입금에 대해서는 연 6푼(6%)의 비율로 매년 6월과 12월에 이자를 지불해야 한다.

제3조 차입금 변제기간은 다음과 같다.

① 차입 기일로부터 6년 동안 150만 엔.

② 위 6개년을 경과한 후 4년 동안 잔액 전부.

단, 대한국 정부는 상기 기간 내라도 소정의 금액을 초과하여 수시로 변제할 수 있다.

제4조 대한국 정부는 관세로 위 차입금의 담보로 제공하기 때문에 제일은행은 이에 대해 우선 담보권을 가진다.

위의 조항을 확약하고, 그 증거로 계약서 일문과 한문(韓文) 각 2통을 만들어 각자 2통씩 영유한다.

1905년(明治 38) 1월 31일

탁지부 서무국장 이중옥(李重玉)

대한국 정부 재정고문 메가타 다네타로(目賀田種太郞)

주식회사 제일은행 경성지점 지배인 시미즈 다이키치(淸水泰吉)

본 계약의 신고를 수리하고 이를 승인한다.

1905년(明治 38) 1월 31일

특명전권공사 하야시 곤스케(林權助)

이에 앞서 본행은 상기 계약을 체결하게 되면서 만약 일시적으로 교환고가 거액에 달해 300만 엔의 자금으로는 부족이 발생할 것을 우려하여 다음과 같이 대장성에 교섭했다.

1. 만일 화폐교환이 일시적으로 폭주하여 교환기금에 부족이 발생했을 경우에는 정부 또는 일본은행으로부터 원조를 받게 된다고 이해해도 지장이 없겠는가.
2. 화폐 정리 계약 제7조는 300만 엔을 초과한 입체금(立替金)의 이자와 기타 일체의 비용을 포함하여 차감 계산하는 것으로 이해한다.

그리고 위의 신청은 대장성으로부터 한국 정부에 조회한 결과 곧바로 인가되었고, 정리에 관한 계약은 이로써 성립하였다.

이로써 본행은 화폐 정리 준비를 완전히 마친 뒤 화폐 정리사무처리법을 정해 한국 내의 각 지금고에 다음과 같이 통달했다.

올해(1905년) 7월 1일부터 실시하게 될 화폐 정리 사무는 종래 보조화 유통이 과다하여 이것이 본위제도를 문란하게 한즉 이를 정리하여 금화본위제를 확립하고자 한다. 그 방법은 유통액 과다하여 가격 하락이 매우 심한 구백동화는 완전히 환수하여 은행권 및 신화(新貨)로 대신하고, 엽전은 그 일부를 환수하여 일정한 가격을 유지하게 하며, 은화 및 적동화는 그 유통액이 매우 적기 때문에 당분간 그냥 둔다. 2원(元)에 대해 신화폐 1환(圜)의 비례로 유통을 승인하고, 또 신화를 발행하여 그 부족을 메운다. 본위화는 점차 주조해야 하나 당분간은 은행권으로 이를 충당할 방침이다. 은행권 및 신보조화 발행에는 충분히 주의를 기울여 살피지 못한 폐해가 발생하지 않도록 힘쓰는 것은 물론, 상호간에 가계(加計)가 발생하는 폐해를 피하고,[16] 혹은 지방 수요 화폐의 종류에 주의하여 획일 균등한 방침을 취하는 것이 중요하다.

상기 사무 처리에 관한 건은 다음과 같이 정했기 때문에 이로써 조량(照亮, 양해)하시기 바랍니다.

1905년(明治 38) 6월 5일

금고출납역 경성지점 지배인 시미즈 다이키치(淸水太吉)

화폐 정리 사무처리법(번역문)

1. 자금(資金)

제1조 정부교부금, 신화폐, 구화폐 판매대금 및 잡수입으로 화폐 정리 비용 지불자금을 만들기 때문에 중앙금고 정리부(整理部)에서는 위의 수입을 마쳤을 때 이를 자금에 편입할 것.

제2조 전 항 자금은 제일은행 경성지점에 당좌예금으로 해야 한다. 단, 신화폐는 신화(新貨) 계산으로 받아 직접 중앙금고 정리부에서 보관하고, 발행의 필요가 생겼을 때는 은행예금에 임치한 후 지출할 것.

지금고에서 신화폐를 발행할 필요가 생겼을 때는 보관한 신화폐를 제일은행에 납입한 후 즉시 중앙금고에 보고할 것.

제3조 신화폐는 중앙금고에서 보관한다. 단, 중앙금고에서 필요하다고 판단할 때는 이를 각 지금고에 보관 임치할 수 있다.

각 지금고에서 중앙금고가 지정하는 바에 의해 직접 오사카지점으로부터 신화폐 수송을 받았을 때는 즉시 그 종류와 금액을 중앙금고에 보고해야 한다.

중앙금고에서 신화폐를 수취했을 때는 그날로, 또 전 항에 의거하여 지금고로부터

---

16 가계(加計)는 통화의 액면과 시가(時價)가 다를 때 그 차액을 더해 계산하는 것을 말한다.

보고가 있었을 때는 그 보고가 도착한 날로 신화 계산에 기장해야 한다.

제4조 각 지금고에 정리 비용에 대한 지불 원금을 둔다. 그 금액은 중앙금고에서 때때로 상황을 짐작하여 이를 정한다. 단, 지불 원금은 이를 제일은행에 임치하며, 지불이 필요할 때마다 지출하지 않고, 지불은 모두 제일은행에서 대신 지불한 뒤 제10조에 따라 처치할 것.

제5조 자금에 부족이 발생했을 때는 제일은행이 대신 지불하고, 제일은행 계정 과목에 당좌가대(當座加貸)로 기장 정리해야 한다.

2. 지불

제6조 구백동화 감정을 마치고 교환할 경우에는 지불표[支撥標]를 작성해야 한다. 그 지불표를 가지고 현금 지불을 청구하는 자가 있을 때는 이에 의거하여 지불해야 한다.

제7조 납세 등으로 환수된 구화폐는 교환으로 환산·기장해야 한다.

제8조 오사카조폐국으로부터 신주(新鑄) 화폐 원가에 대한 송부 요청이 있을 때는 오사카지점에서 이를 대납하고, 경성지점에 이계(移計)시킨다. 경성지점은 중앙금고로 이첩하여 화폐 정리자금 계정으로부터 지불을 받아야 한다. 한국 밖에서 정리 비용을 지불할 경우에는 모두 앞에 준하여 처리할 것.

제9조 상기 두 조문 외에 제반 비용의 지불은 모두 정리부의 통고에 의해 제일은행 경성지점에서 지불할 것.

제10조 지금고에서 전조(前條)의 지불을 필요로 할 때는 제일은행에서 대신 지불하고, 매월 6회 규정일(5일, 10일, 15일, 20일, 25일, 말일. 단, 당일 휴일일 때는 그다음 날 '이하 이에 따른다')에 계산보고서를 작성하고, 증빙을 첨부하여 경성지점에 보고하면, 경성지점은 중앙금고로 이첩하여 화폐 정리자금에서 지불받아야 한다.

지불에 관한 증빙서류는 모두 중앙금고 정리부에서 보관해야 한다.

3. 구화(舊貨) 처리

제11조 각 지금고에서 보관하는 구백동화는 편의상 이를 중앙금고로 수송해야 한다.

제12조 중앙금고에서는 보관하는 구백동화를 편의상 구전환국으로 송부하여 녹인 후 팔거나 기타 처분을 행한다.

제13조 엽전은 이를 부산지금고로 수송하여 동 지금고에서 보관하고, 중앙금고 지휘를 기다려 처치해야 한다. 단, 다른 지금고로 수송·보관할 필요가 있을 때는 중앙금고에 그 뜻을 미리 통지해야 한다.

제14조 상기 두 조문의 매각대금, 기타 잡수입을 지금고에서 수령했을 때는 즉시 중앙금고에 보고해야 한다.

4. 장부 및 보고

제15조 화폐 정리 계산의 수지는 다음의 과목으로 나누고, 중앙금고에서 증빙대로 분별하여 기장하고 정리해야 한다.

자금계산(資金計算), 구화상환계산(舊貨相換計算), 구화매상계산(舊貨買上計算), 신화제조대금계산(新貨製造代金計算), 제경비(諸經費), 제일은행계산(第一銀行計算), 신화계산(新貨計算)

제16조 중앙금고 정리부에는 다음과 같은 장부를 갖추어 매일 그 출입을 기장해야 한다.

1. 화폐 정리계산원장(-元帳) (서식 제1호)
1. 구화상환원장 (서식 제2호)
1. 구화매상원장 (서식 제3호)
1. 구화처치원장 (서식 제4호)
1. 구화현재장 (서식 제5호)
1. 구화매상장 (서식 제6호)
1. 신화현재장 (서식 제7호)
1. 화폐 정리계산계감여액장(-計減餘額帳) (서식 제8호)

제17조 각 지금고 정리부에 다음과 같은 장부를 비치하여 매일 그 출입을 기장해야 한다.

1. 화폐매상기입장(-記入帳) (서식 제9호)
1. 구화상환기입장 (서식 제10호)
1. 구화현재장(舊貨現在帳) (서식 제11호)

1. 신화현재액장(新貨現在額帳)　　　(서식 제12호)

제18조 각 지금고 정리부는 매월 6회 규정된 날에 제13호 서식에 의해 구화 교환에 관한 일체의 사항을 중앙금고에 보고해야 한다.

제19조 중앙금고는 제반 보고를 종합하여 매월 1회 화폐 정리에 관한 필요사항을 탁지부 대신에게 보고해야 한다.

7) 신화폐 주조

1905년(광무 9) 1월, 화폐 정리에 관한 사무 결정과 동시에 전환국을 폐지하고 화폐는 모두 오사카조폐국에 의뢰하여 제조하게 되었다. 대장성에서 한국 화폐 제조에 관한 취급 절차를 정했기 때문에 동년 4월 17일 본행은 조폐국과 화폐 주조에 관한 계약을 체결했다. 상기 취급 절차 및 계약서 전문은 다음과 같다.

한국 화폐 제조에 관한 취급 절차

1. 한국 정부의 의뢰로 일본 조폐국은 한국 화폐를 제조해야 한다.
2. 제일은행은 한국 화폐 정리에 관해 한국 정부의 의탁을 받았기 때문에 한국 화폐 제조에 관한 일체의 취급을 해야 한다.
3. 제일은행은 한국 화폐를 제조할 필요가 있을 때 그 종류와 금액에 견본을 첨부하여 조폐국에 신청해야 한다. 다만 금화 제조에 대해서는 금 지금을 수납해야 한다. 화폐 제조 기간은 조폐국과의 협정에 따른다.
4. 조폐국은 화폐 제조에 필요한 모든 경비를 예산(豫算, 미리 계산)하여 이를 제일은행에 통지하고 필요에 따라 때때로 제일은행으로 하여금 예산금액을 납부하게 해야 한다.
5. 제일은행은 전조 금액에 대한 납부 통지를 받았을 때는 곧바로 이를 조폐국이 지정한 금고에 납부해야 한다.
6. 조폐국은, 화폐를 제조했을 때는 이를 오사카 제일은행 지점에 교부해야 한다. 그리고

제조를 완료했을 때는 비용을 정산해야 한다.

7. 조폐국은 한국 화폐를 제조했을 때는 그때마다 이를 대장성에 보고해야 한다.
8. 한국이 환수한 구화폐를 조폐국에서 사들이고자 할 경우 견본에 의해 그 가격을 산출하고 제일은행과 협정해야 한다. 이 경우에는 오사카조폐국에서 현물을 수수한다.
9. 한국이 환수한 구화폐의 절단, 주궤(鑄潰, 녹여서 지금으로 만듦) 또는 정제(精製)를 조폐국에서 인수할 경우에는 제4 내지 제6에 준거해야 한다.

한국 화폐 제조에 관한 조폐국과의 계약서

제일은행은 한국 정부의 의탁을 받아 한국 화폐 정리를 취급하게 되어 조폐국과 제일은행 사이에 다음과 같이 계약한다.

제1조 조폐국은 제일은행의 청구에 의해 한국 화폐를 제조해야 한다.

제2조 제일은행은 제조해야 하는 한국 화폐의 종류, 수량, 기일 등에 대해 미리 조폐국과 협의해야 한다.

제3조 재료 지금(地金) 중에서 은, 동, '니켈' 등은 조폐국에서 매입하게 되어 있기 때문에 그 대금은 수시로 조폐국의 통지에 의해 시가(時價)로 제일은행에서 미리 납부해야 한다. 단, 금 지금(地金)은 제일은행에서 수납한다. 정제가 필요한 것은 실비를 납입해야 한다.

제4조 조폐국은 제일은행의 청구에 의해 제조한 한국 화폐를 50매씩 종이로 포장하고(상자로 포장한 뒤), 조폐국에서 이를 제일은행에 인도한다.

제5조 공비(工費), 극인(極印, 刻印) 제조비 및 공업감(工業減)은 수시로 조폐국의 통지에 따라 제일은행에서 납입해야 한다.

제6조 공업비는 다음과 같이 정한다. 단, 적당한 때에 쌍방 협의하여 개정할 수 있다.

보조 은화	100엔에 대해	1엔 25전
5전 백동화	100엔에 대해	3엔 20전
1전 청동화	100엔에 대해	16엔 82전

금화 100엔에 대해 1엔

전 항 외에 극인 제조비는 별도로 이를 징수한다.

제7조 한국에서 환수한 구화폐를 조폐국에서 매수하고자 할 경우 현물에 대해 시가를 산출하여 쌍방이 협의해야 한다.

제8조 한국에서 환수한 구화폐의 절단, 주궤 또는 정제를 조폐국에서 인수할 경우 제일은행은 조폐국이 지정하는 상당한 비용을 납입해야 한다.

이상의 조항을 계약의 증명으로 이에 기명 조인합니다.

1905년(明治 38) 4월 17일

주식회사 제일은행 두취 시부사와 에이이치(澁澤榮一)

조폐국장 하세가와 다메하루(長谷川爲治)

그리고 신화폐의 종류 및 그 품위와 무게 등은 1901년(광무 5) 2월 발포한 칙령 제4호 화폐조례를 기초로 한다. 또한 1905년(광무 9) 1월 20일 동 조례 중 개정 결과 추가된 10전 은화, 반 전 청동화 등을 추가했는데 그 종류는 다음과 같다.

<table>
<tr><th colspan="2">1901년(明治 34) 2월 신화 조례 당시 화폐 종류</th><th colspan="2">1905년(明治 38) 1월 개정으로 인한 화폐 종류</th></tr>
<tr><td rowspan="3">금화폐</td><td>20환</td><td rowspan="3">금화폐</td><td>20환</td></tr>
<tr><td>10환</td><td>10환</td></tr>
<tr><td>5환</td><td>5환</td></tr>
<tr><td rowspan="3">은화폐</td><td>반 환</td><td rowspan="3">은화폐</td><td>반 환</td></tr>
<tr><td>20전</td><td>20전</td></tr>
<tr><td></td><td>10전</td></tr>
<tr><td>백동화폐</td><td>5전</td><td>백동화폐</td><td>5전</td></tr>
<tr><td>적동화폐</td><td>1전</td><td></td><td></td></tr>
<tr><td></td><td></td><td>청동화폐</td><td>5리</td></tr>
</table>

그 후 동(銅) 시세의 급등으로 한국 정부는 화폐 중량(量目) 개정을 계획하고, 종래 본행의 손을 거쳐 조폐국에 의뢰하는 절차를 고쳐 탁지부 대신이 직접 조폐국에 의뢰하기로 했다. 1907년(明治 40) 6월 다음의 절차를 협정했다.

제1. 화폐 의탁에 관한 상세한 사항은 다음의 방법에 의해 정한다.

제2. 탁지부 대신은 주조를 요하는 화폐의 품질, 종류, 수량, 주조기간 등에 대해 미리 조폐국에 통지해야 한다.

제3. 주조 화폐의 지금(地金) 대금은 주조 당시의 시가(時價)로 조폐국의 통지에 응해 한국 정부가 이를 지불한다. 단, 지금을 제공하고 주조를 의뢰할 경우 한국 정부는 제5 및 제6의 비용만을 지불한다.

제4. 조폐국은 주조하는 화폐를 50매씩 종이로 싸서 상자 포장한 뒤 이를 제일은행 오사카지점에 인도해야 한다.

제5. 공업비, 극인 제조비, 공업감(工業減) 등은 주조할 때마다 조폐국의 통지에 의해 한국 정부가 지불한다.

제6. 공업비는 당분간 다음과 같이 정한다.

금화	20원	1000원에 대해	75전
	10원	1000원에 대해	1원
	5원	1000원에 대해	1원 25전
은화		100원에 대해	1원 25전
백동화		100원에 대해	3원 95전
청동화	1전	100원에 대해	20원 22전
	반 전(=5리)	100원에 대해	30원 35전

제7. 한국이 환수한 구화폐의 절단, 주괴 또는 정제에 관해서는 조폐국이 이에 들어간 해당 비용을 청구해야 한다.

제8. 조폐국장은 형편에 따라 재정고문을 거쳐 모두 탁지부 대신과 교섭해야 한다.

이제 신화폐조례에 입각하여 1905년(광무 9, 明治 38)부터 1907년(明治 40)에 이르는 3개년 동안의 신화 주조고를 열거하면 다음과 같다.

신화폐 주조고

단위(圓)	금화		은화			5전 백동화	청동화		계
	20원	10원	반 원	20전	10전		1전	반 전	
1905년	–	–	300,000	200,000	–	897,000	–	–	1,397,000
1906년	50,000	50,000	600,000	500,000	200,000	103,000	118,000	120,000	1,741,000
1907년	–	–	31,000	200,000	200,000	600,000	42,000	–	1,073,000
계	50,000	50,000	931,000	900,000	400,000	1,600,000	160,000	120,000	4,211,000

원래 신화폐조례는 그해 6월 1일부터 시행되었으나 실제 신화(新貨)를 발행한 것은 7월 이후이다. 당초에는 세상 사람들이 아직 신화가 무엇인지 몰랐고, 그 생김새[耳目]에 익숙하지 않았기 때문에 쓸데없이 수수를 거절하여 유통이 매우 곤란했었다. 아마도 종래 여러 번 시행되었던 폐제개혁이 효과를 거두지 못하고 오히려 그 폐해를 입혔기 때문에 화폐에 대해 의심을 품는 것은 당연했다. 만약 억지로 이를 사용하게 하면 그 가격을 저락(低落)시킬 수밖에 없다. 이 때문에 본행은 각 지금고에 신화 발행 방침을 다음과 같이 통달했다.

하나. 지불할 때는 가급적 신화를 사용해야 하나 수취인이 이를 희망하지 않을 때는 그 수수를 강제하지 말 것.

하나. 각종 화폐는 가급적 교환 교부하여 동일 지방에 동일 화폐만 통용하는 폐해를 방지할 것.

하나. 은행권은 어쩔 수 없는 경우를 제외하고는 가급적 발행하지 말 것.

동시에 신화 수납[受入]에 대해서는 그 액수의 다소에 관계없이 모두 이를 수납할 뿐 아니라 만약 다른 화폐와 교환하고자 하는 자가 있을 때는 이에 응하여 힘써서 신화에 대한 의심을 거두도록 했다. 이런 식으로 몇 개월이 지나자 세상 사람들이 마침내 그 사용에 익숙해져서 조금씩 유통을 늘려가게 되었다. 그 후 메가타 고문이 신화폐 유통 상황을 문의해 와 당 은행(제일은행) 경성지점에서 다음과 같이 답신했다.

한국의 신 보조화 발행 건에 대해 하문한 내용은 잘 알겠습니다. 이는 원래 당행에서도 충분히 주의하여 이미 각 지점과 출장소에도 상세한 통첩을 보내 함부로 다액을 발행하는 일이 없도록 주의를 주었기 때문에 이 점은 충분히 안심하시기 바랍니다. 상기 발행 방침은 대강의 요지가 다음과 같으니 그렇게 알고 계시기 바랍니다.

1. 이번에 제조한 신화는 보조화이기 때문에, 물론 보조화로서 필요한 액수 이상으로는 발행하는 일 없이 조금이라도 유통이 원활하지 못한 흔적이 있을 때는 곧바로 발행을 정지하거나 또는 환수에 힘쓸 것.
2. 현재 구화(舊貨) 회수가 여전히 극히 일부에 불과하여 그 잔존한 것의 유통이 많고, 특히 엽전 유통. 지방에서는 아직 구화 회수에 착수하지 않았음. 보조화가 너무 많아 힘들 때가 되면 이들 구화 회수를 실시하여 보조화에 부족이 발생할 때까지는 물론 다액을 발행하는 일은 없어야 함.
3. 하지만 신화 발행과 유통은 두 경우 모두 다소 곤란이 있게 마련이어서 상당히 신용이 있고 매우 발달한 국가 외에는 발행과 동시에 문제없이 유통되지 않는다. 특히 한국 같은 경우는 신화 유통이 매우 곤란하다. 따라서 지금은 구화가 여전히 많아 보조화를 발행할 필요가 없으나 이번 가을 조세 수납 후에는 구화가 크게 감소해 다소 신 보조화를 필요로 하게 될 것이다. 그때가 되어 갑자기 신화를 유통시키고자 해도 매우 어려울 것이다. 만약 보조화가 부족하여 신화 유통이 순조롭지 않을 때는 각종 거래에 적지 않은 장애를 초래할 것이다. 따라서 지금부터 조금씩 신화를 발행하여 일반 사람들에게 신화가 무엇인지 알려줄 필요가 있다. 이것이 지금 약간의 발행을 시도하고 있는 까닭이다. 구화 교환대금 또는 관리의 봉급 지불 등 보조화 발행 기회가 많은 곳이라 해도 함부로 발행하지 않아 백동화 1500원, 은화 6000원에 불과하다. 따라서 (구화의-역자) 회수가 매우 적음.
4. 위와 같이 발행했기 때문에 점차 신용을 얻어 시중(市中)에 유통했음에도 불구하고, 만약 함부로 발행하게 되면 그 때문에 프리미엄(打步, 할증금)이 발생할 우려가 있어 크게 주의하고 있다. 특히 구화 유통이 많은데다가 소액 은행권 유통이 많은 지방에서는 무엇보다 신화 발행에 주의를 기울이고 있음.
5. 신화가 일반의 신용을 얻어 지장 없이 원활하게 유통되기까지 은행에서는 당분간 지참인

이 어떤 사람인지 묻지 않고 무제한으로 수수료 없이 은행권과 기타 화폐로 교환하기로 함.

6. 종래 각지에서 구백동화 또는 엽전 외에 일본의 보조화가 유통하는 모양이기 때문에 소액 화폐(小貨幣)를 수요하는 지방 및 민도의 상황에 따라 신 보조화 중 필요한 종류별로 발행 사정을 달리하고, 굳이 균일하지 않더라도 현재 상황에서 오히려 은화 발행을 우선하고 백동화를 나중으로 할 방침임.

이상 회답합니다.

1905년(明治 38) 8월 10일 제일은행 경성지점 지배인 시미즈 다이키치(清水泰吉)

메가타 고문 각하

동년(1905년) 12월 한국 정부와 통감부 통신관리국의 협약에 의해 통감부 우편관서에서 국고금을 취급하게 되었다. 그때부터 우편국에서 수납한 구화는 모두 이를 국고로 송부하여 회수하고, 지불은 모두 신화를 사용하여 그 산포(散布)에 적지 않은 효과가 있었다.

8) 구화 환수와 경제시장

한국 경제계를 문란하게 한 최대 원인이 백동화 남발에 있다는 것은 앞에서 서술한 대로이다. 이것을 이유로 화폐 정리를 실시하게 되면서는 이들 구백동화 환수를 급무(急務)로 삼았다. 1905년(광무 9) 6월 탁지부령 제1호로 교환 표준가격 등이 정해졌다.

구백동화 교환에 관한 건

[1905년(광무 9) 6월 24일 탁지부령 제1호(번역문)]

제1조 구백동화 교환에 관한 사무는 금고로 하여금 처리하게 하고, 탁지부 대신이 이를 감독한다.

제2조 교환을 위해 제공한 구백동화는 모두 화폐감정역(貨幣鑑定役)으로 하여금 이를 감정하게 한다.

화폐감정역은 탁지부 대신이 이를 임명한다.

제3조 구백동화의 품위, 무게(量目), 도장의 모양(印像), 형체(形體) 등이 정화(正貨)에 준할 만한 것은 개당 2전 5리의 비가로 신화와 교환해야 한다.

전 항에 합당하지 않은 부정 구백동화는 개당 1전의 비례로 정부에서 매수한다. 앞의 매수를 바라지 않는 자에게는 정부에서 절단하여 이를 돌려주어야(還交) 한다.

단, 형질이 조악하여 화폐로 인정하기 어려운 것은 이에 적용되지 않는다.

제4조 전 조에 의해 교부할 대금의 종류는 올해 1월 칙령 제3호 및 제4호에 의해 신화폐, 제일은행권 및 일본 통화 중에서 형편에 따라 금고에서 이를 정하게 한다.

제5조 화폐교환소는 우선 다음의 장소에 이를 설치한다.

경성, 평양, 인천, 군산, 진남포

단, 경성교환소는 오는 7월 1일부터 개시하지만 기타 장소에 있는 교환소의 개시는 추후에 고지한다.

이어 탁지부령 제2호로 교환 순서를 규정하고, 동 제3호, 제7호, 제8호, 그리고 제10호로써 다음과 같이 교환소 개시일을 정했다.

평양교환소 7월 24일

인천교환소 7월 26일

군산교환소 9월 1일

진남포교환소 9월 1일

이에 앞서 구백동화의 교환 개시가 발표되자 세상 사람들은 모두 교환방법과 가격 등에 대해 의심을 품었기 때문에 1월 초에 203~204원(元)이었던 시가가 6월 말에는 224원(元)으로 하락하였다. 하지만 7월 1일에 마침내 교환 사무가 개시되자 표준이 정확하고 대가(代價)가 지체 없이 교부되어 백동화 가격은 다시 눈에 띄게 상승했다. 단, 교환 개시 당시는 청구가 일시에 폭주하여 청구서 제출 후 수십 일이 지나지 않으면 실제 대가를 받을 수 없는 상황이 되었다. 7~8월경에는 시가(時價)가 하락하여 234원(元)에 이르렀으나 이는 일시적인 현상에 불과했다. 그 후 점차 상승의 형세를 지속하여 10월에 이르러서는 200원(元)이 되었다. 이때부터 가격이 일정하게 되어 법정가격에 근접했고, 화폐가격의 변동으로 발생하는 물가 변동을 오랫동안 피할 수 있었다.

구백동화 교환 사무가 착착 진척되면서 한국 상인들 사이에서 금융핍박(금융경색)이 발생했는데, 경성에서는 특히 심해 왕왕 파산자가 나왔다. 이에 종로상인[商民]은 정부 또는 황실의 보호구제를 호소하고, 무이자로 300만 원(元)의 대하를 강력하게 요청하는 등 형세가 차츰 불온해지고 있었다. 당시 상황 및 그 원인 등에 대해서는 경성지점 지배인 시미즈 다이키치(清水泰吉)가 메가타 고문에게 제출한 보고서에 매우 상세하게 나와 있다. 내용은 다음과 같다.

> 이번 종로 부근에 다수의 한국 상인이 집회하여 금융핍박을 주장하며 탁지부에 대해 300만 원(元) 대하(貸下) 운동을 하고, 또는 황실에 강요하여 대금을 요구하는 등 다소 불온한 거동이 있었다. 그 때문에 상가(商家) 중 일부는 문호를 폐쇄하는 자도 나왔다. 본건에 관해서는 당초부터 주의를 게을리 하지 않고 그 내정을 탐지하는 것에 힘썼는데, 그 진상은 정치적 선동에 더해 여러 가지 유언비어를 유포한 것이 그 주요한 원인이라고 판단된다. 따라서 일단 문을 닫은 자 중에서도 곧 개점하는 자가 나타났다. 그러나 경제상의 원인으로써 다소 고려해야 할 것이 있는데, ① 종래 한화(韓貨) 어음의 유통이 활발해짐에 따라 남발의 폐해에 빠졌을 때 백동화 교환이 시작되어 현전(現錢) 인출이 빈번해졌고, 그 때문에 지불이 곤란해졌을 뿐 아니라 백동화를 매점하는 자가 있어 시중(市中)에 현전(現錢) 결핍을 초래한 점. ② 백동화 교환을 오해하여 예전 당백전 환수와 동일한 운명에 처할 것이라고 속단하여 수중의 백동화를 가지고 상품 또는 토지가옥을 매입하는 것이 이익이라고 보아 어음을 더욱 남발하면서까지 매입한 점. ③ 시중의 금융업자도 자연히 더욱 경계하여 대출을 주저하게 된 점. ④ 종래 한국 상인은 청국 상인으로부터 상품을 들여오거나 또는 금융의 편의를 얻는 자가 많았는데, 이들 청국 상인은 유예를 두지 않고 어음을 추심할 뿐 아니라 교환을 위해 다액의 백동화를 가지고 있어서 자금이 잠시 정체하여 다시 시장에 나오지 않는 점. ⑤ 경성은

수입지이지 수출지가 아니기 때문에 상품대금으로 청일 양국 상인에게 지불할 뿐 양국 상인으로부터 대금으로 수취하는 것이 없어 무역상의 균형은 항상 자금[金銀] 차입으로 귀결되어 청일 양국 사람이 한인에게 돈을 빌려주는 것이 보통이다. 그러므로 하루아침에 금융의 길이 막혔을 때는 자금[金銀] 수출로 기울어져 시중에 현전(現錢)을 가지고 있는 자가 적어지는 것은 당연하다. 요컨대 상호 무역의 땅이 아니기 때문에 이번 같은 경우 자금[金銀]이 한쪽으로 치우치는 것이 자연스러운 경향이라는 점 등은 주요한 원인일 것이다. 별지는 그 일부를 보고하는 데 그치지만 참조하기 바란다.

이를 요약하면 어음을 남발하거나, 혹은 운동집단을 만들어 자가상업(自家商業)을 지키지 않고 오히려 금융을 교란하는 자는 구제할 필요가 없고, 오히려 자연적 도태에 맡겨야 할 것이다. 그렇지만 진정한 상인으로서 신용이 있는 자에 대해서는 금융의 편리를 도모하여 한상(韓商)의 군중에게 자연적 자금 유입의 길을 개방하여 비로소 경제가 순조롭게 복귀하는 것이 필요하다고 보았다. 하지만 당 은행은 한국에서 특별한 임무를 부담한 이래 더욱 영업의 기초를 확실히 할 필요가 있기 때문에 함부로 산만한 대출을 할 수 없다. 게다가 한인(韓人)은 습관적으로 의뢰심(의타심)이 많아 앉아서 다른 구제와 원조를 기다리기만 할 뿐으로 많은 사람이 유언비어에 미혹되기 때문에 함부로 구제를 공언하지 않는 까닭이다. 더구나 당 은행은 이미 직·간접으로 한국 상인에게 융통하는 길을 열고 ① 당 은행의 거래선인 한인에게는 직접적으로 유통해 준 점. ② 일본 상인 중에서 한인과 거래가 있는 자에게 대출하여 어음 융통 또는 부동산 혹은 상품 담보로써 한국 상인에 한해 금융 편을 제공한 점. ③ 청국 상인에게도 어음할인을 해 주어 간접적으로 한인에게 자금을 유입시킨 점. ④ 한성은행은 종래 당점에서 감독하고 다소 융통을 해 주었으나 동행의 조직이 완전하지 않기 때문에 이번에 주식조직으로 고쳐 주로 한국 상인에게 대출을 하게 한 점. ⑤ 한국 상인이 소유하는 금건(金巾) 또는 면포 등을 모아 이를 담보로 하여 융통할 것. ⑥ 백동화교환소의 교환력을 높여 백동화를 가지고 있는 자에게 신속하게 대금을 교부하고 자연스럽게 융통력을 증진시킬 것 등은 그 주된 것이어서 당 지점에서 이미 한국 상인에게 융통한 것이 20만 원(圓) 이상에 달했다. 하지만 한인으로서 왕왕 이 기회를 이용하여 상업자금에 사용하는 자라 속이고 자금 융통을 요구하여 당시 불필요한 사업에 투자하려는 자가 있어서 특히 주의와 경계를 더하고 있다.

이상 보고합니다.

1905년(明治 38) 8월 5일

주식회사 제일은행 경성지점 지배인 시미즈 다이키치(淸水泰吉)

메가타(目賀田種太郞) 고문 각하

앞의 내용에 관하여 한국 정부는 이를 크게 우려하고 구제책을 강구하여 여러 가지로 계획하는 바가 있었다. 우선 어음[手形]조례를 발포하여 종래의 어음을 대신하여 확실한 방법에 의한 어음 유통을 계획하였다. 또한 어음조합을 설치하여 새 어음의 신용을 돕고, 그 유통을 도모하여 창고회사, 농공은행을 설립하여 상품 담보, 부동산 담보 등의 대부방법을 개시하였다. 또한 금융자금 150만 원을 일본 정부로부터 차관하여 농공은행 기타 금융기관을 보조하는 등 시설하는 바가 적지 않았다. 본행 역시 이 사이에서 크게 금융 조화에 힘을 다했다. 그 결과 재계의 위태로운 기운이 마침내 회복하여 공황은 머지않아 진정되었다. 그러나 그 상처는 쉽게 치유되지 못하고 상황(商況)은 오랫동안 침체에서 벗어나지 못했다.

구(舊)은화, 구동화 및 엽전의 환수에 관해서는 구백동화의 경우와 같이 특별한 교환방법을 강구하지 못하고 국고 수납을 통한 자연 환수를 기다리기로 했다. 즉 1905년(광무 9) 7월 탁지부 대신 영달(令達) 제1호 제6조 및 7조에서 다음과 같이 규정되었다.

제6조 구은화와 구적동화를 가지고 국고금을 납부하는 자가 있을 때는 모두 2원(元)에 대해 1환(圜)의 비례로 수납하여 화폐 정리부에서 교환해야 함. 단, 구적동화는 화폐 정리부에서 교환하지 않는다.

제7조 엽전을 가지고 국고금 납부에 충당하는 자가 있을 때는 1개에 대해 1리 5모의 비례로 수납한 후 화폐 정리부에서 신화와 교환한다. 단, 정리부에서 신화와 교환하는 것은 1개에 대해 1리의 비례로 한다.(번역문)

또한 엽전 정리의 방법으로 재정고문이 내훈(內訓)한 요령은 다음과 같다.

엽전 정리 방법(번역문)

1. 엽전은 준 보조화로서 다액의 수수에 사용할 수 없는 것임을 일반 인민에게 상세히 알릴 것.
2. 엽전의 시가를 가급적 일정하게 유지하여 그 변동에 의해 생기는 상업상의 장해를 제거할 것.
3. 신화(新貨) 및 은행권은 합법화폐로서 가장 신용해야 함을 일반 인민에게 상세히 알릴 것.
4. 앞의 항목 모두를 얼마쯤 실행한 후 점차 엽전 환수에 착수할 것.
5. 환수는 국고 수납과 매수(買收)의 두 가지 방법에 의할 것

앞의 방침을 근본으로 하여 실시해야 할 사항

1. 엽전은 1환(圜) 이상의 지불에 사용할 수 없음을 정할 것.
2. 국고 수납에는 신화 및 은행권을 가지고 하고, 엽전은 앞의 제한 이상 수수할 수 없음을 정할 것.
3. 납세에 태가(駄價)를 폐지할 것.
(종래에 엽전을 가지고 납세할 때 태가라고 칭하여 운임을 지급했음)
4. 인민의 청구에 응하여 정리자금을 가지고 엽전을 매수할 것.
5. 미곡을 매출(買出)하는 상인 등에 의탁하여 신화 및 은행권을 하향(下鄕) 지방에 가급적 사용할 수 있도록 노력할 것.
6. 도로 개수, 기타 지방에서 이루어지는 정부사업에는 모두 신화와 은행권을 사용할 것.
7. 농공은행의 본지점을 점차 필요한 지역에 증설하여 구화 환수와 신화 산포(살포)의 기관으로 삼을 것.
8. 새로 엽전 어음 발행을 금지할 것. 어음조례의 일반 시행 및 신화 어음의 유통을 위해 어음조합 설치할 것.
9. 각 은행 엽전 담보대부를 폐지할 것.

구은화와 구동화는 시장에 유통되는 것이 매우 적고, 또 엽전은 실가(實價)를 표준으로 하여 유통되기 때문에 백동화의 경우와 마찬가지로 물가에 영향을 끼치는 바 크기 않다. 따라서 화폐 정리를 하게 되면서 우선 백동화 환수를 급무로 하고, 그 일이 본 궤도에 오르게 되면서 다음으로 구은화, 동화 및 엽전 정리에 착수하는데, 그 환수된 액수 역시 많지 않다. 따라서 금융계에 두드러지게 영향을 미치는 바 없다.

9) 정리 사무의 진척

백동화 교환 사무는 경성에서 1905년(明治 38) 7월 1일부터, 평양은 동 7월 24일, 인천은 동월 27일, 진남포와 군산은 동 9월 1일부터 개시했음은 앞에서 언급한 바와 같다. 처음 경성교환소에서는 하루 약 5만 원(元)을 예정하고 설비했는데, 막상 교환 사무를 개시하자 청구자가 상당히 많아 개업 후 겨우 5일 만에 요구액이 735만여 원(元)에 달했다. 따라서 탁지부령 제3호에 의거 일시적으로 상기 청구서 접수를 중지하는 한편, 사업 설비 확장을 계획하고 사업의 진척을 도모하여 9월 1일에 다시 교환을 개시했다. 이때가 되자 시장에 유통되는 구백동화가 많이 줄어서 교환 청구자도 크게 감소했다. 나중에 구백동화는 주로 납세와 매상(買上)을 통해 환수되었다. 평양, 인천, 진남포, 군산 등의 교환소는 대체로 평온하게 교환을 계속하여 구백동화 유통이 감소하였고, 아울러 청구자도 차츰 줄어들어 인천 같은 경우는 동년 11월 30일에 교환을 중지하였다.

원래 구백동화 환수는 교환 및 납세를 통해 이루어지는 것을 원칙으로 했지만, 시장 상황에 응해 정리자금으로 매수한 일도 있었다. 그래서 1905년(明治 38) 7월 교환 개시 이래 1907년(明治 40) 6월까지 2년 동안 회수한 총액은 709만 5,000여 원에 달했다. 그 상세 내역을 정리하면 다음과 같다.

구백동화 회수 성적표

종별	갑	을	병	계
납세	51,291,876	5,313,714	11,541	56,617,131
교환	167,213,175	1,797,194	1,200	169,011,569
매상(買上)	40,742,563	–	–	40,742,563
구규(舊規) 수입	23,065,963	–	–	23,065,963
계	282,313,577	7,110,908	12,741	289,437,226
원(元)으로 환산한 금액	14,115,678,850	355,545,400	–	14,471,224,250
원(圓)으로 환산한 금액	7,024,125,615	71,109,080	–	7,095,234,695

비고 1. 환산가격은 1매당 갑종 2전 5리, 을종 1전(병종은 없음)임.
비고 2. 갑종 교환 산액을 대비하건데 33,713원 81전의 차가 있는 것은 매입가격이 일정하지 않은 것이 있기 때문임.
(갑의 합계 282,313,577×0.025-33,713.81원=원 환산액)

구은화 및 백동화는 앞의 절에서 언급했듯이 주조액이 많지 않았을 뿐 아니라 백동화 하락 때문에 다른 곳으로 구축(驅逐)되어 시장에 유통된 양이 적었고, 금고 개시 때 탁지부에서 수납한 소액과 궁내부에서 매수한 40만 원(圓)이 있을 뿐 그 외에 금고로 환수된 것은 언급할 정도는 아니다.

엽전은 영달(令達) 발포 당시는 1전 1~2모가 시가(時價)였으나 뒤에 동(銅) 시세의 등귀 때문에 2리 정도 상승했다. 따라서 1리 5모의 공정가격으로 납세에 사용하는 자가 없고, 또 신화(新貨)가 유통되지 않은 지방에서는 엽전으로 납세하는 자가 있었으나 군수가 이를 신화와 교환하여 국고로 납부하기 때문에 환수되는 것이 매우 적었다. 이어 1906년(明治 39) 11월에 다시 매상 교환의 길을 열고 납세와 마찬가지로 15할의 환산율로 교환에 응했으나 그 목적을 달성할 수 없었다. 결국 1907년(明治 40) 2월 교환율을 높여 18할 5푼으로 했고, 3월에 다시 20할로 변경하여 시가와 맞추었기 때문에 회수고가 눈에 띄게 늘었다.

이 밖에 엽전은 동 가격의 상승 때문에 자연스럽게 수출을 통해 해외로 유출되는 것이 매우 많았고, 시장 유통액은 그 때문에 뚜렷하게 감소했다.

4. 한국 정부 대상금

1904년(明治 37) 2월 한일협약 체결 이전의 한국과 같이 재정이 극히 문란한 경우는 그 예를 찾기 힘들다. 과연 한국 정부의 세입(歲入)은 그 기초가 불확실했다. 그뿐만 아니라 국민의 납세 총액은 모두 국고로 납입되지 않아 대부분 중간에 소멸하였고, 대소 관리가 각기 지위에 따라 사리와 부정을 거리낌 없이 저질렀다. 세출도 불법과 오류가 극에 달했음에도 인습이 오래되어 모든 것이 보통으로 여겨졌고, 애써 이를 의심하는 자가 없었다. 이 때문에 산업이 쇠퇴하고 민력(民力)이 피폐하여 국고는 항상 궁핍한 상태였다. 따라서 갑자기 거액의 사용처가 있을 때는 국내에서 이를 조달할 길이 없어 때때로 외국 차관 문제가 발생했다.

원래 한국 정부가 본행에 최초로 차관 교섭을 제안한 것은 1883년(明治 16) 12월이었다. 당시 한국통리교섭통상사무아문 정병하(鄭秉夏)라는 사람이 다케조에(竹添) 변리공사의 소개장을 가지고 일본에 건너와 동년 12월 14일 본행을 방문하여 10만 원(圓)의 차입을 의뢰한 적이 있다. 비록 이때의 교섭은 결국 실현되지 못했다. 시간이 흘러 1895년(明治 28) 이후에는 차관 문제가 빈번하게 발생하여 본행에서 한국 정부에 대상(貸上)한 것도 몇 차례 있었다. 금액 역시 거액에 달했다. 1900년(明治 33)에는 미국 차관 문제가 발생하였고, 1901년(明治 34)에 프랑스 차관 문제가 등장하여 파란곡절이 적지 않았다. 이하에서 절을 나누어 이를 상세하게 서술하고자 한다.

1) 미국 차관 문제 및 한국 해관세 저당 대부금 교섭

미국 차관 문제는 오랫동안 한정(韓廷, 한국 조정) 내에 드리워져 있던 암운이었다. 재한 미국인 콜브란, 보스트윅, 그리고 궁내부 고문 샌즈 등이 한국 조정의 대신 및 내관과 결탁하여 비밀리에 계획을 꾸며 한국 정부에 해관세 저당으로 500만 원 내지 6~700만 원을 대부해 주고, 경성의 수도공사, 특권은행 설립 등의 특전을 얻고자 했다. 1900년(明治 33) 9월 약정이 이루어지려는 찰나에 내용이 누설되었다. 일본 공사 하야시 곤스케(林勸助)는 곧바로 국왕을 알현하여 이의를 제기하고 가까스로 그 발표를 중지시킬 수 있었다. 확실히 이들 외국인은 한국에 체재한 날이 적어 그 신용도 헤아리기 어려웠고, 특권을 주더라도 과연 성공할 수 있을지 믿을 수 없었다. 이런 계획을 위해 해관 전부를 담보로 하는 것은 매우 위험하여 한일무역상 장해(障害)가 적지 않을 것이 명확했다. 이 때문에 공사는 한국 조정에 항의를 제기하는 동시에, 다른 한편으로 총세무사 브라운에게 조회(문의)했다. 당시 브라운은 미국파(美國派)의 계획을 전혀 몰랐던 것 같고, 공사의 조회를 받고 크게 놀라 곧바로 안(案)을 만들어 공사에게 교섭해 왔다. 공사는 이를 받고 기뻐하며 본행 인천지점 지배인 오다카 지로(尾高次郎)를 불러 상의했다.[17] 이에 본행은 10월 1일 자로 다음과 같은 청원서를 대장성에 제출했다.

> 조선국에게 있어 해관세 수입은 1883년(明治 16) 동국(조선)의 총세무사와 당 은행 사이에 약속한 이래 계속 취급해 왔습니다. 그 사이 한국 정부의 자금 수요가 있을 때는 상기 해관세를 저당으로 하여 때때로 금원(金員, 자금)의 대부도 처리해 왔습니다. 하지만 1895년(明治 28) 일본 정부로부터 해관세를 저당으로 한국 정부에 300만 원(圓)을 대부한 이래 인삼 제조 등을 위해 왕실에 자금을 대부한 일은 있지만 해관세를 저당으로 대부한 일은 없습니다. 그러나 일본 정부에서 빌린 차용금도 대부분 이미 반환하여 잔고가 겨우 25만 원에 불과했기 때문에 언제라도 변제할 수 있는 상황이라고 생각합니다. 그런데 한국 왕실에서는 화폐 개주를 위해 500만 원까지 차입하고자 다방면으로 해당 자금의 융통을 모색해 왔으나, 당 은행에서는 해관세를 저당으로 하지 않으면 그 수요에 응하기 어렵다는 뜻으로 대답해 두었습니다. 그런데 미국 상인 콜브란과 보스트윅은 해관세를 저당으로 상기 자금을 공급하고, 은행을 설립하여 해관세 취급도 인수한다는 계획을 세웠습니다. 이미 그런 내용을 한국 조정에 제안했는데, 다행히 주한 하야시 공사로부터 이의 제기가 있어 일시 중지된 것입니다. 하

---

17 오다카 지로는 시부사와의 종형(從兄) 오다카 아쓰타다(惇忠)의 차남이다. 아쓰타다는 시부사와에게 존왕양이 사상을 심어준 인물이며, 뒤에 도미오카제사장(富岡製絲長)의 초대 장장(場長)을 지냈다. 1891년 고등상업학교(현재의 히토쓰바시대학)를 졸업하고, 제일은행에 들어가 나고야(名古屋)지점장, 요카이치시(四日市)지점장, 부산지점장, 인천지점장, 감사역 등을 역임하였다. 부산과 인천에서 일본인상업회의소 회두와 거류민회 의장을 지냈다. 1904년 한국흥업(韓國興業)주식회사 전무취체역, 1909년 동양생명주식회사 사장에 취임했다. 제1차 세계대전이 시작된 1914년에는 남양식산(南洋殖産)을 설립하여 남양군도 개척에 앞장섰다. 1918년에 부슈(武州)은행을 설립하고 초대 두취에 취임하였다. 『朝日日本歷史人物事典』의 「尾高次郎」.

지만 언제 다시 제안할지 가늠하기 어렵우므로 한국 총세무사 브라운이 다음의 요건을 하야시 공사에게 비밀리에 제안한 바 있습니다. 이에 대해서는 당 은행 인천지점 지배인 오다카 지로(尾高次郎)가 별지와 같이 전보를 보냈으니 가급적 이 제안을 승낙하여 계약했으면 하는 생각입니다. 하지만 아무래도 이자도 싸고 당 은행만의 자력으로 이에 응하는 것은 도저히 불가능합니다. 이에 대해서는 이전부터 그 사정을 말씀드렸습니다. 원래 이 건에 대해 당 은행에서 승낙하지 않게 되면 미국인이 기뻐하며 이를 인수할 것이고, 그렇게 되면 당 은행이 지금까지 수년 동안 취급해 온 해관 수입 사무를 잃게 될 뿐 아니라 해관세가 타국의 저당이 될 것이기 때문에 일본의 한국에 대한 통상 권리와도 관계되어 정말이지 쉽지 않은 상황이라고 생각합니다. 아무쪼록 각별히 논의하셔서 상기 자금을 대하(貸下, 대출)해 주셨으면 합니다. 무엇보다 지금 상황에서 상기 자금은 공사의 의견으로도 300만 원 이내로 충분하다고 하니, 그중 3분의 1, 즉 100만 원은 당 은행 영업자금 중에서 변통하여 제공하고, 나머지 3분의 2, 즉 200만 원은 아무쪼록 귀성(대장성)에서 대출해 주셨으면 합니다. 그렇다면 속히 한국 지점에 전보하여 일단 브라운에게 승낙의 뜻을 회답하여 변제기한이나 기타 조항에 대해 차분히 숙의하고, 또 재한 공사의 승인도 얻어 연구한 뒤 상신하도록 하겠습니다. 아무쪼록 허가해 주시기 바라며 별지요건서 및 전문 사본을 첨부하여 간절히 부탁드립니다.

1900년(明治 33) 10월 1일
주식회사 제일은행 두취 시부사와 에이이치(澁澤榮一)
대장대신 백작 마쓰카타 마사요시 귀하

(갑 제1호)

브라운 제안(申込) 요건서

하나, 차입금 총액은 5백만 원으로 하여 그중 1백만 원은 수도공사에 지출하고, 1백만 원은 등대 건설과 기타 항해 원조에 제공하는 자금으로 하며, 나머지 3백만 원은 화폐제도 개혁을 위해 금화폐와 기타 주조자금으로 제공할 예정임. 단, 상기 자금은 3개월 전에 예고한 뒤 빌리기 시작할 것.

하나, 상기 차입금에 대해 한국 각 항의 해관세 수입을 저당으로 할 것.

하나, 이자 및 변제기한 등은 추후에 결정할 예정이지만 하야시 공사가 외무성에 보낸 전보에 의하면 이자는 연 6푼(6%)이고, 기한은 5년 거치 5년째부터 20년 동안 완제(完濟)할 예정이라고 함.

이상

이에 앞서 시부사와 두취는 대장대신의 내지(內旨, 은밀한 명령)를 가지고 일본은행으로 가서 이번 대부금 중 200만 원까지 원조해 달라고 내담(內談)했으나 동 은행은 이를 승낙할 기미가 없었다. 외무와 대장, 두 대신이 협의한 끝에 결국 정부의 예비금 중에서 앞의 금액을 본행에 대하(貸下)한다는 내용을 내각회의에 제출했다. 이렇게 해서 정부는 본행의 간청을 받아들여 조선 정부가 차주(借主)가 되고 정당한 절차를 밟아 해관세를 저당 잡으려면 약정을 체결하는 것도 괜찮을 것이라는 의견이 있었다. 이에 10월 1일 오후 5시 인천지점 지배인 오다카 지로(尾高次郎) 앞으로 다음과 같은 전보를 발신했다.

브라운이 신청한 건에 대해 관계 당국과 협의했더니 300만 원까지 융통할 수 있을 것 같음. 그러나 정당한 절차를 밟아 조선 정부로부터 해관세를 저당 잡을 수 있을 것인가 공사와 협의한 뒤 지급(至急) 귀하보하라.

또한 9월 28일 자로 재인천 오다카 지배인이 발송한 편지는 다음과 같다.

각설하고, 어젯밤 하야시 공사가 이곳 인천영사관에 오셨다는 통지가 있어 서둘러 방문했더니 예의 해관 저당 건과 관련하여 공사께서 별지와 같은 브라운이 제공한 약정서 안을 건네셨습니다.(갑 제1호 참조) 대체로 앞서 말씀드린 바와 같습니다만, 차용 금액의 잔고부터 부채 목적, 차입 제한, 이자 비율, 해관 저당, 부채 변제방법, 총세무사의 기능 및 제일은행의 해관 취급에 관한 점까지 모두 기록되어 있어 브라운의 취지도 알 수 있으니 숙람(熟覽)하시기 바랍니다. 그런데 미국파는 하야시 공사의 알현 항의로 인해 모처럼 세운 계획까지 중지된 것에 분개하여 비밀리에 부활 수단에 기를 쓰고 있고, 언제 한국 조정의 동의를 얻을 수 있을 것인가도 가늠하기 어려운 매우 절박한 상황도 있기 때문에, 제일은행으로부터 가급적 지급(至急) 승낙의 회보를 얻었으면 합니다. 또한 해관을 담보로 하여 국채를 모집한다는 내용의 국왕 위임장을 받고 있는 자는 오로지 브라운만이 아닙니다. 콜브란 일파나 다른 자도 있다고 합니다. 따라서 이 약정안과 같이 자금 용도(使途) 내역을 들어 계약한다고 하면 어쩌면 국왕의 승인을 얻을 필요가 있다는 논의도 일어날 것이고, 국왕도 몇 사람에게 위임한 상황인 만큼 다른 사람에게 (위임하는 것을-역자) 주저하시는 상황이어서 급하게 인가하지 않을지도 모릅니다. 그럴 때는 당연히 비밀을 유지하기 어렵고 이러쿵저러쿵 하는 중에 어떤 방해가 생기지 않는다고 장담하기 어렵습니다. 단, 브라운이 얻은 위임장은 해관을 담보로 국채를 일으켜서 국가적 사업에 투자하는 계약을 체결할 정도의 권능이 있음은 물론입니다. 따라서 이런 때 굳이 약정 안에 사업비 항목을 기록하는 등의 쓸데없는 일을 하지 않도록 하고, 오로지 해관을 저당으로 하여 최대 500만 원의 대월[過振] 약정에 그치도록 해 두며, 현금 인출은 1구 50만 원을 초과할 수 없고, 인출할 경우에는 3개월 전에 예고하며, 변제방법은 5년 거치 6년째부터 다시 20개년 동안에 걸쳐 상각해야 하고, 이자는 연 6보(步, 6%)로 네 번에 나누어 지불하기로 하면 어떨까요. 그럴 때는 국왕에게 미리 상담할 필요도 없다고 브라운이 하야시 공사에게 제안하고 공사도 여기에 동의하셨다고 합니다. 그러면 절차도 간략해지고 효력에는 차이가 없어, 브라운이 희망한다면 당 은행에서도 이의가 없을 것이라고 소생이 하야시 공사에게 답신했습니다.

당좌대월[當座過振]을 약정할 때는 기한도 짧기 때문에, 이것을 가지고 언제까지나 밀고나갈 수 없고, 물론 시기를 가늠한 뒤에 본식(本式)의 해관 담보 약정으로 바꾸어야 할 것입니다.

한편, 브라운이 앞서 말하는 바와 같이 당좌대월로 바꾸려고 하면 그 전에 일단 브라운이 얻은 국왕 위임장을 한 번 볼 필요도 있다고 생각합니다. 또 약조문 체재도 별지 서식과는 다르지만 요컨대 당행의 권리에 결점이 없어 앞에서 진술한 것 같은 인출 조건을 명확히 하면 지장이 없을 것이라고 생각합니다. (중략)

브라운은 최초의 화폐제도 개혁을 위해 300만 원의 자금이 필요하다고 하는데, 그 후 연구해 보니 금화 주조고가 3~4년 내에는 100만 원으로 충분할 것이라고 말씀드립니다. 또 등대나 수도 모두 굳이 지급(至急)을 요하지 않기 때문에, 이번에 신청한 것이 500만 원이라고는 하나, 기실 향후 3~4년 동안에 300만 원보다 초과하는 대월(貸越)은 실제 할 수 없을 것이라고 생각합니다. 이는 브라운도 하야시 공사도 말씀하시는 바이며, 만사가 완만하게 해결되는 것을 좋아하는 당국의 태도로부터 생각하더라도 이 설은 지극히 적당한 것이며, 또 브라운은 종래의 예에 비추더라도 당행을 위해 결코 무리한 것을 요구하는 그런 인물이 아닙니다. 이번에 브라운의 청구를 승낙함에 있어서는 더욱 호의를 보이는 것은 물론이고, 3개월 전의 예고라고 하지만 실제로는 반년 전에 알려 준 일도 있습니다. 또 일시적인 인출이라 하더라도 50만 원을 여러 번에 나누거나 혹은 감액도 해 준다고 합니다. 불행하게도 일본 정부의 원조가 없을 경우에도 당행 혼자 힘으로 이 계약에 응할 수 있을 것이라고 생각합니다.

이 건에 대해서는 하야시 공사가 이미 수차례 일본 정부에 전보했기 때문에 일본 정부는 충분히 사정을 알고 있을 것이라고 생각됩니다. 하지만 이번에 야마가타(山縣) 내각이 총사직하고 이토(伊藤) 후작에게 대명(大命)이 내렸다고 합니다. 내각 경질이 해관 저당 건에 대해 어떠한 길흉의 영향을 줄 것인지는 판단하기 어렵지만, 공교롭게도 경질로 인한 소란이 일어난다면 두취께서도 더욱 애써주셔야 할 것이라고 생각합니다. 만약 정부와의 교섭이 마무리되지 않고 회답이 지연되는 사이에 한정(韓廷)에 변동이 생기고, 미국파 때문에 해관을 빼앗길 것 같은 위급에 처하게 되면 어떤 처치를 해야 할 것인지. 소견으로는, 만일 위급에 처하게 될 경우 전에 말씀드린 대로 브라운으로 하여금 당좌대월 약정을 우리에게 신청하게 한 뒤 우리만 승낙하고, 나중에 본점에 조회하여 세목(細目)을 정해야 한다는 조건을 하나 붙여 약정 성립 절차만 진행하면 어떻겠습니까. 그럴 때는 세목 결정이라는 조건에다가 어떻게든 당행에 유리하도록 약정을 고칠 수 있는 편리함이 있습니다.(하략)

당시 일본 정부에서는 본건에 관한 각의도 이미 종료하여 확실하게 재가를 기다리는 일만 남아 있었기 때문에, 서둘러 예비 약정을 체결하더라도 지장이 없을 것이라고 보고, 그 뜻을 하야시 공사에게 훈전(訓電)했다는 취지로 내시(內示)했다. 또한 앞에서 언급한 바와 같이 오다카 지배인이 보낸 서신도 도착하여 대략 경성에서 이루어진 담판의 전후 상황도 분명했기 때문에, 본점은 10월 3일 오후 4시 30분에 다음의 전보를 인천지점 오다카 지배인에게 발신했다.

9월 28일 자 서장(書狀)이 도달한 것으로 알고 있음. 해관세 저당 대부금에 대해 브라운과 예비 약정을 체결해도 무방함. 그러나 본 약정서를 결정할 때에는 조선 정부의 책임과 해관세 저당 절차에 대해 계획대로 조치해야 함. 상세한 것은 나중에 서신으로 전달하겠음.[18]

상황이 이러한지라 본행에서는 본건에 대한 담판이 대체로 완료되었다고 확신하고, 다음 날인 4일에는 정부가 정식 명령장을 하부할 것으로 기대했다. 그런데 4일 오후 4시가 지나서 다지리(田尻稻次郎) 대장차관으로부터 두취에게 즉시 출두하라는 전갈이 있었다. 사사키(佐々木勇之助) 지배인이 두취를 대신해 출두했더니 의외로 본 계약의 정지 명령이 내려졌다. 앞서 본행에서 제출한 청원서가 각하되어 버린 것이다. 갑자기 본건 진행이 큰 지장이 생겼다. 이렇게 된 것은 정부 부내(部內)에 여러 사정 때문이겠지만, 이런 때에 본행에서 무리하게 전약(前約) 이행을 요구할 경우, 국가 다사(多事)의 때에 이미 지연된 신내각의 조직이 더욱 지연될 우려가 있었다. 따라서 시부사와 두취는 청원서 각하를 깨끗하게 받아들이기로 결심하고 곧바로 다음의 전보를 오다카 지배인에게 발송했다.

어제 전보한 해관세 저당 대부금에 관한 것은 내각 경질 때문에 정지 명령이 있었기에 본 약정의 담판은 잠시 보류할 것. 상세한 내용은 공사와 상담할 것.

그런데 이와 엇갈려서 다음의 전보가 동일 오후 8시 반에 도착했다.

전보 도착해 내용 이해했음. 공사의 의견은 조선 정부와 약정하는 것이 위험하고 상당한 방해가 있어 약정할 수 있을지에 대한 전망도 없다. 브라운은 황제로부터 정당한 위임장을 수취하고 있어서 브라운과 약정하는 것은 안전하고 조선 정부보다 오히려 확실하다고 보증했다. 또 최고액[極度額][19]이 가령 500만 원이고, 실제로는 300만 원을 초과하지 않는다. 현

18 원문은 '委細書ヲ以テ報ゼン'로 되어 있는데, 이는 '詳しくは後ほど書状でお伝えします'의 의미이다. 게이오대학 문학부 마에다 교수.

19 근저당권의 목적. 부동산에 담보되는 채권의 변제 상한액. 근저당권을 설정하면서 결정되고, 근저당권자는 극도액을 한도로 확정한 원본 및 이자 등 손해배상금에 대해 근저당권을 행사(다른 채권보다 먼저 변제받음)할 수 있다.

재 상황에서 최고액이나 권한에 대해 우려하는 것은 불필요하다. 상세한 것은 공사가 외무성에 보고했으니 문의하기 바란다. 이번에는 당점(當店)을 위해 이익이 있을지언정 불이익은 없을 것이다. 약정하게 된다면, 방해할 수 없는 중에, 브라운의 신청에 대해, 상세한 것은 나중에 본점과 협의한 뒤 결정한다고 제한해 두고, 일단 해관세 저당기한 30년의 당좌대월 약정을 체결하는 것으로 이해하기 바란다. 간절히 회보를 기다린다.

그리고 다음 날 5일 오전 9시가 되어서 다시 다음과 같은 전보가 도착했다.

어젯밤 공사의 소개로 브라운과 해관세 저당 대부금 약정이 끝났으니 안심하기 바람. 이제 인천으로 돌아가겠음.

어제 이곳에서 발송한 전보가 아직 상대방에게 도착하지 못한 사이에 경성에서 이미 본건의 예비 약정이 체결되었다. 이는 정말이지 본행을 사이에 낀 존재와 같이 곤란하게 만드는 것으로 두춰 이하 당사자가 고심통심(苦慮痛心)하는 바이지만, 사정이 이같이 된 이상 어쩔 수 없는 것으로 정부에 대해 앞의 사정을 진술하여 가급적 전 약(前約)을 이행할 것을 청원했다. 하지만 결국 원하는 내용이 받아들여질 가능성이 없어서 인천지점에 타전하여 예비 약정 변경 건을 논의하는 수밖에 없다고 내의(內議)했다. 때마침 4일 이쪽에서 보낸 전신에 대한 회답으로 다음과 같은 전보가 도착했다.

전보 도착해 내용 이해했음. 어제 경성에서 공사와 협의한 뒤 브라운의 신청을 알았음. 약정은 다음과 같다. 해관세 저당 최고액[極度額] 500만 원, 당좌대월 약정, 3월 이전 통지 1회 50만 원 이내 5년 동안 총액, 대부 이자 6분(6%), 5년 거치 30년간 변제, 기한 중 당점을 해관은행으로 한다는 내용으로 서면을 교환했기 때문에 변경할 수 없음. 일본 정부는 당점에 대해 책임 있다고 공사가 보증했으니 안심할 것. 상세한 것은 나중에 서신으로 보고하겠음.

따라서 이쪽에서는 6일 오전 10시 50분에 다음과 같은 전보를 발송했다.

전보 도착해 내용 이해했음. 내각 경질로 정부가 자금 대출을 인가하지 않아 약정을 이행할 수 없기 때문에 당좌대월 약정을 취소하는 수밖에 없음. 또한 긴밀하게 공사와 협의한 뒤 되도록 문제가 없도록 조치해야 함. 상세한 것은 나중에 서신으로 보고하겠음.

이에 대해 인천지점으로부터는 이에 대한 답변으로 다음과 같은 전보가 도착했다.

전보가 도착하여 내용을 아셨겠지만, 당점은 공사를 경유하여 일본 정부가 보호명령을 승낙하여 브라운과 약정했기 때문에 취소할 수 없음. 만약 취소하게 되면 브라운에게 신용을 훼손할 것이기 때문에 상당히 부적절함. 정부에 대한 교섭에 힘껏 진력해 주기 바람.

하지만 정부는 도저히 전 약(前約)을 이행할 뜻이 없고, 외무성에서도 줄기차게 하야시 공사에게 예비 약정 취소를 압박하고 있는 모양이지만, 혹시 이쪽의 사정이 충분히 하야시 공사 및 오다카 지배인에게 관철되지 못했을 것을 우려하여 다시 그날 오후 10시에 다음의 전보를 보냈다.

전보 도착해 내용 이해했음. 공사가 정부 보호에 관한 사항을 보증했다고 하지만, 내각 경질 때문에 정부는 본점에서 상신한 자금 대출 관련 청원서를 각하했고, 그 때문에 상당히 곤란한 경우에 처했다. 따라서 브라운과 체결한 약정을 해제할 것인가. 만약 해제할 수 없으면, 정부가 자금 대출 건에 대해 승낙하도록 공사에게 진력해 달라고 부탁하는 수밖에 없다. 이런 앞의 사정을 강력히 주장하여 공사에게 배려해 주도록 부탁하는 데 노력하라.

그리고 만약 브라운과의 예비 약정을 파기할 수 없는 경우에는 하는 수 없이 본 약정 체결 때 세목(細目)을 담판하는 과정에서 전(前) 약정의 파기를 도모하든지 아니면 본행의 부담을 경감하는 방법 밖에 없다고 생각했다. 이런 생각을 가지고 다시 7일 오후 4시에 다음의 전보를 발신했다.

전보 도착해 내용 이해했음. 브라운의 약정은 어떤 절차를 밟게 될 것인지, 9월 28일 자 편지와 같이 상세한 염서(廉書)[20]는 본점의 의견으로 변경할 수 있는지, 간절히 회보를 기다림.

이에 대해 인천지점에서는 7일 자로 다음과 같이 답전(答電)을 보냈다.

전보 도착해 내용 이해했음. 브라운과의 약정은 완전하여 해약하는 것에 대해 브라운이 찬성하지 않고 있음. 정부에서 명령을 취소하는 것은 적절치 않음. 과실은 정부에 있음. 이미 브라운으로부터 50만 원 인출 예보가 있어서 승낙했음. 공사는 취소할 수 없는 이유를 정부에 전보할 것이니, 귀하께서도 정부와 담판하라.

또한 이 회신과 전후하여 인천지점 오다카 지배인이 발신한 편지는 다음과 같다.

삼가 아룁니다. 지난 3일 귀하의 전보가 다음과 같이 도착했습니다.(전문은 생략) 이에 대해 동일 곧바로 공사관을 방문하여 공사와 면회했습니다만, 마침 공사에게도 외무성으로부터 훈전(訓電)이 도착해 있었습니다. (중략) 공사는 그때 브라운에게 편지를 보내 제일은행은 귀하가 신청한 대부약정을 승낙했으니 안심하라는 뜻을 전달했습니다. 소생도 이날(3일)은 불쾌한 상태로 숙소로 돌아와 있었는데, 그다음 날 아침에는 기분도 좋아 경성 해관에 가서 브라운을 방문하고 다음과 같이 구두로 진술했습니다.

귀하께서 9월 24일 자로 하야시 공사를 거쳐 저에게 편지로 알려주신 해관세 저당 500만 원 당좌대월[過振][21] 신청에 관한 일은 그 후 본점과 전신을 통해 교섭하고 있어서 답변이 지체되었는데, 어제 겨우 본점에서 승낙 취지의 전보가 도착하여 서

20 廉書는 일본어로 'かどがき'라고 읽어서 '셀 수 있을 만한 개조나 이유 등을 써서 나타낸 것'을 가리킨다.

21 '가부리'는 거래은행의 당좌예금 잔고 또는 당좌계정 대월(貸越) 계약의 한도액 이상으로 수표를 발행하는 것이다.

둘러 승낙의 답신을 보내기로 했다. 일단 이런 내용으로 인사드린다. 운운.

브라운은 앞의 이야기를 듣고 크게 만족해하며 승낙한다는 답신을 서둘러 받아두기를 원했습니다. 이에 동인의 주문으로 초안을 만들어 출장소로 돌아간 뒤 공사의 지시를 받아 별지와 같은 회답서를 바로 그날 브라운에게 건넸습니다. (하략)(10월 7일 발 서한)

앞의 서한에 첨부하여 인천지점에서 송부한 브라운과의 왕복 서한은 다음과 같다.

삼가 아룁니다. 소생은 이번 소생의 관할로써 귀행에서 취급해 온 한국 해관세를 저당으로 500만 원 이내 차용 권한을 위임받았기에, 귀행에서 상기 금융을 인수해 주시고, 그 내용을 통지해 주시면 정말 다행으로 생각하겠습니다.

다행히 앞의 내용이 괜찮다면 그 방법으로써 제가 귀하에게 특별한 대월(貸越) 계정을 열고, 최고액(극도액) 500만 원까지 수표로 한도를 초과해 발행할 수 있도록 허가해 주셨으면 하고 희망하는 바입니다.

소생이 위의 수표를 발행하는 경우에는 반드시 3개월 이전에 그 내용을 예고하고, 그 금액은 1구 50만 원 이상을 인출하지 않겠습니다. 또 그다음의 인출을 행할 때까지는 역시 3개월의 기간을 두어야 합니다. 즉 2구의 수표를 3개월 이내에 발행하는 일은 없습니다.

위의 대부금에 대해서는 연 6분(6%)의 이자를 책정하고, 반년마다 매일 매일의 대월고(貸越高)에 따라 지불하게 됩니다.

위의 대월금 원금 및 그 이자에 대해서는 다음에 기재한 상당한 경비를 공제한 여분의 해관세금을 가지고 제1저당에 충당하게 됩니다.

가. 징수비용(해관세 관리 봉급 및 잡비)

나. 관리사(管理司) 경비

다. 각 개항장에 무역상 필요한 기관을 설비하고, 이를 유지하는 비용(해관창고로 하역장[荷揚場] 돌출 등)

하지만 때때로 해관의 수입을 검사하여 훗날 해관세 수입을 가지고 해관을 유지하는 데 지장이 없을 정도를 넘겨서 수표를 발행하여 차월(借越)하지 않도록 주의하겠습니다.

상기 수표의 한도 초과 발행(過振出)은 계약한 날부터 5년 동안 배포하고, 또 5년 만기 후에는 미리 동의가 없을 경우 결코 수표를 발행하지 않음은 물론, 이 기한 후에는 한도 초과(過振) 금액이 얼마가 되던 반년마다 1회씩 동액(同額)의 연부금으로 변제하기 시작해 제1회 변제기부터 30년 이내에 모두 변제하겠습니다. 단, 계약한 날부터 만 5년 동안은 변제를 시작하지 않고, 또 그 후 연부금액은 마음대로 할 수 있도록 승낙해 주시기 바랍니다.

소생이 이번에 차입 권한을 위임받은 금액의 용도는 다음과 같기 때문에 위에서 말한 것과 함께 통지해 둡니다.

(1) 차입금 중 300만 원 이내에서 금화본위 또는 기타 고안을 채용하여 화폐 개량 실시 자금에 충당할 것.

(2) 동 100만 원 이내로 경성에서 수도공사를 일으킬 것.

(3) 동 100만 원에 톤세[22] 수입을 합하여 등대, 항표 기타 한국 해안 항해의 편익이 될 만한 설비의 기금으로 사용할 것.

끝으로 귀행에서 이번에 소생으로부터 한국 정부를 대신하여 의뢰한 내용(願意)을 승낙하신다면 소생은 대월금 변제를 마치고 일체의 계산이 완료되기까지 귀행이 모든 개항장에서 현재와 같이 해관세 취급에 종사하고, 또 귀행이 아직 설치하지 않은 장소에는 지점 혹은 출장소를 설치하여 마찬가지로 취급할 것을 승낙하겠습니다. 위의 내용을 의뢰하는 것에 대해 의견을 구합니다. (번역문)

경성에서 1900년 9월 24일 한국 총세무사 존 맥리비 브라운(John McLeavy Brown)

인천 제일은행 지점 지배인 귀하

삼가 아룁니다. 1900년 9월 24일 자 서면(書面)을 영수해 배견했습니다만, 이번에 귀관 명의로 최고액(극도액) 500만 원까지 인출하기 위해 당행에 특별 차월 계정을 개시하고자 그 조건 등을 말씀해 주셔서 상세한 내용을 알게 되었습니다. 이에 대해 소생은 당행 본점 및

22 외국의 무역선이 일본의 개항장에 입항했을 때 그 외국 무역선의 순 톤수를 과세표준으로 하여 그 외국 무역선의 선장을 원칙의 납세 의무자로 하여 부과되는 조세이다.

동 중역으로부터 의뢰에 응해도 괜찮다는 내용으로 인가를 얻었기에 답변 드립니다. 따라서 귀관의 명의로 당행에 특별 대월 약정을 열고 이에 수표장 및 통장을 교부하니 살펴 받으시기 바랍니다. 또한 귀관이 수표로 자금을 인출하게 될 경우에는 각 수표 발행기일 사이에 적어도 3개월을 경과해야 하고, 또 수표 발행 기일로부터 3개월 전에 미리 통지해 주시고, 1구 50만 원을 넘지 않아야 하고, 또 대월금 이자는 연 6푼의 비율로 반년마다 지불하게 될 것이라고 알고 있습니다. 이에 대해 의견을 구합니다.

1900년 10월 4일[1900년(明治 33) 10월 4일]

주식회사 제일은행 인천지점 지배인 오다카 지로(尾高次郎)

경성 총세무사 John McLeavy Brown 귀하

한국에서 이루어진 브라운과의 담판은 위와 같이 진행했기 때문에, 만일 어쩔 수 없다면 정부의 원조를 기다리지 않고 본행 단독의 자력으로 부담할 수 있는 범위 내에서 대부 약정 체결하는 것으로 결정하고, 8일 오전 11시 40분 다음의 전보를 발송했다.

7일 자 전보 도착해 내용 이해했음. 도저히 정부로서는 자금 대출 건에 대해 승낙할 수 없으니 만약 해약할 수 없다면 약정은 그대로 해 두고 특별 내약(內約)으로 실제 대출 금액을 100만 원 이내로 감소할 수는 없는지 공사와도 협의한 뒤 브라운의 의견을 조회하여 지급 전보하라.

이에 대해 경성발로 8일 오후 11시 오다카 인천지점 지배인으로부터 다음의 회전이 있었다.

전보 도착해 내용 이해했음. 공사와 협의한 뒤 브라운에게 다음의 제안을 할 생각임. 당좌 대월 금액은 항상 세관 예금 잔고를 초과해서는 안 된다고 약정해도 괜찮은지 이곳으로 회신해 주기 바람.

이에 대해 이쪽에서는 9일 오전 8시에 다시 다음의 전보를 발송했다.

전보 도착해 내용 이해했음. 브라운에 대해 당좌 대월 금액은 항상 세관 예금 잔고를 초과해서는 안 된다고 약정하는 것은 문제없음. 급히 협의한 뒤 브라운이 동의하면 곧바로 회보 바람.

이리하여 당일 심야에 다음과 같이 회전(回電)해 왔다.

전보 도착해 내용 이해했음. 공사가 브라운과 협의했는데 대차(貸借) 차감액 100만 원까지 대월 초과되면 브라운은 승낙할 모양임. 최대한 그 안에서 결정할 것이지만 귀하의 의견은 어떠한지 회보(回報) 바람.

위의 두세 차례 전보 왕복에 의해 이쪽은 조금 안심할 수 있었지만, 본건의 담판 파열에 대해서는 그 책임이 완전히 일본 정부에 있기 때문에, 더 이상 브라운에게 폐 끼치는 것은 떳떳하지 못하고, 만약 이번의 일이 완전히 파약(破約, 파기)되면 브라운의 지위에 적지 않은 영향을 미치게 될 것이다. 이런 우려 때문에 본행은 예금과 대월금 이자 차이로 겨우 손실을 면하고, 추후 본 계약을 체결하게 되면 다소의 조건을 얻고자 10일 정오를 지나 다음의 전보를 발송했다.

전보 도착해 내용 이해했음. 정부로부터 자금 대출이 없을 때 대차(貸借)의 차액 100만 원까지 초과 대월을 실시하는 것은 곤란하지만 사정이 어쩔 수 없어 승낙해야 함. 그러나 예금, 대월(貸越), 계정(勘定) 등을 구별하고, 예금은 항상 100만 원을 하회하지 않도록 협의해야 함. 어떠한가 간절히 회보(回報) 바람.

그런데 외무성은 끊임없이 예비 약정 취소에 고심하여 동성(同省)에서 하야시 공사에게 훈전할 것이고, 본행에서도 오다카 지배인에게 전약(前約) 취소에 진력해야 한다는 내용으로 타전할 것을 조회(照會)해 왔기 때문에 다시 다음의 전보를 발송했다.

오늘 아침 경성으로 전신한 대로 브라운이 동의하면 공사 의견 여하에 따라 앞의 약정을 취소하고 다시 약정을 체결해도 무방함.

오다카 지배인으로부터 다시 13일 오전 발신으로 다음의 회전(回電)이 있었다.

이번에 신청한 일은 승낙할 수 없기 때문에 대월 약정은 당분간 이대로 두고 새 내각의 동정을 살펴보았으면 한다고 브라운의 제안이 있었음. 상세한 것은 나중에 서면으로 보고하겠음.

이런 이유로 생각하면, 인천지점에서는 새 내각이 성립하게 되면 다시 전 약정 회복의 시기가 도래할 것이라고 희망하기 때문에 우리 쪽은 동일 오후에 혹시나 해서 다시 다음과 같이 전보했다.

전보 도착해 내용 이해했음. 새 내각 성립 후라 하더라도 전 약정대로라면 이행 전망이 서지 않기 때문에 하야시 공사와 협의한 뒤 10일 전신(電信)과 같이 브라운이 승낙할 수 있도록 진력하라. 그리고 브라운이 예금과 대월과 계정(勘定)을 구별하는 것에 동의하지 않는지 알아보고 지금 일단 전보하라.

이에 대해 동일 오후 7시 인천지점에서 다음의 전보가 도착했다.

전보 도착해 내용 이해했음. 브라운은 예금, 대월, 계정(勘定) 등을 구별하는 것에 동의함. 사실 예금은 100만 원 이상 항상 보유할 것이지만, 약정은 쓸 수 없다고 말함. 앞의 약정은 추후에 해약할 수 있지만 브라운이 신청한 대로 당분간 이대로 두고 새 내각과 협의해야 한다는 것이 공사의 의견임.

따라서 우리 쪽에서는 다시 혹시나 하는 마음에 동일 오후 7시 반 다음의 전보를 발송했다.

전보 도착해 내용 이해했음. 새 내각과 협의한 뒤 약정을 이행할 수 없을 경우에 당점이 곤란해지는 일이 없다면 귀하께서 말씀하신 대로 해도 무방함.

그런데 16일 오후에 이르러 다음의 전보가 도착했다.

브라운으로부터 새 내각과 협의한 뒤 약속 이행을 할 수 없는 경우에는 해관세 저당 100만 원 당좌대월이 아니면 동의할 수 없다고 전해옴.

하지만 그 취지가 분명치 않아서 다시 다음의 전보를 발신했다.

전보 도착해 내용 이해했음. 브라운은 예금, 대월, 계정(勘定) 등을 구별하는 것 동의하지 않아서 대차(貸借) 차액 100만 원까지 대월을 청구할 것인지 또는 전 약정을 취소하고 다시 100만 원까지 대월을 요구하는 것인지 알아보고 지금 일단 전보하라.

이에 대해 그다음 날 16일 정오 지나서 회전(回電)이 있었다.

전보 도착해 내용 이해했음. 브라운은 새 내각이 보호하지 않는다면 다시 100만 원 당좌대월 약정을 청구할 것임. 그러나 약정을 그대로 두고 별도로 내약(內約)하는 것이 이익이라고 생각하여 예금, 대월, 계정 등을 구별하는 것에 브라운은 동의함. 상세한 것은 나중에 서면으로 보고하겠음.

여기서 브라운의 의사도 판명되었기에 본건의 담판은 이것으로 일단락을 고했다.

뒤이어 1900년(明治 33) 10월 30일 시부사와 두취는 경인철도 개통식에 참석하기 위해 도한(渡韓), 11월 9일 브라운과 회견하여 다시 본건에 관해 교섭을 개시하고, 다음 날 10일 각서를 브라운에게 송부했다.

각서

귀하의 목적은 첫째, 화폐 개량, 다음으로 경성 수도공사 및 한국 연해 등대 건설에 있기 때문에 나는 다음의 비견(卑見)을 드리고자 한다.

하나. 수도공사 및 등대 건설에 200만 원이 필요하고, 이를 5개년 계속 사업으로 하면 매년 40만 원이 필요하다. 이는 해마다 해관세의 잉여금 중에서 지불할 것.

하나. 첫 번째 목적인 화폐 개량을 실행하기 위해 제일은행에서 200만 원까지 당좌대월을 약정하고, 이에 대해 귀하께서는 해관지폐 발행권을 제일은행에 부여할 것.

하나. 상기 당좌대월금 200만 원 중에서 100만 원은 점차 일본 화폐를 가지고 대출하여 금화 주조에 충당할 것.

하나. 상기 100만 원의 금화는 제일은행에 보관하게 하여 해관지폐 교환 준비에 충당하고 제일은행은 이에 대해 해관지폐를 교부할 것.

하나. 상기 당좌대월금 200만 원 중 다른 100만 원은 점차 해관지폐를 가지고 대출할 것.

하나, 해관지폐 발행고는 당분간 300만 원까지로 하고, 상기 당좌대월금의 잔여는 모두 제일은행의 영업자금에 충당할 것. 단, 해관지폐 발행고는 그 3분의 1에 해당하는 교환 준비금을 보유할 때 그 유통 상황에 따라 점차 증가할 수 있을 것.

하나. 해관세 취급 및 해관지폐 발행에 관한 것은 상기 당좌대월금 약정기한 중, 즉 35년 동안은 설사 모두 변제하게 되더라도 여전히 제일은행에 위임할 것.

하나. 정화의 종류 및 그 주조법 그리고 지폐 발행 절차 등은 별도로 협정할 것.

하나, 정화 준비의 보관법도 다시 협의한 뒤 가장 안전한 방법을 세울 것.

나아가 동월 13일 브라운은 경성출장소로 방문하여 시부사와 두취에게 다음에 대해 질문했다.

하나. 해관세의 잉여는 다른 곳에도 사용처(使途)가 있으니 모두 이를 등대 및 수도공사로 돌릴 수 없다. 그렇다면 100만 원 정도의 차입금으로는 도저히 이번 사업에 착수할 수 없을 것이다. 신지폐로 100만 원 정도 따로 대부한다고 해도 신지폐로 구입할 수 없는 물품도 적지 않을 것이기 때문에 이런 때에는 합계 200만 원에 달할 때까지 일본 화폐로 대부하는 것이 어떠한가.

하나. 해관지폐 발행권을 제일은행에 부여하는 것은 적당하지 않다. 만약 이를 은행에 부여하고 그 발행하는 바의 지폐를 차용하게 되면 자기 화폐를 다른 곳에서 차입하게 되는 것이 아닌가.

하나. 해관세 취급을 차입금 변제 후에도, 약정기한 35년 동안 제일은행에 위임하는 것은 부당한 것 같다. 거치 연한 5년 동안은 움직일 수 없으나 그 후에는 송금이 끝나는 상황에 따라 앞의 취급기한도 임의로 변경할 수 있는 것으로 하지 않으면 설명하는 데 애를 먹게 될 것이다. 귀하의 고견(貴慮)은 어떠한가.

이에 대해 시부사와 두취는 하나하나 변명의 수고를 했다. 제1항에 대해서는, 100만 원의 일본 화폐와 100만 원의 신지폐를 제공하면 대체로 이번 사업을 실행하는 데 지장이 없을 것으로 믿지만, 착수한 후 일본 화폐가 아니면 목적을 달성하기 어려운 경우에는 합계 200만 원에 한해 일본 화폐를 가지고 대부하는 것도 어쩌면 가능할 것이다. 또 제2항 지폐 발행 건은 사정상 한국 총세무사의 발행으로 하는 것도 가능하지만, 그 취급 및 교환 책임을 따로 신은행을 창립하여 이를 위임하기보다 오히려 제일은행에 일임하는 편이 유리한 대책이 될 것이다. 그리고 이와 같은 책임을 제일은행에 부담시키고, 또 저리(低利)로 큰 자금을 대부하게 하기 위해서는 제3항의 기한 문제는 반드시 우리 쪽의 요구대로 정해져야 할 것이다. 그렇지 않으면 제일은행은 이번 5년 정도의 단기간을 목적으로 하는 큰 사업에 도저히 착수할 없을 것이라고 답변했다. 이로써 브라운의 의혹도 어느 정도 해소된 듯해 대체로 본행의 요구도 그렇게 무리하지 않은 것 같다는 내용으로 회답했지만, 다시 숙고한 뒤 오는 15일에 다시 회견할 것을 기약하고 물러났다.

이어 11월 20일 브라운으로부터 다음의 각서가 송부되었다.

각서(번역문)

제1. 은행은 지폐 발행의 단서를 열 목적을 가지고 즉시 환언하면 몇 개월 중에 금화 100만 원을 대부할 것.

제2. 금후 브라운이 설비할 다른 사업에 대해 만약 한국 화폐로 그 용무를 마칠 수 없을 경우에는 다른 100만 원 중 해당 분량만큼 금화로 대부할 것.

제3. 제2항의 대부금은 연 6보(步, 6%)의 이자를 책정하고, 또 앞에서 이야기한 것처럼 해관수입을 저당으로 할 것.

제4. 앞의 대부금은 10개년 경과 후가 아니면 그 변제를 개시할 수 없고, 일단 개시한 후라 하더라도 15개년 내지 20개년 동안 변제할 것.

제5. 그리고 앞의 변제가 모두 끝날 때까지는 제일은행을 해관은행으로 지정할 것.

제6. 화폐 방안에 관해서는 은행에서 총세무사에게 충분한 원조를 하여 그 성공을 도모하고, 지폐 발행의 단서를 열어야 함. 이를 위해 쌍방이 모두 다음 사항을 약속함. 즉 이 계획은 쌍방의 편의와 일반 공중의 이익 및 무역 발달을 도모하기 위함이기 때문에 결코 부당한 이익을 구하지 않고, 아울러 성공하는 날에는 이 계획에서 얻을 수 있는 편의에 따라 보상할 수 있는 것 이외에는 은행에 손실을 조금도 부담시키지 말 것.

제7. 브라운이 목적하는 바는 교환의 책임이 없는 화폐를 수백만 원이나 한국 정부로 하여금 발행시키는 것이 아니고, 첫째는 해관세 지불을 위해, 둘째는 무역 및 상거래 편의를 증대시키기 위해, 셋째는 전국 일반의 이익을 위해 확실한 화폐를 제정하는 데 있음. 그리고 화폐 방안의 실시는 다음의 절차를 따를 것.

제8. 이 목적을 위해 대부되는 100만 원은 일본 금화와 같은 가격의 한국 금화로 주조하고, 총세무사 및 제일은행의 공동 쇄약(鎖鑰, 자물쇠와 열쇠)에 의해 제일은행의 금고 안에 보관하여 지폐 교환의 준비에 충당하여 지폐 교환의 필요가 있지 않으면 결코 지출하지 말 것.

제9. 제일은행은 한국의 금화를 주조하고, 또 지폐를 인쇄하기 위해 어떤 장소, 어떤 방법으로 가장 최량(最良)과 염가(廉價)로 할 것인지에 대해 총세무사에게 충고하고, 또 이 사업을 최저 비용으로 성취할 수 있도록 조력할 것.

제10. 은행은 또 지폐 유통상에 관한 최량법(最良法)에 대해 총세무사에게 충고해야 함. 하지만 지폐 발행 및 관리는 총세무사가 수중에 장악하고 은행을 그 대리자로 삼는 것이 혹은 필요할 것임. 또 때때로 은행을 경유하지 않고 지폐의 얼마간을 한국 탁지부 혹은 궁내부에 직접 지불하는 것도 필요하고 편리할 것임.

제11. 지폐 교환 청구가 빈번하여 100만 원의 준비금 이상에 달하게 되면 은행은 그 청구에 응할 수 있을 만큼 다시 대부할 것. 한국 정부에서 상기 대부금을 변제하고, 또 공중이 거절하는 지폐를 환수하여 처분할 수 있을 때까지 유예해 줄 것.

제12. 이 밖에 본 계획의 세부 항목(예컨대 금화 및 화폐의 종류나 수량 등)은 대체적인 협의가 이루어진 뒤 다시 협의할 것.

제13. 전술한 화폐 방안은 충분히 성공할 전망이 있음. 또 성공한 뒤에는 그 이익이 상당히 광대할 것이기 때문에 이에 대해 분명하게 협의하고, 또 그 실시를 도모하기 위해서는 잠시도 게을리 하지 말고, 은행은 이 희망과 목적을 가지고 미리 다음의 건들에 대해 조사를 수행하고, 또 총세무사에게 보고할 것.

① 새 금화를 가장 잘 주조하는 방법, 장소 및 비용.

② 어디에서, 또 어떤 사람에 의하면 지폐 원판(原板)을 가장 잘 조각하고, 또 가장 안전하게 지폐를 인쇄할 수 있을 것인가.

제14. 장래 만약 필요하고, 또 충분한 기간을 줄 때는 은행에서 가령 당초 예약의 특별 보조를 잃더라도 그 여러 친구(諸友)에게 도모하여 원약정(原約定)인 500만 원에 달할 때까지 대부금을 증가시키는 것도 가능한지 강구하기 바람.

제15, 상기 회의의 요점은 만약 원 약정의 실시가 이루어지기 어려울 경우 어떤 것을 할 수 있을 것인가에 대해 의견을 교환한 것에 불과함. 전술한 바와 같이 변경한 방안에 대해 확실하게 동의를 표하기 전에 총세무사는 또한 정중하게 목하의 실황을 연구하고, 또 추가로 어느 정도까지 한국 정부의 허가를 받을 수 있는지 생각해야 함.

이에 대해 시부사와 두취는 이를 수정하여 다음의 각서를 만들어 동월 23일 이를 브라운에게 송부했다.

각서

하나. 9월 24일 자 원 약정서는 전 약(前約) 그대로 계속하고, 차체에 보수약정(補修約定)을 체결한다.

하나. 귀하의 의견에서는 최초 100만 원 정도의 한국 금화를 주조하고, 이를 교환 준비로써 은행의 금고 중에 보관하게 할 취지라고 하지만 이는 그럴 필요가 없고, 또 귀하에게도 이익이 아닐 것이다. 왜냐면 지폐의 유통은 당분간 점진적으로 할 수밖에 없고, 발행고 100만 원에 달하지 못했는데 100만 원의 금화를 금고 중에 봉쇄하는 것은 무용(無用)의 준비일 뿐만 아니라 이에 대한 이자는 귀하의 손실이 될 것이기 때문이다. 준비금은 우선 10만 원 내지 20만 원 정도를 시험 삼아 주조하고, 기타는 당분간 일본은행 태환금권으로 지폐 발행고에 응하여 점차 증가시키는 것으로 하면 어떠한가.

하나. 귀하의 의견에서는 새로 만든 지폐 300만 원이 모두 귀하의 소관에 속하고, 제일은행은 단지 발행 환수의 취급을 담당하는 내용으로 되어 있으나, 이렇게 되면 제일은행은 단지 앞의 내용에 대한 수수료를 얻을 뿐으로, 만일 교환 청구가 빈번할 때는 100만 원 이상의 교환 준비를 해야 할 큰 책임에 대한 보수가 없다. 따라서 발행 지폐 중에서 200만 원은 귀하의 계정(勘定)에 속하는 것으로 하여 점차 귀하의 청구에 응해 발행하고, 100만 원은 제일은행의 계정(勘定)에 속하는 것으로 하여 점차 그 영업자금으로써 발행하는 것으로 정했으면 한다. 또한 앞으로 발행액을 증가시킬 필요가 있을 때는 앞의 비율, 즉 3분의 2는 귀하의 분, 3분의 1은 제일은행의 분으로 발행했으면 한다. 단, 위와 같이 정할 때는 제일은행은 최초 지폐 원판을 만들고, 또 이를 인쇄하고, 또 이를 수송하는 등 특별히 필요로 하는 비용 외에 일상적인 발행과 환수 등에 관한 사무원의 급료, 기타 잡비 등은 일체 청구하지 말 것. 또 만일 비상사변을 맞이하여 100만 원 이상의 교환 준비금을 필요로 할 때는 발행 원장(元帳)의 실수(實數)에 비추어 제일은행 분의 발행에 대해서는 무이자로 이를 공급하고, 총세무사에게는 연 6분의 이자를 청구한다.

하나. 이번 계획이 순조롭게 성공할 때는 혹은 다른 곳에서 차입금을 하지 않더라도 원 약정의 500만 원을 마련하는 것이 용이할 것이다. 하지만 만약 지폐의 유통이 뜻대로 이루어지지 않고 500만 원의 자금이 꼭 필요할 경우에는 제일은행은 다시 귀하와 협의한 뒤 가급적 이를 위해 진력할 것이다.

하나. 다른 것은 대체로 귀하의 의견에 동의한다. 따라서 한국 총세무사 브라운과 제일은행 인천지점장 오카다 지로(尾高次郎) 사이에 지난 10월 4일 자로 체결한 해관세 저당 대부 약정은 이를 계속하는 것으로 하고, 다시 다음의 취지에 의해 부약정서(副約定書)를 체결한다.

하나. 대부금 약정고 중 100만 원은 일본 화폐를 가지고 총세무사의 통지에 따라 필요할 때 제일은행이 이를 대부한다.

하나. 총세무사는 상기 금액을 준비기금으로 해관 유통의 태환권을 만들고, 제일은행을 그 취급점으로 정해 이를 발행한다.

하나. 상기 태환권 제조 총액은 당분간 300만 원까지로 정하고, 준비금의 3배까지만 발행한다. 단, 추후에 유통되는 사정에 따라 발행고를 증가시킬 때도 준비금의 비율은 본조(本條)의 제한을 초과해서는 안 된다.

하나. 태환권 교환은 제일은행에서 담당하고, 한국 본위 화폐 또는 일본은행 태환권으로 편의에 따라 이를 교환한다.

하나. 태환권 총액 300만 원 중 200만 원은 해관에서 사용하기로 하고, 다른 100만 원은 제일은행에서 사용할 수 있도록 허가한다. 단, 나중에 발행 총액을 증가시켜야 하는 경우에도 같은 비율로 한다.

하나. 상기 태환권의 운용방법에 의해 총세무사는 200만 원의 자금을 얻게 될 터이지만, 만약 유통이 불편하여 그 목적을 달성할 수 없을 경우 제일은행은 따로 100만 원까지 일본 화폐로 대부한다. 단, 이 대부금의 이자는 앞의 대부금과 같은 비율로 한다.

하나. 총세무사가 추후에 다시 자금이 필요하여 총 약정고까지 대부를 희망할 때는 그때 따로 그 방법을 협의하고 나중에 이를 실시한다.

하나. 한국 본위 화폐의 주조 및 해관 태환권 제조 절차는 제일은행에서 그 순서와 방법 및 양식(雛形)까지 상세하게 조사하여 총세무사의 인락(認諾)을 얻어 이를 확정한다. 단, 그 비용은 해관에서 지불한다.

하나. 태환권 발행에 관계된 제반 절차, 준비금 보관 및 취급에 필요한 사무원 임용, 각종 장부 제조 또는 기입방법 등에 이르기까지 모두 제일은행에서 부담한다.

하나. 이 약정은 대부금 거치 연한을 체결한 날로부터 만 10년 동안으로 하고, 11년째부터 지불기한을 15년 혹은 20년 동안으로 정해 그 기간 중에 효력이 있는 것으로 한다.

동월 25일 브라운은 다시 다음과 같은 각서를 송부했다.

한국해관총세무사역장(役場)

[경성 1900년(明治 33) 11월 24일]

친애하는 이치하라 모리히로(市原盛宏) 귀하

소생은 본월 21일 자로 귀하에게 송달한 각서를 보정하기 위해 다시 각서를 봉입(封入)했습니다. 위의 각서 중에 귀하가 제게 '회담의 두서(頭書)'에 대해 제출하신 수정을 써 넣고, 또 그중에서 소생이 현재 동의를 표할 수 있는 것과 주의(主義, 취지)에는 동의하더라도 별지에 진술해 둔 이유 때문에 확실한 인락(認諾)을 연기해야 할 것을 지정해 두었습니다.

귀하의 서신에도 기재되어 있듯이 발행 지폐의 얼마간을 귀하의 사용에 맡겨두었으면 한다는 희망만이 서로에게 존재하는 유일한 중요 문제입니다. 하지만 본건에 관해서도 소생은 쌍방이 만족할 수 있는 협정에 도달할 수 있음을 의심하지 않습니다.

대부금 변제 기한 및 그에 부수하여 발생하는, 해관은행으로서 기능할 수 있는 기한의 문제 역시 소생은 서로의 계획에 어떤 이의도 없음을 확실히 아실 것이라 생각합니다.

이 서신은 내일 가장 빠른 기차로 인천에 도착할 것입니다. 아마 소생도 남작 및 귀하가 출발하기 전에 뵙고자 동승할 것입니다. (번역문)

존 맥리비 브라운(John McLeavy Brown)

<별지>

1900년(明治 33) 11월 21일 '회담의 두서(頭書)'에 대해 제공한 수정을 요하는 조목은 다음과 같이 고칠 것

제1조에서 은행은 지폐 발행을 개시할 목적으로 금화 100만 원을 초과하지 않는 금액을 필요에 응해 점차 대부한다.

제2조 내지 제5조는 특히 대부금 및 그 변제에 관한 것으로 수정을 요하지 않는다. 단, 변제을 위해 정한 기한 및 그에 부수하여 은행이 해관기관으로서 기능할 기한에 대해 총세무사는 최후의 동의를 표하기 이전에 한국 정부에서 결코 유효한 반대를 제기하지 않을 것을

확인해야 한다.

화폐 계획에 관한 전제 조목(條目) 제6조와 제7조에 대해서는 따로 수정을 요하지 않는다.

100만 원의 준비금을 한국 금화로 주조해야 한다는 내용을 설정한 제8조에 대해 은행은 위의 전액을 한화(韓貨)로 주조하는 것은 필요하지 않을 뿐 아니라 오히려 바람직하지 않다고 주의한다. 브라운 역시 이에 동의한다. 위 금액의 일부 혹은 그 대부분을 일본 금화로 필요에 따라 예입하는 편이 득책(得策)일 것이고, 혹은 일본 지폐를 가지고 예입하는 편이 더 좋을 것이다.

제10조에서 총세무사는 발행하게 될 지폐를 그 수중에 보유할 필요가 있을지 전혀 예측하기 어렵다는 취지를 기재했는데, 이에 대해 은행은 수정된 의견을 제출하고 장래에 만약 금지(金紙) 교환 청구가 빈번하여 100만 원의 준비금을 지불하더라도 여전히 부족이 발생할 때는 위의 100만 원 이상 어떤 금액이라도 그 필요에 따라 마찬가지로 연 6보(步, 6%)의 이자로 언제든지 이를 준비할 책임을 지기 때문에 한국 지폐의 발행을 다음과 같이 구별할 것을 제안했다.

총세무사가 200만 원을 발행할 때마다 100만 원은 따로 은행에 양도하여 그 영업자금에 충당하고, 또 그 가장 좋다고 생각할 때와 같은 방법으로 발행하여 은행의 이익을 위해 사용하게 한다.

총세무사는 현재 시찰할 수 있는 곳에서는 은행의 청원, 아마 3분의 1과 3분의 2의 비율보다 적지 않겠지만 어떤 부분을 은행의 이익을 위해 사용하게 할 것인가를 가지고 부조리하다고 판단할 의사가 없다. 단, 은행은 위와 같이 사용하도록 맡겨진 부분의 교환에 대해서는 100만 원의 준비금에 의지하지 말고 완전히 그 책임을 다해야 한다. 왜냐면 이 준비금은 한국 정부의 차입금으로써 동 정부는 훗날 이를 변제해야 할 의무가 있기 때문에 결국, 300만 원에 달할 수 있는, 오직 한국 정부 발행 지폐에 대한 준비라고 간주해야 한다. 이 단서를 붙일 때 총세무사가 주의(主義, 취지)에서 은행의 제안에 계속 동의해야 한다. 그러나 이 제15조에 기재했듯이 명확하게 동의를 표하기 이전에 총세무사가 정중하게 현재의 정황을 고려하고, 또 한국 정부가 승낙하여 인가하는 계획임을 확인할 조목 중의 하나로 아마도 가장 두드러진 것이리라. 만약 미리 이 확신을 얻지 못하면 총세무사가 은행의 제안에 동의하더라도 무효가 될 것이기 때문에 득책은 아닐 것이다.

은행의 제안에 동의할 때는 총세무사가 무보수로 은행에 100만 원(이 금액 결국 얼마로 결정하겠지만)의 양여하게 될 것이라는 세평이 일어날 것이다. 그리고 우리들이 확실하게 예상하는 것처럼 이 화폐 계획으로 성공하는 그날에 은행은 머지않아 그 배분하는 지폐 전액을 발행하고, 이를 그 영업자금으로 운전하기 때문에 해마다 비교적 거대한 이익을 얻는 것 의심하지 않는다. 만약 여기에 이번 계획이 은행에 주게 될 다른 이익을 더하게 되면 은행은 그 부담할 위험에 비해 과분한 보수를 받게 될 것이라고 판단할 우려가 있다. 은행의 대부금은 결코 쇠멸(衰滅)할 걱정 없고, 은행의 채권(債權)에 응하고 남음이 있는 해관 수입을 가지고 무엇보다 먼저 저당에 충당하기 때문에 그 부담해야 할 위험도 필경 과분하지 않아서야 되겠는가.

만일의 경우 발행 지폐를 모두 교환하는 데 필요한 자금에 대한 대부 준비를 은행에 의뢰하더라도 총세무사는 저당품을 가지고 충분하게 변상할 수 있는 금액 이상의 대부를 청구하지 않을 것이다. 그리고 당좌대월의 방법으로 대부하는 것과 새 화폐를 창정(創定)하고 지폐를 발행하는 절차에 관한 것은 반드시 연속한 문제가 아니라는 것을 기억해야 한다. 은행은 화폐 계획을 실시하는 데 원조해 줄 수 있는지 아닌지를 자문받기 이전에 이미 대부금의 관한 일을 승낙했다. 그리고 전자는 후자의 부대조건이 아니다. 하지만 총세무사는 가급적 은행이 희망하는 의미에서 그 지폐 발행에 관한 제안을 승낙할 생각이다.

제11·12·13조에 대해서는 수정할 필요가 없을 것 같다.

제14조를 제2조와 대조하여 총세무사는 또 한마디 해야 할 것이 있다. 이는 즉 시부사와 남작과 회담 중에는 언명했으나 전 회(前回)의 각서 중에 기재하지 않은 한 점으로 차입금 계획이 성취되는 날에는 총세무사는 반드시 경성 수도공사를 위해 (아마도 일시에 전액을 요하지 않겠지만) 100만 원을 조달하게 할 것이다. 그리고 총세무사는 부득이 등대를 위해 필요한 100만 원 및 화폐를 위해 필요한 금액 외에 추가로 100만 원-적어도 그 일부분-의 대부를 은행에 청구하게 될 것이다. 하지만 화폐에 관해서는 그 발행이 성공한 것을 확인할 수 있을 때까지 시험적으로 신중한 태도를 가지고 진행하고, 준비금을 가지고 교환 청구에 응할 수 있는 한도 이상으로 지폐를 발행하는 일은 없어야 하기 때문에 모든 목적에 대해 청구하는 대부금 총액은 결코 300만 원을 초과해서는 안 된다.

제15조에 관해서는 총세무사는 또한 동조(同條)에 기재한 것 같이 확답을 유예하지 않을

수 없다. 하지만 이미 기술한 계획으로써 한국 정부의 승낙을 얻지 못하는 일은 결코 예상할 수 없는 바이다. (번역문)

동월 26일 이치하라 모리히로(市原盛宏)는 시부사와 두취의 뜻을 받아 다음의 편지를 브라운에게 보냈다.

내가 친애하는 브라운 귀하

이번 달 24일 자로 동월 23일 자 소생의 서신에 기입한 시부사와 남작 제출 수정 의견에 관한 귀하의 각서를 봉입한 서신이 잘 도착하여 배송(拜誦)했습니다. 이에 두세 가지 조항에 대해 귀하와 은행 사이에 다소 의견을 달리하는 바가 있습니다만, 각서 중 기술하신 정중한 주의에 관해서는 소생도 동의한다는 뜻을 말씀드리고자 합니다.

소생 등이 인천을 출발하기 전에는 앞의 조항을 숙고한 뒤 상세하게 대답할 시간이 없기 때문에 단지 의견이 다른 조항은 어떤 것인지를 기재하고, 도쿄로 돌아가서 다시 시부사와 남작의 의견을 상세하게 통신하겠습니다.

상기 조항 중 첫째로 가장 중요한 것은 귀하가 무엇보다 친절하게 설명하려고 애쓰신 제10조입니다. 하지만 귀하의 설명을 가능한 한 주의해서 통독했음에도 불구하고 소생들은 또 이번 사업을 인수하면서 은행이 부담해야 할 위험과 책임에 대해 결코 과대한 은혜를 청구하는 것이라고 생각하지 않습니다.

귀하의 설명에 의하면, 귀하는 은행에 무보수로 100만 원을 양여할 것이라는 세평이 일어날 것을 걱정하지만, 이와 같은 평판은 결코 공명한 사고를 가진 사람이 할 수 있는 것이 아닙니다. 왜냐면 한국의 화폐를 개량하고, 또 지폐를 발행하는 것 같은 사업은 귀하의 신용과 제일은행의 신용을 합동하여 그 기초를 이루지 않으면 결코 할 수 없는 일로써 준비금액 이상의 지폐를 유통시키는 것은 완전히 우리들 공동 신용의 결과에 달려 있습니다.

귀하는 또 은행의 대부금은 모두 해관 수입을 가지고 저당에 충당하기 때문에 충분히 변상(辨償)의 전망이 있지 않은가라고 설명하셨습니다만, 소생들은 이 점에 대해 조금도 의심을 품고 있지 않습니다. 하지만 귀하가 일고해 주었으면 하는 것은 비상시에 은행은 최상의 담보품에 대해 연 1할(10%) 내지 1할 2푼(12%)으로 운용할 수 있는 자금을 가져와서 겨우 연 6푼(6%)의 저리로 지폐 교환을 위해 필요한 모든 자금을 준비해야 합니다. 이와 같은 사변이 발생할 때에는 은행은 또 점차로 상기 자금을 준비할 수 없고, 갑자기 전액을 지출할 필요가 있기 때문에 작지 않은 피해와 위험을 느끼게 됩니다.

다음으로 귀하는 이미 내담(內談)을 마쳤듯이 통화 개량 및 등대 건축에 필요한 200만 원 외에 다시 100만 원이 필요하다고 하는데, 이 건에 대해서는 시부사와 남작이 귀경한 뒤 은행의 다른 중역과 협의한 후에나 확실히 회답할 수 있을 것 같습니다. 일단 숙고해 두어야 할 것입니다.

세 번째로 대부금 변제기한 및 그와 함께 발생하는 은행의 해관기관으로서의 기한은 귀하의 '회담의 두서'에 기재하신 그대로 두었으면 합니다. 또 여기에 한마디 덧붙여 두었으면 하는 것은, 은행이 최초의 약정을 담판한 당초부터 가지고 있는 희망으로, 즉 은행은 대부금 계획의 중요한 점에 대해 협의를 마치게 되면 화폐 계획 실시에도 은행을 참여시키지 않을까 예상하고 있는 상황인데, 실제로 오다카 지배인은 처음부터 이 뜻을 언명했다고 합니다.

어제 회담에서 귀하의 보증이 있기 때문에 소생들은 도쿄 귀착 후에 곧바로 예비조사에 나서야 합니다. 하지만 귀하가 확실한 회답을 유예하시는 조항은 우리들의 약속 조항 중에서 가장 중요한 점들이기 때문에, 귀하는 가급적 빨리 앞의 조항들에 대해 최후의 회답을 주었으면 합니다. 그러면 소생들은 진실로 이 사업에 착수하여 적당한 시기를 기다려 신속하게 이번 계획을 실시할 수 있도록 준비해 두겠습니다. (번역문)

이치하라 모리히로(市原盛宏)

대부금 교섭은 위와 같이 진행되었지만, 시부사와 두취가 귀국길에 올라 동월 28일 부산에 도착하자 해관장 '라보트'가 내방하여 다음의 전보 사본을 전달함으로써 갑자기 본건은 좌절을 보게 되었다.

삼가 아룁니다. 소생은 방금 총세무사로부터 다음과 같은 비밀 전보를 수령하였습니다.

소생은 목하 대부금 및 화폐 계획에 대해 진행할 수 없고, 또 최초의 계약도 남작의 통지대로 취소되었다는 내용을 소생이 시부사와 남작에게 통보해야 합니다. 소생은 편지를 가지고 이 통신을 증명해야 합니다. 아무쪼록 이 비밀통신 수령을 증명(확인)해 주시기 바랍니다. 경구 (번역문)

부산해관에서 1900년(明治 33) 11월 28일 라포트

시부사와 남작 각하

이는 아마도 위의 계획을 누설하여 정부 부내와 외인(外人) 측으로부터 반대가 일어났기 때문이다. 이에 다음 날 12월 29일 이치하라 모리히로(市原盛宏)는 시부사와 두취의 뜻을 받아 브라운 앞으로 다음의 편지를 송부하고, 이로써 본건은 일단 결말을 보게 되었다.

내가 친애하는 브라운 귀하

[도쿄에서 1900년(明治 33) 12월 29일]

귀하께서는 시부사와 남작에게 이제부터 대부금 및 화폐 계획에 관해 진행할 수 없고, 최초의 약정도 모두 취소되기를 바라고, 또 서한으로 이 통신을 확인할 수 있다고 말씀하셨습니다. 전보는 지난 11월 28일 부산에서 'E. 라포트'가 남작에게 확실히 전달했습니다. 이 전보의 수령에 관한 것은 당시 '라포트'에게 증명해 두었습니다만, 위의 통신을 확인할 수 있는 귀하의 서한이 발송될 것이라고 생각하기 때문에 답장은 연기하기로 했습니다. 남작은 여전히 귀하로부터 예약 서한을 수령하지 못했지만, 곧 하야시 공사와 면회하여 귀하가 어쩔 수 없이 상기 통신을 발송하게 된 사정을 듣게 될 것입니다. 따라서 남작은 이로써 대부금 및 화폐 계획에 관한 담판이 단절되고, 또 최초의 약정도 아울러 취소된 것을 승인하게 될 것입니다. 남작은 이번 담판이 파열되었음에도 불구하고 귀하와 우리 은행과의 관계가 옛날 그대로 변함없이 선량하다는 것을 믿고, 또 장래에 이번과 같은 계획에 가세하기를 희망하신다

면 기쁘게 이에 응할 각오입니다. 한국 체재 중에 보여주신 친절에 대해서는 깊은 사의를 표합니다. 근언 (번역문)

2) 프랑스 차관 문제와 관세 저당 한국 정부 대상금 및 은행권 발행 문제

앞 절에서 서술했듯이 한국 정부 대상금 및 지폐 발행에 관한 교섭은 1900년(明治 33) 12월에 일단 중지되었지만, 1901년(明治 34) 1월 하야시 공사가 귀국할 때, 이런 상황에도 불구하고 본행에서 은행권을 발행하여 뒷날 한국에서 자금을 수요하게 될 경우 이것을 가지고 대금(貸金)하면 어떻겠는가 하는 이야기가 있었다. 본행은 자기의 이익과 함께 국가의 세력을 신장하는 것이 본래부터 희망하는 바여서 크게 이를 찬성하고, 이를 대장성과 상의했다. 하지만 대장성은 은행권 발행이 법률에 저촉되는 것이 있다고 해서 반대 의견을 가지고 있었다. 이 때문에 본행에서는 우메(梅)[23] 법학박사의 설을 참고하고, 또 주한공사 및 외무성과 대장성 두 성에 의견서를 제출하여 본건 교섭 개시 준비에 착수했다. 때마침 동년(1901년) 4월경에는 당시 문제가 되었던 브라운 해용(解傭) 사건도 어느 정도 해결되었고, 그도 이때 전에 중지한 차입금 교섭을 재연하여 한국의 이익을 도모하는 동시에 자기의 지위를 공고히 하려는 의사가 있었기 때문에, 본행은 종래의 목적을 수행할 좋은 시기를 만났다. 하지만 작년 시부사와 두취의 도한 당시 브라운과 교섭한 사항은 내용이 복잡해서 요지가 불명확한 점이 있었다. 이에 4월 19일 새롭게 다음의 각서를 입안하여 한국 정부에 대한 교섭 방침을 정했다.

---

23 우메 겐지로(梅謙次郎, 1860.6.7~1910.8.25)는 문부성 국비유학생으로 프랑스에 유학하여 리옹대학에서 수석으로 박사학위를 취득했다. 그의 박사논문인 『和解論』이 현지에서도 높은 평가를 받아 현지에서 출판되었다. 도미이(富井政章), 호즈미(穂積陳重)와 함께 일본의 민법전을 기초하였다. 귀국 후에 제국대학(현재의 도쿄대학)의 법과대학 교수를 지냈고, 현재의 와후쓰(和佛)법률학교(현재의 法政大學)의 학장을 지냈다. 1906년 당시 한국통감 이토(伊藤博文)의 요청으로 한국 정부 법률최고고문에 취임하여 법전 편찬에 관여했다. 1910년 서울에서 장티푸스에 걸려 급사했다. https://ja.wikipedia.org/wiki/梅謙次郎.

각서

제1. 한국 정부에서 경성의 수도 부설, 해구(海口)의 등대 건설 및 화폐 제조 등을 위해 자금을 필요로 할 때는 제일은행이 각 해구의 해관세금을 제일 저당으로 하여 300만 원을 대부할 것.

제2. 한국 정부는 전기(前記) 차입금을 차입하게 될 경우 제일은행에만 한국 내에서 통용하는 태환권 300만 원까지를 발행할 특권을 부여할 것.

제3. 제일은행에서 전기 태환권을 발행할 경우에는 항상 그 3분의 1에 해당하는 한국 또는 일본의 통화를 가지고 그 교환 준비로 하고, 태환권 소지인이 그 교환을 희망할 때는 그 영업시간 내에 언제라도 한국 또는 일본의 통화와 교환해 주어야 함.

제4. 전기 대부금 300만 원 중에 100만 원은 일본 통화를 가지고 대부하고, 잔액 200만 원은 제일은행에서 발행하는 태환권으로 대부해야 함.

제5. 전기 대부금 300만 원은 1회 인출금액을 50만 원까지로 하고, 총세무사가 그 금액을 3개월 이전에 제일은행에 예고할 것. 단, 그 통지를 할 날부터 적어도 3개월 이상 지나지 않으면 다음 인출을 예고할 수 없음.

제6. 전기 대부금의 이자는 연 6푼(6%)의 비율로써 일보(日步)로 계산하고, 매년 두 번 6월 25일과 12월 25일까지 실제 대출한 금액에 따라 총세무사가 제일은행에 지불해야 함.

제7. 전기 대부금은 대출한 날부터 5년 동안 거치하고, 6년째부터 매년 적어도 15만 원씩 20년 이내에 해관세금 중에서 어떤 것보다 우선하여 변제해야 함. 단, 한국 정부의 사정에 따라 그 기한을 단축하여 완제(完濟)하는 것도 무방함.

제8. 한국 정부는 올해부터 25년 동안 현재 및 장래에 각 해구의 해관세 취급을 제일은행에 위탁하고, 전기 대부금을 변제한 후라도 상기 기간은 결코 변경하지 않을 것.

제9. 이 약정에 의해 제일은행에서 발행하는 태환권은 한국 각 해구의 해관세는 물론 모든 조세나 기타 납금에 통용되는 것으로 할 것.

제10. 이 약정이 계속되는 동안은 총세무사를 임명하거나 혹은 그를 경질하기 위해서는 영국과 일본 양국 공사의 동의를 거쳐야 함.

위의 같이 성안(成案)을 만들어 착착 준비를 해 나가려고 할 때, 1901년(明治 34) 4월 21일 갑자기 경성에서 프랑스 차관 성립의 비보(飛報, 급보)를 접했다. 다시 미국 차관 문제가 발생했을 당시의 정세를 재연하기에 이르렀다.

조선 정부는 프랑스로부터 500만 원을 차입하고, 변제 방법은 해관세금을 가지고 하기로 각각 약정이 끝남. 그러나 공사는 외무성으로부터 훈령을 기다려 엄중하게 반대 의견을 제기할 예정임. 브라운 해고에 관한 것은 평온하게 종결되어 상세한 내용은 추후 서면으로 보고하겠음.

이 소식을 접하자마자 본행은 일제히 외무성과 협의하여 동월 22일 오후 1시에 다음의 전보를 인천에 보냈다.

경성에서 보낸 전보를 받고 알았음. 외국인으로 하여금 해관세를 저당으로 하는 것은 당행뿐 아니라 브라운에게도 불이익이기 때문에 지폐 발행과 관련된 특허를 획득하게 되면 당행에서도 300만 원 대부에 관한 사항을 승낙해야 함. 브라운과 협의한 뒤 동인(브라운-역자)에게 반대를 제기하고, 프랑스로부터 차입 약정을 해약하는 것은 불가능한 것인지 공사와 협의한 뒤 상황을 지급 전보 바람.

이에 대해 다음 날 23일 오후 8시 30분 인천지점에서 다음과 같은 회전(回電)이 있었다.

공사가 브라운과 협의한 금액 300만 원, 이자 5푼 5리(5.5%), 채권자 수수료로 원금에 대해 1할(10%) 징수, 해관 '노트'(지폐-역자) 발행에 관한 사항은 은행에서 필요할 때 추후에 약정하기로 하고, 기타 조건은 작년에 약정한 대로 해서 브라운을 승낙시켜 프랑스와의 약정을 중지시킬 예정임. 지폐 발행에 관한 특허는 현재 전망할 수 없으나 해관 '노트' 발행권이 있으면 당점에서도 손실 없음. 공사가 외무성에 보고했고, 외무성과도 협의함. 간절히 회보를 기다림.

앞의 이자 5푼 5리(5.5%), 수수료 1할(10%)로 한 것은 프랑스 차관의 조건에 의한 것으로 전술한 각서의 안에 비해 그렇게 불리하다고 판단되지 않는다. 하지만 당시 우리 정부의 재정에 여유가 없어서 사업을 연기하고, 일본은행은 수입 초과 또는 은행 파탄 등의 이유로 경계를 더해 융통이 매우 곤란한 때여서 도저히 원조를 바라기 어려워 본행에서 독자적으로 사업에 임하는 수밖에 없다. 이에 당일 다시 인천지점을 향해 다음의 전보를 발송했다.

> 전보를 받고 알았음. 명의는 해관 '노트'여도 지장이 없으나 당행에 300만 원 한도로 발행하는 것을 인가한 뒤, 대부금 300만 원 중 100만 원은 통화로 나머지 200만 원은 해관 '노트'로 대부하면 될 것임. 또한 22일 자 편지로 상세하게 통지했으니 도착하면 이곳의 희망을 이해하기 바람.

하지만 브라운씨는 해관 지폐 발행 건을 쉽게 승낙하지 않고 통화로 차입하기를 희망하였다. 특히 당시 한국 조정에는 이용익이 세력을 떨쳐서 프랑스 차관은 동인이 화폐의 실권을 얻고자 하는 계획에서 나온 것이기 때문에 이를 타파하는 것은 쉬운 일이 아니다. 따라서 본행의 분주와 진력은 그 효력을 얻지 못하고 교섭이 다시 일시 중지되어 일단락을 고하게 되었다. 그리고 그 소위 프랑스 차관의 전문을 게시하면 다음과 같다.

> **운남(雲南) 신디케이트와 한국 정부 사이의 차관(사본)**
>
> 대한제국 정부가 프랑스 파리에 있는 운남회사 총대(總代) 에콜 폴리테크니크의 전 생도이자 기사(技師) 카잘리(賈師乙利薮, Cazalis)와 합의한 사항은 다음과 같다.
>
> **제1관**
>
> 카잘리는 은화 500만 원(元)을 대한 정부에 차관으로 제공한다. 이 금액은 대략 1,250만 프랑으로, 이 차관은 금은화폐를 제조하고, 평양의 탄광을 채취하는 데에 사용된다. 차관액 500만 원(元)은 3등분하여, 이 가운데 2/3은 금괴로, 나머지 1/3은 은괴로 제물포에 운송한다. 이 금괴와 은괴는 모두 순금과 순은을 사용하되, 만일 대한국이 이를 분석하여 동

(銅)이 섞였을 경우 환퇴(還退)하도록 한다.

제2관

차관의 이자는 연리 5.5%로 정하며, 그 밖에 10%를 은행 비용으로 하여, 25년을 기한으로 위 차관과 이자를 갚도록 한다.

제3관

평균 25회로 나누어 본 차관액을 상환하되, 각 회의 상환금액은 제1개년도의 상환금액과 동일하며, 제1차 연도의 상환일은 본 차관이 제물포에 도착하는 날로부터 계산하여 만 1년이 되는 날로 정한다.

대한 정부는 오로지 카잘리가 지정하는 은행에 은을 송부하되, 카잘리가 요구하는 대로 혹은 금괴를 사용하거나 혹은 은괴를 사용하거나 혹은 다른 화폐를 사용하여 본 차관을 갚는다.

제4관

만일 대한제국 정부가 소정의 기한을 넘겨 예에 따라 차관 상환을 이행하지 않으면, 대한 해관의 세입 중에서 보상한다.

제5관

대한제국 외부대신과 한국 주재 프랑스 공사가 연명하여 날인한다.

제6관

본 차관은 프랑스어와 한문으로 각 4통을 만들어 뒤에 각기 나누어 갖되, 프랑스어(法文) 2통은 대한제국 외부와 탁지부가 보관하며, 1통은 카잘리, 나머지 1통은 프랑스 공관에서 보관한다.

광무 5년 4월, 서력 1901년[24]

대한 외부대신서리 외부협판 최하영(崔榮夏)
대한 탁지부 사세국장 이건영(李健榮)
프랑스 운남회사 총대 카잘리

24 원문에 1900년으로 되어 있으나 오기인 듯함.

대한 외부 교섭국장 이응익(李應翼)

대한 탁지부 서무과장 김유정(金裕定)[25]

하지만 시운(時運)의 회전은 마치 주마등같아 프랑스 차관도 그 후 한국 조정 내에 반대론이 활발하게 일어나 계약 실행이 용이하지 않은 상황이었다. 이에 대해 5월 15일 자로 인천지점 지배인에게서 다음의 보고가 있었다.

(전략) 만약 이대로 버려 둘 때는 또 어떤 어려운 일[難件]이 출현하게 될지 모릅니다. 실제로 요즈음 빈번하게 화제가 되고 있는 것은 미국인 샌즈가 획책하는 차관 문제로 여기에는 한국 조정 부내에 세력이 있는 영어파(英語派)라 칭하는 무리들이 찬동하여 운동하고 있습니다. 성공하면 대금(貸金)을 가지고 곧바로 수도공사에 착수할 예정입니다. 그 공사 청부인은 예의 보스트윅, 콜브란 등이라고 합니다. 이는 사실인 것 같습니다. 샌즈의 계획은 대금(貸金)을 한국 조정에 건네지 않고 자신의 손에 보관한 채 수도공사를 청부하여 이중의 이익을 얻으려는 심산입니다. 그 때문에 이 차관은 관세 저당이라는 조건은 제외되겠지만 경성의 정황은 시시각각 변화하고 있어 예단하기 어렵습니다.

운남신디케이트 쪽은 한국 조정 부내에 큰 반항(저항)이 있어 이용익까지 이를 어떻게 해약할 것인가 고심 중에 있고, 신디케이트 대표자 프랑스인 '카잘리'는 500만 원의 1년 이자 5푼 5리(5.5%), 즉 27만 5천 원을 위약료를 수취해야 한다고 압박하고 있습니다. 이에 대해 이용익은 10만 원만 받고 양해해 달라고 우겨대서 좀처럼 매듭을 짓지 못하고 있다는 평판(소문)입니다.

이상 근황 참고하시라고 말씀드립니다. 총총 경구

또한 6월 17일 발송한 편지는 당시의 정황을 잘 보여주는 것이어서 이를 다음에 게재한다.

25 원문에 金裕完으로 되어 있으나 오기인 듯함.

삼가 말씀드립니다. 그렇다면 관세 저당 대부의 건에 대해서는 하야시 공사와 브라운은 시기상조라고 말하고 있으나 오히려 시기를 놓치지 않을까 기우(杞憂)하는 것은 얼마 전 보낸 편지로 알고 계시리라 생각합니다. 원래 이번 대부 이야기는 브라운이 발의하고 하야시 공사가 찬동하셔서 우리 쪽으로 무리한 제안을 하셨습니다. 당행에서는 국가를 위해 상당한 의무를 쾌락(快諾)하고 200만 원까지 응낙한 상황이기 때문에, 청구자가 시기상조를 주장할 때 이쪽에서 무리하게 대부를 재촉하는 것은 나중에 불리해질 것입니다. (중략) 오늘은 공사 자신이 인천에 내려오셔서 당점에서 회견하여 사정을 듣게 되었고, 그때 비로소 얼마 전부터 품어왔던 의심도 멈추고 다소 안심하게 되었습니다. 공사의 이야기는 다음과 같습니다.

> 전에 프랑스 차관이 발표되자 의론이 분분하고 각국이 또 경계했을 정도여서 한국 황제의 신료(臣僚) 중 한 명인 브라운이 한국 황제가 인가한 관세 저당에 관한 제안을 거부할 수 있는지 아닌지 하는 점이 가장 요지로서 (중략)
> 그런데 하야시 공사는 브라운을 장려하여 반드시 항의하겠다는 결심이 확고부동하고, 지금이라도 프랑스 차관이 성립되어 관세에 관한 내용을 발표하면 곧바로 항의할 생각이다. 현재는 프랑스의 차관 문제 상황이 괜찮은 듯하지만 도저히 원문 그대로는 성립할 수 없고, 반드시 관세 운운하는 조건을 삭제해야 한다. 결국은 문장을 변경하여 재가 되어야 할 것이다.
> 또 제일은행과의 교섭에 관해서는 프랑스 차관 논의가 정해지지 않은 상황에서 발표하는 것은 불리할 뿐 아니라 가급적 영원히 보류했으면 한다. 그 이유는 제일은행이 독자적으로 이 대부에 응하는 것은 틀림없이 피해를 가져올 것이기 때문에, 제일은행에는 피해를 주지 않도록 노력하고, 지금까지와 마찬가지로 해관 뱅크의 취급만 계속하게 했으면 좋겠다. 하지만 해관에 여분의 대금을 두고 그 처분안이 정해지지 않으면 역시 교활한 무리의 목표가 될 것이기 때문에 이를 구별하여 5년 내지 10년의 사업비로 계속하는 것이 좋을 것이다.
>
> 1, 해관의 각종 경비
> 2, 등대 건축 유지비

3, 개항 관리사 급비(給費)

4, 각국에 파견하는 공사비(公使費)

5, 수도비 보충

6, 황실 납금(納金)

위와 같은 항목으로 계정(勘定)을 구별하여 필요 사업을 차례로 착수하면, 매년의 세금은 그쪽으로 소비하는 의무를 지게 하여 더 이상 다른 세력으로부터 관세를 담보로 노리는 자도 소멸하게 될 것이다. 지금 브라운은 그 방법을 조사 중이다. 아마도 제일은행에서 국가를 위해 분발해 주었기 때문에 브라운도 크게 힘을 얻어 안심하고 위와 같은 명안(明案)을 생각해 낸 것이겠지만, 어떤 사정으로 이 목적이 깨지게 될지 알 수 없다. 그때는 부득이 제일은행과 계약하여 다른 야심을 억제해야 할 것이다. 즉 최후의 수단으로 비밀리에 상호 묵계(默契)함으로써 제일은행의 200만 원 대부 결심은 언제까지나 변경되지 않기를 희망한다. 미국인과 브라운의 접근은 일본에게 있어서 불이익이 될 것이 없다. 그들은 수도공사 청부를 희망하고 있기 때문에 만일 관세 저당의 경우에는 그들로부터 약간의 돈을 차입하고 그 담보로 관세 일부를 허가하는 것은 어쩔 수 없으나 그 금액은 제일은행에서 차입하게 될 금액보다 많지 않을 것이다. 브라운은 수도 사업비로 매년 10만 원 정도를 관세 수입에서 구별해 둘 것이기 때문에 수도를 위해 미국인으로부터 100만 원 이상의 부채를 일으킬 필요가 없다고 말했다. 제일은행과는 훗날 필요에 따라 계약하기로 하면 그 조건은 앞의 계약과 대동소이하여 실제 차입하는 액수는 200만 원에 그치더라도 표면적으로는 300만 원으로 하는 일도 있을 것이다. 이상의 상황이기 때문에 안심하고 해관을 위해 경영했으면 한다. 운운.

이상은 공사로부터 들은 브라운과 공사 사이의 비밀의 요점으로 어느 정도 당행을 위해 걱정해 주었다는 것을 이번에 양해했습니다. 오랫동안 걱정했던 건도 일전에 200만 원 대출의 결심을 보였기 때문에 순조롭게 진행되어 곧바로 자금을 제공하지 못하더라도 어느 정도까지는 안심할 수 있어 정말이지 바람직하게 일단락될 수 있었다고 생각합니다. 하지만 경성의 정황(政況)은 아침저녁으로 변화하여 꼭 공사가 브라운의 목적대로 될 것이라고는 말하기 어렵고, 혹시라도 야심가의 밀모(密謀) 때문에 낭패를 보는 일이 없을 것이라고도 말할 수 없기 때문에 (중략) 이쪽에서도 또 열심히 주의하도록 하겠지만 경성에서 일어나는 일은 아무래도 인천까지 전달되지 않으니, 공사께서도 경성에 와서 동정을 살펴봐야 할 것이라고 가끔 충고하신 일이 있습니다.

미국인과 브라운의 접근도 공사의 이야기처럼 된다면 조금도 걱정할 필요 없고, 오히려 당행에게 있어서 달갑지 않은 대부는 그쪽에서도 여러 가지로 삼가 걱정해 주어 금액이 부족할 경우 미국인에게서 빌려서 보탠다고 하니 상당히 순조롭게 이루어질 것입니다. 이 이상은 되도록 현재 상황을 유지할 수 있었으면 좋겠습니다.

단, 대부계약은 언제 체결할 것인지 예측하기 어려워서 그동안 당행이 생각하는 대로 계약안을 만들어 브라운에게 미리 제출해 두는 것이 매우 중요하리라고 생각합니다. 이에 대해서는 귀하께서 조사한 고안(稿案)도 받아보았으면 하니 다음 서신에서 알려주시기 바랍니다. (하략)

프랑스 차관은 위와 같이 일단 폐멸(廢滅)되는 듯했지만 1901년(明治 34) 12월경이 되어 다시 재연될 것이라는 소문이 돌았다. 이에 12월 24일 인천지점 지배인이 다음의 전보를 발송하여 우리 차관계약의 결정을 촉구했다.

프랑스 차관의 운동이 있으니 공사께서 브라운에게 주의한 뒤 작년의 약정을 정정(訂正)하여 금액 300만 원, 저당은 해관세, 기타 요건을 대략 변경하여 약정할 예정임. 하지만 실은 200만 원 이상 대출할 필요 없어 사정이 좋음. 지급(至急) 동의하라고 공사로부터 사전 협의가 있었음. 이번에는 꼭 동의하는 것이 어떠한가. 간절히 회보를 기다리겠음.

계속해서 인천지점에서 다시 전보를 보내 상기 차관 지급(至急) 결정이 필요하다고 권고해 왔다. 하지만 그 후 정황이 조금 나아졌던지 동월 31일 자로 다음의 서한을 접했다.

(71호)

(전략) 오늘 전보로 다음과 같이 말씀드립니다.

해관세 저당 건은 브라운으로부터 아직 신청이 없음. 브라운은 화폐제도 개혁자금을 당행으로부터 차용할 모양이어서 당분간 계약을 정할 수 없을 것으로 보임. 상세한 것은 추후 서면으로 보고하겠음.

이는 얼마 전부터 사정이 절박하다고 전보했음에도 불구하고 완만한 보고여서 놀라셨으리라 생각합니다. 하지만 사실 전날은 하야시 공사로부터 화급하게 협의를 받아 일단 급하게 전보를 보냈던 것입니다. 공사가 떠난 후 하라다 마쓰시게(原田松茂)로 하여금 브라운의 의견을 시문(試問)하게 했는데, 의외로 동인은 차분하여 특별히 급한 문제라고 생각하는 것 같지 않았습니다. 무엇보다도 공사의 의견에 기초하여 반드시 당행과 계약할 필요는 확실히 인지하고 있지만, 지금은 그 한 사람의 생각으로 곧바로 결행할 수는 없고 반드시 국왕에 상주해 재가를 얻을 필요가 있습니다. 하지만 과연 재가를 받을 수 있을 것인지 아닌지는 브라운도 확실하게 판단하기 어려운 경우이고, 동인도 이를 알기 때문에 얼떨결에 그만 상주할 수 없다고 말했다고 합니다. 그런데 한편으로 이용익이라는 자가 황제의 명으로 수년 전부터 열심히 화폐 개량, 황실 은행 설립에 관한 일에 진력하고 있는 것은 안팎으로 알려져 있습니다. 이용익도 이 사업을 성공시키기 위해 해관세를 당행에 저당하기를 희망하고, 혹은 브라운에게 아양을 떠는 등 고심하고 있습니다. 따라서 만약 브라운 입장에서 이용익의 계획을 무시하고 화폐제도 개혁을 별도로 단행하고자 한다면 자연히 이와 또다시 대충돌을 일으키게 될 것입니다. 따라서 황제도 브라운에게 재가를 쉽게 할 수 없다고 생각합니다.

브라운은 이번에 부채를 일으키게 된다면 그 사용처는 수도에 있지 않고, 등대에도 있지 않고, 반드시 화폐제도 개량에 있다고 하는데, 그것도 있을 수 있는 일이라고 생각합니다. 과연 그럴 때는 실행하게 되면 계약의 전액 300만 원은 머지않아 빌려주기 시작하겠지만 기껏해야 200만 원 정도이고, 그 밖에는 차용할 필요가 없다고 말해서는 안 된다고 생각합니다. 위와 같은 걱정이 있다고 하면 당행도 이렇게 된 이상 충분한 조사를 필요로 하고, 또 일본 정부의 보호가 확정되지 않으면 결코 승낙할 수 없다고 생각합니다. 또한 브라운은 이번에 당행으로부터 차용하더라도 당행으로 하여금 여분의 조건을 제출하게 하지 않고, 스스로 전권을 장악해 화폐제도를 실행하여 지폐를 발행할 생각입니다. 하지만 이렇게 해서는 당행이 계획한 '노트' 발행에도 반드시 큰 영향을 받게 될 것이기 때문에 상당히 바람직하지 않은 상황이 전개될 것이라고 상상할 수 있습니다. 이상의 관찰 결과 이 경우 당행에서 굳이 대부하는 것은 오히려 불리한 결과를 초래하게 될 것입니다. (중략)

프랑스 차관을 다시 운동하는 자가 있어서 성립할 가능성이 있다고 하야시 공사는 말하지만, 오늘날 어떤 연락도 듣지 못하는 것을 보면 이미 폐안(廢案)된 프랑스 차관은 결국 계약자 쌍방으로부터 버림을 받았다고 생각됩니다. 과연 그렇게 된 이상은 당분간 관세를 가로채는 자도 나오지 않을 것이고, 어쩌면 2~3년 후에도 아무 일이 없을 것인지 예측하기 어렵습니다. 이를 오늘날에 경솔하게 저당으로 취하여 불리한 약정을 하는 것은 무엇보다도 바보스러운 상황이라고 생각됩니다.

이상의 사정은 하라다(原田)에게 말해 동인이 하기와라(萩原) 서기관에게도 전달할 수 있도록 해두겠습니다. 이에 대한 동 서기관의 의견은 머지않아 알게 될 것입니다.

위와 같이 말씀드립니다만 만약 브라운이 이용익과 밀착하여 이용익의 의견대로 만사를 당행에 의뢰하여 화폐개혁과 은행 설립을 실행하게 된다면, 당행은 자진해서 이를 원조해도 괜찮으리라 생각합니다. 이런 내용도 하기와라에게 말하겠습니다.

이상과 같이 말씀드립니다.

당시 우리 정부의 대한(對韓)정책도 매우 공고하고, 또 대출금에 관해 원조를 얻을 수 있는 가능성도 없지 않아서 본행에서는 중역회를 열어 브라운의 신청이 있을 때는 이를 승낙하기로 결정했다. 또 작년 브라운으로부터 교섭이 있던 계약 사항을 기초로 하여 새로운 조건을 더하지 않고 오로지 해관세 취급 기한을 25개년으로 명시하는 데 그치기로 했다. 이를 토대로 1902년(明治 35) 1월 13일 자로 사사키 지배인이 인천지점 지배인 앞으로 다음의 서한을 발송했다.

(전략) 앞의 편지로 전해 드린 해관세 저당 대금(貸金)에 관한 건에 대해 지난해 12월 31일 귀하가 보낸 전보를 통해 상기 건은 브라운으로부터 아직 신청 없고, 브라운은 화폐제도 개혁자금을 당행에서 차용할 모양이기 때문에 당분간 계약을 결정할 수 없을 전망이라는 내용을 전해주셔서 잘 알 수 있었습니다. 하지만 상기 전보 말미에 있는 '계약을 결정할 수 없을 전망'이라는 것은 브라운이 계약 신청을 하지 않을 작정이라는 것인지 아니면 화폐 개량자금이라는 사실 때문에 귀하께서 이용익과 브라운의 충돌을 우려해 쉽게 계약할 수 없다고 말하는 것인지 의미가 다소 불분명합니다. 하지만 하야시 공사도 곧 도착할 예정이기 때문에 공사에게 문의하면 분명해질 것이라고 생각합니다. 그 후 공사를 면회하게 되면 상기 전보에 대해 이야기를 나누게 되겠지만, 계약이 불가능할 리가 없다고 하시는 것에 대해서는 전혀 이해할 수 없었던 바, 지난 8일에 71호 서한이 도착하여 이로써 이 전보를 발송하시는 이유도 명료해졌습니다.

상기 해관세 저당 대금(貸金) 건에 대해서는 앞의 서신에서 조금 말씀드린 것처럼 이쪽에서는 하야시 공사의 도착을 기다려 곧바로 상담할 예정이었는데, 동씨 도착 후 서둘러 수상 및 외상과의 면회를 위해 하야마(葉山)로 가버린 탓에 겨우 6일 저녁에 두춰와 함께 회견했습니다. 이때 동 공사께서 말씀하시길 브라운은 성격상 무용한 돈을 인출하여 이자를 지불하는 그런 일은 하지 않을 것입니다. 이번 일도 얼마 전 벨기에인이 조선에 와서 앤트워프(Antwerp)와 인천 사이의 금괴 운임을 문의했다는 것을 듣고 프랑스 차관이 재연될 우려가 있다고 생각하여 빨리 해관세를 저당으로 해서 제일은행으로부터 자금을 차용해 두는 편이 좋을 것이라고 충고한 것에서 생겨난 것이기 때문에 동인으로부터 상기 차용금 신청이 있으면 언제라도 응락해 시기를 오인하지 않도록 해야 할 것입니다. 그러나 브라운도 오늘날에는 전년과 달리 위임장도 효력이 없기 때문에 결국 자금을 차용하고자 할 경우에 국왕의 재가를 얻어야 합니다.

그런데 한편에서는 또 오(吳), 오미와(大三輪長兵衛) 등이 알선하고 있듯이 이용익도 화폐제도 개혁을 위해 자금을 얻으려고 열중하고 있기 때문에 이용익과 브라운이 일치한다면 몰라도 그렇지 않으면 반드시 브라운이 해관세를 저당으로 차금하는 것을 방해할 것입니다. 오(吳)와 오미와(大三輪) 등이 계획한 대로 브라운과 이용익을 조화(중재)하는 것이 가능하다면 이 이상 좋은 것이 없을 것이지만, 이는 브라운이 승낙하지 않을 것입니다. 만일 두 사람이 밀착하게 되면 차입금은 반드시 인출할 것이기 때문에 제일은행이 독자적 자금으로 이에 응하는 것은 곤란할 것입니다. 따라서 공사는 오히려 두 사람의 밀착을 바라지 않습니다. 브라운과의 계약은 어떤 명의를 이용하더라도 요컨대 동인의 지위를 안전하게 할 수만 있다면, 제일은행이 해관세 저당권을 갖고 거기에 해관은행의 자격을 얻어 계약기간 중 다른 곳에서 이를 움직일 수 없도록(변경시킬 수 없도록) 해 두기 위한 것입니다. 브라운과의 약속이든 제일은행이 단독으로 인수하든 결코 폐를 끼치는 일은 없을 것이기 때문에 동인으로부터 신청이 있을 때는 언제든지 계약할 것이라고 결심하시기 바랍니다. 그리고 이용익이 이를 방해할 수 없도록 하는 것은 동인에게 별도로 자금을 공급하는 데 있습니다. 이에 대해서는 가쓰라(桂太郎) 수상 및 고무라(小村壽太郎) 외상도 열심히 동의하셨을 뿐 아니라 이 자금을 제일은행에서 공급해야 한다는 것은 무리한 주문이기 때문에 정부에서 어떻게든 배려[心配]하여 제일은행은 단지 계약 명의인이 되도록 하는 수밖에 없다는 의견을 이야기했습니다. 두취 및 소생도 대체로 공사의 이야기에 동의하여 결국 이용익이 필요로 하는 자금을 정부의 손으로 따로 지출하는 상황이라면 브라운과의 계약은 언제라도 인수할 것이고, 그에 대해서는 또 가쓰라 수상께서 두취에게 하야마(葉山)에서 회견하자는 뜻은 전해 왔으니 상세한 것은 상기 회견 때 결정하기로 하고 그날 밤은 헤어졌습니다.

그 후 8일에 하야시 공사는 도쿄에서, 두취는 오이소(大磯)에서 하야마로 나오셔서 수상 및 외상과 협의할 예정이었는데, 그날 아침 귀하로부터 편지가 도착해 서둘러 살펴보았더니, 편지의 분위기로는 브라운과의 계약도 하야시 공사가 말씀하시는 것처럼 쉽게 이루어질 것 같지 않고, 또 동인도 차용금 사용처를 화폐제도 개혁이라고 말하고 있다면 물론 이용익과 충돌하게 될 것입니다. 그렇게 된 이상에는 어쩌면 이용익과 브라운을 밀착시켜서 해관세 저당을 500만 원으로 하고, 그중에서 200만 원이나 300만 원을 정부에서 내고, 그 자금은 이용익에게 사용하게 하는 것도 하나의 방법이 아닐까 생각합니다.

상기 편지를 곧바로 하야마로 보내 두취도 귀하가 보낸 편지의 의미를 두 대신 및 공사에게 말씀하신다고 하는데, 공사의 뜻은 앞에서 말씀드린 것처럼 굳게 결정되어 있습니다. 그 결정은 이용익에게는 철도 부설권 또는 광산 채굴권을 저당으로 하여 200만 원을 대출하고, 그 돈은 두 대신께서 어떻게든 주선하고 있으니, 제일은행은 브라운이 요구하는 300만 원까지 (실제로는 200만 원으로도 괜찮다고 공사도 말씀하고 계십니다) 해관세 저당으로 대출에 결의했다는 결론입니다. 두취도 그 후 10일에 귀경하셔서 중역회를 열고 상기 전말(顚末)을 보고하셨던 바,

중역 일동이 이의가 없어서 다음 날 11일 외무성과 협의하여 하야시 공사와 야마자(山座) 서기관에 다음과 같은 내용으로 공식적으로 대답하셨기 때문에 알아두시기 바랍니다.

하지만 이번에 전해 온 취지에 의하면 브라운은 쉽게 국왕의 재가를 얻을 수 없을 것이기 때문에 급히 우리 쪽에 차용하겠다는 신청을 한 것이 아닐까 생각합니다. 이에 대해서는 하야시와 야마자 두 분으로부터 하기와라 서기관에게 전보했다고 하니, 언제 신청할 것인지 예측하기 어렵습니다. 그때는 곧바로 응낙하시고 계약을 체결하셔도 지장이 없습니다. 하지만 상기 계약 체결과 함께 해관세 취급은 설령 그 차용금을 변제하더라도 20년 동안은 제일은행만 취급할 수 있게 하고, 그동안은 결코 해약하지 않겠다고 확약하고, 또 상기 대금(貸金) 사용처에 대해서는 후일 공사와 은행으로부터 항의하게 될 경우가 없을 것이라고 말씀드리기 어렵기 때문에, 가급적 이것저것을 주의해 명기하게 했으면 한다고 두취께서 공사 및 야마자에게 이야기해 두었다고 하니 이 또한 유념하시기 바랍니다. 또한 이 일은 하야시 공사도 상당히 비밀을 요하고 계시기 때문에 말씀드릴 것도 없겠지만, 하야마 회견이나 기타에 대해서도 가급적 다른 곳에 누설하지 않도록 주의해 주시기 바랍니다. 이쪽에서도 충분히 주의하겠습니다.

지난번 그곳에 출장한 벨기에인은 조선회사의 대표인으로서 프랑스 차관을 계승하고자 끼어든 사람이라고 합니다. 일전에 야마자에게 들었습니다만, 상기 내용은 영국과 일본 양국 공사가 항의할 것이라는 내용으로 신문에서도 보냈기 때문에 프랑스 차관은 이제 이것으로 중단되리라고 생각합니다. 하지만 조선에 관한 일은 언제 어떻게 발생할지 가늠하기 어렵기 때문에 빨리 브라운과 계약하여 해관세를 저당으로 잡아 타국이 조선에 손을 대지 못하도록 했으면 합니다.

상기 내용에 대해 답장하는 한편 이같이 고견을 듣고자 합니다.

이어 1월 24일 인천지점으로부터 다음의 전보가 도착했다.

브라운이 조선 국왕에게 건의한 해관세 저당 조건은 당점의 해관 취급 연한을 15년으로 단축한 뒤 5년까지는 이자 6푼(6%)로 하여 이 기간에 100만 원을 변제하고 나중 10년 동안 잔고 200만 원에 대해 이자 1할(10%)을 지불한다고 하는데, 지장이 없을지 간절하게 회보를 기다립니다.

이에 대해 다음 25일 다음의 답전을 발송했다.

> 전신이 도착해서 이하의 내용을 알게 되었습니다. 해관세 저당 대부금에 관한 일은 브라운의 신청한 대로 해도 모두 무방합니다.

본건에 관한 교섭은 위와 같이 진행했으나 당시 한국 조정의 내정(來情)은 통일되지 못해 정해진 의견이 없다. 한편 이용익의 방해가 있어 신속하게 차관을 성립시키기 어려워 형세를 관망하며 날을 보내는 상태이다.

3) 탁지부 대상금

1901년(明治 34) 8월 21일 이용익으로부터 미쓰이물산회사(三井物産會社)를 거쳐 본행 인천지점에 의뢰하여 아국(일본-역자)에 지불해야 할 군총(軍銃) 대금 및 기타 용도에 충당하기 위해 차관 40만 원에 대한 신청이 있었다. 본행은 이에 응해 여러 가지로 교섭하고 이어 금액을 50만 원으로 증액해 주었다. 차주 명의는 탁지부 대신으로 하며, 이자는 연 1할(10%), 한국 조세를 저당하는 조건으로 계약이 성립해 9월 5일 조인했다. 이것이 탁지부 대상금(貸上金)의 시작이다. 그 계약문은 다음과 같다.

> **계약증서**
>
> 대한국 정부는 일본국 주식회사 제일은행으로부터 일본 화폐의 차입 계약을 체결한다. 그 조관(條款)은 다음과 같다.
>
> **제1조** 대한국 정부는 그 재정에 관해 당장의 필요가 있어 제일은행 인천지점으로부터 일본 화폐 50만 원까지 차입한다.
>
> **제2조** 제1조의 차입할 금액은 이를 수차례에 나눠 대한국 탁지부 대신이 수시로 제일은

행 인천지점으로부터 차입한다. 단, 차입하고자 하는 금액은 15일 이전에 대한국 탁지부 대신으로부터 제일은행 인천지점에 예고해야 한다.

제3조 제2조의 차입의 경우에는 매번 대한국 탁지부 대신은 제일은행이 정하는 바의 금액 영수서를 제일은행 인천지점에 교부해야 한다.

제4조 대한제국 정부는 대한국 일체의 세금을 가지고 제1조 차입금의 저당으로 하여 변제를 보증해야 한다.

제5조 제1조의 차입금에 대한 이자는 100원에 대해 하루 2전 8리의 비율로 정하고, 6월과 12월에 두 번 제일은행 인천지점에 지불한다.

제6조 제1조의 차입금은 1902년(明治 35) 9월 10일을 변제기한으로 하고, 대한국 탁지부 대신은 차입금 전액 및 미지불(未濟) 이자를 제일은행 인천지점에 변제한다.

제7조 한국 정부는 제1조의 차입금 원금과 이자를 변제하지 못했을 동안은 어떤 종류의 세목(稅目)이라도 모두 제일은행의 응낙을 거치지 않고 다른 곳에 저당으로 할 수 없다.

위 각 조항대로 대한국 정부에서 이행한다는 확실한 증거로서 이 조약서 한문(韓文)과 일문(日文) 2통씩 4통을 만들어 쌍방이 기명 날인한 뒤 2통씩 각자 영유한다.

1901년(明治 34) 9월 5일
대한국 탁지부 대신 민병석(閔丙奭)
일본 주식회사 제일은행 인천지점 지배인 오다카 지로(尾高次郎)

위의 계약에 채권자로서 사용한 인천지점 지배인의 명의는 나중에 1904년(明治 37) 9월 10일에 경성지점 지배인의 명의로 변경했다.

탁지부 제2차 대상금은 금액 15만 원으로 1902년(明治 35) 4월 17일에, 제3차 대상금은 10만 원으로 동년 6월 16일에, 제4차 대상금도 금액 10만 원으로 동년 12월 31일에 조인을 마쳤다. 금리는 일보 3전의 비율로 따로 담보를 정하지 않는다.

이어 1905년(明治 38) 3월 18일 다시 22만 1,900원의 차관 계약을 체결했다. 이것이 제5차 탁지부 대상금이다. 그 계약문을 게시하면 다음과 같다.

계약증서

탁지부는 주식회사 제일은행으로부터 일본 화폐를 차입함에 따라 계약을 체결한다. 그 조항은 다음과 같다.

제1조 탁지부는 당장의 필요가 있어 주식회사 제일은행 경성지점에서 일화(日貨) 22만 1,900원을 차입한다.

제2조 본 계약 차용금의 이자는 연 8보(步, 8%)의 비율로 정하고, 1905년(광무 9) 6월 15일에 주식회사 제일은행 경성지점에 지불해야 한다.

제3조 본 계약 차용금은 1905년(광무 9) 6월 15일을 기한으로 삼고, 탁지부 대신은 차용금 전액 및 이자를 주식회사 제일은행 경성지점에 변제해야 한다.

제4조 주식회사 제일은행 경성지점은 본 계약 차용금의 담보로써 한국 백동화 50만 원(元)을 수취했기 때문에 기일이 되어도 탁지부에서 변제를 게을리 할 때는 곧바로 처분한 뒤 대금(貸金)에 충당할 수 있다. 단, 전기(前記) 백동화는 봉인한 채로 탁지부 창고에 예입하기 때문에 보관 중의 위험이나 기타 일체의 사고는 탁지부의 책임으로 한다.

위의 조항은 탁지부에서 이행을 확증(確證)하고, 한문(韓文)과 일문(日文)으로 계약서 각 2통씩 작제(作製)하고 양쪽에 기명날인하여 2통씩 각자 영치(領置)한다.

1905년(광무 9) 3월 15일

1905년(明治 38) 3월 15일

주식회사 제일은행 경성지점 지배인 시미즈 다이키치(清水泰吉)

탁지부 출납국장 이준상(李濬相)

제6차 대상금은 금액 5만 원으로 1905년(明治 38) 3월 23일에, 제7차 대상금은 10만 원으로 동년 4월 28일에 조인되었는데, 금리는 둘 다 (100엔에 대해 하루-역자) 2전 8리로 정하고, 백동화를 가지고 담보로 삼았다.

위와 같이 탁지부 대상금은 전후 7회에 걸쳐 금액도 거액에 달했다. 그리고 모두 변제 기한이 긴 것은 1년, 짧은 것은 반년으로 정했으나 연기에 연기를 거듭했기 때문에 기일에 지불된 것은 없다.

4) 평식원 대상금

평식원의 관제가 발포되고 도량형제도가 시행되자, 동원(同院)으로부터 본행에 상기 도량형제도 시행에 필요한 자금의 차입 신청이 있어 1902년(明治 35) 8월 27일 다음과 같은 계약을 체결했다.

계약증서

이번 대한국 평식원 총무과장 한상룡은 본원에서 도량형기 제조 사업에 필요한 자금을 대일본국 주식회사 제일은행에서 차용하기로 다음의 조항에 의해 계약한다.

제1조 평식원이 제일은행에서 차입할 금액은 일본화 15만 원으로 도량형법을 발포하여 사업에 착수한 날부터 필요에 따라 수수할 것.

제2조 제1조의 차용 변제기한은 오는 대일본력 1907년(明治 40) 9월 30일[대한국력 1907년(광무 11) 9월 30일]로 하고, 최초의 3년 동안은 거치하고, 오는 1905년(明治 38, 광무 9) 9월 30일부터 만 기한까지 2년 동안에 7만 5,000원씩 분할하여 제일은행에 완제할 것. 단, 기한 이내라 하더라도 쌍방 합의에 따라 언제라도 상환할 수 있다.

제3조 제1조의 차용금에 대한 이자는 원금 100원에 대해 1일 2전 8리(연 1할 강)의 비율로써 계산하고, 매년 두 번 6월 20일과 12월 20일로써 제일은행 경성출장소에 지불할 것.

본서에 대해서는 제일은행은 대일본국 주한공사의 승인을 경유할 것.

이상 각 조항대로 계약하고, 그 증거로써 일문(日文) 2통 및 한문(韓文) 2통을 만들어 한문과 일문 각자 2통을 영유한다.

대일본력 1902(明治 35) 8월 27일

대한력 1902년(광무 6) 8월 27일

대한국 평식원 총무과장 한상룡(韓相龍)

대일본 주식회사 제일은행 경성출장소 주임 다카키 마사요시(高木正義)

위의 계약 증명

대한국 궁내부내대신 겸 평식원 총재 이재완(李載完)

위와 같이 계약은 '일본 주한공사의 승인을 경유할 것'을 조건으로 하여 조인되었기 때문에 당시 주한공사 하야시 곤스케(林權助)는 한국 조정 내 유력자의 보증을 얻고자 상당히 힘을 다했지만 여러 가지 내정(內情)이 있어서 뜻을 이루지 못하고 계약 이행은 일시 정체 상태에 빠졌다. 다음에 게재하는 하기와라(萩原守一) 서기관의 서한으로부터 당시의 사정을 잘 알 수 있다.

(전략) 이번에 평식원 관제의 발포와 함께 완순군이 그 총재에 임명되었고, 도량형제도의 실행을 위해 귀행에 15만 원 차입 건에 대한 신청이 있었습니다. 하야시 공사의 권유로 다카키(高木)께서는 '하야시 공사의 승인을 얻어 계약을 이행한다'는 조건하에 조인만 끝냈습니다.

한편, 이행이 끝날 단계가 되어 다카키는 그 직책의 범위상 하야시 공사께서 충분한 변제 보증을 하지 않으면 자금 공급을 실행하기 어렵다고 하고, 하야시 공사도 한국 황제의 승인 혹은 탁지부와 외부의 승인을 요구하는 일에 충분히 진력하셨습니다만, 여러 가지 내밀한 사정이 있습니다. 특히 잔치 분위기가 한창이어서 도저히 우리 희망을 달성하기 어렵다고 단념했습니다.

이에 대해서는 해당 계약을 이번에 단호하게 기각할 것인가 혹은 귀행에서 충분한 결단으로 대담하게 해당 계약을 이행할 것인가 둘 중 하나를 선택하는 것이 필요합니다. 공사께서 외무대신에게 대강의 요지를 상신하셨기 때문에 머지않아 상담이 있을 것입니다. 저는 대한국(對韓國) 계약은 그 형식이 갖춰져 있든지 그렇지 않든지 상관없이 변제 연기 또는 의무 이행 난(難)이 반드시 뒤따르는 것이 보통의 위험이라는 것을 경험했기 때문에, 본 계약과 같은 이 이상 형식의 완비나 책임자의 증가는 필요하지 않다고 생각합니다. 이제 와서 열거할 것까지도 없고, 여러 종류의 대 정부 손해배상 문제를 비롯하여 귀행 등 여러 회사에서 지금까지 체결한 계약도 평이하게 이행된 것은 하나도 없습니다.

하지만 교섭 난과 다소의 지불 연기를 인내할 수 있는지는 결국 우리 채권(債權)을 완제받을 수 있느냐에 달려 있습니다. 본 계약의 경우에는 당사자로서 일개 독립 관아인 평식원 총재의 기명(記名)이 있어 자연 불이행의 경우 정부에 마땅히 요구하는데 있어 이론상 문제가 없다고 생각합니다. 이 당사자를 무능력자와 마찬가지로 간주하더라도 민법상 부당이득에 대한 요구는 언제나 정부에 제출하는 원인은 있습니다. 특히 한국 황제의 도장(認印)을 비롯해 타부(他部)의 승인도 똑같이 무자력자(無資力者)의 보증과 마찬가지로 한 점의 이익이 되는 부분이 없습니다. 또 형식의 불완전 때문에 논의가 일어날 때는 현재 귀행의 계약은 물론 외부(外部)의 도장(認印)이 없을 때에는 미리 한국 정부로부터 조회한 바도 있어 모두 무효의 계약이라고 결론 내릴 수밖에 없습니다.

이러한 논의들은 일단 완순군이 한국 황제의 내의(內意)를 받아 기채할 것은 의심의 여지가 없지만, 계자(啓字)를 얻는(왕의 재가를 얻는-역자) 일에 관해서는, 실제로 백동사건(白銅事件)을 비롯해 최근에는 전기차등(電氣車燈)에 관한 대미국인 기채로 계자의 남용과 그 효력 문제에 관해 내외인(內外人) 사이에 논의가 분분한 때이기 때문에 쉽게 이루어지기 어렵습니다. 타부(他部)의 도장(認印)은 당국(當國) 각부와 아무런 관련이 없고, 서로 독립 집무하는 이유 외에 현 탁지부 대신 이용익은 도저히 이에 승인할 뜻이 없습니다. 따라서 이 이상은 오로지 귀행의 영단으로써 지불 연기와 교섭 난을 예측하여 계약 이행하는 외에 달리 방법이 없습니다.

이상 상세한 사정은 야마자(山座圓次郎) 정무국장에게 본 편지의 내용을 써서 보내겠지만,

또 한 명의 당사자인 이노우에 요시후미(井上宜文)가 본 배편으로 귀경하여 직접 귀행과 교섭할 것이라고 하니, 전술한 대강의 요지를 귀견(貴見, 고견)에 제공하고자 삼가 말씀드립니다. 또한 충분히 고려한 뒤 시의 적절하게 처분하시기를 희망합니다. 경구

1902년(明治 35) 9월 12일

경성에서 하기와라 拜

사사키(佐々木) 노형[老臺]

9월 17일에 되어 하야시 공사는 하기와라 서기관 및 시오카와(鹽川太一郎) 통역관을 보내 평식원 총재 이재완과 교섭하게 했는데, 그로부터 '평식원 직무는 국가 중요의 사업이기 때문에 국고가 궁핍한 때라면 외채를 일으켜서라도 이를 결행해야 함'이라는 계자(啓字)를 찍은 진정한 위임장을 보이며 간원(懇願)하는 바 있었기 때문에, 공사도 결국 위의 기채 권한을 인정하여 승인해 주었다. 이에 드디어 계약이 성립하였다.

시간이 흘러 1903년(광무 7) 3월 25일 위의 차관 15만 원의 추가 계약으로 다시 10만 원의 대월(貸越)을 약정했다. 그리고 해당 차관 총액을 변제하기까지는 평식원 수입을 본행에 예금하기로 약속했다.

앞의 대월 약정으로 1904년(明治 37) 4월까지 대월한 금액은 9만 8,500원에 달하고, 앞서 대상(貸上)한 15만 원과 함께 총액 거의 25만 원에 달했다. 그러나 평식원은 이자 지불기한이 되어도 또 약속을 이행하지 않고, 여러 번 더 최고장(催告狀)을 보내도 살피지 않아 본행 경성지점은 탁지부 앞으로 다음의 계산서를 보내 지불을 청구했다.

귀 정부 소속 평식원에 대해서는 1902년(明治 35) 8월 27일 자 계약증서로 15만 원을 1907년(明治 40) 9월 30일을 기한으로 최초 3년 동안 거치하고, 1905년(明治 38) 9월 30일부터 만기까지 2년 동안 7만 5천 원씩 분할하여 완제하기로 했다. 이자는 원금 100원에 대해 일보 2전 8리의 비율로 계산하고, 매년 6월 20일과 12월 20일에 두 번 지불하기로 약속하고 대부했다. 그런데 본년 1월 1일부터 본년 12월 31일에 이르기까지 이자가 1만 5,372원으로 그 사이에

여러 번 이자 지불을 최고(催告)했으나 약속을 이행하지 않고 지불하지 않았다. 또 동원(평식원)에 대해 1903년(明治 36) 3월 25일 자 약정서로 연리 7보(7%)의 비율로 10만 원까지의 당좌대월을 약속하고, 본년 4월 9일까지 9만 8,538원 20전을 대월했다. 그러나 올해 6월 10일 당좌계정(當座勘定) 결산일까지의 이자 3,373원 82전이 되지만 그 지불을 하지 않아 이를 대월금 중에 더했다. 동일 이후의 이자는 100원에 대해 일보 2전 8리의 비율로 개정하여 올해 12월 10일 당좌계정 결산일까지의 이자가 5,221원 97전이 되었음에도 지불을 하지 않아 다시 이를 대월금 중에 더했다. 따라서 당좌대월 원금 현재 잔고는 10만 7,133원 99전이다. 전기(前記) 정기대부금 및 당좌대월금의 원리금은 별지 계산서와 같으니 계약의 조관(條款)에 의해 지불하기 바라며, 이에 대해서 탁지부에 청구합니다.

1904년(明治 37) 12월 31일

주식회사 제일은행 경성지점 지배인 시미즈 다이키치(淸水泰吉)

대한국 탁지부 대신 민영기(閔泳綺) 각하

평식원 대부 계산서

일금 150,000원: 1902년(明治 35) 8월 27일 자 계약서에 의한 대부금

일금 15,372원: 전기 대부금에 대한 1904년(明治 37) 1월 1일부터 12월 31일까지의 연체 이자(일보 2전 8리의 비율)

일금 98,538원 20전: 1903년(明治 36) 3월 25일 자 계약서에 의한 당좌대월금 4월 9일 현재

일금 3,373원 82전: 전기 당좌대월금에 대한 1904년(明治 37) 6월 10일까지의 이자(연 7보의 비율)

일금 5,221원 97전: 전기 당좌대월금에 대한 1904년(明治 37) 6월 11일부터 12월 10일까지의 이자(일보 2전 8리의 비율)

합계 272,505원 99전

평식원에 대한 채권 총액

위와 같습니다.

1904년(明治 37) 12월 31일

주식회사 제일은행 경성지점 지배인 시미즈 다이키치

대한국 탁지부 대신 민영기 각하

이에 대해 탁지부 대신의 회답은 다음과 같다.

공경하여 받들어 답장드립니다

저는 편지를 읽고 평식원 차관에 대한 내용을 알게 되었습니다. 처음에는 폐부(탁지부)의 일이 아니었기 때문에 이번에 이 편지로 문의하신 내용에 매우 놀랐습니다. 다시 한번 살펴 주시기 바랍니다.

편안하십시오.

1905년(광무 9) 1월 10일 탁지부 대신 민영기

제일은행 경성지점 지배인 시미즈 다이키치 귀하

이에 대해 경성지점은 다시 다음의 서한을 송부했다.

10일 자 귀의 서한을 배송(拜誦)했습니다. 말씀드리자면, 작년 12월 31일 자 서면으로 평식원 차관 건에 대해 조회해 두었던 바, 이는 당초부터 탁지부에서 협상(協商)한 것이 아니라는 내용의 내지(內旨)가 있었습니다. 이 차관에 관해 여러 번 평식원에 청구했으나 지불하지 않았습니다. 그런데 동원(평식원)은 귀 정부 소속이어서 당행에서 동원에 대한 권리의 관계를 명확히 하여 귀부에 청구한 상황이기 때문에 양지하시기 바랍니다.

위와 같이 회답합니다.

1905년(明治 38) 1월 11일

주식회사 제일은행 경성지점 지배인 시미즈 다이키치

탁지부 대신 민영기 각하

하지만 위의 교섭은 결국 흐지부지된 채 끝났고, 시간이 흘러 1905년(明治 38) 8월이 되어서 한국 국고채권(國庫債券) 모집이 있자 그 불입금으로 탁지부 대상금과 함께 원리 모두 완제되었다.

5) 화폐 정리 자금 및 기타 대상금

1904년(明治 37) 메가타 다네타로가 한국 정부의 재정고문으로 임명되어 화폐 정리에 착수했는데, 그 사무를 본행에 위탁하는 동시에 이에 필요한 비용 및 자금으로 본행에서 300만 원을 차입하기로 했다. 그 계약서의 전문 및 앞의 화폐 정리에 관한 상세한 내용은 한국화폐 정리시말(韓國貨幣整理始末)의 장에서 기술할 것이기 때문에 여기서는 이를 생략한다.

앞에서 몇 개의 절을 할애하여 기술한 것 외에 1904년(明治 37) 2월에 부산, 인천, 원산 등의 해관 비용에 충당하기 위해 멕시코은(墨銀) 2만 4,000불까지의 당좌대월을 약정했다. 시간이 흘러 1905년(明治 38) 1월 15만 원을 한국 정부에 1900년(明治 33) 3월 인삼을 저당으로 해서 30만 원을 궁내부에 대상한 적이 있다.

요컨대 한국 정부에 대한 대상금은 상당히 종류가 다양했고, 금액 또한 적지 않았지만 메가타 고문이 한국 재정을 담당하게 되면서 차츰 정리 통일되었다.

5. 은행권 발행

1) 은행권 발행의 유래

한일 경제 관계는 해가 지나면서 날로 밀접해졌고, 그에 따라 한국 정부는 거래의 매개물이 될 수 있는 적당한 통화가 없어 불편을 느끼는 일이 점점 많아졌다. 이전에 아국(일본)에서 1원 은화 및 일본은행 태환권을 수입하여 겨우 그 불비(不備)를 보완했다. 그런데 1897년(明治 30)에 일본 화폐제도가 개혁되면서 1원 은화의 공급이 두절되었다. 일시적으로 각인부원은(刻印付圓銀)으로 이를 대신했으나 북청사변(北靑事變) 때문에 모두 유출되어 그 흔적을 찾을 수 없었다. 더구나 일본은행의 1원 태환권도 점차 회수되어 한국 상업의 정도에 적합한 양화폐(良貨幣)가 부족했다. 경성의 청상(淸商) 동순태(同順泰) 같은 경우는 각종 전표(錢票)를 발행하여 활발하게 그 유통을 도모했고, 거류지의 일본 상인 역시 한전(韓錢) 예금증서[預り手形, 어음] 발행을 기도하는 자가 점차 많았다. 또 궁주(宮鑄)와 사주(私鑄) 백동화가 시장에 넘쳐났다. (이 모든 것 때문에-역자) 거래의 위해(危害)를 형언할 수 없었다. 이것이 기실 1900년(明治 33)이나 1901년(明治 34) 한국 경제계의 상태였다. 당시는 한국 폐정(幣政)이 문란한 상황에 있어서 가장 직접적으로 영향 받은 것은 한국 해관세 취급을 담당한 제일은행이었다. 한국 해관에서는 자국 화폐를 가지고 징수하지 못하고 원은(圓銀)이나 멕시코은 및 일본 통화로 징수하는 규정이었기 때문에, 통화 불비(不備)로 인해 곤란을 느끼는 일이 적지 않았다. 따라서 이 기회에 무역시장에 있어서 장해와 해관세 취급상의 불편을 시정하고자 한다면 본행에서 일람불약속어음[一覽拂約束手形]을 발행하는 것이 가장 좋은 방책으로, 금융을 소통하고 한일무역에 있어서 기여하는 바가 적지 않을 것이라는 것은, 비단 본행이 생각하는 바일 뿐 아니라 각 거류지 일반의 여론이고, 또 재한 관리[有司]가 찬조하는 바이다.

하지만 일본 상법에서는 30원 미만의 무기명식 어음을 발행하는 것을 금지하고 있었기 때문에 상기 일람불어음 발행은 여기에 저촉되었다. 또 외국은행의 어음을 강제 유통시키려고 하는 것은 국제적으로 온당하지 않다는 설이 있어서 우리 일본 정부에서도 여러 가지로 연구하는 바 있었다. 요컨대 우리(일본) 상법에 이 규정을 둔 것은 금융상이나 재정상에 미칠 수 있는 위해를 예방하기 위함이지만, 우리(일본) 경제계에 직접 관계가 없는 타국의 영토 내에서까지 이의 발행을 금한 것은 아니다. 하물며 앞의 일람불증권은 우리(일본) 상법에 규정한 어음 형식을 갖추고 있지 않아서 그 제재를 받아야 하는 것이 아니다. 더구나 강제적으로 통용되는 성질의 것이 아니고 단지 신용으로써 임의로 유통하는 일종의 신용증권에 불과하다. 결국 한국의 국권을 침해할 이유가 없다는 설에 귀착한다. 또한 크게 시국에 비추는 바 있어 정부는 결국 특별한 규정을 두어 한국에서 영업하는 일본의 은행으로서 신용이 확실한 것은 상법의 예외로 하여 한국 내에 한하여 일람불약속어음의 발행을 허가하게 되었다. 이에 본행은 1901년(明治 34) 10월 14일 자로 대장대신 앞으로 다음과 같은 상신서를 제출했다.

> 우리나라(일본)와 한국의 무역은 근래 눈에 띄게 진보하여 실제로 작년 1900년도(明治 33)의 통계에서 수출입 총액이 1,800여만 원에 달했고, 향후 점점 증가할 경향에 있다. 당행은 이미 1883년(明治 16)부터 한국 해관세 출납을 취급하고 있고, 게다가 한국 정부에 때때로 자금을 조달하여 재정을 비보(裨補)하고 있어서, 거래상의 편리를 위해 재한국 지점에서 교환할 수 있는 무기명식 일람불 은행권을 발행해야 한다고 생각합니다. 이같이 말씀드립니다.
>
> 1901년(明治 34) 10월 14일
> 주식회사 제일은행 두취 시부사와 에이이치(澁澤榮一)
> 대장대신 소네 아라스케(曾禰荒助) 귀하

이어 동월 21일 자로 대장성 이재국장으로부터 다음의 통첩이 있었다.

> 본년 10월 14일 자로 재한국 지점에서 무기명식 일람불 은행권 발행의 건에 대해 들었기 때문에 명령에 따라 위와 같이 통첩합니다.
>
> 1901년(明治 34) 10월 21일
> 대장성 이재국장 마쓰오 시게요시(松尾臣善)
> 주식회사 제일은행 두취 남작 시부사와 에이이치(澁澤榮一) 귀하

(추신) 두취 초상의 아래 권면 금액은 재한국 각 지점 '에서(於テ)'의 두 자는 '한하여(限リ)'로 정정했으면 합니다. 따라서 이서(裏書) 영문(英文)도 동일한 의미로 정정할 수 있도록 주의하시기 바랍니다.

이로써 본행은 은행권 발행 인가를 얻었으나 원래 발행 사업으로 갖는 특허 독점의 성질을 갖추지 않았기 때문에 효과를 거두기 어렵고, 후일 사업이 성공하여 이 예를 모방하는 자가 속출하면 서로 경쟁의 폐에 빠져서 은행권 신용을 침해하므로 결국 목적을 달성할 수 없게 될 것은 의심할 여지가 없다. 따라서 상기 상신서를 제출하는 동시에 인천지점 지배인으로 하여금 앞서 두취께서 훈시하신 내용에 입각해서 하야시 주한공사와 면회하여 의견을 진술하게 하고, 이어 동월 15일 자로 다음의 원서를 제출하게 했다.

어음 발행에 대한 승인원(承認願)

당 은행에 관해 말씀드리면, 1883년(明治 16)부터 한국에 지점을 설치하고, 그때부터 주의(注意) 용의주도하게 업무해 온 결과 내지에 있어서 확실한 신용은 똑같이 한국에서 이를 떨칠 수 있었습니다. 현재 한국 내에서 당 은행의 지위는 실제 한국 무역의 중앙 금융기관일 뿐 아니라 또 한국 해관청은 몇 백만에 달하는 해관세 출납을 당 은행에 신탁하고 있으며, 한국 정부에 대해서도 때때로 자본을 조달하여 재정을 비보하게 된 것은 당 은행이 매우 명예스러워하는 바입니다.

그런데 한일 사이의 교통편이 여전히 불충분하여 일본화 지폐를 적당하게 한국시장에 공급하여 내외 상민(商民)으로 하여금 그 상산(商算)을 그르치지 않게 하는 것은 실제로 상당히 곤란합니다. 이런 현재 상황에서 당 은행이 앞에서 언급한 중앙 금융기관 역할이나 또 해관세 출납의 중책을 틀림[遺算]없이 다하고자 한다면 결국 보통 은행업자의 권한을 고집하는 것은 실정이 허락하지 않는 바로 반드시 특수한 설비에 의뢰할 필요가 있습니다. 그리고 이 특수한 설비를 고안하는 데 있어서 당 은행이 필요상 가장 주의 고려해야 할 것은 근래 일본은행 태환 1원 지폐는 점차 환수되고 있고, 원은(圓銀) 또한 위신이 땅에 떨어져서 청국으로 유출되어 한국 경제의 정도에 적합한 화지폐(貨紙幣)가 부족해진 점, 그리고 조악한 한국 백동화는 남주의 결과 점점 시중에 위해를 가해 당업자로 하여금 경계를 풀 수 없게 하는 점입니다.

당 은행은 숙의 토구한 끝에 그 특별한 중임을 다하는 동시에 앞에 나온 결핍과 위해를 구제할 수 있는 특수한 설비는 한국 내에 한해 유통할 일람불약속어음을 발행하는 것이 가장 좋다는 견해를 가지고 있습니다. 이것은 기실 교통이 불편한 외국에서 우리(일본) 화지폐의 결핍 때문에 발생하는 불편을 보완할 뿐 아니라 또 당 은행의 중임인 해관세 취급을 더욱 편리하게 만드는 동시에 소화(小貨, 소액 화폐) 결핍에서 생기는 시장의 위해를 소멸시키는데 적합한 설비입니다. 물론 이번 설비는 원래 특허 독점의 성질을 갖추지 못하면 효과를 거두기 어렵습니다. 하지만 앞에 이야기한 당 은행의 한국 내 지위는 해관세 출납은행으로서 또 중앙 금융기관으로서 보통 동업자와 다른 점이 있고, 일람불어음의 발행은 완전히 이 특별한 지위에 필요한 설비로 고안했기 때문에 동업자가 당 은행의 예를 모방할 수 있는 것은 없겠지만 상기 일람불어음 발행에 관한 것은 승인하는 동시에 이런 대강의 사정도 알고 계시기 바랍니다. 경구

1901년(明治 34) 10월 15일
주식회사 제일은행 인천지점 지배인 오다카 지로(尾高次郎)
일본특명전권공사 하야시 곤스케(林權助) 귀하

이에 대해 공사는 물론 인부(認否)의 권능을 가지고 있으나 사태가 중대함을 감안하여 먼저 우리 정부의 의향을 확인할 필요가 있다고 판단했습니다. 이에 별도로 공사께서 의견서에 기초하여 앞의 원서에 첨부하여 외무대신에게 구신하였다. 그 의견서의 전문은 다음과 같다.

제일은행에서 일람불약속어음 발행의 건

한국 정부의 화폐제도는 현재와 같이 불비(不備)의 상태에 있고, 또 보조 화폐의 남발은 근래와 같이 심각한 상황입니다. 한국 상업의 정도에 적합한 일본은행 태환 1원 지폐는 점차 환수되고, 1원 은화 역시 시장에서 그 흔적이 사라지게 되면서 이로 인해 한일 양국 무역이

악영향을 입게 되는 상황은 당업자가 누누이 진정하는 바입니다. 본 공사도 실제 상황에 비추어 항상 이를 이해하고 있습니다.

그런데 이 구치책(救治策)에 관해서는 작년부터 한일 양쪽에서 여러 가지로 연구하는 자가 있습니다. 예를 들면 이용익 일파 무리는 한국 화폐제도 개혁을 기획하고, 또 시부사와 남작 등은 일찍이 일한은행(日韓銀行)의 설립을 고안한 적도 있다고 기억하고 있습니다. 이들의 계획은 전술한 경제·사회의 폐해를 근본적으로 구치(救治)하는 양책임은 물론이지만, 오늘날과 같은 경우에는 그 성부(成否)조차 점치기 어렵고, 가령 그 계획을 성취한다고 하더라도 실제 효과를 거두기까지는 거만의 자금을 갹출(醵出)하고 수많은 세월을 요하는 상황이어서 도저히 짧은 시간에 오늘날의 폐해를 치유할 수 없을 것입니다. 더군다나 한인 측의 계획은 모두 이를 통해 거리(巨利)를 획득하여 자기 주머니를 살찌우려는 속셈이기 때문에 그 성과는 무엇보다 절망적입니다. 이런 근본적인 구치책(救治策) 외에 당국(當國, 한국) 화폐제도의 완비에 이르기까지의 중계(과도기적 조치)라고도 할 수 있는 일종의 구제책 같은 것이 시부사와 남작 등에 의해 고안된 적이 있습니다. 이는 당국(한국) 정부의 특허를 얻어 지폐를 발행한다는 계획이었고, 다행히 당국(한국) 정부의 동의를 얻는 데 있어서 이 계획 역시 유망하지 않은 것은 아니지만, 여러 사정이 그 사이에 뒤엉켜서 그 일이 결국 이루어지지 못하고 끝나게 되었습니다.

상기 화폐 발행 계획은 작년 제일은행이 한국 조정에 500만 원의 차관을 허락하고 약정을 체결하고자 할 때 해당 조건의 하나로 제출한 것입니다. 당시 본 공사는 시부사와 남작과 여러 차례 협의한 적이 있는데, 본 공사는 지폐 발행 계획 대신 일람불약속어음 발행 계획이 편리하다는 사실과, 동시에 홍콩상하이은행이 청국에서 발행한 일람불약속어음 및 모 청상이 당국(한국)에서 발행한 어음의 실례를 제시하고, 전술한 것들을 비교·연구한 뒤 계획을 정하면 어떻겠냐는 내용으로 말씀드린 적이 있습니다. 시부사와 남작은 앞의 계획에 관해 연구를 마치고, 또 일본 당국과도 비밀리에 협의를 마친 것으로 보여 이번에 재인천 지점 지배인으로 하여금 별지의 원서를 본관(本館)에 제출하도록 했습니다.

조사하건데 일람불약속어음은 그 성질이 태환권과 다른 점이 없고, 이에 대해서는 제일은행에서 이를 내지에 유통시킬 목적을 가지고 발행한다는 것은 있을 수 없는 일이지만, 청원서 안에서 진술한 바와 같이 이번 시도는 완전히 한국 안에서만 이를 유통시킬 목적에서 나왔기 때문에 내지 일반의 경우로 이번 시도를 다룰 필요는 없습니다. 또한 상기 발행의 결과는 청원[願人]께서 상세하게 말씀드리듯이 목하 한일무역상 곤란 및 소액화폐(小貨) 결핍을 구제할 수 있는 최상의 방편이 될 것으로 사료됩니다. 이에 대해서는 성규(成規, 문서화된 규칙)가 허락하는 범위에서 가급적 그 뜻을 이루게 하는 것이 좋을 것이라고 생각합니다. 다만 본 시도를 승인하기 위해서는 당국(한국-역자)에서 내외인 사이에 현재 유통되고 있는 일본은행 태환권(5원, 10원 이상)에 대해 가급적 경쟁을 시키지 않을 것과, 향후 동업자(은행업자-역자)가 제일은행과 경쟁할 수 있는 같은 종류의 계획을 실행하지 않는 것이 있습니다. 본 공사의 비견(卑見)으로는 첫 번째 점에 관해서는 1원과 5원권을 제외하는 외에 그 이상의 어음을 발행하지 못하도록 하는 것을 승인의 조건으로 하면 그 목적의 대부분을 달성할 수 있을 것이라고 생각합니다. 두 번째 점에 관해서는 청원인[願人]께서 말씀하시는 대로 해관세 취급 은행으로서 또 사실상 한국의 중앙은행으로서 동행이 갖는 지위는 무엇보다 특별한 것이고, 표면상 이 지위에 대해 본 계획을 승인하는 것으로 하게 되면 나중에 동업자의 경쟁을 방지할 구실도 있을 것이라고 생각됩니다. 또 약속어음은 실제로 널리 신용을 얻어 확실하게 유행시킬 필요가 있지만 현재 당국(한국) 내에 지점을 가지고 있는 한두 은행은 물론 그 신용의 정도에서 제일은행에 미칠만한 상황이 아닙니다. 다만 제일은행이 발행한 어음이라도 널리 또 확실하게 유통시키기 위해서는 해관납세로써 유효하게 인정받는 것도 필요할 것이라고 생각하기 때문에, 이 점에 관해서는 발행 후 차차 사인 간(私人間)에 신용을 얻은 뒤 기회를 보아 당국과 협의해야 한다고 생각합니다. 어쨌든 해당 은행에서 일단 상업계에 신용을 얻을 수 있도록 주의를 기울인다면 앞으로 한국 측에 대한 난관은 어떻게든 극복할 수단이 있을 것입니다.

요컨대 이 계획에 대한 본 공사의 의견은, 한국 내에서 유통할 일람불약속어음의 발행은 당시 한국의 경제사정에서 또 제일은행의 현재 차지하는 지위에 비추어 이를 승인하더라도 지장이 없습니다. 따라서 귀 대신 각하께서 이의가 없으시다면 앞의 원서(願書)에 대해 승낙 혹은 승인 등의 문자를 넣어 지령으로 내려주셨으면 합니다. 하지만 본건은 그 어음 발행의 필요 및 어음 유통구역에 대해서만 본 공사의 재량에 속할 뿐, 사건의 성질상 그리고 은행 감독의 범위에서는 대장성과 관계되어 있고, 특히 발행 어음액의 제한 및 준비금의 여부, 그 액수 등에 관해서는 당국의 지휘를 받아야 할 것으로 생각되니 미리 협의하시기 바랍니다.

상기 내용을 품신하니 어떤 형태로든 회훈(回訓)해 주시기 바랍니다. 경구(敬具)

1901년(明治 34) 10월 17일

하야시 공사

고무라 외무대신 귀하

의견서와 인천지점 지배인의 청원서[願書]는 외무대신에게 송달되고 또한 대장대신의 찬동을 얻었기 때문에, 1901년(明治 34) 11월 5일에 '원하는 내용 대장대신께서 허락했기 때문에 이를 승인함'이라고 원서에 붉은색 글씨로 써서 공사께서 인천지점에 교부하셨다.

이 특권을 부여했기 때문에 정부는 본행의 사업을 감시할 필요가 있었고, 그 때문에 외무대신은 대장대신의 조회에 응해 한국 각항의 영사에게 훈령을 발령하여 재한국 본행 각 지점 출장소에서 이루어지는 어음 발행 사업을 감독하게 되었다.

애초에 본행이 발행하고자 하는 어음은 일본 화폐를 준비로 하여 발행하는 것으로, 왕년에 해관세가 한전(韓錢)으로 징수되었을 때, 본행은 한전 예금증서[預り手形]를 발행하여 자타 취급의 편리를 도모한 적이 있다. 그 후 해관이 원은(圓銀)과 묵은(墨銀)으로 징세하게 되면서 또 은화 예금증서[預り手形]를 발행하여 항상 해관이 징수하는 화폐와 은행이 발행하는 어음의 성질을 동일하게 한 예가 있으나 앞 절에서 언급했듯이 당시 원은 및 묵은은 거의 시장에서 자취를 감추었을 뿐 아니라 은화는 이미 무역상의 매개물로 효용이 없었기 때문에 은화 태환 어음을 발행하는 것이 어렵고, 만약 또 이를 발행한다고 하더라도 원은과 묵은의 가격은 점차 하락 추세에 있었기 때문에 후일 해관으로부터 속속 은행으로 유입하게 되면 은행의 손해가 적지 않을 것이다. 이러한 곤란을 벗어나고자 한다면 금화를 표준으로 하는 어음을 발행하는 수밖에 없고, 이러한 내용으로 본행은 종종 인천해관장 '라포트' 및 총세무사 브라운에게 건의하여 무역시장에서 화폐의 효용이 없는 은화로 세금을 징수하는 것은 합당하지 않다는 이유를 논했으나 항상 요령을 얻지 못하고 끝났다. 따라서 인천지점 지배인은 다시 주한 일본공사에게 의견을 진술하여 교섭을 거듭했는데, 공사는 현행 한일조약 영문 기재 조항 중 한국 정부에서 추후에 은화를 주조하여 발행할 때까지는 이 규칙에 따라야 한다는 명문(明文)이 있다, 이에 따라 생각하면 한국 정부는 수년 전에 은화를 주조 발행하였고, 이제는 직접 금화제도라고 공언하는 때이기 때문에 한일조약 제40관의 규정은 자연히 그 효력을 소멸한 것으로 해석하는 것이 지당하다. 따라서 인천지점의 청원을 받

아들여 총세무사에게 통고하였고, 이로써 본행의 희망을 관철할 수 있었다. 1902년(明治 35) 1월 1일 이후에 인천, 부산, 목포, 진남포, 원산, 군산, 성진 등의 각 해관은 종래의 은화 기준을 고쳐서 금화로 세금을 징수한다는 공고를 내기에 이르렀다.

2) 은행권 발행규칙 제정 및 발행 상황

본행은 이미 은행권 발행 특권을 획득했기 때문에 곧이어 발행 준비에 착수하여 여러 가지로 심의했다. 우선 은행권 종류 및 제조 액수를 정해 1원권 30만 원, 5원권 50만 원, 10원권 50만 원의 제조에 착수하기로 했다. 또한 모든 은행권은 당분간 본점으로부터 미발행(은행권)으로써 한국 각 지점과 출장소의 수요에 따라 교부하고 각자를 발행점으로 하여 어디에서 발행한 것이든 불문하고 모두 교환하기로 결정했다. 은행권 기장 절차를 정하고, 또 은행권 발행 및 취급에 관한 규칙을 제정하여 1902년(明治 35) 5월 31일 대장성에 제출했다.

주식회사 제일은행권 규칙

제1조 당 은행은 한국의 금융을 편리하게 하기 위해 은행권을 발행한다.

제2조 은행권 종류는 10원, 5원, 1원의 3종으로 한다.

제3조 은행권은 소유자의 희망에 의해 한국 소재의 각 지점 출장소에서 영업시간 중 언제든지 동액의 일본 통화와 교환할 수 있다.

제4조 은행권은 본점에서 보관하고, 재한국 각 지점 출장소의 수요에 응해 그 금액을 정해 이를 교부한다.

제5조 은행권 교환 준비는 일본 통화로 하고, 다음의 비율에 의해 그 유통고에 따라 이를 준비해 두어야 한다.

1. 유통고 5만 원까지는 적어도 그 전액을 준비할 것.
2. 유통고 5만 원 이상은 그 3분의 1 이상을 준비할 것.

단, 5만 원 밑으로 내려갈 수 없음

전 항에서 정한 준비금 비율을 감소시키고자 할 때는 취체역회의 인가를 얻어야 한다.

제6조 전 조의 준비금은 다른 지불자금과 구별해야 한다.

제7조 은행권 유통고, 시재잔고[手許有高] 및 준비금은 매 토요일의 잔고에 따라 대강의 정황을 부기하여 본점에 보고하고, 또한 각 지점 출장소는 서로 보고를 교환해야 한다.

제8조 은행권 원장(元帳)은 본점에 비치해 두고 그 종류, 매수, 기호, 번호 등을 기입해야 한다.

은행권을 한국의 지점 또는 출장소에 교부했을 때는 그 종류, 매수, 금액, 기호, 번호 등을 다른 점에도 통지해야 하기 때문에 자점(自店)에서 수취한 것은 물론 다른 점에서 수취한 것이라 하더라도 그 종류, 매수, 금액, 기호, 번호 등을 기록해 두어 후일 교환할 때의 참조로 삼아야 한다.

제9조 한국의 각 지점 출장소에 있어서 은행권 계정(勘定)은 다른 통화와 구별하여 은행권 재고장[有高帳]을 비치해 두어 그 출입을 명확히 하고, 그 시재잔고[手許有高]는 현금 계정[金銀勘定]에서 제거하며, 그 유통은 은행권 계정에 기입해야 한다.

제10조 오염 또는 훼손된 은행권은 다음의 규정에 의해 수수료 없이 이를 교환해야 한다.

1. 권면 중에 기호와 번호 두 곳 이상이 존재하고, 권면 금액을 인정할 수 있는 것은 전액으로 교환할 것.
2. 잘게 찢어진 것[細裂]이라도 찢어진 면을 접속하여 확실하게 동일 은행권 종잇조각[紙片]임을 인정하고, 또 기호, 번호, 금액 등이 명확한 것은 전액으로 교환할 것.
3. 권면 3분의 2에 미치지 못하는 것이라도 기호, 번호, 금액 등을 확실하게 인정할 수 있는 것은 반액으로 교환할 것.
4. 전면이 존재하더라도 색깔에 변경이 생기거나 또는 기타의 이유로 진위를 인정할 수 없는 것은 교환하지 말 것.

제11조 전 항에 의해 교환한 손권(損券)은 때때로 정리해서 기호, 번호 및 교환금액의 명세서를 첨부하여 본점으로 회송해야 한다.

제12조 일본의 지점 또는 출장소에서 교환한 은행권은 때때로 정리해서 본점으로 회송해야 한다.

발행 준비가 마침내 완료되어 1902년(明治 35) 5월 20일 오다카 인천지배인은 당시 부산에서 개최 중이던 한국각지상업회의소연합회(韓國各地商業會議所聯合會)에서 처음 이를 발표했다. 5월 31일 자로 동 지배인이 그 상황을 다음과 같이 보고했다.

> (전략)
>
> 부산 도착 다음 날, 즉 지난 20일 은행권에 관한 사항을 처음 발표했습니다. 이때는 마침 한국각지상업회의소연합회가 개회 중이어서 동 연합회에 통지장을 보내 그 찬성을 촉구한 바 의논할 필요도 없이 다음과 같이 결의했습니다.
>
> **상업회의소 제2회 연합회 결의안**
>
> 이번에 제일은행에서 발행한 은행권, 즉 무기명식 일람불약속어음은 한국에 있어서 금융상의 편익을 증가시키고 아울러 한국 화폐의 개선 정리에 기여하는 바 적지 않을 것이라고 믿고 한일무역을 위해 크게 환영할 만한 일이다. 따라서 재한 각 일본인상업회의소는 이에 해당 어음의 유통에 관해 상당히 장려 수단을 취하기로 결의한다.
>
> 이 결의문은 이미 여러 신문을 통해 일반에 소개되었습니다.
>
> 상기와 같이 은행권의 탄생에 즈음해서 무엇보다 경사스러운 기회를 얻었습니다. (하략)

이에 앞서 은행권 제조를 인쇄국에 의뢰하자, 인쇄에 정교함과 치밀함이 요구되기 때문에 각종 은행권을 한꺼번에 완성할 수 없어 우선 1원권이 제조되었다. 이에 상기 상업회의소연합회에서 (결의안을-역자) 발표한 당일 부산지점에서 이를 발표하였고, 5월 26일 목포출장소에서, 5월 27일 인천지점에서, 이어 28일 경성지점에서 그 발행이 이루어져 도처에서 일반의 호평을 얻었다. 참고로 1원권 발행 당초의 상황을 나타내면 다음과 같다[1902년(明治 35) 5월 31일 현재 발행고].

점명	종류	본점에서 받은 元受高[26]	타지점으로의 廻送高	타지점으로부터의 受入高	발행고	환수고	현유통고	준비	
								정화	태환권
		엔(円)	엔	엔	엔	엔	엔	엔	엔
인천	1원권	80,000	0	0	17,930	10,587	7,343	0	7,343
부산	1원권	30,000	0	0	2,989	0	2,985	3,400	0
경기	1원권	2,000	1,000	3,000	2,000	0	2,000	0	2,000
목포	1원권	2,000	0	0	2,000	0	2,000	0	2,000

그다음에 1902년 8월에 5원권을, 12월에 10원권을 발행했다.

3) 은행권 유통 방해 및 위조사건

은행권이 발행되자 그 유통에 가장 좋은 결과를 낸 것은 부산과 목포 방면으로서 한인 모두가 그 수수에 편리하고 미려함을 기뻐하여 발행고가 날로 증가하는 경향을 보였다. 그에 반해 경성과 인천에서는 고의로 휴대하는 것을 피하는 풍조가 있었다. 그중에서도 특히 인천에서 한인이 조직한 신상협회(紳商協會) 같은 곳은 은행권을 수수하지 않기로 결의하여 일시적으로 유통이 매우 원활하지 못했다. 하지만 이들은 적개심에 사로잡힌 일시적인 망동에 불과하여 며칠 안 되어 그 기세가 박약해지고 은행권 유통에 이렇다 할 영향을 주지 못했다. 하지만 한국 조정 내에 퍼진 일종의 편견은 쉽게 사라지지 않아 1902년(明治 35) 8월경부터 제일은행권 배척의 소리가 점차 높아졌다. 9월에 들어서는 형세가 날로 불온해져 결국 동월 11일에 제일은행권 수수 금지의 훈령을 내렸다.

한국 조정의 방해가 그 기세를 더하자 일본 대장성에서도 이를 우려하여 은행권 준비에 관해 다음과 같이 통첩했다.

26 원수고(元受高)란, 제일은행 본점에서 한국 지점 또는 출장소에 교부한 미발행 은행권을 의미하는 것 같다. 이 미발행 은행권 중 발행하고 남은 것을 시재잔고(手許有高)로 보면 되겠다.

원갑(原甲) 제6호

귀행 은행권 발행 준비는 동 규칙 제5조 제2항에 의거해 발행할 수 있게 되면서 부산지점에서 8만 2,000여 원의 발행에 대해 5만 7,000여 원의 준비를 두었기에 부산 영사로부터 준비 증가에 관한 주의가 있었으면 한다는 의견이 있었습니다. 또한 인천 영사로부터의 보고(9월 18일 자)에 의하면 한국 외부가 포달(布達)을 발하여 일반 한인에게 은행권의 수수를 금지한 일도 있었다고 하니 발행을 시작한 지 얼마 되지 않은 시험적 시대임을 고려하여 규칙 이외에 되도록이면 여분의 준비를 두어 차질 없게 하고 신용이 공고하다고 인정될 때까지 충분히 주의를 기울이기를 바라며 이같이 통첩합니다.

1902년(明治 35) 10월 6일
대장성 이재국장 마쓰오 시게요시(松尾臣善)
주식회사 제일은행 두취 시부사와 에이이치(澁澤榮一)

이에 대해 본행에서 다음과 같이 답신했다.

당행 은행권 발행 준비는 동 규칙 제5조 제2항에 의해 유통고 5만 원까지는 전액 준비를 하고, 5만 원 이상은 그 3분의 1을 준비하게 되어 있습니다만 이번에 부산과 인천 영사께서 신고한 취지도 있고 해서 당분간 위의 규칙 외에 되도록이면 여분의 준비를 해 차질이 없도록 주의해야 할 것이라는 내용의 지령을 받았습니다.

위의 내용은 신속하게 한국 각 지점 출장소에 통달하겠습니다. 이같이 답신 드립니다.

1902년(明治 35) 10월 7일
주식회사 제일은행 취체역 사사키 유노스케(佐々木勇之助)
대장성 이재국장 마쓰이 시게요시 귀하

본행은 상기 내용을 따라 한국 각 지점 출장소에 있어서 준비금의 풍부를 도모하여 만일에 대비했다. 하지만 다행히 한국 조정의 금지령도 경성과 진남포 외에는 시행되지 않았고, 은행권의 신용은 날로 더하여 유통고가 눈에 띄게 증가했다. 하지만 상기 금지령은 이를 불문에 부칠만한 것이 아니었기 때문에 우리(일본) 주한공사는 한국 조정에 그 불법을 추궁하여 철회를 압박하고 여러 가지로 교섭한 끝에 결국 1903년(明治 36) 1월 8일 한국 조정은 8항(港) 1시(市)를 향해 다음과 같은 취소 명령을 내렸다.

> 작년 9월 무렵 일본의 (제일)은행에서 발행한 태환권에 대해 통용을 금지한 훈령은 현재 일본 공사의 요청으로 지장 없이 통용시키기로 되었기에 이에 특별히 이 내용을 포달(布達)하니 잘 조량(照亮)하기 바람. 또 내외 상민(商民)으로 하여금 임의 유통시키도록 진력해야 할 것임.(1월 8일 자 '역문')

방해운동은 이렇게 일단락되려고 할 때 얼마 전 여순(旅順)에 갔던 이용익이 돌연 귀국하여 (1903년) 1월 17일 밤 한국 황제를 알현하고 은행권 금지령 취소를 비난하였다. 이후 배척 문제가 재연하여 격렬한 운동이 개시되었다. 1903년(明治 36) 1월 28일 자로 오다카 인천지점 지배인은 서한을 보내 당시의 상황을 다음과 같이 보고했다.

> (전략) 얼마 전 이용익이 지나에서 돌아와 소위 권토중래의 움직임을 보이며 곧바로 은행권에 대한 방해를 시작했습니다. 이용익 일파인 이근택(李根澤)은 예하에 양성한 완고당(頑固黨) 상무회원(尙武會員)에게 명령하여 격문을 만들게 하여 제일은행권 및 동순태어음[同順泰手形] 거절의 뜻을 전하고, 동시에 경성의 종로에 게시하는 등 상당히 공공연한 거동을 했습니다. 그 때문에 경성출장소에서는 어제부터 은행권 교환을 청구하는 한인이 많아지는 모양입니다. (하략)

계속해서 2월 3일에 동 지배인이 보낸 서한은 다음과 같다.

(전략) 경성에서 며칠 전부터 은행권에 대해 방해운동이 있었던 것은 전보(前報)에서 말씀드렸기 때문에 알고 계시리라 생각합니다. 그리고 한국 정부는 일본 공사와의 약속도 있어 이미 통용금지령을 취소했기 때문에 한국 정부가 표면적으로 은행권에 방해를 가할 리는 없고, 단지 이용익 일파의 내의(內意)를 받아 한인 모두가 소란을 피우고 있는 정도입니다. 그런 상황에서 무슨 일이 있겠는가 하고 보통 때처럼 안심하고 있습니다. 그런데 갑자기 경성부윤이라는 자가 훈령 하나를 내려 은행권을 수수하는 자는 엄형에 처할 것이라고 해서 갑자기 소란스러워졌다고 합니다. 이는 어제 벌어진 일로 경성 4대문에는 경성부윤의 포달문을 게시하는 등 상당히 엄중한 상황이기 때문에 한인은 속속 경성출장소에 예금을 인출하러 와서 어제 하루 동안 5만 원이 인출되었고, 오늘도 3~4만 원은 인출될 것이라는 통지가 있었습니다.

이번의 방해운동은 종전과 같이 간단한 것이 아니고 더구나 갑자기 일어난 일이기 때문에 유감천만이라고 생각합니다. 경성의 영사는 경관에게 명령을 내려 부윤이 게시한 포달문을 철거시키고 부윤에게도 엄중하게 담판했을 것이고, 또 하기와라(萩原守一) 대리공사도 (한국의-역자) 외부(外部)와 교섭하기 위해 교섭문을 기초하여 (일본-역자) 외무성의 훈령을 청해 엄중하게 담판할 예정입니다.

경성출장소로부터 위험하다는 보고가 올라오고 있어서 어제 5만 원, 오늘 3만 원을 송부했습니다. 또 이러한 조짐은 1월 말부터 나타나 28일에 3만 원, 29일에 2만 원을 보냈습니다. 또 한편으로 오사카(大阪)로 전보하여 금화 10만 원을 가져오기로 한 것은 이전 서신에서 말씀드린 대로입니다. 또 어제 오사카로 전화해서 지폐 10만 원의 현송을 요청했습니다. (하략)

위와 같이 방해운동이 날로 격렬해졌기 때문에 2월 3일 외무성은 하기와라 대리공사에게 전보를 보내 한국 조정에 대해 강경한 담판을 시도하여 제일은행의 손해를 청구할 것이라고 훈령했다. 대리공사는 곧바로 외부와 궁내부 두 곳에 엄중히 이야기해 바야흐로 국제적 담판을 개시하고자 했으나 은행권 인출(소동) 상황은 점점 더 긴박하게 돌아가 형세를 짐작할 수 없었다. 2월 7일에 보낸 인천지점 지배인의 서한은 다음과 같다.

삼가 말씀드립니다.

그러면 경성에 내려진 은행권 재금지령은 지난 4일 탁지부의 훈령으로 각 항 감리에게 통달되었습니다. 그 때문에 우리 쪽은 지난 5일부터 격렬한 인출(소동)이 시작되었습니다. 지난번 귀하의 전보에 다른 방면에 영향이 없을 것인지 문의가 있었고, 그때 우안(愚案)으로는 경성의 인출(소동)은 1월 말부터 시작된 데다 우리 쪽에는 별다른 영향도 초래되지 않는 모양이어서 이 정도면 다른 쪽은 괜찮을 것이라고 생각된다 등등 그런 의미로 답전(答電)해 두었습니다만, 4일 탁지부는 결국 각 항에 훈시하여 이에 비로소 우리 쪽으로 인출(소동)이 파급되었습니다. 어제 오후 군산으로부터도 전보가 와서 인출(소동)이 있다고 하며 5만 원의 현송을 의뢰해 왔습니다. 하지만 우리 쪽도 계속해서 인출(소동)에 응하고 있어 금방이라도 소진될지 모르는 상황에서 5만 원을 군산으로 보내는 것은 도저히 불가능했습니다. 또 아무리 군산의 인출(소동)이 급하더라도 5만 원을 일시에 필요할 리 없고, 또 아무리 필요하다고 해도 이쪽이 절박한 상황에 직면해서 다른 곳에 마음 쓸 여력이 없다고 결심하고 힘든 상황 중에 1만 원을 어제 배편으로 보냈습니다. (중략) 하지만 아무래도 군산의 일이 걱정되어 견딜 수 없었습니다. 곧바로 하기와라 대리공사에게 전보를 보내 군산이 위급할 경우에는 그곳의 영사가 그곳의 감리와 협의하여 자금이 도착할 때까지 인출(소동)을 지연시키기 위해 진력하도록 공사의 지시를 바란다, 또한 이 사정은 오로지 군산만이 아니라 각 항도 마찬가지여서 잘 부탁한다고 말해 두었습니다. 이런 내용은 다카키 마사요시(高木正義)로 하여금 대리공사에게 청구하도록 했기 때문에 이미 공사의 훈전(訓電)이 각 항 영사에게 도달했을 것이라고 생각합니다.

우리 쪽이 5일과 6일 이틀 동안 은행권 교환에 응한 양은 11만 원에 달했습니다. 그 밖에 환[爲替] 지불 등 직접적으로 지폐를 희망하여 건넨 분량도 있어 때때로 준비금이 감소했습니다. 그리하여 적의 병력이 여기에 얼마나 있는지, 언제 공격해 올 것인지 전혀 알 수 없어 천리 밖에서 외로운 군대로 수세(守勢)를 취하는 경우입니다. (중략)

다테가미마루(立神丸)는 내일 아침 입항한다고 합니다. 그렇게 되면 10만 원이 도착할 것이기 때문에 더 이상 어려움은 없을 것입니다. 금화로는 취급이 불편하다고 생각하지만 달리 지장은 없고 백만의 원병이 도착한 것처럼 생각되었습니다.

한국 조정의 이번 만행[暴狀]은 언어도단이고, 이제 와서 많은 말이 필요 없는 상황으로, 무법적인 훈령에 의해 고의로 교환을 청구하더라도 이에 응하지 않음으로써 할 수 있는 변명은 충분하겠지만, 이는 개인들 사이에 주장할 수 있는 말이지 당행은 결코 개인의 거동과 같지 않습니다. 장래의 신용이 중요하기 때문에 어디까지나 깔끔하게 교환에 응하고 조금도 거절하지 않아 다행히 우선 급한 불은 꺼서 이미 안심할 수 있는 지경에 이르렀습니다. 당행의 신용이 날로 견실함을 나타낸 것은 정말이 크게 기뻐할 일이라고 생각합니다.

어젯밤 이곳의 상업회의소는 임시회를 열어 이번 경성 정부 만행[暴狀]의 사정을 엄중히 비난하고 제일은행 은행권 유통 확장을 위해서 일본 정부는 끝까지 진력해서 한국 조정에 대대적으로 항의해야 한다는 내용으로 결의문을 작성하여 일본 공사에게 건백함으로써 공사를 지원하기로 만장일치 가결했습니다. 동시에 이 내용을 한국 각 항의 회의소에 전보하여 보조를 맞추도록 했습니다.

오늘 정오 귀하의 전보가 다음과 같이 도착했습니다.

'귀점(貴店) 어제의 장부 잔고로 은행권 유통금액이 어느 정도인지 전보로 회답하라'

상기 내용을 배승(拜承)했기에 다음과 같이 회신합니다.

'전승(電承) 어제의 은행권 유통고 18만 9,597원임. 오늘 인출이 적어 다소 안정되었음. 향후 걱정 없을 전망'

오늘은 오로지 교환을 위해 온 한인 40명 정도이지만, 모두 액수가 소액이어서 특별히 시재잔고[手許有高]에 변화 없습니다.

당행에 인출이 시작됨과 동시에 이곳 18은행과 58은행에도 교환 청구를 하는 한인이 조금씩 있었습니다만, 두 은행 모두 이에 응할 정도의 지폐를 소지하고 있었기 때문에 사정이 괜찮았습니다.

군산이 청구한 5만 원에 대해 1만 원밖에 보내지 못해 매우 걱정스러웠는데 5만 원까지 필요 없고 2만 원이면 충분하다는 뜻의 추전(追電)이 와서 조금은 안심했습니다.

진남포 쪽도 걱정은 되었습니다만, 그곳은 다른 장소와 달라 감리가 일본 영사의 의견을 따라 동의해 주었습니다. 얼마 전 금지 해제 훈령이 외부에서 내려왔을 때도 상기 훈령이 각 항 감리 모두에게 도달하지 않아 해제의 건에 대해 감리서가 아무런 배려도 하지 않았음에도 오로지 진남포만은 감리사가 솔선하여 은행권 유통을 장려해 주었습니다. 따라서 이번에도 반드시 적절하게 영사와 의논할 수 있으리라고 불안 중에 어느 정도 안심할 수 있었습니다.

위와 같이 말씀드립니다.

또 다음 날 8일 자로 동 지배인으로부터 다음과 같은 상황 보고가 있었다.

> (전략) 하지만 이번 인출(소동)은 아시는 바와 같이 신용 등의 이유로 일어난 것이 아니라 정치상의 방해에 기인하는 것으로, 인출하러 온 본인은 한국 정부로부터 엄한 형벌에 처해질 것을 두려워하거나 이 기회에 편승하여 탐관오리로부터 은행권을 멋대로 빼앗길까봐 걱정하여 부득이하게 어쩔 수 없이 교환하러 온 자뿐입니다. 점두에서 시험 삼아 친한 한인에게 왜 교환하는지를 물었더니 이구동성으로 위와 같은 내용으로 대답했고, 아직 한 사람도 불신용(不信用) 때문이라고 말하는 자는 없었습니다. 이는 은행 밖에서의 평판도 그대로여서 인출소동으로 인한 공황은 정치 방해 외에 아무것도 아님을 충분히 알 수 있습니다. 때문에 신용이라는 점에서 준비를 생각할 때는 5분의 1로도 오늘날 지장이 없습니다. 하지만 정치방해라는 점에서 준비고(準備高)를 타산할 때는 경성 같은 경우는 유통고 전액 이상을 준비하더라도 도저히 안심할 수 없습니다. 물론 한국 조정에서 당좌예금 등이 많이 있을 때는 예금 준비에도 다액을 필요로 할 것입니다. 요컨대 이번 방해는 이용익을 오해하고 회유한 것에서 시작되었다는 것은 일반이 명확하게 증명하는 바입니다.
>
> 오늘 들은 바에 의하면, 공사의 급전(急電)으로 제국 군함 쓰쿠시(筑紫)와 기타 두세 척이 인천항에 입항할 만큼 충분히 강경한 항의는 이미 한국 조정을 전율시켰고, 한성판윤은 처벌받았으며, 곳곳에 걸린 판윤의 고시문(告示文)은 한국 조정이 직접 철거하였으며, 조병식(趙秉式)이 다시 외부대신에 임명되는 등 꽤나 항의의 효능이 나타나기 시작한 것 같습니다. (하략)

이에 앞서 방해운동이 심할 때, 하기와라 대리공사는 각 항 영사에게 만약 은행권 인출(소동)이 위급해지게 되면 영사는 본행의 보증으로 일본에서 자금이 도착할 때까지 인출 연기를 각 항 감리와 담판해야 한다고 훈령하고 만일에 대비하여 한편으로는 한국 조정에 강경한 교섭을 거듭했던 바 12일 밤이 되어 공사의 진력이 마침내 효과를 거두었다. 한국 조정도 자신의 잘못을 깨달아 담판이 이에 낙착을 고하고 은행권유통금지령을 철회했을 뿐 아니라 통용을 고의로 방해한 자는 엄형에 처할 것이라고 한성판윤이 포고를 발하게 되었다. 다음

날 13일 하야시 공사가 군함 다카사고(高砂)를 타고 귀한(歸韓)함으로써 방해운동은 이에 완전히 종식되었다. 하지만 유언비어가 여전히 활발하게 일어나 아직 안심할 단계가 아니어서 다카사고함(高砂艦)은 당분간 인천에 정박하여 한국 조정의 거동을 감시했다.

이 사건 때문에 본행은 근소한 시일 동안 오사카로부터 40만 원, 인천으로부터 20만 원, 합계 60만 원의 자금을 경성으로 현송한데다가 무형의 손해 역시 적지 않았으나, 다른 한편 은행권 발행이 국가사업이라는 사실과 은행의 신용이 상당히 중요하다는 사실을 보여줄 수 있어서 사업의 기초를 공고히 한 것은 우연의 요행이라고 할 수 있을 것이다.

이후 은행권은 신용이 날로 더하여 유통액이 증가했는데, 1903년(明治 36) 6월 들어 민간에서 다시 방해운동을 개시한 일이 있다. 송수만(宋秀萬)이라는 자가 주모자가 되어 동지 수십 명이 모여 경성 사대문과 기타 요소에 청상(清商) 동순태의 지표(紙票)와 제일은행권을 배척하는 광고문을 걸고 열심히 인심을 선동했다. 혹자는 말한다. 당시 동순태의 어음은 위조권이 시장에 유통되어 신용이 실추됨으로써 배척의 호기를 주었고, 그 비말(飛沫)이 은행권에 미친 것이며, 이들 운동자의 배후에 이근택 일파가 숨어 있는 것은 의심할 수 없는 사실이라고 하나 그 당부(當否)를 알 수 없다. 요컨대 운동의 근거가 깊지 않아 은행권 유통에 이렇다 할 영향을 초래하지 못했다. 하지만 이를 방치할 때는 결국 어떤 경거망동으로 나올지 가늠할 수 없기 때문에 하야시 공사는 6월 10일 외부대신에게 강경한 공문을 보내고 이후 수차례 교섭을 거듭했다. 15일에 수모자가 경시청에 포박되었고, 동월 하순 들어서는 운동의 기세가 수그러들었다. 이어 7월 3일 한성판윤은 요소마다 고시문을 걸어 일반 인민에게 훈계했다. 결국 인심이 마침내 평정을 찾음으로써 이 사건은 완전히 결말을 고했다.

앞의 유통 방해 문제와 전후하여 은행권 신용에 장해(障害)를 준 것은 위조사건이다. 원래 위조가 처음 세상에 나타난 것은 1원권으로 1902년(明治 35) 12월 러시아령 블라디보스톡항에서 발견되었다. 그곳 제국(일본) 무역사무관(貿易事務館) 사무대리가 상기 위조권을 첨부하여 외무성에 보고했고, 이로써 동성(외무성)에서는 곧바로 훈령을 내려 단속방법을 강구했다. 본행에서도 일체의 비용을 부담하여 범인의 탐색을 청원했다. 당시는 은행권 발행이 시작된 지 얼마 되지 않아 세상 사람들의 이목에 익숙하지 않을 때여서 위조의 위해(危害)가 특히 우려할 만했다. 그리고 아직 그 단속에 관한 특별한 법령이 없어 위조권을 소지한 자가 있어도 이를 벌할 수 없고, 오직 이를 행사하게 될 경우 겨우 사기취재(詐欺取財)를 물을 수 있을 뿐이었다. 단속의 미비함이 이와 같아서 위조 근절의 곤란함은 말할 필요도 없다. 일본 정부는 이러한 사정을 감안하여 1903년(明治 36) 4월에 다음의 칙령을 발포했다.

칙령 제73호[1903년(明治 36) 4월 11일]

제1조 외국에서 유통하는 화폐, 지폐 또는 은행권은 이를 위조 또는 변조할 수 없다.

제2조 위조 또는 변조한 외국 유통의 화폐, 지폐 또는 은행권은 이를 제국으로부터 수출하거나 외국에서 수입하거나 또는 이를 행사하거나 행사의 목적을 가지고 이를 수득(收得)할 수 없다.

제3조 제1조 및 제2조에 위반한 자 그리고 제1조의 위조 또는 변조 목적을 가지고 기계 또는 원료를 제조하거나 또는 이를 제국으로부터 수출하거나 외국에서 수입한 자는 1년 이하의 중금고 또는 200원 이하의 벌금에 처한다.

부칙

본령은 1903년(明治 36) 4월 15일부터 이를 시행한다.

1902년(明治 35) 칙령 제256조는 이를 폐지한다.

상기 단속법이 발포되었음에도 은행권 위조와 변조가 상당히 활발했다. 1903년(明治 36) 7월 오사카에서 5원권 위조범인을 발견한 것을 시작으로 동년 10월 다시 오사카에서 5원권, 11월 원산에서 10원권의 위조가 드러났다. 1904년(明治 37) 들어서는 그 추세가 더욱 심해져 은행권 유통이 원활하지 못했다. 따라서 본행은 그 단속을 대장성에 출원했고, 동성(대장성)에서도 한국 금후의 형세를 감안하여 당국에 조회하여 단속법 시행에 더욱 힘썼다. 하지만 단시간에 그 목적을 달성할 수 없어 여전히 한국의 도시에서 위조권이 적지 않게 발견되었다. 이에 재경성(在京城) 미마스(三增久米吉) 영사는 이를 크게 우려하여 1904년(明治 37) 4월 16일 자로 다음의 구신서(具信書)를 외무대신에게 제출했다.

위조 제일은행권에 관한 건

본건에 관해서는 올해 1월부터 전신 또는 서면으로 누차 보고해 두었던 대로 엄중하게 이곳(경성)을 경계하여 혹시라도 혐의가 있는 자는 용서 없이 포박하여 엄밀한 취조를 하고 추후에 인쇄원(印刷元)을 밝혀내서 근원을 뿌리 뽑는 일에 고심해 왔습니다. (중략) 그 후 날로 단속에 주의를 기울이고 있을 즈음에 개전의 결과 경찰사무가 눈에 띄게 바빠졌음에도 불구하고 여전히 본건 단속에 관해서는 게을리 하지 않고 주의를 기울이고 있었습니다. 하지만 위조권 출현이 점점 더 증가했습니다. 예컨대 올해 1월부터 오늘까지 발견 또는 검거한 건수를 열거하면 별지와 같이 30여 건에 달합니다. 따라서 본건 범죄자로서 처벌된 자도 점점 그 수를 더해 가는 상황입니다.

위조권에는 10원권과 5원권의 두 종류가 있는데, 10원권은 모두 첨부한 견본의 한 가지 종류이지만 5원권은 적어도 3~4종이 있는 듯합니다. 그중에서도 첨부한 견본 갑을 2종이 가장 많이 이곳에 나타나고 있습니다. 특히 갑종 5원권은 근래 그 수가 증가하고 인쇄가 정교하여 얼핏 보면 진짜와 다르지 않기 때문에 잘못해서 수수하는 자가 적지 않습니다. 따라서 내외인(內外人) 모두 동권(갑종 5원권-역자)에 대해 다소 의심하는 상황이어서 매우 우려를 금할 수 없습니다. 다행히 지금까지는 엄중한 단속의 결과 위조권 수입자 중 많은 수를 체포하였고, 아직 널리 행사하지 못한 상황에서 위조권을 압수할 수 있었기 때문에 실제로 유통되고 있는 액수는 매우 근소할 것이라고 생각합니다. 하지만 여러 번 보고했듯이 위조권 인쇄처는 많은 경우 오사카 방면에 있습니다. 따라서 해당 지방을 엄중하게 단속하여 위조자를 체포하고 빠짐없이 원판(原版)을 압수하지 않으면 아무리 이곳(경성)을 경계하더라도 도저히 근절시킬 수 없습니다. 그러니 이번에 엄중 단속하는 것에 관해 다시 관계 당국에 조회하시기 바랍니다.

생각건대 근래 위조권의 출현수가 현저하게 증가한 것은 제52호 전신으로도 보고했듯이, 러일 개전 결과 한국 각지가 모두 일반적으로 극히 혼잡하고, 따라서 경찰의 단속도 충분히 구석구석까지 미치지 못할 것으로 예상하고, 이 기회를 틈타 (위조권 유통을-역자) 행사하기 위해 오사카 방면으로부터 위조권을 매입해 도한(渡韓)하는 자가 증가한 것에 기인하지만, 그 근본 원인은 요컨대 다음의 2점에 다름 아니라고 생각합니다.

1. 제일은행권을 위조하거나 그 위조권(위조은행권)을 행사한 자들은 1903년(明治 36) 칙령 제73호 제3조에 의하여 겨우 1년 이하의 중금고(重禁錮) 또는 200원 이하의 벌금에 처하는 것에 불과하다. 이 때문에 불량한 무리는 이 약점을 이용하여 만일 발견되더라도 1년 이하의 중금고로 복역할 각오를 가지고 이익이 크다는 점에서 속속 동권을 위조하거나 그 위조권을 매입하여 행사를 도모하게 되는 점.
2. 제일은행권의 제판인쇄(製版印刷)는, 이를 경험 있는 기술자의 이야기에 의하면, 일본은행권의 제판인쇄에 비해 정밀함이 현저하게 떨어지고 따라서 전문 기술자가 아니더라도 쉽게 위조할 수 있는 점

이 중에서 특히 중요한 원인은 첫 번째로 두 번째 결점은 고려할 필요가 없다고 생각합니다. 왜냐면 만약 위조할 목적으로 전문 연구하게 되면 아무리 정밀한 것이라도 시일과 비용을 아끼지 않는 한 결국 성공할 수 있겠지만 첫 번째 형벌의 경우 이를 엄중하게 하면 설령 제판인쇄가 조잡하여 쉽게 위조할 수 있다고 해도 만일 발각을 두려워하여 위조를 기획하거나 위조권 행사를 시도하는 자가 없어지게 될 것입니다. (이것이-역자) 위조권을 근절할 수 있는 가장 유효한 방법이라고 생각되기 때문에 차제에 외국에 유통되는 화폐, 지폐, 은행권 등의 위조자들에 대해 엄형을 부과하는 방안에 대해 지급(至急) 당국과 협의하시기 바랍니다.

근래 한국에 있어서 제일은행권 유통액은 점점 증가하여 거의 130만 원에 달하고, 그 신용도 완전히 일본은행권과 다를 바 없어 유통구역도 따라서 점차 확장하고 있는 때에 불행하게도 위조권이 날로 출현하게 되면서 동권(제일은행권)의 신용이 땅에 떨어지고 유통액이 갑자기 감소하고 있습니다. 그 결과 비단 한일무역의 발달을 저해할 뿐 아니라 나아가 제국정부의 위신과도 관계되는 상황으로써 사태가 매우 중대하기 때문에 전술한 사정을 잘 양찰(諒察)하셔서 위조권 방지에 관해 상당한 조치를 취하시도록 희망해 마지않습니다.

위와 같이 보고와 함께 갖추어 말씀드립니다. 경구

1904년(明治 37) 4월 16일

재경성 영사 미마스 구메키치(三增久米吉)

외무대신 남작 고무라 주타로(小村壽太郎) 귀하

(별지는 생략한다)

위조는 비단 우리 은행권만이 아니라 한국 백동화나 군용수표 등에도 속출했기 때문에 우리 정부는 그 단속법 개정의 필요를 느끼고 1904년(明治 37) 6월 다음의 칙령을 발포했다.

칙령 제177호[1904년(明治 37) 6월 27일]

제1조 유통시킬 목적으로 외국에서만 유통하는 금은화, 은행권, 제국(일본) 관부(官府) 발행 증권 등을 위조하거나 변조한 자는 중징역 또는 경징역에 처한다.

금은화 이외의 경화를 위조하거나 변조한 자는 경징역 또는 이년 이상 5년 이하의 중금고에 처한다.

제2조 유통시킬 목적을 가지고 위조 또는 변조에 관계된 전 조(前條)에 기재한 물건을 제국 또는 외국에서 수입한 자는 전 조의 예와 같다.

제3조 사정을 알면서 위조 또는 변조에 관계된 제1조에 기재한 물건을 행사하거나 유통시킬 목적으로 수수한 자는 경징역 또는 6월 이상 5년 이하의 중금고에 처한다.

수득(收得)한 후 위조 또는 변조된 것을 알고 행사하거나 유통시킬 목적을 가지고 수부(授付)한 자는 명목가격[名價]의 3배 이하의 벌금에 처한다. 단, 2원 이하로 낮출 수 없다.

제4조 제1조의 위조 또는 변조의 용도에 이용하거나 이용하게 할 목적으로 기계 또는 원료를 제조하고, 수수하거나 준비하고, 또 제국 혹은 외국에서 수입한 자는 6월 이상 5년 이하의 중금고에 처한다.

제5조 앞의 몇 개 조에서 규정한 경죄(輕罪)를 범하려고 하다가 아직 이루지 못한 자는 미수 범죄의 예에 비추어 처단한다.

제6조 본 령에서 규정한 죄를 범하여 금고형에 처하는 자는 6월 이상 2년 이하의 감시에 부친다.

제7조 본 령에서 규정한 죄를 범한 자가 위조 또는 변조에 관계된 제1조에 기재한 물건이 아직 행사되지 않은 상황에서 미리 관에 자수했을 때는 주형(主刑)[27]을 면제할 수 있다.

27 독립하여 과(科)할 수 있는 형벌. 부가형(附加刑)과 구별되는 개념으로, 형벌의 종류에는 사형·징역·금고(禁

제8조 위조 또는 변조에 관계된 제1조에 기재한 물건은 재판에 의해 몰수하는 경우 외에는 어떤 사람의 소유임을 불문하고 행정 처분으로 이를 관몰(官沒, 관에서 몰수)한다.

제9조 위조 또는 변조에 관계된 제1조에 기재한 물건에는 1876년 포고(布告) 제57호를 준용한다.

부칙

본령은 발포한 날부터 이를 시행한다.

1903년(明治 36) 칙령 제73호는 이를 폐지한다.

1905년(明治 38) 3월 다음의 법률 제66호가 발포되면서 칙령 제177호는 폐지되었다.

법률 제66호[1905년(明治 38) 3월 18일]

제1조 유통시킬 목적을 가지고 외국에서만 유통하는 금은화, 지폐, 은행권, 제국 관부 발행 증권 등을 위조하거나 변조시킨 자는 중징역 또는 경징역에 처한다.

금은화 이외의 경화를 위조하거나 변조한 자는 경징역 또는 이년 이상 5년 이하의 중금고에 처한다.

제2조 유통시킬 목적을 가지고 위조 또는 변조에 관계된 전 조(前條)에 기재한 물건을 제국 또는 외국에서 수입한 자는 전 조의 예와 같다.

제3조 사정을 알면서 위조 또는 변조에 관계된 제1조에 기재한 물건을 행사하거나 유통시킬 목적으로 수수한 자는 경징역 또는 6월 이상 5년 이하의 중금고에 처한다.

수득(收得)한 후 위조 또는 변조된 것을 알고 행사하거나 유통시킬 목적을 가지고 수수한 자는 명목가격[名價]의 3배 이하의 벌금에 처한다. 단, 2원 이하로 낮출 수 없다.

제4조 제1조의 위조 또는 변조의 용도에 이용하거나 이용하게 할 목적으로 기계 또는 원료를 제조하고, 수수하거나 준비하고, 또 제국 혹은 외국에서 수입한 자는 6월 이상

錮)·자격 상실·자격 정지·벌금·구류·과료(科料)·몰수의 9종을 인정하고 있다.

5년 이하의 중금고에 처한다.

제5조 판매할 목적으로 가지고 제1조에 기재한 물건과 혼동할 만한 외관을 갖는 물건을 제조하거나 제국 혹은 외국에서 수입한 자는 이하의 중금고 또는 200원 이하의 벌금에 처한다.

전 항에 기재한 물건을 판매한 자는 전 항의 예와 같다.

제6조 앞의 몇 개 조에서 규정한 경죄(輕罪)를 범하려고 하다가 아직 이루지 못한 자는 미수 범죄의 예에 비추어 처단한다.

제7조 본법에서 규정한 죄를 범하여 금고형에 처하는 자는 6월 이상 2년 이하의 감시에 부친다.

제8조 본법에서 규정한 죄를 범한 자가 위조 또는 변조에 관계된 제1조에 기재한 물건이 아직 행사되지 않은 상황에서 미리 또는 제5조에 기재한 물건이 아직 수수되지 않은 상황에서 미리 관에 자수했을 때는 주형(主刑)을 면제할 수 있다.

제9조 본법에서 규정한 죄를 범하여 외국에서 확정재판을 거친 자라고 해도 다시 이를 처벌하는 것을 막지 않는다. 단, 범인이 이미 외국에서 언도된 형의 전부 또는 일부의 집행을 받았을 때는 형의 집행을 감면할 수 있다.

제10조 위조 또는 변조에 관계된 제1조에 기재한 물건과 제5조에 기재한 것은 재판에 의해 몰수하는 경우 외에는 어떤 사람의 소유임을 불문하고 행정 처분으로 이를 관몰(官沒)한다.

관몰에 관한 절차는 별도 명령을 통해 이를 정한다.

제11조 위조 또는 변조에 관계된 제1조에 기재한 물건에는 1876년 포고(布告) 제57호를 준용한다.

부칙

본법은 발포한 날부터 이를 시행한다.

1904년(明治 37) 칙령 제177호는 이를 폐지한다.

위와 같이 칙령 또는 법률이 발포되면서 단속법이 엄밀해지고, 한편으로는 경찰관의 엄중한 수사가 마침내 효력을 발휘하여 이후 위조권은 완전히 자취를 감추었다.

4) 은행권 발행규칙의 개정

1903년(明治 36) 2월 일어난 이용익의 은행권 배척사건이 종국을 고하자 다음 달 3월 21일 대장성에서 다음의 통첩이 있었다.

귀행 재한국 지점에서 발행하는 은행권에 관해 전부터 한국 정부의 금지령에 대해 엄중 교섭한 결과 상기 금지령은 철회하는 것으로 해결했기 때문에 향후 유통상의 저해는 없을 것이라고 생각합니다. 하지만 원래 은행권 유통은 자기의 신용, 즉 주로 교환력 여하에 달려 있습니다. 그렇기 때문에 지불 준비에도 주의해야 하지만 과도한 유통은 금융을 문란하게 만들 우려가 있습니다. 따라서 되도록 이에 주의해야 하고, 은행권 출납, 보관상 주임자(主任者)의 책임을 명확히 하여 분실 도난 등의 실수를 예방하는 것은 자위상 당연한 의무라고 생각합니다. 이에 다음의 사항을 표준으로 삼아 은행권 발행 규정을 마련하는 것이 적당하다고 생각하여 이에 준하여 서둘러 규정서(規定書)를 제조해 주기 바라며, 명령에 의거 이같이 통첩합니다.

1903년(明治 36) 3월 31일
대장성 이재국장 마쓰오 시게요시(松尾臣善)
제일은행 취체역두취 시부사와 에이이치(澁澤榮一) 귀하

은행권 발행 단속에 관한 사항

1. 준비금은 금은화 및 일본은행 태환권을 정화 준비로 하고, 공채증서, 상업수형 및 정부증권(한국 정부 발행 증권 포함)을 보증 준비로 할 것.
2. 발행고에 대해 동액의 준비를 둘 것. 단, 발행고 100만 원까지는 3분의 2를 정화 준비로 하고, 100만 원 이상은 반액을 정화 준비로 한다. 그 밖에는 보증 준비를 두어야 한다. 그리고 보증 준비의 준비가격은 대장대신의 인가를 받아야 한다.
3. 발행고는 각 지점을 통틀어 500만 원을 한도로 할 것. 단, 본문의 제한을 초과하여 발행

할 필요가 있을 경우에는 대장대신의 인가를 받아야 한다. 그리고 그때에는 다시 준비 방법을 개정해야 한다.

4. 은행권에는 시효를 두지 않고 영구 태환의 의무가 있을 것.
5. 손상 또는 멸실한 은행권은 은행의 신용상(위조와 변조를 제외하고 그 외에) 가급적 편리한 방법으로 교환해야 한다.
6. 예비권, 회수권, 손상권 등의 출납 및 보관은 주임자의 책임을 명확히 하고 그 취급 절차를 정해야 한다.
7. 은행권 및 준비에 대해서는 재한국 일본 영사의 감독을 받는다.

이어 4월 23일 다시 다음의 통첩이 있었다.

귀행에서 발행한 은행권에 대해서는 이전에 발행 단속에 관한 조건을 통첩했던 바, 다시 외무성과 협의한 뒤 다음과 같이 정했기 때문에 그렇게 알고 계시라고 이같이 통첩합니다.

1903년(明治 36) 4월 23일
대장성 이재국장 마쓰오 시게요시
주식회사 제일은행 두취 남작 시부사와 에이이치

1. 재한 지점 출장소 소재지 영사는 매월 15일과 말일(일요일이면 그다음 날)의 2회 그 지점과 출장소에 대해 은행권 발행고 및 준비금을 심사해야 한다. 단, 영사가 필요하다고 판단할 경우에는 임시로 발행고 및 준비금을 심사할 수 있다.
2. 재한 지점 출장소는 전 항에서 정한 기일에 발행고 및 준비고를 전신으로 경성지점에 보고하고, 경성지점은 이를 총괄하여 재한 공사관에 보고해야 한다.

본행은 상기 훈시한 내용을 토대로 은행권 규칙을 개정하고 동년 6월 8일 대장성에 제출하여 인가를 신청했다. 동년 7월 3일 자로 대장대신께서 상기 내용을 들으시고 통첩했다. 개정규칙의 전문은 다음과 같다.

주식회사 제일은행권 규칙

제1조 당 은행은 한국에 있어서 피아(彼我) 무역의 편리를 도모하기 위해 재한국 지점 출장소에서 은행권을 발행한다.

제2조 은행권 종류는 1원, 5원, 10원 등 3종으로 한다. 단, 시의에 따라 50원, 100원의 2종을 발행할 수 있다.

제3조 은행권은 소지인의 희망에 따라 재한국 각 지점 출장소에서 영업시간 내 언제라도 동액의 일본 통화와 교환할 수 있다. 단, 일본의 지점 출장소에서는 일체 교환을 행하지 않고 어쩔 수 없는 경우에 교환할 때는 상당한 수수료를 징수해야 한다.

제4조 은행권 발행고는 각 지점 출장소를 통틀어 500만 원을 한도로 한다. 단, 한국 시장의 경황(景況)으로 본조 발행고의 한도를 증가시키고자 할 때는 대장대신에게 신청하여 그 인가를 받아야 한다.

제5조 은행권 발행고에 대해서는 그 교환에 충당하기 위해 일본 통화 및 유가증권을 가지고 발행고와 동액의 준비를 해 두어야 한다. 그리고 금은화 및 일본은행 태환권을 정화 준비로 하고 공채증서, 상업어음, 제국 또는 한국 정부의 증권을 보증 준비로 한다. 단, 보증 준비의 가격에 대해서는 대장대신의 인가를 받아야 한다.

제6조 전 조의 교환 준비 중 정화 준비는 한국 각 지점 출장소에서, 보증 준비는 경성지점에서 은행권 발행고에 따라 다음의 비율에 의해 다른 지불자금 및 유가증권과 구별하여 이를 준비해 둘 필요가 있다.

각 지점 출장소를 통틀어 발행고 100만 원에 미치지 못할 때는

발행고의 3분의 2　　정화 준비

발행고의 3분의 1　　보증 준비

발행고 100만 원 이상일 때는

발행고의 2분의 1　　정화 준비

발행고의 2분의 1　　보증 준비

단, 경성지점은 그 보증 준비 중 공채증서에 한해 이를 일본은행 본점에 맡겨 보관하고, 그 보관증서를 가지고 준비에 충당할 수 있다.

제7조 미발행 은행권은 본점에 보관하고, 한국 지점 출장소의 수용(需用)에 따라 그 액수를 정해 발행원고(發行元高, 발행원금)로써 이를 교부해야 한다.

제8조 은행권 발행고, 정화 준비, 보증 준비 잔고[有高] 및 이에 관한 장부와 기타 증빙서류 등은 재한 제국(일본) 영사의 검사를 받아야 한다.

제9조 한국 지점 출장소는 그 관할 제국(일본) 영사에게 매월 15일 및 말일(휴일일 경우 전날)의 2회에 걸쳐 은행권의 발행고와 그 준비고 및 유통 상황을 보고해야 한다.

제10조 한국 지점 출장소는 전 조에서 정한 기일에 발행고 및 그 준비고를 전신으로 경성지점에 보고하고, 경성지점은 이를 총괄하여 재한 제국(일본) 공사에게 보고해야 한다.

제11조 오염 또는 훼손된 은행권은 다음의 규정에 의해 무수수료로 일본 통화 또는 은행권과 교환해야 한다.

1. 권면 중 기호와 번호 2개소가 남아 있고, 권면 중앙의 금액을 명확히 판단할 수 있는 것은 전액으로 교환해야 한다.
2. 잘게 잘린 것이라도 그 찢어진 면을 붙여서 명확하게 한 장의 은행권임을 판단할 수 있고, 또 기호와 번호, 중앙의 금액 등이 명확한 것은 전액으로 교환해야 한다.
3. 분열(分裂)된 단편(斷片)이라 하더라도 기호와 번호, 중앙의 금액 등을 명확히 인식할 수 있는 것으로, 또 나머지 단편은 설령 장래에 지참하는 것이 있더라도 반액으로 교환할 수 없다고 판단될 때는 또 전액으로 교환해야 한다.
4. 단편이 전면(全面)의 2분의 1에 미치지 못한 것이라도 기호, 번호, 중앙의 금액 등을 명확히 인식할 수 있는 것으로, 또 나머지 단편이 전액으로 교환할 수 없다고 판단할 때는 반액으로 교환해야 한다.
5. 단편에 기호, 번호 및 좌우 어느 쪽인가 한쪽의 금액이 남아 있더라도, (앞의 단편 외에-역자) 나머지 단편이 전액으로 교환할 수 있다고 판단될 때는 교환을 거절할 수 있다.
6. 전면이 남아 있더라도 색깔이 변했거나 기호, 번호, 중앙의 금액 등을 판단할 수 없는 것, 그리고 기타의 사유로 진위를 식별하기 어려운 것은 교환을 거절할 수

있다.

7. 권면의 금액을 다시 그린 것이라 하더라도 명확히 원금액을 판단할 수 있는 것은 선의의 청구자에 대해서는 그 원금액으로 교환해야 한다.

제12조 전 조에 의해 교환된 오손권(汚損券)은 때대로 종합하여 여기에 소인 또는 타발(打拔)[28]을 해서 기호, 번호, 종류, 매수 및 교환금액의 명세표를 첨부하여 본점으로 회송해야 한다.

제13조 한국 각 지점 출장소는 매월 2회(15일과 말일) 은행권의 발행고, 회수고, 유통고, 원수고(元手高) 및 시재잔고[手許有高] 및 준비고의 계산을 명확히 하고, 여기에 대체적인 정황을 부기하여 본점에 보고한다. 또 각 점 상호 간에도 보고를 교환해야 한다.

본점에서 앞의 본고를 받았을 때는 이를 총괄하여 신속하게 대장대신에게 신고해야 한다.

제14조 본점에 은행권 원장(元帳)과 은행권 기입장(記入帳)을 비치하여 은행권의 제조고, 교부고 및 시재잔고[手許有高] 등을 기입한다. 은행권 기입장에는 은행권의 종류별로 장부를 구별하여 은행권을 한국 지점 출장소에 교부할 때마다 점별(店別)로 기호, 번호 등을 상세하게 기입하고 또 소각했을 때는 그 날짜를 기입해야 한다. 그리고 그 교부 및 소각도 종류, 기호, 번호를 기입한 명세표를 가지고 한국 각 지점 출장소에 통지해야 한다.

제15조 은행권을 한국 지점 출장소에 송부하는 도중에 수화난(水火難)을 입어 망실(亡失)했을 때는 그 사실의 확증을 얻은 뒤 은행권 기입장에 그 사유를 기록하여 소각 절차를 밟고 동시에 한국 각 지점 출장소에 통지해야 한다.

제16조 한국 각 지점 출장소는 은행권 원장, 은행권 잔고장[有高帳], 준비금 잔고장[有高帳] 및 손상 은행권 기입장을 비치하고 은행권 원장에는 은행권의 발행고, 회수고, 유통고 등을 기입한다. 은행권 잔고장에는 발행원고(發行元高)로서 본점에서 교부받은 은행권의 종류, 금액, 매일의 출입 및 은행권 잔고를 기입한다. 준비금 잔고

28 종이·얇은 금속판에 본을 대고 그 본의 윤곽대로 구멍을 뚫는 일.

장에는 정화 준비금의 종류 및 매일의 잔고를 기입한다. 손상 은행권 기입장에는 손상권의 종류, 기호, 번호, 금액, 매수, 교환금액 및 이를 본점에 회송했을 때는 그 날짜를 기입해야 한다.

경성지점에는 상기 열거한 내용 외에 보증 준비 잔고장을 비치하여 보증 준비의 출입 및 준비에 충당한 유가증권의 종류, 권면 금액, 준비가격 및 기타의 요건을 기입해야 한다.

第17조 한국 지점 출장소에서 본점에서 은행권의 교부를 받았을 때는 총계정원장, 중앙 은행권 수취고 계정의 입(入)과 은행권 시재잔고 계정의 출(出)에 대체[振替] 기장하고, 동시에 은행권 잔고장의 입(入)에 기입하고 지배인 또는 주임은 여기에 증인(證印)하여 은행권 보관의 책임을 져야 한다.

第18조 한국 지점 출장소에서 은행권을 발행하고자 할 때는 매일 영업시간의 처음에 지배인 또는 주임은 그날 필요하다고 인정한 은행권의 양을 정해 은행권 가수도부(假受渡簿)에 기입하고, 그 양을 출납계장에게 교부하고, 가수도부에 그 증인(證印)을 날인하게 한다.

第19조 매일 사무 종료 때에 출납계장에게 가도(假渡)한 은행권 중 당일 발행한 양에 대해 지배인 또는 주임은 은행권 시재잔고 계정으로 입금표를 만들어 출납계장에게 교부하여 은행권 잔고장의 출(出)에 기입해야 한다. 그리고 출납계장의 수중에 잔존한 은행권은 가수도부에 명기하여 지배인 또는 주임에게 인도하고 그 증인을 받아야 한다.

第20조 매일 출납계(出納係)의 수중에 회수한 은행권은 사무 종료 시점에 은행권 시재잔고 계정으로 지불표를 만들어 출납계장이 지배인 또는 주임에게 인도하고, 지배인 또는 주임은 이를 수취하여 은행권 잔고장의 입(入)에 기입해야 한다.

第21조 앞의 3개 조의 절차를 마쳤을 때는 당일의 은행권 발행고에 대해 제7조의 규정에 의해 정화 준비의 액수를 정해 그 잔고를 증감해야 한다. 단, 보증 준비는 제10조에 의해 각 점의 발행고를 총괄하여 재제국(在帝國) 공사에게 보고하는 동시에 그 준비액을 증감해야 한다.

第22조 한국 지점 출장소가 동국(同國) 내지의 지점 출장소에 은행권을 송부하고자 할 때는 제19조에 의해 발행 절차를 행한 후 본점 계정으로 지불하고 동시에 본점에 보고해야 한다. 그 송부를 받은 점(店)에서는 은행권의 회수로 간주하여 본점 계정의 입(入)에 기입하고 본점에 보고해야 한다.

제23조 한국 각 지점 출장소에서 이루어지는 은행권의 취급, 보관 및 기장 절차에 관해 이 규칙에 규정이 없는 사항에 대해서는 그 필요에 응해 본점에서 별도 이를 정해 통달해야 한다.

5) 한국의 법화로서 은행권의 공인

1905년(明治 38) 1월 (31일-역자) 본행은 한국 정부와 계약을 체결하고 무수수료로 한국 국고금 취급 사무 및 화폐 정리 사무를 담임하는 동시에 한국 정부는 본행이 발행하는 은행권의 법화 자격을 공인했다. 화폐 정리 사무 취급에 관한 계약에서 다음의 조항을 규정했다.

제3조 대한국 정부는 제일은행권을 공인하고, 공사(公私)의 거래에서 지장 없이 무제한으로 통용시켜야 한다.

동년 3월 일본 정부도 칙령 제73호로 본행의 한국에 있어서 사무에 관한 규정을 발포하고 제일은행권이 한국에서 법화 자격을 갖는 특권을 공인했다. 이제 상기 칙령 중 은행권에 관한 조항을 적재(摘載)하면 다음과 같다.

제7조 주식회사 제일은행은 한국에서 공사 일체의 거래에 무제한으로 통용할 수 있는 은행권을 발행할 수 있다.

제8조 주식회사 제일은행이 한국에서 발행한 은행권은 한국 각 지점 및 출장소에서 영업시간 중 언제라도 통화를 가지고 교환할 수 있다. 단, 경성 이외의 지점 및 출장소에서는 경성지점으로부터 준비금이 도달할 시간 동안 교환을 연기할 수 있다.

제9조 주식회사 제일은행 경성지점은 한국에 있는 은행권 발행총고에 대해 동액의 금화,

금은지금 및 일본은행 태환은행권을 두고 교환 준비에 충당해야 한다. 단, 은지금은 교환 준비총액의 4분의 1을 초과할 수 없다.

전 항 준비에 의한 것 외에 주식회사 제일은행은 1,000만 원 한도로 국채증권, 상업어음, 기타 확실한 증권을 보증으로 하여 은행권을 발행할 수 있다. 단, 그 준비가격은 주무대신의 인가를 거쳐 이를 정해야 한다.

경제상의 경황(景況)에 의해 필요한 경우에는 주무대신이 특별히 지정하는 조항에 의해 앞의 2항 외에 추가로 은행권을 발행할 수 있다.

주무대신은 한국 화폐 정리 경과 또는 금융 상황에 의해 필요하다고 판단할 때는 은행권의 종류 및 발행고를 제한할 수 있다.

제10조 은행권 양식 및 종류에 관해서는 주무대신의 인가를 받아야 한다.

제11조 은행권 소유자는 한국에 있는 주식회사 제일은행의 재산에 대해 선취(先取) 특권을 갖는다.

제17조 주식회사 제일은행은 은행권 발행액 및 교환 준비에 관한 평균고표(平均高表)를 공고해야 한다. 공고방법은 주무대신이 정하는 바에 의한다.

부칙

본 령 시행 전에 주식회사 제일은행이 한국에서 발행한 은행권은 본령에 의하여 발행한 것으로 간주한다.

이에 본행은 다음의 은행권 및 그 발행 준비 취급 순서를 정해 동년 3월 24일 외무와 대장 두 대신에게 제출하고 인가를 청했다.

주식회사 제일은행권 및 그 발행 준비 취급 순서

제1조 당 은행은 1905년(明治 38) 칙령 제73호에 의해 재한국 지점 출장소에서 은행권을 발행한다.

제2조 은행권은 한국의 조세, 해관세, 기타 공사 일체의 거래에 무제한으로 통용한다.

제3조 은행권의 종류 및 양식은 주무대신의 인가를 받아야 한다.

제4조 은행권을 제조했을 때는 그 견본을 주무대신에게 제출해야 한다.

제5조 은행권은 발행 전 그 지방에서 견본을 첨부하여 양식 및 종류를 공시하고, 견본은 따로 한국 관계[相當] 관아에 배부(配賦)해야 한다. 그 종류와 양식을 변경했을 때도 같다.

제6조 은행권은 재한국 지점 출장소에서 영업시간 중 언제라도 일본 통화와 교환할 수 있다. 단, 경성지점 이외의 지점 출장소에서는 경성지점으로부터 준비금이 도달할 기간 동안 교환을 연기할 수 있다.

제7조 은행권 발행고에 대해서는 그 교환에 충당하기 위해 금화, 금은지금 및 일본은행 태환권으로 발행고와 동액의 준비를 다른 지불자금과 구별하여 경성지점에 비치해야 한다. 단, 은지금은 교환 준비 총액의 4분의 1을 초과할 수 없다.

제8조 전 조 준비에 의한 것 외에 1,000만 원에 한해 국채증권, 상업어음, 기타 확실한 증권을 보증으로 해서 은행권을 발행할 수 있다. 단, 그 준비가격은 주무대신의 인가를 받아야 한다.

경제상의 상황으로 필요하다고 판단했을 때는 주무대신의 인가를 받아 전 항 외로 다시 은행권을 발행할 수 있다.

제9조 경성지점은 형편에 의해 감리관에게 신고하고 제7조의 교환 준비 중 그 얼마간을 교환기금으로써 다른 한국 지점 출장소에 보관시킬 수 있다.

제10조 전 조의 교환기금을 보관한 지점 출장소는 경성지점에 대해 그 보관증서를 제출해야 한다.

제11조 보증 준비는 경성지점에서 다른 유가증권과 구별하여 비치해야 한다. 단, 국채증권에 한해 이를 일본은행 본점에 보호 예치[保護預り][29]하고 그 보관증서로 준비에 충당할 수 있다.

제12조 은행권은 본점에서 인쇄국에 의뢰하여 제조한다. 단, 그 제조를 주문했을 때는 그 금액, 종류, 매수 등을 주무대신에게 신고해야 한다.

---

29 보호 예치는 금융기관이 고객으로부터 유가증권, 귀금속, 보석, 중요 서류 등의 재산을 화재, 도난, 분실 등의 사고를 방지하기 위해 일정한 수수료를 받고 보관하는 업무이다.

제13조 제조한 은행권을 경성지점에 송부했을 때는 그 금액, 종류, 매수 등을 주무대신에게 신고해야 한다.

제14조 본점으로부터 은행권 송부를 받았을 때는 경성지점은 그 금액, 종류, 매수 등을 감리관에게 신고해야 한다.

제15조 은행권의 발행고, 정화 준비, 보증 준비의 잔고(재고) 및 그에 관한 장부, 기타 증빙 서류는 감리관의 검사를 받는다.

제16조 은행권 발행 및 준비금 출납, 보관 등에 대해서는 한국 지점 출장소는 경성지점의 지휘 감독을 받아야 한다.

제17조 한국 지점 출장소는 은행권의 원수고(元受高), 발행고, 회수고, 유통고 및 시재잔고[手許有高]의 계산을 명확히 한 출납일표를 조제하여 이를 경성지점에 보고하는 동시에 그 유통고를 동점에 전보해야 한다.

제18조 경성지점은 전 조 보고의 도달을 기다려 이를 총괄하여 다음 날(휴일이면 그다음 날) 중에 다음의 계산표를 조제하여 감리관의 손을 거쳐 주무대신에게 진달(進達, 상신)하는 동시에 본점에 보고해야 한다.

1. 매일 미발행의 은행권 잔고표

1. 매일 은행권 발행 및 회수고표

1. 매일 정화 및 보증 준비 종류별 출납 및 현재고표

단, 제한 외 발행의 은행권이 있을 때는 별 항에 기재하여 같이 보고한다.

제19조 경성지점은 은행권 발행고 및 정화 및 보증 준비에 관한 매주 평균고표를 조제하여 전 조에 준하여 이를 보고해야 한다.

전 항 외에 은행권의 발행고 및 발행 준비고의 매월 평균표를 만들어 한국 관보 또는 신문지에 공고해야 한다.

제20조 오염 또는 훼손된 은행권은 한국 각 지점 출장소에서 다음의 규정에 따라 무수수료로 일본 통화 또는 은행권과 교환해야 한다.

1. 권면 중 기호와 번호 2개소가 남아 있고, 권면 중앙의 금액을 명확히 판단할 수 있는 것은 전액으로 교환해야 한다.

2. 잘게 잘린 것이라도 그 찢어진 면을 붙여서 명확하게 한 장의 은행권임을 판단

할 수 있고, 또 그 기호와 번호, 중앙의 금액 등이 명확한 것은 전액으로 교환해야 한다.

3. 분열(分裂)된 단편(斷片)이라 하더라도 기호와 번호, 중앙의 금액 등을 명확히 인식할 수 있는 것으로써 또 나머지 단편은 설령 장래에 지참하는 것이 있더라도 반액으로 교환할 수 없다고 판단될 때는 또 전액으로 교환해야 한다.
4. 단편이 전면(全面)의 2분의 1에 미치지 못한 것이라도 기호, 번호, 중앙의 금액 등을 명확히 인식할 수 있는 것으로써 또 나머지 단편이 전액으로 교환할 수 없다고 판단할 때는 반액으로 교환해야 한다.
5. 단편에 기호, 번호 및 좌우 어느 쪽인가 한쪽의 금액이 남아 있더라도, (앞의 단편 외에-역자) 나머지 단편이 전액으로 교환할 수 있다고 판단될 때는 교환을 거절할 수 있다.
6. 전면이 남아 있더라도 색깔에 변했거나 기호, 번호, 중앙의 금액 등을 판단할 수 없는 것, 그리고 기타의 사유로 진위를 식별하기 어려운 것은 교환을 거절할 수 있다.

제21조 전 조에 의해 교환된 오손권(汚損券)은 때때로 종합하여 기호, 번호, 종류, 매수 및 교환금액의 명세표를 첨부하여 경성지점에 회송해야 한다.

제22조 경성지점에서 은행권을 소각하고자 할 때는 그 뜻을 감리관에게 신고하여 임검(臨檢)을 청하고 소각 절차를 밟아야 한다.

은행권을 소각했을 때는 동시에 그 금액, 종류, 매수, 기호, 번호를 본점 및 한국 지점 출장소에 보고해야 한다.

제23조 경성지점에 은행권 제조원장 및 은행권 기입장을 비치하고 은행권 제조원장에는 본점에서 송부한 은행권의 수취고, 다른 지점 출장소에의 교부고 및 잔존고 등을 기입하고, 은행권 기입장에는 은행권의 종류별로 장부를 구별하고 은행권을 한국 지점 출장소에 송부할 때마다 점별로 그 기호, 번호 등을 상세기 기입하며, 소각했을 때는 그 일시를 기입해야 한다.

제24조 은행권을 한국 지점 출장소에 교부하는 도중에 화수난(火水難)이나 기타 재해를 입어 망실(亡失)했을 때는 그 사실의 확증(確證)을 얻은 후 경성지점은 이를 관리

국에 신고하고, 은행권 기입장에 사유를 명기하여 소각 절차를 밟고 동시에 본점 및 한국 지점 출장소에 통지해야 한다.

제25조 한국 각 지점 출장소는 은행권 원장, 은행권 잔고장을 비치하여 은행권 원장에는 은행권의 발행고, 회수고, 유통고 등을 기입하고, 은행권 잔고장에는 발행원고(發行元高)로써 수취한 은행권의 종류, 금액, 매일의 출입 및 은행권의 잔고를 기입해야 한다.

제26조 경성지점은 전 조(前條) 외에 준비금 잔고장, 보증 준비 잔고장 및 손상은행권 기입장을 비치하여 준비금 잔고장에는 정화 준비의 종류 및 매일의 잔고를 명세하여 기입하고, 보증 준비 잔고장에는 보증 준비의 출입 및 준비에 충당한 유가증권의 종류, 권면금액, 준비가격 및 기타의 요건을 기입하며, 손상은행권 기입장에는 손상은행권의 종류, 기호, 번호, 금액원수(金額元數), 교환금액 및 그 소각일자를 기입해야 한다.

제27조 한국 지점 출장소에서 원수고(元受高)로써 은행권의 교부를 받았을 때는 총계정원장 중 은행권 수취고 계정의 입(入)과 은행권 시재잔고[受許有高] 계정의 출(出)에 대체하여 기입하는 동시에 은행권 잔고장의 입(入)에 기입하고, 지배인 또는 주임은 이를 증인(證印)하여 은행권 보관의 책임을 다해야 한다.

제28조 한국 지점 출장소에서 은행권을 발행하고자 할 때는 매일 영업시간 시작할 때에 지배인 또는 주임은 당일 필요하다고 판단한 은행권의 양을 정해 은행권 가수도부(假受渡簿)에 기입하고, 그 양을 출납계장에게 교부하고 가수도부에 그 증인을 날인해야 한다.

제29조 매일 사무 종료 때에 출납계장에게 가수한 은행권 중 당일 발행한 양에 대해 지배인 또는 주임은 은행권 시재잔고 계정으로 입금표를 만들어 출납계장에게 교부하여 은행권 잔고장의 출(出)에 기입해야 한다. 그리고 출납계장의 수중에 잔존한 은행권은 가수도부에 명기하여 지배인 또는 주임에게 인도하고 그 증인(證印)을 받아야 한다.

제30조 매일 출납계의 수중에 회수한 은행권은 사무 종료 때 은행권 시재잔고 계정을 가지고 지불표를 만들어 출납계장으로부터 지배인 또는 주임에게 인도하고, 지배인

또는 주임은 이를 수취하여 은행권 잔고장의 입(入)에 기입해야 한다.

제31조 앞의 3개조의 절차를 마쳤을 때는 제17조의 규정을 따라 출납일표를 조제하여 경성지점에 보고해야 한다.

제32조 한국 지점 출장소에 있어서 은행권의 출납 보관 및 기장 절차에 관해 이 규칙에 규정하지 않은 사항에 대해서는 경성지점의 지휘를 받아야 한다.

제33조 이 규칙을 개정하고자 할 때는 주무대신에게 상신하여 그 인가를 받아야 한다.

이어 1906년(明治 39) 5월에 통감부 관제 제정 결과 본행의 한국 업무는 통감의 감독을 받게 되었기 때문에 이후 은행권은 통감부의 감독을 받아 발행하게 되었다.

동년 7월 23일 통감의 인가를 얻어 은행권에 관해 한국 정부와 다음의 계약을 체결했다.

지령 제17호

주식회사 제일은행 한국 총지점 지배인 이치하라 모리히로(市原盛宏)

오늘 자로 청원한 당행 발행 은행권에 관해 그 은행을 대표하여 한국 정부의 대표자인 탁지부 이재국장 이준상(李濬相)과의 사이에 계약을 체결하는 건 및 계약서에 기재한 각 조항을 인가한다.

1906년(明治 39) 7월 23일

통감 공작 이토 히로부미(伊藤博文)

주식회사 제일은행권에 관한 계약서

제1조 1905년(明治 38) 1월 31일 조인한 계약서 제3조에 의해 대한국 정부가 공인한 주식회사 제일은행권은 한국 각 지점 출장소에서 영업시간 중에 언제라도 통화를 가지고 교환해야 한다. 단, 경성 이외의 지점 출장소에서는 경성지점으로부터 준비금이 도달하는 동안 그 교환을 연기할 수 있다.

제2조 주식회사 제일은행권의 양식 및 종류에 대해서는 주식회사 제일은행은 미리 탁지부 대신의 인가를 받아야 한다.

제3조 주식회사 제일은행은 주식회사 제일은행권 발행액, 발행 준비고, 매주 평균표를 탁지부 대신에게 제출하고, 또 이를 한국 관보에 공고해야 한다. 단, 공고는 무료로 한다.

제4조 탁지부 대신은 필요하다고 판단할 때는 주식회사 제일은행에 대해 주식회사 제일은행권에 관한 검사를 행할 수 있다.

제5조 대한국 정부는 이미 공허(公許)한 주식회사 제일은행권의 위조, 변경 및 행사에 대한 적당한 단속방법을 마련해야 한다.

제6조 주식회사 제일은행권 발행의 특권에 기반하여 발생한 이익에 대해 대한국 정부는 장래 주식회사 제일은행에 대해 상당한 의무를 부담하게 할 수 있다.

위의 조항을 화약(確約)하고 그 증거로서 계약서 한일문(韓日文) 각 2통을 만들어 각자 2통씩을 영유한다.

1906년(明治 39) 7월 23일

주식회사 제일은행 한국 총지점 지배인 이치하라 모리히로

탁지부 이재국장 이준상

탁지부 대신 개인(蓋印)

본 계약서 정본은 경성지점에서 보관한다.

1906년(明治 39) 7월 24일

한국 총지점 지배인 이치하라 모리히로

위와 같이 은행권 발행은 통감의 감독에 속하게 되었고, 또 한국 정부와 계약을 체결한 결과 앞서 제정한 은행권 발행 준비 취급 순서를 개정할 필요성이 생겼을 뿐 아니라 종래와 같이 한국 각 지점 출장소에서 은행권을 발행하게 하는 제도는 결점이 적지 않기 때문에 경성

총지점에 발행부를 두어 발행을 관장하도록 했다. 1906년(明治 39) 11월에 새롭게 다음의 은행권 발행 및 준비 취급 규칙을 제정했다.

은행권 발행 및 준비 취급 규칙

제1조 주식회사 제일은행은 1905년(明治 38) 칙령 제73호에 의해 재경성 한국 총지점 발행부에서 은행권을 발행한다.

제2조 은행권은 한국의 조세, 해관세, 기타 공사 일체의 거래에 무제한으로 통용한다.

제3조 은행권의 종류 및 양식은 통감 및 한국 탁지부 대신의 인가를 받아야 한다.

제4조 은행권은 인쇄국에 의뢰하여 제조한다.

은행권의 제조를 주문했을 때 및 은행권을 총지점 발행부에서 수령했을 때는 그 금액, 종류 및 매수 등을 감리관에게 신고해야 한다.

제5조 은행권 발행 및 준비에 관한 계정은 다른 계정들로부터 이를 구별해야 한다.

제6조 총지점 발행부가 발행한 은행권을 한국 각 지점 출장소에서 수납했을 때는 현금 잔고 중에 은행권 시재잔고[手許有高]로 정리해야 한다.

제7조 총지점 발행부는 한국 각 지점 출장소에 미발행권을 보관하도록 할 수 있다.

전 항의 미발행 은행권을 보관한 지점 출장소는 총지점 발행부에 대해 그 보관증서를 제출해야 한다. 단, 경성지점 이외의 각 지점 출장소에서는 총지점 발행부로부터 준비금이 도달하는 동안 그 교환을 연기할 수 있다.

제9조 은행권 발행고에 대해서는 그 교환에 충당하기 위해 금화, 금은지금 및 일본은행 태환권을 가지고 발행고와 동액의 준비를 다른 지불자금과 구별하여 총지점 발행부에 비치해야 한다.

제10조 전 조 준비에 의한 것 외에 1,000만 원에 한해 국채증권, 상업어음, 기타 확실한 증권을 보증하여 은행권을 발행할 수 있다. 단, 그 준비가격은 통감의 인가를 받아야 한다.

경제상의 상황에 의해 필요하다고 판단했을 때는 통감의 인가를 받아 그 정해진 조건을 준봉(遵奉)하여 전 항 외로 더 은행권을 발행할 수 있다.

제11조 보증 준비는 총지점 발행부에서 다른 유가증권과 구별하여 비치해야 한다. 단, 국

채증권에 한해 이를 일본은행 본점에 보호 예치하고 그 보관증서를 가지고 준비에 충당할 수 있다.

제12조 총지점 발행부는 감리관에게 신고하여 제9조의 교환 준비 중 일부를 교환기금으로써 한국 각 지점 출장소에 보관하게 할 수 있다.

전 항의 교환기금을 보관한 지점 출장소는 총지점 발행부에 대해 그 보관증서를 제출해야 한다.

제13조 은행권의 발행고, 정화 준비, 보증 준비의 잔고 및 이에 관한 장부, 기타 증빙서류는 감리관의 검사를 받아야 한다.

제14조 총지점 발행부는 다음의 서류를 조제하여 감리관의 손을 거쳐 통감에게 진달(進達)하는 동시에 본점에 보고해야 한다.

1. 은행권 발행고와 정화 및 보증 준비에 관한 매주 평균고 보고
1. 은행권 출납의 주보 및 월보
1. 매월 말 현재 미발행 은행권 및 준비금의 각 점 배부표
1. 매월 말 은행권 발행고와 정화 및 보증 준비 잔고 보고

제15조 전 조의 평균고 보고는 이를 탁지부 대신에게 신고하고 또 한국 관보 및 신문지에 공고해야 한다.

제16조 한국 각 지점 출장소는 제6조에 의해 수납한 은행권의 종류별 매주 평균고표를 만들어 여기에 유통 및 회수의 상황을 기재하여 총지점 발행부에 보고해야 한다.

제17조 오염 또는 훼손된 은행권은 한국 각 지점 출장소에서 다음의 규정에 의해 무수수료로 일본 통화 또는 은행권과 교환해야 한다.

1. 권면 중 기호와 번호 2개소가 남아 있고, 권면 중앙의 금액을 명확히 판단할 수 있는 것은 전액으로 교환해야 한다.
2. 잘게 잘린 것이라도 그 찢어진 면을 붙여서 명확하게 한 장의 은행권임을 판단할 수 있고, 또 그 기호와 번호, 중앙의 금액 등이 명확한 것은 전액으로 교환해야 한다.
3. 분열(分裂)된 단편(斷片)이라 하더라도 기호와 번호, 중앙의 금액 등을 명확히 인식할 수 있는 것으로써 또 나머지 단편은 설령 장래에 지참하는 것이 있

더라도 반액으로 교환할 수 없다고 판단될 때는 또 전액으로 교환해야 한다.

4. 단편이 전면(全面)의 2분의 1에 미치지 못한 것이라도 기호, 번호, 중앙의 금액 등을 명확히 인식할 수 있는 것으로써 또 나머지 단편이 전액으로 교환할 수 없다고 판단할 때는 반액으로 교환해야 한다.
5. 단편에 기호, 번호 및 좌우 어느 쪽인가 한쪽의 금액이 남아 있어도 (앞의 단편 외에-역자) 나머지 단편은 전액으로 교환할 수 있다고 판단할 때는 교환을 거절할 수 있다.
6. 전면이 남아 있더라도 색깔에 변했거나 기호, 번호, 중앙의 금액 등을 판단할 수 없는 것, 그리고 기타의 사유로 진위를 식별하기 어려운 것은 교환을 거절할 수 있다.

제18조 전 조에 의해 교환한 오손권(汚損券) 및 유통에 적당하지 않은 은행권은 이를 회수하여 각 지점 출장소에서 천공한 뒤 총지점 발행부로 송부해야 한다.

제19조 총지점 발행부는 은행권 소각기(消却記) 번호장을 준비하여 전 조의 은행권을 기입하고, 이를 소기(燒棄)하고자 할 때는 감리관에게 신고하여 임검을 청하고, 지배인 및 부지배인 입회 후 소기(燒棄)의 절차를 밟고 이 기록을 만들어야 한다.

제20조 은행권이 화수난(火水難)이나 기타 재해를 입어 망실(亡失)했을 때는 그 사실의 확증(確證)을 얻은 후 총지점 발행부는 그 사정을 갖추어 이를 감리관에게 신고하고 은행권 기입장에 사유를 명기하고, 번호가 명료한 것은 동시에 소각기 번호장에 기입하고 불명한 것은 제19조에 준하여 증거 물건에 관한 기록서를 작성하여 그 종류, 매수, 금액을 밝혀 기번호(記番號) 불명의 소각으로서 정리해야 한다.

제21조 총지점 발행부에 은행권의 원수고(元受高), 발행고, 회수고, 유통고 및 시재 잔고의 기입장을 준비하여 각 종류별로 구별하여 제조, 발행, 회수 및 소각 등의 사항을 명세(明細)하게 기입해야 한다.

제22조 총지점 발행부에 은행권 발행고 및 민간 유통고 비교 기입장을 준비하여 각 점의 매주 평균고 보고에 의해 기입해야 한다.

제23조 총지점 발행부는 준비금 시재 잔고장, 보증 준비 잔고장을 준비하여 준비금 잔고장에는 정화 준비의 종류 및 매일의 잔고를 명세(明細)하게 기입하고, 보증 준비

잔고장에는 보증 준비의 출입 및 준비에 충당할 유가증권의 종류, 권면, 금액, 준비가격 및 기타의 요건을 기입해야 한다.

지점 출장소에 교환기금으로서 준비금을 배부했을 때는 이 기입장을 준비하여 점별로 기입해야 한다.

제24조 본칙을 개정하고자 할 때는 통감의 인가를 받아야 한다.

6) 은행권 제조

1901년(明治 34) 10월 21일 본행 재한국 각 지점에서 무기명식 일람불은행권 발행 건에 대해 일단 들어두었다는[30] 대장성의 통첩이 있었기 때문에, 본행은 같은 해 11월 13일 자로 인쇄국에 1원권 30만 장, 5원권 10만 장, 10원권 5만 장의 제조를 의뢰했다. 상기 은행권은 중앙부에 금액, 우측에 두취의 초상, 좌측에 은행명, 테두리 네 모서리와 중앙 상부에 본행의 휘장인 별표(星印)를 배치하고, 중앙 하부에 권면의 금액은 재한국 각 지점에서 일본 통화와 교환할 수 있다는 내용의 문자를 게재했다.

1902년(明治 35) 1월 15일 인쇄국으로부터 상기 은행권 제조에 관한 비용의 담보로써 정부 발행의 공채증서 1만 1,500원을 차입(差入)해야 한다는 내용에 대해 조회가 있었기 때문에, 동월 17일 납부서를 작성해 해당 서면을 첨부하여 공채증서 액면 1만 1,500원을 인쇄국에 납부했다.

동년 4월 15일 1원, 5원, 10원 등 3종의 은행권 견본용으로써 각각 100매 제조를 동국(인쇄국)에 의뢰했다. 동 5월 10일에 이호(以號) 1원권 및 동 견본 제조가 완성되었기 때문에 동월 12월 견본 1장(一葉)씩 외무와 대장 두 대신에게 제출했다. 나머지는 한국 지점으로 체송(遞送, 여러 곳을 거쳐 전해 보냄)했다. 이어 7월 25일에 5원권, 8월 20일에 10원권의 제조가 각각 이루어져 당일에 이에 대한 신고를 모두 마쳤다. 그리고 상기 3종 은행권은 9월 8일로 전

30 원문은 '聞き置く'라고 되어 있다. '聞き置く'의 정확한 뜻은 자신의 의견을 말하지 않고 다른 사람의 이야기를 들어두기만 한다는 의미이다.

부 제조를 마치고 은행권 제조비를 완납하여 해당 담보품을 돌려받았다.

같은 해 11월 17일 5원 은행권 10만 장을 인쇄할 필요가 생겨 당일 의뢰서를 작성하여 이를 인쇄국에 제출했다. 다음 1903년(明治 36) 1월 21일에 5원권 2만 장의 증쇄가 끝나고, 이어 2월 5일 10만 장 전부의 제조를 마쳤다.

같은 해 9월 23일 10원권 증쇄가 필요해서 다시 5만 장의 제조를 인쇄국에 의뢰했다.

이에 앞서 1902년(明治 35) 6월 5일 1원 은행권 1만 5,000장을 고베로부터 오사카상선주식회사 기선 구마가와마루(球摩川丸)에 적재하여 부산지점으로 회송했는데 동 선원의 나태함으로 부산에 내리지 못하고 인천항까지 갔다가 돌아오는 길에 군산 앞바다 청도(青島) 부근에서 기소가와마루(木曾川丸)와 충돌했다. 동선 침몰의 결과 동 은행권은 선체와 함께 행방불명된 불의의 사건[椿事]이 발생했다. 해당 건은 이후 여러 차례 교섭한 끝에 1903년(明治 36) 7월에 동 상선회사가 사죄의 뜻을 표하기 위해 변상금으로 100원을 부산지점에 교부함으로써 일단 해결되었다. 따라서 상기 침몰한 로호(路號) 1원권(35,001부터 50,000까지)은 하는 수 없이 대장성에 신고하여 동년 7월 31일 본점에서 제조고 중에서 폐기하기로 했다.

같은 해 11월 4일부터 동 20일까지 제2회 10원 은행권 5만 장의 제조가 끝났다.

1904년(明治 37) 2월 17일 1원 은행권의 견본이 없어서 다시 50장 제조를 인쇄국에 의뢰하고, 동월 26일 이를 수령했다. 이어 동일 다시 견본용 5원 및 10원 은행권 각 50장 제조 및 1원 은행권 30만 장, 5원 은행권 20만 장, 10원 은행권 10만 장 제조를 동국에 의뢰했다.

1904년(明治 37) 러일전쟁 때 정부는 군비 지불을 위해 만한(滿韓)에서 은화로 교환할 수 있는 군용수표(軍用手票)를 발행하고자 했으나 한국은 일본과 마찬가지로 금화본위 나라였기 때문에 은화 교환 군용수표를 좀처럼 수수하지 않았고, 심할 경우 상당한 할증금(打步, 프리미엄)이 발생하였다. 이에 대장성은 본행에 한국 각 지점에서 임시 군대 수용(需用)에 응하기 위해 50전, 20전, 10전 등의 소액 은행권을 발행하도록 내시(內示)했다. 따라서 본행은 곧바로 다음의 서면을 작성해 동년 2월 26일 이를 대장성에 진달(進達, 상신)했다.

> 당 은행에서는 전부터 귀성(貴省)의 인가를 얻어 한국 무역시장의 금융을 편리하게 하기 위해 동국 각 지점에서 10원, 5원, 1원 은행권을 발행하고 있었는데, 이번에 귀성에서 내시(內示)하신 사정도 있고 해서 군사상의 지불에 기여하기 위해 재한국 지점에서 50전, 20전,

10전 은행권을 발행하고자 합니다. 이는 원래 전부터 인가하신 은행권 규칙에 준하여 전액 준비를 두고 교환에 응하도록 할 것이니 허락해 주시기 바랍니다.

1904년(明治 37) 2월 26일

주식회사 제일은행 두취 시부사와 에이이치(澁澤榮一)

대장대신 남작 소네 아라스케(曾禰荒助) 귀하

이에 대해 다음 날 27일 대장대신으로부터 인가의 지령이 있었다. 다음달 3월 5일 가미야(神野勝之助) 대장서기관이 해당 발행에 관한 절차 요건을 별지와 같이 사사키 총지배인에게 통첩하셨다.

<별지>

1. 소액 은행권의 종류는 50전, 20전, 10전의 3종으로 한다.
2. 소액 은행권을 발행할 경우에는 군대 등에서 일본은행 태환권을 제일은행 한국 지점에 교부하고 이와 교환하여 동액의 소액 은행권을 교부한다.
3. 소액 은행권은 제일은행 한국 지점에서 지참인의 청구에 응해 일본 통화와 교환한다.
4. 교환기금 준비, 기타 단속 방법 등은 1원 이상의 제일은행권과 같다.

이에 2월 29일 10전권 20만 장, 20전권 150만 장, 50전권 100만 장 제조를 인쇄국에 의뢰했다.

이어 3월 16일에 앞서 제조를 의뢰한 1원, 5원, 10원 은행권 표면 테두리 4모퉁이에 인쇄한 본행의 휘장을 대신하여 금액을 표시하는 화양(和洋) 숫자를 각 2개소에 삽입했다. 또한 제조한 해를 1904년(明治 37)으로 정정할 것과 50전권과 10전권 시험 인쇄의 색채가 군용수표와 유사하여 변경해 달라고 인쇄국에 의뢰했다.

동년 4월 4일부터 동 22일까지 10전 은행권 200만 장, 20전 은행권 150만 장, 50전 은행권 100만 장 및 동 3종 은행권의 견본 각 200장씩 제조가 완료되어 당일 외무·대장 두 대신에게 신고하고, 곧바로 이를 한국 각 점으로 분송(分送)했다.

동월 6일 50전 이하 은행권의 한국에 있어서 발행일 신고에 관해 대장성으로부터 내달(內達)이 있어서 동일 다음과 같이 동성(대장성) 이재국에 신고했다.

> 전부터 문의하신 당 은행 50전 이하 은행권은 오는 20일경부터 재한국 인천, 경성, 진남포 및 평양의 각 지점 출장소에서 발행하게 되었기 때문에 이같이 신고합니다.
>
> 1904년(明治 37) 4월 6일
> 주식회사 제일은행 두취 시부사와 에이이치(澁澤榮一)
> 대장성 이재국장 미즈마치 게사로쿠(水町袈裟六) 귀하

이보다 앞서 2월 26일에 제조를 의뢰한 은행권 견본은 5원, 10원 모두 각 50장이었는데, 네 모서리에 숫자 삽입의 결과 배포할 곳이 증가해서 5월 31일 다시 1원권 500장, 5원권과 10원권 각 450장의 증쇄를 인쇄국에 의뢰했다.

이어 동년 6월에 갑자기 다액의 견본용 은행권이 필요하여 일단 각종 미발행 은행권 중에서 각 500장씩 합계 3,000장을 천공하여 견본에 충당하기로 정했다. 동월 8일 의뢰서를 작성하여 상기 견본의 천공 및 날인에 대한 것을 인쇄국에 의뢰하여 동월 18일 완성되었기 때문에 곧바로 한국 지점으로 발송했다. 그리고 상기 3,000장은 본점의 제조고 중에서 견본으로서 폐기하기로 했다.

동월 8월 20일 개조(改造) 1원, 5원, 10원의 은행권 견본이 완성되어 외무·대장 두 대신에게 신고했다.

동월 27일 다시 개조 10원권 15만 장, 5원권 16만 장, 1원권 20만 장 제조를 인쇄국에 의뢰했고, 이어 1905년(明治 38) 1월 23일 또 10원권 35만 장, 5원권 20만 장, 1원권 50만 장 제조를 의뢰했다. 이에 앞서 메가타 재정고문으로부터 은행권 개조의 내시(內示)가 있어 그 양식 및 도안 계획을 인쇄국에 의뢰하는 동시에 50원권 및 100원권의 제조를 기도하여 그 양식과 도안도 설계해 줄 것을 별지와 같이 신청했다.

의뢰서

1. 주식회사 제일은행 1원 은행권

1. 주식회사 제일은행 5원 은행권

1. 주식회사 제일은행 10원 은행권(이상 개조하려는 것)

1. 주식회사 제일은행 50원 은행권

1. 주식회사 제일은행 100원 은행권 (이상 신규 제조하려는 것)

상기 5종 은행권 개조 및 신규 제조하고자 하오니 그 양식 및 도안을 계획해 주시기 바라며 이같이 의뢰합니다.

1905년(明治 38) 2월 20일
주식회사 제일은행 두취 시부사와 에이이치
인쇄국장 도쿠노 미치마사(得能通昌) 귀하

동년 5월 31일 북한(北韓) 지역에 주둔한 군대의 필요에 의해 다시 10원권 15만 장, 5원권 80만 장, 1원권 300만 장, 50전권 70만 장, 20전권 150만 장, 10전권 140만 장, 합계 710만 장 제조를 인쇄국에 의뢰하고, 6월 1일 그 내용을 외무·대장 두 대신에게 신고했다.

동월 다시 육군성으로부터 북한 지역 군대에서 7월부터 12월까지 소액 은행권 약 70만 원이 필요하다고 대장성에 통첩했기 때문에 동성(대장성)에서 본행에 지급(至急) 이의 제조에 착수하라는 내훈(內訓)이 있었다. 이에 6월 28일 제조 의뢰서를 작성하여 이를 인쇄국에 제출하고 아울러 그 내용을 외무와 대장 두 대신에게 신고했다. 그런데 그 후 8월이 되어 육군성에서 상기 10전 은행권 520만 장을 쓰지 않았다고 내지(內示)했기 때문에 본행은 대장성과 협의한 뒤 8월 10일 별지와 같이 제조 취소의 의뢰서를 인쇄국에 제출했다.

은행권 제조 취소 의뢰서

주식회사 제일은행 10전권 525만 장

いめ호 5만 장

いみ호 いし호 いゑ호 いひ호 いも호 いせ호 いす호 いん호

각 10만 장, 소계 85만 장

ろい호 ろろ호 ろは호 ろに호 ろほ호 ろへ호 ろと호 ろち호

ろり호 ろぬ호 ろる호 ろを호 ろわ호 ろか호 ろよ호 ろた호

ろれ호 ろそ호 ろつ호 ろね호 ろな호 ろら호 ろむ호 ろう호

ろゐ호 ろの호 ろお호 ろく호 ろや호 ろま호 ろけ호 ろふ호

ろこ호 ろえ호 ろて호 ろあ호 ろさ호 ろき호 ろゆ호 ろめ호

ろみ호 ろし호 ろゑ호 ろひ호 각 10만 장씩, 소계 440만 장

위는 본년 6월 28일 자로 제조를 의뢰했는데 이번에 사정이 생겨 주무성(主務省)과 상의한 뒤 제조를 보류하기로 했으니 그렇게 조치해 주시기 바라며 이같이 의뢰합니다.

1905년(明治 38) 8월 10일

주식회사 제일은행 두취 시부사와 에이이치

인쇄국장 도쿠노 미치마사(得能通昌) 귀하

이어 다음 날 31일 다시 20전권 150만 장도 앞에서와 같은 이유로 제조를 보류하겠다고 인쇄국에 의뢰하고 동시에 그 내용을 외무·대장 두 대신에게 신고했다.

8월 14일 상기 내용에 대해 인쇄국에서 해당 은행권은 두 종 모두 대부분 이미 제조가 끝나고, 10전권 270만 장은 대지(臺紙)[31]를 준비하는 데 그쳤으나 잉여금은 회계법상 반환 절

31 그림이나 사진 따위를 붙이는 데 쓰는 바탕이 되는 두꺼운 종이.

차를 밟기 어렵다는 내용의 조회가 있었기 때문에 하는 수 없이 그 제조비를 5원권 및 10원권 제조에 사용하기로 하고, 대지는 백지 그대로 이를 수취하기로 했다.

10월 18일 경성지점에서 소액 은행권 견본이 급히 필요하다고 통보했기 때문에 미발행 은행권 소액 지폐[小札] 3종 각 1,000장씩을 견본으로 쓰기로 결정했다. 50전 이라(いら)호 1,000장, 20전권 노(の)호 1,000장, 10전권 로레(ろれ)호 1,000장에 대해 천공과 견본이라는 글씨 압인(押印)을 인쇄국에 의뢰하여 11월 7일 수취해 곧바로 경성지점으로 발송했다. 그리고 상기 3,000장은 항례에 따라 제조고 중에서 폐기시켰다.

은행권 제조는 군대 수요를 위해 당국의 내의(內意)를 받아 다액을 주문했던 것인데 8월 이후 갑자기 불용 처리가 되었기 때문에 본행의 피해가 적지 않았습니다. 이에 11월 27일 별지와 같은 서면을 대장성 이재국에 제출하고 불용 처리된 소액 은행권 제조비의 하부를 진정했다.

<별지>

은행권 주문 및 인도고(引渡高), 그리고 소액 지폐 은행권 제조비 조사 내역

대장성 내훈에 기초하여 주문한 양[高]

종류	단가(원)	매수(장)	금액(원)	제조비(원)	소계
1원	0.016	3,000,000	3,000,000	48,000	65,400원
5원	0.018	800,000	4,000,000	14,400	
10원	0.020	150,000	1,500,000	3,000	
10전	0.003	12,000,000	1,200,000	36,000	57,150원
20전	0.003	1,050,000	210,000	3,150	
50전	0.003	6,000,000	3,000,000	18,000	
합계			12,910,000	122,550	

상기 주문 후 육군성 경리부에 인도한 양[高]

종류	단가(원)	매수(장)	금액(원)	제조비(원)	소계
1원	0.016	200,000	200,000	3,200	5,200원 5,200원
10원	0.020	100,000	1,000,000	2,000	
50전	0.003	400,000	200,000	1,200	4,200원 4,200원
10전	0.003	1,000,000	100,000	3,000	
합계			1,500,000	9,400	

소액 지폐[小札] 제조비 계정

일금 57,150원　소액 지폐 제조비

내역

4,200원　군대 지참고 30만 원에 대한 제조비

4,779원　10전권 취소분 270만 장에 대한 제조비 8,100원 중 백지대금 3,321원을 인쇄국에 지불하고 남은 금액

차감액 48,171원

상기 은행권은 육군성에서 사용하겠다며 5월부터 매월 소요예정표를 제시하며 제조하라는 내훈이 있었기 때문에 당행에서 인쇄국에 의뢰하여 제조한 것입니다. 이 중에서 50전 이하의 소액 은행권에 대해서는 장래 한국 금융시장을 위해서는 다액을 발행할 필요가 없다고 판단하고 있고, 또 시장에 적당하다고 생각되는 양[高]은 지금까지 이미 제조가 끝났으나 상기 내용은 군사행동상 일시적으로 사용한다는 내시가 있었기 때문에 인수해서 제조한 것입니다. 그리고 은행권 제조 착수 후 윤군성의 손에 인도한 소액 은행권은 상기 내용대로 겨우 30만 원뿐으로 8월 말에 이르러 최초의 예정표대로 사용할 수 없게 되어 제조 착수 이전의 것은 주문을 취소하겠다고 내시했기 때문에 인쇄국에 교섭했더니 대부분은 이미 제조가 끝났으나 10전권 270만 장은 대지(臺紙)를 준비하는 데 그쳤다고 알려 와서 이것만 중지했습니다(하지만 그 잉여금은 회계법상 반환 절차가 어렵다고 인쇄국에서 알려 와서 하는 수 없이 5원권 및

10원권을 대신해 제조하게 되었습니다).

그런데 그 후 예정표는 전부 보류가 되었다는 내시가 있어서 결국 상기와 같이 50전 이하의 은행권 384만 원에 대한 제조비 4만 8,171원은 한 번도 발행되지 않고 제조된 채로 완전히 불용 처분되었습니다. 또한 장래에는 발행할 전망이 없어서 전부 폐기하는 것 외에 달리 방법이 없게 되었습니다.

이는 평화 극복한 결과 육군성에서도 예정 은행권을 사용하지 않게 되었지만 당행에서는 내훈의 뜻을 받아 제조했던 것이어서 장래 발행할 예정이 없는 이상 완전히 손실 계정에 기입하는 외에 달리 방도가 없어 당행으로서는 상당히 고통을 느끼는 상황입니다. 1원 이상의 은행권은 설령 한 번도 사용되지 않았다 하더라도 몇 년을 기다리면 점차 발행될 것이라고 생각하기 때문에 이에 대해서는 금리의 손실을 보는데 그치고 따로 손실을 보게 될 리가 없지만 50전 이하의 소액 지폐는 완전히 어떻게 할 수 없습니다. 따라서 이를 제조한 전후 사정을 양찰(諒察)하셔서 앞의 제조비만은 특별히 하부해 주셨으면 하고 간절히 희망하고 있습니다. 무엇보다 실비를 하부해 주시면 제조한 소액 지폐는 모두 모아서 제출하겠으니 소각하셔도 지장이 없습니다.

이와 같은 사정을 말씀드렸으니 아무쪼록 전의(詮議)해 주시기 바라며 이같이 말씀드립니다.

1905년(明治 38) 11월 27일

주식회사 제일은행

이에 대해서는 대장성에서도 충분히 사정을 통찰했으나 회계법상 이와 같은 보상은 하기 어렵다고 내유(內諭)했기 때문에 하는 수 없이 12월 31일 앞의 제조비 48,171원은 본행 제19기 이익금 중에서 소각하기로 하고, 동 은행권은 1908년(明治 41) 4월로써 제조고 중에서 폐기했고 별표와 같이 모두 이를 소기(燒棄)했다.

종류	번호	매수(장)	금액
10전권	いを호부터 ろれ호까지	6,299,000	629,900
20전권	な호부터 の호까지	549,000	109,800
50전권	な호부터 いら호까지	4,999,000	2,499,500
합계			3,239,200

1906년(明治 39) 7월에 통감부로부터 경성지점에 지금까지 본행에서 폐기한 은행권의 종류 및 금액을 신고하라는 영달(令達)이 있어서 동월 27일 본점에서 증명서 2통을 작제하여 경성지점에 송부하여 동점으로 하여금 통감부에 제출하게 했다.

증명서

당행 은행권 합계 9,200원 다음의 표와 같이 견본으로서 폐기한 것에 대해 틀림이 없음을 이같이 증명합니다.

폐기 은행권 표

기호	종류	금액	폐기 연월일
ろ	1원권	500	1904년(明治 37) 5월 31일
ろ	5원권	2,500	1904년(明治 37) 5월 31일
ろ	10원권	5,000	1904년(明治 37) 5월 31일
ね	10전권	50	1904년(明治 37) 6월 15일
よ	20전권	100	1904년(明治 37) 6월 15일
ぬ	50전권	250	1904년(明治 37) 6월 15일
いえ	50전권	500	1905년(明治 38) 10월 18일
の	20전권	200	1905년(明治 38) 10월 18일
ろれ	10전권	100	1905년(明治 38) 10월 18일
합계		9,200	

1906년(明治 39) 7월 27일

주식회사 제일은행 두취 시부사와 에이이치(澁澤榮一)

증명서

당 은행 로(ろ)호 1원권 1만 5천 장은 1902년(明治 35) 6월 11일 오사카상선주식회사 기선 구마가와마루(球摩川丸)에 탑재하여 부산지점으로 송달 중 상기 기선이 군산 앞바다에서 침몰하여 분실했기 때문에 1903년(明治 36) 7월 31일 폐기 처분했다는 사실에 틀림이 없습니다. 이에 대해서는 1903년(明治 36) 8월 8일 자 대장성 앞으로 보낸 보고서 사본 및 오사카상선주식회사의 서류 2통을 첨부해 이같이 증명합니다.

1906년(明治 39) 7월 27일

주식회사 제일은행 두취 시부사와 에이이치(澁澤榮一)

(첨부 서류는 생략)

동년 8월 전에 인쇄국에 의뢰한 신규 50원권, 100원권 양식 및 도안이 완성되어 곧바로 경성지점에 송부하고, 메가타 고문의 선택으로 그중 하나를 채택해 여기에 얼마간의 수정을 가해 다시 이를 인쇄국에 제출하여 일부 변경을 의뢰했다. 또한 상기 부분 변경 도안은 다음달 9월 말에 완성되어 곧바로 조각에 부칠 계획이었지만 당시 현행 은행권이 여전히 위조가 끊이지 않아서 지금 새롭게 50원권, 100원권 등을 만들기보다는 오히려 위조가 많은 5원권부터 먼저 개조를 시작해 순차적으로 10원권으로 확대하고 그런 후에 이들 은행권을 발행하는 것이 유리하다고 보았다. 메가타 고문의 승인을 얻은 100원권의 양식을 5원권으로 바꾸어 제조하겠다고 경성지점을 경유해 동 고문에게 상의했더니 다행히 고문의 승인을 얻어 동년 10월 4일 서면을 작성해 5원 은행권 40만 장 제조를 인쇄국에 의뢰했다.

해당 5원 은행권은 중앙에 한국 궁성·경복궁·광화문 그림을 넣어 우측에 금액, 좌측에 공작, 중앙 상부에 은행명, 하부에 본권은 1905년(明治 38) 칙령 제73호에 의해 발행한다는 내용을, 좌측 공작 위에 이 은행권을 위조·변조한 자는 1905년(明治 38) 법률 제66호에 의해 처벌된다는 것을 써 넣었다. 테두리는 모두 로마 숫자와 일본 숫자의 고체(古體) 예서(隸

書)로 조합해 네 모서리에 권면 금액을 표시하는 숫자를 배치했고, 중앙 하부에는 1906년(明治 39) 11월 인쇄국 제조라는 문자를 삽입했다. 그리고 해당 은행권은 1907년(明治 40) 3월 26일까지 이(い)호 50만 원, 로(ろ)호 25만 원, 동 29일에 로(ろ)호 25만 원, 하(は)호 20만 원, 합계 120만 원 제조가 완료되었으나 1원권을 개조할 때 그 양식에 대해 통감의 인가를 얻지 못하고 다시 필요한 문자를 추가하라는 명령을 받았다. 결과적으로 1원권과 양식이 다른 은행권을 발행하는 것은 유통상 좋은 계책이 아니기 때문에 그 발행을 단념하고, 5원권은 나중에 다시 설계를 변경하여 인가받기로 했다. 해당 5원 은행권은 반제품 형태인 16만 장과 함께 받아 제조로 대장(臺帳) 계정에 추가하지 않고, 단지 인쇄물로 잠시 동안 창고 뒤편에 수장했는데 나중에 1908년(明治 41) 4월 23일에 모두 소각했다.

1907년(明治 40) 7월 22일 통감의 인가를 얻은 개조 1원 은행권 300만 장, 5원 은행권 40만 장, 10원 은행권 50만 장 제조를 인쇄국에 의뢰했다. 그리고 이 중에서 1원 은행권은 1908년(明治 41) 3월 30일에 그 일부가 제조되었고, 이후 8월 20일까지 118만 장 인쇄가 완료되었다. 이제 참고를 위해 앞에서 나온 개조 1원권 도양(圖樣) 해설을 다음과 같이 게재한다.

앞면 도양 해설

상부의 제액(題額)은 직사각형 횡란(横欄)을 만들어 가운데에 주식회사 제일은행권이라는 '9' 자를 음문(陰文)으로 내고, 또 네 모서리는 상부 좌우에 채문(彩紋)을 하여 당초(唐艸) 모양을 양측에 분첨(分添)한다. 오른쪽은 '일(壹)' 자를 고예체(古隷體)로 쓰고, 왼쪽은 해체구문(楷體歐文)을 가지고 일원(壹圓)이라고 쓴다. 그 하부도 좌우에 상부보다 작은 채문(彩紋)을 하여 오른쪽에 구문(歐文) 숫자 '1' 자를 쓰고 왼쪽에 상부의 오른쪽과 마찬가지로 고예체 '일(壹)' 자를 쓴다. 이상의 문자도 모두 음문으로 한다. 그리고 주위[四周]를 잇는 문양은 소형(小形) 할물(割物) 모양을 붙이고 가운데 구문(歐文) '1' 자를 기입한다. 제액 문자의 정하부(正下部)에 은행의 휘장을 드러내고, 그 좌우에 한문(韓文)으로 '일원(壹圓)'이라고 분서(分書)한다. 그 오른쪽에 육련(六聯)의 채문(彩紋)을 두고, 가운데 고예체로 음문으로 '일원'이라고 쓴다. 그 왼쪽은 오른쪽과 같은 위치를 마련하고 가운데 한국 화홍문(華虹門) 진영을 그려넣는다. 또 중앙 하부에 대한국 금고 주식회사 제일은행이라는 문자를 2층으로 해체(楷體)를 양문으로 써 넣는다. 그 위에 한문(韓文)으로 동국 법령을 쓰고(陽文), 그 밑에는 섬선(纖線)으로 구획하고, 인쇄국 제조명(銘)을 쓴다. 그리고 중앙으로부터 좌우로 나누어 섬세한 완선(蜿線)을 그리고, 직접 구획을 설정하여 오른쪽에는 권면의 금액 운운의 문자를 행서와 히라가나를 섞어 쓰고, 왼쪽에는 1905년(明治 38) 운운의 문자를 오른쪽과 같은 서체로 쓴다. 이상의 문자는 모두 양문으로 대한국 금고 운운의 문자를 약간 대형(大形)으로 하고, 기타는 모두 작은 글씨로 한다.

이상 해설하는 부분은 농청색(濃青色)으로 요판식(凹版式)에 의한다.

지문(地紋)은 중앙에 횡타원형(橫楕圓形)으로 만들어 가운데를 공허(空虛)하게 비워두고, 그 주변 내측을 할물(割物) 모양으로 주위를 둘러싼다[이 가운데를 허백(虛白)으로 한 것은 녹입(漉込)[32]을 보이기 위한 것으로 그 녹입 모양은 한국의 국장(國章) 2종을 음양으로 녹출(漉出)했다]. 앞의 타원 오른쪽에는 전기 육련(六聯) 채문을 왼쪽에는 같은 한국 경치 부분을 당초(唐艸) 모양으로 주위를 둘렀다. 또 중앙 하부에 일종의 대형(大形) 삼련(三聯) 채문을 하고, 여기에 접속하여 또 채문으로 전기 바깥 란을 따라 사방에 주잡(周匝)했다. 그 밖에 일반 지질(地質)에는 매우 세소(細小)한 할물(割物) 모양을 깔았다.

이상 해설하는 부분은 담홍색(淡紅色)으로 철판식(凸版式)에 의한 것으로 한다.

중앙 녹입(漉込) 현출을 위해 만든 공허(空虛)로 한 부분 외에는 모두 담청색(淡青色)으로 섬세한 수선(竪線)을 인쇄했다.

뒷면 도양 해설

바깥 란(欄)은 채문으로 주위를 두르고, 상하는 약간 넓히고, 그 가운데를 따라 작은 할물(割物) 모양을 첨부하고, 좌우에는 또 일종의 좁은 채문으로 한다. 상부 좌우의 양쪽 모서리에는 사련(四聯) 채문을 하고 구문(歐文) 숫자 '1' 자를 음문으로 쓴다. 하부 좌우 양쪽 모서리에는 약간 작은 사각형 가운데에 채문을 하고, 구문(歐文) 숫자 '1' 자를 음출(陰出)한다. 그 사각형 상부 안쪽에 작은 당초(唐艸)를 두고, 또 중앙 하부에는 도형(倒馨)과 유사한 란(欄)을

32 일본어로 '스키코미'라고 읽으며, 문자나 무늬 등이 드러나도록 종이를 뜨는 것, 또는 그 종이를 말한다.

마련하여 당초로 이를 감싼다. 중부에는 그 권면 운운의 글씨를 한문(韓文)으로 음출한다. 또 상부 제액 문자는 구문(歐文)으로 주식회사 제일은행이라고 구문(歐文) 해체(楷體)로 횡선영부(橫線影付)에 드러내고, 그 밑에 세선(細線) 모양을 두고, 그 하부 오른쪽에 양익형(兩翼形) 채문을 두어 가운데에 구문(歐文)으로 '일원(壹圓)'이라는 문자를 음양교결체(陰陽交結體)로 한다. 그와 마찬가지로 왼쪽에 구문으로 하부의 한문(韓文)과 동일한 법령문을 해초양체(楷艸兩體)로 나타냈다.

이상 해설하는 부분은 농홍색(濃紅色)으로 요판식(凹版式)에 의한다.

지문(地紋)은 중앙 표면과 동일한 부분에서 동일한 횡타원형(橫楕圓形)을 공허(空虛)로 하고, 그 주변은 기리요시(ギリヨーシ)와 채문으로 위요(圍繞)한다. 그 오른쪽 하부에는 횡선구문(唐艸體)으로 '1' 자를 나타내고, 왼쪽에는 수선(竪線)으로 삼대고문(三代古文)으로 '일(壹)' 자를 나타낸다. 기타 지질(地質)은 망목세문(網目細文)을 깔았다.

이상 해설 부분은 담청색(淡靑色)으로 철판식(凸版式)에 의한다.

표면 제액 하부의 좌우, 즉 육련(六聯) 채문 및 풍경의 상부에 주색(朱色)으로 기호를 인쇄한다. 뒷면 오른쪽 양익형채문 하부, 즉 지문(地紋) 당초체 구문 위에 두취 및 지배인의 인장을 주색(朱色)으로 층쇄(層刷)한다. (이상 인쇄국 해설)

이렇게 개조권(改造券)이 완성되었기 때문에 경성 한국 총지점에서는 1908년(明治 41) 5월부터 구(舊) 1원권과 소액 은행권 회수를 개시하여 동년 7월까지 3개월 동안 다음과 같이 소각했다.

종류 \ 연차	10전권(원)	20전권(원)	50전권(원)	1원권(원)	계(원)
1908년(明治 41) 5월	4,400	–	–	–	4,400
6월	120,600	–	–	–	120,600
7월	251,000	293,600	593,000	630,000	1,767,600
계	376,000	293,600	593,000	630,000	1,892,600

이상은 은행권 발행이 인가된 때부터 은행권 제조에 관한 경과의 대요(大要)이다. 이제 여기에 당초부터 오늘날까지의 은행권 제조고 및 은행권 폐기고를 제시하면 다음과 같다.

종류 \ 연차	1902	1903	1904	1905	1906	1907	1908	계
1원권	300,000	–	500,000	1,800,000	1,900,000	–	1,180,000	5,680,000
5원권	500,000	500,000	1,200,000	4,050,000	2,385,000	–	–	8,635,000
10원권	500,000	500,000	1,000,000	6,500,000	1,250,000	–	–	9,750,000
10전권	–	–	200,000	930,000	–	–	–	1,130,000
20전권	–	–	300,000	210,000	–	–	–	510,000
50전권	–	–	500,000	3,000,000	–	–	–	3,500,000
계	1,300,000	1,000,000	3,700,000	16,490,000	5,535,000	–	1,180,000	29,205,000

비고: 본 표에는 1907년(明治 40) 3월 제조하고 1908년(明治 41) 4월 소각한 공작인부(孔雀印付) 개조 5원권 120만 원은 포함되지 않음.

종류 \ 연차	1903	1904	1905	1906	1907	1908	계
1원권	× 15,000	500	–	–	–	–	15,500
5원권	–	2,500	–	–	1,000	–	3,500
10원권	–	5,000	–	–	2,000	–	7,000
10전권	–	50	100	–	–	▲ 629,900	630,050
20전권	–	100	200	–	–	▲ 109,800	110,100
50전권	–	250	500	–	–	▲ 2,499,500	2,500,250
계	15,000	8,400	800	–	3,000	3,239,200	3,266,400

비고: '×' 표시는 1902년(明治 35) 6월 부산에 회송 중 기선 구마가와마루(球摩川丸) 조난으로 침몰했기 때문에 1903년(明治 36) 7월 폐기된 것이고, '▲' 표시는 육군성에서 불용 처리하여 폐기하고 1908년(明治 41) 4월 소각한 것이다. 기타는 모두 견본으로 배포하기 위해 폐기한 것이다.

본행 발행 각종 은행권

1902년(明治 35) 발행 1원권, 5원권, 10원권 앞면 뒷면

1904년(明治 37) 발행 10전권, 20전권, 50전권 앞면 뒷면

1904년(明治 37) 발행 1원권, 5원권, 10원권 앞면 뒷면

1908년(明治 41) 발행 1원권 앞면, 뒷면

（面　　　表）

（面　　　裏）

6. 일본중앙금고 파출소 사무 취급

1894년(明治 27) 청일전쟁 때 본행은 일본은행의 위탁으로 인천·부산·경성 세 지점을 임시 중앙금고파출소로 지정하여 일본 금고 사무를 대리하고, 군용금 보관 및 출납 사무를 취급하게 되었다. 그리고 이에 관한 일본은행과의 계약은 다음과 같다.

조선국 경성·인천·부산에 있어서 중앙금고 임시 파출소의 현금 출납을 취급하기 위해 제일국립은행에 일본은행 대리점을 촉탁하기로 하고, 대장대신의 인가를 얻어 일본은행과 제일국립은행 사이에 약조(約條)를 다음과 같이 체결한다.

제1조 조선국 경성·인천·부산에 있어서 중앙금고 임시 파출소(이하 그냥 각 임시 파출소라 칭한다)의 현금 출납을 취급하기 위해 일본은행은 제일국립은행에 대리점을 촉탁한다. 제일국립은행 두취는 동 은행 인천·부산의 두 지점장 및 경성출장소장에게 그 사무를 위탁한다.

제2조 제일국립은행은 각 임시 파출소에 속하는 현금 보관, 출납 및 그 취급 사무에 대해 일본은행에 일체의 책임을 갖는다.

제3조 각 임시파출소 사무 취급에 따른 수수료 금액[員額]은 따로 이를 정해 제일국립은행에 급여한다.

제4조 각 임시 파출소 사무 취급 절차는 일본은행에서 규정한다.

제5조 본 조약은 각 임시파출소사 취급가규정이 각 임시 파출소에 도달한 뒤 곧바로 실시한다.

제6조 앞의 계약을 체결한 증거로 쌍방의 역원이 기명 조인하고, 한 통은 일본은행에 보존하고, 한 통은 제일국립은행에 보존하기로 한다.

1894년(明治 27) 6월 25일

일본은행 총재 가와다 고이치로(川田小一郎)

동 국고국장 우스이 요시히사(薄井佳久)

동 문서국장 가와카미 긴이치(河上謹一)

주식회사 제일은행 두취 시부사와 에이이치(澁澤榮一)

동 지배인 사사키 유노스케(佐々木勇之助)

이어 1904년(明治 37) 러일전쟁이 시작되자 다시 경인·인천 두 지점과 평양·진남포 두 출장소에 일본금고 사무 취급을 위탁하고, 아울러 군용절부(軍用切符, 이하 '군표'-역자) 출납, 교환 등에 관한 사무를 취급하게 되었다. 원래 군표는 일본 군대가 그 교전지역 내에서 발행한 일종의 지폐로써 이를 가지고 모든 군수(軍需)를 지변(支辨)하여 경화를 운반하는 불편을 면하고자 하는 데 (그 목적이) 있어 1904년(明治 37) 2월 일본 군대가 처음 인천에 상륙하면서 동시에 발행된 것이다. 이후 전선이 확장함에 따라 그 발행고도 점차 증가하여, 특히 만주에서는 은본위인 군표의 성질상 청국인의 기호에 적합하여 한때 만주 각 지방에서 통용되는 주된 통화로 기능하였다.

하지만 한국은 일본과 마찬가지로 금화본위이기 때문에 발행 당초부터 대체로 그 유통이 원활하지 못하였고, 유통구역은 평양 이북으로 한정되었으나 만주로부터 회송된 것이 적지 않아 그 교환을 위해 한국 지금고의 교환고는 각각 거액에 달했다. 그중에서도 인천지금고에서는 군표 매매를 하나의 영업으로 하는 즈푸(芝罘) 청상(淸商)을 위해 교환된 것이 매우 많았다. 특히 1905년(明治 38) 3월 이후에 그 경향이 현저했기 때문에 한 때 교환중지설까지 나왔으나 완전히 교환을 중지하게 되면 군표[軍用切符]의 신용에도 관계를 미치기 때문에 인천지점에서 적절히 조절하여 교환하기로 했다. 또 군표[軍用切符]의 대리인(代辨人) 등에게 여러 가지로 본 표의 성질에 대해 설명하여 약간 태환권 유출을 억제할 수 있었다.

지금 1904년(明治 37) 본행 각 지점 출장소에서 군표 교환 개시 이후 1906년(明治 39) 7월까지 각 지점 교환고를 보면 다음과 같다.

파출소명	교환 수입고	교환 지불고
경성파출소	1,245,251.200	800.000
인천파출소	8,230,104.300	219,000.000

평양파출소	933,022.400	0
진남포파출소	746,658.500	0
원산파출소	36,918.900	0
안동현파출소	15,786,004.100	3,527,642.400

위의 표를 통해 군표 출납 교환이 각 금고 파출소의 주된 사무였음을 알 수 있다. 그리고 그 금고 출납 사무에 관해 1904년(明治 37) 4월 일본은행과 체결한 조약은 다음과 같다.

제1조 한국 경성, 인천, 평양, 진남포 등에서 중앙금고 파출소 현금[군표(軍用切符) 및 원형 은괴 등을 포함한다. 이후 같음] 보관·출납을 취급하기 위해 주식회사 제일은행은 상기(중앙금고) 파출소 소재지에 위치한 지점 또는 출장소를 일본은행 대리점으로 지정하고, 그 사무를 취급하기로 한다.

제2조주식회사 제일은행은 전 조 사무에 관한 법령 고시 또는 금고출납역이 반포하는 규칙 통달을 준수하여 이를 취급해야 한다.

제3조 주식회사 제일은행은 각 파출소 현금 보관·출납 및 그 취급 사무에 대해 일본은행에 일체의 책임을 갖는다.

각 파출소에 보관 중 또는 해당 파출소로부터 다른 곳으로 체송(遞送) 중인 금액에 손실이 발생했을 때는 그 원인 여하에 무관하게 전 항에 따라 주식회사 제일은행에서 책임을 지고 이로 인해 발생하는 모든 손실 비용도 변상해야 한다.

제4조 각 파출소의 금궤(金櫃)와 장부는 점포 본업부(本業部)와 섞이지 않도록 확실하게 구획하고, 한눈에 그 파출소의 금궤와 장부가 장치(藏置)되어 있음을 충분히 알 수 있는 표장(標章)을 붙여 두어야 한다.

주식회사 제일은행은 어떤 경우에도 그 본업부를 위해 각 파출소의 현금을 사용할 수 없다.

제5조 일본은행은 각 파출소 사무 취급에 필요한 실비를 주식회사 제일은행에 지불해야 한다.

제6조 본 계약은 1904년(明治 37) 5월 1일부터 실시해야 하고, 기한은 이를 정하지 않으나

일본은행의 사정에 의해 언제라도 이를 해제할 수 있고, 또 쌍방이 협의한 뒤 대장대신의 인가를 거쳐 본 계약을 경정(更正)하거나 증삭(增削)할 수 있다.

상기 계약을 체결한 증거로써 쌍방 역원이 서명 · 조인하여 한 통은 일본은행에 보존하고, 한 통은 주식회사 제일은행에 보존한다.

1904년(明治 37) 4월 28일

일본은행 총재 마쓰오 시게요시(松尾臣善)

동 국고국장 야마구치 무네요시(山口宗義)

동 문서국장 이토 긴스케(伊藤欽亮)

주식회사 제일은행 두취 시부사와 에이이치(澁澤榮一)

동 지배인 사사키 유노스케(佐々木勇之助)

동년 5월 3일 앞의 약조서(約條書)에 제1조 파출소에 안동현(安東縣)을, 동 7월 30일에 봉황성(鳳凰城)을 추가했지만, 봉황성은 10월 20일에 이를 삭제하고, 동 11월 5일부터 원산을 추가하였다.

국(國) 제1067호

이번에 대장대신께서 오는 6월 10일 자로 재한국 중앙금고 성진파출소를 설치한다고 별지 사본과 같이 시달하셨기 때문에, 제반 사무가 그에 알맞게 진행되기 바라며, 또 개시한 뒤에는 그 내용을 보고했으면 하고 이같이 조회합니다.

금고출납역

1905년(明治 38) 5월 31일 일본은행 총재 마쓰오 시게요시(松尾臣善)

주식회사 제일은행 두취 시부사와 에이이치(澁澤榮一) 귀하

임(臨) 第2196號

금고출납역

시국에 대한 필요상 오는 6월 10일 자로 중앙금고 상설 파출소를 한국 성진에 설치한다. 단, 동 파출소에서는 군표[軍用切符]와 통화의 교환은 취급하지 않는다.

1905년(明治 38) 5월 29일

대장대신 남작 소네 아라스케(曾禰荒助)

따라서 곧바로 그 준비에 착수하여 6월 5일 파출소원을 파견하고, 7월 14일 그 내용을 중앙금고에 신고했다.

신고서

성진 중앙금고 파출소는 귀하께서 5월 31일 자 국(國) 제1067호 통첩에 의해 곧바로 준비에 착수했고, 파출소원은 6월 5일에 임지로 출발했습니다. 이같이 만일을 대비해 신고 말씀드립니다.

1905년(明治 38) 7월 14일

주식회사 제일은행

중앙금고 귀중

이런 경위로 파출소원은 경성에서 부산, 원산 등을 경유하여 동월 14일 동지에 도착했다. 곧바로 가와카미(川上) 영사, 야다(矢田) 병참사령관 등을 방문하여 병참부의 주선으로 좁은 한인 가옥을 빌려 즉각 이곳에 출장소를 설치하고 15일부터 업무를 개시했다.

1905년(明治 38) 11월 25일 다시 일본은행에서 별지와 같이 한국 함흥에 금고 파출소를 설치하고자 사무 취급의 건에 대해 협의가 있었다.

삼가 말씀드립니다.

육군성에서 한국 주둔 군대의 사정 때문에 함흥에 금고 파출소를 설치했으면 하는 신청이 있어서 대장성과 협의했습니다. 이에 대해 위의 파출소가 설치되면 귀행에서 사무 취급을 인수하더라도 지장이 없는지 협의했으면 합니다. 다만 진남포 금고 파출소 폐지하더라도 지장이 없을 것 같습니다. 이에 귀의(貴意)를 얻고자 합니다.

일본은행 구보타(久保田) 조사역

제일은행 사사키 취체역 귀하

이어 12월 2일 금고출납역으로부터 다음과 같은 통첩이 있었다.

국(國) 제2621호

오는 12월 15일부터 중앙금고 함흥파출소를 설치하고, 동시에 진남포파출소를 폐쇄하겠다는 뜻을 별지 사본과 같이 대장대신으로부터 알려왔기 때문에 이의 개시가 잘 진척되었으면 합니다. 또한 상기 개폐에 관해 다음의 각 건을 알아두셨으면 하고 이같이 통첩합니다.

금고출납역

1905년(明治 38) 12월 2일 일본은행 총재 마쓰오 시게요시(松尾臣善)

주식회사 제일은행 두취 시부사와 에이이치(澁澤榮一) 귀하

1. 함흥파출소 개시한 뒤에는 그 내용을 보고했으면 합니다. 다만 부득이한 사유로 실제 개시가 지연된다면 그 사유도 같이 신고해주시기 바랍니다.
2. 진남포파출소 폐쇄하고, 사무가 결료(結了)한 뒤에는 그 내용을 보고해 주시기 바랍니다.
3. 함흥파출소 사무 취급에 대해서는 별도 송부하는 재한국급만주중앙금고파출소사무순서(在韓國及滿洲中央金庫派出所事務順序) 및 금고법규찬요(金庫法規纂要) 소재의 보관물 취급 규정, 동 출납사무 규정, 기타 관계 법규에 의해 취급하시기 바랍니다.

4. 동상 파출소 주임자 씨명은 곧바로 통지하시기 바랍니다.

5. 동상 파출소 인장, 장부들, 용지 등은 별도 송부하겠습니다.

6. 진남포파출소의 인장, 장부, 서류 및 현금에 관해서는 별지 동 파출소에 통달한 사본과 같이 알고 계시기 바랍니다.

<별지>

금고출납역

오는 12월 15일부터 한국 함흥에 중앙금고 파출소를 설치하여 세출진체금잡부(歲出振替金雜部) 및 보관사무 취급을 개시하고, 동시에 진남포금고파출소를 폐쇄할 것. 단, 부득이한 사유로 상기 기일까지 개시할 수 없을 때는 그 사유를 갖추어 신고할 것.

1905년(明治 38) 11월 25일

대장대신 남작 소네 아라스케(曾禰荒助)

이 통첩과 전후하여 일본은행 총재께서 문(文) 제1018호 서신[狀]으로 함흥파출소 설치와 진남포파출소 폐지 건에 대해 추약서(追約書)를 송부하셨다. 이에 당행으로부터는 승낙서[33]와 함께 다음의 신고서[屈書]를 동행에 제출했다.

귀하 문(文) 제1018호 서신으로 위촉하신 중앙금고 함흥파출소 개설을 위해 상기 대리사무 취급자는 오는 5일 자로 당지로 출발시키겠습니다. 교통이 불편한 땅이어서 배편이나 기타 사정으로 어쩌면 시달한 15일에 개설할 수 있을지 짐작하기 어렵지만 도착한 뒤에는 곧바로 사무 취급을 개시하도록 하겠습니다. 위와 같이 신고합니다.

주식회사 제일은행 두취 시부사와 에이이치(澁澤榮一)

---

33 원문에는 '受書'라고 되어 있으나 발음이 '請(け)書(うけしょ)'와 같아서 후자의 오기가 아닐까 한다. '請(け)書(うけしょ)'는 승낙서 또는 수락서를 의미한다.

제5조 을이 공채 원리금을 대한국 정부로부터 수취했을 때는 지체 없이 그 반액을 갑에게 교부해야 한다. 단, 실제 지불의 경우에는 서로 그 과부족을 수수해야 한다.

제6조 무기명 공채증서의 원리금 지불 수수료는 각자의 지불고에 따라 분배한다. 단, 이에 필요한 공동의 비용은 평분(平分)하고 기타 비용은 각자의 부담으로 한다.

제7조 본 계약 기재 사항 중 대한국 해당 관청에서 이의가 있을 때는 갑·을 쌍방 사이에 다시 협정해야 한다.

상기 정약(訂約)의 증명으로써 이 계약서 2통을 작성하여 쌍방이 서명날인한 뒤 각 1통을 영유한다.

1906년(明治 39) 4월 21일

주식회사 제일은행 두취 시부사와 에이이치(澁澤榮一)

주식회사 일본흥업은행 총재 소에다 주이치(添田壽一)

그리고 본 문제가 기인한 일본흥업은행과 한국 정부의 계약은 다음과 같이 되기 때문에 참고를 위해 이에 게재합니다.

대한국 정부를 갑(甲)으로 하고, 일본흥업은행을 을(乙)로 해서 다음의 계약을 체결한다.

제1조 갑은 농상(農商) 발달을 위해 1천만 원의 자금을 을로부터 차입하기로 하고, 을은 갑의 청구에 의해 그 대부를 승낙한다.

제2조 상기 1천만 원 중 이 기회에 먼저 500만 원을 다음의 조건으로 차입한다.

1. 차입기일	1906년(광무 10, 明治 39) 3월
2. 이율	1개년 1000분의 65, 즉 6푼 5리
3. 원금 상환기한	10개년. 단, 1906년(광무 10, 明治 39) 3월부터 5년간 거치하고 그 후부터 5개년 동안 상환
4. 이자 지불 월	매년 5월·11월. 단, 불입 이후의 단수이자(端數利子)는 그 불입

이 있었을 때부터 최근 이자 지불월에 지불하고, 원금 상황 때는 그 상환달까지 월할(月割)로 지불한다.

5. 원리금 지불에 대해서는 대한국 국세의 수입금으로 우선 담보로 설정한다.

6. 납입금액 100원에 대해 90원으로 한다.

7. 원리금은 일본 화폐로 지불한다.

제3조 갑은 을의 청구가 있을 때는 차입증을 무기명 공채증서에 제작하여 을에게 교부한다.

전 항 공채증서는 액면가격으로 대한국 정부에 대한 각종 보증금에 대용할 수 있다. 그리고 어떤 명의(名義)로도 조세나 기타 공과를 부과하지 못한다.

제4조 갑은 원리금 지불에 관한 일체의 사항을 을에게 위탁한다.

제5조 갑은 이자 지불의 자금으로써 반년 분에 해당하는 금액을 매년 4월과 10월의 15일까지 을에게 교부한다.

제6조 갑의 원금 상환의 경우에는 상환기일부터 1개월 전에 그 원리금을 을에게 교부한다.

제7조 공채를 공중에게 발행할 시기와 방법은 을의 선택에 맡긴다.

제8조 공채 원리금은 을이 지정하는 장소에서 지불한다.

갑은 공채 원리금 지불의 수수료로써 원금에 대해서는 그 지불액의 1000분의 3, 이금(利金)에 대해서는 그 지불고의 1000분의 5를 을에게 지불해야 한다.

상기 정약(訂約)을 증명하기 위해 이 약정서를 한일문 2통을 작제하여 쌍방 서명날인한 뒤 각 1통을 소지한다.

1906년(明治 39) 3월 16일

주식회사 일본흥업은행 총재 소에다 주이치(添田壽一) 대리

동행 조역(助役) 이와이 주타로(岩井重太郎)

광무10년 3월 16일

대한국 탁지부 대신 민영기(閔泳綺)

정부 재정고문 메가타 다네타로(目賀田種太郎)

8. 한국 국고금 취급

1) 회계제도의 개정

종래 한국에서 궁중(宮中)과 부중(府中)의 구별이 명확하지 않고, 국가의 재산은 곧 왕실의 재산으로써 그 사이에 공사(公私)의 구별이 없고, 겨우 불완전한 한 조각의 회계법규가 있어 수지(收支)의 준칙을 보인 것에 불과했다. 개국 504년(1896) 3월에 이르러 비로소 약간 정비된 회계법이 발포되어 정부의 회계연도는 매년 정월 1일에 시작되어 그해 12월 말일에 끝나고, 조세의 신과(新課), 세율의 변환 등은 모두 법률로써 이를 정하며, 세입출 같은 것도 매년 예산을 정해 이를 경영하고, 기타 예산 외에 국고 부담이 될 만한 계약 체결에는 각의 외에 여전히 군주의 재가를 거쳐야 한다고 규정했다. 이후 이 법규에 준거하여 국가 회계를 조리(調理)하게 되었으나 국고금 취급에 관해서는 아직 어떤 신 기관을 설립하는 데 이르지 못했다.

회계법

[법률 제2호 개국 504년 3월 30일(번역문)]

제1조 조세의 신과(新課)와 세율의 변환은 일체 법률로써 정한다.
　법률로써 정한 외에는 조세 감면, 연납(延納) 등을 허락하지 못한다.

제2조 현행 조세로써 법률이나 칙령 및 기타 규정이 있는 것의 부과와 징수는 다시 법률로써 고치지 않으면 일체 그 구(舊)에 의한다.

제3조 정부의 세입과 세출은 매년 예산을 정해 경리해야 한다.

제4조 예산 및 결산, 그리고 국채, 기타 예산에 정한 것 외에 국고에 부담이 될 수 있는 계약을 고치기 위해서는 각의 후 대군주 폐하의 재가를 거쳐야 한다.

제5조 정부의 회계연도는 매년 정월 1일에 시작되어 그해 12월 말일에 끝난다.
　회계연도에 속하는 세입(歲入)과 세출(歲出)의 출납에 관한 사무는 다음 해 8월 말일을 한해 모두 완결해야 한다.

제6조 조세 및 기타 일체의 수납을 세입으로 하고, 일체의 경비를 세출로 하여 세입과 세출을 총예산 중에 편입해야 한다.

제7조 각 관청은 각 연도에 결정하는 경비 정액(定額)을 가지고 다른 연도에 속하는 경비에 충당할 수 없다.

제8조 각 관청은 법률 칙령을 가지고 규정한 외에 특별한 자금을 가질 수 없다.

제1항 예산

제9조 각 부 대신은 매년 9월 말일을 한해 그다음 연도에 관한 소관 경비의 수용액(需用額)을 산정하여 예산 조서를 조제하여 탁지부 대신에게 송부해야 한다.

제10조 탁지부 대신은 매년 10월 말일을 한해 그다음 연도에 관한 세입의 정형(情形)을 조사하고, 또 각 부 소관 경비 예산 조서를 검안하고, 대조 조리(調理)하여 세입 세출 총예산을 편제하여 각의에 제출해야 한다.

제11조 보통 예산은 경상(經常)과 임시(臨時)의 2부로 대별하고, 각 부 중에서 관항(款項)을 구분해야 한다.

예산 관항의 구분은 탁지부 대신이 이를 정한다.

제12조 예산 각 관(款)의 금액은 피차(서로) 유용할 수 없다.

관(款) 중 각 항(項)의 금액을 유용할 때는 반드시 탁지부 대신의 승인을 거쳐야 한다.

제13조 세입 세출 총예산 중에는 예산 부족을 보충하기 위해 혹은 예산 외에 필요한 비용에 충당하기 위해 예비금을 둘 수 있다.

예비금은 탁지부 대신이 이를 관리한다.

제2항 수입

제14조 각 관청은 어떤 명목임을 불문하고 법률, 칙령 및 기타의 규정에 없는 조세, 부과금, 상납물 및 정비(情費), 잡비액을 부과 징수할 수 없다.

요역(徭役), 기타 노력(勞力)의 징발에 관한 것도 상 항(上項)과 같다.

제15조 조세 및 기타 세입을 징수할 때는 징수 명령 혹은 납액 고지를 발(發)해야 하나 다음에 열거하는 항들의 수입은 납액 고지를 발(發)하지 않고 곧바로 수납할 수 있다.

제1. 우체(郵遞)와 기타 사업에서 발생하는 수입

제2. 공매(公賣)와 기타 처분에서 발생하는 수입

제3. 벌금 및 몰수금 종류

제4. 상 항(上項) 외에 법률과 칙령으로 특정한 것

제16조 법률 명령에 의해 정당한 자격을 갖는 자가 아니면 조세를 징수하고 기타 세입을 수납할 수 없다. 법률 명령에 의해 정당한 자격을 가진 자도 징세 명령 혹은 납세 고지를 발(發)하지 않고 조세 및 기타 세입을 징수할 수 없다. 단, 제15조의 단서가 정하는 바는 이 제한에 있지 않다.

제17조 어떤 사람임을 불문하고 제15조의 단서에 해당하는 자 외에는 징세 명령 혹은 납액 고지를 받지 않으면, 곧 정부에 대해 금전 물건의 납입을 거부할 수 있다.

제3항 지출

제18조 매 회계연도의 정부 경비에 충당하는 정액은 그 연도 중에 납부해야 할 세입을 가지고 지변(지불)해야 한다.

제19조 각 부 대신은 예산에 정한 명목 외에 정액을 사용할 수 없다.

각 관청은 그 청에 수납하는 일체의 수입을 국고에 납입해야 하기 때문에 곧바로 사용할 수 없다.

제20조 각 부 대신은 그 소관 정액을 사용하기 위해 국고에 대해 출급 명령을 발해야 하지만 별정(別定) 규정을 따라 다른 관리에게 위임하여 출급 명령을 발하게 할 수 있다.

제21조 각 부 대신은 정부가 상관하는 정당 채주(債主) 혹은 그 대리인을 제외하는 것 외에는 출급 명령을 발할 수 없다.

다음 항 경비에 한해 각 대신은 주임 관리에게 위임하여 혹은 정부에서 명한 은행 및 기타 당무자에게 위임하여 현금을 출급시키기 위해 현금 선수(先授)의 출급 명령을 할 수 있다.

제1. 국채 원리의 출급

제2. 군대 행군비 및 관선(官船)에 속하는 경비

제3. 재외 각 관청의 경비 및 기타 외국에 있는 출급 경비

제4. 각 관청에서 자영(自營)하는 공사의 경비

제5. 금고 미설(未設) 지방에서 출급하는 경비

제22조 국고는 출급 명령의 발부를 받지 않으면 그 출급을 할 수 없다.

출급 명령이 법에 적합하지 않은 것에 대해서도 역시 같다.

제4항 결산

제23조 각 부 대신은 예산 조서와 동일한 양식을 가지고 그 부 소관 경비 결산보고서를 조제하여 탁지부 대신에게 송부해야 한다.

제24조 탁지부 대신은 세입 결과를 조사하고, 또 각 부 소관 경비 결산보고서를 검사·확정하여 세입·세출 총결산을 조제해야 한다.

각 부 소관 경비 결산보고서를 검사하는 규정은 법률로써 정한다.

제5항 세계 잉여와 정액 추이의 예산 외 수입 및 정액 환입

제25조 각 연도에서 세계에 잉여가 있을 때는 그다음 연도 세입 중에 편입해야 한다.

제26조 예산에서 특별하게 명허(明許)한 것과 일(一) 연도 내에 준공해야 할 공사 혹은 제조할 것을 피할 수 없는 사고 때문에 사업을 지연하여 연도 내에 그 경비 지출을 종료하지 못한 것은 다음 연도에 추이(推移) 사용할 수 있다.

제27조 몇 년을 기해 준공해야 할 공사 제조 및 기타 사업의 계속비로써 그 총액을 정한 것은 매 연도에 출급 여액(餘額)을 준공 연도까지 체차(遞次, 순차) 추이할 수 있다.

제28조 출급이 완결하는 연도에 속하는 수입 및 기타 일체 예산 외의 수입은 일체 현 연도 세입 중에 편입해야 한다. 단, 선금(先金) 출급, 개산(概算) 출급, 전용(轉用) 출급 등을 행할 경우에 해당 환납금(還納金) 및 과급(過給) 오급(誤給)으로써 회수할 금액은 그 연도 정액 중에 환입할 수 있다.

제6항 기만면제(期滿免除)

제29조 정부 부채로써 그 출급해야 할 연도 경과 후 만 3개년 내에 채주(債主)로부터 지출

혹은 출급을 청구하지 않으면 곧 기만 면제로써 정부는 그 의무를 면한다. 단, 특별 법률로써 만기 면제의 기한을 정한 것은 각각 그 정한 바에 따른다.

제30조 정부에 대해 조세 및 기타 세입을 납상(納上)해야 할 의무를 가지는 자는 그 납상해야 할 연도의 경과 후 만 3개년 내에 징세 명령 혹은 납액 고지를 받지 않으면, 즉 기만 면제로써 그 의무를 면한다. 단, 특별 법률로써 기만 면제의 기한을 정한 것은 각기 정하는 바에 따른다.

제7항 출납 관리(官吏)

제31조 정부에 속하는 현금 혹은 물품의 출납을 담당할 관리는 그 현금 혹은 물품에 대해 일체 책임을 부담해야 한다.

제32조 전 조의 관리가 수화(水火) 도난 혹은 기타의 사고에 의해 그 보관하는 현금 혹은 물품을 분실 훼손했을 때는 그 보관상에 피할 수 없는 사실을 탁지부 대신에게 증명하여 책임 면제의 판결을 받지 않으면 그 부담의 책임을 면할 수 없다.

제33조 현금 혹은 물품 출납을 주장(主掌)하기 위해 신보금(身保金)을 납입시킬 필요가 있는 자는 칙령으로 정한다.

제34조 징세 명령 및 출급 명령의 직무는 겸임할 수 없다.

제8항 벌칙

제35조 제8조·제14조·제16조 및 제19조 제2항의 규정을 위반한 자는 그 명령자 혹은 집행자 혹은 방조자(幇助者, 거들어 도와주는 사람)를 막론하고 일체 장물(贓物)로써 조율(照律, 형률을 적용)하는 바가 된다.

제9항 잡칙

제36조 일반 세계에 편입하지 않은 특별자금을 두어 별도 정리를 요하는 것이 있으면 곧 특별회계를 설치할 수 있다.

특별회계의 설치는 법률로써 정한다.

제37조 황실 경비는 정액에 의해 매년 국고로부터 지출하고, 그 회계는 별정(別定) 방법에

따르게 해야 한다.

제38조 탁지부 대신은 국고의 장부를 설비하여 세입·세출의 예산 및 수입·지출 계산과 출납을 등기해야 하고, 각 연도를 경과한 후 8개월 말일에 탁지부 대신은 국고의 장부를 체결(締結)해야 한다.

제39조 이 법률에 각 관청이라 칭하는 것은 내각, 각부, 기타 독립 관청 및 각각 그에 속하는 부국(部局) 및 감영, 각 읍 등 일체 관무를 담당하는 관청을 가리킨다.

제40조 이 법률 시행 전부터 존재한 정부의 부채 및 정부에 대한 각 납(納)의 의무는 이 법률 시행일로써 일병(一竝) 기만 면제의 기산점으로 한다.

제41조 이 법률은 개국 504년 4월 1일부터 시행한다.

1904년(明治 37) 메가타가 한국 정부의 재정고문으로 취임한 후 한국 정부는 국고금 출납에 관한 사항을 정리하고, 1904년(광무 8) 12월 30일에 탁지부는 금고출납역 설치의 건에 관해 부령(部令) 제2호를 발포했다. 이후 탁지부령에 의해 금고출납역은 동 대신의 명령을 받아 일체의 직무를 집행할 것, 국고금의 수납 저장(儲藏)을 위해 본지금고를 설치할 것 등의 규정을 마련하였다. 하지만 해 부령(탁지부령) 발포 당시에는 아직 금고출납역 임명 없이 겨우 동 부 출납국에 둔 금고과로 하여금 그 직무를 집행하도록 하는 데 그쳤다.

금고출납역 설치의 건

[부령 제2호(광무 8년 12월 30일)]

제1조 탁지부에 금고출납역을 특치(特置)하여 국고금 출납을 관장하게 할 것.

제2조 금고출납역은 본 대신의 명령을 받아 일체의 직무를 집행할 것.

제3조 국고금 수납 저장(儲藏)을 위해 금고를 설치하여 본부 혹은 중앙지에 두는 것은 본금고 혹은 중앙금고라 칭하고, 편의상 각 지방에 두는 것은 지금고라고 칭할 것.

제4조 본 령을 실시하기 이전은 본 부 출납국에 설치된 금고과로써 이 직무를 집행하게 할 것.

이어 1905년(광무 9) 1월 27일 일본공사관에서 탁지부 대신과 하야시 공사 및 메가타 재정고문 사이에 본 금고 개설 장소, 금고의 영조(營造), 금고 관리자 수 및 금고출납역, 지금고 출납역 대리인 등에 관해 다음의 몇 건을 협정하여 이에 처음으로 국고제도 설비의 서광을 보게 되었다.

탁지부 대신과 공사 및 고문의 협의안

하나. 본 금고는 전 본국 중앙은행 건설 예정 장소에 개설할 것.

하나. 금고는 탁지부에서 영조할 것.

하나. 금고 설치 이전은 탁지부 출납국으로써 이를 담당하게 할 것.

하나. 금고 관리자는 칙임 1인, 주임 5인으로 정할 것.

하나. 금고출납역은 제일은행 간사인(幹事人)에게 위임하여 수입·지출을 관장시키더라도 금고 관리(官吏)를 감독할 것.

하나. 지금고도 제일은행 간사 약간 명에게 위임하더라도 금고 관리(官吏)를 감독할 것.

하나. 본국 은행이 점차 확장하면 금고 사무도 잘 협의하여 처리할 것.

2) 국고금 취급에 관한 한국 정부와의 계약

1905년(광무 9) 1월 31일 본행은 한국 탁지부와 국고금 취급에 관한 계약을 체결했다. 그 결과 1904년(광무 8) 12월 30일 발포한 탁지부령으로 금고출납역의 지위를 획득하고, 탁지부 대신의 지휘·감독을 받아 국고금 출납 사무를 취급하게 되었다. 또한 일본 칙령 제73호가 발포되었기 때문에 경성지점의 조직을 바꾸어 이를 한국 총지점으로 하고, 영업부와 발행부 외에 국고부를 설치하여 총지점 지배인에게 금고출납역 사무를 집행하도록 했다. 즉 국고금 취급에 관한 계약서 전문은 다음과 같다.

국고금 취급에 관한 계약서

제1조 대한국 정부가 국고금 취급을 제일은행에 위탁하기로 하면서 제일은행은 1904년(광무 8) 12월 30일 탁지부령으로 금고출납역 지위를 획득하여 탁지부 대신의 지휘·감독을 따라 성실하게 국고금 출납 사무를 취급해야 한다.

제2조 대한국 정부의 세입은 국고 예금으로 모두 제일은행에 예입해야 한다.

제3조 국고 예금에는 이자를 부치지 않는다.

제4조 국고 예금 출납에 관한 경비는 모두 제일은행의 부담으로 한다.

제5조 제일은행은 대한국 국고 예금 출납을 위해 주요 개소에 사무소를 설치해야 한다.

제6조 대한국 정부 세입은 모두 징수관의 서명날인이 있는 납부서에 금액을 기재하여 지정 사무소에 납인(納人)으로 하여금 납부하게 하면 제일은행은 곧바로 이를 대한국 국고 예금에 조입(組入)하고 동시에 영수증을 납인(納人)에게 교부한다. 또한 징수관에게는 영수통지서로써 영수가 끝났다는 뜻을 통지해야 한다.

제7조 국고 예금 인출은 모두 출급관의 서명날인이 있는 인출표[引出切符]로 한다.

통지서를 가지고 국고 예금 인출 예고를 해야 한다. 제일은행은 국고 예금을 불출(拂出, 지출)했을 때는 그 내용을 출급관에게 통지해야 한다.

제8조 납부서, 영수서, 영수통지서, 인출표[引出切符] 및 인출통지서 서식은 탁지부 대신이 이를 정한다.

제9조 출급관 서명 및 인감은 탁지부 대신이 미리 제일은행에 통첩해야 한다.

제10조 제일은행은 소정의 인출 통지 및 인출표[引出切符]가 부합하는지 확인하고, 또 제9조의 서명날인이 없으면 국고 예금 불출(拂出)을 할 수 없다.

제11조 탁지부 대신은 제일은행 각 사무소에 대해 출급관이 항상 과목별로 국고 예금 인출 금액을 미리 정하여 이를 제일은행에 통지해 둔다. 그 변경이 있을 때 역시 마찬가지이다.

제12조 제일은행은 전 조에서 정한 금액을 초과하여 국고의 예금을 불출할 수 없다.

제13조 국고 예금 출납은 제일은행 영업시간 내로 제한한다.

제14조 제일은행은 국고 예금 출납에 대해서는 사유 여하를 막론하고 대한국 정부에 대해

일체의 책임을 진다. 단, 대한국 정부의 과실이 있는 경우는 이 제한에 있지 않다.

제15조 제일은행은 인출통지서를 수령한 후에는 정당하게 발행된 인출표[引出切符]에 대해 불출을 거부할 수 없다. 단, 제10조의 경우는 이 제한에 있지 않다.

제16조 대한국 정부는 통화, 금은지금 및 유가증권 보호 예치를 제일은행에 위탁할 수 있다. 이 경우에는 제일은행은 가장 선량한 관리자의 주의로써 무상으로 그 보관의 책임을 져야 한다.

제17조 전 조 보호 예치한 사물의 출납 절차는 탁지부 대신이 이를 정한다.

제18조 대한국 정부는 한도 30만 원까지 무이식(無利息)으로 예금 과인출(過引出)을 할 수 있다.

제19조 전 조의 제한을 초과한 과인출 금액에 대해 대한국 정부는 연 6푼의 이자를 지불해야 한다. 단, 본 조의 과인출 금액은 100만 원을 초과할 수 없다.

제20조 국고 예금 취급을 위해 필요하다고 판단한 관유 부동산은 탁지부 대신의 승인을 얻어 제일은행에서 무상으로 이를 사용할 수 있다.

위의 조항을 확약하고, 그 증거로써 계약서를 한일문(韓日文) 각 2통을 작성하여 각자 2통씩을 영유한다.

1905년(明治 38) 1월 31일
탁지부 서무국장 이중옥(李重玉)
주식회사 제일은행 경성지점 지배인 시미즈 다이키치(淸水泰吉)

상기 계약 체결 후 국고금 취급에 관해서는 부령 제4호로써 금고는 당분간 세입 세출에 한해 이를 처리할 것, 제일은행은 경성지점을 중앙금고로 지정하고 기타 지점 혹은 출장소를 지금고로 지정할 것, 경성지점 지배인을 금고출납역으로 지정하고 기타 지점 지배인 혹은 출장소 주임을 금고출납역 대리인으로 지정할 것, 중앙금고는 소속 각 지금고를 통할하여 이를 감독할 것 등을 규정했는데, 즉 다음과 같다.

금고 사무 처리 순서

[부령 제4호(광무 9년 6월 24일)]

제1조 금고는 현금간(現今間) 세입·세출에 한해 이를 처리하게 한다.

제2조 제일은행 경성지점을 중앙금고로 지정하고 기타 지점 혹은 출장소를 지금고로 지정한다.

제3조 경성지점 지배인을 금고출납역으로 삼고, 기타 지점 지배인 혹은 출장소 주임을 금고출납역의 대리인으로 한다.

제4조 중앙금고는 소속 각 지금고를 통할하여 이를 감독한다.

제5조 중앙금고는 부속 서식 제1호 갑견양(甲見樣) 기타 지금고는 동 을견양(乙見樣)을 마련해야 한다.

제6조 금고 출납은 휴일을 제외하는 것 외에는 상오 9시부터 하오 3시 안으로 한다. 단, 토요일은 정오를 기해 폐쇄한다.

각 청의 요구에 의해 임시로 급속한 지발(支撥)을 요할 때나 납기(納期)에 즈음하여 영수금이 폭주할 때는 전 항 개고(開庫) 시간 외라도 이를 처리할 수 있다.

제7조 금고에서 지발(支撥)할 때 조교(照較)할 수 있는 인감은 각 청에서 곧바로 관계 금고에 송교(送交, 인도)한다.

제8조 금고에서는 납인(納人)으로부터 납입고지서를 첨부해 현금 납부를 받았을 때는 이에 접속한 영수증서 등에 필봉(畢捧)[34]한 내용 및 금고명을 기입하고 집무자가 날인하여 이를 납인에게 교부하고 필수(畢收) 통지서를 세입징수관에게 송부해야 한다.

수입(收入) 관리로부터 현금급부서(現金給付書)를 첨부하여 현금의 급부가 있었을 때도 역시 같다.

제9조 중앙금고에서는 탁지부 대신으로부터 지발 예산 혹은 그 경정계산서(更定計算書) 또는 연도 개시 전 지발의 영달(令達)을 받았을 때는 그 금액을 지출부에 등기한 후

---

34 필봉하다는 세금, 빚, 외상값 따위를 모두 거두어들여 끝마친다는 의미이다.

이를 소속 각 지금고에 배부하고, 소속 각 지금고는 이에 따라 그 금액을 지출부(支出簿) 중 예산액 란 안에 등기해야 한다.

제10조 금고에서는 출급 명령관으로부터 통지출급명령서 혹은 집합출급명령서를 송부받았을 때는 다음에 열거하는 사항을 조사해야 한다.

1. 해당 명령서의 양식과의 상위(相違) 여부
2. 해당 명령서의 금액을 지발 예산의 잔액과 대조하여 지발 예산 각항의 금액 초과 여부
3. 집합출급명령 금액은 해당 명령서에 첨부한 각 채주(債主, 채권자) 금액성명표 금액과의 상위(相違) 여부

제11조 출급명령서를 가지고 와서 현금 지발을 청구하는 자가 있을 때는 금고는 그 통지출급명령서와 대조한 후 현금을 교부해야 한다.

집합출급명령서에 대한 출급명령관의 통지서를 가지고 와서 현금 지발을 청구하는 자가 있을 때는 금액성명표와 대조한 후 현금을 교부해야 한다.

제12조 금고에서 정액 환입을 위해 반납인(返納人)으로부터 반납고지서를 첨부하여 현금 납부가 있었을 때는 해당 반납고지서에 접속한 영수증서에 필수(畢收)한 자와 금고명을 기입하고, 처리자의 날인을 받아 이를 반납인에게 교부하고, 통지서는 출납명령관에게 송부해야 한다.

제13조 금고는 매년도 통지출급명령서 혹은 집합출급명령서로써 다음 연도 8월 30일 내에 세출금(歲出金)으로써 지발계산을 할 수 없는 자는 해당 연도의 지발미감금(支撥未勘金)으로서 추이 정리해야 한다.

제14조 금고는 다음에 열거하는 장부를 준비해야 한다.

1. 현금수발부(現金受撥簿)
2. 세입내역부(歲入內譯簿)
3. 세출내역부(歲出內譯簿)
4. 지출부(支出簿)
5. 세출지발미감추이금내역부(歲出支撥未勘推移金內譯簿)

중앙금고에서는 소속 각 지금고가 매월 제출하는 보고로 지금고가 처리하는 수지

액을 직접 처리의 조(條)와 구분하여 동일 장부 혹은 동일 식양(式樣) 외에 장부 중에 등기하는 것 외에 특히 다음에 열거하는 장부를 준비해야 한다.

6. 세입과목별정리부(歲入科目別整理簿)

제15조 현금수발부는 각 증빙(중앙금고에서는 계산보고를 포함한다)에 의해 수지금액 및 사유를 등기해야 한다.

제16조 세입내역부는 연도별로 이를 준비하여 각 주관청별로 세입징수관을 구분하고 다시 각 과목을 세별하여 그 수입액을 등기해야 한다.

제17조 세출내역부는 각 연도별로 이를 준비하여 각 주관청 및 각 출급명령관별로 세별하여 지발액을 등기해야 한다.

제18조 세출지발미감추이금내역부는 연도마다 구분하고, 또 각 주관청 및 출급명령관별로 세별하여 각 증빙에 의해 지발액을 등기해야 한다.

정액 환입이 있을 때는 반납고지서에 의해 그 금액을 주서(朱書)로서 현금 지발을 공제해야 한다.

제19조 지출부는 각 연도 경상부와 임시부별로 이를 준비하여 각 주관청 및 각 출급명령관별로 각 관항(款項)을 구분하여 지발 예산 혹은 그 경정계산서(更定計算書) 또는 연도 개시 전 지발의 영달(令達)을 받았을 때는 그 금액을 기록해 두고 출급명령관으로부터 통지출급명령서집합서를 수령할 때마다 출급명령서수령필액을 등기해야 한다. 정액 환입이 있을 때는 반납고지서에 의해 그 금액을 주기(朱記)하여 출급명령서수령필액을 공제해야 한다.

제20조 세입과목별정리부는 중앙금고에서 직접 처리해야 하는 세입금과 함께 소속, 각 지금고가 처리해야 하는 세입금을 각 과목별로 매월 집계하여 등기해야 한다.

제21조 중앙금고에서는 직접 처리 및 소속, 각 지금고가 처리한 수지의 보고표를 다음 달에 조제하여 이를 탁지부 대신에게 제출해야 한다.

제22조 지금고는 매월 처리에 관한 수지금(收支金) 보고표를 다음달 3일 내에 조제하여 이를 중앙금고에 송부해야 한다.

제23조 금고에 있는 책부(冊簿)의 식양(式樣) 기타 문서 정리 방법 등은 금고출납역이 이를 정해야 한다.

3) 각지에 지금고 설치

탁지부령 제5호에 의해 국고금 출납에 관한 금고의 출납구역은 탁지부 대신이 이를 정할 수 있었다. 이에 따라 1905년(明治 38) 7월 1일 경성의 중앙금고를 개시하여 동년 8월 15일에 인천, 부산, 평양, 진남포, 개성, 목포, 군산, 대구, 원산, 성진 등 10개소에 지금고를 설치했다. 하지만 지금고 수가 아직 전국에 골고루 설치되어 있지 않아 1906년(광무 10) 4월 19일 탁지부 대신이 금고출납역에게 금고 미설치 지역에 있어서 납세와 기타 국고금 출납에 관해 우편국소를 금고출장소로 함으로써 국고금 출납을 취급하게 하는 것이 편리할 것으로 판단하고, 별지 조항에 따라 통감부 통신관리국장에게 위탁했다는 내용으로 영달(令達)이 있었다.

영달

금고 설치가 골고루 미치지 않아 납세 및 국고금 지불에 불편함이 적지 않기 때문에 금고 미설(未設) 지방에 있는 우편국소를 금고출장소로써 국고금 취급 사무를 별지 조항과 같이 통감부 통신관리국장에게 위탁하게 되어 이에 통지할 것.

1906년(광무 10) 4월 19일 탁지부 대신 민영기(閔泳綺)
중앙금고출납역 시미즈 다이키치(淸水泰吉) 좌하

한국의 국고금 취급을 통감부 통신관리국에 위탁하는 조항서

대한국 금고 설치가 두루 미치지 않아서 납세 기타 국고금 지불에 불편함이 적지 않아 금고 미설 지방에 있는 우편국소를 금고출장소로 삼아 한국 국고금 출납을 취급하게 하는 것이 편리하다고 판단하여 다음에 열거하는 조항에 의해 대일본통감부 통신관리국장에게 이를 위탁한다.

제1조 통감부 통신관리국장은 한국 금고 미설 지방에 있는 통감부 통신관서를 금고출장

소로서 한국 국고금의 출납·보관을 취급하게 한다.

제2조 한국 정부는 통감부 통신관서로 하여금 한국 국고금의 출납·보관을 취급하도록 하기 때문에 그 취급료로써 일정한 금액을 통감부 통신관리국에 지불해야 한다.

제3조 한국 국고금의 취급상 필요한 토지·건물은 한국 정부로부터 무상으로 이를 통감부 통신관서에 공급해야 한다.

전 항의 경우, 특히 증축 혹은 수선의 필요가 있을 때 혹은 그 소재지에 한국 국유의 토지·건물이 없어서 특히 사인(私人) 소유의 토지·건물을 사용할 필요가 있을 때는 통감부 통신관서에서 각기 비용을 부담해야 한다.

제4조 한국 정부는 한국 금고 또는 한국 금고 사무 위탁은행으로 하여금 통감부 통신관리국과 통감부 우편국소 사이 또는 통감부 통신관리국과 우편환저금관리소 사이에 있던 자금 및 과초금(過超金)의 수수는 무상으로 취급하게 한다.

제5조 한국 국고금의 취급상 이유로 발생한 손해에 관해서는 취급자의 고의 또는 심한 해태(懈怠)에 기인하는 경우를 제외하고는 통감부 통신관이 그 책임을 진다.

제6조 통감부 통신관서에 있는 한국 국고금 출납·보관 및 이에 관련된 사무의 집행에 관해서는 한국 정부는 충분한 협력을 해야 한다.

제7조 본 위탁 조항의 시행기일, 그 시행에 관한 세목(細目), 한국 국고금 출납·보관을 취급하게 할 통감부 통신관서의 수는 별도로 이를 협정한다.

상기 영달(令達)의 결과 금고 미설 지방에 있어서 우편국소는 이후 금고출장소로써 국고금 출납을 담당하게 되었다. 본행은 한국금고사무위탁은행으로써 통감부 통신관리국과 통감부 우편국소 사이 또는 통감부 통신관리국과 우편환저금관리소 사이에 있어서 자금 및 과초금(過超金)의 수수를 무상으로 담임하고 서로 함께 한국국고제도의 완비를 도모하게 되었다.

그 후 1906년(明治 39) 10월에 이르러 마산·함흥에, 동 1907년(明治 40) 1월 나주에, 동년 7월 경성(鏡城)에 각 지금고를 설치했음에도 한국 13도의 조세를 징수하기 위해서는 아직 충분히 완비되었다고 할 수 없다. 그리고 한국의 농공은행 및 기타 은행도 점차 그 사업이 발달했기 때문에 본행은 1908년(明治 41) 1월 탁지부와 협의한 뒤 대리계약을 체결하고 농공은행과 기타 은행에 지금고 사무를 취급하도록 했다. 그 계약문은 다음과 같다.

금고사무대리약정

○○은행 ○○지점(또는 출장소)(이하 갑이라고 칭한다)에서 제일은행 경성지점(이하 을이라고 칭한다)의 대리점이 되어 ○○지금고로써 한국 금고의 사무를 취급하기 위해 탁지부 대신의 인가를 거쳐 주식회사 제일은행과 ○○회사 ○○은행 사이에 한국금고사무대리약정을 체결하는 것 다음과 같다.

제1조 ○○은행은 한국 ○○지금고 사무를 취급하기 위해 ○○지점(또는 출장소)을 제일은행 경성지점의 대리점으로 삼고, 그 지점장은 한국 금고출납역 대리인으로서 그 사무를 취급한다.

제2조 금고 사무 취급에 대해서는 갑은 을의 한국 중앙금고로서 발하는 일반의 통달(通達)은 물론 모두 을의 지휘에 따른다.

제3조 영업 사무에 대해서도 금고 사무에 수반하는 것에 대해서는 갑은 을이 한국 중앙금고로서 발하는 일반의 통달에 따른다.

제4조 화폐 정리 사무의 경비 지불에 대해서는 갑은 이미 을의 승낙을 받아야 한다. 만약 승낙을 받지 않고 지불했을 경우에 을이 지불할 수 없다고 판단했을 때는 그 비용은 ○○은행의 부담으로 한다.

제5조 ○○은행은 갑의 금고 사무 취급으로 발생한 한국 국고의 손해에 대해 제일은행에 일체의 책임을 진다. 단, 제일은행이 한국 정부에 대해 책임지지 않는 경우는 이 제한을 받지 않는다.

제6조 갑이 취급한 세입금은 을에 대한 차(借)로 하고, 세출금은 을에 대한 대(貸)로 하여 다른 영업상의 관계로부터 발생한 대차관계와 별도로 이를 정리한다.

제7조 전 조의 계산에 의한 잔고가 별도로 협정한 표준액을 초과했을 때는 갑은 미리 을이 정한 기일에 그 초과액을 을에게 지불한다.

제8조 전 조의 불입은 갑의 부담으로 그 원하는 바에 따라 가장 가까운 제일은행 지점 출장소 또는 경성지점에 불입한다. 단, 을이 다른 장소에 불입하도록 지정했을 경우에 갑이 현금을 운송했을 때는 가장 가까운 제일은행 지점 출장소에 현송(現送)하

는 것보다도 다액일 때에 한해 그 차액을 제일은행에서 부담한다.

제9조 매월 초에 제6조의 계산에 의한 잔고가 제7조의 표준액 이내여서 그달 중에 세입금 수입의 전망 없이 세출금 지불에 지장을 초래할 우려가 있을 때는 갑의 청구에 의해 을에서 세출금의 예산고와 상기 잔고 및 세입 예상액의 차액을 을의 부담으로 갑에게 송부한다.

제10조 세출금 지불 기금에 부족이 발생했을 때는 일시 갑에게 대체[立替]하여 지불한다.

제11조 갑의 금고 사무 취급에 대해 제일은행은 ○○은행에 대해 별도로 정한 수수료를 지불한다.

제12조 ○○은행은 갑의 지금고 사무 취급에 대해 제7조의 금액에 해당한 담보를 제일은행에 제공해야 한다. 담보품의 종류 및 가격은 제일은행이 정하는 바에 따른다.

전 항 담보품의 시가(時價)가 하락했을 때는 제일은행에서 상당한 증담보(增擔保)를 청구할 수 있다.

제13조 ○○은행에서 갑의 지금고 사무 취급에 관해 생긴 일체의 채무에 대해 그 변제를 태만했을 때는 전 조에 의해 제공한 담보품을 매각하여 그 대금을 변제금 및 매각 비용에 충당하고 여전히 부족할 때는 ○○은행에서 직접 지불한다.

제14조 을은 언제라도 금고 사무에 관한 갑의 취급에 대해 장부와 기타에 대해 검사하고 또는 보고를 요구할 수 있다. 금고 사무 검사를 위해 필요가 있을 때는 이에 관계된 영업상의 장부와 기타 서류를 검사할 수 있다.

전 항 검사의 결과 필요하다고 판단했을 때는 을은 특히 그 행원을 파견하여 사무를 정리하게 하고, 또 제7조 이외의 보관금에 대해 담보를 제공하게 할 수 있다.

제15조 을이 탁지부와 기타 관청의 내명(內命)에 따랐을 경우는 물론 이들 명령에 입각하지 않은 경우라도 중앙금고로서 각종 조사를 위해 조회했을 때는 갑은 될 수 있는 대로 조사하여 을에게 보고할 의무가 있다.

제16조 본 계약의 계속기간은 2개년으로 한다. 단, 기한 전이라 하더라도 을에서 1개월 전의 예고로써 이를 해약할 수 있다.

제17조 전 조 기간 만료의 경우에 여전히 본 계약을 계속하고자 할 때는 다시 기간을 정해 갑에게 통지함으로써 계속 효력이 발생한다.

제18조 갑에서 본 계약에 위반했을 때는 을에서 본 계약을 취소하고, 그 때문에 발생한 손해가 있을 때는 그 배상을 요구할 수 있다.

이상 약정 체결의 증거로써 쌍방 역원이 서명날인 후 1통은 제일은행에 보존하고 1통은 ○○은행에 보존하게 된다.

금고사무대리약정부수계약

제1조 금고사무대리약정 제7조에 의한 잔고가 매월 말일에 ███을 초과했을 때는 갑은 그 초과액을 지체 없이 지정된 장소에 불입해야 한다.
전 항 외에 을은 자기의 부담으로써 언제라도 그날의 계산에서 전 항의 금액을 초과한 금액의 불입을 요구할 수 있다.

제2조 동 약정 제10조 대체금(立替金)에 대해서는 당분간 이자를 붙이지 않는다.

제3조 동 약정 제2조의 수수료는 반기(半期)마다 점당(店當) 450원으로 한다.

이상과 같이 탁지부 대신께서 금고 출납의 법규를 정하신 이래 오늘날까지 금고가 설치된 것이 본 지(本支) 합하여 25개소에 달했다. 그리고 그 개업한 연월일, 명칭, 소재지 등을 열거하면 다음과 같다.

개시연월일	금고명	소재지
1905년(明治 38) 7월 1일	경성중앙금고	제일은행 한국총지점
1905년(明治 38) 8월 15일	인천지금고	제일은행 인천지점
1905년(明治 38) 8월 15일	개성지금고	제일은행 개성출장소
1905년(明治 38) 8월 15일	목포지금고	제일은행 목포출장소
1907년(明治 40) 1월 1일	나주지금고	18은행 나주지점
1905년(明治 38) 8월 15일	군산지금고	제일은행 군산출장소
1906년(明治 39) 10월 1일	마산지금고	제일은행 마산출장소

개시연월일	금고명	소재지
1905년(明治 38) 8월 15일	부산지금고	제일은행 부산지점
1905년(明治 38) 8월 15일	대구지금고	제일은행 대구출장소
1905년(明治 38) 8월 15일	평양지금고	제일은행 평양지점
1905년(明治 38) 8월 15일	진남포지금고	제일은행 진남포출장소
1906년(明治 39) 10월 1일	함흥지금고	제일은행 함흥출장소
1905년(明治 38) 8월 15일	원산지금고	제일은행 원산지점
1905년(明治 38) 8월 15일	성진(城津)지금고	제일은행 성진출장소
1907년(明治 40) 7월 1일	경성(鏡城)지금고	제일은행 경성출장소
1908년(明治 41) 3월 1일	춘천지금고	한호농공은행 춘천지점
1908년(明治 41) 3월 1일	충주지금고	한호농공은행 충주지점
1908년(明治 41) 3월 1일	공주지금고	한호농공은행 공주지점
1908년(明治 41) 3월 1일	영변(寧邊)지금고	평양농공은행 영변지점
1908년(明治 41) 3월 1일	광주지금고	광주농공은행 본점
1908년(明治 41) 3월 1일	제주도지금고	광주농공은행 제주도지점
1908년(明治 41) 3월 1일	전주지금고	전주농공은행 본점
1908년(明治 41) 3월 1일	진주지금고	진주농공은행 본점
1908년(明治 41) 3월 1일	해주지금고	해주농공은행 본점
1908년(明治 41) 8월 1일	수원지금고	한성은행 수원지점

9. 한국 중앙은행으로서의 제일은행

1) 외무·대장 두 대신의 감독

1905년(明治 38) 1월 한국 정부로부터 동국 화폐 정리 사무 및 국고금 취급에 관한 일체의 사무를 본행에 위탁하는 동시에 본행 발행 은행권은 한국에 있어서 공사(公私) 일체의 거래에 무제한으로 통용하는 것을 공인받았다. 이어 3월 24일에 다음의 칙령이 발포되었고, 이후 본행은 일본 외무·대장 두 대신의 감독하에 한국 중앙금융기관의 자격을 갖게 되었다.

칙령 제73호

제1조 주식회사 제일은행의 한국에 있어서 업무는 외무대신 및 대장대신의 감독에 속한다.

제2조 주식회사 제일은행은 한국 화폐 정리 사무, 한국 관금 취급 및 은행권 발행에 관한 업무에 대해서는 한국 경성에 설치한 지점을 한국 총지점으로 삼고, 한국 각 지점, 출장소 및 대리점을 총괄한다.

제3조 주식회사 제일은행은 지점, 출장소 혹은 대리점을 한국에 설치하거나 또는 이를 폐지할 때는 주무대신의 인가를 받아야 한다.

주무대신은 필요하다고 판단할 때는 주식회사 제일은행에 명하여 한국에 지점 또는 출장소를 설치하게 할 수 있다.

제4조 주식회사 제일은행은 한국에서 영위하는 업무를 위해 특별히 자본 금액을 정해 주무대신의 인가를 받아야 한다.

제5조 주식회사 제일은행은 한국 각 지점 및 출장소에서 영위하는 업무의 종류 및 방법을 정해 주무대신의 인가를 받아야 한다.

제6조 주식회사 제일은행은 매 영업연도 한국 각 지점 출장소의 손익계정[損益勘定]을 집계하여 그 총익금(總益金)으로부터 총손익을 뺀 이익금의 20분의 1 이상을 적어도 한국에 있어서 영업자본금의 반액에 달할 때까지 적립하여 특별준비금으로서 경

성지점에 비치해야 한다.

제7조 주식회사 제일은행은 한국에서 공사 일체의 거래에 무제한으로 통용될 은행권을 발행할 수 있다.

제8조 주식회사 제일은행이 한국에서 발행한 은행권은 한국 각 지점 출장소에서 영업시간 중에 언제라도 (일본-역자) 통화로 교환해야 한다.

단, 경성 이외의 지점 및 출장소에서는 경성지점으로부터 준비금이 도달하는 동안 그 교환을 연기할 수 있다.

제9조 주식회사 제일은행 경성지점은 한국에 있어서 그 발행권 발행총고에 대해 동액의 금화, 금은지금 및 일본은행 태환은행권을 두고 그 교환 준비에 충당해야 한다. 단, 은지금은 교환 준비 총액의 4분의 1을 초과할 수 없다.

전 항 준비에 의한 방법 외에 주식회사 제일은행은 1천만 원을 한도로 국채증권, 상업어음, 기타 확실한 증권을 보증으로 해서 은행권을 발행할 수 있다. 단, 그 준비가격은 주무대신의 인가를 거쳐 이를 정해야 한다.

경제상의 경황(景況)에 의해 필요한 경우에는 주무대신이 특별히 지정하는 조항에 따라 전 2항 외에 또 은행권을 발행할 수 있다.

주무대신은 한국 화폐 정리의 결과 또는 금융 상황에 의해 필요하다고 판단할 때는 은행권의 종류 및 발행고를 제한할 수 있다.

제10조 은행권의 양식 및 종류에 관해서는 주무대신의 인가를 받아야 한다.

제11조 은행권의 소유자는 한국에 있어서 주식회사 제일은행의 재산에 대해 선취(先取) 특권을 갖는다.

제12조 주식회사 제일은행이 한국 정부와 계약을 체결하거나 한국 정부로부터 특허특권을 받고자 할 때는 주무대신의 인가를 받아야 한다.

제13조 주무대신은 주식회사 제일은행이 한국에서 영위하는 업무에 관해 필요하다고 판단할 때는 언제든지 한국 각 지점 출장소 및 대리점의 금고, 권서고(券書庫), 장부, 기타 문서를 검사하거나 제반 경황(景況) 및 계산에 관한 보고서를 제출하게 할 수 있다.

제14조 주무대신은 필요하다고 판단할 때는 주식회사 제일은행이 한국에서 영위하는 대부, 할인의 금액 및 방법 또는 그 이자율[利子步合], 기타 위체료(爲替料, 환수수료)

등에 관해 상당한 제한을 할 수 있다.

제15조 주무대신은 주식회사 제일은행 감리관을 둔다.

감리관은 주무대신의 지휘를 받아 주식회사 제일은행 한국 각 지점 출장소 및 대리점의 업무를 감시한다.

제16조 주식회사 제일은행 감리관은 언제라도 주식회사 제일은행 한국 각 지점 출장소 및 대리점의 금고, 권서고, 장부 기타 문서를 검사하거나 제반 경황 및 계산에 관한 보고서를 제출하게 할 수 있다.

제17조 주식회사 제일은행은 은행권 발행액 및 교환 준비에 관한 평균고표(平均高表)를 공고해야 한다. 공고 방법은 주무대신이 정하는 바에 따른다.

제18조 주식회사 제일은행의 정관은 주무대신의 인가를 받아야 한다.

제19조 주식회사 제일은행은 인가를 받은 사항을 변경하고자 할 때는 다시 인가를 받아야 한다.

제20조 주무대신은 주식회사 제일은행이 법령 또는 정관을 위배하거나 본령에 기초하여 발한 명령을 위반하여 기타 공익을 해할 행위가 있다고 판단할 때는 역원의 경임(更任, 경질)을 명하고 인가를 취소하거나 한국에서 영위하는 업무의 전부 또는 일부의 정지를 명할 수 있다.

부칙

본 령 시행 전 주식회사 제일은행이 한국에서 발행한 은행권은 본령에 의해 발행한 것으로 간주한다.

상기 칙령 발포와 동시에 외무·대장 두 대신은 본행이 한국에서 영위하는 업무에 관해 다음의 명령서를 하부하고 본행은 이에 대해 승낙서[請書]를 제출했다.

관방비(官房秘) 제716호

주식회사 제일은행

그 은행의 한국에서 영위하는 업무에 관해서는 별책과 같이 이해해야 한다.

위와 같이 명령하니 승낙한 뒤에는 승낙서[請書]를 제출해야 한다.

1905년(明治 38) 3월 4일

외무대신 남작 고무라 주타로(小村壽太郎)

대장대신 남작 소네 아라스케(曾禰荒助)

<별책>

1. 해당 은행의 한국에서 영위하는 업무에 관해서는 한국 중앙은행이라는 마음가짐으로써 그 본분으로 삼고 업무의 분계 및 집행상 모두 이 표준으로써 해야 한다.
2. 한국사무소에서는 영업계(營業係), 발행계, 한국국고금사무계 및 한국화폐 정리계를 두고 업무 처리상 만전을 기해야 한다.
3. 한국 각 지점 출장소 및 대리점에 있어서 업무의 통일을 기하기 위해 취체역 중 적어도 1인을 총지점에 재근시켜야 한다. 어쩔 수 없는 사고로 취체역을 재근시킬 수 없을 경우에는 외무대신 및 대장대신의 인가를 받아야 한다.
4. 해당 은행에서 한국사무소의 업무 집행에 관한 내규, 기타 제규칙류(諸規則類)를 제정 혹은 변경할 때는 모두 외무대신 및 대장대신에게 신고해야 한다.
5. 한국 총지점에서 외무대신 및 대장대신에게 보낸 상신(上申)은 모두 감리관을 경유해야 한다.
6. 한국 화폐 정리, 금융 기타 경제 재정상의 상황에 대해서는 때때로 외무대신 및 대장대신에게 보고해야 한다.
7. 한국 화폐의 주조를 조폐국에 의뢰하고, 주조가 끝난 화폐를 조폐국으로부터 수취하여 한국 총지점에 송부했을 때는 그 금액, 종류, 매수 등을 외무대신 및 대장대신에게 신고해야 한다.

   한국 총지점에서 전 항의 화폐를 수취했을 때는 그 금액, 종류, 매수 등을 감리관에게 신고해야 한다.
8. 화폐 정리 중 구화폐 납입에 관해서는 특히 화폐감정역(貨幣鑑定役)을 두어 화폐의 진위를 감정할 방법을 마련해야 한다.

9. 은행권 및 그 발행 준비의 출납 보관은 이를 명확히 하고, 엄밀한 단속법을 마련해야 한다.

10. 은행권 및 그 발행 준비, 취급 순서를 정해 외무대신 및 대장대신의 인가를 받아야 한다.

11. 은행권을 제조했을 때는 발행 전에 그 견본을 외무대신 및 대장대신에게 제출해야 한다.

12. 은행권은 그 발행 전 한국 관보, 신문지, 기타 방법을 그 양식 및 종류를 공고하고, 또 그 견본을 한국 담당 관아에 배부해야 한다.

13. 은행권의 오염 훼손 등으로 통용하기 어려운 것은 한국 각 지점 출장소에서 무수수료로 이를 교환해야 한다.

14. 해당 은행 본점은 은행권의 제조, 회송 등에 관한 사무를 처리하는 데 그치고, 은행권의 기번호(記番號), 원장 및 발행 준비의 보관 출납 등에 관한 필요 장부는 모두 한국 총지점에 비치해야 한다.

15. 은행권 제조를 인쇄국에 주문하거나 또는 제조가 끝난 은행권을 인쇄국으로부터 수취하여 한국 총지점에 송부했을 때는 그 금액, 종류, 매수 등을 외무대신 및 대장대신에게 신고해야 한다.

한국 총지점에서 전 항의 은행권을 수취했을 때는 금액, 종류, 매수 등을 감리관에게 신고해야 한다.

16. 해당 은행 은행권의 발행액, 발행 준비고, 매월 평균표를 한국 관보 또는 신문지를 통해 공고해야 한다.

17. 해당 은행 한국 총지점은 좌기의 계산표를 외무대신 및 대장대신에게 진달해야 한다.

하나. 매일 원부(原簿)의 계산표

하나. 매일 미발행 은행권 재고표

하나. 매일 은행권 발행 및 회수고표

하나. 매일 정화 및 보증 준비 종류별 출납 및 현 재고표

단, 제한 외 발행 은행권이 있을 때는 별항에 게재하고 아울러 보고한다.

하나, 은행권 발행액 정화 및 보증 준비고 매주 평균표

하나, 매주 영업보고표

하나, 매월 실제보고표

18. 한국 관금 출납사무는 정확하고 경편(輕便)하게 이의 취급을 기하는 것은 물론 한국

정부에 대해 그 한국 재정상 이익으로써 또 편의(便宜)함을 실제로 보여주는 것을 제일로 여긴다.

19. 인민에 대해서는 간절(懇切, 친절하고 자상함)함을 으뜸으로 삼고, 출납 및 인출 절차 등은 간편 신속을 기하고, 안내하지 않은 것이라도 지장 없도록 적당한 방법을 마련하여 해당 은행에서 담당하는 국고금 취급의 편리를 주지시키는 데 노력해야 한다.
20. 사무소에서 멀리 떨어진 지방의 인민으로 하여금 공납(公納)을 용이하게 하기 위해 점차 사무소를 증설하고 혹은 대리점을 특약하고 혹은 납세기(納稅期)에 즈음하여 임시 사무원을 파출시는 등의 방법을 강구해야 한다.
21. 해당 은행이 한국에서 행하는 영업은 각지 금융의 원활함을 돕고 무역 및 기업에 편의를 주어 한일무역을 발달시키는 것을 제일로 삼아야 한다.
22. 해당 은행은 한국 산금(産金)을 본방(일본)에 흡수하는 것에 진력해야 한다.
23. 해당 은행의 사무상 중대한 사건이 있을 때는 신속하게 외무대신 및 대장대신에게 신고해야 한다.
24. 한국 각 지점 출장소에 재근시킬 취체역, 지배인, 기타 상당한 권한을 위임한 대리인의 씨명과 인감을 외무대신 및 대장대신에게 신고해야 한다. 이를 변경할 때 역시 같다.
25. 본 명령 외에 한국 정부는 일본 정부와의 협정에 의해 해당 은행 한국 지점의 업무에 관해 감리상 필요한 규정을 설정해야 한다.

또한 동일 외무·대장 두 차관으로부터 다음에 게재하는 본행에 관한 사무처리 순서 및 감리관요무규정(監理官要務規程)이 정해졌다고 전해왔다.

관방비(官房秘) 제721호

이번 주식회사 제일은행에 관한 사무 처리 순서 및 주식회사 제일은행 감리관요무규정을 별책 갑호 및 을호와 같이 정했기 때문에 이같이 송부합니다.

1905년(明治 38) 3월 24일

외무차관 진다 스테미(珍田捨巳)

대장차관 법학박사 사카타니 요시오(阪谷芳郎)

제일은행 두취 남작 시부사와 에이이치(澁澤榮一) 귀하

<별책>

갑호

주식회사 제일은행에 관한 사무 처리 순서

갑. 한국 지점에 관한 분

1. 제일은행 한국 지점에서 제출하는 서류는 모두 외무·대장 두 대신 앞으로 해서 감리관을 거쳐 공사(公使)에게 제출할 것.
2. 재한 공사는 앞의 서류를 수령했을 때는 즉시 외무성으로 발송할 것. 단, 공사는 필요하다고 판단할 때는 의견을 붙일 것.
3. 외무성은 앞의 서류를 수령했을 때는 칙령 제73호 제12조에 관한 분(分)은 이를 선열(先閱)하고 기타는 모두 대장성의 선열로 할 것. 선열자는 서로 합평(合評)하는 것은 물론 사안이 조금 중요한 것은 서로 신속하게 통지 협의할 것.
4. 처분을 요하는 것은 외무·대장 두 대신의 이름으로 재한 공사를 거쳐 감리관으로 하여금 이를 제일은행 한국 지점에 교부하게 할 것

을. 제일은행 본점에 관한 분

1. 한국에 있어서 업무에 관해 제일은행 본점에서 제출하는 서류는 외무·대장 두 대신 앞으로 해서 대장성에 제출할 것.

   구두 상신 역시 이에 준함.
2. 대장성에서는 갑 제3항·제4항에 준하여 전 항에 관한 일을 처리할 것.

병. 감리관에 관한 분

1. 제일은행 한국 지점에서 제출하는 서류는 감리관이 일일이 이를 정사(精査)하고 의견

이 있으면 이를 붙여서 재한 공사에게 제출할 것. 은행에서 제출한 서류에 수반되지 않는 감리관의 의견서 역시 같음.

2. 감리관이 제출하는 의견서, 기타는 모두 외무·대장 두 대신 앞으로 할 것.
3. 감리관이 제출하는 서류는 외무성에서 갑 제3항에 준하여 처리할 것.
4. 감리관에 대한 명령은 외무·대장 두 대신의 이름으로 재한 공사를 거쳐 교부할 것.

정. 재한 공사 및 재무 고문에 관한 분

1. 재한 공사는 감리관을 감독할 것.
2. 재한 공사는 항상 제일은행 한국 지점의 업무를 주시하고 의견이 있을 때는 곧바로 외무와 대장 두 대신에게 제의(提議)할 것.
3. 재한 공사가 제출한 서류 처리 순서는 갑 제3항에 준할 것.
4. 한국 재무고문은 제일은행 한국 지점의 업무에 관해 의견이 있을 때는 재한 공사를 거쳐 외무·대장 두 대신에게 제의할 것.

을호 비밀

주식회사 제일은행 감리관요무규정

제1조 주식회사 제일은행 감리관은 매주 1회 이상 주식회사 제일은행 한국 총지점에 임감(臨監)하고, 1905년(明治 38) 칙령 제73호 제13조의 검사를 해야 한다.

제2조 주식회사 제일은행 감리관은 필요하다고 판단할 때는 주식회사 제일은행의 한국에 있어서 각 지점 출장소 및 대리점에 대해 전 조의 검사를 해야 한다.

제3조 제1조 및 제2조 검사의 경황(景況)은 5일 이내에 외무대신 및 대장대신에게 보고해야 한다.

전 항 외에 지급(至急)을 요하거나 또는 이상(異常) 사건이 있을 때는 그때마다 보고해야 한다.

제4조 주식회사 제일은행 감리관은 주식회사 제일은행 한국 각 지점 출장소 및 대리점이 법령 또는 정관을 위배하고, 1905년(明治 38) 칙령 제73호에 기초해서 발한 명령을

위반하고, 기타 공익을 해할 행위가 있다고 판단할 때는 곧바로 외무대신 및 대장대신에게 상신하여 그 지휘를 받아야 한다.

제5조 주식회사 제일은행 감리관은 1905년(明治 38) 칙령 제73호 제9조 제4항 또는 제14조에 의한 제한의 필요가 있다고 판단할 때는 곧바로 그 의견을 외무대신 및 대장대신에게 구신(具申)해야 한다.

제6조 주식회사 제일은행 감리관은 주식회사 제일은행 한국 지점 출장소의 업무 또는 영업 방침에 대해 개선을 요하거나 또는 내규나 기타 제 규정에 개정이 필요한 것이 있다고 판단할 때는 그 의견을 외무대신 및 대장대신에게 구신해야 한다.

제7조 주식회사 제일은행 감리관은 주식회사 제일은행 한국 총지점이 외무대신 및 대장대신에게 상신해야 할 사고(事故)에 대해 의견이 있을 때는 이를 두 대신에게 보고해야 한다.

제8조 주식회사 제일은행 감리관은 주식회사 제일은행 한국 총지점이 본점으로부터 제조가 끝난 화폐 또는 은행권을 수취했을 때는 그 종류, 매수, 기번호, 금액 등을 외무대신 및 대장대신에게 보고해야 한다.

제9조 주식회사 제일은행 감리관은 임시로 주식회사 제일은행 한국 총지점에 출장하여 은행권 및 그 발행 준비의 보관·출납 등이 동행 은행권 및 그 발행 준비 수취 순서를 위반하지 않았는지 검사하고, 그 상황을 외무대신 및 대장대신에게 보고해야 한다.

제10조 주식회사 제일은행 감리관은 임시로 발행 준비의 종류 및 가격 등을 검사하고 그 상황 및 준비의 가격 등에 대한 의견을 갖추어 외무대신 및 대장대신에게 보고해야 한다.

제11조 주식회사 제일은행 감리관은 항상 한국 각 지점 출장소에 있어서 은행권 교환 준비 분배의 적부(適否)를 주시하여 때때로 그 상황을 외무대신 및 대장대신에게 보고해야 한다.

제12조 주식회사 제일은행 감리관은 주식회사 제일은행 한국 총지점에서 1905년(明治 38) 칙령 제73호 제9조 제3항에 의한 은행권의 제한 외 발행을 했을 때는 외무대신 및 대장대신이 지정한 조건을 위반하지 않았는지를 검사하고, 이를 외무대신 및 대장대신에게 보고해야 한다.

제13조 손상 등으로 기발행 은행권이 회수된 것을 은행권 및 그 발행 준비 취급 순서에 따라 쇄각(鎖却)해야 한다는 내용의 신고가 있었을 때는 쇄각 장소에 임검(臨檢)한 입회인이 연서한 조서를 작성하여 외무대신 및 대장대신에게 보고해야 한다.

제14조 주식회사 제일은행 감리관은 주식회사 제일은행 한국 총지점에서 외무대신 및 대장대신에게 제출해야 할 좌기의 계산표를 검사하고 의견이 있을 때는 부신(副申)해야 한다.

하나. 매일 원부(原簿) 계산표

하나. 매일 미발행 은행권 재고표

하나. 매일 은행권 발행 및 회수고표

하나. 매일 정화 및 보증 준비 종류별 출납 및 현 재고표

단, 제한 외 발행의 은행권이 있을 때는 별항에 게재하고 아울러 보고한다.

하나. 은행권 발행액 정화 및 보증 준비고 매주 평균표

하나. 매주 영업보고표

하나. 매월 실제보고표

제15조 주식회사 제일은행 감리관은 주식회사 제일은행의 한국 관금 취급 사무 및 한국 화폐 정리 사무 여부를 감시하고, 때때로 그 경황을 외무대신 및 대장대신에게 보고해야 한다.

제16조 주식회사 제일은행 감리관은 처무상에 필요한 장부를 준비하여 제 계산과 기타 필요한 사항을 기재해야 한다.

2) 영업 종류 및 방법

1905년(明治 38) 3월 24일에 본행은 앞의 칙령 제73호의 규정에 의해 한국에서 영위하는 업무를 위해 자본총액 중 특히 300만 원으로 그 자본금으로 정하는 건을 신청하여 동월 30일 외무·대장 두 대신의 인가를 얻고, 이어 한국 지점 출장소에 있어서 영업의 종류 및 방법을 정해 동년 6월 2일 자로 앞의 두 대신에게 제출하여 동월 27일 인가를 얻었다.

인가서

당 은행 정관 제15조 및 제16조에 의해 당 은행의 한국 지점 출장소에 있어서 영업의 종류 및 방법을 다음과 같이 정해 시행하고자 하오니 인가해 주시기 바라며, 앞에서 말한 내용을 부탁드립니다.

하나. 예금[諸預り金]

정기예금, 당좌예금, 특별당좌예금, 별단예금, 통지예금, 공금예금 등 6종으로 한다.

단, 정기예금은 3개월 이상의 것이 아니면 취급하지 않는다.

하나. 대부금 및 당좌대월

대부금은 상품, 유가증권, 기타 확실한 담보를 제공한 것으로써 기한 1개년 이내의 것이어야 한다.

단, 한국 정부와 거류민단에 대한 대부는 이 제한에 있지 않다.

신원이 확실하여, 특히 신용이 있는 자에 대해서는 취체역회의 승인을 얻어 무담보 상품 또는 유가증권을 담보로 할 때는 별책 담보품취급내규에 의한 것으로 한다.

부동산을 담보로 할 때는 취체역회의 승인을 받아야 한다.

단, 그 부동산은 거류지 및 그 주위 1리 이내 및 지점 출장소 소재의 시가지에 있는 토지 및 건물로 제한하고 담보가격은 시가 7괘(70%)[35] 이하로 하며 건물은 화재보험에 가입해야 한다.

당좌대월의 근저당에 대해서도 역시 앞의 항들을 준용한다.

하나. 어음[手形] 할인 및 매매

한인 어음은 상업어음으로써 발행인[振出人] 및 이서인 모두 확실한 자가 아니면 이를 취급하지 않는다.

35 지금의 표현으로 하면 LTV(Loan to Value)이다. 금융기관이 대출할 때 해당 대출의 담보물건(부동산이나 주식 등)의 가치를 산정, 이 담보가치에 일정한 비율을 곱해 그 액수를 상한으로 대출하는 경우가 많다. 이 비율을 일본어로는 담보가케메(擔保掛目)라고 하며 금융기관에서 행하는 융자의 안전성 확보 차원에서 옛날부터 도입된 것이다.

하나. 환[爲替], 하환[荷爲替] 및 대금 추심[取立]

하나. 유가증권, 지금은 매매 및 교환[兩替]

단, 유가증권 매매는 취체역회의 승인을 받지 않으면 취급할 수 없다.

하나. 금은화, 귀금속, 제 증권의 보호 예치[保護預り]

하나. 공채·사채 응모 또는 인수

앞의 2항은 취체역회의 승인을 받아야 한다.

하나· 사채 및 주금(株金) 불입 또는 이자 및 배당금 지불

단, 이 계약을 하고자 할 때는 취체역회의 승인을 받아야 한다.

하나, 앞의 각호 외에 운송보험 및 화재보험 대리 취급은 한국의 현재 상태에서는 은행 업무에 부대하는 사업으로써 이를 취급하지 않으면 한국 상업의 발전 및 무역의 진보를 저해할 것이기 때문에 당분간 이 2개 업무의 대리 취급을 할 수 있고, 그 대리계약을 하고자 할 때는 취체역회의 승인을 받아야 한다.

이상

1905년(明治 38) 6월 2일

주식회사 제일은행 두취 시부사와 에이이치(澁澤榮一)

대장대신 남작 소내 아라스케(曾禰荒助) 귀하

외무대신 남작 고무라 주타로(小村壽太郎) 귀하

3) 통감부의 감독

이후 한국에 있어서 본행의 업무는 외무·대장 두 대신의 감독에 속했는데, 통감부관제가 제정된 뒤부터 상기 업무는 통감의 감독으로 옮겨져 1906년(明治 39) 5월 통감부 및 외부·대장 두 대신으로부터 다음의 통첩이 있었다.

호외

이번 통감부관제 제정 결과 한국에 있어서 귀 은행의 업무는 통감의 감독에 속하게 되었다. 이에 따라 1905년(明治 38) 칙령 제73호 및 귀 은행이 한국에서 영위하는 업무에 관한 명령서 중 외무대신 및 대장대신 또는 주무대신으로 되어 있는 것은 이를 통감으로 해석하여 각 조항의 규정을 따라 각각 처치하시기 바랍니다. 또 보고류(報告類)에 관해서는 통감 앞으로 해서 정부(正副) 2통씩 제출하고, 또 귀 은행에 관한 사무 처리 순서는 필요 없기 때문에 이를 폐지합니다. 명령서 제17항 중 매일 조사하게 되어 있는 계산표는 이를 제출하지 않아도 됩니다. 상기 사항을 양해하시고 앞으로의 업무 처리가 이루어졌으면 하고 이와 같은 내용을 통첩합니다.

〈추신〉

명령서 제7항의 경우에 종래 본점에서 대장대신에게 제출한 한국 화폐 송부의 신고에 관한 건은 향후 이를 통감에게 제출하는 것으로 양해하시기 바랍니다.

1906년(明治 39) 5월 26일
통감부 총무장관 쓰루 하라 사다키치(鶴原定吉) 대리 고다마(兒玉)
주식회사 제일은행 두취 남작 시부사와 에이이치(澁澤榮一) 귀하

왕(往) 제6324호

주식회사 제일은행

한국에 있어서 해당 은행의 업무는 이번에 통감의 감독에 속하게 되었기 때문에, 종래 대장대신과 외무대신 앞으로 보낸 인가신청 혹은 신고 등의 서류는 이제부터 통감 앞으로 발송해야 한다. 단, 은행조례에 의한 영업보고서, 대차대조표, 기타의 신고를 요하는 사항에 대해서는 종전대로 또 정부(正副) 2통을 제출해야 함을 명시해야 한다.

1906년(明治 39) 5월 29일

대장대신 법학박사 사카타니 요시오(阪谷芳郎)

외무대신 자작 하야시 다다스(林董)

그리고 통감과 대장대신 사이에는 상기 업무 감독에 관해 다음과 같이 협정이 이루어졌음을 동월 29일 대장성이 통첩으로 알려왔다.

호외

이번 통감부 관제 제정 결과 칙령 제73호에 의한 주식회사 제일은행의 한국 내 업무는 통감의 감독에 속하게 되었습니다. 이에 대해서는 1905년(明治 38) 칙령 제73호 중 외무대신 및 대장대신 또는 주무대신으로 되어 있는 것은 이를 통감으로 해석하고, 동 제15조에 있는 감리관은 통감부 서기관으로 이에 충당합니다. 또 감리관요무규정 및 제일은행이 한국에서 영위하는 업무에 관한 명령서 중 외무대신 및 대장대신이라고 되어 있는 것을 모두 통감으로 고치고 제일은행에 관한 사무 처리 순서를 폐지하기로 결정했으니 양해하시기 바랍니다. 다만 별지 협정사항에 기초한 필요사항에 관해서는 통감께서 협의 또는 보고해야 함은 물론 제일은행은 기타의 재정에 관해 참고 될 만한 서류의 사본을 귀성(대장성)으로 송부해야 합니다. 이와 동시에 이후 귀성에 대해 동 은행 본점으로부터의 보고서, 기타 재정사항에 관한 참고서류는 당부(통감부) 앞으로 송부하시기 바라며 이같이 조회합니다.

〈추신〉

한국에 있어서 보통은행 업무의 감독에 대해서는 별도로 협의할 예정입니다.

1906년(明治 39) 5월 26일

통감 후작 이토 히로부미(伊藤博文)

대장대신 법학박사 사카타니 요시오(阪谷芳郎) 귀하

주식회사 제일은행의 한국에 있어서 업무의 감독에 관한 건에 대해 대장대신과의 협정 사항

제1. 1905년(明治 38) 칙령 제73호 중에서 다음의 사항에 관해서는 통감은 미리 대장대신과 협의해야 한다.

제4조 제일은행이 한국에서 영위하는 업무를 위해 특별히 정한 자본금액을 변경하는 경우

제20조 역원을 경임(更任)하고, 인가를 취소하고, 또는 한국에서 영위하는 업무의 전부 또는 일부의 정지를 명할 경우

제2. 1905년(明治 38) 칙령 제73호 중에서 다음의 사항에 관해서는 통감은 이를 대장대신에게 보고해야 한다.

제3조 한국에 있어서 제일은행의 지점 출장소 혹은 대리점의 설치 또는 폐지의 인가 및 지점 또는 출장소의 설치를 명한 경우

제5조 제일은행 한국 각 지점 출장소에서 영위할 업무의 종류 및 방법에 관해 인가할 경우

제9조 제2항, 확실한 증권을 보증으로 해서 은행권을 발행하게 되면서 그 준비가격에 관해 인가했을 경우

제9조 제3항, 특별히 지정하는 조건에 의해 은행권을 발행한 경우

제9조 제4항, 은행권의 종류 및 발행고를 제한한 경우

제10조 은행권의 양식 및 종류에 관해 인가했을 경우

제12조 제일은행이 한국 정부와 계약을 체결하거나 또는 한국 정부로부터 특허특권을 받고자 한 것에 대해 인가했을 경우

제13조 및 제16조 한국에 소재한 제일은행의 각 지점 출장소 및 대리점 검사 결과 및 제일은행으로 하여금 보고서를 제출하게 했을 경우

제14조 제일은행이 한국에서 영위하는 대부 할인금액 및 방법 또는 그 이자율[利子步合], 기타 환수수료[爲替料] 등에 관해 제한을 가한 경우

제3. 주식회사 제일은행이 한국에서 영위하는 업무에 관한 명령서 중 다음 사항에 대해서는 통감은 이를 대장대신에게 보고해야 한다.

4. 제일은행이 한국사무소 업무 집행에 관한 내규, 기타 제규칙류(諸規則類)를 제정 혹은 변경에 관해 신고했을 경우

6. 한국 화폐 정리, 금융이나 기타 경제 재정상의 상황에 대해 보호서류를 제출했을 경우

10. 제일은행의 은행권 및 그 발행 준비 취급 순서를 인가했을 경우

13.[36] 제일은행이 사무상 중대한 사건에 관해 의견을 제시했을 경우

17. 한국 총지점으로부터 계산표를 제출했을 경우

4) 총지점제도

본행은 앞에서 게재한 칙령 및 명령을 준수하여 정관 및 행칙(行則)을 개정하여 경성에 총지점을 두고 취체역 1명을 재근시켜 한국 지점 출장소를 통괄(統括)하고 완전히 종래의 조직을 일변(一變)시켰다. 이제 행칙 중에서 총지점제도에 관한 것을 게재하면 다음과 같다.

합의규칙[申合規則] 제5조 경성지점을 한국 총지점이라 칭하고, 전 조 외에 다음의 직원을 둔다.

국고부장

영업부장

발행부장

조사부장

단, 각 부장은 한국 총지점 정부(正副)지배인이 이를 담당하게 한다.

동 제18조 한국 총지점 지배인은 한국의 영업 사무, 한국 국고금 취급 사무, 한국 화폐 정리 사무 및 은행권 발행 사무에 관해 한국 각 지점 출장소를 통할(統轄)한다.

동 제19조 한국 총지점 각 부장은 총지점 지배인의 지시를 받아 그 부의 사무를 처리한다.

위의 합의규칙[申合規則] 제5조의 분과(分課)는 1908년(明治 41) 3월 한국총지점사무규정

36 원문에 23이라고 되어 있다.

을 정할 때 영업부를 폐하여 영업과 문서 두 과를 두는 것으로 변경했다. 그리고 그 규정은 다음과 같다.

한국 총지점 사무규정

제1장 총칙

제1조 한국 경성에 총지점을 두고, 한국 각 지점 출장소 및 안동현출장소의 사무를 통할하게 한다.

제2조 한국 총지점에 다음의 부과(部課)를 둔다.

국고부(國庫部)

발행부(發行部)

조사부(調査部)

영업과(營業課)

문서과(文書課)

제3조 한국 총지점의 직원은 다음과 같다.

지배인

국고부장

발행부장

조사부장

영업과장

문서과장

괘장(掛長, 계장)

서기

견습

제2장 직제

제4조 한국 총지점 지배인은 합의규칙[申合規則] 제18조에 의해 한국 각 지점 출장소(안동

현출장소를 포함)의 사무를 통할한다.

제5조 지배인이 부재할 때는 상석의 부장으로 하여금 그 사무를 대리하게 하고, 또 부장이 부재할 때는 지배인이 그 대리자를 임명한다.

제6조 각 부장은 총지점 지배인의 지시를 받아 그 부에 속하는 사무에 대해 각 지점 출장소를 감독한다.

제7조 영업과장은 합의규칙에서 정하는 지점 지배인의 예를 따라 경성지점의 영업사무를 처리한다.

제8조 국고부에 다음의 괘(掛, 係)를 두고, 각 괘장(계장)으로 하여금 그 사무를 분장하게 한다.

하나. 한국국고괘(韓國國庫掛)

하나. 일본금고괘(日本金庫掛)

하나. 화폐 정리괘(貨幣整理掛)

제9조 발행부에 다음의 괘(掛, 係)를 두고, 각 괘장(계장)에게 그 사무를 분장하게 한다.

하나. 발행괘(發行掛)

하나. 소각괘(消却掛)

제10조 조사부에 다음의 괘(掛, 係)를 두고, 각 괘장(계장)에게 그 사무를 분장하게 한다.

하나. 조사괘(調査掛)

하나. 검사괘(檢査掛)

제11조 영업과의 사무 분장은 합의규칙에서 정하는 지점 일반의 예에 따른다. 단, 그 계산괘(計算掛)는 총지점의 계산을 겸장한다.

제12조 문서과에 다음의 괘(掛, 係)를 두고, 각 괘장(계장)에게 그 사무를 분장하게 한다.

하나. 문서괘(文書掛)

하나. 용도괘(用度掛)

제13조 각 괘(掛)의 사무 분장은 총지점에서 별도로 이를 정한다.

부칙

제14조 본 규정은 1908년(明治 41) 4월 1일부터 이를 시행한다.

제15조 본 규정에 저촉되는 합의규칙의 각 조는 실시 당일부터 이를 폐지한다.

10. 한국 산출 지금은 수납[37]

1) 사금(砂金) 및 금괴 도입

한국은 금광 및 사금이 풍부하여 해마다 산금액이 적지 않으니 그 남는 양을 구입하여 우리(일본)에게 모자란 부분을 보충하고 유무상통하는 길을 강구하는 것은 서로의 이익을 증진시킬 수 있다. 이러한 이유 때문에 본행은 한국에 지점을 설치한 이래 일찍부터 이에 주목하여 1880년(明治 13) 2월에 동국(한국) 지금은 구입을 위해 분석자 1명과 기계를 대여해 달라고 대장성에 청원한 적이 있다.

1882년(明治 15) 들어 일본은행이 설립된 이후 태환 준비를 위한 정화(正貨) 충실의 필요가 생기자 본행은 위의 지금은 도입에 대해 1884년(明治 17) 1월 대장성에 다음의 청원서를 제출했다.

> 종래 정부에서 발행한 지폐는 해마다 소각되면서 점차 그 가치[價位]가 회복되어 현재는 은화도 1원 10전 내외에 그치고 있습니다. 따라서 몇 년 지나지 않아 태환이라는 좋은 제도도 정착할 것이라고 생각하니 흔변(欣抃)을 금할 수 없습니다. 따라서 태환 준비를 위한 정화가 충실하지 않고서는 안 되기 때문에 점차 정화 증축(增蓄)에 대해서도 계획하셔야 할 것으로 짐작됩니다. 그런데 전부터 들어 알고 있지만 조선국에서는 사금 및 지나의 답은(沓銀) 등이 많이 수출되고 있고, 또 청국 상하이(上海)의 테일은(tale銀)도 환시세[爲替相場] 저락 때에는 1원은으로 개주하여 비율에 맞추는 일도 있었습니다. 다행히 당 은행에서는 조선국 부산·원산·인천 3항에 지점 및 출장소도 있고, 또 청국 상하이에도 환거래의 약정점(約定店)이 있기 때문에 위의 금은화 도입에 관한 것을 당 은행에 하명하신다면 환[爲替]이나 하환[荷爲替] 등을 다룰 때 충분히 주의하며 열심히 도입할 수 있도록 하겠습니다. 앞의 매입 원금에 대해서는 전부터 쇼킨은행(正金銀行)에 해외 하환자금을 하부하고 있다고 하니 잘 알겠습니

37 수납(輸納)은 실어다 바친다는 뜻이다

다. 앞의 내용 중에서 30만 원을 1년 동안 3주(1朱, 1냥의 16분의 1)의 이자로 하도(下渡)하시기 바라며 저당품에 관한 것은 지시하신 비율을 가지고 공채증서를 본성(대장성)에 납부해 두겠습니다. 그리고 금은화 도입에 관한 것은 전부터 시세 비율 등 지휘를 받아 당 은행의 사정으로 도입한 후 조금씩 상납하겠습니다. 대신에 지폐는 그때그때 하부해 주시기 바라며, 또 원금에 관한 것은 기한이 되면 원리(元利)를 같이 환납(還納)하게 될 것입니다. 앞의 내용에 대해서는 특별한 전의(詮議)하여 하명해 주시기 바랍니다.

1884년(明治 17) 1월 20일 제일국립은행
대장경 마쓰카타 마사요시(松方正義) 귀하

이에 대해 동년 2월 대장성에서 다음과 같이 지령하였다.

제246호

청원한 내용인 요코하마쇼킨은행(橫濱正金銀行)에 하도(下渡)한 해외 하환[荷爲替] 자금 중에서 연 3푼의 이자로 하도하는 것은 승낙하기 어렵습니다만, 지나 은냥(銀兩) 및 조선 사금 매입 대금을 전도(前渡)하기로 하고, 국채국(國債局)으로부터 하도한다고 하니 다음과 같이 명심하기 바랍니다.

1884년(明治 17) 2월 13일
대장경 마쓰카타 마사요시(松方正義)

1. 전도금은 지폐 30만 원을 하도(下渡)할 것이니 저당으로써 공채증서 시가 3원으로 제출해야 한다.
2. 전도금 하도 당일부터 결산 당일까지 연 4푼의 비율로 6개월마다 이자를 상납해야 한다.
3. 전도금은 하도 당일부터 만 6개월 이내에 은냥(銀兩) 및 사금을 상납하여 결산해야 한다.
4. 전도금 결산이 끝난 뒤에는 다시 전도금을 하도해야 하므로 1년에 2회 이상 결산해야

한다. 만약 편선(便船, 배편)의 사정 등으로 어쩔 수 없는 사고가 있더라도 1회에 반 이상 결산해야 한다.

5. 전도금에 대해 결산을 위해 상납해야 할 은냥 및 사금은 출납국(出納局) 오사카출장소에 상납해야 한다.
6. 상납한 은냥 및 사금은 출납국 오사카출장소에서 곧바로 조폐국에 반입하여 동국에서 시험 분석한 뒤 회부(回附)하는 지금계정서[地金勘定書]에 기재된 성화고(成貨高) 중 시험이 끝난 날부터 성화불도기일(成貨拂渡期日)(기일이 휴가이면 그다음 날)까지 1만 원에 대해 1일 1원의 비율로 이자를 공제한 잔고를 지폐로 환산하고, 그중에서 정제분석료(정제를 요하는 것이면)를 공제한 액수[高]를 대금으로 해당 출장소에서 수취증서를 교부해야 한다. 단, 본문(本文, 본 문서에 나오는) 수취증서는 국채국(國債局)에 상납하여 전도금 결산 절차를 종료해야 한다. 전도금의 이자는 본문 시험이 끝나는 전날까지 상납해야 한다.
7. 전 항에 나오는 지폐로 환산 시세는 시험이 끝나기 전날 오사카주식취인소 오전 오후 직거래 평균 시세를 복평균해야 한다. 만약 그 시세가 성립되지 않을 때는 오사카상요신보(大阪商要新報) 호가[氣配][38] 시세에 따라야 한다.
8. 상납 은냥 및 사금은 조폐국에서 시험한 뒤 조폐 부적당하거나 그 밖에 사고로 인해 은냥 및 사금을 반환할 때는 조폐규칙 제14조에 게재되어 있는 비용을 상납해야 한다.
9. 지금 구입에 대해 일체의 비용은 물론 어떤 손실이 발생하더라도 모두 그 은행의 부담으로 해야 한다.
10. 이 절차는 만 1개년에 한한다. 기한이 되어 전도금은 지체 없이 반납해야 한다.

이어 1886년(明治 19) 5월 대장성의 지령에 의해 앞의 지금은 도입에 대해 본행과 일본은행 사이에 약조를 체결하여 매입원금(買入元金)을 일본은행에서 본행에 예치하고, 본행은 이에 대한 저당품을 일본은행에 차입(差入, 제공)하기로 했다. 여기서 본행은 앞의 원금을 가지고 조선 사금 및 지나 규은(規銀) 매입에 종사했다. 이러한 때 조선 정부가 원산진 근방에

38 참고로 기배치(氣配値, 게하이네)라는 용어가 있는데, 그 뜻은 (매도와 매수) 호가를 의미한다. 파는 쪽(賣主)과 사는 쪽(買主)이 희망하는 거래 가격이다.

서 사금 채취를 시작해 그 산출고가 조금씩 증가하는 경향에 있었기 때문에 본행에서도 더욱 도입을 확장하고자 1886년(明治 19) 9월 다시 대하금(貸下金)에 관한 것을 대장성에 청원하였다. 동월 전과 같은 조건으로 3년 기한으로 전도금 10만 원을 허가받았다. 당시 한일무역이 아직 활발하지 않아 하환[荷爲替] 같은 것도 뜻대로 이루어지지 않았고, 사금 매집도 지나 상인과 경쟁했음에도 불구하고 지금(地金) 수납(輸納, 상납)은 매우 좋은 결과를 얻어 1886년(明治 19) 5월부터 1889년(明治 22) 8월까지 본행에서 일본은행에 납부한 지금은고(高)는 260여만 원에 달했다. 또 그 지금은고 또한 증가 경향에 있어서 본행은 다시 3년 동안 상기 대하금의 연기(延期)를 요청하고, 한편으로는 이자[利足] 수수료를 경감하여 재한 상인을 권유해 사금 도입에 힘을 다했다.

1897년(明治 30) 일본 화폐제도가 개혁되어 금화본위제가 실시되자 일본은행은 한국 산금에 관해 특히 주의를 기울였다. 본행에 위촉하여 동국 지금 공급액을 조사하게 하고, 결국 양 은행 사이에 한국산 금지금 도입(取入) 계약을 체결했다.

2) 분석소 설치

한국 산금액이 매년 현저하게 증가하자 본행은 지금(地金) 구입 규모 확장의 필요를 느끼고 우선 금은분석소 설치를 계획하여 1900년(明治 33) 5월 다음의 각서를 대장성에 제출했다.

조선국 경성 금은분석소 설치에 관한 각서

하나. 조선국 경성에 분석소 설치 건은 조폐 지국에서 조사한 설계에 의해 벽돌 건물로 건축할 것.

하나. 동 분석소에서 사용하는 기계 기구 등은 모두 조폐 지국에서 조사한 대로 마련할 것.

하나. 앞의 분석소 설치에 대해서는 숙련된 기수나 직공 등을 조폐국에서 파견해 주기 바람.

하나. 분석소 설치 비용, 기수 이하의 급료 및 분석소에 관한 경비 등은 일체 당 은행에서 부담할 것.

하나. 앞의 분석소는 조폐국의 감독을 받고, 수납(輸納) 금지금은 모두 조폐규칙과 금은지금정제 및 품위증명규칙에 의하여 여분의 수수료 등은 일체 징수하지 않고 금괴의 도입에 노력할 것. 단, 조선에서 오사카까지의 운임 및 보험료는 금괴 수납인(輸納人)으로부터 징수할 것.

하나. 앞의 분석소 설치한 뒤에는 금괴의 매주(賣主, 파는 쪽)에게 비상한 편리를 제공함으로써 1년에 대략 500관의 금지금을 도입할 전망임.

하나. 위와 같이 금괴를 도입할 전망이기 때문에 분석소 설치 후에는 앞의 금괴 매입자금으로서 50만 원을 무담보 무이자로 일본은행에서 하부해 주시기 바람.

하나. 앞의 매입자금은 매월 분석소에서 도입한 금괴를 오사카조폐국으로 수송하고, 그 대금으로 반납(返納)할 것이기 때문에 그 대금만은 다시 하부해 주시기 바람. 단, 앞의 분석소로부터 수송한 금괴에 한해 조폐국에서는 앞의 분석표에 의해 곧바로 성화불도증서(成貨拂渡證書)를 하부해 주시기 바람.

하나. 위와 같이 허가받은 후에는 분석소는 즉시 건축에 착수하고 늦어도 본년 8~9월경까지는 개장할 전망임.

이어 동월 8일 일본은행에 다음의 서면을 제출했다.

조선국 산출 금지금 구입에 관해서는 1899년(明治 32) 8월 중 약정하고, 구입자금으로 20만 원을 대여해 주셨던 바, 근래 동국 산출 금지금은 조금씩 그 액수가 증가하고 있으니 상기 자금을 50만 원으로 증가시켜 주시기 바랍니다. 그렇게 된 이상 동국(한국) 경성 당은행 출장소 구내에 분석소를 설치하고 거둬들이는 데 진력할 것이기 때문에 그렇게 되면 1년에 500관 이상의 금괴를 수입할 수 있을 것이라고 생각합니다. 아무쪼록 승낙해 주시기 바랍니다. 다만 위의 자금은 3개월 전에 통고해 주시면 반납하겠습니다. 이같이 의뢰합니다.

1900년(明治 33) 5월 8일 주식회사 제일은행 두취 시부사와 에이이치(澁澤榮一)

일본은행 총재 야마모토 다쓰오(山本達雄) 귀하

위의 신청은 곧바로 승낙을 얻어 일본은행으로부터 다음과 같은 회답을 받았다.

문비(文秘) 제540호

한국 산출 금지금 구입자금으로 20만 원 입체(立替)를 신청하였다가 이번에 상기 자금을 50만 원으로 증가시킨다는 내용으로 지난 7일 신청한 것은 잘 알겠습니다. 이에 대해서는 해당 금액 20만 원은 일단 반환받고, 다시 50만 원 1년 동안 입체할 것이기 때문에 별지 안문(案文)에 따라 의뢰서를 제출하시기 바라며, 답변과 함께 이같이 말씀드립니다.

1900년(明治 33) 5월 9일 일본은행 총재 다카하시 고레키요(高橋是清)
주식회사 제일은행 두취 시부사와 에이이치(澁澤榮一) 귀하

이어 동월 14일 본행은 다시 일본은행으로 다음의 서면을 제출했다.

이번에 한국 산출 금지금 구입을 인수하게 되었습니다. 이에 대해서는 당행의 비용으로 동국 경성 당행 출장소 내에 지금분석소를 설치하고 다음의 각항에 준해 취급하고자 합니다.

하나. 한국 산출 금지금 구입자금으로 50만 원 무이자 대부가 이루어졌으면 합니다.
하나. 전 항 대부금은 보통 차용금 규정에 준거하고 그에 상응하는 저당품을 제출할 예정입니다.
하나. 전 항 구입자금을 가지고 1년에 500관문(貫匁) 이상의 금괴를 매입 수입할 예정입니다.
하나. 매입한 금괴는 모두 조폐국에 수납하고, 성화불도증서(成貨拂渡證書) 액면 금액으로 귀행(일본은행)에 매도하고자 합니다.
단, 금괴 수입에 관한 모든 비용은 당행에서 부담하겠습니다.
하나. 본문 금괴 구입은 1901년(明治 34) 5월 14일을 기한으로 합니다. 만기가 되어 다시 구입을 계속할 필요가 있을 때는 다시 귀행의 승낙을 득할 것입니다. 단, 기한 중이라도 귀행의 사정으로 매입이 정지된 경우에는 3개월 전에 통고되면 자금을 반환

하겠으니 저당품을 돌려주시기 바랍니다.

상기 내용에 대해 승낙하시기 바라며 이같이 의뢰합니다.

1900년(明治 33) 5월 14일

주식회사 제일은행 두취 시부사와 에이이치(澁澤榮一)

일본은행 총재 야마모토 다쓰오(山本達雄) 귀하

동년 11월에 본행의 경성분석소는 지금취급규칙을 발포하여 지금 도입 편의를 도모하였고, 이후 수납고(輸納高)가 현저하게 증가했다.

지금취급규칙

당 분석소는 다음의 규칙에 따라 금지금 매입 및 지금 품위를 정(驗定)한다.

제1조 금 또는 은의 지금을 지참하고 매입을 신청하는 자가 있을 때는, 지금(地金)은 입회하에 이를 칭량하여 당소에 받아두고 그 보관증을 교부한다.

제2조 지금의 품위 및 가격은 시험한 뒤 이를 정하지만 가지고 온 양이 100돈(匁) 이하는 시험을 하지 않고 그 가격을 정한다.

제3조 지금의 접수는 정오시(正午時)까지로 하며 만약 오후까지 이어질 때는 그다음 날을 접수일로 간주해야 한다.

제4조 지금은 당소에서 접수한 다음 날부터 1주일 이내에 분석을 행하고, 품위시험표 및 지금계산서[地金勘定書]를 만들어 이를 가져온 사람(지참인)에게 교부한다.

제5조 지금 지참인은 당소에서 교부한 지금계정서에 이의가 없을 때는 앞서 건넨 금괴대가영수증서(金塊代價領收證書) 용지에 기입 날인한 뒤 대금 지불을 청구해야 한다. 단, 이의가 있는 자는 3일 이내에 그 뜻을 신고해야 한다. 만약 그 기간 내에 이의 신청을 하지 않을 때는 승낙한 것으로 간주한다.

제6조 전 조에 의해 지참인이 이의 신청을 했을 때 또는 당소에서 매입을 바라지 않을 때는 품위시험표만을 교부하고, 다음의 비율로 수수료를 징수하고 이를 반환해야 한다.

금지금 중의 금은 3원

은지금 중의 금은 2원 70전

제7조 당소는 지금 지참인의 사정이 있을 경우 지금을 접수한 당일 중에 가격을 정해 대금을 지불할 수 있다.

제8조 당소에서 접수한 지금은 시험용해 후 분석에 처하기 때문에 용해 때문에 줄어드는 양은 매도인의 부담으로 한다.

1900년(明治 33) 11월

주식회사 제일은행 경성분석소

시간이 흘러 1904년(明治 37) 10월에 평양분석소를 1906년(明治 39) 10월에 원산분석소를 개설하자 지금 도입 규모가 날로 확장되었다. 이제 분석소 설치 이후의 매년 지금괴 매입고를 보면 다음과 같다.

연차	지금괴 무게[量目](匁)	대금(圓)
1900년(明治 33) (11월 이후 2개월간)	2,450.60	9,378.62
1901년(明治 34)	640,998.45	2,764,033.51
1902년(明治 35)	824,859.10	3,519,267.70
1903년(明治 36)	855,995.41	3,791,867.67
1904년(明治 37)	821,171.21	3,664,581.25
1905년(明治 38)	954,072.12	4,231,694.96
1906년(明治 39)	800,350.29	3,555,707.42
1907년(明治 40)	860,601.94	3,784,767.54

11. 한국 금융기관

1) 중앙은행

종래 한국에 있어서 금융기관은 볼만한 것이 없어 금융 경색하고 이자 고율이어서 경제계 발전에 방해를 받은 지 오래이다. 1908년(明治 41)에 본행이 처음 부산에 지점을 개설하고 이어 인천, 원산 및 경성에 지점을 설립하여 그때부터 동국(한국) 금융계에 공헌한 바 적지 않았지만 여전히 널리 금융을 소통하기에 부족하다. 청일전쟁 후 본행이 이곳에 업무를 확장하고 아울러 18은행과 제58은행 등도 지점을 증설했기 때문에 조금 나아졌지만 기관들 사이에 연락 없고 금융이 한편에 편중되어 자본이 항상 윤택하지 않았다. 그리고 한편으로는 폐제문란이 극에 달하고 국고 출납 기관이 없어 재정 궁핍과 국운 쇠퇴가 극에 달했다.

이런 상황에서 1905년(明治 38) 동국의 재정 정리가 착수되자 화폐제도의 개혁, 중앙 금융기관의 설치 및 금고 설립을 최급무로 하여 동년 2월 본행을 중앙금융기관으로 삼는 동시에 화폐 정리 및 금고 사무를 위탁했다. 이후 그 사업이 착착 진척됨에 따라 경제계의 면목이 이에 일신하여 그 발전을 보기에 이르렀다.

당초 본행이 한국 중앙은행의 임무를 담당하게 되면서 종래 발행한 은행권은 공사 거래에 무제한으로 통용하는 것을 공인받았다. 그리고 상기 은행권은 일본 통화와 교환되는 것이기 때문에 일본은행 태환권은 자연 한국 본위화와 같은 지위를 갖게 됨으로써 한국 화폐는 완전히 일본 통화와 동일한 성질을 갖게 되었고, 동국 화폐 본위의 확립과 함께 무역 및 교통에 있어서 완전히 장벽이 사라지게 되어 내외 경제상에 지대한 편익을 주게 되었다.

이제 본행의 한국에 있어서 지점 출장소를 나타내면 다음과 같다.

지점·출장소명	개업 연월	적요
경성지점	1888년(明治 21) 10월	출장소로서 설립되었고, 1903년(明治 36) 2월 지점으로 개칭하였다가 1906년(明治 39) 5월 한국 총지점이라 칭함.
인천지점	1883년(明治 16) 11월	출장소로서 설립되었고, 1888년(明治 21) 9월 지점으로 개칭함.

지점·출장소명	개업 연월	적요
부산지점	1878년(明治 11) 5월	
원산지점	1880년(明治 13) 5월	일시 폐쇄했다가 1904년(明治 37) 11월 다시 출장소로 개점, 1906년(明治 39) 2월 지점으로 개칭함.
평양지점	1904년(明治 37) 3월	출장소로 설립되었고, 1906년(明治 39) 2월 지점으로 개칭함.
진남포출장소	1903년(明治 36) 2월	
목포출장소	1899년(明治 32) 8월	
군산출장소	1903년(明治 36) 2월	
마산출장소	1906년(明治 39) 2월	
대구출장소	1905년(明治 38) 4월	
개성출장소	1905년(明治 38) 4월	
성진출장소	1905년(明治 38) 4월	
함흥출장소	1906년(明治 39) 2월	
경성출장소	1907년(明治 40) 4월	

2) 보통은행

일본의 은행으로 한국에 지점을 갖고 있는 것은 본행 외에 나가사키 18은행 및 오사카 제58은행의 2행이다. 그중에서도 18은행은 1879년(明治 12), 1880년(明治13)경부터 한국과 관계를 맺고 본행과 제휴하여 동국(한국) 경제계의 발전에 진력한 것이 적지 않다. 또 제58은행의 한국과의 관계는 본행 및 18은행에 비하면 그리 오래되지 않았지만 각 도(道) 요충지에 지점을 두고 현저한 업무의 발전을 이루었다. 현재 두 은행의 각 지점 소재지는 다음과 같다.

18은행

- 경성 용산, 인천, 목포, 군산, 부산, 나주, 원산

제58은행

- 경성, 인천, 진남포, 평양, 부산, 원산

한국인이 경영한 보통은행은 한성(漢城), 천일(天一) 및 한일(韓一) 등의 은행이다. 모두 한국 금융기관으로서 오로지 한국인들 사이의 자금 융통을 도모했다. 이제 이들 은행의 자본금이나 적립금 등을 열거하면 다음과 같다.

요항 행명	자본금	불입자본금	적립금	정부 대하금
한성은행	300,000	75,000	17,000	100,000
대한천일은행	150,000	51,500	10,000	240,000
한일은행	150,000	37,500	170	–

위와 같이 보통은행업이 겨우 발달했음에도 아직 이에 관한 특별한 법령이 없었는데, 1906년(광무 10) 3월에 한국 정부는 칙령 제12호로 은행조례를 발포하고, 각 은행은 이에 의거하여 업무를 취급하게 되었다.

은행조례

[1906년(광무 10) 3월 21일 칙령 제12호(번역문)]

제1조 점포를 공개하여 증권 할인 또는 환[爲替]사업 또는 예금 및 대부를 영업으로 하는 자는 어떤 명칭을 사용하더라도 모두 은행으로 한다.

제2조 탁지부 대신은 은행의 업무를 감독한다.

제3조 은행의 확실함을 보유(保維)하고, 또는 일반 금융의 안고(安固)를 도모하기 위해 탁지부 대신은 은행에 대해 필요한 명령을 할 수 있다.

제4조 은행의 사업을 영위하고자 하는 자는 탁지부 대신의 인가를 받아야 한다.

제5조 은행은 반년마다 영업보고서를 조제하여 탁지부 대신에게 제출해야 한다.

제6조 은행은 반년마다 대차대조표를 조제하여 신문지나 기타 방법을 통해 3일간 공고해야 한다.

제7조 은행의 영업시간은 오전 9시부터 오후 3시까지로 한다. 단, 지방의 정황에 따라 별도 영업시간을 정하고자 하는 자는 탁지부 대신의 인가를 거쳐 시행해야 한다.

제8조 은행의 휴일은 명절일, 경축일, 일요일 및 은행 영업지에서 행할 수 있는 정례휴일로 한다. 단, 부득이한 사고가 있을 때는 탁지부 대신에게 신청하여 신문지나 기타의 방법으로 공고한 후 휴업할 수 있다.

제9조 은행이 그 정관을 변경하고자 할 때는 탁지부 대신의 인가를 받아야 한다.

제10조 은행에서 지점 또는 대리점을 설치, 폐지 또는 위치를 변경하고자 할 때는 탁지부 대신의 인가를 받아야 한다.

제11조 탁지부 대신은 은행의 영업상 법률, 명령 또는 정관에 위배하거나 공익에 유해하다고 판단될 때는 그 업무를 제지할 수 있다.

제12조 탁지부 대신은 감독관리(官吏)로 하여금 언제라도 은행 업무의 실황 및 재산 현황을 검사하게 할 수 있다.

제13조 은행이 채권을 발행하고자 할 때는 탁지부 대신의 인가를 받아야 한다.

제14조 은행에서 다음에 열거하는 사범(事犯)이 있을 때는 그 영업주, 회사의 업무를 집행할 사원, 취체역으로부터 10환(圜) 이상 500환 이하의 금액을 벌금으로서 징수한다.

하나. 본 조례의 명령에 위범(違犯)했을 때

하나. 제5조의 보고 혹은 제6조의 공고를 하지 않거나 그 보고 중 혹은 공고 중에 사위(詐僞, 날조)의 진술을 하거나 사실을 은폐했을 때

하나. 제12조의 검사를 받는 것을 거절했을 때

부칙

제15조 본 령은 반포한 날로부터 시행한다.

3) 농공은행

농공은행은 1906년(광무 10) 3월 21일 칙령 제13호 및 1907년(광무 11) 1월 14일 칙령 제3호 및 1906년(광무 10) 4월 20일 탁지부령 제4호에 준거하여 설립된 것으로 그 목적은 오로지 농공업의 개량 발달을 위해 자금을 융통하는 데 있다. 동 조례의 전문은 다음과 같다.

농공은행조례

[1906년(광무 10) 3월 21일 칙령 제13호(번역문)]

제1조 농공은행은 농업과 공업의 개량 발달을 위해 자본을 대부하는 것을 그 목적으로 한다. 주식회사로서 그 자본금을 10만 환(圜) 이상으로 하고, 각 주식의 금액은 20환(圜)으로 한다.

제2조 탁지부 대신은 토지(지방)의 정황에 따라 농공은행의 영업구역을 정할 수 있다.

제3조 농공은행은 다음에 열거하는 사업을 영위할 수 있다.

1. 연부 또는 정기상환 방법에 의해 부동산을 전당(典當, 담보)으로 하여 대부한다.
2. 법령으로 조직한 공공단체에 대해 무전당(無典當)으로 전 항의 대부를 한다.
3. 20인 이상의 농업자 또는 공업자가 논의 후 연대책임으로 차용을 신청했을 때는 그 신용 확실한 자에 한하여 5개년 이내에서 정기상환 방법에 의해 무전당으로 대부한다.

제4조 전조(前條)의 대부는 다음 사항에 사용하는 자에 한한다.

1. 개간, 배수, 관개 및 경지 토질의 개량
2. 경작도로 축조 또는 개량
3. 식림사업
4. 종묘, 비료, 기타 농공업용 원료 구입
5. 농공업용 기구, 기계, 주차(舟車), 수축(獸畜) 구입
6. 농공업용 건물 축조 또는 개량
7. 앞의 각 항 외 농공업 개량

제5조 농공은행에서 부동산 전당을 요구할 때는 모두 제1 전당이어야 한다. 단, 구채(舊債)가 있을 경우에 농공은행에서 차입하는 신채(新債)로써 그 구채를 상환하는 효과에 의해 신채의 제1 전당의 자격을 획득할 때는 이 제한에 있지 않다.

제6조 농공은행에서 전당으로서 요구하는 토지는 영속할 수 있는 확실한 수익의 예량(豫量)이 있는 것에 한한다.

제7조 부동산을 전당으로 대부하는 금액은 농공은행에서 감정한 가격의 3분의 2 이내로

한다.

제8조 연부금은 원금과 이자를 합쳐 이를 계산하고 해마다 일정 평등의 상환액을 정해야 한다.

단, 이미 정한 상환액을 초과하는 상환[返償]을 하고자 할 때는 이 제한에 있지 않다.

제9조 대부금 연부상환에 대해서는 1년 이상 5년 이내의 거치연한(据置年限)을 정해야 한다.

단, 그 연한 이자는 이 제한에 있지 않다.

제10조 채무자가 연부 정기상환금 또는 이자 상환[辨納]을 지연할 때는 상환기일 다음 날부터 그 금액에 대해 이자를 지불해야 할 의무를 부담한다.

제11조 채무자는 차용금의 5분의 1 이상을 상환했을 때는 그 비례에 따라 전당물 일부의 해제를 요구할 수 있다. 그 잔액에 대해서도 역시 같다.

제12조 농공은행은 연부금 상환을 지연하는 채무자에 대해서 상환기한 전이라도 대부금 전부의 상환을 요구할 수 있다.

제13조 농공은행은 전당물 가격이 감소하여 대부금 상환 잔액에 대해 제7조의 비례에 부족이 발생했을 때는 증전당(增典當)을 요구하거나 또는 그 부족에 상응하는 대부금액 상환을 요구할 수 있다.

제14조 무전당으로 차입한 공공단체에서 연대금정기상환금(年貸金定期償還金) 또는 이자 상환 기일을 지나 이를 상환하지 않을 때는 농공은행은 감독관청에 그 처분을 청구할 수 있다.

감독관청은 전 항의 청구를 받을 때는 해당 공공단체에 명령하여 연체금 및 제10조의 이자를 상환하도록 해야 한다.

제15조 농공은행은 제3조의 대부를 한 경우에 채무자가 대부의 목적에 반하여 대부금을 사용할 때는 상환기한 전이라 하더라도 대부금 전부의 상환을 요구할 수 있다.

제16조 농공은행은 정기예금을 하거나 또는 지금은, 유가증권 보호예치를 할 수 있다.

제17조 농공은행은 정관에서 정한 바에 따라 농공채권을 발행할 수 있다.

농공채권 발행액, 발행 방법 및 조건에 대해서는 탁지부 대신의 인가를 받아야 한다.

제18조 농공채권은 액면 금액을 10환(圜) 이상으로 한다.

제19조 농공채권 소유자가 그 원금 또는 이자를 요구하지 않을 때는 원금은 10년, 이자는 3년 후에 그 요구의 권리를 잃는다.

제20조 농공은행에서 본 장에서 게재한 것 외에 다른 은행 업무를 하고자 할 때는 탁지부 대신에게 신청하여 인가를 받아야 한다.

제21조 전 조에 의해 다른 은행 업무를 영위하고자 할 때는 오로지 탁지부 대신 또는 탁지부 대신이 특별히 명한 자의 지휘·감독을 받아 그 업무를 집행해야 한다.

제22조 농공은행은 매년 준비금으로 자본의 결손을 보전하기 위해 이익의 100분의 8 이상을 적립하고, 이익 배당의 평균을 얻도록 하기 위해 이익의 100분의 2 이상을 적립해야 한다.

제23조 탁지부 대신은 농공은행의 업무를 감독한다.

제24조 다음에 열거하는 사항에 대해서는 탁지부 대신의 인가를 요한다.

1. 정관 및 그 변경
2. 지점 및 그 대리점의 설칭 및 그 변경
3. 주주에 대해 배당금의 분배

제25조 정부는 농공은행의 영업을 보조하기 위해 주금(株金) 공급 또는 주식 부담을 보조할 수 있다.

전 항 보조 방법은 탁지부 대신이 이를 정한다.

제26조 전 조의 보조를 행한 농공은행에 대해 탁지부 대신은 그 지명한 감리자를 해당 은행에 상치(常置)시켜 영업상 필요한 지도 및 감독을 할 수 있다.

제27조 본 조례에서 정한 각 조규에 위배하거나 또는 탁지부 대신의 명령에 위반했을 때는 농공은행 이사자(理事者)로부터 10환(圜) 이상 500환 이하의 금액을 벌금으로 징수한다.

제28조 전 조의 벌금은 재판소의 명령으로 이를 부과한다. 그 납부에 대해서는 이사자는 연대하여 그 책임을 부담한다.

제29조 농공은행 설립에 관한 방법에 대해서는 탁지부 대신이 이를 정한다.

부칙

제30조 본 령은 반포한 날부터 시행한다.

위의 조례에 의해 농공은행이 처음 설립된 것은 경성이고, 두 번째는 대구, 세 번째는 평양, 네 번째는 전주이다. 그리고 현재는 진주, 해주, 경성(鏡城) 등에 미쳐 총 8행이 되었다. 이제 그 소재지, 개업 연월일, 자본금액 등을 보이면 다음과 같다.

1907년(광무 11) 6월 조사

은행명	소재지	개업 연월일	자본금	불입자본금
한호농공은행	한성 종로	1906년(광무 10) 6월 2일	400,000	164,350
대구농공은행	경상북도 대구부	1906년(광무 10) 6월 16일	100,000	25,000
평양농공은행	평안남도 평양부	1906년(광무 10) 6월 25일	100,000	32,500
전주농공은행	전라북도 전주부	1906년(광무 10) 7월 7일	100,000	84,930
진주농공은행	경상남도 진주부	1906년(광무 10) 7월 30일	100,000	40,000
광주농공은행	전라남도 광주부	1906년(광무 10) 8월 6일	100,000	55,000
해주농공은행	황해도 해주부	1906년(광무 10) 9월 13일	100,000	74,095
경성농공은행	함경북도 경성부	1906년(광무 10) 9월 16일	100,000	32,500
합계			1,100,000	508,375

4) 기타 금융기관

제1. 창고 및 창고회사

(1) 정부 창고, 정부 창고는 금융기관의 설비가 아직 완전하지 않은 지방 농민에게 일시의 편법으로서 동산과 부동산 담보대부를 실시하거나 혹은 신용으로 상민(商民)에게 원료품 매입자금을 융통할 목적으로 1905년(明治 38) 10월 처음으로 평양에 개설된 관영 창고이다. 동 창고는 설립 후 곧 그 범위를 확장하여 전주, 충주, 대구, 광주 등에도 증설했다. 최근에는 각종 금융기관이 정비됨에 따라 완전히 그 대출을 정지하고 오로지 회수 방침을 취했다.

(2) 지방 창고, 지방 창고는 정부 창고의 대출이 정지되면서 상민에게 물자집산의 편리를 제공하고 무역 및 금융의 원활을 도모하기 위해 각 주요지에 건설된 것으로 정부는 이를 정부의 보호 또는 감독하에 설치한 은행 또는 창고회사에 대하(貸下)함으로써 그 이용에 도움

이 되도록 했다. 이제 동 창고의 소재지, 평수, 대하(貸下)은행 및 업무 개시 연월일 등을 게재하면 다음과 같다.

1907년(광무 11) 6월 조사

창고 소재지	평수	대하(貸下)은행	업무 개시 연월일	동수
대구	240	대구농공은행	1906년(광무 10) 11월 19일	3
평양	253	평양농공은행	1906년(광무 10) 10월 22일	5
수원	60	한성은행	1906년(광무 10) 8월 28일	1
영산포	180	광주농공은행	1907년(광무 11) 3월 26일	3
광주	80	광주농공은행	1907년(광무 11) 4월 1일	1
평택	175	공동창고주식회사	1907년(광무 11) 8월 1일	1
강경	70	공동창고주식회사	미상	1

(3) 한성공동창고주식회사

한성공동창고주식회사는 1905년(광무 9) 9월 4일 탁지부령 제14호 공동창고회사장정에 의거하여 조직된 것으로써 정부의 보조금 10만 원과 자본금 15만 원으로 1905년(明治 38) 12월 11일 그 영업을 개시한 것이다. 일반 공중을 위해 물품을 창고에 보관하고 또 금융의 편리를 도모하는 것을 목적으로 한다. 또 기타 탁지부의 인가를 얻어 수입 절차가 끝나지 않은 화물을 장치(藏置)하기 위해 보세창고에 관한 업무를 영위하고, 또는 운송, 해관 절차, 물품매매 등을 중개하고, 또는 기탁자의 청구에 의해 기탁품의 예치증권을 발행할 수 있다. 이 창고회사조례 전문은 다음과 같다.

공동창고회사장정

[1905년(광무 9) 9월 4일 탁지부령 제14호(번역문)]

제1장 총칙

제1조 공동창고회사는 탁지부 대신의 감독을 받아 일반 공중을 위해 물품을 창고에 보관

하고, 또 금융의 편리를 도모하는 것을 업으로 한다.

회사는 탁지부 대신의 인가를 받아 수입 절차 미완의 화물을 장치하기 위해 보세창고에 관한 업무를 영위할 수 있다.

제2조 회사는 정관으로 자본금과 기타 설립에 관한 필요사항을 정해 탁지부 대신의 인가를 받아야 한다. 그 변경하는 경우 역시 같다.

제3조 회사는 주식회사 조직으로 한다.

제2장 중역

제4조 회사에 사장 1명과 이사 2명 이상, 감사 1명을 둔다.

제5조 사장은 회사를 대표한다.

사장과 이사는 정관의 규정에 따라 회사의 업무를 처리한다.

감사는 회사의 업무를 감사한다.

제6조 사장, 이사 및 감사는 주주 중에서 탁지부 대신이 이를 임명하고, 그 임기를 3개년 내지 5개년으로 한다.

제3장 영업

제7조 회사는 다음에 열거하는 업무를 영위한다.

1. 상품, 기타의 물건을 창고에 보관할 것.
2. 보관하는 물건에 대해 금융을 시행할 것.

제8조 전 조 외에 그 경편운송(輕便運送)의 거간과 주선, 해관 사험(査驗)의 대리 주선과 물품 매매의 거간과 흥정[興成]을 할 수 있다.

제4장 예탁증권[預證券]

제9조 회사는 기탁자의 청구에 의해 기탁품의 예탁증권을 발행해야 한다.

제10조 예탁증권에는 다음에 열거하는 사항 및 번호를 기재해야 한다.

1. 물품의 종류, 품질, 수량 및 그 포장의 종류, 개수 및 기호
2. 기탁자의 성명 또는 상호 및 거주

3. 보관 장소

4. 보관료

5. 보관 기간

6. 물품을 보험에 붙이는 경우에는 보험금액, 기간 및 보험자의 상호

7. 발행 연월일

제11조 회사가 예탁증권을 발행한 경우에는 그 문부(文簿)에 전 조의 사항을 기재해야 한다. 단, 그 기탁품의 전부 또는 일부를 출고하는 경우에는 그 사유를 기재해야 한다.

제12조 예탁증권은 기탁품의 대체증권이기 때문에 그 양여와 전집(典執)은 기탁품의 양여 또는 전집(典執)과 동일한 효과가 있다. 따라서 증권의 이서를 해서 양여와 전집을 행할 수 있다.

제13조 예탁증권의 소지인은 영업시간 내는 물론 언제라도 기탁품의 사험(査驗)과 감색(鑑色)의 적출(摘出)을 요구하거나 또는 그 보존에 필요한 조처를 할 수 있다.

제14조 예탁증권 소지인은 이와 환체(換替, 교환)하지 않으면 기탁품 출고를 청구할 수 없다.

제5장 정부의 감독 및 보조

제15조 탁지부 대신은 회사의 업무를 감독하기 위해 감리관을 둔다.

제16조 회사는 탁지부 대신의 명령을 따라 그 영업의 형편 및 계산에 관한 보고서를 제출해야 한다.

제17조 탁지부 대신은 회사의 영업상 법령 또는 정관에 배반하거나 공익을 해하는 사건이 있다고 판단할 때는 이를 제지해야 한다.

제18조 창고의 건축 구조 및 영업 방법에 관해서는 탁지부 대신의 인가를 받아야 한다.

제19조 정부는 회사에 대해 적당한 조건으로 보조금을 교부할 것인지 일정한 연한(年限)에 한해 적당한 배당금(分排金)을 보조할 수 있다.

제6장 부칙

제20조 탁지부 대신은 설립위원을 두어 회사의 설립에 관한 일체 사무를 처리하게 한다.

제21조 설립위원은 정관을 작성하여 탁지부 대신의 인가를 받은 후 주주를 모집한다.

제2. 수형조합

수형조합은 1905년(광무 9) 9월 30일 탁지부령 제16호 수형조합조례에 의해 조직된 것으로 오로지 수형(어음)의 유통을 장려하고 신용 있는 자에게 금융의 편의를 얻게 하는 것을 목적으로 한다. 이제 동 조례의 전문을 게재하면 다음과 같다.

수형조합조례

[1905년(광무 9) 9월 30일 탁지부령 제16호(번역문)]

제1조 수형조합은 상업의 덕의(德義)를 중시하여 수형(어음)의 신용을 유지하고, 또 약속 수형조례에 준유(遵由)하는 것을 그 목적으로 한다.

제2조 수형조합을 조직하고자 할 때는 탁지부 대신의 인가를 받아야 한다.

제3조 새롭게 가입을 원하는 자가 있을 때는 수형조합은 그 신원을 조사하여 상당한 자산을 가지고 있음이 확실하다는 것을 판단한 후 이를 허가한다.

제4조 제1조의 목적에 배반하는 자가 있을 때는 이를 제명한다.

제5조 조합원 가입 또는 제명한 자가 있을 때는 그때마다 탁지부 대신에게 직접 와서 보고하고, 또 신속하게 신문지를 통해 공고해야 한다.

제6조 수형조합은 다음의 권한을 갖는다.

1. 조합원이 발행하는 수형 소지인의 신탁(申託)에 의해 그 추심을 행하는 일
2. 수형의 교환 호삭(互削)하는 일
3. 수형(어음)에 관한 쟁의가 있을 때는 당사자의 신탁(申託)에 의해 타협하게 하거나 또는 심결(審決)하여 권리 보호의 절차를 행하는 일
4. 상업상에 관한 사항을 조사 심의하는 일
5. 조합원의 가명 및 제명을 결의하는 일

제7조 수형조합에는 다음의 직원을 둔다.

1. 조합원 1명
2. 평의원 3명

전 항 외에 탁지부에서 감독을 위해 수시 파원(派員)하여 조합 사무를 조사할 것.

제8조 조합장 및 평의원은 조합 중의 선거에 의해 탁지부 대신의 인가를 받아야 한다.

제9조 조합장은 상무(常務)를 전행(專行)하고 수형에 관한 쟁의의 타협 심결 및 조합원의 가명(加名)과 제명, 기타 상무 이외의 사항은 모두 평의원회의 결의에 따른다.

제10조 평의원회는 조합장과 평의원 외에 탁지부에서 파원(派員)하여 평의에 협동할 것

제11조 수형조합의 세칙은 조합에서 이를 제정하고 탁지부 대신의 인가를 받아야 한다.

위의 조례에 의해 수형조합을 설치한 것은 경성, 평양, 진남포, 대구, 진주, 전주, 광주 등으로 경성에서는 1905년(明治 38) 12월에 설립되었고, 나머지는 모두 1906년(明治 39) 3월 이후 설립되었다. 그리고 이들 각 조합은 설립 이래 그 성적이 매우 양호하다고 한다. 이제 아래에 조합명, 인가일자, 기본금, 조합원, 수형(어음)의 보증액 등을 게재한다.

1907년(明治 40) 6월 말일 현재

조합명	영업인가	기본금	조합원	보증액 누계	지불액 누계	보증액 현재
한성	1905년(明治 38) 12월 16일	155,000	190	1,207,942	946,257	261,685
평양	1906년(明治 39) 3월 3일	50,000	38	934,900	722,500	162,400
평양 진남포지점	1906년(明治 39) 6월 26일	본점과 공동	28	590,842	444,742	146,100
대구	1906년(明治 39) 10월 5일	50,000	17	190,850	115,150	75,700
진주	1906년(明治 39) 11월 9일	30,000	14	38,800	19,900	18,900
전주	1906년(明治 39) 11월 26일	30,000	28	132,550	75,200	57,350
광주	1907년(明治 40) 1월 18일	20,000	37	6,850	0	6,850
합계		335,000	352	3,102,734	2,373,749	728,985

제3. 지방금융조합

지방금융조합은 1907년(광무 11) 6월 1일 칙령 제33호 지방금융조합규칙에 의거하여 조직된 것으로 농민의 금융을 완화하고 농업의 발달을 도모하는 것을 목적으로 한다. 한 개 군(郡) 또는 몇 개 군에 주소를 두고 농업을 영위하는 자로 조직된 사단법인이다.

지방금융조합의 주업은 농업자본의 대부와 곡류(穀類)의 창고 보관 등이지만 또 이 밖에

조합원에 대한 종묘, 비료, 농구 등 농업 재료 분배 또는 대여, 생산물 위탁판매 등을 겸영할 수 있다. 동 규칙 및 모범 정관 전문은 다음과 같다.

지방금융조합규칙

[1907년(광무 11) 5월 30일 칙령 제33호(번역문)]

제1조 지방금융조합은 농민의 금융을 완화하고, 농업의 발달을 기도하는 것을 목적으로 하는 사단법인으로 한다.

제2조 지방금융조합은 한 개 군 또는 몇 개 군 내에 주소를 두고 농업을 영위하는 자로서 이를 조직한다. 단, 그 설립구역은 제13조의 규정에 의한다.

제3조 지방금융조합의 책임은 그 재산을 한도(限度)로 한다.

제4조 지방금융조합은 다음의 업무를 영위한다.

1. 조합원에 대해서 농업상 필요한 자금을 대부하는 일
2. 조합원을 위해 그 생산한 곡류를 창고에 보관하는 일

전 항에 게재한 것 외에 지방금융조합은 다음에 열거하는 업무를 겸영할 수 있다.

1. 조합원에 대해서 종묘, 비료, 농구 등 농업상의 재료를 분배하거나 대여하는 일
2. 조합원을 위해 그 생산물을 위탁 판매하는 일

제5조 전 조 제1항 제2호의 업무를 집행하기 위해 지방금융조합은 군아(郡衙) 부속의 창고를 사용할 수 있다.

제6조 지방금융조합에 조합장 1명과 평의원 약간 명을 두고 조합원이 이를 선거한다.

제7조 지방금융조합의 자금에 충당하기 위해 정부는 약간 금액을 이에 하부해야 한다.

전 항 하부금을 받은 조합에 대해서는 탁지부 대신은 그 추천한 이사 1명으로 하여금 조합의 상무를 집행하게 한다.

제8조 지방금융조합은 그 경비에 충당하기 위해 각 조합원에게 매년 2환(圜) 이하의 조합비를 징수할 수 있다.

제9조 지방금융조합은 업무의 필요에 다라 기채(起債)할 수 있다.

제10조 지방금융조합의 이익은 조합의 공동기본금으로써 이를 적립한다.

제11조 지방금융조합의 업무 성적 및 손익계산은 매년 1회씩 이를 조합 총회에 보고한다.

제12조 지방금융조합의 업무는 탁지부 대신의 감독에 속한다.

탁지부 대신은 감독관으로 하여금 조합의 업무를 감독하게 한다.

제13조 지방금융조합 설립에 관한 방법은 탁지부 대신이 이를 정한다.

부칙

제14조 본 칙은 반포한 날로부터 시행한다.

지방금융조합정관

제1장 총칙

제1조 본 조합은 정부의 취의를 받들어 오로지 조합원에 대해 농업상 필요한 자금을 대부하여 사업(斯業)의 발달을 기도하는 것을 목적으로 한다.

제2조 본 조합은 ○○지방금융조합이라고 칭한다.

제3조 본 조합은 ○군내에 주소를 두고 농업을 영위하는 자로서 이를 조직한다.

제4조 본 조합은 사무소를 ○○에 둔다.

제5조 본 조합의 책임은 조합재산을 한도로 하기 때문에 그 조합재산을 가지고 채무를 완제(完濟)할 수 없는 경우에도 조합원은 책임지지 않는다.

제6조 본 조합이 존립기간은 본 규약 인가가 있은 날부터 만 20개년으로 한다.

제2장 자금

제7조 정부가 본 조합에 하부한 1만 원은 본 조합의 공동자금이기 때문에 힘써 그 증식을 도모하고, 본 조합의 기초를 영원히 공고하게 해야 한다.

제8조 본 조합은 평의원회의 결의에 의해 농공은행으로부터 차입금을 차입할 수 있다.

단, 이 경우에는 탁지부 대신의 인가를 받아야 한다.

제3장 업무

제9조 본 조합의 업무는 다음과 같다.

1. 조합원에게 농업상 필요한 자금의 대부를 행하는 일

2. 조합원을 위해 곡류를 창고에 보관하는 일

제10조 전 조에 게재한 업무 외에 본 조합은 정세와 형편에 따라 다음의 업무를 영위할 수 있다.

1. 조합원에 대해 종묘, 비료, 농구 등의 분배 및 대여를 행하는 일

2. 조합원을 위해 그 생산물의 위탁판매를 하는 일

제4장 조합원의 권리와 의무

제11조 조합원은 조합으로부터 자금의 대부를 얻을 경우에 대부의 목적 이외에 그 대부금을 사용할 수 없다.

전 항 대부의 목적 이외에 대부금을 사용한 경우에는 상환기한 전이라도 대부금 전부의 상환을 청구할 수 있다.

제12조 본 조합원은 조합비로서 ○원을 매년 6월 및 12월의 2회에 나누어 조합에 불입할 수 있다.

제5장 역원

제13조 본 조합에 다음의 역원은 둔다.

1. 조합장 1명

2. 평의원 10명

3. 이사 1명

제14조 조합장 및 평의원은 총회에서 조합원 중에서 이를 선거하고, 탁지부 대신의 인가를 거쳐 취임한다.

제15조 조합장 및 평의원의 임기는 만 2개년으로 한다. 단, 재선하는 것을 막지 않는다.

제16조 조합장 및 평의원이 그 임기 중에 사임 도는 퇴임했을 때는 보결원을 선거한다. 단, 보결원의 임기는 그 전임자의 잔여기간으로 한다.

전 항 보결원 선거는 평의원회의 결의에 의해 조합 업무의 집행에 방해되는 것이 없다고 판단할 때는 차기 총회까지 이를 연기할 수 있다.

제17조 조합장은 조합을 대표하고, 또 그 상무를 집행하는 외에 총회의 의장이 된다.

단, 조합장에게 사고가 있을 때는 평의원 중 1인이 이를 대리한다.

제18조 이사는 탁지부 대신의 추천에 의해 취임하고, 조합장을 보좌하여 상무를 집행한다. 또 평의원회의 의결에 참가한다.

제19조 평의원회는 조합비 부과, 조합원 가입 및 탈퇴, 기타 상무 이외의 사항을 결의한다.

제20조 평의원회의 의장은 조합장이 이를 맡고, 조합장에게 사고가 있을 때는 평의원 중 1인으로 하여금 이를 대리하게 한다.

제21조 평의원회의 의사는 평의원의 다수로써 결의하고, 가부동수일 때는 의장이 결정하는 바에 따른다.

제22조 각 평의원은 조합의 상무(常務)에 대해 조합장의 처치가 부당하다고 인정할 때는 감독관에게 상신할 수 있다.

제23조 각 평의원은 조합의 회계, 기타 사무를 검사할 수 있다.

제24조 조합장 및 평의원은 무보수로 한다. 단, 총회의 결의로 적당한 보수를 지급할 수 있다.

제25조 조합장은 평의원회의 결의를 거쳐 유급 사무원을 새로 고용할 수 있다.

제26조 감독관은 탁지부 대신이 명하고, 조합 업무는 모두 해당 감독관의 감독을 받는다.

제6장 총회

제27조 본 조합의 총회는 이를 정시와 임시로 나누고, 정기총회는 매년 1월에 이를 개최하고, 임시총회는 평의원회에서 필요하다고 판단할 때 이를 개최한다.

제28조 총회의 결의는 출석 조합원의 반수 이상의 동의로써 이를 행한다.

제7장 회계

제29조 본 조합은 매년 1월부터 12월까지를 1사업연도로 한다.

제30조 1사업연도에 있어서 총익금(總益金)에서 제경비, 손실금, 차입금 이자를 공제하여 남는 잔여는 이를 조합의 익금(益金)으로 한다.

전 항 조합의 익금(益金)은 조합원에게 배당하지 않고 모두 조합기본금으로써 이를 적립해야 한다.

제31조 새롭게 본 조합에 가입을 신청하는 자가 있을 때는 조합장은 그 자의 신원[身許]과 신용을 조사하고 평의원회의 의결을 거쳐 가입을 승낙한다.

제32조 조합원은 다음의 사유에 의해 탈퇴한다.

1. 제3조에 정한 자격 소멸
2. 사망
3. 제명
4. 탈퇴 허가

제33조 제명은 조합원으로서 범죄, 기타 불법행위를 했을 때는 조합비의 불입, 대부금 변제 혹은 이자 지불을 연체했을 때, 기타 조합의 체면을 오손(汚損)시키는 행위가 있었을 때 평의원회의 결의에 의해 이를 행한다.

부칙

제34조 본 규칙을 변경할 경우에는 총회의 결의를 거쳐, 탁지부의 인가를 받아야 한다.

제4. 개인 대금업

앞에서 서술한 내용 외에 개인 또는 합자(合資)로써 대금업을 영위하는 자가 매우 많고, 그중에서도 전당국(典當局), 객주 및 여각을 그 주된 것으로 한다. 전당국, 즉 질점(質店)은 본방(일본)에서와 마찬가지로 중류 이하 일반의 융통기관으로써 근래 방인(일본인)으로서 대금업을 영위하는 자가 점차 많아져 경성은 40여 호, 인천에는 10여 호, 개성에는 대략 60호에 달한다고 한다. 이율은 연 6할 내지 9할을 징수하고, 그 대부액은 질물 평가액의 3분의 1 또는 4분의 1을 표준으로 한다. 객주 및 여각은 도매업[問屋業] 외에 대부, 예금, 할인, 환[爲替] 등을 취급한다. 옛날부터 전해오는 한국의 주된 금융기관이다. 그 대부는 주로 상인에 대한 것으로써 장날[市日]마다, 즉 5일간을 1기한으로 하는 것이 많다.

이 밖에 지소(地所), 가옥 및 그 사용권, 수익권을 담보로 한 대부 또는 신용대(信用貸)를 영위하는 자가 있다. 그 대부 방법은 일부[日掛, 日賦] 또는 월부[月掛, 月賦]로 하여 상당한 고리를 징수한다고 한다.

2. 대한제국기 한국 금융의 식민지적 재편 관련 자료

〈자료 02〉 신식화폐발행장정 수정안(1894)

(『駐韓日本公使館記錄』 5권)

신식화폐발행장정 수정안

제1조 신식 화폐는 3종으로 나누어 은·적동·황동으로 한다.

제2조 화폐의 최저 단위는 푼, 10푼은 전(錢), 10전은 냥(兩), 5냥은 원(元)으로 한다.

제3조 화폐는 7등급으로 나누되 최저 단위인 1푼은 황동, 그다음으로 5푼과 1전은 적동, 그다음으로 반냥, 2냥, 2냥 반 및 1원(元)은 은으로 한다.

제4조 은전 1원은 본위 화폐로 하고, 은전 2냥 이하는 모두 보조 화폐로 한다. 그리고 보조 화폐의 1회 수수 시에는 10전을 기준으로 하고, 보조 동화의 1회 수수 시에는 1원을 기준으로 한다. 단, 수수하는 사람들이 서로 승낙한 것은 그렇지 않다.

제5조 신구 화폐를 함께 통용하여 화폐의 융통성을 넓히되 그 비례는 아래와 같다. 단, 구전(동전 20개에 해당한다)을 한 번 주고받을 때는 1원을 기준으로 한다.

황동 1푼[일본의 2리(厘)] 구전 1개 4푼에 해당한다.

적동 5푼(일본의 1전) 구전 7개에 해당한다.

적동 1전(일본의 2전) 구전 14개에 해당한다.

은 반 냥(일본의 10전) 구전 70개에 해당한다.

은 1냥(일본의 20전) 구전 140개에 해당한다.

은 2냥 반(일본의 50전) 구전 350개에 해당한다.

은 1원(元)[일본의 1원(圓)] 구전 700개에 해당한다.

제6조 무릇 각종 세금 항목과 봉급을 구전으로 정할 때는 제5조를 참조, 그 비례에 의하여 은화로 환산한다.

부칙

1. 신식으로 주조된 화폐는 그 수량이 많아지기 전에 잠시 외국의 화폐와 혼용을 하되, 단 우리나라의 본위 화폐와 그 질량 및 가치가 동일한 것만 통용을 허락한다.
2. 경성, 인천, 부산, 원산 등 네 곳을 제외하고는 비록 이 장정을 반포하여 시행한 이후라도 그 구전(개당 동전 20개)을 일시 주고받을 때는 본 장정 제4조에 정한 바를 따를 필요가 없고, 이후부터는 반포한 바에 따라 별도로 참작하여 준행한다.

(출전: 『駐韓日本公使館記錄』 5권 七. 內政釐革의 件二, (7) 新式貨幣發行章程 修正案. 한국사데이터베이스)

〈자료 03〉 1892~1904년(明治 25~37) 전환국의 화폐 주조 추이

(甲賀宜政, 1914, 「近世朝鮮貨幣及典圜局の沿革」, 『朝鮮總督府月報』 제4권 12호)

[단위: 원(元)]

	5냥 은화(五兩銀貨)	반환은화(半圜銀貨)	1냥 은화(一兩銀貨)	백동화(白銅貨)	백동취화(白銅鷲貨)	적동화(赤銅貨)	황동화(黃銅貨)	총계
1892	19,923		70,402	51,853		91,678	888	
1893								
1894						35,609		
1895				160,869		176,479	4,212	
1896				34,642		284,354		
1897				17,332		28,409		
1898			35,788	348,994		248,305		
1899			62,991	1,281,637		34,202		
1900				2,030,463				
1901		209,744		2,873,829				
1902		705,593		2,885,903	87,297	14,752		
1903				3,610,189	34,115	57,639		
1904				3,447,888	4,547	10,203		
계	19,923	915,337	169,182	16,743,522	125,960	981,632	5,101	18,960,658

해제

1938년에 발행된 『남작 메가타 다네타로(男爵目賀田種太郎)』를 저본으로 제8장 한국 재정 고문 시대에 해당하는 342~553쪽을 완역하였다. 메가타가 주도했던 화폐 정리 사업뿐 아니라 재정 정리와 관련된 각종 활동들이 포함되어 있다.

메가타가 한국 정부의 재정고문으로 활동한 기간은 만 3년이 좀 넘는다. 1904년 9월 30일 인천으로 입국하여 10월 14일 고용계약을 체결한 이후 1907년 11월 7일 서울을 떠날 때까지의 기간이다. 같은 기간에 한국에서는 화폐 정리와 재정 정리라는 이름의 강제된 '개혁'이 이루어졌고, 그로 인한 금융경색을 해결하기 위해 각종 금융기관이 설립되었으며, 한국을 식민지로 '경영'하기 위한 각종 제도가 일본의 주도로 만들어지던 시기였다. 메가타는 돈이 흘러가는 곳이면 어디든지 소위 '개혁'이라는 이름으로 일본식 제도를 이식시키기 위해 노력했다. 그것이 그가 재정고문으로 온 근본적 이유였다.

메가타는 1853년 7월 막부 하타모토(旗本) 메가타 모리후미(目賀田守文)의 장남으로 시즈오카에서 태어났다. 어렸을 때부터 신동으로 불렸을 정도로 학문에서 두각을 보였다. 9세 때 막부가 설립한 당시 최고 학부인 쇼헤이코(昌平黌)에 입학하였고, 막부가 와해된 뒤에는 도쿄 대학 전신 중 하나인 대학남교(大學南校)에서 수학했다. 1870년에 문부성 최초의 국비유학생으로 선발되어 미국 하버드법류학교(현재의 하버드대학)에 유학한 뒤 1874년 귀국했다. 1880년에 센슈학교(현재 센슈대학) 창립에 관여했고, 도쿄음악학교(현재 도쿄예술대학) 창설의 기초를 닦았다고 알려졌다. 1880년부터 변호사와 판사를 지내다가 1883년 대장성 소서기관(少書記官)을 시작으로 주세국 감사과장(1886), 주세국 조사과장 겸 감사과장(1887), 요코하마세관장(1891), 주세국장(1894) 등 줄곧 대장성의 주요 요직을 거쳐 1904년 8월에 귀족원 칙선의원이 되었다. 그해 10월에 대한제국의 재정고문에 취임했고, 1907년에는 한국통감부 재정감사장관이 되었다. 일본으로 귀국한 후에는 눈에 띌만한 이력은 없으나 1920년 국제연맹 제1회 총회에 이시이 기쿠지로(石井菊次郎), 하야시 곤스케(林權助)와 함께 일본 대표단의 1인으로 참가하고, 직접 대사를 지내기도 했다. 1923년에는 추밀고문관이 되었고, 1926년에 사망했다.

메가타의 이력 중 한국과 관련해 주목할 만한 것은 1883~1904년 10월 한국 재정고문에 취임할 때까지 줄곧 대장성에 있으면서 일본의 세제나 재정제도 정비에 주력했다는 점이다. 담배(연초)나 소금의 전매제도 구축에도 힘썼다. 일본 정부가 메가타를 한국에 보낸 이유도 이러한 경험을 바탕으로 한국의 재정고문으로서 일본에 유사한 화폐금융제도 및 재정제도를 구축하려는 데 있었음을 짐작할 수 있다. 따라서 일본의 한국 화폐금융 및 재정 침탈의 역사를 이해하려면 그 핵심 인물인 메가타의 활동을 비판적으로 검토할 필요가 있다. 그의 재정고문 부임부터 귀국까지의 활동을 일관된 흐름으로 읽어갈 필요가 있는 것이다.

사실 메가타 혼자서 이 모든 일을 할 수 있었던 것은 아니다. 하야시 곤스케는 1899~1906년까지 주한공사로 있으면서 러일전쟁(1904.2.8), 한일의정서(1904.2.23), 제1차 한일협약(1904.8.22), 그리고 '을사보호조약'이라 불리는 제2차 한일협약(1905.11.17)까지 한국의 국권 침탈 과정에서 굵직한 사건을 한국 내에서 직접 주도했던 인물이다. 제1차 한일협약의 체결은 메가타가 한국 정부의 재정고문에 취임하는 근거가 되었다.

메가타가 재정고문으로 있던 기간에 일본 외무대신으로 외교라인을 이끌었던 고무라 주타로(小村壽太郎)도 비슷한 기간에 한국의 식민지화 과정에서 중요한 역할을 했다. 제1차 가쓰라 다로(桂太郎) 내각에서 1901~1906년까지, 제2차 가쓰라 내각에서 1908~1911년까지 외무대신을 지낸 고무라는『한국에 있어서 제일은행』에 게재된 왕복 문서에서 가장 많이 등장하는 이름이기도 하다. 고무라 외무대신과 하야시 주한공사가 외교로 한국을 침탈해 갔다면, 메가타 재정고문은 시부사와 제일은행 두취와 함께 한국 내에서 한국경제의 식민지적 재편을 위해 최전선에서 활약한 인물이다. 따라서 그의 활동을 면밀히 검토하는 것은 일본제국주의에 의한 한국 침략의 상세한 전개 과정과 함께 그 성격을 이해하는 데 많은 도움이 될 것이다.

『남작 메가타 다네타로』 제8장 번역자료 뒤에는 대한제국기 경제침략과 관련된 자료를 추가하였다.

1. 메가타 다네타로의 활동

〈자료 04〉 한국 재정고문 시대

[『남작 메가타 다네타로(男爵目賀田種太郎)』, 1938]

1. 한국 부임과 재정 통일 방침
2. 궁중과 부중의 혼동 정리
3. 폐제 확립과 화폐 정리
4. 금고제도 수립과 세계(歲計) 정리 및 국채
5. 금융계 구제
6. 세제개혁
7. 세관
8. 행정 정리
9. 신시설사업
10. 재무 이외의 시설
11. 퇴직 귀국

1. 한국 부임과 재정 통일 방침

1) 한일의정서와 한일협정서

한일 양국은 고래로 지리적으로나 역사적으로 매우 밀접한 순치보차(脣齒輔車)의 관계를 갖고 있다. 특히 청일전쟁 결과 하나의 신기원이 확립되어 이에 비로소 청국의 굴레에서 벗어나 우리 제국에 의해 그 독립을 확보할 수 있었다. 그런데 한국 정부 및 궁중 대관들 사이에는 끊임없는 알력이 있었고, 사대주의에 사로잡혀 대국의 세력을 끌어들여 자기의 야망을 이루려는 무리가 매우 많았다. 청일전쟁 직후 러시아로부터 재정고문을 초빙하였고, 궁중 역시 러시아인의 세력하에 놓이게 되었다. 한국 황제는 한때 러시아공사관으로 거처를 옮기기도 했다. 이렇게 청국을 대신하여 러시아가 새롭게 한국을 위협하였다. 한국 조정에서도 친러파 세력은 무시할 수 없었고, 한국의 독립을 보증한 우리 제국을 오히려 적대시하는 모양새였다. 이는 실제로 러일전쟁의 한 원인이 되었다. 이미 전쟁이 시작되어 바다와 육지에서 황군이 연전연승을 거듭하자 친러파는 두려움을 느끼고 갑자기 자취를 감추었다. 한국 조정의 상하 모두가 우리 제국의 뜻에 영합하기 급급하였고, 오로지 우리 병력에 의존했다. 개전 직후인 1904년(광무 8) ○월, 우리 특명전권공사 하야시 곤스케(林權助)와 한국 외부대신 임시서리 육군참장 이지용(李址鎔) 사이에 '한일의정서' 6개조가 체결되었다. 즉, 한일 양국은 항구불역(恒久不易)의 친교를 유지하고 동양의 평화를 확립하기 위해, 한국은 일본을 신뢰하여 시정개선(施政改善)의 지도를 받는다. 일본은 성실한 친의(親誼)로 한국 황실을 안전 강녕하게 한다. 한국의 독립과 영토 보전을 확실하게 보증한다. 제3국의 침해 또는 내란이 있을 시에는 일본은 신속하게 임기필요(臨機必要)의 조치를 하고 이 경우 한국은 일본의 행동을 용이하게 하기 위해 충분한 편의를 제공함은 물론 군략상 필요한 지점을 제공한다. 장래에 이상의 취지에 위반하는 협약을 제3국과 체결할 수 없다는 내용이었다.

이어 동년 8월, 이 의정서에 기초하여 다음 단계로 실행에 옮겨 하야시 특명전권공사와 외부대신 이하영(李夏榮) 및 탁지부 대신 박정양(朴定陽) 사이에 ① 한국 정부는 일본 정부가 추천하는 일본인 1명을 재정고문으로 용빙하고, 재무에 관한 사항은 일체 그의 의견을 물어 실행할 것, ② 한국 정부는 일본 정부가 추천하는 외국인 1명을 외교고문으로 용빙하고, 외교에 관한 요무는 일체 그의 의견을 물어 시행할 것이라는 2개조를 체약하였다. 이어 추가로 동 공사와 한국 외부대신서리 윤치호(尹致昊) 사이에 ③ 한국 정부는 외국과 조약을 체결하고, 기타 중요한 외교안건, 즉 외국인에 대한 특권 양여 및 계약 등의 처리에 관해서는 미리 일본 정부와 상의해야 한다고 정했다. 이상 3개조를 합쳐서 '한일협정서'라 하여 조인을 마쳤다.

이들 의정과 협정은 한국을 도와 국정을 감독하고, 국리민복을 증진시키려는 제국의 사명을 명확히 한 것이다. 단지 군사와 외교만이 아니라 직접 내정을 감독하는 동시에 그 문란한 행정과 재정을 정리하는 일이 큰 임무였다. 그래서 상기 협정서 제1조 규정에 의한 재정고문의 사명은 정말 중대했다. 그 인선에 매우 신중함이 필요했던 것도 그 때문이었다. 학식과 경험이 풍부한 것을 물론, 견인불발(堅忍不拔)의 정신과 과단민활(果斷敏活)한 수완, 세상을 뒤덮을만한 심모웅도(深謀雄圖)를 가지고 있어 한국 조야(朝野)에 위엄과 덕망을 끼칠 수 있는 인격자여야 했다. 이런 요건을 전제로 정부 당국에서 심의한 결과, 대장성 주세국장(主稅局長) 메가타(目賀田) 선생이 정말 그에 알맞은 사람이라고 해서 발탁했다. 이런 경위로 9월 3일, 선생은 재정고문으로서 한국 파견의 명령을 받았고, 동월 8일, 고무라(小村) 외무대신으로부터 대한시설강령(對韓施設綱領) 7개항을 전달받았다. ① 방비(防備)를 다할 것, ② 외정(外政) 감독, ③ 재정 감독 및 정리, ④ 교통기관 완비, ⑤ 통신기관 통일, ⑥ 척식사업 계획, ⑦ 경찰권 확장이었다. 동시에 재정 감독 및 정리에 관한 표준을 제시받았고, 또 다음과 같은 주의사항을 받았다. 부임한 뒤에는 실황을 상세히 조사하여 일의 경중과 완급에 따라 그 실행을 도모해야 하고, 중요한 문제에 대해서는 주한제국공사와 협의한 뒤 입안 혹은 집행하고, 수시로 외무대신에게 보고해야 한다. 제국 정부의 훈령이 필요할 때는 공사를 경유하거나 직접 외무대신에게 품의하여 지휘를 기다려야 한다는 내용이었다.

2) 재정고문 용빙 계약

중대한 사명을 두 어깨에 짊어진 선생에게 9월 14일 특별히 참내(參內) 배알을 허락하시고, 가시코도코로(賢所)[1] 참배를 분부하셔서 선생은 감격하지 않을 수 없었다. 동월 17일 도쿄(東京)를 출발하여 부임길에 올랐다. 도중에 나고야(名古屋), 교토(京都), 오사카(大阪), 고베(神戶) 등에 들렀다. 오사카와 고베에서는 한국과의 경제 상태를 조사함으로써 부임 후의 시설에 도움이 되도록 하는 등 주도면밀하게 준비했다. 고베에서 오하이오호에 승선, 9월 30일 인천에 상륙, 곧바로 경성에 들어가 손탁호텔[2]에 투숙했다. 수행원은 세관사무관 겸 대장서기관 스즈키 시즈카(鈴木穆)[3] 단 한 사람이었다.

10월 3일, 선생은 하야시 공사와 함께 한국 황제를 알현하여 말씀을 듣고, 동월 14일 재정고문 용빙 계약 6개조의 협정을 체결했다. 그 전문은 다음과 같다.

> 제1조 메가타 다네타로(目賀田種太郞)는 대한국 정부의 재정을 정리 감독하고, 재정상 제반의 설비에 관해 가장 성실하게 심의 기안의 책임을 질 것.
>
> 제2조 대한국 정부는 재정에 관한 사무 일체는 메가타 다네타로의 동의를 거친 후 시행할 것.

---

1 가시코도코로(賢所)라는 것은, 일본의 왕이 거주하는 궁중에서 3종의 신기 중 하나인 팔지경(八咫鏡)을 모시는 곳이다. 궁중삼전(宮中三殿) 중 하나이다. 궁중삼전은 아마데라스 오오가미(天照大神)를 모신 가시코도코로(賢所), 일본 왕의 선조를 모신 고레이덴(皇霊殿), 천지의 여러 신을 모신 신덴(神殿)을 가리킨다.

2 손탁호텔(Sontag Hotel)은 1902년 세워진 서양식 호텔이다. 고종이 덕수궁 옆(오늘날의 이화여자고등학교 100주년 기념관 근처)에 있는 1,184평에 달하는 황실 소유의 가옥 및 토지를 하사하고, 25개의 객실을 갖춘 2층짜리 호텔을 지은 뒤, 당시 한성에 체류하던 독일인인 앙투아네트 손탁에게 운영을 맡겼다. 구한말 변변한 숙박시설이 없던 시절부터 서울 시내에서 가장 유명하고 주목받았던 서양식 호텔이자 대표 사교 공간이었다. 한편으로는 아관파천 이후 손탁 자신이 고종황제의 신임을 받아 밀사 역할을 수행했을 때가 많았기에 근대사의 비화를 낳았던 장소이기도 하였으며, 반일 활동가 헐버트와《대한매일신보》사장 베델의 활동도 이곳에서 이뤄졌다. 1905년 을사조약 체결 당시에는 일본특파대사 이토 히로부미가 조약 체결을 위해 머물던 장소이기도 하다. 한편 서울에 건립된 최초의 서양인 호텔이라는 인식이 많지만 이미 1897년 정동 황궁 구내에 서울호텔이, 1901년 대안문 앞에 팔레 호텔, 서대문정거장 앞에 스테이션 호텔 등이 존재하고 있었기에 최초의 호텔은 아니다. 이순우, 2012,『근대 서울의 역사문화공간 손탁호텔』, 하늘재, 143~150쪽.

3 스즈키(1874~1933)는 1899년 도쿄제국대학 법과를 졸업한 뒤, 대장성에 입성, 여러 요직을 거쳐 오사카세관감시부장을 역임했다. 1904년 감시부장회의에서 만난 나가사키세관감시부장 아루가 미쓰토요와 친분을 쌓았다. 이하 생략. 歴史が眠る多磨霊園 참조.

의정부의 결의 및 각 부의 사무로써 재정에 관계된 것은 상주 전에 메가타 다네타로의 동의와 가인(加印)을 얻을 것.

제3조 메가타 다네타로는 재정상의 문제에 관해 알현을 청해 상주할 수 있을 것.

제4조 메가타 다네타로의 봉급은 월액 금화 800원으로 하고, 매월 말일에 지급할 것.

본 봉급 외에 대한국 정부는 상당한 관사를 메가타 다네타로에게 급여할 것. 단, 상당한 관사가 없을 때는 관사료로 월액 금화 100원을 급여할 것.

제5조 메가타 다네타로의 내임(來任) 귀국 및 사가(賜暇) 귀국 때는 선차료(船車料) 실비 외에 금화 300원을 지급할 것.

재정 사무에 의해 대한국 내지에 출장할 때는 선차료 실비 외에 1일 금화 10원을 지급할 것.

제6조 본 계약은 미리 그 기한을 정하지 않지만 어느 한쪽에서 본 계약 해제의 필요가 발생했을 경우에는 상호 협의 후 대일본제국 대표자의 동의를 거쳐 본 계약을 해제할 것.

위 계약서에는 전기 칙명을 받은 신기선(申箕善) 및 민영기(閔泳綺) 외에 외부대신 이하영(李夏榮)도 서명 조인했다.

3) 재정 통일 방침

선생은 규모가 작은 한국의 재정 정리에 적합하지 않고, 오히려 지나(支那) 대국의 재정을 맡더라도 훌륭하게 성공시킬 것이라는 세상의 평가를 받고 있었다. 그 때문인지 막상 선생이 경성에 도착하자 한국의 조야가 모두 집중해서 선생의 일거수일투족을 주시했고, 경제상 일대 혁명이 일어나지 않을까 해서 인심이 흉흉했다. 하지만 선생은 급격한 개혁을 피하고, 한국의 정세에 적응한다는 계획하에 점진적으로 실행에 착수할 방침을 가지고 있었다. 따라서 부임 초에는 묵묵히 오로지 연구조사에만 전념하여 한국 조야가 비로소 안도했다. 하지만 조사가 끝나자 마치 질풍신뢰(疾風迅雷)의 귀를 가릴 만큼 무서운 기세로 실행에 옮겼다. 제일 먼저 화폐 정리 순서와 방법을 확정하였고, 아울러 1905년(明治 38) 봄에 일단 일본으로 귀국하여 고무라 외무대신과 상의한 뒤 동년 3월 14일 동 대신으로부터 재정 통일에 관한 다음과 같은 10개 항의 각서를 수령했다.

1. 지방 경무관의 건

한국 13도에 경무관(警務官) 각 1명을 두고, 경부(警部) 1명과 순사(巡査) 약간 명을 그에 부속시켜 경무고문의 지휘 감독하에 한국 경찰 사무를 정리하게 할 것.

2. 지방 세무관의 건

한국 13도에 세무관 각 1명을 두고, 속원(屬員) 약간 명을 그에 부속시켜 재정고문의 지휘 감독하에 한국의 세무를 정리하게 하고, 아울러 도 내에서 이루어지는 제일은행의 국고 사무 시행을 감독하게 할 것.

3. 내장원(內藏院)의 건

내장원 정리는 재정고문이 인수하고, 동 고문의 감독하에 가급적 신속하게 정리를 마칠 것.

4. 광산의 건

현재 한국 황실에 속하는 광산을 정리하여 장래에도 계속 황실에 부속시킬 것과 정부에 부속시킬 것을 구분할 것. 단, 황실에 속하는 광산의 수를 대략 20개소로 제한하고, 일반에 개방하는 광산의 수를 늘릴 것. 다만 황실에 속하는 광산도 가능한 일본인과 공동으로 경영하게 하고, 정부에 속하는 광산은 광업조례를 제정하여 동 조례하에 내외인에게 개방할 것. 러일전쟁 발발 전부터 현안이 된 것을 제외하고, 광산에 관한 요구는 모두 광업조례 발포 때까지 이를 처분하지 말 것. 또한 한국 정부로 하여금 광산기사 1명과 조수 약간 명을 초빙하게 하여 정부에 속한 광산 사무를 정리하는 동시에 내장원 소관 광산 사무도 담당시켜 동 기사 등을 재정고문의 감독에 부속시킬 것.

5. 내지 하천 및 연안 항행의 건

한국의 부원을 개발하고, 한국 정부의 수입을 증가시키기 위해 외국 선박으로부터 면허료를 징수하고, 일정한 감독·규칙하에 한국의 내지 하천 및 연안 항행에 종사하도록 허가하게 할 것.

6. 우편전신 전화의 건

한국 재정 정리 요건의 하나로 이 기회에 신속하게 우편전신 및 전화사업 관리를 제국 정부에 위탁하고, 본방(일본) 통신사업과의 합동경리(合同經理)를 하게 할 것.

7. 재외 공사관의 건

재외 공사관도 역시 재정 정리 요건의 하나로 이 기회에 신속하게 이를 철폐시킬 것. 단, 재도쿄공사관(在東京公使館)은 당분간 이의 존치를 막지 않을 것.

8. 세관의 건

한국의 재정을 통일하기 위해 세관의 독립을 폐지하고, 적당한 시기에 현임 총세무사를 해용(解傭)시킬 것. 총세무사 해용 후에는 재정고문으로 하여금 총세무사를 겸임하게 한다, 단, 세관 내부의 조직은 당분간 종전대로 이를 거치할 것. 세관 수입은 일반회계에서 분리하여 주로 세관 설비, 등대 건설, 항만 수축 등 직접 통상의 편리를 증진시키는 비용, 그리고 한국 정부가 초빙한 고문, 참여관, 기타 응빙자(應聘者)에 관한 비용에 충당하고, 그럼에도 여전히 잉여가 생길 경우에만 해당 잉여액을 일반회계에 편입시킬 수 있도록 규칙으로 정할 것.

9. 황실에 속하는 사업의 건

황실에 속하는 광산 및 기타 사업의 경영, 그리고 황실의 부담을 발생시키는 사업과 그 계획 등에 관해서는 모두 재정고문의 승인을 받도록 할 것.

10. 담배 식염 전매의 건

한국 정부의 수입을 증가시킬 목적으로 한 담배 및 식염 전매의 실행에 관해서 재정고문이 일정한 방안을 세워 제국 정부에 상신할 것.

이상 10개 항의 각서는 애초에 선생 부임 당시 고무라 외무대신이 제시한 대한시설강령 7개 항을 더욱 구체화한 것인데, 이는 선생이 한국의 실정을 살펴 조사한 뒤 입안했을 것이다. 단, 재정에 관해서는 사실상 대장대신이 관장하지만, 한국 문제는 모두 외교에 속하기 때문에 일체의 사건은 외무대신을 경유하여 지휘·명령을 받게 되어 있었다. 그 명령에 상기 각서와 같은 다양한 항목이 열거되어 있었다. 이런 경위로 선생은 경성 귀임 후 그 실행에서 착착 민완을 발휘했는데, 대부분 하야시 공사를 거쳐 고무라 외무대신의 지령을 받았기 때문에 하야시 공사와 선생은 그림자가 형체를 따라다니듯 매우 밀접한 사이가 되었다. 공사는 선생의 곤란한 입장을 충분히 양해해서 어떤 일이든 항상 동정과 원조를 아끼지 않았다.

2. 궁중과 부중의 혼동 정리[4]

1) 궁중의 절대세력

한국의 궁중은 전제적 권세를 발휘한다. 비단 입법상 절대적인 권력을 가질 뿐 아니라 인민의 생명과 재산도 위험하게 하고, 때때로 정부의 권한도 무시한다. 나아가 국가재정의 문란과 국운 쇠퇴의 최대 원인이 되었다. 예컨대, 왕궁 건축이나 기타 궁중의 필요 때문에 과금(課金)을 명받은 부상(富商)이 그에 응하지 않았다고 해서 일신을 망치거나 그 재산을 몰수당한 자가 적지 않았다. 더구나 그 과금은 직접 또는 실제로 황명(皇命)이라면 모르겠지만, 종종 궁중 현관(고관대작)의 사사로운 명령으로 이런 비참한 고초를 당하기 때문에 정말이지 놀라지 않을 수 없다.

탁지부도 마찬가지였다. 황명의 진위 여부에 상관없이 궁중의 입용(入用, 필요)으로 약간의 돈을 시급하게 조달하라는 명령을 받으면 탁지부 대신은 국고의 바닥을 쓸어서라도 무리하게 변통해야 했다. 만약 그 용도를 밝히고자 하거나 한마디라도 예산의 유무에 대해 언급할라치면 어떤 화를 당할 것인지 헤아리기 어려웠다. 즉, 황실에 필요한 것이 있으면 궁내 관리는 그 필요 금액 수령증을 탁지부에 교부하고, 그 반대급부로 현금을 수취한다. 만약 현금이 부족한 경우 수취한 것을 일부만 갚은 것으로 간주하고, 잔액은 궁중에 대한 국고의 부채로 삼아 국고의 여유가 생기면 곧 그것을 반납하도록 했다. 그래서 되도록 빨리 이 의무를 다하는 것이 실력 있는 탁지부 대신으로 여겨지고, 궁중의 총애도 받을 수 있기 때문에, 인정(仁情)의 약점으로써 자연스럽게 무리를 하게 된다. 거기서 재정의 문란이 생기는 것이었다.

이제 그 실례를 들면, 황실비로는 매년 140만 원(元)이 계상되고, 실제로 탁지부로부터 지

---

4 참고로 일본의 경우 내각제도는 대일본제국헌법에 앞선 1885년 태정관제(太政官制)를 대신해 창설되었다. 초대 내각총리대신은 이토 히로부미(伊藤博文)였다. 동시에 행정부로써 내각의 입장이 확립되었다. 대일본제국헌법하에서 내각은 천황이 임명한 총리대신과 각 국무대신으로 구성되었고, 각 대신은 천황을 보필하는 책임을 졌다. 따라서 천황의 사적 행정기관이라는 성격이 강하다. 일본국헌법하에서 내각은 국회에서 지명된 총리대신과 총리대신이 임명한 각 국무대신으로 조직되었고, 행정권의 행사에 대해서는 국회에 대해 연대책임을 졌다. kotobank.jp-内閣制度.

불되고 있음에도 불구하고 그런 탁지부를 향해 무슨 일이 있을 때마다 다액의 지출을 강요하는 것이 보통이었다. 1905년(광무 9)부터 한국 황실로부터 해외에 특파된 사절의 경비와 국빈 접대비 등 30여만 원, 한국 황태자비[5]의 장의비 30여만 원, 황실 능묘(陵墓)와 능전(陵殿) 수리비 140~150만 원, 합계 300여만 원, 즉 당시의 화폐 시세로 환산하면 우리(일본)의 150여만 원에 상당하는 임시비 일체를 정부가 부담해야 했다. 종래 관습상 제도를 개정하지 않은 한 그 부담 자체는 어쩔 수 없다 하더라도, 여기서 선생이 괴이하게 느낀 것은, 국고가 이들 부담 외에도 황실에 대한 부채 260여만 원을 더 가지고 있다는 탁지부 대신의 보고였다. 이 빚은 앞에서 언급했듯이, 궁내부에서 탁지부에 내린 명령 금액에 대한 지출 부족이었고, 여기에 임시비를 합산한 560여만 원(元), 즉 280여만 원(圓)의 큰 금액을 국고가 지불해야 했다.[6]

당시 한국 정부의 수입은 1,500만 원(元) 내외였다. 따라서 전 세입의 3분의 1 이상을 서둘러 궁중에 반납해야 하는 상황이어서 재정 당국자의 곤란은 여간 아니었다.

또 당국자에 대해 살펴보면, 선생 부임 당초 한국 조정에서는 친일파로서 유력하고, 수완가로 알려진 민영기(閔泳綺)를 발탁하여 탁지부 대신으로 삼았다. 하지만 민영기조차 궁중의 압박으로 인해 거의 세력이 없었다. 그 때문에 고문인 선생의 고심은 여간 아니었고, 종종 하야시 공사에게 이에 대해 호소했다. 공사도 선생의 입장을 잘 양해하여 음으로 양으로 제휴 협력하고 원조의 노고를 아끼지 않았다.

2) 궁중 부중 혼효의 실상

한국에는 정부가 두 개 있다고 알려져 있는데, 그 하나는 궁내부이다. 세입의 경우에도 당연히 정부에 귀속되어야 하는 범위를 어긴 것이 매우 많았고, 국고에서 지출하는 황실비 외에 궁내부 수입의 종류를 열거하면 다음과 같다.

---

5 여기서 등장하는 황태자비는 1904년 11월 5일 경운궁에서 승하한 순종황제의 정비 민씨를 가리킨다. 사후에 순명효황후로 추존되었다.

6 당시 교환비율은 2원(元)에 대해 1원(圓)이었다.

하나. 조폐(造幣) 이익 및 인삼 전매 수입

하나. 영업 면허 요금 및 외국인에 대한 특허 요금 수입

하나. 둔세(屯稅), 역도세(驛賭稅), 그리고 무명잡세

하나. 매관수입(賣官收入), 산림수입, 사금수입(砂金收入)

이상의 종류를 살펴보면, 당연히 정부 소관이어야 하는 것과 얼마나 혼동되고 있었는지 그 심각성을 알 수 있을 것이다. 원래 전환국(典圜局),[7] 즉 조폐국은 궁내부 소속으로 통화 조절, 국가의 신용, 교역의 편리, 화폐정책 등에 대해서 조금도 주저함이 없었다. 탁지부 대신에게 협의하지 않고 화폐 주조를 남발하였고, 전환국 관리가 종종 화폐 극인(極印)[8]의 사본을 사사로이 매각하여 사복을 채우고 있었다. 또한 그 신 주조 화폐의 보관에 대해서도 적당한 방법이 마련되어 있지 않아 완전히 난맥(亂脈) 불규율(不規律)이어서 주조고와 발행고 모두 부정확했다.

하지만 궁중에 속한 일이기 때문에 외부에서는 손을 댈 수 없었다. 여기서 뚜렷한 실례를 하나 들어보자. 선생 착임 전 러시아 국새(國璽)와 유사한 문양을 조각한 신화폐가 주조되고 있었다.[9] 선생 착임 후 그것을 발견하고는 즉시 그 발행을 정지시키고자 했으나 해당 은화

7 전환국은 1883년 음력 7월 5일 당오전의 상설 주전기관으로 서울에 설치되었다가 1892년에 인천으로, 1900년에는 다시 용산으로 옮겨졌다. 전환국 총판에는 묄렌도르프가 임명되었다. 전환국에 대해서는 다음의 연구가 참조된다. 元裕漢, 「'典圜局'攷」, 『歷史學報』 37, 역사학회, 1968.6, 49~100쪽; 李碩崙, 〈京城 典圜局에 대한 考察〉, 《월간화폐계》 1974.6, 화폐계사, 7~13쪽; 〈仁川 典圜局에 대한 考察〉, 《월간화폐계》 1974.8, 화폐계사, 22~27쪽; 〈龍山 典圜局에 대한 考察〉, 《월간화폐계》 1974.9, 화폐계사, 8~11쪽; 조영준, 2014.3, 「설립 초기 전환국(典圜局)의 운영 실태, 1883~1892」, 『정신문화연구』 134, 한국학중앙연구원, 291~323쪽 등.

8 일본어로는 'きわめいん' 또는 'ごくいん'이라고 한다. 에도시대에 금화·은화 또는 기물 등의 품질 보증이나 위조 방지 등을 위해 찍은 도장을 말한다.

9 청일전쟁에서 일본이 승리를 거두자 일본은 종전보다 더 강경하게 조선의 정치, 경제 등 모든 분야에서 강압적인 간섭을 시작했다. 일본의 입장이 강해지면서 한국을 둘러싼 러시아, 중국 심지어는 프랑스와 독일까지도 일본을 견제하고자 했다. 이후 을미사변과 단발령, 전국 각지의 의병활동 등으로 혼란한 와중에 1896년 러시아와 친밀한 인사들이 러시아와 사전에 약속하고 아관파천을 실행에 옮겼다. 즉, 혼란한 사회와 일본의 위협으로부터 왕을 보호한다고 하여 러시아공사관으로 왕을 피신시킨 사건이었다. 이를 계기로 러시아는 조선의 경제·정치·사회 분야에 영향력을 행사했다. 또한 일본인이 주도권을 잡던 인천전환국을 폐쇄하고, 용산에 전환국을 설치하여 한국에서의 화폐주도권을 가진 일본의 역할을 무력화시킨 후 1901년에 반환은화, 백동으로 만들어진 5전 및 동화 1전을 러시아의 국장인 독수리를 소재로 발행하기 시작하였다. 이후 러시아의 세력이 약화되자 일본은 용산전환국을 폐쇄시킴과 동시에 독수리가 도안된 화폐를 대부분 회수하여 일본으로 가져가

의 행방을 알 수 없었다. 선생이 전환국장에게 물어도, 궁내 관리를 조사해도 전혀 알 수 없었다. 그러나 (주조는 되었으나-역자) 아직 발행된 흔적이 없었기 때문에, 어딘가에 은닉된 것이 틀림없다고 판단되었다. 그래서 당시 황제의 신임이 매우 두텁고, 나는 새도 떨어뜨릴 정도의 세력을 가진 궁내부 내장원경 겸 군부대신 이용익(李容翊)의 사택을 비밀리에 조사한 결과 의심스러운 점이 있었다. 그러나 동 씨는 궁중의 세력가일 뿐 아니라 우리 군사령부와도 밀접한 관계가 있어서 간단하게 손을 댈 수 있는 상황은 아니었다.

하지만 선생은 주저할 일이 아니라고 단호하게 마음먹고 가택수색을 시켰다. 그 결과, 선생의 형안에 어긋남이 없이 흙벽으로 만든 광 안쪽에서 90여만 원의 신 은화가 찬란하게 모습을 드러냈다. 내장원경은 황실의 재정을 담당하는 중신이 아닌가! 그에 대한 가택수색이 이루어진다는 소식을 듣고 한국인들은 눈이 휘둥그레질 정도로 놀랐다. 어찌 헤아릴 수 있었겠는가! 막대한 은화가 나오는 것을 보고는 더 많이 놀랐다. 그런데 선생은 관대하게도 이를 이용익의 부정행위로 삼지 않고 굳이 아무런 문제도 삼지 않았지만, 제도의 문란이나 도의의 폐퇴는 그저 기가 막힐 뿐으로, 전환국 관리가 화폐 극인(極印)의 사본을 사사로이 팔아먹는 것도 무리는 아니었다. 언젠가 조폐관(造幣官)이라는 궁내부 관리가 황제의 계인(啓印)이 찍혀 있는 한국통화조폐면허장을 가지고 오사카 근방에 와서 모회사와 백동사주(白銅私鑄)의 계약을 체결했는데, 오사카 경찰부가 이를 탐지하고 회사에 내명하여 해당 계약을 해제시킨 일이 있었다. 나중에 그가 진짜 관리로 궁중에서 파견된 자임을 알게 되었다. 이렇게 궁중이 나서서 화폐의 남조사주(濫造私鑄)를 감행하고, 국가재정을 파괴하는 동시에 국리민복을 무시하는 일은 일일이 셀 수 없을 정도로 많았다.

궁내부는 종래 정부 소관에 속할 만한 수많은 수입을 전유하고 있었음에도 그렇게 징수할 법규가 있었는가 하면, 그것도 거의 마련되어 있지 않았다. 오히려 무규율 무질서라고 해도 무방했다. 즉 수입의 하나인 영업 면허 및 특허에 대해서 원래부터 아무런 규정이 없었고, 단지 궁내관(宮內官)에게 청탁하여 궁중의 알선을 의뢰하고, 그 사이 뇌물을 주고받았다. 또한 여러 가지 조건을 갖춰 요금을 내고 황제의 면허를 득하는 것이어서, 사람이나 상황에

용해시켰다. 한국은 당시 불과 몇 년 사이에 화폐가 급작스럽게 바뀌며 약소국의 단면을 드러냈다. 이 시기를 전후하여 반환, 20환, 10환, 5환 4종류의 화폐가 용산 및 인천 전환국에서 시주화가 발행되었다.

따라 또 물건에 따라 그 조건이 일률적이지 않았다. 같은 광산에 대한 특허 취득의 경우에도 특허 면허장의 내용이 갑과 을 사이에 서로 달랐다. 특히 심할 경우 독점권을 승인하고, 또는 관세의 감소나 그 면허 조건까지도 게재되는 경우가 있어서, 장래 행정상 운용을 구속했고 그로 인한 폐해 역시 적지 않았다. 그것이 궁내 관리 혼자만의 생각으로 처리되었기 때문에 잘못된 것이 너무 많았다. 기타 수도 시설, 철도, 가스(瓦斯), 전기 사업 등의 특허 같은 것도 모두 예외가 아니었다. 궁내부에 상당한 기술가 및 사업의 감독관이 있어서 그 인정이나 특허의 책임을 감당하고 있는가 하면, 그런 사람은 단 한 사람도 없다. 아마도 그 면허 및 특허의 허가 여부에 대해, 위험 예방 방법의 강구나, 인민의 이익 보호라든가, 공공의 이해득실이라든가, 나아가 국가 경제상의 관계라든가 등에 대해서는 어떤 고려도 이루어지지 않았고, 첫 번째도 금전, 두 번째도 금전, 눈앞의 이익을 도모하여 오직 금전을 취하는 것에만 급급하고, 행정적 견지 같은 것은 완전히 제외되어 있었다.

또 궁내부는 외국인과 함께 멋대로 사업을 계획하고, 그에 따라 수익을 얻으려 하다가 도리어 근본부터 그 사업을 파괴하게 된 실례도 적지 않다. 예컨대 1903년(明治 36)에 안남미(安南米) 구입, 홍콩으로부터 총기 구입, 홍삼 매각, 프랑스인과의 공동사업인 평양탄광의 기계 구입, 경송(京松, 경성-개성)철도에 필요한 재료 구입 같은 것은 그 성질상 정부 사업에 속할 만한 것임에도 불구하고 모두 내장원경 이용익이 계약에 관계했다. 더구나 그에 필요한 비용은 모두 국고 부담이었다. 또한 명목상 외국인과의 공동사업이어서 표면적으로는 쌍방에서 자본을 절반씩 부담하는 계약이었지만, 그 실상은 한국 측에서만 출자하고 상대 외국인은 단 한 푼(一厘一錢)도 내지 않았다. 그뿐인가 상대 외국인은 사업 일체를 위임받고 있어서 궁내부의 출자만으로 이를 지불하고, 만약 도중에 자금의 결핍을 고하게 되면 사업 좌절을 명목으로 위약금을 징수했다. 또한 다액의 여비 등을 강요하였고, 매입 물품 대금의 지불기한이 지나면 손해배상금을 청구하는 동시에 사업은 포기하고 만다. 궁내부에서도 처음부터 그 사업의 완성을 기하고 있는 것이 아니라 원래부터 사행적으로 일으킨 계획이었다. 해당 자금은 국고에서 지출하게 되어 있어서 사업을 포기하더라도 아무런 통양(痛痒)을 느끼지 못하고, 더구나 그 손해배상금액을 절충하여 결정해야 할 요로의 궁내부 관리가 그 사이에 일부[幾割]를 착복했다. 그렇게 부조리한 일이 세상에 있을 리 없는데 실제로 있어서 놀라지 않을 수 없다. 프랑스인과 계약하면 미국인도 독일인도 해야 하는 것처럼, 이런 식으로 차례차례 계약을 맺지 않으면 끝나지 않는다. 그것이 모두 유령계약이기 때문에 무법(無法)으로도 무책임으로도 형용할 수 없는 것이다.

선생이 고문으로서 주야로 노심초사하며 한국 재정 정리에 분주하고 국고 수지가 마침내 순조로운 모습을 보이고 있을 무렵 이런 유령사업의 손해배상 문제가 속출했다. 그러나 아무리 부조리하고 무법적이라 하더라도 외국인에게는 치외법권이 있어서 이를 정리하기 위해서는 해당 국가 공사 또는 영사에게 양해를 구해야 한다. 그래서 선생은 이들 외국인과의 교섭 및 내용 조사에 대해서는 외교 고문인 스티븐슨에게 의뢰했다. 당시 그의 부하로서 그 상황을 대처한 관리가 직접 한 말에 의하면, 외국인과의 물품 매매 계약에 의한 물품의 인도가 대체로 한국 이외의 항구에서 이루어지고 있었고, 인도증(引渡證) 서면에는 궁내부 관리의 서명이 있었다. 또 대금 지불 기일을 정해 그 기한이 지나면, 최초 선입금[內入金]을 몰수하고, 거기에 창고료[倉敷料]나 출장여비 등 다양한 명목을 붙여 막대한 금액을 추가로 요구하기 때문에, 결국 해약과 함께 배상금을 지불해야 했다. 하지만 애초부터 사건이 허구인지라 물품 인도 같은 것이 있을 리 없고, 혹시 완전히 허구가 아니더라도 대부분 사리사욕에 기초한 계약이어서 소위 너구리굴 보고 피물(皮物) 돈 내어 쓰는 격이 되고 만다.[10] 하지만 그 인도증서에 모두 궁내부 관리의 서명이 있어서 아무리 떠들어도 어쩔 수 없고 아무리 반증을 들려고 해도 곤란했다. 결국 외국인 측에 유리하다고 말하며 조사를 담당한 관리도 크게 탄식했다고 한다. 아마도 궁내부의 돈을 축내는 것이 아니기 때문에 안팎이 호응하여 부정을 저지르고 있었고, 궁중과 부중의 혼동과 도의(道義)의 퇴폐가 이런 극도의 지경까지 이르게 되면, 그 이상 비평할 바가 못 된다. 특히 이들 유령계약을 계획하는 외국인이 대개 외국어학교 교사로 초빙되어 높은 봉급을 받고 있다고 하니 기가 막히지 않을 수 없다.

또 궁내부 수입 중 둔세(屯稅)라는 것은 본래 국유 둔토로부터 징수하는 세금 또는 소작료이다. 둔토라는 것은 정부가 변방이나 국경 요새의 군수(軍需)에 충당하기 위해 각 군영 부근의 황무지를 여기에 부속시키고, 둔병(屯兵)으로 하여금 개척·경작시킨 둔전병제(屯田兵制)에서 시작되었다. 그 후 정부가 직접 축제(築堤), 방천(防川), 새언(塞堰) 기타 공사를 벌

---

10 取らぬ狸の皮算用(とらぬたぬきのかわざんよう). 우리 속담의 '떡 줄 놈은 생각도 않는데 김칫국부터 마신다' 또는 서양 속담의 '부화하지 않은 병아리를 세어 보지 마라'와 같은 뜻이다.

여 수전을 개척한 것, 그리고 탐관오리[贓吏]의 전토를 관에서 몰수한 것을 합쳐 둔토라 불렀다. 이를 각 청(廳), 각 영(營), 각 사(司), 각 부(府), 각 군(郡)에 분속급부(分屬給付)하여 혹은 자경자급, 혹은 도전(賭錢)이라 부르는 소작료를 징수하게 하여 그 소요 경비 및 속원(屬員)의 급양(給養)에 충당하게 했다. 여기서 군수에 충당하는 것과 지방 관아의 경비에 충당하는 것 두 가지 종류가 생겨났고, 그 소속에 따라 혹은 친군영의 친둔(親屯), 사복사(司僕寺)의 사복둔(司僕屯), 강화병영의 화영둔(華營屯) 등 명칭이 각 둔토에 부여되었다. 사복사라는 것은 목장을 관리하고, 목마(牧馬)의 사양(飼養) 등을 관장하는 관서이다. 그런데 개국 504년(1895, 明治 28) 각 영사(營司)를 폐하고, 둔토는 모두 탁지부에 부속시켜 둔세를 부과했는데, 그 해 다시 칙명을 내려 그것을 궁내부로 이관시켰다.

역도세(驛賭稅)는 역토에 대한 소작료이다. 역토라는 것은 역참 부속지의 총칭이다. 정부는 각 도 주요 지역에 역우(驛郵)를 설치하고, 역졸(驛卒)과 역마(驛馬)를 배치했다. 역장과 부역장을 정해 우참(郵站) 사무를 맡게 하고, 역마다 정기 급여와 양식 그리고 기타 비용에 충당하게 했다. 개국 504년의 개혁(을미개혁-역자)에서 역원과 역마를 폐하고, 농상공부에서 관리를 파견하여 해당 역토에 대해 도전(賭錢), 즉 소작료를 징수하게 한 것이 역도세이다. 1897년(광무 원년) 이를 군부로 이속시키고, 1899년(광무 3) 탁지부로, 1900년(광무 4) 또 칙명을 내려 다시 궁내부로 이관시켰다. 이들 역토는 둔토와 함께 광범위하게 전국에 산재해 있었기 때문에 둔세 및 역도세 수입은 상당히 다액에 달했다.

또 관매수입(官賣收入)이라는 것이 있다. 각 도 관찰사 및 군수는 직접 황실에서 임면(任免)하는 것이라 그 임명(任命)을 얻기 위해서는 경쟁적으로 다액의 매관료(買官料)를 (황실에-역자) 납입하고, 그 다과에 따라 임면되는 것이다. 따라서 군수 같은 자리는 교체[交迭]가 매우 빈번했고, 빈번한 만큼 궁내부 수입은 증가했다. 동시에 지방 수세 기관 감독의 실권은 궁내부가 관장하고 있어서 둘 사이에 부정한 주구(誅求)가 이루어졌다.

기타 인삼 전매, 산림, 사금, 및 무명 잡세 등에서 나오는 수입이 있어서 궁내부의 금고는 유복할 터인데도, 더구나 항상 국고를 압박하여 막대한 금액을 강요하는 것은 국가적 관념이 없는 관리의 부패에 의한 부정행위와 그에 따른 기강의 문란, 그리고 인원 과잉과 무익(無益) 기업에 대한 손실 등에 기인하는 것이었다.

3) 궁중 개혁의 5대 강목

이런 궁내부를 가지고 한 나라의 재정을 정리하려는 것도 연목구어(緣木求魚)와 다름없다. 아니 나무에서 물고기를 구하는 것은 물고기를 얻지 못하더라도 해는 없다. 하지만 선생이 애써 정리에 착수하더라도 그 후에 이를 교란하고 파괴하는 것이 궁내부이기 때문에, 이 화근을 제거하고 그 폐해를 일소하는 것은 초미의 급무였다. 그러나 궁중은 음모의 소굴로써 그 뿌리가 매우 깊고, 더구나 정부의 세력이 상당히 미약[無勢力]한 만큼 대단한 선생이어도 궁중 혁정을 위해 상당히 골머리를 앓았다. 동시에 선생이 불쾌감을 느낀 것은 한인보다도 선생을 비난하는 일본인이 목소리였다.

당시 재한 일본인 다수는 한인의 습관, 사상, 제도 등을 연구하지 않고, 일본인 그대로의 사상을 가지고 직접 한인을 보려고 했다. 그래서 궁내부라고 하면 우리 궁내성과 동일시하고, 대신은 우리 내각의 대신들과 같은 위신을 갖는다고 속단하여, 무슨 일에나 일본인 자신의 기준으로 한인의 심사(心事)를 판단하는 버릇이 있었다. 즉 선생이 한국 황실의 사경제(私經濟)에 참견한 것은 정부의 재정고문으로서 월권이라는 이야기가 일고, 한국 대관이 그 부당함을 애소(哀訴)하면 대부분의 일본인은 거기에 귀를 기울였다. 그것이 어느새 소문이 되고, 길에서 서로 전하여 선생을 비난했다. 한인은 그에 편승하여 그들 특유의 반간고육지책(反間苦肉之策)[11]을 실행에 옮기려는 일도 있었다. 실로 언어도단의 이야기이다. 선생은 원래 황실의 사경제에 참견할 의사가 털끝만큼도 없었지만, 궁중이 국가의 재정을 문란하게 하고 정리사업을 차례로 파괴하고 있었기 때문에 궁내부 문제에 간섭하지 않을 수 없었다. 따라서 그 잘못은 궁내부에 있다. 하지만 선생을 공격하는 자는 선생의 입장을 이해하지 못한 채 옳고 그름의 판단을 잘못하고 있었다. 정정당당하여 한 점 거리낌도 없는 선생은 이런 잘못된 비난공격을 개의치 않았지만,[12] 궁내부 문제 처리를 위해 상당히 고심한 것은 무리도 아니었다.

이보다 앞서 제국 정부로부터 선생이 수령한 1904년(明治 37) 9월 8일 자 대한시설강령에

---

11 적을 이간시키기 위해 자기의 고통을 돌보지 않는 일. 여기서 반간(反間)은 첩자나 간첩을 뜻하기도 하고, 첩자를 역으로 이용한다는 의미를 갖기도 한다.

12 운연과안(雲煙過眼)이라는 표현이다. 구름이나 연기가 이내 눈앞을 지나 형적이 없어지듯, 사물에 깊이 집착하지 아니한다는 의미이다.

'상당한 인물을 궁내고문에 채용하여 궁중의 재무를 감독하는 동시에 제반 단속[取締]을 담당하게 할 것'이라고 되어 있었다. 상당한 인물이라는 것은 원래 일본인을 가리키는 것으로 선생이 추천하게 되어 있었다. 따라서 궁내부에 대한 제국 정부의 방침과 선생의 임무가 이미 밝혀져 있었다. 그 후 다시 1905년(明治 38) 3월 14일 자로 수령한 한국재정통일방침에도 '내장원에 대한 정리는 재정고문이 인수하고, 고문의 감독하에 되도록 신속하게 정리를 마무리할 것'이라고 되어 있었고, 아울러 '황실에 속하는 광산 및 기타 사업의 경영, 및 황실의 부담을 발생시킬 만한 사업과 기타 계획 등에 관해서는 모두 재정고문의 승인을 요하는 것으로 할 것'이라고 되어 있다. 재정고문은 선생이기 때문에, 선생의 황실 및 내장원에 대한 재정 정리 방침 및 권한은 애초부터 확정되어 있었던 것이다. 그 때문에 선생은 만난을 물리치고 궁내부에 대한 제국 정부의 방침에 따라 정리를 단행해야 했다.

하지만 선생의 활동이 충분하게 이루어지도록 하기 위해서는 한국 황실로부터도 이에 관한 한 통의 문서를 남겨둘 필요가 있었고, 선생은 그 기회를 엿보고 있었다. 때마침 이에 앞서 궁내부는 외국인과의 사업계획을 어떻게 마무리 지을까 곤란해하다가 그 청산을 탁지부로 끌고 왔다. 그것은 손해배상금 지불 문제였다. 이 문제에 관해 선생은 외국인과 교섭해야 했기 때문에 필연적으로 궁내부로부터 위임 문서 한 통을 받아둘 수 있는 절호의 기회를 얻을 수 있었다. 마침내 이를 청구한 결과, 1905년(광무 9, 明治38) 1월 12일, 황제의 계인(啓印)이 찍혀 있는 다음의 명령서가 내장원에 하달되었고, 내장원은 이를 선생에게 교부했다.

> 본 원 사무 중, 외국인 교섭에 염려[艱虞]되는 건, 본 원의 경(卿)과 메가타가 상의해서 조치할 것[13]

본 원이라고 되어 있는 것은 물론 내장원으로 황실의 재정을 관장하고 있다. 그 사무 중 특히 외국인과의 교섭 사건에만 제한을 두고, 재정고문이라고 하지 않고 단지 메가타라고 지정한 것은 정부의 고문은 궁중 문제에 관여해서는 안 된다, 단 외국인과의 교섭 사건에 한해 내장원 경은 개인 자격의 메가타와 협의해 조치하라는 명령이다.

---

13 원문은 '本院事務中, 外國人交涉艱虞件, 本院卿與目賀田相議措處事'이다.

그런데 적어도 재정에 관계된 이상 이 명령은 해석에 따라서는 광의와 협의 두 가지 의미로 통할 수 있었다. 선생은 이를 광의로 해석하여 이 한 통의 문서만 있으면 궁중에서 정부의 재정을 침범하는 것에 대해 모두 정리를 단행해도 무방하다고 보았다. 단, 이 견해하에 단행하기 위해서는 다시 후일을 기약해야 했지만, 뜻밖에도 황제께서 갑작스럽게 직접 의뢰해 왔다. 1905년(광무 9) 6월 일반 관리에 대해 약 두 배의 증봉(增俸)을 단행하고 7월 1일부터 이를 시행했는데, 이때 궁내부 관리가 제외되어 궁내부 내에 불평이 높았다. 그것이 황제의 귀에 들어갔다고 보여, 어느 날 궁내부 고문 가토 마스오(加藤增雄)가 한 통의 서면을 가지고 선생을 방문해 다음과 같이 말했다.

> "오늘 아침 황제의 부름을 받아 배알했더니 이 서면을 보여주시며, 궁내부 경비 중 친용금 및 동가비(動駕費, 行啓費) 두 항목은 사실 내탕금(內帑金)[14]으로 황제가 자유롭게 쓸 수 있는 것은 단지 이것뿐이다. 말하자면 월급과 같은 것이라고 말씀하시고, 이번에 일반 관리의 증봉과 함께 이 시잿돈도 늘려주었으면 한다. 아울러 궁내관의 증봉도 이루어질 수 있도록 메가타에게 말하라는 분부였습니다. 이 서면에 '◯' 표시가 있는 것은 황제가 직접 지시하신 것입니다."

과연 내탕금인 친용금 및 동가비 위에 '◯' 표시가 무심하게 그려져 있다. 아마도 황제의 자필일 것이다. 내탕금을 월급과 같은 것이라고 말씀하는 것을 듣자 선생도 딱하기도 하고 우습기도 했다. 실제로 궁내부의 수입은 제2항에 기재된 것처럼 정부 수입을 침범하고, 다종다양한 부과에서 나오는 수입은 상당한 액수에 달했다. 그에 대해 지출 총액은 1년에 2백만 원 내외로 그중 궁내부비가 86만여 원, 거기에는 명목상 황실비가 포함되어 있는데, 황실공물비(供物費) 소위 내탕금은 겨우 2만 5,000 원에 불과하다. 기타 사향비(祀享費), 교제비, 예비비 등의 합계는 130만 원에 달하는 거액이다. 이는 궁내부 관리의 수가 정부 관리에 비해 상당히 많은 점과 지출 대부분이 부패한 궁내부 관리의 사욕을 채우기 때문으로 황제가 자유롭게 쓸 수 있는 것은 정말 미미하다고 생각했다. 선생은 아무 말도 하지 못하고 딱하게 여겨 가토 궁내부 고문을 통해 황제의 부탁을 받아들여 꼭 분부대로 하겠다는 취지로 답변

14 원문에서는 '御手許金'이라고 되어 있다. 수중에 두고 언제든지 꺼내쓸 수 있는 돈을 말한다.

했다. 이로써 궁중 재정 정리에 관해 의외로 절호의 기회를 잡을 수 있었다.

처음 선생이 일반 관리의 증봉을 결행하면서 황실비의 증가, 궁내부 관리 및 군인의 증봉은 일단 후일을 기약했던 것인데, 이번 (황제의-역자) 의뢰도 있고 해서 1905년(광무 9) 7월 26일 다시 궁내부 관리 및 군인의 증봉을 시행했다. 그런데 황실비의 증가가 아직 발표되지 않아서 궁내부대신과 군부대신이 황실비가 증가하지 않는 한 신들은 차마 봉급을 받을 수 없다고 소란을 피우고 각 부에서도 그에 부화뇌동하면서 하급자가 봉급을 받을 수 없어 매우 곤란해했다. 물론 선생의 마음속에는 황실비 증가의 성안(成案)이 있었지만, 그것을 실행하려면 여러 가지 준비가 필요했기 때문에 언제 발표할 것인지 그 시기를 재고 있었다. 이런 사정을 모르는 그들의 소란으로 많은 하급자가 봉급을 받을 수 없게 되어 매우 유감스러운 상황인지라 선생은 각 부 대신에게 엄중히 경고하고 이를 진정시킨 작은 파란도 있었다.

종래 황실비로 매년 정부 예산에 계상된 것을 신화폐로 환산하면 72만 7,000원이다. 그 내용의 세목이 어떻든 그것은 선생이 추궁할 바는 아니나 황제의 부탁을 받은 선생은 근본부터 크게 쇄신하는 동시에 국가 영원의 일대 계획을 수립하여 1906년도(광무 10)부터 새롭게 57만여 원(圓)을 증가시켜 130만 원(圓)을 정액 황실비로 삼았다. 이에 황제의 내탕금도 눈에 띄게 증액되었고, 황실비는 독립적으로 안전하게 확보되었다. 또한 선생은 앞에서 언급한 장의비(葬儀費), 특사파견비, 국빈 접대비, 능묘능전수축비(陵墓陵殿修築費), 궁전조영비(宮殿造營費) 등의 임시 청구에 대해 160여만 원(元) 즉 80여만 원(圓)을 지출하기로 했다. 이는 실로 선생의 대영단이었다. 가토 고문은 이 때문에 크게 면목이 섰고, 황제 또한 크게 만족하셔서 특별히 사람을 보내 선생에게 정중한 인사가 있었다. 앞서 선생에게 황제의 사경제에 간여하는 것은 월권이라고 비난하고 공격하던 자는 이쯤 되어서는 모두 놀라서 얼굴빛이 달라졌다. 이렇게 해서 선생은 이 대영단을 계기로 궁중과 부중의 혼효를 바로잡고, 재정 정리에서도 행정 정리에서도 큰 성과를 거둘 수 있는 기운에 도달했기 때문에, 곧 궁내부와 협의한 끝에 다음과 같은 5대 강목(綱目)을 결정하여 그 실행을 기했다.

제1. 황실비는 정액으로 하고, 그 내용은 탁지부에서 사정(查定)하지 않는 대신 황실 소요 경비 일체는 궁내부가 이를 소판(所判)하며 이제부터 정부에 부담을 전가하지 말 것.

제2. 영업 면허, 특허, 기타 일반 행정관청 소관의 일에 대해 궁내부는 일체 관여하지 말 것.

제3. 궁내부 소관의 경지, 건물 등으로 정부 소관으로 해야 할 것은 이를 정부에 이관할 것. 이를 위해 황실국유재산조사회(皇室國有財産調査會)를 설치하여 소관을 결정할 것.

제4. 인삼 전매는 정부로 이관할 것. 그리고 지방의 무명잡세나 기타 과세와 유사한 것은 모두 폐지하여 완전히 정부의 징세권 내에 둘 것.

제5. 궁내부와 정부 사이에 관련 있는 일로 정부에서 경비를 지불할 필요가 있을 때는 예산을 정해 미리 탁지부에 교섭하여 그 승인을 얻은 것이 아니면 어떤 사유가 있더라도 정부는 아무런 부담의 책임을 지지 않을 것.

제1항의 황실비는 이제 곧 증액되는 동시에 안전하게 확보되어 정액 범위에서 지불하게 되었다. 따라서 장래 탁지부 대신은 황실 사경제에 간섭할 필요가 없고, 궁내부 역시 종전처럼 국고로부터의 지출을 강요할 수 없다. 궁중과 부중의 구별이 여기서 확연하게 정해지게 되었다. 황실비의 독립과 함께 재정 정리의 앞날에 일대 광명이 비치게 되었고, 한국 재정상의 암종(癌腫)은 선생의 쾌도(快刀)로 조금도 고통을 주지 않고 훌륭하게 제거되었다.

또한 종래에는 궁내관이 아니면 사람이 아니라고 호가호위하고 있었기 때문에, 정부의 현관도 내심 상당히 불쾌해했다. 하여간 양자 사이는 원만하지 않았던 듯하다. 또한 조금이라도 청운의 뜻을 품은 자라면 궁내관이 되고자 온갖 연줄을 찾았고, 유능하고 쓸모 있는 사람은 정부를 떠나 궁부(宮府)로 들어가 버렸기 때문에, 일반 행정 사무가 잘 이루어질 리가 없었다. 특히 관제상 소관이 분명하지 않음을 이용하여 조금 일이 중대한 것은 모두 궁내부에서 처리했고, 따라서 청탁이나 증뢰(贈賂)는 공공연하게 행해지고, 기강을 어지럽히고, 나아가 관리는 물론 국민 전반의 도의심(道義心)을 해치는 일이 심해서 한국 국세의 쇠퇴는 실로 그 화근을 여기에 감추고 있다고 해도 과언이 아니었다. 따라서 만일 한국의 행정을 개선하고, 관리의 공덕(公德)을 장려하며, 기강을 숙정(肅正, 엄히 단속하고 바로잡음)하기 위해서는 반드시 궁중과 부중의 혼효를 뜯어고칠 필요가 있었다. 이것이 곧 선생이 재정 정리와 관련하여 행정상의 사항도 5대 강목 중에 규정한 이유였다. 또한 선생은 궁내부는 물론 일반 관제의 개정을 단행하여 관청의 쓸데없는 인원을 도태시키고, 집무규칙 및 복무지침[服務心得]을 훈령하여 예의 관리의 근면을 촉구하여 국무의 진척을 도모한 결과, 행정 사무의 소관은 명확해지고 관기의 문란도 숙정을 기할 수 있게 되었다.

기타 조세 징수, 인삼 전매 같은 것도 이를 정부로 이관하고, 영업 면허 및 특허 등 행정관청의 소관인 것은 이후 궁내부가 관여하지 못하게 했다. 그 밖에 산림, 경지, 광산, 어업 등 종전에 궁내부의 전관이었던 것을 탁지부나 농상공부 등으로 이관하는 것도 역시 재정과 맞물려 행정상의 중요 문제였기 때문에 황실재산과 국유재산의 구분을 명확히 하고자 조사위원회를 설치하여 농상공부대신 송병준(宋秉畯)을 위원장에 추천하고, 5대 강목의 제2항 이하에 엄중한 규정을 마련한 것이다.

당시 조선 내지를 여행하는 자는 누구나 민둥산이 많은 것에 놀랐을 것이다. 산의 토사가 무너져 노출된 암석이 능릉(稜稜)하게 자색을 드러내고 있는 모습은 정말이지 망국의 모습이라고들 했다. 한국 부원(富源)의 개발을 위해서도, 하천의 치수를 위해서도 식림은 급무 중에서도 급무였다. 원래 한국에는 임정(林政)이라는 것이 없고, 특히 이조(李朝) 말기에 여기저기서 토목을 일으켰다. 왕궁 수리의 경우에는 수십 리 멀리 떨어진 곳이라도 거목양재(巨木良材)가 있는 곳, 그 지방 인민에게 부과하여 경성으로 운반시킬 뿐 아니라 토목 이외에 궁내부 수입 중 하나로 경성을 중심으로 한 사방의 가까운 곳은 물론, 손이 미치는 한 각 도의 산림은 남벌(濫伐)에 남벌을 거듭할 뿐 식림사업 같은 것은 조금도 돌아보지 않았다. 그 결과 산림이 황폐해지고, 황폐해진 산림은 치수에도 큰 피해를 입혔다. 따라서 이런 악폐를 제거하고 식림을 장려하기 위해서는 반드시 산림의 소관(所管)을 정부로 옮기고, 또한 민유림(民有林)을 인정하여 상당한 보호를 제공하는 것이 중요했다.

또한 궁내부는 앞에서 살펴본 바와 같이 역토, 둔토, 그리고 장토(庄土)라 칭하는 광대한 경작지를 전국에 걸쳐 사유하고, 그에 대해 조세라고 볼 수도 있고 또는 소작료라고도 볼 수 있는 일종의 부세(賦稅)를 실시하였다. 조금도 경작자의 기쁨과 슬픔[休戚]을 돌아보지 않고, 어쩌다 수리(水利)를 일으키는 자가 있으면 역시 과중한 수세(水稅)를 징수하는 등 궁내부는 가렴주구(苛斂誅求)만을 일삼는 악덕 지주였다. 따라서 만약 농사를 장려하고 농산물의 증수를 도모하고자 하면, 이들 토지를 원래의 탁지부 손으로 복귀시키고, 아울러 농경 상의 모범을 전국에 보여야 했다. 이외에 토지에 관해 경성 성곽 안은 별도로 하고 성곽 밖에 길을 넓혀 교통의 편리를 도모하고자 해도 궁내부 소관이어서 시행할 수 없었다. 따라서 또한 이를 탁지부로 이관했다.

기타 사업 및 산업에 대해서 보면, 러일전쟁도 우리의 대승으로 끝나고, 경성으로 이주하는 일본인이 나날이 증가하여 일대(一大) 일본시가(日本市街)를 건설하려는 기세가 형성되었지만, 전기 사업은 미국인의 독점이었다. 그런데 가로등 설비도 없고, 실내의 점등도 희미했으며, 가입자가 증가함에 따라 촉광(燭光)은 점점 감소하는 상황이었다. 그리고 전차의 경우도 침목이 노출된 노선에 창문을 연 채로 더러운 차가 달리고 있고, 상당히 유치한 것이었지만 그것도 궁내부가 관리하여 정부는 조금도 관여할 수 없었다. 기업자는 모두 궁중과 깊이 연락을 취하고 있었기 때문에 해당 사업을 개량하려 하지 않았고, 부정리(不整理)와 부질서(不秩序)가 극에 달했지만, 누구 하나 불평할 수 없었다. 또한 상수도를 살펴보면, 이 역시 미국인의 특권에 귀속되어 있어 명목상 약간의 철관(鐵管)을 길거리에 늘어놓거나 수원지(水源地)라 칭하는 곳에 겨우 토공(土工)에 착수하여 외견상으로는 사업의 진척을 이루고 있는 것처럼 보였으나 실은 자금이 부족하여 도저히 준공을 기대할 수 없었다. 이런 상태여서 도로 정리, 교통기관 설비, 위생·보건 시설 같은 것도 궁내부의 손에서 떼어놓지 않으면 도저히 어떻게 할 수가 없었다.

이 밖에 한국 연안의 어업은 크게 촉망받고 있었는데, 어장 관리도 궁내부여서 양호한 어장은 대체로 궁내부에서 독점하고 있었다. 이 역시 상당히 과중한 어장료(漁場料)를 징수하였다. 더구나 궁내부 금고에 수납된 것은 그 십 분의 일에도 미치지 못하고 나머지는 도중에 사라져 버렸다. 원래 밀어(密漁)에 대한 단속, 신어장(新漁場) 설정, 어업권 부여, 어법(漁法) 개량 같은 것은 전혀 살피지 않았고, 오로지 목적은 수렴(收斂, 세금징수)뿐이었다.

한국 산업 중 유망한 것은 광산뿐임은 세상 사람들이 말하는 바인데, 그나마 광업이라고 할 수 있는 것은 금·철·동이었고 무연탄도 크게 촉망받고 있었다. 또 사금(砂金)은 궁내부 전유의 수입이고, 광업권 특허도 궁내부의 권한이었지만, 어떤 광업 행정상의 주의도 기울이지 않고 있었다. 따라서 광업권을 공평하게 부여하고, 광업 장려와 발달을 도모하기 위해서는 이 역시 궁내부의 손에서 떼어놓지 않으면 도저히 개발의 가망성이 없었다.

이상과 같은 여러 가지 폐해를 제거하여 궁중과 부중의 혼효를 일소하고, 국리민복을 꾀하여 기사회생 효과를 보기 위해서는 일대 수정을 가하는 수밖에 없었다. 거기에 선생의 고심을 헤아릴 수 있다. 결국 대영단을 내려 상기와 같이 5대 강목을 협정하여 착착 이를 결행하였고, 그 결과 많은 난관을 돌파하여 소기의 목적을 달성해 갔다. 단, 여기서 남는 문제는 황실의 채무 정리와 관련된 것이다. 황실비는 정액(定額)으로 이미 독립되었고, 국고는 종전과 같이 궁중 때문에 압박받는 일 없이 황실재산도 국유재산과 구별되어 훌륭하게 정리되었다.

한편 황실이 내외인에 대한 채무 상환을 어떻게 할 것인가, 그 상환 재원을 어디서 구할 것인가가 중요한 문제였다. 정부로서는 궁내부와 외국인 사이에 어떤 채무 관계가 남아 있는지 상상하기 어려울 정도이지만 만약 나중에 외국인이 의외의 채권을 주장하고 궁내부가 지급할 수 없게 된다면 정부 입장에서 책임이 없다고 해서 수수방관하고 있을 수 없다. 내국인과의 채권 관계도 꽤 있는 것 같은데, 이것이 항상 궁내관과 인민 사이에 발생하는 분쟁의 씨앗이었다. 황실비가 정액으로 독립되었다고 해서 인민의 채권에 대해 지불할 수 없다고 하면, 모처럼의 정리도 사람들의 원망을 사서 황실의 위신을 실추시키게 된다. 따라서 궁중과 부중의 구별을 명확히 하는 동시에, 다음에 해야 할 일은 황실의 채무 정리를 단행해야 하는 일이었다. 특히 우려되는 것은 사복(私腹)을 채우려는 궁내 관리여서 어떤 가공의 사건을 만들어 채무 관계를 날조할 것인지도 모르고, 또는 청탁 뇌물을 받아 어떤 증서에 서명날인할 것인지도 모른다. 따라서 한시라도 빨리 진정한 채권자에게 채권을 신고하게 하고, 지불할 것은 지불하여 미련을 남기지 말고 청소해 두는 것이 황실을 위한 것이기도 하고 국가를 위한 것이기도 하다. 물론 재정 정리에도 크게 중요한 일이었다. 그래서 선생은 궁중과 부중의 구별을 명확히 한 후 다시 그 실행을 기했던 것인데, 선생의 재임 중에는 실현을 보지 못했다. 아라이 겐타로(荒井賢太郎)가 탁지부 장관으로 부임한 뒤 선생의 뜻을 계승하여 비로소 명확한 조사를 마치고 2백 수십만 원의 채무 전부를 국고에서 변제하여 한 점의 티끌도 남기지 않고 깨끗하게 정리하였다. 이는 필경 선생의 5대 강목에 포함된 요무(要務)라고 볼 수도 있고, 또 그 연장이라고도 할 수 있다.

이런 상황에서 5대 강목의 효과는 재정상은 물론 행정상에도, 산업상에도, 또 국민 도덕 향상에도 찬연한 광휘를 발했다. 선생이 이 일에 맡은 뒤 처음에는 처녀와 같이 은인자중했지만 일단 기회를 얻자 마치 탈출한 토끼와 같이(빠르게) 단번에 난관을 돌파하여 금세 해결을 이룬 수완은 기실 선생 특유의 천부적 자질이 드러난 것이고,[15] 지중(持重)[16]과 기민(機敏)이 맞물려 그때그때의 형편에 따라 적절하게 대처했기 때문이다.

15 원문은 '先生天禀の特性の發露であって'이다.

16 몸가짐을 점잖고 무게 있게 한다는 뜻이다.

3. 폐제 확립과 화폐 정리

1) 귀하환국 폐지와 인쇄국 독립

한국 재정의 문란은 이미 살펴본 바와 같이 거의 극도에 달해 탁지부에는 재정상 일정한 방침이 없고 실무를 볼 수 있는 자가 없어 정말 가련한 상태였다. 일례를 들면, 탁지부의 요직에 있는 사람 중에서 1895년(明治 28) 무렵, 즉 선생이 부임하기 약 10년 전에 발포된 재정 및 행정에 관한 법령을 아는 자가 없었다. 선생이 이를 이상하게 여겨 취임하자마자 시험 삼아 상기 법령의 존폐를 당국자에게 물었더니, 폐지 명령이 나와 있지 않은 것을 보면 도리상(道理上)으로는 존재하는 것이라고 대답했다. 그 법령은 기록상으로만 존재할 뿐 휴지나 다름없는 상태로 조금도 살피는 자가 없었다. 따라서 세계상(歲計上) 예산은 있으나 없는 것과 마찬가지였고 결산도 물론 없었다. 또 재정 이외의 국가의 중요 경영에 대해서도 관부(官府)는 그 관장을 혼동하여 조폐, 철도, 광산, 산림사업 등과 같은 것은 궁내부 소관에 속하고, 다른 관아는 쓸데없이 이름만 존재했다. 그래서 선생은 고문의 입장에서 재정 제도상의 결함을 발생시킨 주요 원인이 ① 궁중과 부중의 혼효, ② 폐제의 문란, ③ 세입기관의 부정돈(不整頓), ④ 세출의 남발에 있다고 보았다. 궁중과 부중의 혼효는 기술한 바와 같이 대영단을 내려 개혁했는데, 폐제 문란 같은 것도 근본적으로 재정을 재정립하고 경제를 크게 발달시키고자 적극적 시설 방침을 취하기로 했다.

이런 방침하에 폐제 문란의 원인을 관찰한 선생은 궁중의 소관인 전환국(典圜局), 즉 조폐국에서의 백동화 남주(濫鑄)가 확실히 주된 원인의 하나라고 보고, 재정고문에 취임한 후 겨우 10일이 지난 1904년(明治 37) 10월 23일에 혁신 제1착으로 전환국을 검열했다. 예상대로 온갖 폐단이 누적되어 도저히 바로잡을 수 없을 것 같아 단호하게 이를 폐지하기로 결정했다. 그달 10월 25일 전환국 폐지의 상주를 국장에게 종용하고, 또한 폐지 처분에 대해 탁지부 대신과도 협의를 마쳤다. 11월 5일 탁지부 대신이 폐지에 관한 상주안을 의정부참정 신기선(申箕善)에게 제출했다. 하지만 전환국은 궁내부 소관이기 때문에 선생은 일이 지연될 우려가 있다고 보았다. 그래서 그달 11월 14일 다시 전환국으로 가서 지난달 10월 하순 검열 상황과 차이가 있는지 없는지를 재조사하고, 전환국장과 함께 현재의 화폐지금(貨幣地金) 및 현금 목록을 만들어 언제라도 탁지부로 인계할 준비를 마쳤다. 이렇게 의정부참정을 재촉한 결과, 그달 11월 28일 마침내 참정이 상주했다. 그 상주문의 내용은 선생의 의견대로 되었으나 문체는 한국식 한문이었다. 이를 일본어 가나[假名]가 섞인 문장으로 고치면 다음과 같은데, 그날 재가를 받았다.

> 화폐의 주조는 모든 나라의 대정(大政)이건만, 본위(화폐)가 아직 정해지지 못해 보조화가 남발하고, 때문에 재정의 문란, 민생의 곤췌(곤궁하고 고달픔)를 가져왔다. 지금 바로잡지 않으면 구제할 길이 없을 것이다. 즉 백동화 주조를 정지하고, 전환국을 폐지하며, 전환국 소유의 건물, 기계, 물품 등은 탁지부로 하여금 조회하고 보관하도록 한다.

전환국 폐지와는 별도로 경영이 필요한 문제는 인쇄 사무를 일으키는 것이었다. 종래 인쇄과라는 것이 전환국 소관으로 지폐 발행을 목적으로 만들어졌으나, 지폐는 아직 발행되지 못하고 오로지 정부 보고, 징세 서류 등의 인쇄를 담당했다. 그런데 앞으로 토지 정리에 관한 것, 그리고 인지류(印紙類) 제조 등 인쇄를 기다리는 것이 매우 많아서 설령 전환국은 폐지되어도 인쇄과는 더욱 확장해야 하고, 동시에 선생은 이를 탁지부로 이관하여 독립된 하나의 국(局)으로 재편할 것을 제안했다. 황제께서도 이를 승인하여 인쇄과는 탁지부의 일국(一局)으로 독립했다.

2) 화폐 정리 방침

한 나라의 통화가 확고한 토대 위에 서 있지 않는다면 재정이 정돈될 리가 없고, 국민경제의 원만한 활동을 바랄 수 없다. 즉 한국과 같이 폐제가 확립되어 있지 않고, 더구나 정부가 악화를 남발한 결과 화폐의 가치가 점점 하락하고 물가가 계속 상승했음에도 정부는 조금도 살피지 않고 오랫동안 이를 방치했다. 게다가 가렴주구를 일삼는 국정하에서 화폐 정리는 정말 어려운 일이 아닐 수 없다.

선생이 부임하기 전 1901년(明治 34)에 발포된 화폐조례라는 것이 있다. 동 조례는 금본위제에 바탕을 둔 것이다. 하지만 실시되지 않고 단지 법령서에 철되어 있을 뿐으로, 현행 제도의 실제는 은본위제였다. 단, 그것도 거의 이름뿐으로 사실상 본위 은화가 주조된 것은 매우 적었고, 주조는 가장 이익이 많은 보조화 2전 5푼 백동화에 집중했다. 그 결과 백동화는 시장에 넘쳐나 기존 통화인 엽전, 즉 상평통보라는 구멍 난 동전을 구축(驅逐)하고 강이 범람하는 기세로 각지에 퍼져나갔다. 결국 선생이 취임할 당시에는 경상·전라·함경 삼도와 강원도 일부를 제외하고 다른 지역은 백동화만의 유통지역이 되어 국내는 확연하게 백동화와 엽전 유통을 달리하는 두 구역으로 구분되는 기현상을 보였다.

엽전은 1개 1문(文)으로 유통되지만, 그 형태의 대소, 지금(地金)의 양부(良否), 제작의 정조(精粗)가 통일되어 있지 않았다. 일찍이 당국이 조사한 바에 의하면, 그 종별 1,553종에 달했다. 각 지방의 상황이나 거래 계절에 따라, 수요공급의 관계상, 그 가치에 고저가 발생함을 피할 수 없으나 반드시 악화라고는 할 수 없다. 단, 한국 현재의 경제 수준에서는 오히려 그 수에 제한을 가하는 동시에 악전(惡錢)은 도태시킴으로써 준보조화(准補助貨)로서 그 유통을 승인하는 것이 적당했다.

백동화는 그에 반해 실가(實價)와 표가(表價)의 차액이 매우 커서 주조이익이 많았다. 따라서 정부는 보조화라는 성질을 고려하지 않고 조제남발(粗製濫發)하였고, 동시에 사주위조(私鑄僞造)가 당연하게 발생했다. 심한 경우 전환국 관리가 백동화 극인(極印)의 사본을 고가로 팔고, 그 매수자가 국외에서 왕성하게 사주하여 밀수입한 액수가 엄청났다. 이들 사주화(私鑄貨)와 정부 발행 백동화의 감별이 쉽지 않아 당시 인천의 우리(일본) 영사가 백동화 정리의 필요성을 한국 정부에 자주 충고했지만, 정부는 아무런 대책도 강구하지 않고 이를 방임했다. 그 때문에 결국 사주화 밀수입을 묵인한 모양새가 되었고, 시장에 유통되는 백동화는 종류가 잡다하여 당국의 조사에 의하면 기실 576종에 달했다. 그중 관제(官製)가 16종이었고, 사주는 560종이었다. 더구나 관제는 양적으로 막대했고, 관제와 사주가 서로 맞물려 백동화의 신용이 거의 땅에 떨어졌다. 가격은 점차 하락하여 2분의 1 혹은 그 이하가 되었고, 물가는 그에 반비례하여 점점 상승하여 재정 경제상에 미치는 영향이 격심했다. 따라서 백동화 정리는 급무 중의 급무였다.

하지만 당시 모든 사람이 백동화 정리의 필요를 느끼면서도 아무런 방책도 세우지 않았다. 선생은 온갖 어려움을 물리쳐서라도 이 백동화 정리를 수행하지 않으면 안 된다고 결의하고, 전환국 폐지를 단행한 후 곧바로 화폐 정비 방침을 정하는 동시에 매일 짬을 내어 경성 시내를 산보하며, 특히 백동화의 매매거래가 이루어지는 실제 상황을 시찰했다.

경성 종로를 중심으로, 그보다 동대문통 및 남대문통 양측에 있는 중매점, 그것은 많은 경우 중국인[支那人] 상점이었다. 그 상점 앞에 크기 1간(間, 6척=1.8미터) 정도의 멍석[筵, 薦]으로 된 둥근 자리(圓座)가 마련되어 (거기에-역자) 백동화를 산처럼 쌓아 놓고, 그 주변에 이를 감정하는 한인이 책상다리하고 긴 담뱃대를 입에 물고 위조화를 선별하고 있다. 납(鉛), 철, 진유(眞鍮, 놋쇠, 황동) 같은 것, 문양이나 자체(字體)가 닳은 것 등 아무리 호의적인 눈으로 보더라도 도저히 화폐로 통용될 수 없는 것은 따로 빼놓지만 대개 양화 속에 포함시켰다. 그중에는 문양이 훌륭하더라도 지금(地金)의 색조가 나빠서 위조라고 여겨지는 것이 있다. 이런 것들은 한쪽에 선별해 두어 정화로 인정되지 않지만 할인하여 판다. 위조화폐가 할인하여 통용되는 것은 한국 이외에 세계 어떤 나라에서도 찾아볼 수 없는 일이다. 결국 정화와 혼동하기 쉬운 것은 어느 정도까지는 정화와 다름없이 통용시켰고, 조금 주의하면 위조라는 것을 알 수 있는 것은 할인하여 통용시켰다. 누가 보아도 화폐로서의 가치가 없는 것은 폐기했다. 이 감별법은 선생을 위해서는 크게 참고가 되었다. 이렇게 해서 선생이 입안한 화폐 정리 방침은 다음의 다섯 항목에서 상세하게 설명하기로 한다.

1. 화폐제도 정리의 요점

가. 한국에 본위 화폐가 없어 물가의 변동이 심해서 상공업의 발달도, 재정의 확립도 기대할 수 없으니, 화폐의 가격은 금을 기초로 하여 물가의 표준을 정할 것.

나. 백동화는 수년 동안 조제남조(粗製濫造)에 사주위조(私鑄僞造)가 이루어져 정위(正僞)를 쉽게 판별하기 어렵다. 또한 그 위조화(僞造貨)는 모두 아연을 함유하고 있고 진짜 전환국에서 만든 것이라도 이 역시 아연을 함유하는 것이 많아 이를 개주하여 아연을 함유하지 않은 백동화를 만드는 것은 불가능했다. 따라서 처분하는 방법은 녹여서 지금을 만드는 수밖에 없으니 새롭게 적당한 보조화를 발행할 것. 또한 엽전도 성분 배합이 대체로 동일하지 않고, 지나치게 많은 유통액은 감소시켜 적당한 분량으로 수축시키고, 자질(資質)이 조악한 것은 폐기할 것.

2. 정리 방법

한국 화폐 정리는 이를 정리라고 할 수 없고 오히려 화폐제도의 신설이라고 해야 할 것이다. 이에 대해 여러 가지 방책이 없지 않았으나 현재의 한국 자력과 국제무역의 관계를 고려하면 대체로 다음과 같은 방법에 따라야 할 것이다.

가. 한국의 통상과 교통에 가장 밀접한 관계를 갖는 것은 일본국이기 때문에 한국의 화폐 본위는 일본과 동일하게 할 것.

나. 한국 화폐제도 정비 여부에 최대의 이해관계를 갖는 것도 역시 일본이기 때문에 한국 정부는 일본 정부 혹은 일본 정부의 보증으로 자금을 차입하여 새롭게 화폐제도의 확립을 급무로 한다.

이상의 두 가지 요점에서 ① 한국 화폐의 기초 및 발행 화폐를 완전히 일본과 동일하게 할 것. ② 한국 화폐제도와 동일한 일본 화폐의 유통을 승인할 것. ③ 본위 화폐 및 태환권은 일본의 것으로 하던지 혹은 일본 태환권을 준비로 하여 일본 정부의 감독 및 보증에 의한 은행권으로 할 것. ④ 보조화폐는 모두 한국 정부에서 발행하는 것을 적당한 방책으로 삼을 것.

3. 정리 실행 순서

가. 한국 1901년(광무 5) 2월 발포된 칙령 제4호 화폐조례는 금화본위제여서 무역상 가장 밀접한 관계가 있는 일본의 화폐조례와 거의 동일하기 때문에 그 실시를 선언할 것.

나. 일본 화폐의 유통을 공인하여 한국 정부의 수지에 사용할 수 있게 할 것.

다. 화폐조례 중에 규정되어 있는 화폐의 종류, 즉 20환(圜, 圜은 곧 圓), 10환, 5환 금화, 반환(半圜), 20전 보조 은화, 5전의 보조 백동화, 1전의 보조 청동화 중 1전 청동화, 5전 백동화, 반환 및 20전 은화는 조례 중 양식을 개정하여 신화폐로 공포할 것. 단, 백동화 및 은화 양식은 가능하면 정밀하게 하여 위조를 방지할 수 있도록 해야 한다. 경찰제도가 불비한데다가 경제사상이 결핍된 한국민에 대해서는 크게 이 점에 주의해야 한다. 특히 백동화 같은 것은 될 수 있으면 가장자리를 꾸미는 것이 득책이다.

라. 구백동화 통용기한 및 교환기한을 정하여 교환하거나 회수할 것. 청동화와 엽전은 일정 기한 후에는 그 통용액을 제한하고 조악한 것은 회수할 것.

4. 구화폐 환수 및 교환법

가. 구백동화는 가급적 단기일로 그 통용 및 교환기한을 정할 것. 신화폐와의 비가(比價)를 정해 조금씩 금고에서 교환할 것. 정부에 수납하거나 신화폐를 교환할 때는 백동화의 진위를 검정하고, 부정화(不正貨)로 판정된 것은 그 통용을 금지하는 동시에 절단면을 내어 사용할 수 없게 할 것인지 아니면 실가로 수매하게 할 것인지는 소지인에게 선택하게 할 것. 백동화 교환을 청부하는 자는 신화폐의 종류를 선택할 수 없고 오로지 금고의 상황에 따라야 함.

나. 구청동화와 엽전으로 일단 정부에 수납시킨 것은 다시 발행하지 않고 잔여분은 점차 환수할 방침을 취할 것. 단 엽전 중 양호하여 유통을 인정할 수 있는 것은 검정한 후에 다시 이를 시장에 내어 소규모 거래에 편리하게 할 것.

다. 별도 주조 조악한 적동화가 있으나 그 발행액은 매우 근소하고 드물게 경성 및 그 부근에서 유통되는 정도에 불과하다. 따라서 새로운 청동화 발행을 기다려 그런 뒤에 환수를 도모할 것. 그 밖에 구은화가 발행된 것이 있으나 이 역시 매우 소액이었고, 또한 구백동화 남발로 가격이 하락했기 때문에 민간에서 녹여서 지금으로 만들거나 장닉(藏匿)하여 자연도태를 통해 정리되게 할 것.

5. 정리 의견 재가

한국에는 중앙은행도 없고 완전한 금고제도도 없기 때문에 금본위제 시행에 대해 한국 정부는 금고를 설치하고, 국고금 취급을 제일은행에 위탁해 정부의 세입은 모두 제일은행에 예입하는 것으로 했다. 그해(1904년-역자) 11월 선생은 다음 12개 조의 의견을 일본 외무성과 대장성 두 곳에 통첩하여 승인을 받았다.

(1) 한국 화폐조례를 개정하여 신화를 발행하고, 구화를 환수하는 조칙을 발포할 것. 조칙안은 발포 전날에 본 외무성에 회시(회답)하여 협의할 것. 구화 환수 실행은 한국의 상황을 감안하여 급격한 조치를 취하지 말 것.

(2) 신화폐의 품위, 양목(量目, 무게), 칭호, 그리고 양식 등은 일본 화폐와 동일하게 할 것. 단, 연호 및 국명은 편의에 따를 것.

(3) 보조화폐 주조고는 제한해야 한다. 그렇지 않으면 일본에 유입돼 일본의 이익을 해친다.

(4) 한국 화폐 제조는 일본 주조국에서 하고, 다른 곳에서 제조해서는 안 된다.

(5) 제일은행권을 공인하여 공사(公私) 거래에 차질이 없게 통용시킬 것.

(6) 새롭게 발행해야 할 태환권은 제일은행권으로 이에 충당한다. 즉, 필요에 따라 한국 정부에 이를 대부하는 것이 순서이지만 그 방법에 대해서는 미리 외무성과 협의할 것.

(7) 화폐 정리를 위해 제일은행이 한국 정부에 융통해야 할 자금은 상기 대부 외에 보조화 주조에 필요하기 때문에, 이 유통자금 일체에 대해서는 한국 정부와 제일은행 사이에 금액, 이식, 변제방법, 해관세 및 내지세를 저당으로 하는 등의 계약을 정할 것.

(8) 환수 구화의 매각대금 및 보조화 주조 이익금은 수지를 따로 정리하여 다른 곳에 사용하지 않고 오로지 들어가는 족족 제일은행 대부금의 변상에 충당할 것.

(9) 엽전은 당분간 조금 남겨두어도 괜찮고, 때로는 환수, 때로는 자연 소멸이 되게 할 것.

(10) 한국 정부의 수지는 간편하게 할 필요가 있다. 예금주의(預金主義)가 적당함.

(11) 구화 매각은 곧바로 일본 조폐국에서 인수하기 어렵다. 따라서 구화를 다른 곳으로 매각할 때는 절단하거나 녹여서 지금을 만들 필요가 있다. 그것 때문에 녹이는 공장[鑄潰工場]을 한국에 설치할 필요가 없지만 그대로 조폐국으로 보내 조폐국에서 녹이는 것은 가능하다.

(12) 중요한 사항은 실행에 앞서 일단 일본 정부와 협의할 것.

이렇게 해서 일체의 준비를 마치고 만에 하나라도 실수가 없도록 한 선생은 하야시 공사와 협의한 뒤 1904년(광무 8) 12월 31일 화폐 정리에 관해 한국 황제를 배알하여 상주했다. 그 요점은 다음과 같다.

예산상 세입 부족에 대해 그 증가를 도모해야 하지만, 갑자기 효과를 거두기 어려우므로, 우선 군비와 통신비 등에서 질서 있으면서도 신속하게 세출 감소를 도모할 것을 급무로 해야 합니다. 특히 이 기회에 비밀리에 내주(內奏) 말씀드리는 것은 폐제 개혁입니다. 즉, 금으로 물화의 표준을 정하고, 1901년(광무 5)의 화폐법을 실시하기 위해 조칙으로 선명(宣明)하시고, 그 실물은 일본 화폐와 동일한 것으로 해야 합니다.

(황제께서는-역자) 기타 금고 설치에 관한 일도 들으셨는데, 모두 승낙하시고 다음 칙명을 내렸다.

이제부터 폐제 정리 및 금고 설치 건은 고문 및 탁지부 대신이 직접 맡아 이를 처리하라.

따라서 선생은 실시 순서로 화폐 남발의 근원을 끊는 동시에 제일 먼저 화폐 정리에 착수하여 새로운 일대 계획에 대해 안팎으로 새로운 신용을 얻고자 노력했다. 이 배알 상주하는 자리에는 예식과장 고의경(高義敬) 한 사람만이 황제를 모시고 있었기 때문에, 선생은 그에게 비밀을 엄수해야 한다고 특히 주의를 주었다.

3) 금본위제 실시

한국 황제는 선생의 상주를 받아들여 1905년(광무 9, 明治 38) 1월 18일 칙령 제2호로 한국 화폐의 가격은 금을 기초로 정하고, 본위화의 근거를 견고하게 했다. 이를 위해 1901년(광무 5) 칙령 제4호 화폐조례를 올해 6월 1일부터 실시한다고 공포하셨다. 같은 날 다시 칙령 제3호로 상기 화폐조례를 실시하게 되면서 동 조례에 규정한 화폐와 품위, 양목(量目), 형체가 동일한 화폐는 국내에 무애통용(無碍通用)시키고, 공과 사 모든 수수(授受)에 사용할 수 있도록 허락한다고 공포하셨다. 이로써 마침내 금본위제가 확정 시행되었고, 아울러 일본 화폐는 한국 통화가 될 수 있었다. 바꿔 말하면 한국 화폐가 완전히 일본 화폐와 같은 성질을 갖게 되었고, 선생의 정리 방침은 예상했던 대로 실현되었다.

또 같은 날 칙령 제4호로 구화폐교환 및 회수에 관한 규정을 공포하시고, 구화(舊貨)는 10냥(은 2元도 마찬가지였다)에 대해 신화(新貨) 금 1환(圜)의 비율로 정부의 편의대로 점차 교환 혹은 회수할 것. 구백동화 교환 및 회수는 올해, 즉 1905년(광무 9) 7월 1일부터 개시하고, 교환 종료 기한을 만 1년 뒤로 하여 기한 종료 후에는 통용을 금지한다, 단, 통용 금지 후 6개월 동안은 공납(公納)[17]에 사용할 수 있게 했다.

---

17 공납(公納)이란 국고에 수입되는 조세의 총칭이다.

4) 화폐 정리 사무와 자금 차입 문제

(1) 화폐 정리 사무

한국 정부는 새롭게 금고를 설치하고, 국고금 취급을 제일은행에 위탁했다. 이에 대해서는, 1905년(광무 9) 1월 31일, 선생은 이중옥(李重玉) 탁지부 서무국장 및 시미즈(淸水) 제일은행 경성지점 지배인과 협상하고, 화폐 정리 사무에 관한 8개 조 계약서 및 화폐 정리자금 차입에 관한 4개 조 계약서를 작성하게 했다.

화폐 정리 사무에 관한 사항은 다음과 같다. 한국 정부는 현행 화폐 정리 예산의 범위 내에서 화폐 정리에 관한 사무를 탁지부 대신의 지휘·감독하에 제일은행이 집행하게 한다, 제일은행권을 공인하는 동시에 공사(公私) 거래에 무제한으로 통용시키기 위해 화폐 정리자금으로 300만 원을 제일은행에 교부한다, 정리의 수지계산 결과 부족이 발생하면 곧바로 그 부족액을 제일은행에 지불해야 하고, 제일은행이 만일 한국 정부에 손해를 입혔을 때는 그 이유를 입증하지 못하는 한 배상의 의무가 있음을 협정했다.

(2) 화폐 정리자금 차입 문제

한국 정부는 화폐 정리자금으로 300만 원을 제일은행으로부터 차입하고 연 6分(6%)의 이자를 지불할 것, 차입금 변제는 차입 당시부터 6년 동안은 150만 원, 6년을 경과한 후 4년 동안은 잔액 전부를 변제할 것, 단 상기 기간 내라도 소정의 금액 이외에 임시상각(臨時償却)을 할 수 있고, 한국 정부는 관세를 가지고 차입금에 대한 담보로 하며, 제일은행은 그에 대해 우선 담보권을 갖는 것으로 할 것 등을 협정했다.

이상의 협정은 본국(일본) 정부에 대한 선생의 제안에 입각하여 법제상 절차도 완료하고, 제일은행과의 복잡한 내계약(內契約)도 문제없이 마무리한 결과 표면적으로 드러난 것이다. 이 일에 관해서는 당시의 대장차관 사카타니 요시오(阪谷芳郎)의 노력에 힘입은 바 작지 않았다. 따라서 선생의 제안이 의외로 빨리 제국 정부의 승인을 획득한 것도 역시 사카타니 차관의 알선에 의한 것이라고 전해진다.

5) 제일은행권 발행과 동행 출장소 설치

이런 경위로 제일은행을 중앙금융기관으로 삼고, 한국 정부의 감독하에 태환권 발행을 공인했으며, 동시에 제국 정부도 특히 칙령으로 한국에서의 은행권 발행을 승인했다. 선생은 그에 대한 감독을 엄정하게 하는 동시에 한국경제의 중추기관으로서 결실을 거두기 위해 독려했다. 제일은행은 동년(1905년) 7월 1일부터 금고 사무를 개시했다.

이어 제일은행은 출장소를 원산, 대구, 개성, 성진 등에 설치하여 금고 사무 집행을 원활하게 하고 금융의 편의를 열었다. 또한 한국경제의 발전을 조장하기 위해 한인이 경영하는 은행 업무를 개혁하여 유무상통하게 하고, 그렇게 함으로써 금융기관으로서의 직책을 다하고자 했다.

6) 백동화 교환 개시

이상과 같이 화폐 정리를 위한 준비를 완벽하게 마치고 이미 금본위제도 실시된 이상, 한국 정부는 선생의 계획과 방침에 따라 백동화 교환에 관해 여러 번 훈령과 포고를 발했다. 그것을 종합하면 대체로 다음과 같다.

1. 구백동화와 교환하는 신화(新貨)는 5전짜리 신백동화, 20전 및 반환(半圜, 50전)짜리 신은화, 그리고 제일은행권과 일본은행 태환권으로 할 것. 태환권은 금화지폐[18]이고, 한국 본위금화가 일본 금화와 질과 양식에서 동일하기 때문에 이들 지폐를 전국에 무애통용(無碍通用)시킬 것.
2. 구백동화 교환에 대해서는 탁지부 대신이 임명한 화폐감정역(貨幣鑑定役)에게 감정하게 하여 품위, 양목(量目), 인상(印像), 형체가 완비된 것은 개당 2전 5리의 비가로 신화와 교환하게 하고, 완비되지 못한 것은 개당 1전으로 정부에 매수한다. 매수를 원하지

18 금화와 교환이 보장되어 있는 지폐임을 의미한다.

않는 자에게는 정부가 이를 절단하여 환부하고, 형질이 조악하여 화폐로 인정하기 어려운 것은 매수하지 않을 수 있으며 자연 폐기되도록 할 것.

3. 화폐교환소는 경성, 평양, 인천, 군산, 진남포 등 5개소에 두고, 경성은 7월 1일부터, 평양은 7월 22일부터, 인천은 7월 25일부터, 군산과 진남포는 9월 1일부터 각 교환을 개시할 것.

이 교환 개시에 앞서 먼저 해야 할 급무는 신화폐 주조였다. 전환국이 폐지되면서[19] 선생의 계획은 신화폐 주조를 일본에 요청할 예정이었다. 일단 보조 은화 반환(半圜), 20전, 5전 백동화 3종의 주조를 오사카조폐국에 위탁하여 개정 폐제 실시에 지장이 없도록 했다. 그 후 다시 10전 은화를 주조했지만, 이는 백동화 교환을 위해서가 아니고 보조화로서의 편리함 때문이었다.

이렇게 해서 기일이 되자 교환이 개시되었는데, 교환 사무에는 아무런 지장도 없었고, 인민 사이에 어떤 분요(紛擾, 분쟁)도 없이 지극히 원활하게 진척되어 상당히 좋은 성적을 올렸다. 7월 1일 교환 개시 후 겨우 6일 정도로 청구액 735만 원(元)에 달했다. 원래 1구 1천 원(元) 이상 1만 환(圜) 이하의 거액[大口]으로 제한되어 있었지만, 전체적으로 880구 정도로 그중 일본인이 480구, 중국인[清人] 다수와 한인 소수를 합쳐 380구, 유럽인이 10구였다.

교환소에서는 예상외의 청구액이 몰려 매우 바빴다. 당시 하루 감정액이 약 4만 원(元) 정도였기 때문에 위의 청구액만으로도 충분히 올해의 감정에 충당하고도 또한 남음이 있었다. 일시적으로 교환청구의 접수를 정지하고, 갑자기 교환장 확장, 감정역 증원, 기타 설비 개량을 행하여 하루 감정액을 10만 원(元) 내외로 증가시켰다. 7월 중순부터 예의 교환 사무의 진척을 도모한 결과, 8월 28일로 거액 청구 전부를 종료시키고, 이어서 소액 청구에 응했다. 기타 인천, 평양, 군산, 진남포에서도 아무런 지장 없이 교환이 이루어져 일반 인민은 크게 선생을 신뢰하고, 이후의 다양한 시설에 대해 적지 않은 편익을 얻을 수 있었다. 결국 교환 개시가 이루어진 7월 1일부터 11월 말일에 이르기까지 회수한 백동화 매수 2억여 만 매(枚), 금액으로 약 1천만 원(元)에 달해 실제로 통용되던 대부분을 처리할 수 있었다. 따라서 한국의 통화

19 전환국이 폐지된 것은 1904년 11월 28일이다. 한국사데이터베이스 근대사연표.

는 완전히 금본위제가 되었고, 물가 안정과 함께 정부의 재정시설(財政施設)을 용이하게 만들었다. 이로써 선생의 신망은 일시에 높아졌고, 이후 수많은 재정상의 어려운 문제도 반드시 이 재정고문에 의해 착착 해결되고 실행될 것이라는 인식이 일반에 퍼지게 되었다.

7) 엽전의 정리와 지금(地金) 처분

엽전은 본래 그 실가와 통용가격 사이에 큰 차이가 없기 때문에, 백동화와 같이 실가가 매우 낮은 것과 비교하면 폐해가 매우 적었다. 하지만 유통이 불편하여서 경제상의 발달을 저해한다는 점에서 서둘러 회수할 필요가 있었다. 그래서 선생은 1905년(광무 9, 明治 38) 7월부터 엽전으로 납세하는 자에게는 1개에 대해 1리 5모, 즉 15할의 환산율을 적용해 수납하고, 일단 수납한 것은 다시 발행하지 않음으로써 통용고의 감소를 도모했다. 1906년(광무 10) 11월부터 새롭게 매상교환(買上交換=수매교환)의 길을 열었는데, 동(銅) 시세의 상승으로 1907년(광무 11) 2월에는 교환율을 1리 8모 5사(絲) 즉 18할 5보(步)로 인상했고, 3월에는 20할의 2리로 회수함으로써 교환을 희망하는 자가 차츰 많아졌다. 그 결과 시장 유통액은 점차 감소했다. 이때 세시차익을 이용하려는 자가 엽전 매입을 부채질하는 이도 있었고, 미곡 출회기(出廻期)를 내다보고 매점하는 자가 있었기 때문에, 빈번하게 시세가 올라 결국 25할의 2리 5모를 주장하기에 이르렀다. 따라서 선생은 신화(新貨)의 보급에 노력하는 동시에 엽전 표시 거래(建相場)의 폐지에 노력하는 등 여러 수단을 강구했고, 그 결과 그해 말 당초의 목적과 같이 준보조화(准補助貨)로서 소액이 통용되는 시기가 도래했다.

한편 지금처분(地金處分)에 대해 살펴보면, 1905년(광무 9) 7월부터 1907년(광무 11) 말까지 주궤(鑄潰)한[20] 엽전이 4천 800여 관목(貫目), 오사카조폐국에 의뢰해서 주궤 중인 것이 10만여 관, 그 외에 동(銅) 시세의 등귀함에 따라 지금으로서 해외수출을 유치한 것 등 1907년(광무 11) 6월까지 약 150만 원에 달했다. 이들이 서로 상응하여 엽전의 지금처분은 이로써 대체로 마무리되었다.

---

20 주궤(鑄潰)란, 금속 기물을 녹여서 지금(地金)으로 만드는 것이다.

이 지금처분은 단지 엽전만이 아니었다. 1907년(광무 11) 10월 말까지 교환된 백동화 총액 7,00여 만 원도 주궤하여 매각하였고, 기타 소량의 연전(鉛錢)과 철전(鐵錢)도 모두 처분하여 신화폐의 원만한 유통을 보게 되었다.

8) 화폐 정리 저지 사건

화폐 정리에 즈음하여 금융계에 얼마간의 영향이 있으리라는 것은 선생이 예상한 바이나 이를 국면 전체의 견지에서 통관(通觀)하면 화폐 정리는 원만하게 진행되었고, 신화(新貨)는 점점 신용을 증가시키면서 유통하기에 이르렀다. 이 현황으로 장래를 미루어 보건대 해당 정리의 성과가 멀지 않아 재정상 찬연한 광휘를 내뿜게 될 것이라고 기대하고 있을 무렵, 예기치 못하게 여기에 지장을 초래할 두 가지 위법 사건이 일어났다. 하나는 민영기(閔泳綺)의 후임인 신(新) 탁지부 대신 민영철(閔泳喆)이 재정적 세력을 획득하려는 야심에서 고문인 선생을 제쳐두고 무모한 독단전행(獨斷專行)에 나서 경성 한인상업회의소 소원에게 탁지부로부터 3,00만 원(元)의 대하계약(貸下契約)을 행한 것이다. 이 계약의 불이행에 따라 조칙이 발포되고, 황실 내탕금 30만 원(圓) 및 백동화 10만 원(元)을 빌려주었다. 또 하나는 정부가 고문의 허락을 받지 않고 무단으로 각 도에 경무관을 설치한 일인데, 경무관의 봉급은 직접 재정과 관련된다. 모두 선생에 대한 배척 음모로 보였다. 선생은 물론 이에 굴할 만한 협량소기(狹量小器)가 아니어서 칙령에 따른 대하 문제의 불법성에 대해 대대적으로 항의하여 한국 조정을 아연실색하게 만들었다.

당초 7월 1일부터 구백동화 교환 개시를 내용으로 하는 탁지부 훈령이 발령되자, 청일 양국 사람들이 교환 개시로 구백동화 가격이 급등할 것이라고 믿고 (백동화의) 매수에 광분한 결과, 개시 기일이 되어 교환을 청구하는 사람이 노도와 같이 밀어닥치는 호황을 보였다. 사실 일반 한인은 왕년에 '당백전' 회수 당시 정부가 회수라 칭하며 민화(民貨)를 몰수하고 그 대화(代貨)를 교부하지 않은 나쁜 경험을 떠올리고, 이번에도 동일한 운명에 직면할 것으로 의심하여 조금도 정부를 신뢰하지 못하고 가능한 한 교환 청구를 회피했다. 이는 사실 청일 양국 상인들이 이용할 수 있는 점으로, 한편에서는 구백동화 매수에 광분하는 동시에, 한편으로는 유언(流言)을 퍼트려 백동화 교환은 매우 엄혹한 방법으로 이루어질 것이고 교환 비가의 발표가 없다고 거짓말로 꾸며댔다. 실제로 신화[21]와의 교환 비가는 이미 그해 1월의 칙령 중에 명시되었음에도 이러한 기만 수단으로 열심히 선동한 결과, 회수 백동화의 가격은 현저하게 하락하여 신화 100환(圜)에 대해 210원(元) 내외이던 것이 결국 240여 원(元)이 되어 30여 원의 폭락을 가져왔다. 한상(韓商)은 열심히 방매를 행하였고, 특히 경성 종로 상민(商民)들은 백동화를 가지고 앞다투어 상품을 매수하고, 혹은 토지·가옥에 방자(放資)하고, 혹은 수형(手形, 어음)을 남발하는 등 각종 수단을 통해 현재 소유하고 있는 백동화로 지불했다. 교환이 개시되었을 당시에는 그들 중 백동화를 소지하는 자가 매우 드물었다. 이는 곧 한인 교환 청구자가 비교적 소수이기 때문이지만 어찌 생각이나 했겠는가, 교환 개시와 함께 교환 상태가 원만하게 진행되고 교환 대화(代貨)가 곧바로 교부되면서 백동화의 가격이 일약 205~206원(元)으로 급등한 것이다. 그들은 아연하여 오해를 후회했지만 이미 때가 늦었다.

이렇게 백동화 가치가 급등했기 때문에 종래 종로의 한국인 상인이 남발한 어음에 대해 갑자기 현화(現貨, 현금) 추심이 빈번해지면서 그 지불에 어려움을 겪게 된 점, 현화(현금) 수요가 현저하게 증가하여 백동 어음의 유용(流用)에 곤란을 초래한 점, 토지·가옥 등 고정된 자본에 대해 금융을 얻을 기관이 없는 점, 청일 상인이 다액의 백동화를 가지고 있으면서도 시장에 유통하지 않고 오로지 (신화와의-역자) 교환에만 응하고자 한 점, 또 그 교환의 결과, 신화는 당초 주로 청일 상인의 손으로 들어가고 따라서 한상(韓商)의 금융이 더욱 핍박을 받게 된 점, 이런 점들 때문에 특히 종로 한상에게 대공황이 발생했다. 그들은 당황하여 집단으로 금융의 핍박을 절규하는 동시에 정부 또는 황실의 보호와 구제를 절실하게 희망했다. 이에 경성의 한인상업회의소 회원은 새롭게 탁지부 대신에 취임한 민영철에게 300만 원(元)의 대하를 청원하였다. 그들 한상과 결탁하고 있고 또한 정치적 야심을 가지고 있던 동 대신은, 한편으로는 고문인 선생을 함정에 빠뜨리려는 음모도 있어서, 이를 선생과 상의하지 않고 상당히 쉽게 청원을 받아들여 독단적으로 이를 인허했다. 그런데 재정 현황은 이렇게 무모한 독단을 허용할 수 없어서 도저히 그 대하를 실행할 수 없음을 알게 된 동 대신은 돌연 사표를 제출하고 물러났다. 종로 상민은 망단(妄斷, 망령된 판단)과 무책임한 식언(食言)

21 원문에 '新價'로 되어 있는데 '新貨'의 오기인 듯하다.

에 분개하여 일제히 점포를 폐쇄하여 거래를 중지했고, 그중에는 실제로 파산하는 자도 있어 열심히 상기 청원을 당국에 강요했다.

탁지부 대신의 독단 인가이든, 상민의 청원 강요이든, 모두 조리(條理)에 반하는 부당행위임에도 불구하고, 상업회의소는 크게 소란을 피우기 시작했다. 금융 핍박의 원인이 화폐 정리를 오해하여 여러 수단을 부린 한상 스스로가 초래한 것임을 도외시하고, 적어도 정부가 300만 원의 대하를 결정했으면서도 재정고문의 부동의(不同意) 때문에 실행할 수 없다고 하는 것은 부당하다, 정부의 결정을 실행하지 않는 재정고문은 우리의 재정고문이라고 할 수 없다, 상민 곤비(困憊)의 실상을 고문은 어떻게 볼 것인가라고, 험악한 기세였다. 이런 큰 소동 속의 집회에 좌시어(左侍御[22] 侍從) 최익진(崔翼軫)이라는 사람이 황명을 칭하고 참석하여 그들의 분개담을 청취하고 상민의 궁박을 구하기 위해서는 반드시 정부가 결정한 300만 원을 지출해야 한다고 알려 장작 위에 기름을 더 부었다. 얼마 지나지 않은 7월 31일 밤, (황제는-역자) 갑자기 상민을 구제한다는 다음과 같은 조칙을 발하시고, 동시에 최익진을 상업회의소로 보내 내탕금인 미쓰미물산회사표(三井物産會社票) 23만 7,000원(圓), 제일은행 수표 6만 3,000원(圓), 합계 30만 원과, 그 외에도 백동화 10만 원(元)을 대하(貸下)하셨다.

조령(詔令)을 내리기를, "바야흐로 곤란한 때를 만난 만큼 높고 낮은 신하들은 있는 힘과 마음을 다하여 함께 유지해 나가기 위하여 애쓰면서 늘 돕는데 관심을 두어야 하겠는데, 걸핏하면 사퇴(辭退)할 것을 아뢰고, 두 번 세 번 시끄럽게 사직서를 냄으로써 여러 날 동안 벼슬자리를 비우는 일이 빚어지고 있다. 명분과 의리상 어찌 이런 것이 용납될 수 있겠는가? 오늘날의 절박하고 시급한 문제는 화폐가 융통되지 않아 저자에 곤란함이 초래되고, 백성들이 근심하는 것이니, 이것을 속히 바로잡기 위한 계책을 생각해야 할 것이다. 이와 관련하여 의정부(議政府)에서는 모임을 열고 자세히 의논한 다음 방편을 강구하여 화폐를 유통시키기 위한 일에 힘쓸 것이며, 동시에 경무청(警務廳)과 한성부(漢城府)에서 장사하는 백성을 효유(曉諭)하여 그들이 각기 이전처럼 생업에 안착되고 서로 속이는 일이 없게 함으로써 각별히

22 구한말에, 궁내부 시종원에서 임금을 가까이에서 받드는 일을 맡아보던 벼슬. 좌시어와 우시어가 있는데, 주임관 직위로 각 1명, 판임관 직위로 합 9명이 있었다.

돌보아주는 짐의 지극한 뜻에 부합되게 하라." -1905년(광무 9) 7월 31일 "화폐를 유통하는 방도를 마련하도록 명하다"《고종실록》46권, 고종 42년 7월 31일[23]

위의 조칙은 어떤 사람의 책동인지 상세히 밝히지 않겠지만, 상업회의소 소원의 소요를 이용하는 자가 있어 정부와 의논하지 않고 궁중 마음대로 황제에게 조칙을 발하게 한 것은 명백한 사실이다. 틀림없이 재정 정리 진행을 저해하고, 나아가 재정고문 용빙 계약을 무시한 행동이기 때문에 선생을 열화와 같이 노하게 만든 것은 당연하다 하겠다.

8월 2일 탁지부협판은 위의 조칙 등본(謄本, 사본)을 선생에게 교부하는 동시에, 전 탁지부대신 민영철의 300만 원(元) 대하 인허는 부당하나 이는 정부 내부의 사정이니 문제시하지 말고 별도로 재정고문으로서 이때 상당한 구제 방법을 강구했으면 좋겠다는 황명을 전했기 때문에, 곧바로 선생은 하야시(林) 공사와 협의하여 다음과 같은 상주문을 봉정했다.

8월 2일 상주안

이번에 탁지부협판은 조서(詔書) 등본을 본 고문에게 전달하고 때문에 고려해야 한다는 명을 접했습니다. 황성 내 시민의 재황(財況)은 이미 착착 고안(考案)을 행한 일이 있습니다. 무릇 재정상의 시위(施爲)는 주임대신과 본 고문이 처음 협상한 뒤 상황에 따라 이를 상주하게 되어 있습니다만, 본 고문은 아직 어떤 시위(施爲)에 관한 상주가 있었는지 듣지 못했습니다. 원래 폐제(幣制) 실시와 같은 일은 창시(創始)에 속하여 민간에 다소 의혹이 있는 것은 어쩔 수 없지만, 다행히 민정(民情)이 통창(通暢)하고 사태가 원만해졌습니다. 그런데 폐하께서 몸소 화폐를 융통할 수 없음을 소리 높여 외치셨는데 결국 누구의 주언(奏言)에 근거했는지 알지 못하고 이는 완전히 사실이 아닙니다. 생려(省慮)하시고 상당히 시위(施爲)가 이미 이루어져 있으니 어떤 것도 지금 더할 것이 없습니다.

---

23 陽曆 1번째기사. 원문은 다음과 같다. 詔曰. 値玆艱虞之會. 大小臣惟其殫竭心膂. 共圖維持. 思日贊襄. 而動輒辭退再三. 瀆撓以致癏曠多日. 其在分義寧容若是. 目下切急之務. 貨幣不能通融. 以致市井之困難. 民情嗷嗷. 此不容不亟思矯捄之策. 其由政府會同爛商. 講究方便。務圖流通. 竝令警務廳漢城府. 曉諭市民. 俾各安業如故. 無至胥訛以副朕眷眷之意. 光武九年七月三十一日.

선생은 아무리 종로의 상인이 문을 닫아 위협하더라도, 탁지부 대신이 사직하더라도, 또한 어떤 음모가 정부와 궁중 사이에 모색되고 있더라도, 조금도 개의치 않고 자신의 소신을 향해 매진한 모습은 질풍(疾風, 세찬 바람)이 고엽(枯葉)을 날려버리거나 혹은 맹호(猛虎)가 양의 무리를 쫓는 듯했기 때문에, 이번 상소문에서도 고문을 제쳐두고 이루어진 탁지부 대신의 불법과 사실무근의 망설(妄說)을 주언(奏言)한 자를 꾸짖고, 이를 믿은 황제의 반성을 촉구하고, 재정 정리는 이미 착착 진행되어 민정이 통창하고 사태가 원만해진 오늘, 이 이상 시위(施爲)할 것이 없다고 단언하신 것은 실로 선생의 면목을 발휘하여 또한 유감없다고 하겠다.

8월 2일 선생은 다시 의정부 참정대신[24] 심상훈(沈相薰)에게 각서를 보내 의정부가 재정에 관해 상주하고자 하면 반드시 그 결의 이전에 재정고문의 동의와 가인(加印)을 필요로 함은 명확하게 용빙 협약이 정하는 바이기 때문에 이에 반하는 것은 불법이라고 정문일침을 가했다. 또한 같은 날 궁내부대신 이재극(李載克)에게 질문서를 보내, 황성신문에 의하면 좌시어(左侍御) 최익진을 칙사로 상업회의소에 보내 그들이 청하는 바의 300만 원은 곧바로 정부가 조치할 수 있도록 해야 하나 자연스럽게 몇 날인가를 지연해야 한다고 운운이라고 되어 있는데, 과연 이런 명령이 있었는지 명시해 주었으면 한다고 요청했다. 이에 대한 궁내부대신의 대답은 급소를 피하고, 탁지부의 300만 원 대하 인허 불이행 때문에 상점이 폐쇄하게 되었고, 폐하가 이를 동정하셔서 최익진을 파견하여 상무(商務)를 회복하고 각기 그 업에 만족해야 한다는 뜻을 효유(曉諭)하셨던 것이라고 하며 내탕금 대하에 대해서는 조금도 언급하고 있지 않다.

선생은 이같이 내용을 분간할 수 없는 대답에 만족하지 못하고 8월 3일에 다시 다음과 같은 상주문을 봉정하였다. 폐하가 당국을 제쳐두고 재정에 대한 처분을 다른 곳에 명령하신 것, 그리고 화폐 정리는 양호하게 진행되었음에도 조칙 중에 '화폐를 융통할 수 없다'는 말이 있어 정리에 지장을 주고 민심의 의구심을 높이는 것은 어떤 이유인지 알기 어렵다, 부디 성유(聖諭)를 내리셔서 본 고문의 마음을 석연(釋然)하게 해 주실 것을 주청했다.

24 대한제국 때 의정부에 속한 칙임 벼슬. 의정대신의 다음 서열로, 총리대신을 보좌하며 나라의 전반적인 정사(政事)를 맡아보았다.

8월 3일 상주안

앞서 본 고문 용빙 계약에 따라 재정을 정리하고 먼저 상주하여 폐제 실시에 종사했습니다. 다행히 양호하게 진행되고 있습니다. 우연히 성내(城內)의 상민이 탁지부에 300만 원(元)의 대하를 요구하였습니다. 탁지부 대신이 멋대로 이를 청허(聽許)했으나 이루어지지 않자 철폐하여 구제를 강요하였습니다. 양쪽 모두 도리에 어긋납니다. 천폐(天陛)가 이를 규명할 것을 명하지 않고 갑자기 스스로 당국을 제쳐두고 재정 처분을 명했습니다. 본 고문은 매우 당혹스럽습니다. 또한 화폐 정리는 상주하여 이를 행하고 지금 양호하게 진행한다, 그사이 사소한 의구(疑懼)는 원래부터 그러했습니다. 그런데 조칙 중에 화폐를 융통할 수 없다는 말이 있어 이것이 정리를 방해하고 민간의 의심을 증폭시키는 원인이 되었습니다. 본 고문은 매우 당혹스러웠습니다. 대체로 이 두 가지 의혹은 폐하께서 성유(聖諭)를 내려 본 고문을 납득시켜 주시기 바랍니다.

문사(文辭)가 매우 겸양하고, 예를 잃지 않으려는 주의는 충분하지만, 그 심경은 추상열일(秋霜烈日)과 같고, 정의공약(正義公約)을 위해서는 조금도 흔들리는 바 없이, 황제에게도 엄연(儼然)한 태도로 망언비행(妄言非行)을 허락하지 않는 것을 보면 위대하다고 하지 않을 수 없다. 단, 이에 대해 어떤 성유도 내리시지 않았다. 생각건대 내릴 수 없었을 것이다.

8월 3일 선생은 다시 참정대신 심상훈에게 서신을 보내 탁지부 대신의 직책과 재정고문의 임무를 설명하고, 의정부가 재무 당국을 기다리지 않고 곧바로 이번과 같은 사건의 선후책을 마련하려는 것은 당국 이외에 당국을 만드는 것이기 때문에 앞으로는 의정부에서 재정에 관한 논의를 중지하기 바란다. 만약 필요할 때는 절차를 밟아 고문의 동의와 가인(加印)을 거치고, 그런 후에 상주할 것을 요한다고 통고했다. 이에 대해 참정대신이 답하길, 내일 4일 오후 의정부로 왕림하셔서 면담 협상하자는 취지였다.

8월 4일 선생은 전날의 상주 문안을 첨부하여 다시 통첩을 심상훈에게 발하고, 본 고문이 주청하는 바에 대해서는 반드시 성유(聖諭)를 받지 못했다, 그런데 의정부 스스로 재무부가 되는 것은 제도가 허락하지 않는 바이다, 따라서 오늘 본 고문이 귀부(貴府, 의정부)의 상의에 참석하면, 즉 이 제도를 어지럽히고 의정부를 재무부로 만드는 것이기 때문에, 그 회의석상에 참석하지 않는 것을 이해해 주시기 바란다, 만약 귀부의 결의로 본 고문의 동의와 가인(加印)을 필요로 하는 것이 있으면, 귀 대신은 안을 만들어 절차를 밟아 이를 본 고문에게 청구하실 것을 요한다고 전달했다. 의정부가 직장(職掌, 담당 직무) 이외의 재정을 논의하는 것이 위법이라고 경고하는 동시에 직무권한을 명확히 했다.

또한 내탕금 대하를 궁상(窮商, 궁지에 처한 상인-역자) 마음대로 하는 배당에 맡겨둘 것인가, 분두(分頭)[25] 또는 호별(戶別)로 소분(小分)하여 많은 경우 그들의 생계비로 소모되어 상업자금을 윤택하게 만드는 효과가 없을 뿐 아니라 오히려 구제라는 본 취지에 반하여 재계를 교란시킬 우려가 있기 때문에, 선생은 하야시 공사와 협의하여 미쓰이물산회사와 제일은행에 내탕금의 지급을 정지시켰다.

선생은 이미 말해야 하는 것을 말하고, 바로잡아야 하는 것을 바로잡은 이상, 내탕금 대하의 뜻을 헤아리고 그것을 유효하게 사용하기 위해 가장 적당한 구제 방법을 강구했다. 이 방법이 바로 선생이 전부터 기획하고 있던 공동창고회사법인데, 차제에 동법을 확정하고자 대하 내탕금 중 지불을 정지시킨 30만 원(圓)의 이용 방법을 수립하여 8월 10일 궁내부대신을 경유 다음과 같은 상주안을 봉정했다.

8월 10일 상주안

지난번 내하금(內下金) 30만 원(圓)은 그 사용 방법의 여하에 따라 궁상(窮商) 구제의 실효가 없을 뿐 아니라 재정 정리를 저해하는 것을 막을 수 없기 때문에 그 구제 수단은 다음과 같은 방책에 의하는 것 외에는 현재 좋은 방안이 없습니다. 따라서 공동창고회사법을 이용하여 은행에 대하하여 내하금액을 분배·융통시키는 것은 현재 구제의 가장 좋은 수단입니다. 본 고문은 재정 정리상 해당 방법에 따르는 것 외에는 이 지발(支撥)을 승인할 수 없습니다.

내하금 30만 원은 다음과 같이 사용할 것

1. 15만 원을 창고회사에 대하하고 다음과 같이 사용하게 할 것.

---

25 여기서는 머릿수로 나눈다. 즉, 개인 한 사람에게 평균하여 나누어 배분한다는 의미인 것 같다.

5만 원　건축설비자금

10만 원　나대금(挪貸金)[26]

2. 15만 원은 무이자 2년 분할 상환으로 은행에 대하하고, 확실한 방법으로 저리로 한인에게 융통시킬 것.

단, 그중 5만 5천 원은 예비로 하여 유치(留置)할 것.

1905년(明治 38) 8월 10일

이에 공동창고라고 되어 있는 것은 9월이 되어 선생의 계획으로 창설된 한성공동창고주식회사로, 한상 및 한인 일반 공중을 위해 물품을 창고에 보관하고 그 물품에 대해 금융의 편리를 도모하는 것이다. 10만 원의 나대금이라고 되어 있는 것은 일시적으로 정부에서 융통한 돈을 말하기 때문에 사정에 따라 회사가 반납해야 할 성질의 것임은 물론이다. 또한 은행이라고 되어 있는 것은 한인이 경영하고 있는 것으로, 당시 곤란한 상태에 있었기 때문에 이를 구제하여 금융을 원활하게 하기 위함이었다.

한편 한국 내의 경무(警務)에 대해서 살펴보면 다음과 같다. 각 도에 이미 경무고문보좌관 또는 동 보좌관보가 주차(駐箚)하고 있어서 일체의 경무를 잘 처리하고 있음에도 불구하고, 정부는 지방관제를 개정하여 7월 25일 새롭게 각 도에 경무관을 설치했다. 이 개정이라는 것이 봉급 지불상 직접 재정에 관련된 것이기 때문에 미리 고문의 동의를 구해야 하는 일인데, 여기까지 오기도 전에 벌써 불법행위를 저질렀고, 또 군부(軍部)에서 교관 15명의 용빙 문제도 당시 의정부 회의에 제출되어 있었다. 이 같은 일은 필경 재정고문의 권한 임무를 이해하지 못했던지, 아니면 무시하는 것이기 때문에 8월 4일 선생은 각 대신 앞으로 조회장(照會狀)을 보내 아래와 같은 계약상의 중요한 사항을 제시하여 장래 반드시 이 중요 사항의 취지를 실천하는 데 노력하고, 안을 갖추어 본 고문의 동의와 가인을 거친 후 (황제께-역자) 상주해야 한다고 경고하였다.

---

26 나대(挪貸)라는 것은 어떤 사람에게 빌린 것을 다시 제삼자에게 빌려주는 행위를 가리킨다. 일본어로는 마타가시(又貸し)라고 한다.

1. 대한국 정부는 재정에 관한 사무에 대해서는 본 고문의 동의를 거친 후 시행할 것.

1. 의정부 결의 및 각 부 사무의 재정에 관한 것은 상주 전에 본 고문의 동의와 가인(加印)을 요할 것.

같은 날 다시 참정대신 심상훈에게 군사교관 용빙안이 귀부 회의에 제출되었다고 들었는데, 만약 이 의안이 통과되면 그 봉급 지출에 관해 본 고문의 동의 가인을 거치지 않으면 상주할 수 없다고 통지했다. 이에 대해 당일 참정대신은 이에 대해 해당 의안이 제출되었으나 아직 결의에 이르지 못했고, 잠시 보류할 것이라는 취지로 답했다. 아마도 선생의 예봉에 질렸기 때문일 것이다.

8월 15일 선생은 내부대신 이지용(李址鎔)에게 조회장(照會狀)을 발하고, 지방 경무관 설치에 관한 건은 본 고문이 관지(關知, 관여)할 수 없는 바이나 그 봉급 지불에 대해서는 아무런 협상이 없었기 때문에 본 고문은 이에 동의할 수 없고 적절히 지불을 정지해야 할 것이라고 알렸다. 같은 날 또 각 도 관찰사에게 통첩하기를, 지방 경무관 봉급 지출은 본 고문의 동의와 가인을 요함에도 불구하고 정부가 그 절차를 밟지 않았기 때문에 그 지불을 정지해야 한다는 내용이었다. 다시 8월 29일 자 서면으로 심상훈을 대신하여 새롭게 의정부 참정대신에 취임한 한규설(韓圭卨)에게 지방 경무관 봉급 지불 정지에 관한 일을 내부대신 및 각 도 관찰사에게 통첩했다는 내용을 조회했다.[27] 이렇게 해서 군사교관의 용빙, 지방 관제 개정에 수반한 경무관 설치 건은 중지되었고, 화폐 정리 저지 사건과 함께 재정상의 불법행위 문제는 이로써 완전히 일단락을 고했다. 선생의 위신은 혁혁하여 한민 상하 모두가 경건하게 추앙하는 바가 되었다.

27 조회라고 하는 것은 문의하여 확인하는 일이다.

4. 금고제도 수립과 세계(歲計) 정리 및 국채

1) 금고의 설치와 국고금의 취급

금고와 세입·세출의 취급은 서로 관계가 있다. 따라서 세출입의 취급 방법을 개선하고 출납을 완전히 해야 하는 기관으로서 반드시 금고의 설치를 요한다. 이에 선생은 1905년(광무 9, 明治 38) 1월 27일, 일본공사관에서 하야시(林) 공사 입회하에 탁지부 대신 민영기(閔泳綺) 씨와 상의하고 금고 설치에 관한 7개 조의 요건을 협정했다. 즉 본 금고는 한국 중앙은행의 건설 예정 장소에 개설하기로 하고 탁지부가 이 영조(營造)를 담당할 것, 단 그 영조에 이르기까지는 탁지부 출납국이 금고를 맡고, 금고 관리관은 칙임 1인, 주임 5인으로 하며, 금고 출납역은 제일은행에 위임하고, 금고 관리관 감독하에 수지를 관장하게 할 것, 지금고(支金庫)도 마찬가지였다. 단지 한국은행이 훗날 설치되면 금고 사무도 그때 다시 협의한 뒤 적절하게 처리할 것 등이었다.

금고 설치와 함께 제일은행은 상기 협정에 따라 금고출납역을 담당하게 되었다. 1905년(광무 9) 1월 31일, 탁지부 서무국장 이중옥(李重玉)과 제일은행 경성지점 지배인 시미즈 다이키치(淸水泰吉)가 국고금 취급에 관한 계약서를 작성했다. 동 계약서는 20개 조로 이루어졌는데, 한국 정부의 세입은 국고에서 모두 제일은행에 예금하고, 이 예금에 대해서는 이자를 붙이지 않고 예금 출납에 관한 경비는 모두 제일은행의 부담으로 한다, 제일은행은 상기 출납을 위해 주요한 개소에 사무소를 설치하고, 한국 정부는 30만 원(圓)에 한해 무이자로 예금 과인출(過引出)을 할 수 있으나 그 이상의 금액에 대해서는 연 6푼(分, 6%)의 이자를 지불해야 하고, 이 과인출 금액은 100만 원(圓)을 초과할 수 없다, 또 한국 정부는 통화, 금은 지금, 유가증권 등의 보호 예치를 제일은행에 위탁할 수 있고, 이 경우 제일은행은 무상으로 그 보관 책임을 다할 것 등을 협정했다.

2) 세계 정리

(1) 예산 편성

원래 한국 정부에는 확고한 재정 방침이 없는 것과 마찬가지여서, 탁지부가 재정을 담당해 왔음에도 거기서 공시하는 매년의 예산이라는 것은 사실상 형식에 그쳐서 유명무실했다. 실제로 각 관청은 임의로 출급명령(出給命令)을 내서 그에 대한 지출을 탁지부에 강요하고 있고, 어떤 관청은 스스로 수입하고 스스로 지출하여 별개의 자금을 가지고 있으나 국고는 수지의 정확한 수치를 알지 못한다. 또한 일반 재정 담당자는 정확한 부책(簿冊, 장부책)을 두지 않고 대체적인 수지를 종잇조각에 서 두었다가 1개월 혹은 수개 월 후에 형식적인 공부(公簿)에 기재하는 정도에 불과했다. 정부도 왕왕 회계연도 개시 후 4~5개월을 경과하여 비로소 예산을 발표하는 식으로 태만함을 보였다. 더구나 그 예산에는 국비(國費)가 아닌 것까지 편입시키고, 따라서 관항(款項) 구별이 적절하게 이루어지지 못할 뿐 아니라, 계수의 기초가 되는 화폐는 엽전과 백동화를 혼동하여 계상하기 때문에 곧바로 그 실수(實數)를 알기 어렵다. 즉 사실상 예산이 없는 것과 마찬가지였다. 그래서 각 관청은 예산의 유무는 도외시하고 지출을 멋대로 했다. 자기 권세하에 새로운 시설을 빈번하게 하고, 앞다투어 불급한 공사를 일으키며, 쓸데없는 물품을 구입했다. 그때마다 공사청부자 또는 물품 납부자에게 미리 총금액의 몇 할을 사사로이 상납(私納)할 것을 약속하게 한 뒤, 그 청부를 명하거나 구입했다.

이런 상황이기 때문에 선생은 취임하자 곧 확실한 예산을 편성하고 재정상의 혁신을 강구하고자 했다. 1904년(광무 8) 12월, 각부로 하여금 1905년도(광무 9) 예산요구서를 제출하게 했다. 그런데 종래 예산이라는 것을 진지하게 고려하지 않은 각 부 대신은 해당 요구서의 형식조차 충분하게 알지 못했고, 세입이 어느 정도였는지 파악하고 지출을 요구하는 것도 아니었다. 단지 계수를 크게 하면 다액의 경비를 할당받을 수 있다고 생각하고, 막연하게 방대한 요구를 했다. 선생은 이를 보고 과거 몇 년 동안의 세입에 대해 몇 배에 달하는 다액이 계상되고, 그 요구는 매우 과장되고 과대하여 하나도 신뢰할 만한 것이 없었기 때문에, 1905년도(광무 9) 세입을 가령 전년도와 동일하다고 간주하고 새롭게 예산 편성 요강을 정했다. ① 인건비는 정원을 기초로 하여 1인당 평균액을 정하고, ② 물건비(物件費)는 각기 정수(定數)를 구하여 단가에 따라 산정하고, ③ 당연히 국비에 속하는 것 외에는 완전히 이를 삭제하고, ④ 계수는 금화 1환(圜)에 대해 2원(元)의 비가(比價)로 할 것, 즉 1원(元)은 금화 50전의 비율로 하고, ⑤ 불급불요하다고 판단되는 경비는 일체 이를 삭제하고, ⑥ 새로운 사업은 긴요한 것으로만 한정하고, ⑦ 관항(款項) 구별이 적절하게 이루어지지 못한 것은 이를 개정했다. 그 결과 1905년도(광무 9) 총예산을 705만 2,787환(圜)으로 결정하고, 이에 비로소 예산회의를 개최했다.

예산회의에서 각 부 대신 중 다수는 자기 요구가 받아들여지지 않았음을 말하고, 신 예산액으로는 주관 사무를 처리하기 어렵다고 호소했으나, 선생은 간독하게 설명·지도하고 그 몽매(蒙昧)함을 깨우쳤다. 하지만 상주(上奏)할 때는 또 주저하는 기미가 보여 다시 독촉하여 억지로 상주하게 하고, 1904년(광무 8) 12월 26일 재가를 거쳐 공포할 수 있었다. 이것이야말로 연도 개시 이전에 예산을 편성하고 수지(收支) 방침을 명시한 최초의 일이었다. 선생의 노고야말로 정말 헤아릴 만하다.

그런데 종래 예산을 무시한 한국 정부이기 때문에 그 실행 여하는 또 선생이 크게 우려하는 바였다. 연도가 개시된 1905년(광무 9) 1월, 선생은 각 부 예산 시행의 담당자를 탁지부로 소집하여 예산 이외의 지출은 절대로 허가해서는 안 된다고 경고하는 동시에 상세하게 그 운용 방법을 지도했다. 그렇게 함으로써 한편으로는 종래의 적폐를 타파하여 혁정일신(革正一新)의 관념을 불러일으키고, 또 한편으로는 지출 명령이라는 것은 반드시 정당한 채권자에게 발부해야 함을 엄수하게 하며, 또 재정고문이 증인(證印)을 준 것 외에는 어떤 경우라도 지불을 엄금해야 한다고 통고했다.

그해 말에 선생이 본년도 예산 실행 성적에 대해 관찰했더니, 부당 지출은 점차 감소하고 경비는 착착 절약의 결실을 거두는 등 기뻐할 만한 현상을 나타냈다. 단 여러 해 동안 익숙해진 폐습은 그 뿌리가 매우 깊어서 하루아침에 혁신할 수 있는 것이 아님은 물론이기 때문에, 선생은 앞으로 여전히 이정(釐正)해야 할 여지가 있다고 했다.

(2) 외획 금지

종래 한국 정부에는 외획(外劃)이라는 일종의 관습이 있었다. 징수한 세금을 국고에 납입하는 대신에 직접 제삼자에게 지급할 수 있도록 탁지부 대신이 군수에게 명령을 발하는 것인데, 이 명령은 대체로 다음과 같은 경우에 발령된다.

가. 국고에 일시 차입금의 필요가 있을 때

이 경우 탁지부 대신은 미리 필요금액을 개인 또는 기타로부터 차입하고, 이의 변제 방법으로써 해당 차입금액을 각 지정 군수에게 배부한 뒤, 배부한 액수에 상당하는 세수 금액을 직접 채권자에게 지불하라는 명령서를 발한다.

실례를 들면, 국고가 궁내부로부터 황실 소요 금액을 요청받았는데도 만약 지변(支辨)할 수 없는 경우, 궁내 관리는 탁지부 대신에게 군수 앞으로 보내는 조세 수령증을 발행하게 한다, 탁지부가 이를 상인에게 매도하고 현금과 교환하여 궁내부에 납부한다, 해당 매수 상인은 군수를 통해 장래의 국고 수입에서 (해당 금액을-역자) 수취한다. 조세 징수는 군수의 책임이기 때문에 이 탁지부의 조세 수령증은 군수에 대한 징세의 책임 해제 증서라고도 할 수 있다. 이를 손에 넣게 되면 증서면의 기재 금액은 국고에 납입한 것이 된다. 여기서 군수는 편의상 그 매수 상인에게 해당 금액을 교부하고 증서를 수취함으로써 자기 책임을 다하는 것인데, 거기에는 부정한 이득이 이루어졌다. 왜냐면 상인이 탁지부에 지불한 실제 금액과 이 증서면의 금액 사이에 상당히 큰 차가 있기 때문이다. 이 차이는 표면상 세금의 운임(운반비)을 가산하고 있기 때문이라고 알려졌지만, 그 이면에는 종종 간책(奸策)이 숨겨져 있고 더구나 탁지부가 이를 승인하고 있었다. 다만 상인의 입장에서 보면, 군수가 과연 깔끔하게 증서면의 금액을 지불해 줄 수 있을 것인가, 또는 당해의 수세금(收稅金)이 소기와 달라 지불에 곤란함을 겪게 되지 않을까 등 여러 위험을 감수해야 하고, 그 증서 매입이 하나의 상매(商賣, 상거래)인 이상 원래부터 상당한 이익을 전망해야 했다. 특히 일시에 거금을 탁지부에 미리 지불하기 때문에, 즉 운임의 가산을 명분으로 상당히 큰 차이가 있는 것이다. 이 때문에 국고는 적지 않은 희생을 치르고, 국고의 손실만큼 그만큼 상인의 이익이 된다. 그 이익을 기반으로 관계 당사자들끼리 사복을 살찌우고 있었다.

나. 지방관청의 경비 지출을 필요로 할 때

이 경우는, 탁지부 대신이 관청 소재 부근의 군수에게 통달하여 그 경비에 상당하는 금액을 수세 금액 중에서 직접 해당 관청에 지불해야 한다는 뜻의 명령서를 내는 것이다.

다. 상행위상 환송금[爲替送金]이 필요가 있을 경우, 상인이 이를 국고에 의뢰한 때

이 경우는, 상인이 해당 자금을 국고에 예납하고, 이에 대한 지불을 받게 될 군(郡)의 이름과 각 군의 지불금액을 지정하여 탁지부 대신에게 출원한다. 탁지부 대신이 이 의뢰에 응하여 상인을 위해 군수에게 명령서를 내게 되면 이때 외획이 성립한다.

라. 중앙 관리의 지방 출장 시 여비의 필요가 있을 때

이 경우 탁지부 대신이 그 여비의 일부를 현급(現給)하고, 나머지는 필요가 있을 때마다 도착하는 곳의 군수에게 징세금 중에서 교부해야 함을 명령하는 것이다.

마. 태가(馱價)의 공제

지방 징세금을 국고로 수송하는 거리[里程]와 송납(送納) 금액에 응하여 지급하는 운반비를 태가라고 한다. 이 송납은 군수가 관장하는데, 실제로 운반되는 것인지 환법[爲替法]에 의한 것인지를 불문하고 군수는 정해진 태가를 해당 납금(納金) 중에서 공제하여 자기의 소득으로 하는 것이 항례였다. 이 역시 일종의 외획이다.

이를 군수와 상인의 관계에서 보면, 엽전 통용 지방의 세금을 탁지부에 납입할 때, 엽전은 일본의 구멍 뚫린 1리(厘) 동전과 같아서 부피가 크고 무거워서 말 한 마리당 겨우 사오십 원 정도밖에 실을 수 없다. 따라서 이 운임, 즉 태가는 상당한 액수에 달하게 된다. 상인이 탁지부로부터 얻은 증서면 기재 금액을 현금으로 군수로부터 수취하더라도 이를 현금 그대로 경성에 수송하는 것이 아니라 환작용[爲替作用]을 통해 송금의 목적을 달성하기 때문에, 그 증서면에 가산한 태가에 상당하는 금액은 상인과 군수의 협의를 통해 그 전부 또는 일부가 군수의 소득이 된다. 이것 역시 외획으로 인해 발생하는 폐해였다.

이상과 같은 외획제도는 금고제도가 아직 정비되지 못하고 우편제도 역시 불완전한 당시의 한국에서는 오히려 일종의 편법이었다. 백 가지 폐해가 이로부터 발생하고, 재정 문란과 관규(官規) 퇴폐가 매우 심했기 때문에, 선생은 취임 직후인 1904년(광무 8, 明治 37) 11월 8일, 궁내부대신 이용태(李容泰)와 탁지부 대신 민영기(閔泳綺)에게 편지를 써서 외획 발령을 엄금해야 한다고 통첩했다. 다음 해인 1905년(광무 9) 7월, 다시 궁내부대신 이재극(李載

克)에게 편지를 보내 궁내부가 그 소관에 관계된 역둔토세를 상인에게 먼저 받고 그 후에 외획하는 것은 부당행위이기 때문에 신속하게 이를 금지해야 한다고 경고했다. 동년 8월 15일, 세입·세출 처리 순서 규정 시행과 동시에 이후 외획에 의한 지불을 금지하고, 군수는 어떤 경우라도 조세징수금을 국고에 납입하는 것 외에 다른 곳에 교부할 수 없다고 엄령(嚴令)함으로써 종래의 폐습을 방지했다.

(3) 재정고문 지부 설치

세입의 부정돈(不整頓), 세출의 남발에 대해 선생은 1904년(광무 8) 말부터 중앙 각 청의 재무 정리에 착수했는데, 세입 부정리의 폐해는 주로 지방에 잠재되어 있다고 알려졌다. 이를 바로잡기 위해서는 지방에 재정고문 지부를 설치할 필요가 있었다. 따라서 1905년(광무 9) 7월, 평양·대구·전주에 부속 재무관을 분주(分駐)시켜 주재하는 해당 각 도의 재정 사무 일체를 관장하게 하는 동시에, 경무고문과 협의하여 이미 각도에 분주시킨 경무고문 보좌관 또는 동 보좌관보로 하여금 각 도의 재정 사무도 시찰하게 했다. 동년 9월, 궁내부대신, 각 부 대신, 각 도 관찰사, 각 개항장 감리에게 통첩하기를, 선생의 집무지인 경성을 정부재정고문본부라 칭하고, 각 지방 주재 부속 재무관의 집무지를 정부재정고문지부라 칭한다는 내용이었다. 재정고문이 한국 재정의 감사와 정리를 집행하는 데 있어 정부의 특설기관이라는 사실을 공시했다. 그 후 곧 다시 함경북도와 광주, 수원, 공주, 제주도 등에도 고문지부를 설치하고, 재주 재무관에게 단지 세무만이 아니라 지방의 일반재무까지 감독하게 함으로써 부정 징수·부당 지출을 금지하고 지방경제 상태의 발전에 노력하게 했다.

(4) 일반회계법규 정비

선생은 세계(歲計) 정리를 위해 이미 예산을 편성하고, 외획을 금지하고, 재정고문 지부를 설치했는데, 그와 동시에 1905년(광무 9) 6월 일반회계법규를 정비했다. 이보다 앞서 한국의 회계법규로는 개국 504년(1895) 법률 제2호 회계법, 동년 칙령 제71호 수입조규(收入條規), 동 제72호 지출조규(支出條規)와 기타 각종 부속 규정이 있어서 대체로 일본의 회계법규와 거의 같았다. 얼핏 보면 정비된 것처럼 보이지만, 이는 단지 형식상의 법규 유찬(類纂)에 불과했다.[28] 털끝만큼도 실시의 법적 효력이 없어 당국자 중에도 그 존재조차 아는 사람이 드물었다. 선생은 이에 사정을 감안하는 바 있어, 즉 새롭게 회계법규를 정비하고, 기존의 회계법에서 현재에도 적용할 수 있는 조항은 힘써 행하고자 했다. 아울러 각종 보수규정을 만들어 회계의 예규를 확정하고, 그렇게 함으로써 정리의 본래 취지를 철저하게 했다. 그 준수해야 할 요목을 명시하면 대체로 다음과 같다.

세입·세출 처리 순서

소속 연도, 출납기관, 출납 및 정리 방법, 감독 사무 등을 명확히 하여 종래의 불법 징수와 각부 임의 수지(收支)를 금지하고, 징수의 통일를 기하는 동시에 지출의 절도(節度)를 도모했다.

태가 지급 규정

금고로 송부되는 세금의 운반비액을 통일하고, 그렇게 함으로써 종래 각 군수에게 실비 소요가 없음에도 불구하고 미리 징세 금액에서 이를 공제한 폐해를 방지했다.

물품 회계 규정

정부 소속 물품의 범위를 명확히 하고 이를 정리하는 동시에 종래 관사(官私)의 구분을 혼동하던 폐습을 바로잡았다.

정부의 공사청부와 물품의 매매 대차 규정

정부의 공사청부 및 물품의 매매 대차는 모두 경쟁 입찰에 부치는 것을 본칙(원칙)으로 하고, 청부인의 자격을 제한하고, 계약을 엄격하고 명백하게 함으로써 정부 당사자와 상인 사이에 이루어지기 쉬운 간곡(奸曲)의 폐해를 바로잡았다.

현금 선수 순서 규정(現金先授順序規定)

청비(廳費), 수선비(修繕費), 잡급비(雜給費) 중 세징(細徵)의 비목(費目)에 한하여 예산 내

---

28 유찬(類纂)이란, 같은 종류의 것을 모아 엮는 행위나 그 결과 만들어진 책을 의미한다.

에서 1개월의 소요 금액을 견적하고, 현금 전도(前渡, 선지급)의 길을 열어서 행정의 현상(現狀)에 맞춰 시기와 형편에 적합하게 했다.

금고사무 처리 순서 규정

이미 금고 사무를 제일은행에 위탁함으로써 이 처리 순서를 정하고, 종래 각 군수가 탁지부로 현금을 송부하는 번거로움을 피하게 했다.

회계관리복무규정(會計官吏服務規程)

각 청으로 하여금 이 규정에 의거하여 예산 실행을 기하게 하고, 동시에 지출을 감시하며, 예산의 초과 및 예산 외의 지출이 없도록 경계하게 했다. 그 결과 각 청 모두 예산 외 지출은 도저히 용인되기 어렵고, 남비(濫費)는 절대로 금물이며, 결국 현 예산의 범위 내에서 행동할 수밖에 없다는 관념이 재무 관계 관리 전반에 인식되었다.

관리에 대한 훈시와 지방 인민에 대한 공시

각 부 회계 관리를 수시로 소집하여 훈계(訓誡)하고, 그 염결심(廉潔心, 청렴결백한 마음)을 함양하는 동시에 사무 집행의 방법을 간유(懇諭, 간절히 타이름)했다. 또한 각 도 관찰사에게는 세입 사무 관리청으로서 그리고 출급 명령관으로서 재무상 주의를 주었고, 군수에게는 세입 징수관으로서 그리고 수입(收入) 관리로서 재무상 주의를 훈시했다. 이렇게 함으로써 세입·세출 처리 순서 규정의 원만한 시행을 기하고, 지방 인민에 대해서는 군수와 부윤 등 당국자 이외에 수입 관리의 자격이 없는 자로부터의 납세 명령이 있거나 혹은 당국자라고 하더라도 납입고지서를 사용하지 않으면 절대 납부해서는 안 되며, 만약 혹시 납부하더라도 그 납부는 당연히 무효라는 사실을 일반에 공시하여 불법 징수의 폐해를 방지하도록 했다.

(5) 회계검사국 신설과 특별회계법규 제정

한국 세계(歲計)에는 결산과 그 감독제도라는 것이 없어 재정 문란의 원인은 사실 여기에 있다. 따라서 선생은 1905년도(광무 9)부터 정확한 결산 보고를 하게 하여 사후 감독의 집행을 확정하고, 예산과 함께 양쪽 모두 완전을 기하기 위해 1906년 4월 탁지부 관제를 개정하여 탁지부에 회계검사국을 신설했다. 회계검사국에는 ① 총결산 검사, ② 각 관청 및 관립 영조물(營造物)들의 수지, ③ 정부에서 보조금 또는 특약 보증을 주는 단체 및 그 영조물들의 수지 결산에 대한 검사, ④ 세입징수관, 수입 관리, 기타 출납 관리에 대한 검사 감독 및 그 책임 심판에 관한 사항, ⑤ 국고 회계 관련 일체의 소원(訴願) 심판에 관한 사항, ⑥ 앞의 두 항 심판의 집행 및 그 집행에 필요한 처분에 관한 사항 등을 관장하게 했다.

이상에 대해 탁지부 대신은 세입의 결말을 조사하고 세출결산보고를 검사 확정할 권한이 있음은 물론이나, 그 검사 방법에 관한 규정은 아직 제정되지 못했다. 그래서 선생은 같은 해 1906년(광무 10) 5월, 우선 검사 관리 양성을 위해 검사국 참서관 2명을 일본 회계검사원(會計檢査院)에 파견하여 회계 검사 방법을 견습하게 하는 동시에 검사 실황을 시찰하게 했다.[29] 일본 회계검사원은 깊은 호의로 이들의 지도유액(指導誘掖)에 노력하였다. 2명이 견습을 마치고 귀국했기 때문에 동년 7월 비로소 회계검사규정과 하검사규정(下檢査規程)을 제정하고 각 부 대신에게 집행하게 함으로써 오로지 회계 사후 감독의 실적을 올리도록 했다.

또한 일반회계법규는 앞에서 살핀 바와 같이 개정되었지만, 재정 정리 진행과 함께 회계의 성질에 따라 동일하게 다루기가 어렵기 때문에, 선생은 1905년(광무 9)부터 1906년(광무 10)에 걸쳐 특별회계법규를 정하여 ① 도량형제조검정소작업회계규정, ② 임시치도비회계규정(臨時治道費會計規程), ③ 임시수도비회계규정(臨時水道費會計規程), ④ 임시교육확장비회계규정, ⑤ 면화재배비회계규정을 제정하고, 이에 회계 법규의 완비를 고했다.

3) 국채와 그 용도 및 상환

세계(歲計) 정리와 함께 많은 주의를 기울여야 할 것은 국채와 그 용도 및 상환에 관한 상황으로 그 개요는 다음과 같다.

---

29 당시 파견된 탁지부 참서관 2명은 유기덕(柳基德)과 김순정(金淳貞)이다. 1906년 6월 6일부터 일본국 회계검사원 사무 시찰에 나서 동년 7월 20일에 귀국했다. 유기덕은 1907년 6월 탁지부 서기랑(書記郎)에 임명되었고, 김순정은 1907년 6월 탁지부 서기관, 7월 탁지부 세무관, 1908년 1월 재무서 재무관에 임명되었다. 『대한제국 관원이력서』 25책, 651쪽; 동 6책, 171쪽.

1. 국고증권(國庫證券)

1905년도(광무 9)에 국채 상환 및 기타 임시경비를 합해 약 2백만 원의 지출이 있어야 했는데, 그에 상응한 재원이 없었다. 이에 선생은 동년 6월에 정부로 하여금 국고증권조례를 발포하게 하고, 국고 세입을 담보로 연리 7%, 3개년 거치 후 2개년 수시 상환의 조건으로 단기공채 2백만 원을 도쿄에서 발행하여 제일은행으로 하여금 인수하게 했다. 이것이야말로 곧 한국 정부 모채(募債)의 효시이다.

2. 화폐 정리 자금채(貨幣整理資金債)

화폐 정리를 단행하는 데 많은 경비가 필요했다. 해당 자금에 충당하기 위해 1905년(광무 9) 6월에 300만 원을 연 6%의 이자, 6개년 거치, 1915년(明治 48) 6월을 상환기간으로 하여 제일은행에서 차입했다. 이렇게 해서 화폐 정리는 매우 양호한 성적을 가지고 실행되었다.

3. 금융자금채(金融資金債)

금융계 구제를 목적으로 은행 기타 금융기관을 창설하고 여기에 보조금을 주어 경성 및 지방 인민의 금융 소통을 도모했다. 또한 지방창고를 건설하고 금융조합을 조직하게 하는 등 각종 계획을 수립하였다. (이에 필요한 자금을 위해-역자) 1905년(광무 9) 12월 금융자금채 150만 원을 일본 정부로부터 무이자로 차입하였다. 상환기한은 1912년(明治 45) 12월이었다. 선생이 퇴직하고 귀국하던 1907년(광무 11) 10월 말 현재의 금융자금 대하(貸下)는 한성은행, 천일은행, 공동창고회사, 한성수형조합, 지방 수형조합, 지방 금융조합에 대해 합계 92만 5,000원이었다. 정부 경영의 지방창고 등에 대한 융자는 별도였다.

4. 기업자금채(起業資金債)

한국의 이원(利源)을 개발하고 산업 발달을 기하고자 각종 기업(起業) 자금에 충당할 목적으로 1906년(광무 10) 3월 기업자금채 1천만 원을 발행했다. 관세를 담보로, 연 6.5% 이자, 실수령액 90원, 5개년 거치, 이후 5년째 되는 1916년(明治 49) 3월을 상환기한으로 하는 약정하에 해당 금액을 일본흥업은행에서 차입했다. 우선 500만 원을 수령하고 잔액은 필요에 따라 수령하기로 했다. 이를 통해 도로 개량, 인천·평양·부산의 수도 개설, 농공은행에 대한 보조,

학교 병원 평리원(平理院) 등의 건축, 영림창(營林廠) 인쇄국의 확장비 등에 충당했다. 선생이 퇴직하고 귀국하던 1907년(광무 11) 10월 말까지 지출은 이상 합계 187만 3,000여 원이었다.

5. 국채 상환

이상 새롭게 일으킨 신기(新起) 국채 상환기간은 빠른 것은 1910년(明治 43), 늦은 것은 1916년(明治 49)이었다. 그중 일본 정부로부터 차입한 금융자금 150만 원은 무이자였지만, 제일은행이 인수한 국고증권이나 동행에서 차입한 화폐 정리자금, 일본흥업은행에서 차입한 기업자금, 합계 1천만 원에 대해서는 매년 이자 지불이 필요했다. 이들 신기 국채 이외에 경부철도주식회사가 대신 지불한 철도부지 매상 대금, 일본 정부가 먼저 지불한 경무(警務) 확장비, 개인과의 특별계약에 기초한 도량형기 제조비 등 합계 약 40만 원, 그리고 일본 정부에서 차입한 일본은행 차관 300만 원은 1907년(광무 11) 9월로 원금과 이자를 모두 상각(償却)했다. 동년 10월 말 현재 국채 잔고는 합계 1,150만 원이었다.

5. 금융계 구제

1) 금융 상황

이미 화폐 정리를 설명한 곳에서 언급했듯이 경성 상인 가운데 금융 핍박 때문에 혹은 폐점하고 혹은 도망하는 자가 있고, 미곡 수출이 여의치 않은 사실을 빙자하여 또 한편으로는 정부 요로(要路) 대관의 야심과 일종의 정치적 운동도 더해져 새삼스레 평지에 파란을 일으키려는 경향이 있었다. 요컨대 금융 핍박은 한국 상인 스스로 초래한 것으로 소위 자업자득이었다. 이에 대해 국내에서는 철도 부설에 따른 방자(放資, 투자)가 있었고, 또 군사비 등의 유포가 있어 일반 인민을 윤택하게 하는 좋은 효과도 있음을 인정해야 함에도 이를 도외시하고, 쓸데없이 침소봉대하여 비경(悲境, 불행한 처지)을 호소하고 유설(謬說, 그릇된 설)을 전파한 결과, 왕왕 세상 사람들을 오해하게 만들 우려가 있었다. 이에 선생은 소위 금융 핍박의 원인과 진상에 대해 다음과 같이 설명했다.

경성 상인의 금융 핍박은 사실 종로 상인들에게 주로 일어날 뿐 경성 전반에 걸친 현상이 아니다. 원래 경성 상인이라 칭하는 자는 종로에 점포를 가지는 소위 종로 상인과 흔히 강가[川端] 상인 또는 오강(五江) 상인이라 불리며, 주로 한강 연안에 개점하는 자로 두 종류가 있다. 종로 상인은 면포, 미곡, 지류(紙類), 어개(魚介), 화장품 등 일반 가정용품과 중매업(仲買業)[30]을 영위하는 한편 어용상인이다. 오강 상인은 도매업자[問屋業者]로서 미곡이나 신탄 등을 취급하였다. 그 밖에는 경성 상인이라 불릴 만한 가치가 없는 자로, 겨우 1.78평[31] 한 칸

30 나카가이(仲買)란, 에도시대의 상인 또는 상행위의 하나이다. 생산자 또는 하주(荷主)와 통야(問屋, 도매업자), 통야와 소매인의 중간에 개재하여 자기의 이름으로 상거래를 하는 자, 또는 그 상행위를 말한다. 이러한 매매의 중개자를 무로마치시대(室町時代)에는 스아이(牙儈)라고 했는데, 에도시대(江戶時代)에는 나카가이(仲買)와 통야(問屋), 통야와 소매인 사이의 소규모 거래의 중개자를 스아이라고 해서 나카가이와 구별했다. 나카가이는 가부나카마(株仲間)을 만들어 독점적 조직을 갖추었고, 에도시대 말기에는 상품 구입과 판매를 독자적으로 행하는 자도 나타나 통야와의 구별이 명확하지 않았다.

31 일본의 척관법(尺貫法)에 의하면, 1間이 6척에 해당하여 약 1.8182미터이므로 면적 1間四方은 곧 6척 사방으로 1평에 해당한다. 따라서 8척 사방은 약 1.78평이다.

에서 잡화를 판매하는 자와 간이식당[一膳飯屋] 같은 소상인에 불과했다. 본래 종로 상인은 경성의 토착민으로 선조 때부터 상업을 영위하던 자이다. 그들은 특히 어용상인으로서 정치적 색채를 띠고 관헌과 일정한 관계를 맺고 있어 얼마간의 권력도 가지고 있었다. 따라서 상업회의소의 경우 완전히 이들 상인으로 조직되었다. 오강 상인은 이와 달리 지방에서 이주해 온 사람이 대부분이었고 상점의 기원도 비교적 그 역사가 오래지 않아 정치적 세력도 미약했다. 따라서 정부 사업의 신축(伸縮)으로 인한 영향이 적었고, 영업 방법 또한 착실함을 으뜸으로 삼았다. 종로 상인에 비해 오히려 진정한 상인다웠고, 특히 일본 자금의 유포로 지방 구매력이 크게 상승한 상황에서 많은 지방 사람을 단골로 하는 관계상 금융적으로도 유리한 지위를 점하고 있는 듯했다. 따라서 금융 핍박의 고통을 호소하는 많은 사람은 대부분 종로 상인이다. 그 원인은 대체로 다음과 같은 5개 항목으로 나누어 볼 수 있다.

(1) 영업 방법이 매우 불확실할 뿐만 아니라, 본업 이외에 제멋대로 대금(貸金)을 통해 이익을 거두려는데 급급하여 쓸데없이 대차 관계로 사업을 확대한 것이 첫 번째 원인이다. 그들의 영업 종류는 전기한 바와 같이, 주로 목면상(木棉商), 미곡상, 지상(紙商), 그리고 여러 중매업(仲買業) 등이어서 예전에는 정부에서 이들 영업의 점포 구획과 구획별 영업 종류를 정하고, 타 업종과의 겸업을 허락하지 않았다. 그런데 1894년(明治 27), 1895년(明治 28)의 정치개혁 이후에는 겸업이 묵인되어 여러 가지 물품을 판매할 수 있게 되면서 그들은 어느새 상업 이외에 대금업을 영위했다. 그들이 이상으로 하는 바는 오로지 전답 등의 부동산을 소유하여 수확을 통해 안전한 생활을 영위하고, 또 한편으로는 대부한 대금의 이자로 무위도식하려는 데 있었다. 따라서 조금이라도 상업상의 이익이 있으면 그 이익으로 곧바로 부동산을 매입하였고, 혹은 어음을 발행하여 자금의 융통을 도모했다. 또한 그들은 어음 지불을 어음으로 할 수 있었기 때문에, 간상(奸商)들이 서로 결탁하여 갑의 어음 추심에 을이 발행한 어음으로 지불하고, 을은 병의 것을, 병은 정의 것을 가지고 지불하는 등 이쪽저쪽으로 멈추는 일이 없었다. 만약 갑이 금융을 원할 경우 을은 제멋대로 자기의 어음을 교부하여 융통을 도모했는데, 이처럼 활발하게 대차 관계의 범위를 확대한 결과, 하루아침에 금융 핍박에 직면하게 되면 갑자기 지불을 정지하지 않을 수 없었고, 일파만파로 파급되어 그 위험은 정말이지 상상하고도 남음이 있었다.

(2) 특히 1905년(광무 9) 초 구백동화 가치가 하락했을 때, 그들이 어음 남발을 거듭한 것이 두 번째 원인이다. 원래 어음 지불 의무라는 것은 있는 듯 없는 듯 매우 의심스럽다고까지 이야기되고 있는데, 어음 기일이 되어 현금 지불이 청구되고, 그 금액이 좀 커서 수중에 이에 응할 수 있는 현금이 없으면, 의무자는 하는 수 없이 다른 곳에서 그 융통해야 했다. 그 경우 반드시 필요로 하는 백동화의 양부(良否)에 대한 선택, 포장, 그리고 운반비 등을 현금 청구자에게 부담시켰다. 1만 원(元)의 어음에 대해 6백여 원(元)을 뺀 실례도 있어서 현금 추심은 오히려 채권자에게 상당한 손실을 가져왔다. 자연히 어음은 어음으로 지불되었고, 결국 남발을 초래하는 결과를 낳았다. 이런 상황에서 화폐 정리를 달가워하지 않던 그들은 뒷날 자승자박을 초래하게 될 것이라는 생각에 미치지 못하고, 쓸데없이 화폐 정리를 저지하고자 백동화 교환율이 불확정이라는 무언(誣言, 거짓 꾸며서 말함)을 퍼뜨려 결국 백동화 시세 폭락을 초래하였다. 무지한 한인은 백동화를 꺼리고 기꺼이 어음을 수취하려는 경향을 보여 한국 상인의 어음 남발은 갈수록 심해졌다. 그런데 사실은 이와 반대였다. 화폐 정리는 순조롭게 진행되었고, 일단 폭락한 백동화 가격은 폭락 이전보다 오히려 상승하였다. 이 때문에 그들은 어음 지불에 상당한 곤란함을 겪었고, 금융 핍박에 낭패한 것은 그들이 자초한 당연한 결과였다.

(3) 세 번째 원인으로는 앞의 결과로 다시 어음 유통이 곤란해진 점이다. 원래 어음 발행에 관해 아무런 준비도 이루어지지 않았고, 단지 유야무야하는 사이에 계속 발행되었기 때문에, 신구화폐의 교환 개시와 함께 현금 수용(需用)이 일어나게 되자 어음 발행자는 갑자기 지불에 어려움을 겪었다. 따라서 백동화 어음의 유통이 곤란해지다가 결국 두절되었고 그로 인해 한국 상인이 폐점·도주하게 된 것이다. 종전에도 백동화 시세의 고저로 금융에 다소의 곤란을 겪게 될 경우, 그들은 곧바로 폐점·도주하였다가 시장이 진정되는 기미를 보이고 채권자의 기세가 꺾이게 되면 다시 동일 상호를 이용하여 동일 점포를 개업하는 것이 보통이었다. 세상 사람들도 이에 대해 조금도 의심하는 일 없었고, 그 폐점 도주는 습관상 일시 업무의 휴지(休止)로 볼 수 있었기 때문에 금융 핍박의 소리가 큰 것에 비하면 사실상 그 정도로 극대치에 달한 것은 아니었다.

(4) 귀하제정치의 통폐(通弊)로써 한편으로는 인민에 대해 비상한 압박을 가하고, 또 한편으로 인민을 선동하는 경향이 있었다. 1904년(광무 8, 明治 37) 8월의 한일신협약 체결 때 한국 상인들이 불온한 거동을 보이자, 정부가 배후가 되거나 일부 정치세력이 흑막(黑幕)이 되어 한일관계를 문란하게 만든 결과 오강 상민 일동이 폐점하였고, 이어 종로 상인도 그 전철을 밟았다. 이는 풍성학려(風聲鶴唳)하는 바로 유치하기 그지없으나 금융상으로는 다소 피해를 입혔다.

(5) 정부의 사업 축소 때문에 어용상인이 곤란을 겪게 된 일도 원인 중 하나였다. 정부는 1905년(광무 9) 이래 재정 정리와 함께 불요불급한 사업을 중지 또는 폐지했다. 그 결과 종래에는 관리로부터 수세금(收稅金) 융통을 받거나 이와 결탁하여 사업을 영위하고, 그것으로 부정한 이익을 점한 종로 상인 중 어용상인은 더 이상 이를 실행하기 어렵게 되었고 금융 핍박을 구실로 불평을 호소했다. 상업회의소가 정부에서 거액의 국채를 일으켜 이를 상인에게 교부해야 한다고 주장하고, 또는 활발하게 사업을 일으켜야 한다고 말한 것은, 실은 부정 이득의 악습에 기초한 요구이기 때문에 원래부터 일고의 가치도 없었다.

이상과 같이 선생은 금융 핍박의 원인과 그 진상을 설명하고 애써 이에 대한 구제책을 강구하는 동시에 한국 전체의 금융기관을 정비하여 재정경제상 기사회생하는 성공을 거두었다.

2) 금융기관 정비

화폐 정리 중이던 1905년(광무 9) 8월 대하(貸下)된 내탕금을 가지고 선생은 일단 경성에 공동창고회사를 설립하고, 또 은행 정리를 실행하여 금융계에 신기원을 열었다. 그해 12월 다시 금융자금으로 150만 원(圓)을 일본 정부에서 차관하고, 이를 가지고 각종 금융기관을 설치하여 전국적으로 일반 금융의 원활과 조화를 도모했다. 대체로 다음과 같다.

(1) 한성공동창고주식회사 설립

앞의 화폐 정리 조(條)에서 서술했듯이, 상인을 구제하기 위해 함부로 자금을 그들 집단에 교부하게 되면, 쓸데없이 산만하게 분배하여 그들 사이에 논쟁을 일으키고 소란스럽게 만들 우려가 있었다. 더구나 이를 상업자금에 사용하지 않고 각자의 생계비에 충당할 뿐 조금도 구제의 효과 없이 오히려 금융상의 곤란을 심화시키는 것에 불과했다. 이에 선생은 고려한 끝에 경성에 공동창고회사를 설립하기로 했다. 창고의 필요는 상품이나 기타 물건을 보관하고, 이에 대해 예탁증서[預り證券]를 발행하며, 이 증권을 가지고 매매 또는 담보로 제공하여 금융의 편의를 얻게 하는 데 있다. 종래 경성에는 이런 종류의 설비가 갖추어져 있지 않았다. 선생은 여기에 착목하여 내탕대하금(內帑貸下金) 중 15만 원과 약간의 자본금을 합하여 30만 원의 자금을 가지고 정부 감독하에 금융의 편의를 도모하면, 내탕대하의 본뜻에도 맞고 종래 설비를 결하고 있던 금융기관에 한 줄기 광명을 비출 수 있을 것으로 생각했다. 이에 경성 종로의 포목전(布木廛), 미전(米廛) 등 유력 상인을 모아 한성공동창고주식회사를 설립하게 하고, 1905년(광무 9) 9월 4일, 탁지부령 제14호로 동 회사조례를 발포하기에 이르렀다.

이 조례에 의하면, 동 회사는 탁지부의 감독을 받아 일반 공중을 위해 상품 기타 물품을 창고에 보관하는 보통창고업 외에 수입 수속 미제(未濟)의 화물을 보관하기 위한 보세창고 사무를 영업하고, 그 보관하는 물건에 대해 예탁증권을 발행하여 금융의 편의를 도모하는 일, 그리고 일반 농민의 편익을 위해 지방에 지고(支庫)를 설치하여 미곡을 담보로 하여 대금(貸金)을 행하는 일, 제일은행 등과 특별한 연락을 취해 확실한 동산 및 부동산 담보대부를 행하여 자금이 고정된 것에 대해 금융의 길을 여는 일 등의 영업을 하게 되어 있었다. 1905년(광무 9) 11월 18일 창립총회를 마치고 업무를 개시했는데, 정부는 회사에 각종 보호를 제공하고 아울러 주도면밀한 감독을 행하기로 했다. 그 후 회사의 영업 중에서 동산과 부동산 담보대부를 폐지했지만, 회사는 나날이 발전하여 1906년(광무 10) 11월부터 인천, 강경, 평택 등 세 곳에 출장소를 설치하고, 정부는 여기에 각 1만 원을 보조했다.

(2) 지방 창고 창설

종래 군수는 수세금(收稅金)을 상인에게 대여하고, 이것을 가지고 미곡 매입자금에 충당하도록 했다. 하지만 수세법(收稅法)을 개정하여 외획제도를 폐지한 결과, 상민은 자금 융통의 길을 잃고 농민 역시 미곡 매각에 곤란을 겪었다. 이에 선생은 각지에 정부 직할 창고를 창설하여 한편으로는 농민의 곤란을 구제하고 다른 한편으로는 자금의 융통을 도모하였다. 또한 신용으로 상인에게 미곡 매입자금을 대부하기로 하고, 각지의 재무관으로 하여금 그 사무를 집행하도록 규정했다. 1905년(광무 9) 10월 자금 14만 원의 평양창고, 동년 12월 자금 8만 원의 전주창고 및 자금 6만 원의 충주창고, 1906년 1월 자금 11만 원의 대구창고, 동년 2월 자금 3만 원의 수원창고 및 같은 3만 원의 광주창고, 동년 4월 평양창고의 지고로서 자금 5만 원의 진남포창고를 개설했다. 이상 자금 총액은 50만 원이었는데, 물론 금융자금에서 지출된 것이었다. 그런데 1906년(광무 10) 6월 이후 각지에 농공은행이 설립되면서 동시에 상기 정부 창고의 대출을 정지시키고, 동 창고 업무를 모두 각 농공은행 및 한성은행, 한성공동창고주식회사 등에 인계시켰다.

(3) 수형조합 설립 및 조례 제정

종래 한국 상인들 사이에서는 어음표(於音票), 다른 말로는 어권(魚券)이나 어험(魚驗)이라고도 칭하는 일종의 수형(手形, 어음)을 발행하여 금융의 편의를 제공하고 있었다. 그것은 일람불약속수형(一覽拂約束手形)이라고 칭할 수 있는 것으로 그 형식은 매우 간단하고 불완전했다. 그럼에도 불구하고 신용 있는 자가 발행한 어음표는 지폐와 마찬가지로 이리저리 유통되었다. 금액이 많을 때는 수만 원(元)이 기입되어 한 장의 종이 쪼가리가 대금(大金)의 대용(代用)으로 사용되었다. 더구나 그 수수가 간편하고 유통이 원활하여 결국 폐해를 일으키게 되었고, 무제한으로 남발한 결과, 1905년(광무 9) 초에 있었던 경제계의 변동 때에는 혹은 지불이 정지당하고 혹은 점포가 폐쇄되는 등 일대 공황을 일으켰다. 이렇게 된 것은 물론 당연한 귀결이었다고 할 수 있다. 하지만 선생은 이를 묵시하지 못하고 그들을 구제하는 한편 그 폐해를 일소함으로써 금융의 편의를 얻고자 했다. 이를 위해 1905년(광무 9) 9월 30일 탁지부령 제15호로 약속수형조례, 같은 날 제16호로 수형조합조례를 공포했다.

약속수형조례에 의하면, 신화폐를 가지고 수형(어음)을 발행할 수 있는 길을 열었고, 이 조례에 입각한 수형 발행자는 수형조합조례에 입각하여 조직한 수형조합 조합원으로 제한되었다. 수형은 반드시 기명식이어야 했으며, 이서(裏書)에 의해 양도할 수 있는 제도를 마련하여 유통의 원활함과 지불의 확실함을 기했다.

수형조합조례는 상업상의 덕의(德義)를 중시하고, 수형의 신용을 유지하며, 또한 약속수형조례를 따르는 것을 목적으로 했다. 조합원으로 하여금 이 목적을 이행할 것을 약속하게 하고, 만약 위반하는 자는 곧바로 제명하고, 경우에 따라서는 신문지상에 광고하는 등 조합원이 서로 제재와 감독을 엄하게 하여 수형의 발행을 경계하는 동시에, 그 신용을 유지하기 위해 노력할 것을 규정했다.

1906년(광무 10) 1월, 선생은 이상의 조례에 의거하여 경성의 확실한 상인 40여 명으로 하여금 수형조합을 조직하고 또한 규약을 정하게 했다. 이로써 한성수형조합이 성립되었고, 정부는 그 공동기금으로서 내탕대하금 중 15만 원, 그리고 금융자금 중 5만 원, 합계 20만 원을 대부했다. 조합의 업무는 정부 파견 감리자의 지도하에 조합원이 선거한 역원(임원)으로 하여금 집행하게 했다.

동년 3월 다시 평양수형조합을 조직하고, 6월에는 그 지소를 진남포에 설치하였다. 7월에는 한성수형조합의 지소를 오강(五江)에 개설하였고, 10월에는 대구수형조합, 11월에는 진주 및 전주, 계속해서 광주에 각각 수형조합을 설립했다. 금융상 그리고 상업상 크게 편의를 얻는 동시에 양호한 성적을 거두게 되었고, 환어음[爲替手形] 및 수표[小切手]의 사용을 승인했다.

이에 1906년(광무 10) 11월, 약속수형조례를 폐지하고, 이를 대신해 수형조례를 발포하였다. 수형(어음)의 종류에 새롭게 환어음(爲替手形) 및 수표의 2종을 추가하고, 종래 수형조합조례에 의한 조합원에 한하여 수형을 발행할 수 있었던 제한을 폐지하고, 구래의 어음표 또는 이와 유사한 것의 발행 수수를 금지했다.

(4) 천일은행 및 한성은행에 대한 보조

금융계 구제와 금융의 원활을 기하기 위해 선생은 또 은행 정리에 착수했는데, 경성에 있는 천일은행과 한성은행 두 은행이었다.

천일은행은 개국 504년(1895, 明治 28)에 창립되었으나[32] 자본금이 과소(寡少)한데다가 이

32 대한천일은행의 창립연도는 1899년 1월 30일이다. 자본금은 5만 6,000원(圓)으로 은행장은 閔丙奭이었다. 동년 5월 10일에 인천지점을 개설했고, 1902년 3월에는 英親王을 은행장에 추대했다. 1905년 6월에 경영난으로

사자(理事者)는 경영 방법에 정통하지 못했다. 해당 은행은 한국 황실과의 관계가 깊었고, 그 행원들도 일종의 정치적 색채를 가지고 있어 항상 정치세력에 이용되었다. 결과적으로 업무 위미(萎靡)하여 발전하지 못하고, 더구나 화폐제도 문란 때문에 화폐 시세의 오르고 내림이 어지러워 업무 집행이 점점 더 곤란해졌다. 그때 우연히 1905년(광무 9) 경성의 금융 공황에 직면하여 일시 폐점 위기에 빠지기도 했다. 이에 선생은 천일은행에 대한 구제방법을 강구했다. 그런데 해당 은행을 정리하는 일은 여러 가지 정치적 분란의 원천을 청소하는 것과 상업자금 융통의 편의를 제공하는 것, 이 두 가지 의미가 있음을 알아야 한다. 그리고 정리방법으로써 동행의 채권 채무를 조사하게 되면 비교적 긴 시일을 요하고 초미의 급무에 대처할 수 없기 때문에, 선생은 일단 정부로부터 자금을 대여하고 이를 하나의 신기원으로 삼아 영업을 계속하게 했다. 구채권 채무는 동행 자체적으로 정리하게 하고, 동시에 새롭게 대여한 영업자금에 영향을 미치지 않는 방법을 취하도록 했다. 1906년 6월, 정부로 하여금 금융자금 중에서 25만 원을 무이자로 대하(貸下)하게 하고, 영업 감독을 위해 탁지부로부터 상임(常任) 감리자를 두고 이를 지도하게 했다. 그 결과 크게 업무의 발전을 가져왔으며 자본금을 증가시킬 수 있게 되어 마포 및 남대문에 출장소를 두었다.

한성은행은 1899년(광무 3, 明治 32) 제일은행의 감독하에 설립되었다.[33] 그 자본금이 과소한데다가 1905년(광무 9)의 금융 공황 때 자금이 고정되어 영업이 곤란해졌다. 그 때문에 이를 주식조직으로 변경하고 제일은행의 보호를 받게 되었지만, 여전히 정부의 원조를 필요로 했다. 선생은 내탕 대하금의 일부를 가지고 보조하였고, 1906년(광무 10) 5월에 다시 금융자금 중에서 10만 원을 무이자로 대여하였다. 탁지부 감독하에 그 발전을 기한 결과, 업무가 번성하여 수원에 지점을, 동막(東幕)에 출장소를 두게 되었다. 천일은행과 함께 한국 소상인에게 자본 융통의 길을 열어 경제 발달에 기여하는 바가 적지 않았다.

휴업을 결정하기도 했다. 1911년 1월 31일에는 상호를 조선상업은행으로 개칭했다.

33 한성은행의 창립연도는 1897년 2월 19일이다. 1903년 2월 10일에 공립 한성은행으로 개조하여 새롭게 설립인가를 받았고, 동년 12월 5일에 영업을 개시했다. 1943년 10월 1일에는 동일은행과 통합하여 조흥은행이 되었다.

(5) 농공은행 설립

종래 한국에는 지방 산업의 흥기, 그리고 지방 금융의 소통을 위한 시설이 없었다. 따라서 선생은 이에 대한 근본적 방책을 확립하여 1906년(광무 10) 3월, 정부는 농공은행조례를 제정하고, 4월에 그 시행 세칙을 발포하는 동시에 동행 설립에 착수했다. 정부에서 그 주식을 인수하기도 하고 또는 무이자 대하금을 실시하기도 하여, 전국 각 도 관찰사 소재지에 1개소씩 본점을 설립할 예정이었다. 6월에 먼저 경성, 평양, 대구, 전주에, 7월에 진주에, 8월에 광주에, 9월에 충주, 공주, 해주, 경성(鏡城)에 각각 농공은행을 설립했다.

경성의 것은 한성농공은행이라고 하여 그 최초 자본금이 20만 원이었고, 다른 곳은 각 10만 원이었다. 그런데 정부는 자금 부족을 고려하여 금융자금 중 일부를 할애하여 한성농공은행에 15만 원, 평양농공은행에 12만 원, 기타 각 10만 원을 보조했다. 업무는 연부(年賦) 또는 정기상환 방법으로 부동산 담보로 대부하도록 했고, 이들 대부는 개간, 배수, 관개, 경지 정리, 식림사업 등 농공업을 위해 사용하는 것을 조건으로 했다. 단, 신용이 확실한 자에 한해 5년 이내의 정기상환 방법으로 무담보 대부를 허가하고, 기타 상업어음 할인, 그리고 환예금 등 보통은행 업무도 겸영하게 함으로써 일반 금융 소통에 편의를 제공하였다. 또한 농공채권을 발행할 수 있었다.

이에 1906년(광무 10) 12월, 상기 농공은행 중 해주와 경성(鏡城)을 제외하고 모두 농공채권을 발행하여 일본흥업은행에게 도맡아 인수시키는 계약을 체결했다. 이자율 8푼(8%), 인수가격은 액면과 동액, 3년 거치 후 5년 동안 상환해야 한다는 조건을 가지고, 한성과 평양은 각 10만 원, 대구, 전주, 광주, 충주, 공주, 진주는 각 5만 원을 발행했다. 이 일본흥업은행과의 관계에 대해 선생은 동행을 이들 농공은행의 모은행(親銀行)으로 삼고자 했는데, 이는 마치 일본에 있어서 권업은행과 마찬가지 역할을 하게 할 목적이었다. 따라서 일본은행과 협의한 뒤에 칙령을 발하여 일본흥업은행으로 하여금 경성에 지점을 설치하게 하고, 동행이 농공은행에 합계 35만 원을 대부하게 되었지만, 뒤에 동행의 사정으로 실행되지 못했다.

이상과 같이 농공은행이 설립되자, 한성공동창고회사 및 정부 지방 창고의 대출은 모두 이를 폐지하고, 이후 오로지 종래의 대부금 회수에 노력했다. 이 대출 폐지와 동시에 정부는 새롭게 영산포, 평택, 강경 등에 창고를 건설하고, 종래의 평양, 대구, 전주, 충주, 수원, 광주의 창고와 함께 정부는 이를 정부의 보호·감독을 받는 보통은행, 농공은행, 및 창고회사에 대하(貸下)하여 상인에 대해 물화 집산의 편의를 제공하고 무역 및 금융의 원활함을 도모하는 데 이용하도록 했다. 이윽고 1907년(광무 11) 6월, 충주와 공주의 농공은행을 한성농공은행에 합병하여 한호농공은행(漢湖農工銀行)으로 하고, 8월에 새롭게 함흥농공은행이 설립되어 동년 말 농공은행 본점은 9행이었다. 뒤에 이를 정리 합병하여 한호, 평안, 경상, 전주, 광주, 함경의 6개 본점으로 했다가,[34] 1918년(大正 7)이 되어 이상 6개 농공은행을 합병 통일하고 자본금 및 업무를 확장한 것이 현재의 조선식산은행이다.

(6) 지방 금융조합 설립

지방 소농민 사이의 금융을 완화하고 농업의 발달을 도모하는 것은 어떤 나라에서나 필요로 하는 바이지만, 특히 한국과 같이 다년간 악정하에 시달린 영세민으로 하여금 생계의 여유를 갖고 지방 생산력의 증진을 기하는 것은 경제발전상 무엇보다 급무이기 때문에, 선생은 다시 여기에 힘을 써서 1907년(광무 11) 5월 30일 칙령에 의해 지방금융조합규칙을 발포하여 각지에 금융조합을 설립하기로 했다. 정부는 각 조합에 자금으로 1만 원씩을 무이자로 대하하고 이사를 추천했다. 두세 조합에 대해 농업기수 각 1명을 배부하고, 그로 하여금 감독·지도를 하게 했다. 조합은 1군(郡) 또는 몇 개 군을 가지고 1구역으로 삼고 해당 구역 내에 거주하는 농민을 조합원으로 가입시켜 조합원에 대해 농공업에 필요한 자금을 융통하거나 종묘(種苗) 비료 농구 등의 분배 혹은 대여를 행했다. 또한 조합원을 위해 그 생산한 곡물을 창고에 보관하고 기타 생산물의 위탁판매를 업무로 삼았다. 또한 화물 집산지에 있는 조합에 대해서는 정부 보조하에 창고를 건설하게 하여 미곡담보대부를 장려하고, 필요할 경우 조합은 탁지부 대신의 인가를 거쳐 농공은행에서 차입할 수 있었다. 즉 신용조합과 산업조합을 합친 것 같은 성질의 것으로 지극히 편리한 것이었다. 따라서 선생의 계획은 우선 최초로 전국의 주요 지점 50개소를 정해 조합을 설립하고, 그것이 완료되면 다시 증설할 예정으로 1907년(광무 11, 明治 40) 선생이 재임 동안에는 23개 조합이 설립되었다. 그런데 동 조합은 그 후 상당한 발달을 이루어 1936년(昭和 11)에는 조합 총수 701개, 그 밖에 지

---

34 1908년 7월 12일 경성농공은행(鏡城農工銀行)과 함흥농공은행이 합병하여 함경농공은행이 되었다. 해주농공은행은 평양농공은행에 합병되었으며, 대구농공은행과 진주농공은행이 합병하여 경상농공은행이 되었다.

소가 201개나 되었다. 금융의 원만, 구매력 증진, 산업 진흥 등 완전히 격세지감을 느끼게 하여 나라 전체가 모두 선생의 덕을 구가했다.

당초 1907년 5월 금융조합이 조직되자, 선생은 동 조합의 이사자로서 어떤 인물을 채용할 것인가를 고민했다. 한국의 경제 상황과 금융조합의 사명을 고려하여 이사자의 임무를 맡기기 위해서는, 가령 세상일에 소원하더라도 정직하고 순진하며 일을 맡아 성실한 청년이 적임이다, 문물이 늦은 한국 농민을 지도하기 위해서는 얕더라도 넓게 여러 분야에 걸쳐 지식을 보유한 자여야 한다는 견지에서 학교를 막 졸업한 의기(意氣)가 충만한 인격적 청년을 채용하기로 했다. 이에 동양협회전문학교(東洋協會專門學校)[35] 졸업생 30명이 금융조합 이사로 선임되었고, 그 일단이 경성에 도착한 것은 동년 9월 14일이었다. 다음 날 15일 일동이 탁지부로 출두하자, 선생은 탁지부 대신 민영기와 함께 일동을 접견하고 다음과 같이 훈사(訓辭)했다.

"제군(諸君)은 농민에게 자금을 대부하게 되는데, 자금의 대부를 유리유효(有利有效)하게 하는 것은 매우 곤란하다. 제군은 아직 젊다. 젊은 제군 같은 일개 청년에게 상당히 다액(多額)의 자금을 맡기는 것이 상당히 위험하다고 생각된다. 그러나 열심과 성실이 있으면 반드시 할 수 있을 것으로 생각한다. 비상한 노력을 해도 회수할 수 없을 때는 언제든지 다시 각자에게 1만 원(圓)이나 2만 원을 내어주어도 좋다. 성실하게 일하기만 한다면 이 자금이 없어지더라도 신경 쓰지 않아도 괜찮다. 다음으로 제군은 생활을 규칙 바르게 하고 품위를 지

---

35 여기서 이야기하는 동양협회전문학교는 현재 다쿠쇼쿠대학(拓殖大學)의 전신으로 1900년 가쓰라 다로(桂太郎)에 의해 대만협회학교(臺灣協會學校)로 설립되었다. 1907년에는 동양협회전문학교로 개칭하였는데, 이때 경성에도 분교를 설치했다. 1907년 10월의 일이었다. 조선총독부가 보조하였고, 설치 장소는 경성 대화정(大和町) 1정목 24번지였다. 1918년 4월 도쿄 본교(1918년 1월에 이미 拓殖大學으로 개칭한 상태)로부터 독립한 전문학교가 된 후 학과를 행정과와 고등상업과의 2개 학과로 나누어 사립동양협회경성전문학교로 칭했다(인가일은 1918.3.12, 조선총독부관보 1918.3.15). 이때 입학자는 고등상업과 생도에 그치고 행정과에는 지원자가 없었다. 내용과 교명의 불일치로 일반 사회에 오해와 불편이 있으니 교명을 변경해 달라는 졸업생의 요청을 받아들여 1920년 3월 19일 아오키(青木) 귀하무이사의 명의로 '사립경성고등상업학교'로 개칭하기 위하여 개명 허가를 출원하였다. 1920년 숭이동(崇二洞)에 교사와 기숙사 및 부속 건물을 신축하고 이전하였다. 東亞日報 1920.4.3. 〈京城高商學校 東協校의 改稱出願〉; 1920.5.16. 〈東協校名並位置變更〉. 동양협회전문학교에 대해서는 다음의 저서를 참고할 것. 山田寬人, 1999.3, 「東洋協會專門學校における朝鮮語教育」, 『アジア教育史研究』 通號8, アジア教育史學會, 52~63쪽. 최혜주, 2019, 『정탐: 제국일본, 조선을 엿보다』, 한양대학교출판부.

켜야 한다. 아울러 복장을 바르게 해라. 생활의 규율화는 건강의 기초이다. 한국의 농촌에서는 특이 이 점에 주의하라. 또한 제군의 월급은 학교를 막 졸업한 자에게는 너무 많다고 생각하지만, 지금 말한 대로 복장을 바르게 하고 몸가짐을 엄히 하여 문중에게 모범을 보여주는 그런 의미에서 이 정도의 봉급을 급여한다. 일이라는 방면만이 아니라 일상의 일에 대해서도, 또한 생활 방면에서도, 모두 민중을 지도하는 마음가짐이 없어서는 안 된다."

위와 같이 상세한 점까지도 간곡하게 주의를 환기하였다. 일동은 크게 감격하여 선생의 이 훈유(訓諭)를 잘 지켜 그 직무에 종사했다. 잠깐의 틈도 없이 정말이지 진지함 그 자체였다. 따라서 한국의 경제적 발달은 모두 이사자의 한 몸에 짊어지고 있는 느낌이 있었다. 결국 선생이 이들 백면(白面) 청년에게 행한 많은 부탁은 이들 청년 사이에 불타는 책임감을 환기하고, 금융조합 운동의 흥폐 모두에 대한 공동책임 위에 서 있다는 깊은 이해와 자각을 갖게 했다. 일을 맡아서는 성실해라, 몸가짐을 엄정하게 하여 사람들의 모범이 되어라, 일상생활에서도 그 품위를 지켜라 등 훈유(訓諭)의 3요항이 금융조합 운동의 철칙으로써 장래를 이끌 나침반이 되어 결국 앞에서 언급한 비상한 발달을 보기에 이르렀다.

또한 이 금융조합규칙도 최초 선생의 입안에 의해 공포되었다가 1914년(大正 3)에 개정되었는데, 선생의 입안은 결코 다른 것을 모방하지 않고 어디까지나 한국의 실정에 입각하여 만들어진 것으로, 농촌 하층 금융기관의 기능을 발휘할 수 있도록 고심했다. 즉 그 규칙의 조합을 보건대, '라이파이젠'식 협동조합 원칙의 골자가 정교하게 한국의 실정에 적용되었다.[36] '라이파이젠'이 세계에 있어서 협동조합의 대선배인 것은 말할 필요도 없지만, 선생이 창설한 금융조합규칙은 세계 협동조합 원칙 이상으로 그 깊은 조예를 한국에 시행했다는 점에서 오늘날의 발달을 보게 된 대은인으로서 모두 그 위적(偉績)을 우러러보는 이유이다.

---

36 유럽 협동조합의 기원은 독일 라이파이젠(Friedrich Wilhelm Raiffeisen)과 슐체-델리츠(Hermann Schulze-Delitzsch)로 거슬러 올라간다. 그들은 이미 150여 년 전에 농업과 공예 분야에서 최초의 협동조합을 독립적으로 설립했다. 그들은 오늘날 독일 국민 자동차로 알려진 폭스바겐과 라이파이젠은행의 선구자이다. 라이파이젠은 협동조합의 본질을 '혼자서 이루지 못한 것은 여러 사람이 이룰 수 있다.'라고 설파했다. 협동조합에 구현되는 근본적 가치는 연대를 토대로 자조 조직을 형성하고 시장에서 독립적인 경제활동에 주목한다. 나아가 정부 보조금 및 수익지향적 투자에 의존하지 않고, 자체의 요구를 위해 해결책을 찾고자 한다. 김해순, 2020.5.28, 「〈사회적 경제, 남북을 잇다②〉 유럽 사례에서 본 사회적 경제의 힘과 가능성」, LIFEIN상회경제미디어.

3) 구매력 증진과 금융 완화 상태

구매력 증진에 대해 보면, 경부 및 경의 양 철도 건설비와 일본 군사비가 산포(散布)된 것이 적어도 2천 2~3백만 원을 하회하지 않는 점. 러일전쟁 이래 일본인의 이주가 격증하여 약 15만 명 정도에 달하고, 이들이 또 자금을 산포한 점. 군대용이나 이들 이주자의 미곡 수용(需用)이 갑자기 증가하고, 미가의 등귀에 다른 지방 농민의 이윤이 적지 않은 점 등이 한국인 일반의 구매력을 증진시킨 주된 원인이지만, 또 한편으로는 선생의 노력으로 정부 주구(誅求)의 폐해가 단절되고 착착 재정 정리가 이루어짐으로써 상인이 업무를 편안하게 볼 수 있게 된 것도 확실히 또 하나의 원인이었다. 그 실례로서 경성 종로 상인이 그 후 활발하게 점포를 수영(修營)하고 전등을 밝히는 등 크게 면목을 새롭게 한 것 등은 금융의 원활함을 증명하는 것이지만, 그 때문에 산업의 발달을 촉진시키고, 무역의 성대를 이룬 것은 물론이다. 즉 한국총세무사청(韓國總稅務司廳)의 조사보고에 의하면, 한국과 오사카 사이의 무역에서 1905년(광무 9) 1월부터 9월 말까지 오사카에서 수입된 총액은 약 1,360만 원에 달했다. 전년 동기에 비하면 약 580만 원이 격증한 것으로, 그 수입 화물은 면포, 면직사(綿織絲), 금건(金巾), 천축포(天竺布)[37], 견포(絹布), 도자기, 양산 등 주로 한국인의 수용(需用)과 관련된 것이기 때문에, 일반 상업의 번영과 함께 한국인 구매력의 증진을 알 수 있다. 따라서 목소리를 크게 하여 금융의 핍박을 부르짖는 자는 단지 일부 소수 상인에 불과할 뿐 아니라, 부정(不正)하게 사사로운 이익을 도모하려는 정치적 간책(奸策)에서 비롯된 것임은 감추려고 해도 감출 수가 없는 사실이었다.

다음으로 금융의 완화 상태에 대해 보면, 1906년(광무 10)이 되어 정부의 지방 창고, 한성공동창고, 은행 정리, 농공은행, 수형조합 등 각종 기관의 신설과 화폐 정리의 진척으로 차츰 건전한 보조를 맞춤으로써 동년 9월 이후 미곡 수출의 계절에 즈음하여 원활한 금융은

---

37 천축포(天竺布, 일본명 天竺木綿 '텐지쿠모멘')는 메이지유신 무렵에 인도에서 수입된 면직이기 때문에 '천축'이라고 한다. 당시 'T'자 상표가 사용되었기 때문에 'T크로스'라는 호칭도 있다. 같은 평직(平織)의 면직물인 금건(金巾, '가나킨')과 함께 일본에서 상당히 광범위하게 사용되고 있는 직물의 하나이다. 천축목면에 쓰이는 실의 굵기가 16번수(番手)에서 24번수 정도인 것에 대해 가나킨은 실의 굵기가 30번수에서 40번수 정도여서 가나킨 쪽이 천이 얇고 고급스럽다고 알려져 있다.

물가의 공정을 계속 유지할 수 있었다. 비단 미곡만이 아니라 전반적으로 수출에서 호황을 보였는데 특히 금융 수요가 가장 많은 연말에도 아무런 지장 없이 난관을 통과할 수 있었다.

또 이를 금리(金利) 상황에서 살펴보면, 금융은 전술한 바와 같은 호황이었기 때문에 자금 수급이 매우 순조로워서 금리가 떨어졌다. 음력으로 연말연시에 한국인 사이의 대차가 가장 많은 경우에도 각 방면의 금융기관은 편안하게 대부했고, 수출입이 격증하던 시기에도 상황(商況)의 활발함과 함께 오히려 약간의 금리를 인하했다.

이같이 한국 금융기관이 정비됨에 따라 일본 금융계의 영향을 받게 된 것은 자연스러운 현상이었다. 1907년(明治 40) 5~6월부터 일본 내지의 주식 폭락으로 두세 은행이 파탄하고 크게 금융 핍박의 경향이 나타나자 한국 재류 일부 일본인 사이에 얼마간의 파란이 야기되었음에도, 심각한 분쟁을 보지 않고 끝난 것은 다행이었다. 또한 동년 7월 중순, 한국 조정에 정변이 일어나 이태왕(李太王)이 양위했을 때, 금융기관이나 일반에 경계를 가했는데, 이미 선생의 재정개혁 효과가 현저했다는 점과 원래 한국 경제계는 예민한 감각을 지니고 있지 않지 않았다는 점, 그리고 당시 일본 내지 및 대련 방면의 미가가 폭등한 것에 대해 그해 한국의 미곡이나 기타 잡곡 등은 작년에 못지않은 풍작을 전망하고 있었기 때문에 수확물 출성기(出盛期)의 경기 상황을 예상하여 크게 평판을 강화한 결과, 금융계는 매우 낙관적인 상황으로 기울고 금리 역시 어떤 변동도 일으키지 않고 끝났다.

이러한 때 동년(1906) 지방금융조합이 설립되어 농민들 사이의 금융이 완화되어 지방 생산력의 증진을 도모할 수 있게 되었다. 따라서 농업과 상업 모두 금융상 각종 설비의 은혜를 감사하고, 도비(都鄙, 도시와 시골) 모두 산업의 발달을 기할 수 있게 되어, 피폐한 민력(民力)이 크게 회복되는 기운으로 향했다. 이는 실로 선생이 금융계 구제를 위해 애쓴 효과로 그 명예는 오랫동안 남아 있다.

6. 세제개혁

1) 조세 종목 및 연혁 개요

한국 재정제도의 불비는 징세기관이 통일되어 있지 않은 것이 가장 심하다. 징세기관인 군수가 조세를 징수하는 것은 당연하지만, 군수 이외에 궁내부 또는 중앙 관청이 특파한 징세원도 있었다. 이렇게 징세기관이 중복됨으로써 결과적으로 쓸데없이 징세비가 증대할 뿐 아니라 폐해를 빈번하게 발생시키기도 한다. 따라서 이러한 폐해를 제거하는 동시에 새롭게 획일적인 제도를 세워 징세기관을 정비하는 것은 실로 급무 중의 급무였다.

또 한국같이 민도가 낮고 경제가 유치한 사회에서는 인민의 부담을 무겁게 만드는 세법 창정(創定)은 용이하게 행하기 어렵다. 그 때문에 선생은 새롭게 과세하거나 혹은 부과율을 증가시키는 것은 재원(財源)을 함양한 이후라야 가능하다는 견해를 가지고 있었다. 이런 견지하에 우선 각종 세목에 대해 폐해 발생의 원인이 된 과세의 기초를 명확하게 하여 정리해야 할 것은 정리하고 과세의 공평과 징세 방법 통일을 기하게 했다.

(1) 지세

지세는 민간이 소유한 전답 및 기타 토지에 대해 부과한 것이다. 부과 방법은 토지 필지마다 미리 정해진 결수(結數)를 기초로 결(結)마다 약간의 미납(米納)을 징수했다. 나중에는 금납으로 바꾸었다. 결수를 기초로 했기 때문에 이를 결세(結稅)라고 불렀다.

결(結)이라는 것은 본래 토지의 수확량을 가리키는 문자로, 수확물의 양 10파(把)를 1속(束), 10속을 1부(負), 100부를 1결로 칭했다. 그런데 후세에 이를 토지 면적과 연결시켜 가장 우량한 논에서는, 1척 평방에 1파, 10평방척에 1속, 100평방척에 1부, 1만 평방척에 100부를 부과하기로 정했다. 100부는 즉 양(量)에 있어서 1결이므로 이를 부과한 100부 토지 면적으로부터 1결이라고 부르게 되었다. 이에 1척 평방에서 1척이라는 것은 주척(周尺) 5척의 양지척(量地尺)인데, 1만 평방척의 1결은 1등지여서 지질의 우열과 옥척(沃瘠)을 따라 결마다 면적에 차등을 두어 2등지 이하 열등지의 경우 차츰 면적을 증대시켰다. 부과 100부에 응하는 것을 1결이라고 했기 때문에 1결의 면적에는 대소(大小)에 수많은 차별이 있었다.

이 결수의 기본은 300여 년 전의 조사와 관련이 있는데, 그 당시의 총 결수는 145만 5,498결로 알려졌다. 그리고 제도적으로는 20년마다 결수를 조사해야 한다고 규정되어 있었지만, 거의 실행되지 못하고 이후 오늘에 이르기까지 극히 작은 부분을 제외하고는 옛날 그대로 방치되었다. 그 사이 신규 개간된 것도 종종 과세를 면제받으려고 신고되지 않은 것이 있었다. 따라서 소위 은결(隱結)이라는 것을 발생시켰고, 신구 토지 이동(異動)에 대해 가제정정(加除訂正)의 확부(確否)를 알 수 없었다. 개국 503년(1894, 明治 27)에 비로소 금납으로 바꾸었다. 당시 매결 30냥(1냥은 일본의 20전에 해당)을 최고 부과율로 삼고 이하 차등을 두었다. 1902년(明治 35)에 이르러 매결 80냥을 최고율로 정했지만, 앞에서 살펴본 바와 같이 전국의 결수가 매우 불확실하여 정확한 세액은 도저히 알 수 없었다.

(2) 호세

호세(戶稅)는 군(郡)의 1호를 구성하는 자에게 부과되는 것인데, 본래 성질은 군수(軍需)를 보완하기 위한 것으로 호별로 마포(麻布), 목면(木綿), 그리고 전(錢)을 상납시켰다. 처음에는 이를 군보포(軍保布)라고 했고, 나중에는 동포(洞布) 또는 호포(戶布)라고 했다. 일단 군수(軍需)에 충당하게 되면, 동별(洞別) 또는 호별(戶別)로 징수하기 때문이다. 개국 503년(1894)의 개혁으로 이 모든 것을 금납으로 전환하였다. 상급과 하급으로 나누어 봄가을 2기에 상납하게 했지만, 부과의 기초인 호수가 정확하지 않고 소위 은호(隱戶)와 누호(漏戶) 숫자가 매우 많았다. 게다가 매년 지방관이 보고한 호수의 이동(異動)도 그 근거가 확실하지 않았다. 호적제도가 존재하고 있어도 불비(不備)했기 때문에 1호라는 것이 막연하여 정해지지 않았다. 어떤 지방의 경우에는 토지 소유의 다과(多寡)를 가지고 호세를 정했다. 어느 정도 토지 이상을 보유하는 자를 징세 상 1호로 삼았고, 약간 이하의 자는 현실의 2·3호, 심할 경우 10호 이상으로 징세상 1호로 삼았기 때문에, 도저히 정확한 호수를 알기가 어려웠다. 따라서 호세의 총액도 이를 확실하게 예정할 수 없었다.

(3) 역도세

역도세(驛賭稅)는 '궁중 부중의 혼효(混淆)' 항에서 설명했듯이, 역토에 대한 소작료이다.

고려조 무렵부터 각지에 역우(驛郵)를 설치하고, 역졸과 역마를 배치하여 우참(郵站) 사무를 맡게 했다. 역토(驛土)란, 역마다 전답으로 정급(定給)하여 급양(給養, 사람이나 말에게 먹이를 줌)에 활용한 정급 전답을 말하는 것이다. 그런데 개국 504년(1895, 明治 28) 역졸과 역마를 폐지했기 때문에, 역토를 인민에게 경작시켜 소작료를 징수하기로 했다. 이것이 곧 역도세로, 도(賭)는 부과한다는 뜻이다. 부과액은 토지의 두락(斗落) 수로 산정했다. 두락이란 벼 1두(일본의 약 5승)를 파종하는 면적의 토지를 말한다. 토지 생산성의 비척에 따라 도율(賭率)을 7등으로 나누어 미납하게 했다. 이 두락의 전국적 산정도 역시 매우 불확실하여 본세의 정확한 총액을 알 수 없었다. 처음에는 농상공부의 소관에 속했는데, 1898년(광무 2)에 이를 군부로 이관하였고, 1899년(광무 3)에는 탁지부로, 1900년(광무 4)에 다시 궁내부로 이관하였다. 본세의 성질상 궁내부로 이관할 것이 아니라 국고의 소속이어야 함은 물론이었다.

(4) 둔세

앞에서 '궁중 부중의 혼효' 항에서 언급했듯이, 둔세(屯稅)는 국유인 둔토에서 징수하는 소작료이다. 둔토라는 것은 옛날 변경지방의 황무지에 실시되던 둔전병제(屯田兵制) 시대의 수졸(戍卒)이 경작한 것, 그리고 중엽 이래 정부가 중앙 및 지방의 경비를 보충하기 위해 개척한 수전(水田), 기타 장리(贓吏)[38] 죄인의 전토를 관몰(官沒)한 것을 아울러 칭하는 것이다. 각각 그 종별에 따라 혹은 군영, 혹은 중앙사청(中央司廳), 어떤 것은 지방청에 분속시켜 자경자급하거나 소작료를 징수시킴으로써 소속원의 급양에 충당하게 했다. 그런데 개국 504년(1895, 明治 28) 각 군영 사청의 소관을 폐지하고, 둔토는 모두 탁지부의 소속으로 삼아 인민에게 경작하게 했다. 역도세와 마찬가지로 두락별로 세율을 7급으로 나누어 소작료를 징수하기로 하고, 그해 이를 궁내부로 이관했다.

앞에서 검토한 역도세와 둔세를 합쳐서 역둔세 또는 역둔토세라 한다. 이 역둔세와 지세의 차별은, 지세는 민간 소유의 전답에 부과하는 순수한 지조(地租)로 결부를 기초로 한 것에 대해, 역둔세는 국유의 전답에 대한 소작료로 두락을 기초로 하고 가을 수확의 다과에 따라 징수하는 것이다. 역둔토의 총면적은 대략 계산하여 10만 3,179정보, 한국 전체 전답

---

38 장리란 예전에 뇌물을 받거나 민간의 재산을 횡령한 벼슬아치를 가리킨다.

면적의 약 20분의 1을 점하는 방대한 것이었다. 그 소재는 전국 각 군에 걸쳐 있고, 소작인도 각 면과 각 리에 산재하여 그 수가 실로 29만 8,000여 명에 달했기 때문에 소작료 징수의 곤란함이 다른 조세 징수와 비교할 수 없을 정도였다. 또한 그 성질로 미루어 볼 때, 본래 국고 소속이어야 할 것을 궁내부로 이관한 것이기 때문에, 궁내부는 이에 대한 대가로 매년 21만 원(元)을 국고로 회부하기로 약속했다. 하지만 징수의 곤란함 때문에 이 약속은 이행되지 못하고 허무하게 세월이 흘렀다.

(5) 어세

어세(漁稅)는 연해 어업자에게 부과하는 것인데, 어법(漁法)에 4종류가 있어 이를 12등급으로 나누어 징수했다. 4종류는 즉 ① 어홍(漁篊), ② 어수(漁隧), ③ 어장(漁場), ④ 어종(漁綜)이다. 어홍은 오늘날의 어전(漁箭)으로 죽목(竹木)을 열식(列植)하고 좌우에 바자울을 만들어 궁어(窮魚)를 잡는 것이고, 어수는 오늘날의 어조(漁條)로 어수의 통로에 배를 띄워 그물로 포획하는 것이다. 어장은 오늘날의 어처(魚處)로 양중어족(洋中魚族)이 모이는 곳에 그물을 설치하는 것이고, 어종은 오늘날의 어기(漁基)에 해당하는 것으로 수역(水域)의 편의에 따라 중선익(衆船翼)을 이루어 포획하는 것이다.

개국 504년(1895, 明治 28) 이 어세(漁稅)를 탁지부 소관으로 하였고, 1901년(광무 5, 明治 34) 궁내부로 옮겼다가 다시 1904년(광무 8, 明治 37) 다시 탁지부로 관속(官屬)시켰다. 이 세금은 각 군에서 올라온 어획 보고에 따라 부과하는 것인데, 그 보고가 종종 믿을만한 근거를 결했기 때문에, 1905년(광무 9, 明治 38)에는 중앙에서 이원(吏員)을 파견하여 실지 조사를 통해 과세하기로 했다. 어구(漁區) 총수 1,362구의 조사에 종사했지만, 충청 · 황해 · 함경의 경우 조사가 마무리되지 못한 상황에서 1906년(광무 10, 明治 39) 12월에 이르러 수산세규칙(水産稅規則)이 제정되었다.[39]

(6) 염세

제염에 3종류가 있는데, ① 토분(土盆), ② 철부(鐵釜) 또는 철분(鐵盆), ③ 동분(童盆)이라

39 칙령 제83호 '수산세규칙'을 재가하여 반포하였다. 《고종실록》 47권, 고종 43년 12월 29일 양력 2번째 기사.

한다. 토분은 명칭이 나타내는 것 같이 흙(土)을 가지고 가마솥(釜)을 만들고, 염정(鹽井)의 물을 퍼 담아 길어 펄펄 끓이는 것이다. 철제 가마솥을 가지고 하는 것은 철부 또는 철분이며 가마솥(釜)과 동이(盆)는 동일한 의미이다. 동분에도 동토분(童土盆)과 동철부(童鐵釜)의 2종류가 있는데, 자본이 부족한 자가 타인의 염정을 빌려 소규모로 행하는 것을 말한다. 한국의 북부에서는 대체로 규모가 크고, 남부에서는 대체로 소규모이다. 따라서 동분 같은 것은 오로지 남부의 경상남북도 및 강원도에만 존재할 뿐 다른 각 도에서는 찾아볼 수 없다. 염세는 이들 대·중·소의 차등(差等)을 따라 세율을 10등급으로 나누어 부과했다. 과거에는 균역청(均役廳)의 소관이었다가 개국 504년(1895) 탁지부에 부속되었고, 1901년(明治 34) 궁내부로 이관되었다. 1904년(광무 8)에 다시 탁지부로 관속(管屬)시킨 것은 어세(漁稅)와 마찬가지였다. 1905년(광무 9) 현재의 조사에 의하면 염부(鹽釜) 수는 2,180좌(座), 염정 2,488정(井)이었다.

(7) 곽세(藿稅)[40]

본 세는 해산물 특히 다시마(昆布)와 김(海苔)의 산출지에 부과하는 것이다. 해산물 지방에는 곽전(藿田), 태전(苔田)이라는 명칭이 있다. 곽전이라는 것은 해대(海帶), 즉 다시마(昆布)를 산출하는 장소이고, 태전이라는 것은 해의(海衣), 즉 김(海苔)을 산출하는 장소를 말한다. 각자 그 산액(産額)의 다소에 따라 징세하고 세율을 13등급으로 나누었다. 과거에는 균역청 소관에 속했으나 개국 504년(1895) 탁지부에 부속되었다가 1901년(광무 5) 궁내부로 이관, 1904년(광무 8) 다시 탁지부로 관속시킨 것은 어세(漁稅)나 염세(鹽稅)와 같았다. 이 조사와 정리 역시 마찬가지인데, 1905년(광무 9) 현재의 조사에 의하면 곽전은 480고(庫)이지만, 태전은 조사가 아직 끝나지 않았다.

(8) 선세(船稅)

본 세에는 어(漁)·염(鹽)·곽(藿) 업자의 사용선(使用船)에 대해 관례에 따라 징세하는 것과 1899년(광무 2) 7월 칙령 제33호 국내선세규칙(國內船稅規則)에 의한 것의 2종이 있다. 개국 504년(1895) 균역청 소관에서 탁지부 소관으로 이관되었다. 그리고 선세규칙에 의한 것

---

40 미역 따는 사람에게서 받아들이던 세(稅)이다.

은 선세위원을 지방에 파견하여 검사하게 했는데, 그 결과 1905년(광무 9) 현재의 조사 선수(船數)는 1만 3,877척이었다. 그 세율은 1등에서 8등까지로 매년 2기로 나누어 징수했으나, 1906년(광무 10) 9월 징세기관 제정 이후에는 어·염·곽 업자의 사용선에 대한 관례 징세를 폐지하고 모두 선세규칙에 의해 부과했다.

이상 어·염·곽·선세는 그 수입액이 근소할 뿐 아니라 과세의 기초도 매우 불확실했다.

(9) 항세(港稅)

항세는 곧 관세수입이다. 1883년(明治 16)에 처음 세관을 설치하여 본세를 창설했는데, 그 후 특별계약하에 영국인 브라운의 소관하에 놓이게 되면서 모두 특별회계가 되었다. 그 관세수입을 가지고 세관과 그에 부속하는 제반 경비를 지불하고, 아울러 등대 및 무역기관 설비에 대한 계속비로 지불해 왔다.

(10) 기타 세금

이상 열거한 세금들은 지세와 호세를 제외하면 대부분 궁내부의 수입에 속한다. 이들 세금 외에 국고 수입이 되어야 할 것으로 포사세(庖肆稅, 도축세), 전당포세(質屋稅) 등이 있으나 그 수입은 매우 근소하여 논할 필요가 없다. 다만 조세 이외에 관업수입 중 대부분을 점하는 우편·전신·전화 수입이 있으나 한일 우체사업의 협동으로 1905년(광무 9) 4월 사무인계 후에는 해당 수입이 모두 소멸했다. 이런 사정하에 세법은 성문(成文)이 존재하나 이를 문명국의 세법과 비교하면 매우 불비(不備)하여 확실함이 부족하고 징수가 불합리한 경우가 적지 않은 것이 현상(現狀)이었다.

2) 징세기관 개선

(1) 관세관관제 발포

이미 언급했듯이 종래 조세는 군수가 이를 징수함을 원칙으로 했으나, 따로 궁내부 또는 중앙 관청이 특파한 징세원도 있어서 통일되지 못했다. 이를 군수의 징수를 통해 살펴보면,

그 부하로 징세를 취급하는 자는 이족(吏族)이라 칭하는 계급의 군리(郡吏)가 그 임무를 전담하여 적폐가 점점 하나의 풍습이 되었다. 그 때문에 선생은 이 교정을 위해 징세기관 개선을 도모하는 동시에 국고금의 출납은 금고에 관장하게 하였고, 1906년(광무 10) 9월 새롭게 관세관관제(管稅官官制)를 제정 · 발포했다.[41] 즉 군수의 징세 권한을 정지시키고, 탁지부 대신 직할하에 세무감(稅務監) 13인을 각 도에 두어 세무 감독의 소임을 담당하게 했다. 세무감 밑에는 세무관 36인을 주요 지역 36개소에 배치하여 세무 집행기관으로 삼았다. 또한 그 밑에 세무주사 168인을 두어 전국 109개소에 주재시켜 세무 집행을 분장시키기로 했다. 이를 동년 10월 1일부터 시행하게 하는 동시에 개국 504년(1895, 明治 28)의 관세사급징세서관제(管稅司及徵稅署官制)와 세무시찰관장정(稅務視察官章程)을 폐지하였다.

(2) 조세징수규정

종래 징세 법규가 불명확하여 종종 부당한 징세가 이루어지던 폐해를 고려하여 1906년(광무 10) 10월 조세징수규정을 제정하여 징수 순서와 방법을 공시했다. 인민에게 이 규정에 의한 방법에 의하지 않고는 징수할 수 없음을 알리고, 세무관 및 각 군 주재 세무주사 외에 면장(촌장) 및 해당 면 내(面內)의 임원으로 하여금 징수 사무를 관장하게 했다. 또한 면 내 임원이 선정한 공전영수원(公錢領收員)으로 하여금 현금 영수를 담당하게 하고, 그렇게 함으로써 지방 하급 징수기관의 발달을 기했다.

여기서 조세 징수는 크게 면목을 새롭게 했으나, 면장 및 공전영수원은 마치 보통의 집금인(集金人) 같아서 일정한 사무소도 없어 납세자는 물론 감독하는 데에도 불편함이 많았다. 이에 각 면 또는 각 리(里)와 동(洞)에 면사무소(面役場) 혹은 공전영수소를 설치했다. 일본의 시정촌(市町村) 사무소(役場) 같이 차츰 발달시킬 목적으로 1907년(광무 11) 하반기에 이 계획에 착수했지만, 선생의 재임 중에는 아직 실시하는 데까지 이르지 못했다.

(3) 징세기관 확장

앞서 1906년(광무 10) 9월 관세관관제를 발포하고 징세기관을 정비했으나, 그 실적이 예

---

41 1906년 9월 24일에 칙령 제54호 '관세관관제'가 반포되었다. 고종시대사 6집 광무 10년 9월 24일.

상한 대로 이루어지지 못했다. 이에 1907년(광무 11) 6월 다시 칙령으로 동 관제를 개정하여 세무감의 주재소를 세무감부(稅務監府), 세무관의 주재소를 세무서(稅務署), 세무주사의 주재소를 세무분서(稅務分署)라 칭했다. 13도에 감부(監府) 1개소씩을 두고 각 세무감부에 세무감 1인, 세무주사 2인, 세무서기 2인을 배치하고, 세무감은 각 도 관찰사로 하여금 겸임하게 했다. 세무서는 전국에 50개소를 두기로 하고 각 서에 세무관 1인, 세무주사 2인, 세무서기 2인을 배치했다. 세무분서는 전국에 181개소를 두고, 각 분서에 세무주사 1인, 세무서기 2인을 배치했다. 종래의 세무관 36인을 50인으로, 세무주사 168인을 307인으로 증원하고, 동년 7월 탁지부령으로 세무감부, 세무서, 세무분서의 위치 및 관할구역을 개정 공포하여 8월 1일부터 시행하도록 했다. 여기에 감부의 위치만 열거하면, 경기도 수원, 강원도 춘천, 경상북도 대구, 경상남도 진주, 충청북도 충주, 충청남도 공주, 평안북도 영변(寧邊), 평안남도 평양, 황해도 해주, 전라북도 전주, 전라남도 광주, 함경북도 경성(鏡城), 함경남도 함흥 등이다.

(4) 조세징수규정시행세칙 및 기타

앞서 조세징수규정을 제정하여 징수의 순서와 방법을 공시하고, 이에 의하지 않고는 징수할 수 없음을 일반 인민에게 알린 결과, 그 성적이 크게 향상했다. 또한 향후에도 지도 감독을 계속하면 몇 년 지나지 않아 부당한 징세는 그 흔적이 없어질 것 같다. 그런데 1906년(광무 10) 11월의 염세규정, 동년 12월의 수산세규칙 발포 후 관세관(管稅官)의 염세 및 수산세에 대한 보고는, 혹은 양식에서 벗어나고, 혹은 빠지거나 실수한 것이 있었다. 심한 경우 완전히 보고서를 제출하지 않은 자도 있어서 세입 징수액의 통계상 매우 곤란했다. 이에 1907년(광무 11) 6월 탁지부령으로 다시 조세징수규정시행세칙, 세입징수부(稅入徵收簿) 조제(調製), 그리고 징수액 보고 절차를 공포하여 재정고문 지부 및 문서를 통해서도 보고받기로 했다.

(5) 지방 재정감부 설치

지방에 있어서 재정의 감사와 재정고문 지부 및 분서 등 점차 설비가 완성되었지만, 여전히 세무관 및 세무주사에 대한 지도 감독이 충분하지 않았다. 이에 1907년(광무 11) 6월에 다시 재정고문부지방재정감부규정을 정해 경성·평양·대구·전주·원산 5개소에 고문감부(顧問監部)를 두고 재정감사관을 배치하여 지방재정 감사의 임무를 담당하게 하고 감부 5개소의 관할구역을 정했다. 경성감부는 경기도와 강원도. 평양감부는 평안남도, 평안북도, 황해도. 대구감부는 경상남도, 경상북도, 충청북도. 전주감부는 전라남도, 전라북도, 충청남도. 원산감부는 함경남도, 함경북도를 관할하게 했다. 13도에 있던 종래 재정고문 13지부는 예전 그대로이지만, 동년 7월 지부에 속하는 분서(分署)를 분청(分廳)으로 개칭하여 종래 23분서 이외에 46개소를 증설하여 69분청으로 삼았다. 분청에는 각각 재무관 및 재무관보를 임명했다. 지방재정감부규정은 8월 1일부터 실시했는데, 공교롭게도 이태왕(고종) 퇴위 문제로 인한 지방 폭주의 봉기 때문에, 선생 재임 중이던 동년 10월 말일까지 새롭게 개설한 분청이 16개소에 불과한 것은 매우 유감이었다.

3) 재무·세무 혁신

(1) 경무고문부와의 연락

지방 재무 개선 및 진흥의 경우 종래 경찰관의 원조를 얻어 점차 양호해지고 있었다. 하지만 바야흐로 세무관 관제 및 징세법이 개정되었고, 그 결과 더욱 세무 혁신을 도모할 필요가 절박해졌다. 그런데 갑자기 재무기관의 배치가 완비되기 어려워졌기 때문에 이제 다시 경무부와 긴밀하게 협조하고 개정의 효과를 거두기 위해 1907년(광무 11) 1월 선생은 공문서를 통해 여러 사항을 경무고문 마루야마 시게토시(丸山重俊)에게 위촉했다. 그 요령은 다음과 같다.

(1) 종래 군수로 하여금 관장하게 했던 세무를 이번에 신설한 세무관의 손으로 이관하여 주구(誅求)의 길을 끊는 동시에 인민의 공납금은 완전히 국고 수입으로 할 것.
(2) 이에 대해서는 이번에 조세에 관한 장부 서류, 그리고 이미 징수한 현금 등은 군수로부터 세무관 및 세무주사에게 원활하게 인계시켜 피아(彼我)의 악감정을 초래하지 않도록 할 것.

(3) 조세 부과 및 징수기관은 탁지부 대신, 세무감, 세무관, 세무주사 및 면장(함경도에서만 社長이라고 한다), 면 임원, 공전영수원으로 구성된다. 탁지부 대신 및 세무감은 감독관이고 세무관 이하는 집행기관이다. 즉 세무관 및 세무주사는 자기 관할 내의 각 면장에 대한 조세 부과를 관장하고, 면장은 그 부과에 의한 납입고지서에 기초하여 임원으로 하여금 면 내 각자의 납세금액을 협의하여 결정하게 하여 이 결정액을 각 납세의무자에게 통지한다. 공전영수원은 이 통지액에 의거하여 각 납세인으로부터 현금을 징수하고 이를 금고 또는 우편관서(郵便官署)에 납입할 것.

(4) 면장은 지방에 있어서 중요기관으로 비단 세무에 그치지 않고 폭넓게 지방 행정에 관여하는 자이기 때문에, 면 내에서 가장 신용과 덕망이 있고 한 면의 장이 되기에 적합한 자를 한 사람 선임하게 할 것. 또 임원(이원, 吏員)은 1면에 5인 이상으로 하고 협의를 통해 징수액을 각 납세인에게 할당하기 때문에, 그 면 내에서도 공평 솔직한 자를 선임할 것. 공전영수원은 현금 취급자이기 때문에, 특히 자산 있고 신용 있는 자를 선임할 것.

(5) 세금 납입 절차에 대해서는, 지세(결세)와 호세는 납세자가 공전영수원에게 건네주고, 공전영수원을 이를 금고 또는 우편관서에 납부하게 되어 있지만, 지세나 호세 이외의 조세는 세무관 또는 세무주사가 직접 납세자에게 납입고지서를 발행하고, 납세자는 그 세금을 직접 금고 또는 우편관서에 납부하여 면장, 임원, 공전영수원의 손을 거치지 않는다. 단, 특별한 규정이 있는 경우 이에 한하지 않는다. 공전영수원을 경유하여 납부한 세금에 대해서는 그 금액의 100분의 2를 징수비로 각 면에 교부하기 때문에 면장, 임원, 영수원 등에 관한 비용을 보상할 것.

(6) 이번 세무관제 및 징수법의 개정은 군수 이하 군 이원(吏員)의 부정 소득에 대해 큰 타격을 입히게 되었다, 따라서 그들은 인민을 선동하여 불온한 행동에 나서거나 개정의 진로에 방해하는 일이 없다고 보증하기 어렵다, 그 때문에 미리 이에 대한 대책과 진정(鎭靜) 방법을 강구하여 개정의 취지를 관철시킬 것.

(7) 또 왕왕 군수 이하 군 이원으로서 여러 구실을 붙여 납세자를 기만하고 군수가 직접 무명 혹은 부정한 징세를 행하고 현재에도 계속 징수하고 있는 자도 있기 때문에, 이들에 대해서는 원래부터 상당한 처분이 있어야 하나, 이를 은폐하지 않고 조사 보고를

게을리하지 말 것. 또한 관제 개정 후 조세 징수관 자격이 없는 군수 등에 대한 납입은 납세의 의무를 완수한 것이 아니기 때문에, 혹은 다시 정식 납세를 해야 한다. 따라서 이러한 때 한편으로는 군수 이하를 계칙(戒飭, 타일러 근신하게 함)하고, 한편으로는 인민에게 이러한 취지를 주지시키는 것이 무엇보다 중요함.

(8) 신화의 유통, 그중에서도 특히 보조화의 통용을 장려하고, 조세는 모두 신화 및 일본 화폐를 가지고 납부하게 한다, 엽전 1환(圜) 이상은 조세로서 영수할 수 없게 하여 화폐제도 개정의 목적을 달성하는 동시에 납세에 편리하게 할 것.

(9) 세금 수송, 세무 인계 입회, 재정고문 지부원(支部員)의 지방 출장 때 위험의 우려가 있을 때는 경무고문부원의 보호를 요청할 것.

(10) 궁내부 및 기타 관청이 주관하는 세금 추심이라 칭하며 지방을 배회하는 부정한 무리에 대한 단속, 아울러 1907년(광무 11) 1월 1일부터 실시한 염세규정은 근량(斤量)에 의해 과세하기 때문에, 시행 당초에는 특히 세심한 주의를 기울여야 하고, 개정 염세의 목적을 달성하고자 애쓰는 것에 대해서는 또 경무부의 단속을 구할 것.

이상의 위촉을 받은 마루야마 경무고문은 곧바로 경성 경무고문 지부 및 각도 경무고문 지부에 위의 사항을 통첩하였고, 동시에 영달(令達)을 발하여 정부의 세입에 관한 장애 및 위험을 배제하고 세제 개정의 양과(良果)를 거두고자 하였다. 이는 정무 전반의 이장(弛張, 해이와 긴장)과 관계된 바 크기 때문에 경무부에서도 충분한 주의를 게을리하지 않고 재정고문부 당해관과 긴밀하게 연락함으로써 구래의 폐해를 일소하고 원조의 결실을 거두는 것은 당면한 급무이다. 따라서 당해관으로부터 통보 혹은 보호 요구가 있을 때는 사정이 허락하는 한 이에 응하여 상당한 조치를 취해야 한다고 부하 일반에게 훈시하고, 아울러 메가타 고문에게 상기 영달서(令達書)에 첨부하여 위탁사항을 힘써 행해야 한다고 복조(覆照)했다.[42]

(2) 지방위원회 창설

한국에서는, 법령은 일반 인민이 주지하지 않는 바로, 그 때문에 여러 폐해를 초래하고 있

42 복조란, 상대방의 조회(문의)에 회답한다는 의미를 갖고 있다.

다. 그 원인은 전적으로 교육이 보급되지 않은 것에 있음은 말할 것까지도 없다. 또한 관민 상하의 의사소통 기관이 마련되어 있는 않은 것에도 원인이 있다. 따라서 1907년(광무 11) 5월 칙령으로 지방위원회규칙을 발포하고 세무관과 지방관이 협의하여 해당 관할 부군(府郡)에서 상당한 자산을 가지고 민정(民情)에 정통한 자를 지방위원으로 선임하여 명예직으로 지방위원회를 조직한다, 세무관 주재지에 그 위원회를 둔다, 위원회장의 소집으로 정시(定時)와 임시로 개회하여 지방의 재정에 관해 관민의 의사를 소통하여 법령의 주지를 도모한다, 또한 정부의 자문에 응답한다, 의견이 있을 때는 정부에 상신(上申)하게 했다. 이 지방위원회의 설립은 한국에서는 처음 시작하는 사업이기 때문에, 그 위원의 선정에 깊이 주의를 기울이지 않으면 후일 폐해를 낳을 우려가 있었다. 이에 칙령 발포 직후, 선생은 13도 세무감에게 ① 올해 6월 중에 1군 1인 이상의 지방위원을 인선 위촉할 것, ② 시기를 정해 재정고문 지부 소재지에 해당 전도(全道)의 위원을 합동 소집하고 관찰사와 재정관으로부터 장래의 희망을 훈달(訓達)할 것, ③ 이 합동 소집에는 경무부 기타 지방관의 임석을 요구할 것, ④ 지방위원회의 명칭은 세무관의 소재지명을 관사(冠詞)로 할 것, ⑤ 지방위원은 명예직이나 연말의 위로금, 집회비용, 그리고 여비 등을 지급할 것 등의 훈령을 발했다. 6월에 다시 탁지부령으로 지방위원회 시행규칙을 발포하였다. 지방위원회 회장은 각 세무관이 겸임하고, 격월로 1회의 정기회를 개최하며, 회장으로부터 자문의 주요 사항은 ① 조세, 수수료, 그리고 부역현품(賦役現品)의 부과징수에 관한 건, ② 화폐 정리에 관한 시설, ③ 지방금융에 관한 시설, ④ 금곡(金穀) 등을 축적하는 기관의 설치와 그 조치에 관한 건, ⑤ 상기 사항 외에 자문해야 할 사항을 명하거나 자문하는 것이 적당하다고 인정한 사항 등이다. 이렇게 해서 제 일착으로 지방위원회 성립을 본 것은 경성, 수원, 대구, 공주, 개성, 상주, 안동, 경주, 충주, 청주 등인데, 10월 말일까지 전부 성립되었다.

(3) 징세에 필요한 지방 경비

지방재정감부 설치와 함께 징세에 필요한 지방 경비 사용의 적절성 여부는 그 감사 사항의 주요 항목이다. 이 지방 경비는 재무 세무의 혁신에 수반하여 필연적으로 사용해야 하는 것으로, 이를 내국관세비(內國管稅費)와 재무정리비(財務整理費)의 두 개로 나눈다. 그중 내국관세비는 관세관 관제에 따른 제경비(諸經費)이다. 1907년도(광무 11) 각 세무감부 및 세무서의 예산액은 ① 봉급 및 제급(諸給), ② 청비(廳費), ③ 수리비, ④ 잡급 및 잡비, ⑤ 여비의 5개 항목을 합쳐 16만 1,400여 원이다. 이 출급 명령은 각 세무감에게 위임하고, 세무감은 해당 감부 및 관할 세무서 경비의 출급을 금고에 명령한다. 재무정리비는 재정고문 지부 및 동 분청의 제경비로 1907년(광무 11) 3월까지는 탁지부에서 직접 출급했지만, 출급하는 데 있어서 시의적절하지 못할 우려가 있어서 동년 4월분부터의 경비는 재정고문 지부 소재의 세무감에 출급명령을 위임했다. 하지만 위임한 4월부터 동년 12월에 이르는 9개월간의 고문 지부 및 동 분청 경비액(經費額)은 전기 5개 항목을 합해 9만여 원이었다.

(4) 세무 강습

재무 세무의 혁신과 함께 세무주사 양성에 힘써 경성에서 1907년(광무 11) 6월 제1기 강습을 마치고 50여 명을 각지로 파견했다. 강습과목은 조세론대의(租稅論大意), 조세징수법, 회계법, 부기, 수학, 법학통론, 경제대의(經濟大意), 한문, 일어회화, 일어역문(日語譯文) 등으로 속성을 중시했다. 성적이 양호하여 7월에 다시 세무주사 견습생 50명을 모집하여 10월까지 학업 우등에 품행 방정한 자 9명을 선발하여 세무주사에 임용하여 파견했는데, 그 실적이 우수하여 경성 이외에 또 평양·대구·전주 3개소에 강습소를 신설하고, 각 강습소에 30명씩을 양성할 계획으로 10월부터 강습을 개시했다. 이들 강습소의 강습이 끝나면 곧바로 하급 재무관리로서 각지에 배치하여 재무의 발전을 기하도록 했다.

4) 조세 정리

(1) 은결 정리

한국에서는 종래 실측에 의한 지적도, 토지대장의 설비가 없어 지세 부과는 오로지 양안(量案)이라는 장부에 게재된 결수를 기초로 하여 이루어졌다. 하지만 그 양안이라는 것이 상당히 불비(不備)한 상태여서 그 때문에 은결이 발생하였다. 은결이라는 것은 전술한 바와 같이 완전히 탈세하고 있는 토지, 또는 지주는 납세의 의무를 다했으나 해당 세금이 중간에 소진되어 국고에 납입되지 못한 토지를 가리는 것이다. 이렇게 은결을 발생시킨 직접적 이유는 신기경지(新起耕地)를 신고하지 않은 경우, 그리고 면세지의 면세 이유가 해소되었음에도 신고하지 않은 경우가 그 주된 것이다. 신고하지 않은 경우는, 지주와 지방관 사이의 경우, 지방관과 중앙정부 사이의 경우가 있는데, 해마다 현저하게 그 수를 증가시켰음을 어렵지 않게 살필 수 있다. 실제로 전국의 결수는 조금씩 감소하여 1903년(광무 7), 1904년(광무 8) 무렵에 그 폐해가 가장 심했다. 이에 선생은 취임 이래 은결 조사에 힘을 기울였지만, 군 이속(郡吏屬)은 자기 수입의 감소를 우려하여 적극적으로 은결을 감추고자 했고, 그 때문에 조사의 효과는 충분하지 않았다. 하지만 더욱 조사를 진행하여 착착 성적을 거두었다. 1907년(광무 11) 10월 말일의 전국 총 결수는 전년도보다 증가하여 99만 9,300여 결에 달했다. 이를 300여 년 전의 조사 결과인 상기 총 결수 145만 5,400여 결에 비하면 45만 6,000여 결이 부족했다. 이 부족은 은결 이외에 300여 년 동안 전답의 천성(川成), 포락(浦落), 복사(覆沙), 해일(海溢), 수한(水旱), 풍상(風箱), 포충(雹蟲) 등 때문에 감결(減結) 혹은 괴폐(壞廢)한 것, 그리고 궁정부속료원(宮庭附屬料園) 및 공신에 대한 특별 면세지도 포함되어 있다. 소위 풍수해라는 것의 손실 정도도 정확함을 기하기 어렵고, 전기(前記) 최초의 총 결수도 결코 확실하다고 할 수 없지만, 1904년도(광무 8)의 지세 수입액이 274만 9,000여 원이었던 것과 1907년(광무 11) 1월부터 10월 말일까지의 동 수입액이 531만 8,000여 원에 달했던 것에 비추어 보면, 한편으로는 징세기관 정비로 미납자가 감소하고, 다른 한편으로는 은결의 조사 발견도 상당한 효과를 거두었기 때문이다. 단, 종전의 은결 발견 수는 명확하지 않지만 1907년(광무 11) 1월부터 10월까지의 조사 발견에 대해서만 열거하면, 전라남도의 약 3,000결을 최대로 하고, 평안북도의 100결 미만을 최소로 하여 합계 1만 3,042결, 이에 대한 세액 9만 7,895여 원이었다. 만약 동년 현재 총 결수 99만 9,300여 결에 세율을 곱한 산출세액 840여만 원과 비교하면, 전기 531만 8,000여 원의 수입액은 성적이 양호하다고 할 수 없다. 따라서 이제부터 더욱 주의하고 정리해야 할 것이다.

(2) 호세 정리

지세에 있어서 은결과 마찬가지로, 호세에서도 결호(隱戶), 누호(漏戶) 등의 포세자(逋稅者, 세금 포탈자)가 매우 많고, 광무 10년도(1906)까지의 전국 과세 호수는 138만 4,493호였지만, 1907년(광무 11) 5월 경무고문부의 조사에 의하면 233만 3,087호로 94만 8,594호가 증가했다. 따라서 1907년(광무 11) 가을부터 이 증가 호수에 대해 과세하기 위해 6월 탁지부령으로 호당 매년 30전을 징수하기로 했다. 다만 지금 곧바로 전 호수에 과세할 때는 부담이 급격하게 가중되는 것을 피할 수 없다. 따라서 종래의 관례를 참작하는 동시에 새로운 조사에서 증가한 호수의 2할은 극빈자로 간주하여 면세하기로 했다. 또한 신 호세액(戶稅額)이 구 호세액에 비해 2배를 초과하는 각 면에서는 이를 2배에서 그치기로 했다.

(3) 광세 신설

본 세는 신설세로 광구세(鑛區稅), 광산세(鑛山稅), 사금채취세(砂金採取稅)의 3자를 총칭한 것이다. 광구세와 광산세는 1906년(광무 10) 7월 법률 제3호의 광업세법에 의거하여,[43] 사금채취세는 동년 동월 법률 제4호의 사금채취법에 의거하여 부과되었다.[44] 광구세는 광구 1천 평마다 매년 50전, 1천 평 미만의 단수는 1천 평으로 계산할 것, 단 광업 허가 후 만 1개년 동안의 광구세는 정률(定率)의 반액으로 한다. 광산세는 광물 가격의 100분의 1로 하고, 사금채취세는 채취 허가구 1천 평 혹은 하상(河床)이 1정(町) 연장될 때마다 매년 1원을 부과한다. 1천 평 미만은 1천 평, 1정 미만은 1정으로 계산할 것. 광구세 및 사금채취세는 매년 12월 중에 다음 해 분을 전납(前納)하게 하고, 광산세는 올해분을 다음 해 3월 중에 납부시키기로 했다.

(4) 염세규정 제정

종래 염세 및 수산세는 어(漁)·염(鹽)·곽세(藿稅)로 징수해 왔고, 그 수납총액은 겨우 1만 원 내외에 불과했다. 그런데 염의 생산액은 한국 전체로 약 150만 석이었고, 1석을 2원으로 하여 계산하면 300만 원에 달한다. 또한 수산물의 총액은 약 500만 원이기 때문에 양자 합계 약 800만 원이다. 이에 대해 정부의 수세액이 1만 원 내외에 불과한 것은 지나치게 근소하지만, 이는 세법이 불완전하고 중간에 세금을 소진시키는 비소자(費消者)가 있기 때문이다. 이에 선생은 세법을 개정하고 염업과 수산업의 발달을 도모하면, 정부의 수입도 수십 배

---

43 정확한 이름은 법률 제3호 鑛業法이다.《고종실록》47권, 고종 43년 6월 29일 양력 3번째 기사, 〈이민보호법과 광업법을 모두 비준하다〉.

44 정확한 이름은 법률 제4호 砂鑛採取法이다.《고종실록》47권, 고종 43년 7월 24일 양력 3번째 기사, 〈사금광 채취법을 비준하다〉.

가 될 것이라고 판단했다. 1906년(광무 10) 11월 먼저 염세규정(鹽稅規程)을 제정하여,[45] 제염업자로 하여금 새롭게 해당 채염지명(採鹽地名), 염전의 면적, 제조장 및 저장장(貯藏場)의 위치와 개수, 염정(鹽井) 및 염부(鹽釜)의 수, 제조방법, 1년간의 제조고(製造高) 등을 기재하여 탁지부 대신의 면허를 받게 했다. 종래 염부의 대중소에 대해 과세했던 것을 바꾸어 제조근량(斤量) 100근당 6전을 과세하고, 100근 미만의 단수는 100근으로 산입했다. 3개월마다 제조 근량에 의해 1년에 4기로 나누어 납부하기로 하고, 1907년(광무 11) 1월부터 이를 실시했다. 당시의 염세 연액은 약 3만 원이었다.

이 염세규정과 동시에 제염검사심득(製鹽檢查心得)을 규정하고, 제염자에 대한 과세의 본의를 명확히 했다. 종래 징수된 염세는, 염부 1좌(座)에 대해 일본 화폐로 환산하여 16원 68전이어서 1좌의 제조고를 1년 평균 1만 근으로 하면 100근에 대해 16전 6리 8모에 해당한다. 여기에는 정세(正稅) 외에 순교(巡校) 및 군수의 급사(給仕), 소사(小使), 하복(下僕), 및 면임(面任), 기타 수당이 포함되어 있다. 그런데 신세법에서는 100근에 대해 6전이기 때문에 제염업자는 그 공평과 부담의 경감을 기뻐하고, 납세가 원만하게 이루어져 정부 수입액이 점차 증가하였다.

(5) 수산세규칙 제정

전 항 염세규정에서 말했듯이, 수산물의 총액은 1개년 500만 원에 달하지만, 세액은 염세와 합쳐서 1만 원 내외에 불과하여 세칙 개정이 필요했다. 따라서 1906년(광무 10) 12월, 종래의 어세(漁稅)와 곽세(藿稅)를 폐지하고, 새롭게 수산세규칙을 제정 공포하여 1907년(광무 11) 1월부터 실시했다. 이에 의하면, 해산물 채취를 영업으로 하는 자는 해당 규칙을 따라 수산세를 납부해야 했다. 연해(沿海) 각 면을 1세구(稅區)로 하여 채취물 매매가격의 1000분의 10을 세율로 했다. 소관 세무관 또는 군의 파출 세무주사가 면장에게 납입고지서 등을 발급하고, 면장은 다시 지세·호세의 동일한 순서와 절차를 밟아 이를 각 납세 의무자에게 통지하게 되어 있었다.

---

45 1906년 11월 8일 '鹽稅規程 度支部에서 鹽稅規程을 議定하여 정부에 請議하다'. 참고로 '稅務官吏服裝 官報附錄으로 稅務監 以下 稅務官 及 稅務主事의 服裝圖式을 頒布하다'. 이상《서우》제1호, 1906.12.1, 〈時報〉.

그런데 이 수산세 시행은 옛날부터 그 전례가 없었기 때문에 규칙 및 취급법을 일반 수산자에게 자세히 밝힐 필요가 있었다. 이를 위해 탁지부 대신이 관찰사 이하 행정관 및 지방 재무관에게 훈령하여 세무주사 및 면장 등과의 사이에 연락을 유지하면서 동업자를 지도하게 했다. 종전 간단한 취급에 익숙한 그들은 복잡한 규칙을 아는 것이 곤란했고, 글자도 모르는 자가 많아 하루하루의 채취 물건 및 가격을 기장하는 것도 곤란했기 때문에, 세액을 결정할 수 있는 수산물에 대한 평가를 얻기 어려웠다. 한국 관리는 또한 어촌 등에 나와 조사하는 것을 관리의 위신이 깎이는 것이라고 하여 가급적 이를 피하려 했고, 그 때문에 조사의 진행 또한 매우 곤란했다. 수산세 규칙이 발포되면서 종전의 어세·곽세가 폐지되었음에도 군수 등은 구래의 명의를 가지고 징수를 기도하는 자까지 있었다. 그 사이 무명(無名) 징수가 이루어질 듯한 형세가 나타났으나 이 역시 저지되었다. 이를 지도하는 것이 곤란한 점, 시행 당초 해당 관리의 배치가 충분하지 않아 시행이 곤란한 점, 경기도 풍덕군(豐德郡) 같은 곳은 수산세를 무명부당(無名不當)한 잡세라고 하여 납세를 거부하거나 혹은 징세를 방해한 점, 그리고 군수나 기타 관리가 신세법이 시행되면 자기 수입에 영향이 있을 것으로 보고 몰래 방해하는 것일 수 있다고 의심하기도 했다. 시행 이래 1907년(광무 11) 귀하반기는 실시 준비와 일반에 대한 지도 및 설명으로 시간을 보냈고, 후반기가 되어서야 마침내 세법의 주지(主旨)가 두루 미치게 되었다.

(6) 지방세 제정

1906년(광무 10) 12월 새롭게 지방세 규칙을 제정하여 1907년(광무 11) 1월 1일부터 실시했다.[46] 이를 통해 국고 경비의 지방 분담을 도모하고, 지방 공공사업 경비에 충당하여 그 발달을 촉진했으며, 아울러 종래 지방에서 제멋대로 징수한 불법 잡세의 폐절(廢絶)을 기했다. 즉 전국의 도로, 교량, 기타 지방토목, 지방관청의 청사 건축 및 수리, 교육, 권업, 경찰, 위생, 병원, 구휼, 자선, 지방관청 경비 보급, 공공상 필요한 시설 등에 관한 경비로써 (지방세를-역자) 부과하게 된 것이다.

---

46 1906년 12월 11일, 지방세조사위원회에서 지방세 규칙 전문 27개 조를 제정하였다. 《서우》 제2호, 1907.1.1. 〈時報〉.

지방세 종목은 ① 시장세, 이것은 물품매매가격의 100분의 1을 개시(開市)할 때마다 판매자에게 징수하고, 매개자에게도 소액의 세금을 부과하였다. ② 포구세(浦口稅), 이것은 화물매각을 위해 포구를 통과하는 화주로부터 최초 통과지에서만 화물가격의 1000분의 5를 징수한다. ③ 여각세(旅閣稅) 또는 객주세(客主稅), 이것은 도매업자(問屋業者)에게 매년 판매물품 예정 가격의 1000분의 5를 징수한다. 본디 한국에서는 도매업자가 대체로 여관을 겸영하고 있어 납세자의 다수는 여각주(旅閣主)이었다. 그 때문에 여각세 또는 객주세라고 칭한 것이다. ④ 교세(轎稅, 가마세), 이것은 사용을 위해 소유하는 자로부터 매년 가마당 2원. ⑤ 인력거세, 매년 1량(輛)에 대해 3원. ⑥ 자전차세, 매년 1량에 대해 3원. ⑦ 하차세(荷車稅, 짐수레세), 우마차는 매년 1량에 대해 2원, 손수레(手挽車)는 매년 1량에 대해 1원. ⑧ 화세(花稅), 이것은 예기(藝妓) 1인당 1년에 36원, 창기 1인당 1년에 24원. 이상의 세금 중에서 3번째 여각세 이하는 매년 2기로 나누고, 화세는 월할액(月割額)으로 매월 징수한다.

이상의 세금 외에 정부 발행 수입인지 및 도량형 매상, 자기가 채취한 광물 및 자기 경작 농산물의 포구 통과, 황실 및 관청 소용의 가마(轎), 인력거, 자전차, 짐수레(荷車)에는 과세하지 않는다.

지방세의 회계연도는 국고의 회계연도를 따르고, 지방세에 관한 현금 출납은 그 지방 농공은행으로 하여금 관장하게 하며, 그 회계 및 현금 처리에 관해서는 국고금에 관한 규정을 준용하게 했다.

(7) 세외 수입 중 수입인지

종래 세외 수입금 및 물품의 취급 규정이라는 것이 없어 각 청(廳)의 취급이 구구하여 통일되어 있지 않았다. 따라서 이를 통일하여 국고 수입 증가를 도모할 필요가 있었다. 이에 선생은 1907년(광무 11) 중에 칙령으로 이 규정을 발포하고, 다음 해 1월부터 시행하려는 계획을 세웠다. 이와 동시에 세외 수입 중 수입인지에 관한 정리를 단행했다. 따라서 조세의 정리와 함께 여기에 부기(付記)하기로 한다.

종래의 수입인지는 1환(圜), 50전, 10전, 5전의 4종으로, 수수료 기타 조세에도 수입인지로 납부하게 했기 때문에 수요가 날로 증가했다. 따라서 1907년(광무 11) 1월 다시 1전의 수입인지를 발행하고 2월 1일부터 시행했다. 1환 이상의 인지도 필요해지자, 1907년(광무 11)

8월에 1905년(광무 9) 11월의 탁지부령 수입인지매하규정(收入印紙賣下規程)을 개정하여 10환, 5환의 2종을 새롭게 발행하여 종래의 1환, 50전, 10전, 5전, 1전과 함께 7종이 되었다.

이 수입인지에 관해서는 1905년(광무 9) 11월의 탁지부령 수입인지매하규정에 따라 원매하인(原賣下人)[47]을 경성에 약간 명, 각 도에 1명씩 두었다. 그런데 수요가 증가하면서 교통기관이 불비한 지방에서는 인지의 공급이 매우 불편했기 때문에, 1907년(광무 11) 1월 앞의 규정 중 일부를 개정하여 각 부군(府郡)에도 수입인지 분매하인(分賣下人)을 두기로 하고 2월 1일부터 시행했다.[48] 또한 동년 6월 수입인지 및 수형용지(手形用紙) 원매하(原賣下) 순서를 규정하여 그 절차를 간소화하는 동시에 인지류출납규정(印紙類出納規程)을 정해 그 출약(出約)의 확실과 정리를 도모하였다. 이 두 가지 모두 7월 1일부터 시행했다. 단, 이들 규정의 개정 혹은 제정에 따라 원매하인 및 분매하인의 증설을 장려할 필요가 있어, 동 7월 종래의 할인율을 인상하여 원매하인에게는 100분의 7이었던 것을 100분의 9로, 분매하인에게는 100분의 5였던 것을 100분의 7로 인상하여 매하(賣下)를 단행했다. 그 결과 인지 교환이나 환매 청구에 적용하는 할인율도 인상할 필요가 있어 8월에 원매하인에 대한 100분의 9를 100분의 12, 분매하인에 대한 100분의 7을 100분의 10으로 고쳐 시행했다. 이에 매하인 인가 신청자가 증가여 동년 10월 말일 현재 전국 매하 인원은 원매하인 36인, 분매하인 215인, 수형원매인(手形原賣人) 20인에 달했다. 이로써 어느 정도 공급의 편의를 얻었으나 여전히 수요자의 희망을 충족시킬 수 없음이 유감이었다. 장래에는 재무서(財務署)로 하여금 직접 인민에게 판매할 계획을 세우고 조사에 착수했다.

수입인지를 가지고 납부해야 할 조세 및 수수료 종류는 1905년(광무 9) 11월의 탁지부령 수입인지규정에서 ① 전당포세, ② 포사세(庖肆세), ③ 관설도수수수료(官設屠獸手數料), ④ 가권수수료(家券手數料)의 4종으로 정했는데, 1906년(광무 10) 11월 토지가옥증명규칙이 실

---

47 매하(賣下)는 공적인 기관이 공공물이었던 물품을 민간에게 파는 것으로 '불하(拂下)'와 같은 의미이다. 여기서는 최초 정부에서 원매하인이나 분매하인에게 매하하는 것은 '불하'로, 원매하인이나 분매하인이 민간에 매하하는 것은 '판매'로 구별해 사용한다.

48 ●印紙施行 度支部에셔 十三道觀察使에게 訓令ᄒᆞ되 收入印紙賣下規程은 已經揭報인 바 該規程第二條中에 原賣下人과 分賣下人의 發賣例를 一遵ᄒᆞ야 施行이되 原賣下人은 自府報部差定ᄒᆞ고 分賣下人은 自郡報府差定ᄒᆞ며 印紙種類ᄂᆞᆫ 原賣下人의게 請求ᄒᆞ야 使之隨用ᄒᆞ야 施行之意로 各該郡에 轉飭ᄒᆞ라 ᄒᆞ얏다더라. 〈印紙施行〉, 《皇城新聞》 1907.2.5.

시되면서 토지가옥의 증명서를 청구하는 자는 해당 규정을 따라 수입인지를 가지고 수수료를 납부하게 되면서 그 결과 가권수수료는 폐지되었다. 또한 1906년(광무 10) 9월 광업조례의 실시와 함께 광업자의 출원 수수료, 그리고 동년 11월 민사소송수수료규칙 제정으로 민사소송 제출자의 수수료는 모두 수입인지를 가지고 납부하게 되었다.

5) 재원 조사와 세법 개정

세제 개혁, 조세 정리와 함께 국고의 증수를 도모하여 재정의 기초를 공고히 하기 위해서는 재원(財源) 조사가 가장 급요(急要)하다. 선생이 주목한 것은 술(酒)과 담배(煙草)이고, 규모 확장을 도모한 것은 제염사업이었다. 이 역시 조세 정리의 범위에 속한다.

(1) 주조(酒造) 조사

한국에서는 종래 주류에 과세하지 않았지만, 인민의 음주량이 타국과 비교하여 적지 않기 때문에 장래에 적당한 방법을 강구하면 하나의 재원으로 삼을 수 있다. 단지 현재 이루어지는 제조는 대체로 자가용이어서 주질(酒質) 역시 열등하여 이를 방임할 경우 위생상 큰 해독을 끼칠 뿐만 아니라 외국산 술에 압도당할 것이다. 선생은 지금 바로 국고 수입의 목적물로 삼는 것이 합당하지 않더라도 소액의 과세를 행하는 동시에 주질 개량, 생산비 감소, 양조장 수의 집약을 장려하면 차츰 주조업계의 발달을 이루고 향후 좋은 재원이 될 것이라고 보았다. 이에 선생은 지방 각 감부(監部) 및 각 지부에 명하여 1907년(광무 11) 10월 말일까지 주조장 집산 상황, 자가용 요주(料酒) 제조 상황, 자가용 이외의 탁주, 소주, 약주, 기타 주류별 주조량[石高], 양조장 수, 도매 및 소매 1승(升) 평균단가, 일본주 양조장 수와 그 주류별 제조량, 아울러 주류별로 세율을 다르게 할 것인가, 제조량에 따라 등급을 정해 과세할 것인가, 그리고 납세기(納稅期) 및 단속 방법 등을 조사하여 보고하도록 했다.

(2) 담배(煙草) 조사

담배는 한인 끽연(喫煙)의 기호성과 함께 생산액 또한 상당하여 재정상 특히 주목할 필요가 있는 국산(國産)으로 좋은 재원이 될 수 있었다. 그 생산 및 소비의 상황에 대해서는 정확한 사실을 보여줄 만한 것이 없어 선생은 일찍이 1905년(광무 10)부터 이에 대한 조사와 연구에 착수하는 한편 생산에 있어서 정리와 개선을 계획했다.

잎담배(葉煙草)의 생산에 관한 조사는, 1905년도(광무 9) 건조 시기에 평안남도 · 황해도 · 경기도의 각 생산지에서 실시하고, 1906년도(광무 10) 첫 저장 시기에 다시 충청북도 · 경상북도 · 전라북도의 각 생산지를 조사했다. 이를 통해 대략이나마 개황을 관찰할 수 있었다.

또한 잎담배 품위(品位)에 관해서는 경성, 인천, 평양 등의 도시로 반출된 것, 기타 직접 생산지에 저장한 표본, 그리고 공동창고회사의 담보품 등을 연구하고, 각 생산지를 대표하기에 충분한 우량품은 이를 일본연초전매국으로 보내 품위의 평정(評定)을 구했다. 장래 담배 생산에 있어서 개량 예컨대 종자 및 경작법 개선을 도모하였고, 일본과 미국의 종자를 수입하거나 담배 경작과 기후의 관계를 연구하기 위해 기상관측을 개시하였다. 그 밖에 잎담배의 용도 확장을 기하는 등 여러 가지로 계획하는 바가 있었다.

앞에서 기술했듯이, 각지에서 이루어진 생산에 관한 조사는 수확 후의 상황을 관찰했으나 그 범위가 넓지 않고 수확 전의 조사를 결하고 있었다. 따라서 1906년(광무 10)에는 각 생산지를 대상으로 가능한 경작기(耕作期) 귀하체를 조사하기 위해 동년 6월 비교적 경작이 많은 지방 5개소를 선정하여 용인 · 온양 · 제천 · 전주 · 개성에 출장소를 창설하였다. 오로지 평안남도 · 충청남도 · 전라남도 · 경기도에서만 생육, 수확, 건조 등의 상황을 일일이 현장에서 조사하게 했다. 또한 연초의 소비 상황과 그 수입 방법에 대해서는 내외(內外) 제품을 대상으로 조사연구를 진행했다.

1907년(광무 11)에 다시 평안남도 성천(成川)에 출장소를 설치하여 6개 출장소로 늘리고, 판매용전작(販賣用專作), 자가용작(自家用作), 자가용잔부(自家用殘部)의 판매용작 등 3종류로 구별하여 전년보다도 그 범역(範域)을 넓혀 각도에 걸쳐 조사를 추진하였다. 관련하여 새롭게 조사지침 개요를 시달했다. 즉 ① 경작지 상황, 예컨대 농가 호수와 연초(담배) 경작 호수의 비율, 전답 예상 면적과 연초 경작 면적의 비율,[49] 연초 총생산량과 그 총가격 등, ② 경

49 反別은 전답을 1反步(=段步)씩 나누는 것을 말하는데, 町 · 反 · 畝 · 步의 단위로 면적을 표시할 때도 '반별'이라고 쓴다. 따라서 여기서는 면적이라고 해석해 무방하다.

작 상황, 예컨대 파종, 묘상(苗床)의 구조, 수엽(收葉), 건조, 저장, 및 충해예방 충해구제 등, ③ 제조업의 상황, 예를 들면 제조업자 수, 제품 명칭, 제조 순서와 방법, 제조액, 제조비, 사용 직공 수 등, ④ 판매 상황, 예를 들면 연초 집산 시기, 거래 관행, 시장 상황, 판매가격, 운반비, 판매기관 등, ⑤ 소비 상황, 예컨대 연초 기호의 현황 및 장래에 대한 예상, 끽연 인원, 끽연고(喫煙高) 등이었다. 이들 출장소원은 일본연초전매국 기수와 서기로 충당했는데, 여기에 사무견습생으로 한인을 채용하여 재원 조사에 관한 지식을 전수하고, 아울러 연초 경작지로 가서 실지조사를 연습하게 했다.

그런데 동년(1907) 7월의 정변으로 8월에 군대가 해산하고 각 지방에 폭동이 일어나 일시적으로 실지조사가 거의 불가능한 상태에 빠졌다. 하지만 충실하고 열성적인 출장소원은 몇 번이나 위험한 지역으로 들어가 조사 수행에 노력했다. 그 결과, 연초 경작지는 13도에서 156군, 경작 호수 47만 8,000여 호, 경작 면적 7만 8,686정 6단보 남짓, 수확량 270만 1,000여 관(貫), 총 가격 174만 6,000여 원이었다. 소비 상황은 끽연 인원이 남자 135만 3,000여 명, 여자 53만 2,000여 명, 합계 188만 4천여 명, 소비액 총계 210만 8,000여 원에 달함을 알 수 있었다. 이상의 면적, 무게, 가격 등은 모두 일본 단위로 나타냈다. 이하에서도 역시 같다.

이 밖에 경부선 연도의 대전, 대구, 밀양, 삼랑진 등에서 일본인 연초 재배자가 점차 증가했다. 1907년(광무 11) 현재 경작 인원 113명, 경작 면적 751단보 남짓, 수확 예상량 2만 6,160관, 이것의 가격 4만 1,800여 원이었다.

또 제조업자는 오로지 경기도, 경상남북도, 그리고 평안남도에 있었는데, 일본인 살담배(각연초) 제조업자 21명, 그 제조량 3만 260관 남짓, 이것의 가격 8만 1,380여 원, 지궐련(紙卷煙草) 제조업자 19명, 제조가격 16만 8,600여 원, 한인 살담배 제조업자 121명, 제조량 9만 2,600관, 가격 12만 3,100여 원, 권련 제조업자 9명, 제조가격 2만 1,400여 원, 엽궐련(葉卷煙草) 제조업자 6명, 제조가격 1만 400여 원, 이상 가격 합계 40만 4,880여 원이었다.

연초 수입의 개황을 보건대, 종래 청일 양국 및 터키(土耳古), 마닐라(馬尼剌) 등으로부터의 수입은 해마다 증가 경향을 보였다. 특히 러일전쟁의 결과 재류 일본인이 증가하면서 일본 담배의 판매가 왕성해지면서 최근 한인 중에서 일본 궐련초를 수용하는 자가 많아졌다. 1907년(광무 11) 1월부터 10월까지의 조사에 의하면, 수입 총액이 91만 3,120원에 달했고, 그중 일본에서 수입한 것이 8할 2분(82%) 이상을 점해 74만 6,000여 원이었다. 즉 한국의 연간 연초 소비고가 130만 원 밑으로 떨어지지 않아 적당한 재원으로서 주목받았고, 그 때문에 2년 후 연초세법이 발포되었다.

(3) 제염조사

소금(鹽)이 필요 식료품인 것은 말할 필요도 없지만, 한국인은 염장한 생선이나 채소를 다른 나라 국민보다 특히 더 좋아한다. 따라서 소금을 훨씬 더 많이 필요로 하며 소비량도 상당하다. 여기에 부과하는 염세(鹽稅)는 현재 국세 중 하나가 되어 있다. 그런데 소금의 생산액 통계가 불확실하고 제조법도 졸렬(拙劣)하며 제품도 조악하다. 따라서 생산액의 다소(多少), 제조법 내용, 제품의 양부(良否), 염전의 적부(適否)를 조사하여 재원을 확실하게 함으로써 염세의 함양 계획을 세우는 것은 재정상의 급무 중 하나이다. 선생은 이러한 견지에서 1906년(광무 10) 5월부터 함경남도의 원산 지방, 경상남도의 울산 및 부산 지방, 전라남도의 목포 지방, 그리고 제주도에서 이루어지는 염업 상황, 염전의 지질(地質), 소금의 수요공급 상황, 과세표준 등을 시찰 조사하게 함으로써 재원 함양 방법을 강구하였다. 또한 조사원에게 제염업자들을 지도하게 했다. 품질 향상을 위해 해수에서 불순 성분을 제거하고 가마솥을 청결하게 할 것, 생산액 증가를 위해 염전에 수문을 설치하여 구거(溝渠, 도랑) 유통을 원활하게 하고 살사(撒砂, 모래를 흩어 뿌림)를 늘릴 것, 그리고 연료 절약 방법 등을 알기 쉽게 설명하여 제염의 개량을 도모하게 했다.

또 1906년(광무 10), 한국의 제염 보호를 위해 청국으로부터의 수입염 및 밀수입염을 방지하는 동시에 대만의 천일염식을 채용했다. 제염법 및 품질의 개량, 생산비 감소 등을 연구할 목적으로 경기도 인천군 주안면 십정리(十井里)에 천일제염시험장 신설에 착수하여 다음 해인 1907년(광무 11) 9월에 준공하였다. 준공 후 곧바로 시험사업을 개시하여 1정보의 염전에서 하루 약 1천 근을 수확할 전망을 세웠다.

또 같은 해, 종래의 한국식 제염법과 일본식 제염법을 대상으로 염질의 양부 및 생산비의 다과를 비교 연구하고, 제염업 개량을 도모할 목적으로 경상남도 동래부 석남면 용호리(龍湖里)에 전오식(煎熬式) 제염시험장의 신설에 착수하였다. 우선 염전을 축조했는데, 그 염전은 일본식, 한국식, 그리고 절충식의 3구로 나누고, 일본식 염전은 1907년(광무 11) 11월부터, 다른 염전은 동년 12월부터 채염할 예정이었다.

6) 재무 및 세무에 관한 훈령

(1) 징세에 관한 훈령

1907년(광무 11) 6월, 선생은 각 감부(監部), 지부(支部), 분청(分廳)에 다음과 같은 훈령을 내렸다. 근래 지방에서 일어난 분요(紛擾)는 많은 경우 징세에 기인하는 것으로 본 고문부가 가장 우려하는 바이다. 그 주된 원인으로 ① 인민이 아직 법령에 규정된 세율, 납기, 납세 방법 등을 주지하지 못한 점, ② 세무에 종사하는 사람이 인민에게 간절하게 징세와 그 방법 등을 설명하지 않음으로써 상호 융화를 결한 점, ③ 징세 기관의 개정에 편승하여 징세권이 없는 군수와 군 관리(吏員)가 멋대로 징세에 관여하거나 인민을 선동 교사한 점, ④ 관세 관리가 신세법을 잘못 시행하거나 자칫 제2의 군수로서 주구(誅求)하는 점, ⑤ 인민이 궁내부에서 징수하는 자와 정부의 조세를 구별하지 못해 궁내부 파견원의 주구를 정부의 가정(苛政)으로 오해하는 점, ⑥ 관민 사이에 의사소통을 결하여 징세할 때 사소한 것에 대해서도 쓸데없이 충돌을 초래한 점, ⑦ 설유(說諭)나 간담(懇談)을 통해 분요를 일으키지 않고 해결할 수 있는 사건임에도 불구하고 곧바로 경찰력을 사용한 점 등을 지적했다.

따라서 이들 원인을 제거하여 원활하게 성적을 올리기 위해서는, ① 각 세금의 세율, 납기, 납입장소, 납세 절차 등을 누구라도 알기 쉽게 열기(列記)하여 인쇄하고 이를 일반에 배포할 것, 이 인쇄물은 추후 본부(재정고문부)에서 송부해야 함, ② 세율을 초과하여 주구를 강제하는 경우, 혹은 납세에 대해 의심하는 자가 재정고문 지부 또는 동 분청에 질의할 때는, 친절하게 정부에서 징수하는 조세의 종목을 설명하여 이 종목 이외에 징세하는 것이 없다는 점과 관제 개정 이후 징세에 종사하는 관리는 세무관과 세무주사 뿐으로 종전과 같이 군수 도는 군리(郡吏)가 징세에 관여하는 것은 위법이라는 점 등을 널리 인민에게 알릴 것, ③ 인민에 접근하는 것을 힘써 하여 정중하게 징세의 취지 및 방법을 설명하고 관민 의사의 융화를 도모할 것, ④ 인민의 청원이나 희망 등이 있으면, 조사한 뒤 채용할 만한 것은 채용 절차를 밟아야 하고, 채용할 수 없는 것은 간유(懇論)할 것, ⑤ 분요(紛擾)의 기미가 있을 때는 지방위원회를 이용하거나, 혹은 간유(懇論) 기타 방법에 의해 이를 미연에 방지하고, 그럼에도 불구하고 분요를 피하지 못할 경우나 이를 미연에 방지할 틈이 없을 경우에는 곧바로 그 사정을 본부에 구신하여 지휘를 받아야 하는 점, ⑥ 분요의 원인이 궁내부의 징수와 관련되어 있을 때는 속히 그 원인을 세상 사람에게 양해시키고, 국세의 징수와 관련 없음을 공표할 것, ⑦ 세무관 및 세무주사는 신세법의 취지를 잘 체득하여 그 시행을 그르치지 않도록 주의하고, 만약 부정한 주구를 한 자 혹은 무능한 자는 해직시킬 것, ⑧ 조세 행정에서 위반자 또는 시정(施政) 반대자에게 곧바로 압박을 가하거나 처분하는 것은 가장 졸책(拙策)이니 경무고문부원(警務顧問部員)과 잘 협상하여 재무행정의 목적을 그르치지 않도록 취급해야 한다는 것 등을 훈령했다.

(2) 게시판 설치

선생은 또 중요 명령 등의 공시방법으로 게시판 설치가 필요하다고 보고, 이미 1907년(광무 11) 4월부터 각 재무관에게 훈령하여 우선 고문 지부 및 분청 소재지에 설치하기로 했다. 동년 10월까지 게시판 설치를 완료한 것은, 함흥, 상주, 진주, 충주, 의주, 청주, 개성, 서흥(瑞興), 홍산(鴻山), 북청(北青), 제주, 덕원(德原), 밀양, 영원(寧遠), 강계(江界), 경주, 창원 등 17개소였다.

(3) 13도 세무감에 대한 훈령

지세 납세자는 주로 소작인이기 때문에 매년 납세의무자의 이동이 많았다. 그에 대한 조사는 종래 각 군수 아래 예속하는 군 관리(郡吏)가 이를 담당하는 것이 관례여서 조사할 때 여러 가지 폐해를 수반하거나 관공리(官公吏)의 사복을 채우기 위한 은결을 만드는 원인이 되기도 했다. 결과적으로 인민에게 과중한 부담을 지우게 되었다. 지금이야 세무 기관의 개혁과 함께 군수 이하 군 관리가 세무에 관여하는 것을 폐지하고 이를 대신해 면장 및 임원(任員)이 담당하고 있다. 이에 1907년(광무 11) 7월, 선생은 13도 세무감에게 훈령을 내려 동(洞)마다 토지대장과 토지소유자 및 납세인 성명부를 만들도록 했다. 그 토지대장에는 자호(字號) 및 번호 밑에 반드시 두락수(斗落數)나 평수를 기재하기로 했다. 이는 종래 기록의 불비 때문에 간곡위모(奸曲僞謀)를 생각하게 하고, 세부(稅簿) 역시 조잡했기 때문에 노력하여 구폐를 바로잡고 지세의 정확함을 기할 목적으로 나온 것이다. 또 선생은 소작인이 지세를 납세하는 관례를 폐지하고 장래에는 부담력이 풍부한 지주에게 납세하게 할 계획을 가지고, 1907년도(광무 11) 하반기에 이에 대한 조사를 착수했다.

7. 세관

1) 총세무사의 인계

세관은 개국 491년(1882, 明治 15)부터 외무아문이 관할하였고, 개국 494년(1885, 明治 18) 청국 총세무사 영국인 로버트 하트(Robert Hart)의 지배 아래 놓여 동씨의 부하 메릴 헨리(墨賢理, 미국인, Henry Merrill)가 한국 총세무사로 부임했다. 청일전쟁의 결과, 개국 504년(1895, 明治 28) 세관은 탁지부 대신의 관할로 이관되었고, 아울러 메릴을 대신해 영국인 브라운(柏卓安, J. McLeavy Brown)이 청국 세관으로부터 탁지부 총고문 겸 개항장 총세무사로 부임해 왔다.[50] 이후 세관은 탁지부로부터 독립했다. 중앙기관을 경성에 두고 총세무사청이라고 칭하고, 지방에 해관을 두어 세무사로 하여금 사무를 관장하게 했다. 1897년(明治 30) 러시아가 세력을 한국 조정에 뻗치자 브라운을 물러나게 하고, 러시아인 알렉세예프를 그 후임에 임명했다. 영국 정부는 이러한 조치에 분개하여 동양함대를 인천항에 집중시켜 한국 조정을 위협했고, 그 결과 한국 정부는 다시 (1898년 3월에-역자) 브라운을 (총세무사로-역자) 맞이했다. 마침내 러일전쟁이 발발하였고, 전후 일본은 한국 보호조약을 체결하였다. 1905년(광무 9, 明治 38) 11월 통감부가 설치되자, 세관 사무를 재정고문의 손으로 이관할 필요가 생겼고, 이에 브라운의 퇴거를 요구하지 않을 수 없게 되었다. 이에 대해 하야시(林權助) 공사의 고심은 여간 아니었다. 왜냐면 러시아가 다시 한국에 재정고문관으로 두고 세관까지도 그 손에 넣고자 했을 때, 완강히 저항한 것이 브라운으로, 이것이 나중에 일본을 위해 상당히 좋은 상황을 만들어 주었기 때문이다. 또 세관의 수입은 국고금과 별도회계로 운영되고 있어 그것이 상당히 저축되어 있었는데, 한국 황제는 그것을 차지하고 싶어서 어쩔 줄 몰라 하며 한국 조정에 세력을 뻗친 러시아를 통해 그 관세금을 저당으로 프랑스로부터 돈을 빌린다

50 1883년 11월 관세를 징수하는 해관을 부산, 원산, 인천 등 개항장에 설치하고 세무사를 배치하고, 총세무사로 하여금 관할하도록 했다. 역대 총세무사는 1883년 묄렌도르프(Mollen-dorf, P. G. von, 穆麟德)가 초대 총세무사로 취임한 뒤, 1885년 메릴(Merrill H. F, 墨賢里), 1889년 쇠니케(Schoenicke, J. F, 史納機), 1892년 모건(Morgan, F. A, 馬根), 1893년 브라운(Brown, J. McLeavy, 伯卓安) 등이었다.『한국민족문화대백과사전』,「총세무사(總稅務司)」.

는 계획을 세웠다. 하야시 공사도 브라운도 함께 고심한 끝에 상담하여 이 관세금을 한국의 이익을 위해 사용하기로 하고, 등대 건설이라는 양책(良策)으로 겨우 러시아나 프랑스의 마수를 벗어날 수 있었다. 이러한 사정 때문에 동씨(브라운)는 일본에게 있어서 간접적인 공로자였고, 그 때문에 그를 퇴거시키기 위한 하야시 공사의 고심은 보통이 아니었다. 물론 메가타 고문이 직접 브라운과 상담할 필요가 없는 문제였다. 또 그는 영국 정부의 뜻을 받아 한국에 와 있는 것이기 때문에, 일본이 동씨의 사임 퇴거를 요구하더라도 동씨 혼자만의 생각으로 곧바로 사임하는 것은 곤란할 것이라고 여겨졌다. 이에 하야시 공사는 한국 주차 영국 공사에게 사정을 밝히고, 일본의 한국에 대한 정책상 동씨의 사임은 불가피한 일이 되었지만, 결코 동씨가 방해가 되어 물러나 줄 것을 요구하는 것은 아니다, 지금까지 한국을 위해서도 간접적으로는 일본을 위해서도 비상한 공로자이기 때문에 오해가 없도록 해 주었으면 좋겠다, 관련해서는 동씨에게 한국으로부터는 물론 일본으로부터도 상당한 예우가 이루어지도록 할 생각이니 영국 정부에서도 일정한 명예를 부여해 주었으면 한다고 부탁했다. 영국 공사도 흔쾌히 승낙하고 이러한 뜻을 브라운에게 알렸고, 아마 본국 정부에도 통지했을 것이다. 하야시 공사도 동씨에게 사정을 이야기했다. 그는 본국 정부와 전보로 협의한 뒤 퇴임하기로 하였고, 1905년(광무 9, 明治 38) 11월 깨끗하게 사무를 메가타 고문에게 인계했는데, 그 태도가 정말 훌륭했다.

2) 세관설비

재정고문으로서 총세무사를 겸한 선생은, 사무인계 후 관세 잉여금을 특별회계로 제일은행에 예금했는데 그 금액이 500만 원이었다. 그중 375만 원을 세관설비비에, 125만 원을 등대 건설비에 충당했다. 일본에서 세관장 4명을 초빙하여 야마오카 요시고로(山岡義五郎)를 부산, 미야기 마타시치(宮木又七)를 인천, 노데 다에루(野手耐)를 원산, 아루가 미쓰토요(有賀光豊)를 진남포 등 각 개항장에 배치했다. 또 대장성 기사 사카이데 나루미(坂出鳴海)[51]를 초

51 원문에는 '阪出鳴海'로 되어 있다.

빙하여 세관 공사를 일으켰다. 당시 한국에 있어서 세관 소재지는 인천, 부산, 원산, 진남포, 목포, 군산, 마산포, 성진 등 8개 개항장이었는데, 뒤에 선생에 의해 신의주와 청진의 2항이 개항하였다.

종래 한국 각 개항장에 있던 해륙 연락 설비는 인공을 가한 것이 매우 적고, 오로지 천연 지형을 이용하여 겨우 물자를 하역[積卸]하는 데 그쳤다. 이에 따라 세무 행정도 매우 유치하고 불완전함을 면치 못했다. 두말할 것도 없이 항만 설비의 양부(良否)나 해륙 연락의 편부(便否) 여부는 통상무역의 융퇴(隆頹, 융성과 쇠퇴)와 지대한 관계가 있다. 최근 한국 무역은 각 개항장의 발달 정도가 매우 현저하여 1906년(광무 10) 현재까지 과거 10년 동안 수출입액 증가율이 실로 4배 이상을 기록했다. 그런데도 해륙 운수의 연락 및 세관설비를 돌아보지 않는 것은 국가 경제상의 손실과 교통 및 무역의 발전을 크게 방해하였다. 이에 선생은 이를 개선하기 위한 방책으로 각 개항장의 세관설비를 완전하게 하고 그 행정을 민활(敏活, 재빠르고 활발함)하게 하고자 모든 개항장의 항만공사를 실시하기로 했다. 이를 통해 해륙의 연락을 도모하고 운수교통을 편하게 하여 점차 통상무역의 발전을 기하기로 결의했다. 제1기 세관 확장 설비공사의 응급계획을 세워 세관 공사부 공사국을 조직하고, 경성에 본국을 두었다. 인천, 부산, 원산, 목포, 진남포 등 5개소에 출장소를 설치하여 1906년(광무 10)부터 5개년 사업으로 해면(海面) 매립, 항구 내 준설, 육상 설비 등에 이르기까지 훗날의 발전을 내다보고 장래 확장에 지장이 없도록 하고자 공사를 일으켰다.

(1) 인천세관 공사

당시 한국에는 항만 설비라는 것이 거의 없었다. 인천 같은 요항(要港)에서도 조석 간만의 차가 심하여 이에 대한 설비가 쉽지 않았다. 그래서 선생은 우선 각 항구를 조사하는 데 상당한 노력을 기울였다. 특히 인천에서는 거류 외국인의 위원회가 있어서 이 위원회의 결의로 상하이(上海) 거주 항만 기사 영국인 체임버스의 조사보고에 기초하여 거류지 구획선을 정하고, 이 선 내에는 어떤 설비도 허락하지 않는다는 규약이 만들어졌다. 이는 '체임버스 라인'으로 명명되어 움직일 수 없는 제한선으로 정해져 있었다. 이런 사정 때문에 인천세관 공사를 일으키기 위해서는 그들 외국인이 충분히 신용할 수 있고 저 사람의 조사와 설계라면 이의가 없다고 할 수 있을 만한 인물을 선정해야 했다. 선생은 특별히 도쿄제국대학 교수 중에서 권위자인 공학박사 히로이 이사미(廣井勇)를 초빙하여 조사와 설계를 촉탁하여 새롭게 '히로이씨(廣井氏) 라인'이라는 것을 설정했다. 옛날부터 선생은 학설이나 기술을 깊이 신뢰하여 그에 기초하여 각종 계획을 수립했다. 기술자의 의견이 매우 존중된 사례를 일일이 열거할 수 없지만, 이번의 히로이 박사 초빙과 같은 것을 통해서도 선생의 의중을 엿볼 수 있다.

이렇게 해서 히로이 박사에 의해 면밀한 조사와 계획이 이루어졌고, 그 결과 히로이의 계획선 이내로 한정하여 제반 시설을 허가하는 것으로 결정하였다. 그 제1기 인천세관 설비로 기존의 인천세관 부지 앞, 그리고 영국영사관 언덕 모퉁이에서 인천정차장 부근에 이르는 해면을 매립하여 그 연안을 하역장(物揚場)으로 삼고, 또한 연안에 여러 개의 잔교를 돌출시켜 설치한다, 매립지에는 세관청사들과 보세창고[上屋倉庫]를 건조하고, 철도선을 이곳으로 인입하여 해륙 운수의 편의를 도모한다, 등을 목적으로 했다. 또한 대월미도(大月尾島) 외항에 면하는 일각에 해항검역 설비로 검역사무소, 소독소, 환자수용소 등을 설치하기로 했다.

이 인천항만 설비와 관련하여 선생은 경인 사이를 연결하는 한강 수운을 고려하여 이에 관한 조사를 진행했으나 그 개수(改修)가 쉽지 않다고 판단하였다. 그 대신 대형 항양선박(航洋船泊)은 모두 인천항에 계류시키고, 경인 사이의 수운은 인천에서 부평평야를 거쳐 영등포로 통하는 대규모 운하를 개착하고, 영등포와 마포 방면을 일대 공업지대로 만들고, 그 물자를 오로지 대형 거룻배(艀船)로 운하를 이용하여 인천항을 출입하는 요항으로 만들 계획을 세웠다. 하지만 당시 한국에서는 수력전기, 석탄 연료, 기타 물자에 관한 조사가 아직 정돈되지 않았기 때문에 결국 실현되지는 못했다.

(2) 부산세관 공사와 어항

선생은 부산을 세계 교통의 대동맥으로 만들기 위해 그 세관설비를 경부철도선의 기점인 부산 신 정차장 설비와 더불어 해륙의 운수 연락을 도모할 목적으로 부산정차장 서쪽부지 앞 약 1만 3천 평을 매립했다, 그 남단에서부터 연장 150간(間)의 돌제(突堤, 뭍에서 물속으로 쑥 내민 제방)를 축조하여 바깥쪽은 방파제 돌담으로 삼고, 그 안쪽에 병행하여 철제편(鐵製片) 잔교를 설치하여 3천 톤 내지 4천 톤의 선박 2척을 동시에 계류시킬 수 있게 한다, 돌제(突堤) 중간 부분에는 보세창고[上屋倉庫] 몇 동을 건축하고, 그 뒤쪽에는 정차장 구내로 연락하여 철도선 몇 개를 부설한다, 잔교에서부터 정차장과 시가 상업지구로 직속하는 도로를 설치한다. 매립지에는 하역장(物揚場)을 만들고, 요자형(凹字型) 거룻배 계류장(艀船溜)을 에워싸게 만든다. 기존 세관 지구 3천 평과 후미(船入, 曲凹) 지역을 합쳐 수산물 수출입장인 어업항으로 삼아 주로 어선의 정박지에 충당하여 남한 전체 어획물의 집산지로 삼는다. 신 세관청사는 부산 신 정차장과 마주 보게 하고 세관 감시부 청사는 잔교 기부(基部)에 건설한다. 부산항 입구 신선대(神仙臺) 연안에는 검역사무소, 소독소, 환자수용소 등을 설치하기로 했다. 이미 공사가 착착 진척되어 관부연락선을 계류시킬 수 있는 부산세관 잔교를 준공했고, 선차(船車)의 연락을 완성한 후 내지에는 시모노세키 선차 연락 잔교 공사에 착수했다.

(3) 원산세관 공사

원산세관 해면의 일부를 직각형으로 매립하여 보세창고[上屋倉庫] 지구로 삼고, 매립지 연안에는 하역장(物揚場) 돌담을, 그 전면에는 방파제를, 그 서쪽 거류지 해안에서부터 잔교를 축조하여 잔교와 방파제 사이에 잔잔한 바다 면적 5만 4천 평을 에워싸게 한다. 또 거류지 해안에는 해벽(海壁)을 축조하여 적전천(赤田川) 하구에는 방사제(防砂堤)를 쌓고 항구 갈마반도(葛麻半島) 일부에 검역소를 두기로 했다.

(4) 진남포세관 공사

현재 세관은 해안에서 동떨어진 불편한 땅에 있기 때문에, 새롭게 대동강 연안을 착평(鑿平)하여 청사와 보세창고[上屋倉庫] 몇 개 동을 축조하고 부두 부근에 잔교를 돌출시킨다. 또 현재 시가와 비발도(飛潑島) 사이에 끼어있는 간석지(干潟地)를 굴착하여 해륙 연락을 위해 내항을 설치하고, 내항의 정박장(船溜) 내의 선박은 안접(岸接) 계류하여 하역을 편리하게 한다. 동쪽에 매립지를 축조하여 그 연안 일부는 계선안벽(繫船岸壁)하여 기선을 가로로 댈 수 있게 하고 다른 일부는 하역장(物揚場) 호안(護岸)으로 삼아 범선 및 거룻배(艀船)의 계류장으로 만들기로 했다. 즉 진남포항의 규모에 관해서는 오로지 대동강 연안, 평양평야, 그리고 오지의 개발에 중점을 두기로 했다. 압록강 연안 및 그 오지 개발에 대해서는 따로 뒷날의 다사도(多獅島) 축항 계획에 양보하기로 했다.

(5) 목포세관 공사

영산강에 면하는 해안의 일부를 매립하여 청사 및 보세창고[上屋倉庫] 몇 개 동을 축조하고, 해안에는 석조부두 몇 개와 잔교를 설치하기로 했다.

(6) 군산세관 창고

금강 하안(河岸) 지구에 새롭게 세관을 옮기고, 하안(강기슭)에 잔교를 설치한다, 약간의 매립지를 조성하여 연안 하역장(物揚場)을 정리한다, 청사와 기타 보세창고[上屋倉庫] 몇 개 동을 건축하기로 했다.

(7) 마산포세관 공사

구내를 정지(整地)하여 도로공사를 시행하고, 잔교를 증축하고, 창고를 건축할 예정이지만, 공사 착수는 후년으로 미루었다.

(8) 성진세관 공사

방파제를 개축하고, 하역장을 신설하고, 청사 및 창고를 건축할 예정이나 그 기공은 이 역시 후년으로 미루었다.

(9) 신의주세관 공사

신의주는 진남포세관의 관할구역이지만 특별히 지서(支署)가 설치되어 있지 않았다. 그런데 지나(支那)로부터 담배(煙草), 소금(鹽) 등의 밀수입이 활발하게 이루어지기 때문에, 선생은 매우 주의를 기울여 새롭게 개항장으로 삼아 세관 지서를 설치하기로 했다. 우선 압록강 남안의 지안(地岸) 지구에 잔교를 설치하여 간조시(干潮時)에도 하역을 편리하게 하고, 세관 청사 및 창고 그리고 감시소를 신축하기로 하여 1907년(광무 11, 明治 40) 6월부터 공사에 착수했다.

(10) 청진세관 공사

러일전쟁 당시 우리(일본) 육군에서는 청진을 한국 북단의 선착장으로 삼고, 청진항에서 회령까지 경편철도를 부설하여 동항을 국경 쪽 군대 보급의 근거지로 쓰고 있었다. 선생은 일찍이 러시아 문제를 연구하고, 주세국장 시대에 하코다테(函館)세관장 쇼다 가즈에(勝田主計)에게 유럽 출장 명령을 내린 것도 러시아 연구를 위함이었다. 쇼다가 러시아와 프랑스의 관계를 조사 보고하자, 선생은 매우 기뻐했다. 결국 머지않아 러일전쟁이 일어났다. 이처럼 선생의 러시아 연구는 일조일석(一朝一夕)의 일이 아니었다. 재정고문으로서 한국에 부임하게 되자 다시 한국 북경(北境)에 있어서 러시아와의 관계를 고려하고, 제2의 러일전쟁이 발발할 경우를 예상하여 군사적 필요와 대블라디보스토크무역(對浦鹽貿易) 발전을 고려하여 청진에 주목했다. 당시 선생이 사람들에게 말한 바에 의하면, 웅기만(雄基灣)은 작은 배의 정박에는 편리하지만, 대규모 항만으로서의 자격은 구비하고 있지 않다. 또 나진(羅津)은 대소 선박의 정계(碇繫)에는 나무랄 데 없으나 시가 지구가 좁고 오지 물자의 반출에 불편하기 때문에 이 역시 장래의 큰 출입항(大呑吐港)이 되기에는 적합하지 않다. 그런데 청진항은 만(灣) 입구가 비교적 광활하여 여기에 방파제를 건설하면 장래 양항(良港)이 될 수 있을 뿐만 아니라, 수성평야(輸城平野)를 배후에 두고 있어서 대도시를 형성할 수도 있다는 의견이었다. 이곳의 개항 문제에 대해서는 여러 가지 의견도 있었다. 한국 정부의 각의에서는 성진이 개항되어 있는데 또 그 근방의 청진을 개항하면 아마도 청진은 수출항이 되지 못하고 수입항이 될 것이다, 그럴 때는 더욱 수출입의 불균형을 초래하여 한국은 재정적으로 더욱 피폐할 것이라며 반대했다. 당시 선생은 사람들에게 이는 꿈같은 이야기이지만, 앞으로 청진에서 회령으로 본 철도를 부설할 것이라고 했고, 선생의 예상한 대로 나중에 훌륭하게 실현되었다. 하지만 선생의 머리에는 한국과 만주 사이에 있는 간도가 만한(滿韓) 어느 쪽 소속이라고도 판단할 수 없기에, 러시아가 이를 노리고 있다, 하지만 우리가 기선을 제압해야 하는 것은 실로 지금이다, 특히 간도는 자원이 풍부하기 때문에 물자를 청진으로 가져올 수 있다, 따라서 청진을 수출항으로 만들 생각이 있으니 사람을 파견하여 그 수출항 조성에 관해 조사하게 하고 다시 이를 각의에 제출하여 승인(認定)하게 했다. 그리고 소문이 나기 전에, 즉 이권을 노리는 자가 운동을 시작하기 전에 필요한 지구를 수용하기로 하고, 1906년(광무 10) 12월부터 선생은 청진의 토지매수에 착수했다. 다음 해 1907년(광무 11)이 되어 청진은 상당히 발전을 보였고, 소박하기는 하지만 시가(市街)의 형태도 갖추어져 동년 4월 1일 개항하게 되었다.

청진세관은 신 개항장으로 모든 설비를 새롭게 할 필요가 있다. 그 주된 것은 선입장(船入場)으로써 동서 방파제 축조, 내부 수면 일부 매립, 하역장(物揚場) 설치, 세관 구내에 있는 청사 및 보세창고[上屋倉庫] 신축 등이지만, 이들 공사의 착수는 선생이 퇴직하고 귀국한 후였다.

그런데 처음 토지매수에 즈음하여 선생은 천마산 서쪽 기슭(西麓), 수성평야(輸城平野) 한쪽 바다에 면한 곳에 장래 요시쿠라철도(吉倉鐵道) 종단 임항(臨港) 정차장 용지로 광대한 지구를 예정하고, 이를 유보구역(留保區域)으로 삼았다. 이 유보구역이, 즉 현재의 청진정차장이 되어 선생의 꿈같은 이야기가 실현된 것에 대해 사람들은 모두 그 탁견과 큰 포부에 경복했다. 지금 청진에 메가타초(目賀田町)가 있는 것은 기실 선생의 대계획을 영원히 기념한 것이다.

3) 감시서 설치

세관의 관할구역은 1906년(광무 10) 11월에 제정되었다. 한국 서해안 중 황해도 연안 전부는 진남포세관의 관할이지만, 황해도 남부 연안은 그 위치가 인천세관에 접근해 있었기 때문에 1907년(광무 11)부터 황해도 장산곶(長山串) 이북은 진남포, 이남은 인천세관에 속하게 했다. 이보다 앞서 1906년 6월 압록강 연안의 밀수입 단속을 위해 신의주에 진남포세관 출장소, 계속해서 지서(支署)를 두었고, 또한 용암포에 진남포지서 출장소를 두었다. 하지만 여전히 상기 이외의 장소에서 중국 정크 등의 밀무역이 끊이지 않아 이를 감시하고 아울러 밀수출입 화물에 과세할 필요가 있어, 1907년(광무 11) 4월, 일단 평안북도의 구룡포 및 하일리포(何日里浦)에 진남포세관 감시서, 황해도 용당포(龍塘浦)에 인천세관 감시서, 5월 황해동 몽금포(夢金浦)에 진남포세관 감시서를 증치하여 사무를 개시했다. 또 동년 10월, 다시 평안북도 망동포(望東浦)에 세관 감시서를 신설하고 진남포세관 관할하에 두는 동시에 사무를 개시했는데, 함경도 청진항이나 경기도 마포에도 증설할 필요가 있어서 당시 선생은 이를 준비 중이었다.

그런데 각 개항장에는, 인천세관에 단 1척의 기정(汽艇)이 있을 뿐 기타 세관에서는 한국인이 조종하는 오래된 목선으로 겨우 해륙의 연락을 도모할 뿐이었다. 이에 선생은 세관 공사를 일으키고 감시서를 증설하는 동시에, 1906년도(광무 10)에 고베(神戶)의 가와사키조선소(川崎造船所)로부터 러일전쟁에서 사용한 다수의 소형 증기선 4척을 매입하여 이를 부산, 목포, 진남포, 원산 등의 각 세관에 배치하여 감시하게 했다. 또 오사카철공소(大阪鐵工所)에 의뢰하여 대형 기선 1척과 준설선 2척을 새로 건조하게 했는데, 준설선은 세관 공사에 사용하고 대형 기선은 연안 단속에 사용하여 세관 기능을 발휘하는 데 있어서 많은 편의를 제공했다.

4) 등대 및 항로표식

(1) 등대

1894년(明治 27), 1895년(明治 28) 청일전쟁 때 일본 정부는 한국 연안을 대상으로 등대 건설의 위치와 그 설계의 개요를 조사하였다. 1901년(明治 34)에 항로표식 설치에 관해 한국 정부와 교섭한 결과, 한국은 압록강항로, 대동강항로, 대동강에서 한강에 이르는 항로, 인천항로, 군산항로, 목포항로, 서안 및 남안항로, 부산항로, 원산항로, 성진 부근 항로 등 10개 항로에 32개소의 등대와 40여 개의 등간(燈竿), 부표 등을 설치하기로 했다. 1902년(광무 6, 明治 35) 3월, 관리관청으로 해관등대국을 인천에 설치하고, 우선 인천항로의 등대 건설공사에 착수했다.

러일이 개전하자, 일본 육군은 압록강 입구에서부터 청국 안동현에 이르는 항로에 다수의 부표를 설치하고 대화도(大和島) 등대를 급하게 건설했다. 그 밖에 한국 서해안 방면의 칠발도(七發島) 및 남해안 방면의 거문도(巨文島)에도 등대를 건설하였다. 해군에서는 남해안의 우도(牛島), 홍도(鴻島), 동해안의 울기(蔚崎), 갈마각(葛麻角)에 등간(燈竿)을 건설했다. 또 총세무사 브라운은 하야시 공사의 제안으로 관세 저축금을 가지고 등대를 건설하기로 했다. 우선 부산항에 괘등입표(挂燈立標 또는 掛燈立標)를 건설했는데, 1905년(광무 9, 明治 38) 11월, 선생이 브라운을 대신해 총세무사를 겸무하게 되면서 종래의 해관 등대국을 세관공사부 등대국으로 개칭하고 앞서 일본 육군과 해군이 경영한 항로표식 전부를 인계받았다. 이로써 한국에 있어서 등대 및 표식사업을 통일하고, 125만 원을 투입하여 증설에 착수했다. 교지(巧遲, 잘하긴 하나 속도가 느림)보다도 졸속(拙速, 어설프나 빠름)을 중시하는 방침으로 진행되었다.

정말이지 이런 방침으로 공사는 청부에 의하지 않고 가급적 등대국의 직영으로 했다. 인천에 공사장을 설치하여 공부(工夫), 재료, 양식 등 모든 것을 인천에서 준비하여 수시로 현장으로 발송했다. 약간 부족할 경우에는 해당 현장 지방에서 구하기로 하고, 1906년도(광무 10)부터 임시비 예산을 계상하였다. 우선 ① 부산 인천 사이 항로에 있는 선박의 전침지(轉針地)[52]인 독도[53], 여기에는 무적경호(霧笛警號)를 설치할 것.[54] ② 인천-진남포 항로에 있는 선박의 전침지인 소청도(小靑島), 여기에도 무적경호를 설치할 것. ③ 대동강 입구 초도(椒島)의 북서에 위치하여 진남포 항로의 인후(咽喉)를 제압하는 서도(西島), 여기에는 대포경호(大砲警號)를 설치할 것. ④ 동 항로에 있는 자매도(姉妹島). ⑤ 부산항에서 목포항에 출입하는 선박의 긴요 지점인 시하도(時下島). ⑥ 목포항 입구. ⑦ 군산-인천 항로의 옹도(瓮島). ⑧ 부산항의 절영도(絶影島). ⑨ 강원도 북부 연안에 있으면서 원산에 가까운 수원단(水源端). ⑩ 원산항 입구의 여도(麗島)에 등대를 신설하기로 했다. 이 중에서 독도에는 러일전쟁 때 등간을 건설했으나 원래 일시적인 가설에 불과했다. 이미 1907년(광무 11, 明治 40) 9월 1일에 수원단 등대의 무적(霧笛) 취명(吹鳴)을 개시했고, 동월 10일부터 시하도 등대에 점등, 기타 등대는 동년 중에 준공할 예정이었다.

(2) 항로표식

또 항로표식에 대해서는, 압록강 입구나 목포항 입구에 야간 점화용 가스부표 각 5개를 정치(碇置)할 것. 여기에 공급할 가스증조소(瓦斯蒸造所)는 대월미도(大月尾島)의 남해안에 있는 인천세관의 피병원(避病院)[55]을 수리하여 충당할 것. 단, 압록강 입구에는 육군에서 인계받은 많은 부표(浮標)와 육표(陸標)가 있어 이를 감리할 필요가 있으나 인천등대국에서 멀

---

52 전침(轉針)은 변침(變針)과 같은 의미로 보인다. 배가 나아가야 할 방향, 즉 항로를 바꾼다는 의미일 것이다.

53 원문에는 '竹島'로 되어 있다.

54 무적(霧笛)이란 안개가 끼었을 때 선박이 충돌하는 것을 막기 위해 등대나 배에서 울리는 고동을 말한다.

55 전염병 환자를 격리 수용하는 병원이다.

리 떨어져 있어 용암포에 분서를 설치하여 사무를 관장하게 할 것. 부산항 내의 암초머리에 새롭게 콘크리트로 만든 원추형 입표(立標)를 건설할 것. 이상은 1907년(광무 11)에 기공되었는데, 그중에는 그해 준공 예정인 것도 있었다. 이 밖에 1907년도(광무 11) 하반기에 시행된 것으로 마산포항 내 부도수도(釜島水道)[56]의 암초(岩礁)에 괘등입표, 진해만 내 백암(白岩) 부근의 암초(岩礁)에 구표(球標), 진남포항 내 묘지(錨地)[57]의 암초 위치 표시를 위한 부표정치(碇置) 등이 있었다.

(3) 광제호와 사쿠라이마루의 활동

브라운이 총세무사였을 당시, 고베에 있는 가와사키조선소에 1천여 톤의 기선 광제호(光濟號) 건조를 주문했다.[58] 완성 후 인천으로 회항하여 그대로 인천항에 계류하고 있었던 것을, 선생이 총세무사를 겸하게 되면서 일본 해군 소좌 이소가이 쇼키치(磯貝正吉),[59] 현역 기관대위 노다 세타로(野田清太郎) 두 사람을 초빙하여 등대 건설공사 재료의 운반, 기설 등대의 감시 보급, 연안의 감시 경비, 그리고 일본인의 편승 시찰용으로 제공했다. 각 곳의 등대가 단기일에 잘 준공될 수 있었던 것은 아마도 이 광제호의 활동에 힘입은 바 컸다.

또 광제호와 함께 활동한 기선으로 사쿠라이마루(櫻井丸)가 있다. 등대 건설공사 재료 운반 이외에 어떤 특수 임무를 수행한 일이 많았고, 그 때문에 공사 진척이 걱정스러웠지만 시기를 놓치지 않고 예정대로 잘 진행된 것은 정말 다행이었다.

---

56 해도명 중에 '마산포지부도수도(馬山浦至釜島水道)'가 있다. 1899년 일본 해군이 측량하고, 1904년 5월 水路部에서 발행한 해도로 마산포에서부터 부도(釜島)까지 가는 물길을 그린 지도다. 부도는 현재 진해 해군사관학교 인근에 있는 섬의 이름이다. 東北大學附屬圖書館 地理部地理學教室 外邦圖デジタルアーカイブ 海圖330號. http://chiri.es.tohoku.ac.jp/~gaihozu/index.php?lang=ja-JP. (검색일: 2021.1.7)

57 배가 닻을 내려 정박하는 곳으로 닻밭이라고도 한다.

58 1902년 말 해군 창설과 함께 화물선을 개조한 군함 양무호를 도입했지만 운영비가 많이 들었다. 다시 일본의 가와사키조선소에서 광제호를 건조했다. 여기에 3인치 포를 장착하여 해안 경비, 등대 순시, 세관 감시 등 다양한 목적에 사용하였다. 1905년 11월 을사늑약 체결을 계기로 해군 군함으로서의 사명을 끝내고, 인천항을 모항으로 하는 탁지부 관세국 소속의 연안세관 감시선이 되었다.

59 磯貝正吉, 「韓國稅關監視船燈臺巡視船光濟號乘船後經過報告」, 『明治四十年 公文備考 巻九十止雜件』, アジア歷史資料センター(JACAR) Ref.C06091975600, 畫像27-34枚目.

5) 압록강 수로 문제

압록강 수로는 깊이가 얕고, 요철이 심하고, 변화가 많아서 정리하기가 상당히 곤란한 곳이다. 따라서 선생은 강 수로 문제에 대해 깊이 고려하여, ① 동 수로 측량 및 정리의 필요상, 특히 퇴역군인 소좌 미우라 기신(三浦義深)을 초빙하여 이 일을 맡게 하여 시종 항로의 표식, 그리고 도선사(水先案內) 일까지 하게 했다.[60] ② 군사적 필요에서 동 수로의 실권 장악을 기했다. ③ 동 강안(江岸)에서 이루어지는 밀수입을 단속하기 위해 각종 시설을 계획하였다.

그중에서 군사적 필요라는 것은, 러일전쟁 당시 일본 육군이 만주 땅에 제일보를 디디고자 해도 달리 적당한 상륙지점을 찾지 못할 경우, 압록강 수로를 통해 군의 상륙을 결행하는 것 외에는 달리 길이 없다고 하여, 동 수로에 대한 실권을 일본이 장악하기 위해 그 측량 및 정리에 착수한 것이다. 그 후 전황은 일본군에게 유리하게 전개되어 특히 압록강을 이용할 필요가 없었다. 하지만 선생의 계획은 당시에는 매우 시의적절한 것으로 그 착안이 매우 원대했다.

6) 외국무역

한국의 외국무역을 보면, 개항장 전체에서 수출품 중 제일 중요한 것은 쌀이다. 다음으로 두류(豆類)이고, 기타 인삼, 우피, 어류, 축류(畜類), 광물 등이다. 그 총액은 1905년도(광무 9)와 1906년도(광무 10)에 7~8백만 원대였던 것이 1907년도(광무 11, 明治 40)에는 일약 1,697만여 원에 달해 전년도 대비 8백만 원 남짓 증가했다. 이는 오로지 선생의 산업 장려에 의한 농·광·수산의 진보, 그리고 항만의 개량, 연안항로의 발달, 도로 개수 등에 기인하는 것이다. 특히 본년도에 상하이(上海) 방면으로 인삼 수출이 많고, 남만주 지방으로 쌀의 새

60 미우라에 관해서는 "明治四十年三月鴨緑江に設備せる各航路標識を韓国政府に於て管理することとなりまして竜岩浦に其の燈台局の分署を設くることになり海軍少佐三浦義深氏を同日より税関工事部技師に任じ同分署長となした"라는 기사가 있어 참고된다. 姉妹島燈台守 GO生, "朝鮮の燈台(4)",《京城日報》1916.10.4.

로운 판로를 연 것 역시 무역액 증가의 원인이었다. 수입에서는 1905년도(광무 9) 및 1906년도(광무 10)의 3천만 원 내외였던 것이 1907년도(광무 11)에 4,138만 원을 넘겼다. 이는 철도 부설, 건축 재료, 전신·전화 가설, 보세창고 증설, 그리고 선생의 시정 개선, 금융계 구제 등으로 한국인의 생활 상태가 향상되면서 그에 따른 수용품의 증가 때문이었다.

또 금은 등의 수출입에서는 금괴 및 사금이 수출에서 제일 큰 비중을 차지해 연액으로 보통 약 5백만 원에서 6백만 원 사이를 오르내렸고, 수입은 금은화폐 및 은괴를 주로 하여 연액 1백만 원 내외였던 것이 화폐 정리 이후 2백만 원대로 증가했다. 즉 1907년도(광무 11)의 수출 총액은 금은화폐, 금은지금, 엽전과 동전을 합해 671만여 원, 수입 총액은 270만여 원, 이를 1905년도(광무 9)와 비교하면 수출에서 1백여만 원, 수입에서 40여만 원의 증가, 1906년도(광무 10)와 비교하면 수출에서 40여만 원, 수입에서 30여만 원이 증가했다.

또 통상국과의 무역액을 보면, 수출입 모두 일본이 항상 제1위를 점했다. 총액의 6할 5푼(65%) 내외, 중국과 영국이 다음으로 각 1할 3~4푼(13~14%), 미국과 러시아가 보통 그다음에 위치했다. 특히 1907년(광무 11) 하반기에 7월부터 선생이 귀국하는 10월 말일까지 4개월 동안의 조사에 의하면, 수출에서 최고액을 점한 것은 일본이 3백여만 원, 그다음은 중국으로 2백여만 원, 기타는 모두 소액으로 러시아, 독일, 영국 등의 순서였다. 수입에서도 일본이 최고를 차지해 9백여만 원을 기록했고, 영국이 2백여만 원으로 그다음이었고, 기타는 미국, 중국, 독일, 러시아 등의 순서였다.

선박 출입을 통해서도 무역의 소장(消長)을 알 수 있어서 1907년(광무 11) 1월부터 선생이 귀국하는 10월 말일까지의 조사를 언급하면, 출항 선박은 기선과 범선을 합해 8,411척으로 243만 6,235톤, 입항 선박은 기선과 범선을 합해 8,577척에 247만 9,441톤이었다.

7) 관설 보세창고 및 시장

개항장에서 이루어지는 무역의 발달을 도모하고, 세관설비 부족과 협애(狹隘)를 보완하기 위해 1906년(광무 10) 3월 경성 남대문 밖에 관설 보세창고를 설치하여 화물취급을 개시하는 동시에 남대문 내에 관설 보세시장을 열었다.[61] 그런데 선생이 총세무사를 겸섭(兼攝)한 뒤, 각 지역 보세창고를 증설할 필요성이 있다고 보고 1907년(광무 11) 4월 평양에서, 7월 인천·부산·대구에서, 8월 진남포에서 각각 화물취급 사무를 개시하게 했다. 일단 인천·부산·진남포에서는 세관 창고 일부를 가지고, 평양·대구에서는 정부 창고 일부를 가지고 각각 보세창고에 충용(充用)했다. 그 결과 각 지역 모두 점차 입고 화물이 증가하는 경향을 보였는데, 오직 평양은 진남포와의 운수 편이 많이 부족하여 진남포를 경유하는 화물에 대해 평양 보세창고를 이용할 수 없어 오랫동안 창고가 비어있었다. 그런데 그해(1907) 10월 오사카상선회사(大阪商船會社)에서 인천 진남포 간 항로를 연장하고, 진남포-평양 간의 수로 운송업을 개시하면서 갑자기 동 창고가 번영하기 시작했다. 전술한 보세창고 증설과 함께 일반 화주의 편리를 도모할 목적으로 보세화물입출고수속안내를 규정하고, 그해 7월 제국철도청선(帝國鐵道廳線)과 통감부철도관리국선 연락운수가 개시되면서 보세창고에 관한 취급 절차를 제정했다.

여기서 보세화물이라는 것은, 수입절차가 끝나지 않은 화물로써 보세창고에 보관해야 하는 것이나 보관한 것을 말한다. 품목에 따라 창고 보관료가 다르지만, 보관기한은 최초 수입일로부터 만 1개년으로 했다. 출고할 때 수입세를 징수했는데, 수입세액은 최초 수입항 도착 당시의 과세가격에 따라 부과되었다.

옛날부터 한국의 제도(帝都)이자 상업의 중심지인 경성은, 각 개항장에서 멀리 떨어져 있어 수출입무역에 불편을 느끼는 일이 많았고, 따라서 화물 운반에 어려움이 많았고 기타 제 잡비 등의 경비가 발생했다. 크게 발전하려는 상황(商況)도 비교적 융성하지 못하는 아쉬움이 있어 먼저 일반 상인의 편리를 도모하기 위해 철도 연락 화물의 수입(輸入)을 개시했다. 또한 충분하게 그 목적을 달성시킬 필요에서 경성 남대문 밖에 총세무사청(總稅務司廳) 출장소를 설치했다. 1907년(광무 11) 8월 1일부터 각 개항장 경유 수입 화물 및 경유하게 될 수출 화물의 검사, 그리고 징세 사무 취급을 개시했다. 이에 남대문 내에 관설 보세시장의 필요성이 없어지면서 동 시장은 그해 8월 31일로 폐지되었다. 원래 동 시장은 구선

61 여기서 말하는 보세시장은 보세전시장을 의미하는 것 같다. 보세전시장은 박람회, 전람회, 견본시장 등을 운영하기 위해 외국 물품을 장치하거나 전시·사용하는 특허보세구역을 말한다.

혜청(舊宣惠廳) 창고를 그대로 사용했다. 오사카 상인으로 하여금 식품조합을 만들게 하고, 채소와 과일을 보세인 채로 부산세관을 통과하여 곧바로 동 시장으로 운반, 조금이라도 빨리 신선한 채소류를 공급하여 채소류의 결핍으로 힘들어하는 재류 일본인을 만족시켰다. 지금이야 관설 보세시장이 폐지되었지만, 보통시장으로서의 존재는 계속되었다.

8) 세관창고의 부대사업

(1) 선어 냉장수송과 냉장고

한국 수산업에 있어서 풍부한 선어(鮮魚)를 수출무역의 중요 품목으로 삼아 수출입의 균형을 유지하고 오히려 수출을 활발하게 했다. 또한 한국에서도 각 지방에 선어 공급을 윤택하게 하고, 아울러 생선가격(魚價)의 균일을 도모하는 동시에 선어를 지방물산으로서 판로를 확장시키기 위해서는, 냉장수송 방법을 사용하는 수밖에 없었다. 따라서 그 방법과 효과를 보이고 아울러 어업의 개량 발달을 촉진할 목적으로 선생은 1907년(광무 11) 6월부터 선어 냉장수송 시험에 착수했다. 개항장 그중에서도 부산·원산 세관에 냉장고를 설치하여 수육(獸肉), 어육, 계란 등을 저장하는 동시에 자유 창고의 효용을 온전하게 하는 것이 긴요하다고 하여 총세무사에서 소규모이면서 모범적인 냉장고를 설치하기로 했다.

이에 선생은 냉장고 설비에 대해 도쿄(東京) 기타 일본 내지의 모범적 사례를 조사하고, 그 구조 및 내부 설비는 해당 기술자의 고안을 구해 장래에 보세창고를 어항 설비의 하나로 만들고자 했다. 그러나 냉장고만 만들어진다고 해도 수송의 길이 열리지 않으면 효과가 없었다. 따라서 부산에서 행해지던 선어 철도수송의 구관(舊慣)을 참작하여 판로를 확장하고 냉장 포장 및 기타 수송 방법을 연구했다. 이를 통해 시설경영을 잘하고자 동년 6월 냉장수송 실시시험을 시작하면서 냉장사업위원 사무처리 순서를 정해 ① 냉장사업 시설 및 지도, ② 공사 설계 시행 및 감독, ③ 공사 청부계약, 출납·보관, 문서, 서무회계 담당을 나누고, 우선 부산·원산·밀양 3개소에서 처리하도록 했다.[62]

---

62 선어 냉장수송과 관련해서는 다음의 책을 참조할 수 있다. 矢野實, 1921, 『鮮魚の冷藏氷藏輸送法及取引上の注

이렇게 해서 냉장수송은, 오로지 부산·원산에서는 해어류(海魚類), 밀양에서는 은어(鮎)를 냉장하여 일본 내지의 도시와 한국 철도 연선에 위치한 주요 지역으로의 수송을 시험하기로 했다. 냉장용 동빙(凍氷)은 부산에서 가장 많은 양을 필요로 했으나 그곳에는 적당한 공급자가 없었다. 따라서 한강에서 채취한 동빙을 사들여 노량진에서 기차를 이용해 부산으로 운송 후 새롭게 2동의 저장고를 설비하여 여기에 수납했다. 이 분량은 그해 8월까지 사용이 끝나고, 9월 이후의 사용량은 모지(門司)에서 구입했다. 또 원산 및 밀양에서 사용할 분량은 수시로 필요에 따라 매입하고, 별도의 저빙고(貯氷庫) 설비는 없었다.

부산에 있어서 동년 6월부터 9월까지의 냉장수송 성적은 가량(佳良, 양호) 91회, 불량 2회, 6월부터 7월까지 원산의 성적은 가량 3회, 불량 4회, 6월부터 8월에 이르는 밀양의 성적은 가량 112회, 불량 4회였다. 그중에서도 원산의 성적이 양호하지 못했던 것은 시험 중에 우천(雨天)이 많았고, 수송기관이 완비되지 못해 수송에 많은 날이 필요했던 점과 포장법 등의 경험이 부족했기 때문이다. 이들 수송의 목적지는 밀양의 경우 오로지 한국 내지였고, 부산은 한국 내지는 물론이고 일본으로는 시모노세키(下之關), 고쿠라(小倉), 오사카(大阪), 누마즈(沼津), 도쿄(東京). 원산은 한국에서는 경성(鏡城), 일본으로는 시모노세키와 오사카였다. 이들 수송에 관해서도 선생은 졸속주의(拙速主義)를 채용했다. 또한 선생은 기선의 왕복을 활용하여 생선을 산 채로 보내는 것까지도 생각했었다.

(2) 양무호 창고(艙庫)와 해원(海員) 양성

양무호는 1888년 5월 영국에서 제조된 배이다. 1894년(明治 27) 미쓰이물산회사(三井物産會社) 소유였던 것을 나중에 한국 정부가 이를 매수하여 가장(假裝) 순양함으로 양무호(揚武號)라 명명했다. 1907년(광무 11, 明治 40)에 어느새 노후화하여 사용에 적합하지 않게 되었기 때문에, 동년 7월 이 배의 이용 방법을 강구하여 부산항에 계류시켜 수리했다. 함선 내 일부를 창고(艙庫)로 만들어 부산세관의 소관으로 두고, 일부를 해원 양성소로 삼아 18세 이상 25세 이하의 한국인 자제를 시험을 통해 입소시켰다. 해사사상(海事思想)을 가르치는 동시에 기술상 필요한 간단한 학과와 실무를 가르치기로 했다. 창고는 수출입 절차가 끝나지

意』, 大阪: 共樂堂.

않은 화물, 기타 내외 접속을 목적으로 배에서 내린 절차 미제 화물을 신청을 받아 보관하는 장소로 삼았다. 그 보관 화물에 대한 관세는 최초 창고(艙庫)에 입고할 때의 성질 및 수량에 따라 징수했고, 보관기간은 만 2개월 이내로 했다. 창고 보관료는 화물을 배에서 내릴 때 징수했고, 1개월 미만인 경우는 15일까지는 반 개월분, 15일을 넘길 때는 한 달분 모두를 징수하기로 했다. 이렇게 해서 동년(1907) 10월이 되어 양무호는 거의 폐물이 되어 항해에 적합하지 않게 되었고, 이를 부산세관 창고선(倉庫船)으로 개칭하여 부산항에 거치한 채 창고(艙庫)로 사용하게 되었다.

8. 행정 정리

1) 관기 문란

한국의 행정기관을 보건대, 중앙에 의정부가 있어서 내각을 조직하여 합의적으로 국정을 다스리고, 중추원이 있어 최고 정무의 고문부(顧問府)가 되어 내각의 자문에 응했다. 정부에는 내부, 외부, 탁지부, 군부, 법부, 학부, 농상공부 등이 있는데 각 명칭이 나타내는 것처럼 각 국무를 분장했다. 각 부 대신은 내각의 일원이면서 동시에 각 부 행정의 장관이다. 이런 정부 이외에 궁내부가 있어서 절대 권력을 가지고 있었음은 이미 언급한 바와 같다.

지방에서는 도에 관찰사, 군에 군수, 부(府)에 부윤(府尹)이 있다. 부윤은 하급 행정관으로서 첫째로 관찰사의 감독을 받고, 둘째로 대신의 감독을 받는다. 또 경성부에 판윤(判尹), 개항장 및 개시장(開市場)에 감리가 있어 이 역시 하급 행정관이었지만, 판윤은 내부대신에 직속하고, 감리는 외부대신에 직속한다. 둘 다 관내의 행정 사무를 장리(掌理)하고, 거류 외국인의 생명 재산에 관한 사항은 직접 외국 영사와 교섭할 수 있는 직권을 가지고 있다. 또 제주도에는 특히 목사(牧使)를 두어 관내 행정사무를 관장하게 했는데, 관찰사에 직속하는 것 군수 및 부윤과 같았고, 제주도 내의 관하 3군(濟州, 大靜, 旌義)을 통할하는 것 관찰사와 같다.

이렇게 행정기관의 조직은 매우 정연했으나 행정상 운용은 매우 어수선했다. 일반 관리의 소질에 유감스러운 점이 많고, 국제 정국(政局)의 변천이 당파의 분립을 촉진하여 당동벌이(黨同伐異)[63]에 여념이 없으며, 궁중과 부중이 혼효(混淆)하여 그 직책을 완수할 수 없는 등, 숙폐(宿弊, 오래된 폐단)가 어수선함의 원인이 되었다. 최고 관부(官府)인 의정부의 각료조차 협동일치의 정신이 부족하여 왕왕 독단적인 행동을 감행하거나 책임을 회피했다. 그 때문에 국무가 정체되었다. 특히 한국의 관풍(官風)으로 볼 수 있는 것은, 각 부의 사무는 크건 작건 모두 대신의 결재가 필요하고, 경미한 사항, 과소한 금전 물품의 출납, 고용인의 진퇴에 이르기까지 하급 관료에게 맡기지 않는 것이 관례이기 때문에, 대신이 출무(出務)하지 않

63 옳고 그름을 가리지 않고 같은 편은 감싸고 그렇지 않은 사람은 공격함.

으면 사무가 거의 광폐(曠廢, 돌보지 않고 버려둠) 상태였다. 그 대신이 만약 탄핵을 받거나, 혹은 부정행위의 혐의를 받는 등의 사고가 있을 때는 곧바로 마음에도 없는 사표를 제출하고 형식적으로 은퇴하는 것이 풍습으로 되어 있었기 때문에, 점점 더 사무의 정체를 초래하는 것이다. 따라서 관직을 얻으면 이를 잃지 않으려고 노력하여 그 지위에 연연하는 것은 물론, 때로는 그 관직을 이용하여 봉급 이외에 별도 다액의 수납을 획책하는 자도 있었다. 예를 들면 지방 관찰사와 군수가 매관(買官)를 위해 많을 때는 수만 금 적어도 수천 금을 아낌없이 내놓는 자까지 있다고 하니 얼마나 별도 수납이 많은지 미루어 짐작할 수 있다. 그래서 그 관찰사와 군수가 부임 당초에 곧바로 매관비를 관하(管下)의 부호에게 분배하여 강제로 징수하고, 만약 응하지 않는 자가 있으면 죄과(罪過)를 빙자하여 폭압을 가하고, 그 재산의 전부 혹은 일부를 몰수한다는 소문까지 있었다. 더구나 이들 관리의 경질이 매우 빈번하여 각 도나 각 군의 인민은 아침에 갑(甲)이라는 관리를 맞이했다가 저녁에 또 을(乙)이라는 관리를 맞이하는 상황이어서 그 고통은 상상을 초월했다. 또 조세 징수의 임무를 담당하는 군수 이하 속리(屬吏) 중에 그 징세금을 이용하여 사복을 살찌우는 자 적지 않았고, 지방에 따라서는 일반적인 관례로서 공공연히 행해지고 있었다.

또 관리의 법규 집행 상태를 살펴보면, 법률 칙령에 명확하게 규정되어 있는 사항임에도 행정관리가 이를 모르고 인민도 이를 몰라 그 때문에 법문(法文)이 있어도 조금의 법력(法力)도 없는 것이 얼마든지 있었다. 이는 정부가 현대(現代)에 실시할 준비 없이 단지 막연하게 법률만을 먼저 발포한 결과이기도 하다. 이에 반해 법규 형식을 갖추지 못한 훈시나 구두 명령이 오히려 무한한 집행력을 갖고, 장관의 의사표시나 세도가의 언명은 곧바로 법률 이상으로 인민의 권리를 제한하거나 무시하여 불법 징세, 부당부금(不當賦金), 무명과역(無名課役) 등이 쉽게 이루어져 관기(官紀)의 문란은 이루 다 말할 수 없었다.

또한 관리의 근무 상태를 보면, 예컨대 군수 같은 경우 좁은 방을 사무소로 삼아 집무용구(執務用具)라고는 겨우 조금만 문고(文庫) 하나뿐으로 부책(簿冊)도 없고 서류도 없었다. 사무 처리는 모두 수동적이어서 일체 주동적(主動的)임을 피하고, 정오 전후에 출근하여 오후 3시경에 퇴근, 그 사이에 사무 정리도 하지 않고 유유자적 한담(閑談)하거나 흡연에 빠진 자가 적지 않았다. 더구나 이런 자들일수록 부정을 획책하는 데 빈틈이 없는 법이라 정무가 제대로 이루어지지 않는 것이 당연했다.

2) 관기 진숙과 집무 규정 제정

이상과 같은 행정 상태였기 때문에 재정 정리에 큰 장해(障害)였음은 물론이지만, 이 퇴세(頹勢)를 하루아침에 만회하고 급격하게 혁신하는 것은 소위 교각살우(矯角殺牛)의 우려가 있었다. 따라서 선생은 조금씩 이의 개정을 기하는 동시에 우선 탁지부부터 모범을 보이고 나아가 다른 곳으로 확대해 가는 방침을 취했다. 1905년(광무 9, 明治 38) 3월부터 4월에 걸쳐 탁지부 대신으로 하여금 관기(官紀)를 진숙(振肅)할 것, 구관(舊慣)에 구애되지 않을 것, 사무를 방임하지 않을 것 등을 부하에게 훈유하게 했다. 즉 그 관기 진숙에 있어서는 관리의 위엄과 신용 그리고 관청의 체면을 유지하고 상관은 항상 형안(炯眼)을 가지고 하급 관료를 감독 엄계(嚴誡)해야 했다. 구관에 구애되지 않으려면 각자의 사상도 일신하고, 사무 처리는 오로지 정신의 활용에 있음을 주지시켰다. 사무를 방임하지 않고자 각자 자기 직사(職司, 직무에 따른 사무)를 명확하게 하여 그 직책을 완수시키고, 집무상 관계 법규를 주지하여 집무의 과오를 없애고, 사무를 간편 민첩하게 하고, 통계 관념을 함양하여 제반 재정통계의 명확함을 도모하는 등 구래의 누습을 근저에서부터 이혁(釐革)하고, 적폐 타파의 효과를 거둘 수 있도록 했다.

이와 동시에 탁지부 집무규정을 제정하게 하여 사무 처리에서는 사무 분배, 정리 방법을 명확히 하고, 위임 사항에서는 대신의 사고가 있을 경우 경이(輕易)한 사무는 협판 또는 국장으로 하여금 대리 섭행(攝行)하게 함으로써 사무의 광폐(曠廢)를 없애는 동시에, 종래 사무 정리의 성의가 부족한 속료(屬僚)에게 편달을 가하게 했다. 복무상에서는 관리로서 항상 엄수해야 할 사항을 지시하고, 또 정신적 개신(改新)을 촉구하고, 염결공정(廉潔公正)을 기하게 한다. 또 근무상에서는 정려각근(精勵恪勤)을 장려하고, 상관에게 끊임없이 하급 관료의 집무 상황을 감시하여 사무의 진척을 도모하게 하는 등 크게 개량하여 구래의 면목을 일신하게 했다.

3) 관제 및 군제 개정

행정 정리에 있어 관제 개정은 급무 중의 제일이고, 재정 정리에 따른 필연적 귀결이기 때문에 정부는 관제이정소(官制釐正所)를 설치하고, 특별위원을 두어 이의 개정을 논의했다.[64] 1905년(광무 9) 3월에 이르러 다음과 같이 중앙 각 청의 새로운 관제를 발표했다.

① 의정부관제에서는 국무대신의 보필 임무 및 경국(經國)의 직책을 명확히 하고, 그렇게 함으로써 행정의 통일을 기한다. ② 중추원관제에서는 의관(議官)의 정원과 그 임용 자격을 엄히 정하고, 그렇게 함으로써 남서(濫敍, 서임 남발)의 폐를 바로잡는다. ③ 군부관제에서는 국방 및 용병(用兵) 사무에 관하여 군부대신은 군주에 직속하고, 군사기밀에 속하는 논의에 참여하며, 주책참획(籌策參劃)의 직분을 명확히 한다. ④ 예식원(禮式院)·경위원(警衛院)·호위대(扈衛隊)는 그 성질상 이를 궁내부에 전속시킨다. ⑤ 철도원(鐵道院)·광학국(礦學局)은 실제로 사무를 집행해야 할 것이 없기 때문에 이를 폐지한다. ⑥ 참모부·교육부는 하나의 관부로서 존재할 필요가 없기 때문에 이를 군부의 1국(局)으로 한다. ⑦ 각 부 전체를 통틀어 불필요한 국과(局課)를 통폐합하고, 필요 없는 인원을 도태시켜 정원을 줄였다.

이상의 개정은 주로 회계 정리를 행하고 인원을 감소시킬 목적으로 나온 것인데, 이제 용원(冗員, 필요 없는 인원)이 많은 관청의 실제 상황을 살펴보면 다음과 같다. 각 청마다 고등관 몇 명, 판임관 몇 명이라고 정원이 정해져 있지만, 그것을 알고 있는 관리는 거의 없고, 더구나 그 정원의 의미조차 모르는 자가 많다. 특히 예산상 관계가 가장 깊은 탁지부에서 정원의 두 배 이상의 관리가 있는 것에 놀라지 않을 수 없다. 이는 명의상 관리라고 하더라도 실제는 직무가 없고, 전 대신의 사촌동생(從弟)이라든가, 전전 대신의 사위라든가, 어떤 대신의 친족이라든가 하는 연고를 가지고 관리로 이름을 올리고 있는 것으로 궁내부 같은 곳은 이러한 폐해가 가장 심하다. 물론 이들 대부분은 무급이다. 하지만 그 목적은 단지 관명(官名)을 가지고 위계(位階)를 받는 데 있다. 따라서 평상시에는 관청에 출석하지 않고 대제일(大祭日)의 연회나 어떤 의식(儀式) 같은 경우에만 행동을 같이하여 회장에 나올 뿐이다. 예컨대 대관들의 장례식 같은 경우에는, 솜이 들어간 흰 명주(白絹)의 두터운 바지를 입고, 위에는 매미의 깃털 같이 얇고 투명한 백마(白麻)의 긴 웃옷을 좌우로 의젓하게 흔들며, 하얀 신발에 백마(白麻)의 모자를 쓴 분장의 귀공자가 속속 참석하는 것이었다. 그래서 관제 개정 결과, 선생이 인원을 도태시키고 회계를 정리하고자 하는 것은 정원을 기준으로 봉급의 평

64 帝國新聞 1904.11.29, 釐正會同 관제이정소를 의정부로 설시하고, 작일부터 각 부 부대신과 각 의정위원이 회동하였다더라.

균액에 따라 일정한 예산을 계상하는 데 있었다. 따라서 반드시 그 정원을 줄이고자 한 것이 아니라 오히려 정원 외의 용원(冗員, 필요 없는 인원)을 파면할 생각이었다. 따라서 이 관제개혁에서 실행한 것은 구관제의 24국(局)을 20국으로, 칙임 정원 50명을 45명, 주임 303명을 114명, 판임 398명을 368명으로 합계 224명을 줄이는 것이었다. 하지만 그에 대한 세계상(歲計上) 감액은 겨우 4백 원 내외에 불과했다. 그중에서도 주임관은 비교적 다수를 파면시킨 것과 정원 외의 용원(冗員) 귀하부를 도태시킨 것이 개정의 요점이었다.

또 군제 개정에 관한 것은 선생 부임 당시 제국 정부에서 제시한 대한시설강령(對韓施設綱領)의 하나이다. 원래 한국 군대는 용병제도이기 때문에 달리 품삯이 많은 업무를 발견하거나 군대 근무를 견딜 수 없는 경우에는 쉽게 탈대(脫隊)할 수 있었다. 그래서 수시로 모집하여 이를 보충하지만, 신진(新陳, 신구) 교체가 너무 많아 편성에 있어서 왕왕 정원 부족을 면할 수 없었다. 그런데 한일협약으로 한국은 종전과 같이 다수의 군대를 보유할 필요가 없어졌기 때문에 1905년(광무 9) 4월 12일의 조칙(詔勅)으로 군제 개정을 발포하였다. 같은 달 14일 탁지부 대신 민영기(閔泳綺)가 군부대신 권중현(權重顯)에게 통첩하길 그해 7월부터 1년 동안 100만 원을 삭감한다는 내용이었다. 단, 100만 원의 삭감은 군비 총액을 약 절반 정도로 줄이는 것이어서 군부가 상당히 강경하게 반대했는데, 절충하여 그 반액인 50만 원을 절약하는 것으로 결정했다.

4) 관리봉급령 개정과 증봉

한국 재정의 문란은 주로 관기(官紀)의 이폐(弛廢)에 기인한다. 관기의 이폐는 봉급이 박해서 일어나는 것임도 다툴 필요 없는 사실이다. 봉급이 박하면 자연 염결(廉潔, 청렴결백)이 부족하고, 염결이 부족하면 부정행위를 감행하게 되는 것은 당연한 귀결이다. 이제 정부는 회계상 감독을 엄밀하게 하여 부당한 수지(收支)를 줄이고, 용원(冗員)을 도태시키고, 이원(吏員, 관리)으로 하여금 정근(精勤) 그 직무에 충실하게 했다. 이에 대해 한편으로 증봉(增俸)이 필요해졌다.

(1) 경찰 관리 증봉

경찰 관리 특히 순검(巡檢)은 직접 인민과 접촉하여 공안(公安)을 확보하는 자이기 때문에 관리 중에서도 가장 청렴결백해야 하지만, 사실은 이에 반해 부정행위가 매우 많아 정부는 우선 이를 교정하고자 했다. 마침 그때 경무고문 마루야마 시게토시(丸山重俊)가 일대 쇄신을 기획하여 크게 인원을 줄였다. 그 결과 생긴 급료의 여유를 돌려 현임자에게 분배·보급하기로 하고, 1905년(광무 9) 5월부터 이를 결행했다. 즉 당시 경성 오서(五署)[65] 내의 순검이 1,500여 명이었던 것을 약 1,000명으로 줄이고, 종래의 평균 급료 월액 4원 50전이었던 것을 7원으로 조정했는데, 이 때문에 상당한 성적을 거둘 수 있었고, 불법행위의 교정을 볼 수 있었다.

(2) 중앙 행정관리 증봉

경찰 관리에 이어 중앙 행정관리의 증봉을 결행하기로 하고 동년 6월 2일 탁지부는 관등봉급령을 개정하여 상주, 같은 달 29일 조칙이 발포되었다. 봉급 개정은 관기를 진숙하고, 관리를 청렴하고, 정직하게 만드는 것이 목적일 뿐 폐제개혁에 따른 신구 화폐 비가(比價)의 결과가 아니라는 뜻을 유시(諭示)했다. 즉 봉급령 개정 및 증봉의 주된 요점을 들면 대체로 다음의 5개 항으로 귀착한다.

첫째, 종래 관직은 권세 또는 매관에 의해 얻어지고, 인재 등용도 무능의 도태도 이루어지지 않아 권세 있는 곳에 오히려 무능한 자가 많고 용원(冗員)의 도태는 항상 인재를 배제하는 결과가 되었다. 만약 배제해야 할 자가 없을 때는 추첨으로 퇴관자를 정하는 폐습이 있었다. 따라서 과감하게 이 폐습을 쇄신하여 주무대신으로 하여금 부하 관리를 선택하게 하고, 인재 등용의 길을 열어 주임관은 이를 주천(奏薦)하고, 판임관은 이를 전행(專行)하는 권한을 확보하는 동시에, 한편으로는 주관 사무의 성적에 대해 그 직무상 책임을 다하도록 했다.

둘째, 주판임관 초임 및 진급 제한을 완화하고, 종래 판임관 초임은 반드시 최하급인 10급이었던 것을 7급까지 끌어올리고, 진급은 2년 반을 1기로 했던 것을 2년으로 했다. 그렇게

---

65 구한말에 내부의 경무청에 속하여 서울 안에 설치한 다섯 경무서이다. 동·서·남·북·중앙 다섯 곳으로, 1894년에 설치했다가 1910년에 폐지되었다.

함으로써 인재 우대의 뜻을 명확히 하는 동시에 향상 발전의 길을 열었다.

셋째, 유족 부조(扶助) 실적을 나타날 수 있도록 재관(在官) 사망자에 대한 사금액(賜金額)을 늘리는 동시에 수령자를 한정하여 수령을 확실 유효하게 했다.

넷째, 종래는 당연히 받아야 할 관리의 봉급을 여러 명목으로 삭감하여 이를 교부한 그간의 불법적이고 불확실함을 고쳐 봉급을 받는 것은 관리의 권리이고, 이를 지불하는 것이 국고의 의무임을 명확히 하여 줘야 하는 것은 반드시 주어서 봉급 수령자의 권리를 확보하는 동시에 한편에서는 그 직무에 충실하게 했다.

다섯째, 봉급은 발령 다음 날부터 기산할 것을 엄히 정하여 임관 명령은 경솔하게 내려서는 안 되며, 일단 발령하면 반드시 봉급 지불 의무가 발생한다는 의의(意義)를 명시했다.

이상의 취지에 기초하여 개정된 봉급령으로 판임관은 대체로 2배 이상 증액되었고, 주임 이상도 이에 준했다. 동시에 근검·저축의 미풍을 함양시키기 위해 의정부령으로 저금 규정을 제정하여 증봉된 관리는 일반적으로 이 규정에 따라 봉급 중 일부를 저금하도록 했다. 신 봉급령은 1905년(광무 9) 7월 1일부터 실시되었다.

(3) 궁내관 및 무관 증봉

그런데 궁내관(宮內官) 및 무관에게는 이 신 봉급령이 균점되지 않았기 때문에 궁내부대신은 궁내관 증봉과 함께 황실비 증액을 탁지부에 요구하였고, 군부도 무관과 병졸의 급료 증액을 다그쳤다. 그러나 선생은 황실비 및 병졸 급료 증가는 초미의 급무가 아니라고 했지만, 일반 관리의 증봉은 예상된 바로 필경 시일의 문제에 불과했기 때문에 궁내관 및 무관 증봉도 이를 결행하기로 했다. 안을 갖추어 의정부에 제의하고, 1905년(광무 9) 7월 26일부터 신 봉급령을 실시했다. 그 증봉액은 다른 중앙 행정관리에 준하여 약 2배에 달했다.

그런데 이 제1회 및 제2회 신 봉급령에 의한 지급정일(支給定日)을 경과했음에도 궁내부 및 군부는 물론 기타 각 관청에서도 청구하는 자가 없었다. 선생이 이를 이상하게 생각하고 탐지한 결과, 궁내부대신은 군부대신과 함께 내주(內奏)하여 황실비가 증가되지 않으면 신들은 증봉을 받을 수 없다고 했다. 일반 관리의 고급자도 이에 부화뇌동하여 증봉을 받지 않겠다고 하고 있음을 확인했다. 황실비나 병졸 고용 급료는 일반 관리의 봉급과 성질을 달리한다. 일반 관리의 증봉은 관기의 진숙, 부정행위 폐습 타파의 목적에서 나온 것이다. 따라서 선생은 동년 8월 10일부로 의정부대신서리 박제순(朴齊純)에게 통첩하여 관리봉급령 개정 취지를 오해하지 말고 해령(該令) 집행에 관해 적당한 수단을 취하는 동시에 서둘러 봉급의 청구가 있어야 할 것이라고 촉구했다. 8월 11일 궁내부대신임시서리 이원일(李源逸)에게 조회하길, 봉급 청구가 없는 것은 황실비 미정 때문이라고 하나, 황실비는 이미 정해져 있으니 미정이 아니다, 지금 하급 관리는 봉급 미지불로 궁박하다고 하니 6월 29일의 조칙을 받들어 관리봉급령 개정 취지를 명심하여 각각 지급의 방도를 취해야 할 것이라고 했다. 8월 15일 다시 박제순에게 통첩하여, 봉급 수령 권리자가 중간에 가로막혀 봉급을 요구할 수 없으나 이는 국고에서 나서서 이를 지급할 일은 아니고 일단 주의를 주면 그것으로 충분하다. 다만 재정고문인 본직(本職)의 사무에 관한 것은 내버려 두지 않고 조치하여 이를 해결하고, 정무의 상궤(常軌, 법도)를 유지할 뜻을 고하여 탁지부에서는 출급명령을 기다리지 않고 편의상 고문부에서 직접 그 관리의 봉급을 지급하고, 경무청 역시 고문의 감독하에 이를 지급하게 했다. 이 황실비 증가 문제에 대해서는 재정 정리와 관련하여 선생에게 일대 복안이 있어서 그 기회가 무르익기를 기다리던 중에 이런 분의(紛議)가 발생한 것이다. 이보다 앞서 궁내부 고문 가토 마스오(加藤增雄)가 한국 황제의 뜻을 받아 그 내탕금의 증가와 궁내 관리 증봉의 일을 선생에게 의뢰했고, 선생은 이를 승낙하여 우선 궁내 관리와 무관의 증봉을 시행하고, 내탕금에 관한 일은 나중으로 미뤘다. 1906년도(광무 10) 예산을 편성하면서 결국 황실비 증액을 결행하였다. 새롭게 50여만 원을 추가하여 동년도부터 황실비를 130만 원으로 하고, 별도로 막대한 임시비도 지출하기로 했다. 황제는 선생에게 감사의 뜻을 표하고, 분의(紛議)도 진정되어 마치 비온 뒤에 땅이 굳는 형세가 되었다.

(4) 군대 하사졸 급여 증액

일반 문관의 증봉과 함께 무관의 증봉도 필요하여서 전기와 같이 1905년(광무 9) 7월 하순 그 증봉을 결행했으나, 당시의 재정 상황은 아직 하사졸(下士卒) 급여 증가에는 미칠 수 없었다. 1906년(광무 10)에 이르러 시세가 진보하고 재정 정리가 진척되면서 이를 결행할 기운이 조성되어 동년 5월 하사졸 전반의 급료 및 피복비 등에 대해 약 2할의 증급을 단행했다.

(5) 지방 관리 증봉

재정 정리가 지방에 보급되어 불법 징수가 감소함에 따라 지방 관리 증봉이 필요해졌다. 1906년(광무 10) 9월 지방관관제 개정과 함께 지방관관등봉급령을 개정하여 종전에 비해 배액 이상의 증봉을 결행했다.

(6) 지방 고용원 급여 증액

지방 관리 증봉과 함께 지방 고용원 급여를 증가시킬 필요가 생겼는데, 종래 지방관청에는 수많은 무용(無用) 고용인이 예속되어 있었기 때문에, 한편에서 그 인원의 도태를 단행하는 동시에 급여를 증가시켰다. 그런데 일시에 다수를 도태시키면 그들은 곤란한 나머지 불량한 무리가 될 가능성이 있어서 선생은 미리 지방 재무관에게 주의를 주어 실직자 중에서 관세관소(管稅官所) 및 농공은행 등에 채용하는 외에 상당한 취직의 방책을 강구하도록 했다.

이상과 같이 중앙 및 지방 관리 고용원에 이르기까지 증봉과 증급(增給)을 단행하여 생계의 안정을 얻게 하는 동시에 부정행위를 방지하고, 관기를 진숙하고, 직무에 충실하게 한 결과, 행정 정리는 재정 정리와 맞물려서 착착 본궤도에 오를 수 있었다.

9. 신시설사업

1) 토지조사

(1) 측량 기술자 양성

1898년(광무 2)부터 한국 정부는 토지조사의 필요를 인식하고, 동년 7월 양지아문(量地衙門)을 창설, 외국인 기사를 고용하여 경성부 내의 지도를 완성했다. 그 후 많은 변천을 거쳐 1904년(광무 8, 明治 37) 4월 탁지부에 양지국을 두었으나 실지 측량에는 착수하지 못했다. 동년 10월 선생이 재정고문에 취임한 뒤, 재정의 기초를 확립하기 위해 지적(地籍)의 정리, 토지소유권 확정 및 과세의 공정을 급무로 판단하였다. 이를 시행하기 위해서는 한국인에게 토지 측량의 필요성을 알리고 동시에 측량기술을 습득시키는 것이 선결문제였기 때문에, 다음 해인 1905년(광무 9) 2월 제도상의 개혁을 단행하여 양지국을 폐지하고, 탁지부 사세국에 양지과를 설치했다. 6월 일본인 기사 쓰쓰미 게이조(堤慶藏)를 용빙하고, 양지과에 양지학교를 창설하여 6개월 속성의 방법으로 기술 강습을 개시했다. 졸업자는 기수(技手) 또는 고원(雇員, 고용직 공무원)으로 채용하기로 했다. 결과는 매우 양호해서 이후 계속해서 양성에 노력하는 한편, 대구, 평양, 전주 등에 출장소를 개설하여 기수 견습(수습)을 양성했다.

(2) 측량 실지연습

기수 견습자 양성이 조금씩 진척됨에 따라 측량 실지연습(현장실습)이 필요해졌다. 양지과 및 각 출장소에서는 우선 그 소재지 부근을 측량하기로 했다. 즉 양지과에서는 경성과 용산 시내, 대구출장소에서는 대구시내, 평양출장소에서는 평양시내, 전주출장소에서는 전주 부근을 측량했다. 대구시내는 1907년(광무 11, 明治 40) 제일 먼저 완성하였고, 다른 곳은 그다음 해에 완성했다. 그 밖에 1906년(광무 10) 10월부터 진해만과 거제도 측량에 종사시키고, 1907년(광무 11)에 들어서도 여전히 계속했다. 또한 개성부 석탄산, 경성 수구문(水口門)[66]

66 수구문은 시구문(屍口門)이라고 하는 광희문(光熙門)을 가리킨다. 서울 성곽의 4소문 가운데 하나이다. 도성의

밖 화강암산 및 동대문 밖 우이동의 화강암산, 인천·부산·용호(龍湖)[67]의 각 염전, 용산 군용지, 백마(白馬) 및 평양 군용지, 청진항, 그리고 한강 하류 항로표식 건설지에 대한 조사 측량에 종사하게 했는데, 착착 진행되어 좋은 성적을 낼 수 있었다.

(3) 측량 규정

토지조사와 관련하여 측량 방법은 가장 신중하게 고려해야 하는 문제이기 때문에, 선생은 경비(經費)와 성적이라는 점에 비추어 대만과 오키나와(沖繩)에서 시행한 측량법 중 가장 좋은 방법으로 인정받은 것을 기초로 측량 규정의 제정에 착수했다. 이것이 발표된 것은 선생이 귀국한 후인 1907년, 즉 광희 원년(光熙元年) 12월이었다. 원래 선생 재임 당시에는 사정상 아직 대삼각측량법(大三角測量法)을 시행할 수 없어서 소삼각측량을 기본으로 하여 해당 규정을 편성하고 척도는 미터법을 채용했다.

2) 인쇄사업

(1) 인쇄국의 연혁

개국 496년(1887, 明治 20) 12월 궁내부 직할하에 전환국(典圜局)을 창설하고 동화(銅貨) 주조를 개시하였고, 나중에는 은화와 백동화를 주조하였다. 또 농상공부에서는 새롭게 인쇄국을 설치하고 수입인지 및 우표 등을 인쇄했다. 정부가 지폐를 발행하게 되면서 1901년(광무 5, 明治 34) 농상공부 인쇄국을 폐지하고, 전환국에 인쇄과를 설치하여 지폐 인쇄에 힘썼으나 당시의 기술로는 결국 완전한 지폐를 인쇄할 수 없었다. 1904년(광무 8) 10월 선생의 재정고문 취임 직후, 전환국을 폐지하여 새롭게 인쇄국을 설치했고, 다음 해 1905년(광무 9) 2월 탁지부 내 일국(一局)으로서 탁지부 대신의 직할하에 두었으나 동년 3월 1일 실화로 공장이 전부 소실하고 말았다. 재건축한 뒤 사업을 성대하게 일으키기로 하고, 일단 가공장(假

장례 행렬이 통과하던 문이어서 시구문이라는 이름이 붙었다.

67 지금의 부산광역시 남부 용호동이다. 조선시대부터 현대까지 소금을 생산하던 분개(盆浦) 염전이 있었다.

工場)을 설치하여 응급사업에 착수했다.

(2) 확장 계획

소실 후 가공장의 설비가 아직 완전하지 않은데도 인쇄사업이 다단에 걸쳐 주야겸행으로 사업을 서둘렀다. 예컨대 농공은행 및 창고회사의 주권, 수입인지, 우표 등을 속성(速成)할 필요가 있었고, 게다가 지폐 인쇄 준비 계획과 함께 인쇄공장을 신축·확장할 필요에 몰려 1907년(광무 11) 초에 상기 확장 계획을 결정했다. 이에 필요한 총 예산액 43만 8천여 원을 계상하고, 동년 4월 우선 활판공장의 수리 확장을 마쳤다. 다음으로 귀중인쇄공장(貴重印刷工場) 신축, 그리고 제지공장 증축에 착수했다. 제지기계 및 발전소 설비에 관해서는 도쿄인쇄국에 의뢰하여 설계를 세우고, 기타 공장용 각종 기계는 동년 중에 해외에 주문계약을 마쳤다.

(3) 생산능력

이상 확장 계획으로 예상되는 연간 생산능력은 은행권 200만 장, 100장짜리 인지 100만 장, 공채증서·주권·면장(免狀) 30만 장, 동판·석판·사진판 170만 장, 관고지(官誥紙)·훈기지(勳記紙) 80만 장이었다.

3) 건축공사

(1) 공사기관과 그 시공

한국 행정조직 개선, 정무기관 증설, 항만 개량, 세관 확장 등과 함께 제반 건축공사가 매우 빈번해졌다. 공사 시행의 신속 확실, 그리고 공사 사무의 통일 제정(齊整)를 도모하는 데 있어서 집행기관을 특설할 필요가 생겼다. 1905년(광무 9) 12월 선생의 감독하에 세관공사부를 조직하고, 이를 공무국(工務局)과 등대국으로 나누어 공무국에서 재정고문 및 총세무사 관리에 속하는 공사 일체를 관장하게 했다. 1906년에 다시 선생 감독하에 탁지부 내에 건축소를 신설하고, 세관공사부 이외의 건축공사를 담당하게 했다.

이런 경위를 거쳐 건축소 사업으로 1906년도(광무 10)에 시공한 것은 인쇄국 확장 공사,

경성감옥, 수원농림학교, 목포조면공장, 1907년도(광무 11)에 시공한 것은 의정부, 평리원, 대한의원, 공업전습소, 총리대신 관저 등인데, 이 중에서 인쇄국은 벽돌조(煉瓦造)와 목조를 병행하였고, 의정부, 평리원, 대한의원 등은 전부 벽돌로 만들었다.

(2) 대한의원 신축

한국에는 완전한 병원이 없고 오로지 광제원(廣濟院)이 있으나 그 설비는 불완전하고 또 좋은 의원(醫員)이 부족했다. 따라서 제생(濟生)의 결실을 예상대로 거두지 못하여 국민의 의료시설로 매우 불충분했기 때문에 1906년(광무 10) 1월 정부는 일본동인회(日本同仁會) 회장의 추천을 받아 새롭게 광제원장을 초빙하고, 동원 경비도 증가시켰다. 이때 모범적 병원 건설이 가장 필요하다고 보고, 1907년(광무 11) 1월 정부는 광제원과 의학교를 합병하여 새롭게 경성에 대한의원을 건설하고, 겸하여 한국적십자병원 사무를 취급하기로 했다. 제1기 공사비로 29만 3,500여 원을 계상했다. 경성 동대문 내의 마두산(馬頭山)에 부지를 정하고 공사에 착수하여 이듬해 준공했다. 또 의학교는 한인 의사 양성을 목적으로 보통의학을 교수하고 수업연한을 3년으로 했다.

(3) 의정부 신축

국무가 증가하게 되면서 각 관청의 청사가 협소해지고, 그 구조가 적당하지 못해 사무 지체의 한 원인이 될 수 있었다. 이에 집무의 간편을 도모하고, 동시에 청사를 개조하는 것이 급무로 여겨졌다. 1906년도(광무 10)에 우선 의정부 신축을 계획하여 청사의 모범을 보이고, 차츰 타청(他廳) 개축을 기했다. 신축 예산 8만 2,000여 원을 계상하여 1907년(광무 11) 1월부터 건축에 착수하고 준공기한을 동년 12월로 정했다.

(4) 모범감옥 신축

종래의 감옥은 그 구조가 매우 불완전하고 수인(囚人, 죄수) 구금의 본뜻에 적합하지 않아 오히려 범죄를 조성할 우려가 있었다. 특히 위생설비가 거의 없고 너무 불결했기 때문에 그 현장을 시찰한 선생은 한심을 금하지 못하고 모두 개축할 필요가 있다고 보았다. 우선 모범감옥을 경성 동문 내에 신축하기로 하고, 1906년도(광무 10)에 이의 건설비로 3만여 원을 계상하였다. 다음 해인 1907년도(광무 11)에 공사를 일으켰다.

(5) 평리원 및 한성재판소 개축

평리원(平理院)은 일본의 대심원(大審院)에 해당하는 것인데, 한성재판소와 함께 그 건축물 구조가 불완전하고 청사가 매우 협소하여 심리와 재판을 집무하는 데 불편이 작지 않았다. 이에 1907년(광무 11) 이 두 곳을 개축하기로 하고, 1906년도(광무 10)에 공사비 총액 8만 원을 지출하기로 결정했다.

(6) 공업전습소 건축

한국의 공업 발전을 기하고, 국부를 증진하기 위해서는 우선 그에 종사하는 종업자를 양성할 필요가 있었다. 이에 한국인 자녀를 위해 경성에 공업전습소를 건설하기로 하였다. 1906년(광무 10)부터 3개년 계속사업으로 건축비 총액 9만 4,000원을 지출하기로 결정하고 1907년(광무 11)부터 기공했다.

(7) 학교 건축

선생은 일찍이 한국 교육의 확장 개선을 도모하는 동시에 학교 신축과 증축을 계획하였다. 1906년(광무 10) 현재 공립학교 중 큰 것은 수선하고, 작은 것은 증축 또는 신축하고, 기타 사립학교 합병 혹은 정리, 외국어학교, 중학교, 의학교 등 증축, 농림학교 분치(分置), 상공학교 및 사범학교 수리 등을 시행하기로 했다. 여기에 필요한 공사비 총액 약 50만 원을 계상하였다.

4) 건축재료

(1) 관영 벽돌 제조소

한국에서는 목재, 기타 건축재료가 부족하고, 압록강안의 목재는 다른 곳으로 수출되었다. 일본의 목재는 일본만으로도 부족하여 새롭게 한국에 영림사업(營林事業)을 일으켜서 크게 식림을 장려해야 했다. 그런데 건축공사가 시급한 오늘, 수목의 생육을 기다릴 겨를

이 없어서 선생은 벽돌(煉瓦) 제조에 주목했다. 원래 종전부터 한국에서 중국인이 벽돌을 제조하여 수용(需用)에 공급하고 있었지만, 품질이 조악하여 취약했고, 가격은 비싸서 제조량이 너무 적었다. 도저히 일반의 수용을 충당할 수 없었다. 따라서 건축공사를 일으키기 위해서 정부는 우선 벽돌부터 제조해서 공급해야 했다. 그리고 일본으로부터 벽돌을 가지고 가거나 해서 흙을 수입해서는 한국의 재정이 성립할 수 없다고 하니 염가로 정량(精良)한 것을 공급해야 하는 모범적 사업을 한국에 일으켜야 한다는 선생의 의견을 따라, 관영 벽돌·토관·기와 제조소를 신설하게 되었다. 특히 벽돌에 대해서는 일본에서 대장성 기사를 초빙하여 조사하게 하고, 1906년(광무 10) 10월 탁지부 대신이 벽돌 제조소 설립위원을 임명하여 그 설비공사에 착수하게 했다. 동시에 일정한 자본금을 갖추어 일반회계로 분리시켜 독립회계로 하고, 특히 벽돌 제조소 작업 회계 규정을 발포하게 되었다. 그 공장의 위치에 관해서는 토질 및 교통 관계상 벽돌 제조소를 한강 동안(東岸)에 위치한 마포에, 토관 및 기와류(瓦類) 제조소를 한강 서안(西岸)의 영등포로 정하고, 건축공사 기타 설비는 1907년(광무 11) 1월부터 착수하여 동년 10월 준공했다.

(2) 시멘트 제조 계획

선생은 또 건축재료로써 시멘트 제조에 착목하여 경성 남대문 밖의 토질을 조사하게 하거나 평양의 대동강 대안의 석탄산(石炭山), 그리고 연료로써 평양의 무연탄 등에 주목했다. 농상무공업시험소 기사 다카야마 진타로(高山甚太郎) 박사로 하여금 상기 석탄산에 대해 현장을 조사하게 한 결과, 시멘트 제조가 유망하다고 판단하고, 아사노 소이치로(淺野總一郎)를 일본에서 초치하여 민간사업으로 시멘트 제조를 종용했다. 하지만 당시 해당 사업은 결국 성립하지는 못했다.

5) 제염시험장 설치와 천일제염 창시

원래 한인은 소금의 수용(需用)이 많고 더구나 자국 생산이 소액이어서 대체로 이를 수입에 의존하고 있었다. 따라서 자급자족을 위해서는 크게 소금 산출을 장려해야 했다. 선생은 일찍이 이에 주목하고, 1905년(광무 9, 明治 38) 11월 이래 한국 남부 해안을 대상으로 제염사업을 조사하게 했다. 1906년(광무 10, 明治 39) 4월에는 관영 제염시험장을 설치하기 위해 우선 목포를 시찰하게 하고, 5월에 다시 제주도 및 기타 염전을 시찰 조사하게 하여, 일본식 전오법(煎熬法)과 대만식 천일제염의 적부 여부를 연구하게 했다. 원래부터 한국은 강우가 적고, 증발량이 많으며, 연안에는 곳곳에 간석지(干潟地)가 있기 때문에 천일제염사업에 적합할 것이라는 사실은 식자(識者)가 인정하는 바이다. 하지만 조사 결과는 우량, 기온, 청천일수(晴天日數), 증발량 등에서 목포보다도 인천 쪽이 우량하다고 해서 당초 목포에 착목했던 선생은 천일제염시험장을 인천에서 가까운 주안만(朱安灣)의 한 지점으로 변경하기로 했다. 또 일본식 전오제조시험장(煎熬製造試驗場)을 부산에서 동해안 쪽으로 3리 떨어진 용호(龍湖)로 예정하고, 동년 12월 사업(斯業)의 권위자인 대장성 기사 오쿠 겐조(奧健藏)에게 현장 검분(檢分, 실지 답사)을 위촉했다. 동씨는 신의주, 아산, 인천, 목포, 용호, 울산 등을 순검하여 최후 확정을 지었는데, 그것은 과연 선생의 예상과 같았기 때문에, 용호에서는 재래의 염전 2정보 남짓을 매수하여 시험장을 설치했다. 주안에서는 간석지 중에서 6,600여 평을 1구획으로 하고 저수지와 제방 면적을 제외한 약 3천 평을 염전으로 하여 1907년(광무 11, 明治 40) 4월부터 축조에 착수하고 동년 9월[68]에 준공했다. 그런데 천일제염전(天日製鹽田)의 채염기(採鹽期)는 매년 3월부터 10월까지여서 선생은 곧바로 제염작업에 종사하게 했다. 직원이 부지런히 노력한 결과, 3주가 안 되는 근소한 일수(日數) 동안 약 7천 근을 채염하여 양호한 성적을 거두었다. 이에 선생이 크게 이를 기뻐하고, 9월 23일, 당시의 한국 총리대신 이하 각 대신, 및 한일 실업가, 신문기자 등 138명에게 안내장을 발송했다. 당일 임시열차를 운전하여 주안시험장과 채염작업 현장을 시찰했더니 일동은 경이 감탄하였고, 각 대신은 이 신규사업에 대해 열심인 사의(謝意)를 선생에게 표했다. 선생은 또 간절하게 설명하고 장래 한국 염업 개선이 긴요함을 종용했다. 이날은 마침 각 대신이 예궐하는 날이었기 때문에, 제염 표본을 황제에게 봉정하고 천일염전에 대해 설명했다. 다음 날 각 신문이 일제히 전 일 현장 시찰 상황을 게재하였고, 천일제염이 한국에 적합하다는 것을 전국에 보도했다.

---

68 원문에는 '同年九年'으로 되어 있으나 오기인 듯하다.

10. 재무 이외의 시설

1) 한국 연안항로 개시

한국에 대한 경영은 재정과 상업 측면에서 먼저 교통기관이 발달해야 가능하다는 견지에서, 선생은 한국 연안항로 개통과 함께 이원(利源) 개발을 도모하는 것이 급무라고 보았다. 1906년(광무 10) 6월 탁지부 임시재원조사국 기사 와타나베 기이치(渡邊歸一)에게 명하여 어업, 염업, 기타 재원 조사를 위해 경상남도·전라남북 양도의 소위 삼남 군도해(群島海)를 시찰하도록 했다. 명을 받은 와타나베 기사는 관세국 소속 광제호(光濟號)에 편승해 출발했다. 출발에 즈음하여 동씨가 해군 수로부(水路部)의 해도를 접하고 놀란 것은, 조선반도의 연안선이 1,700~1,800해리에 불과함에도 부속 대소 도서(島嶼) 연안의 들고난 굴곡을 합산하면 넉넉히 6,000해리에 달하여 이탈리아반도의 2배 이상이 된다는 것이었다. 원래 연안선이 장대한 나라가 문화의 진도가 가장 빠르다는 것은 세계 역사상의 원칙인데, 한국은 이 원칙을 배반하여 문화가 늦은 것을 무엇 때문일까. 그것은 국가 통치상의 근본적 병폐에 기인하는 것은 물론이지만, 통치 이외의 중요한 원인 중 하나가 교통기관의 결여임은 명확하다. 그중에서도 한국 남쪽의 군도해(群島海)에 있어서 항로 개발의 불비는 바다로 육지로 온갖 산업의 발달을 저해하는 최대 원인이라는 것을 통감했다. 따라서 와타나베는 수개월 동안 상세한 시찰 조사를 마치고, 동년 9월 1일 복명서를 선생에게 제출했다. 그 대요는 다음과 같다.

> 한국을 경영하는 데 있어서 가장 중요한 것은 교통편을 여는 데 있다. 무엇보다 육상의 대동맥으로는 경부·경의 종관철도에 의해서 크게 편리를 얻고 있지만, 연안과 내지의 연락, 그리고 해운에 의한 교통의 방법이 아직 갖추어져 있지 않은 것은 이원의 개발을 방해하는 유일한 원인이다. 특히 소위 삼남지방에서 경기·황해에 이르는 연안에는 무수한 도서(島嶼)가 나열하고 있다. 그 도서와 도서 사이에는 강 같은 수도(水道, 물길)가 있고, 연안에는 또 여러 갈래의 내륙하천이 있어 연해와 내지 사이를 연락한다. 그 내지에는 쌀·보리·면(棉)·마(麻)

② 충회선(沖廻線) 500톤 기선 2억

③ 연락지선(連絡支線) 석유 발동기 장착 5척

단, 연락지선은 사업 발전 상황에 따라 개통하는 것으로 한다.

(5) 제2기 이후의 사업은, 제1기 사업의 완성에 따라 점차 진행해야 할 순서로써, 그 자본은 제2기 이후의 불입을 가지고 필요에 응해 출자하는 것으로 한다.

(6) 정부 소유주에 대해서는 회사 창립 이후 6년 동안은 이익을 배당할 필요가 없다.

(7) 귀하 항(前項) 기간 내에는 영업 및 이익의 배당에 관해 정부가 이를 감독한다.

당시 때마침 부산 방면의 유지들에게 연안항로 계획이 있었기 때문에, 선생은 이때 민간 인사에게 권유하여 본 사업을 일으키는 것이 득책이라고 보고, 동년 7월 기사 와타나베 기이치에게 내명을 잘 설명하여 납득시킨 뒤 부산 이사관 마쓰이 시게루(松井茂)와 상의하게 했다. 마쓰이는 부산항의 번영과 남한 지방 개발을 위해 매우 필요한 사업이 될 것이라고 보고 부산세관장 야마오카 기고로(山岡義五郎)와 상의한 뒤, 조선해수산조합장 오카 주로(岡十郎)를 비롯하여 부산 실업가 중의 유력자와 회동하여 회사 발기인이 되어 줄 것을 권유했다. 그 석상에서 와타나베 기사는 메가타 고문의 내명을 전달하고 상기와 같은 계획 요항을 제시하여 찬동을 구했다. 그 결과, 오카 주로, 김성우(金聖祐) 등의 한일 유지 18명이 발기인이 되었다. 자본금 100만 원의 한국연안우선회사를 설립하기로 하고, 그 취의서 및 정관에다가 보조금하부청원서를 첨부하여 부산이사청을 경유하여 통감부에 출원했다. 통감부는 보조금 하부에 관한 조건을 붙여 이를 농상공부대신 및 탁지부 대신에게 이첩하고, 탁지부에서는 선생의 의견을 따라 통감부 이첩에 대해 회사 영업 및 성질상, 명칭 변경, 회사 사업의 감사, 보조금 폐지의 경우 등 몇 가지 사항을 추가하여 이를 허가하기로 결정했다. 이렇게 해서 회사는 바야흐로 성립하게 되었지만, 관제개혁이 이루어져 종래의 고문제도가 폐지되면서 동년 10월 선생이 퇴직 귀국했기 때문에 회사의 성립은 좌절되고 말았다.

그런데 그 후 탁지부 차관 아라이 겐타로(荒井賢太郎)의 알선으로 동 회사 설립이 다시 추진되었다. 1908년(明治 41) 12월 10일, 부산에서 창립총회를 열고, 명칭을 부산기선주식회사로 고치고, 동월 23일부터 실제로 항해를 개시했다. 이는 완전히 선생의 재임 중에 태반이 진행되었기 때문에 아라이 탁지부 차관은 다년간의 공로에 숟가락만 올린 셈이었다.

2) 도로 개수

교통 운수를 편리하게 하는 동시에 산업의 발달에 기여할 수 있도록 하려면 도로 개수가 급무이다. 따라서 정부는 1906년(광무 10)부터 탁지부의 승인을 얻어 기업자금(起業資金)을 가지고 개수해야 할 도로의 예정선을 평양·진남포·원산 간 63리, 광주·목포 간 25리, 대구·경주·영일만 간 35리, 전주·군산 간 9리로 하고, 이 공사비 총액 149만 6,000원을 계상했다.

또 인천은 지형이 울퉁불퉁하여 완전한 도로가 없어 화물 운반이 지극히 어렵다. 그 때문에 인천항은 이미 새로운 도로의 개설을 계획하여 공사에 착수했다. 하지만 공사비가 다액에 달해 민력이 그 부담을 견디지 못하고 정부 보조를 청원했다. 그 결과 정부는 재정고문의 승인을 얻어 1906년도(광무 10)에 공사비 중 1만 9,000여 원을 보조하기로 결정했다.

평양도 발전을 위해 도로 개수가 필요했다. 거류민은 이미 이에 관한 계획을 세워놓고 있었지만 공사비 부담을 감당할 수 없어서 정부에 보조를 청원했다. 정부는 재정고문의 승인을 얻어 1906년도(광무 10)에 6,000여 원의 공사비를 보조하기로 결정했다.

이 밖에 수원에서 이루어진 직선 도로 개착(開鑿)은 주목할 만하다. 이노우에 마사지(井上雅二)가 1906년(明治 39, 광무 10) 2월부터 9월에 이르는 약 8개월 동안 경기도지부 재무관으로서 수원에 머무르던 중 도로 개착은 산업을 진흥시키는 데 있어서 급무라고 판단하여 수원에서 인천으로 통하는 간도(幹道) 개착을 계획했다. 우선 수원정차장에서 수원성 안으로 통하는 약 1마일 반에 폭 4간(間)의 직선도로를 신설했다. 이를 위해 치도조합(治道組合)을 조직하게 하고, 무이자 정부자금을 대여하여 민간의 자금과 합쳐 수축(修築) 유지하게 했다. 이 직선 도로는 당시에는 매우 드문 것으로 알려졌다. 단, 지방 도로이기 때문에 중앙정부가 여기에 원조하는 것이 이례적인 일임에도 불구하고, 메가타 고문은 이노우에의 신청을 받아들여 특별히 정부자금을 대여했다.

그 후 수원 관찰부에 경기도 내 3부(府) 29군의 지방관 32명을 소집하여 3일에 걸쳐 회의를 개최했을 때, 그 자리에서 이노우에는 일동을 향해, 제군(諸君)은 이번에 이 성내로 오실 때 아마도 정차장에서부터 일직선으로 신설된 도로를 밟고 오셨을 것이다, 이 도로는 메가타 고문의 용인(容認)으로 치도조합에 무이자의 정부자금을 대여하여 신설한 것으로, 도중의 구릉을 우회하여 만들면 경비도 소액으로 마무리되었음에 틀림없지만, 산을 열어 특별히 직선 도로를 만들게 한 것은 교통편을 도모하기 위함인 것은 물론이나 결코 흥미 본위가 아니다. 여러분의 중대 책임인 민치상(民治上)의 일은 정직염결(正直廉潔)을 표어로 해야 한다. 그런데 걸핏하면 천하에 직선 도로가 있음을 잊고 사리사욕에 빠져 샛길을 걷는 그런 사람은 지방관의 자격이 없다. 이 직선 도로는 지방관이 걸어야 할 길을 구체적으로 보인 것으로, 정부가 무이자 자금을 대여한 것도 그 정신이 여기에 있다고 믿는다. 원래부터 메가타 고문의 시정은 정직염결, 나를 버리고 공(公)으로 나아가 정성껏 만민을 대하는 데 있다고 훈시했다.

이상 도로 개수와 함께 경성 남대문 양측을 잘라낸 것 역시 선생이 실행한 것이다. 원래 남대문의 도로가 협애하고 또한 전차노선이 문 안으로 부설되어 있었기 때문에 교통이 불편했다. 따라서 선생은 1907년(明治 40) 10월, 우리(일본) 황태자 전하(뒷날 다이쇼 천황)의 한국 행계(行啓)를 기회로 부하에게 명하여 문의 좌우 양측의 성벽을 헐어 가로(街路)를 신설한다는 안을 세우게 했다. 그런데 남대문은 왕성의 정문으로 상당히 장려(壯麗)하고 매우 중요한 장소이기 때문에, 이 성벽을 허무는 것은 중대 사건이어서 황제의 친재(親裁)를 거쳐야 했고, 따라서 보통의 설계로는 설명이 곤란할 것으로 생각하고 여러 가지로 부심했다. 토목기사 사카이데 나루미(阪出鳴海)는 이를 살피고 임기응변을 발휘했다. 스케치 같은 그림을 그려 도로 신설 상황을 일목요연하게 하고, '中央之門路, 王者之道, 左右之街路, 庶民之路也'라는 설명을 부기하여 선생에게 제출했다. 선생이 이를 보고 회심의 미소를 짓고, 관료에 대해 좀처럼 칭찬한 적이 없는 선생은, 이때만은 격상(激賞)하고 서둘러 그 그림을 가지고 나갔다. 아마 곧바로 황제의 친재(親裁)를 청했을 것이다. 그 후 머지않아 좌우 성벽을 잘라 허무는 작업이 시작되고, 바로 신설 공사가 시행되었다.

3) 수도사업

(1) 수도국 설치

위생보건과 농공업 진흥을 도모하고, 아울러 선박 급수의 길을 열어 무역기관 확장을 기하기 위해, 1906년(광무 10) 4월 정부는 탁지부에 수도국을 설치하고 관제를 발포했다. 5월 수도국처무규정(水道局處務規程)을 제정하고, 수도국 안에 수도경리소(水道經理所)와 수도

공사소(水道工事所)를 두어 각기 사무를 분장시켰다. 또 수도국직원복무규정(水道局職員服務心得) 및 수도국공사급물건매매대차규정(水道局工事及賣買貸借規程)을 마련하고, 6월부터 인천·평양에 수도 부설공사에 착수했다.

(2) 인천 수도 부설

수도국은 우선 인천 수도공사에 착수했다. 1906년(광무 10) 9월에 이르러 수원지, 송수로, 기타 수도용지 등 시측을 종료하고, 11월 수도용지 매수에 착수했다. 다음 해 1907년(광무 11) 9월에 이르러 송수선로에 연장 1,257간(間)에 철관을 부설했는데, 그 성적은 전선(全線)의 100분의 41이었다.

(3) 평양 수도 부설

1906년(광무 10) 12월 전부(全部)에 대한 실측을 종료하고, 공사비 예산 130만 원, 공사기한 2년으로 1907년(광무 11) 3월부터 공사에 착수했다. 선생의 귀국기인 10월 말 현재 성적은 취수탑(取水塔) 공사가 100분의 60(60%), 침전지(沈澱池) 공사에 100분의 47(47%)이었다.

(4) 부산 수도 공사

1906년(광무 10) 11월 부산민단장으로부터 수도 계획에 관한 조사를 정부에 의뢰했기 때문에, 수도국은 특별히 이원(吏員)을 파견하여 실지측량에 착수, 1907년(광무 11) 2월 이를 종료했다. 4월 그 공사를 수도국에서 시행한다는 계약을 체결하고, 동월 부산수도사무소를 열었다. 우선 구 수원(水源)의 개량에 착수하고, 아울러 신 수원 공사에 대한 준비를 진행했다. 공사기한을 3개년으로 하고, 공사비 예산은 117만 원이었다.

4) 수리조합사업

한국의 주요 산물은 쌀과 대두(大豆)이다. 그중에서도 쌀은 국민의 수용(需用) 이외에 수출 무역품의 제1위에 위치했고, 그 수확도 양전(良田)에서는 결코 일본에 뒤떨어지지 않는다. 단, 안타까운 것은 그러한 양전이 부족하다. 한국 수전(水田) 귀하체의 8할 이상은 아무런 관개시설도 없고, 수해를 방어할 제방도 없어서, 한 번 한발이 발생하면 벼는 고사(枯死)하고, 수해가 발생하면 부패하기 마련이어서 농민은 안심하고 경운(耕耘)에 힘쓸 수가 없었다. 왜냐면 비료를 주더라도 손실이 발생하기 때문에 비료를 주지 않는다. 또 제초하더라도 겨우 자가 노력의 범위 내에 그칠 뿐, 사람을 고용해서까지 제초하는 일은 없다. 한국인이라 하더라도 꼭 우매한 것은 아니어서 차금(借金)해서까지 비료를 주고 사람을 고용하여 제초하지만, 일단 한해와 수해를 겪으면 다대한 손해를 입어 차금(借金)의 부담이 늘어나는 것을 알고 있기 때문에, 자연스럽게 농업에 소홀해진다. 만약 흉작을 만나 자가의 식량조차 얻을 수 없는 경우에는 연 1할(10%)이나 2할(20%)이라는 놀랄만한 고리의 돈을 빌려 다음 해 수확기까지 연명하는 실정이어서, 그것이 전국 수전의 8할(80%) 이상이고, 그 농민이 또 전 국민의 8할(80%)을 점하고 있기 때문에 한국이 재정상 참담한 궁핍에 빠진 원인도 역시 여기에 있음을 알아야 한다. 그래서 수리사업을 일으켜 관개와 배수시설을 완전하게 하고, 농민으로 하여금 안심하고 비료를 주고, 제초 관리도 완전하게 하여 그들이 근로하기만 하면 매년 반드시 일정한 수확이 있음을 확신하게 하는 것이, 즉 농업의 개선 발발의 기초가 되고, 한국 산업 개발상 무엇보다도 큰 효과가 있다는 것은 의심할 여지가 없는 바였다.

이상의 실정은 후지이 간타로(藤井寬太郎)와의 대화에서 알게 된 것이었다. 선생이 다년간 한국의 농장경영에 실지경험이 있는 후지이에게, 종래 한국에서는 쌀이나 대두를 넣는 가마니(叺)를 만들 수 없어서 높은 운임을 들여 모두 오사카에서 수입하고 있는 상황인데, 그런 가마니나 새끼줄(繩)은 도저히 한국에서 생산할 수 없는 것인가 어떤가, 라고 물었다. 이에 대해 후지이는 지금과 같은 방식으로는 지난(至難)한 일이지만, 수리사업을 일으키면 비단 가마니 제조뿐이 아니라 한국의 농업상 그리고 상업상 다대한 비익(裨益)이 있을 것이라고 대답했다. 다년간의 실지경험에서 나오는 소회를 이야기했다.

선생은 이를 듣고 무릎을 치며 기뻐하고 곧바로 일단과결(一斷果決), 1906년도(광무 10)에 수리조사비 4만 5,000원을 계상하고, 재정고문부 대장서기관 스즈키 시즈카(鈴木穆)로 하여금 수리조합조례를 기초하게 했다. 이것이 곧 뒤에 한국 최초의 수리조합인 임익수리조합(臨益水利組合)이 성립하고, 차례로 대정수리조합(大正水利組合), 익옥수리조합(益沃水利組合), 중앙수리조합(中央水利組合) 등이 생긴 연유이다. 그 임익수리조합의 사업 목적에는 특히 새끼줄(繩) 및 가마니(叺)의 제조를 필행사업(必行事業)으로 하고, 창업 이래 열심히 노력한 결과, 마침내 한국 내지의 수용을 충족시키는 데 그치지 않고, 대만 및 일본 내지까지도 공급할 수 있게 되었다. 또 수리상 관개, 배수 등의 편익을 가하는 동시에 농업상 산업상의 진보를 촉진하기에 이른 것은 당초 선생의 일단과결(一斷果決)이 그렇게 만든 바였다.

5) 삼림사업

압록강과 두만강 연안은 천재불벌(千載不伐)의 심림(深林)이 많고, 가장 풍부한 이원(利源)임에도 허무하게 포기하여 돌아보지 않았기 때문에, 선생은 일찍부터 여기에 주목해 왔는데 1906년(광무 10) 들어서는 더 이상 간과할 수 없는 상황이 되었다. 그런데 이를 경영하기 위해서는 벌채 및 식림에 다대한 자금이 필요했고, 현재의 한국 재정으로는 너무 어려운 일이어서 결국 한일 양국 정부가 협동하여 이를 경영하기로 했다. 1906년(광무 10) 10월 협동약흠(協同約欽)을 맺고, 총자금 120만 원으로 양국 정부가 각기 절반인 60만 원을 출자했다. 경영사업 및 수지계산에 대해서는 특별회계를 세워 명료하게 하고, 사업의 손익은 각 출자액에 따라 양국 정부에 분배할 것, 후일 자금 증가의 필요가 있을 경우 양국 정부 상호의 승인을 거칠 것, 그리고 본 사업의 진행과 함께 양국 인민을 가입시키기 위해 회사조직으로 만들 필요가 있을 경우 양국 정부는 그 방법을 협정하기로 했다. 원래부터 선생은 창업의 수완이 풍부하고, 일이 만약 선(善)하다면 그 소신을 단행하는 데 주저하지 않았다.

6) 육지면 재배

한국의 땅은 옛날부터 면화를 생산해 왔다. 풍토, 기후가 여기에 적합하나 그 종류가 우량하지 않고 파종이나 시비 역시 좋지 않고 품질과 수량 모두 미국산 육지면에 미치지 못해 한참 멀었다. 그런데 제국 영사 와카마쓰 우사부로(若松兎三郎)가 청국 사스(沙市)에서부터 한국 목포로 전근 명령을 받자, 면화 산지로 알려진 전임지 사스 방면의 실상과 한국의 사정이 서로 유사함을 확인한 뒤 1904년(明治 37) 봄에 일본농상무성 농사시험장에서 미국종과 기타 면종(棉種)을 교부받아 동 영사가 직접 이를 목포 앞의 고하도(高下島)에 파종하여 시작(試作)했다. 그해 가을에 성적이 매우 양호했기 때문에 그 결과를 발표했다. 이를 동기(動機)로 하여 제국 중의원 의원 유지자(有志者)는 한국에 있어서 면화 개량 번식을 도모할 목적으로 1905년(明治 38) 7월 면화재배협회(棉花栽培協會)를 설립하고, 농상무성 농사시험장 기사 안도 고타로(安藤廣太郎)와 고자이 요시나오(古在由直), 혼다 고스케(本田幸介) 두 박사에게 한국에 대한 실지 시찰을 위촉했다. 시찰 결과, 3인의 의견은 육지면 재배가 유망하다는 데 일치했고, 이에 동년 10월 와카마쓰 영사는 3인과 함께 경성으로 가서 메가타 선생을 면회하고 육지면 재배를 한국 정부의 사업으로 해줄 것을 요청했다. 이에 선생은 곧바로 이를 승낙하고, 또 소요 경비 지출을 부담할 것을 약속했다. 와카마쓰 영사가 선생을 방문한 것은 이때가 처음이고, 더구나 겨우 몇 분 동안의 회담에서 이런 중대한 사항을 즉결한 선생의 과단(果斷)에 와카마쓰 영사는 깊이 감격했다.

와카마쓰 영사 일행 4인은 곧바로 그 길로 임시대리공사 하기와라 모리이치(萩原守一)에게 이 소식을 전했다. 하기와라도 크게 찬의(贊意)를 표하고, 그날 밤 선생을 비롯하여 일행 4인을 공사관으로 초대하여 그 자리에서 육지면 재배의 방침을 협의 결정했다.

그 요점은 다음과 같다. 육지면 종자를 보급하여 면작 개량의 서막을 열기 위해서는 우선 파종포(播種圃)를 설치하고, 원산지의 종자를 이식하여 한국의 풍토에 익숙하게 한다, 그렇게 함으로써 그 번식을 도모하는 동시에 널리 종자를 농민에게 배부하여 경작개량의 사항을 지도한다. 그리고 그 방법으로는 ① 한국 정부는 전라남도 기타 면작 적지(適地)에 면 채종포를 설치하고, 일본인으로 하여금 이를 관리하게 할 것. ② 한국 정부는 해당 사업 경영의 비용으로 1906년(광무 10, 明治 39)부터 향후 3개년 동안 약간의 지출을 할 것. 이는 뒤에 10만 원으로 결정했다. ③ 면화재배협회는 본 사업에 대해 책임을 지고 만반의 주의와 원조를 행할 것. ④ 채종포는 그 수확 면(棉)의 종자를 널리 한국 내에 파포(播布)할 것 등을 협정했다. 이에 하기와라 대리공사는 일본 정부에 건의하길, 한국 정부가 육지면을 시작(試作)하게 되었으니 기술관을 파견해 달라고 요청했다. 선생은 또 전라남도 각지에 설치할 종포(種圃)의 위치 선정을 안도 기사에게 위촉했다. 이에 와카마쓰 영사는 동 기사와 함께 출발하여 각지를 순시하고, 남평군 금마산면(金馬山面), 영암군 서시면(西始面), 나주군 복암면(伏岩面)

등 열 몇 개소를 선정했다. 이어 1906년(明治 39) 1월, 일본 정부는 하기와라 대리공사의 건의를 받아들여 면작 지도를 위해 목포에 기술관을 정치(定置)하기로 하고, 면화 재배 계획은 이로써 실현되었다.

1906년(明治 39) 3월 한국 정부는 면화재배협회에 한국면화재배재종(韓國棉花栽培栽種) 사업을 위탁하였고, 4월에는 통감부 권업모범장이 개청하여 면화재배협회를 감독하게 되었다. 또 6월 한국 정부는 선생 등의 지도를 받아 면채종포(棉採種圃) 경영의 부대사업으로써 조면공장을 목포에 설치하는 등 각종 계획을 실행했는데, 1907년(明治 40)에 통감부 권업모범장을 양도받아 농상공부대신의 직할하에 동년 4월 1일부터 경영하였다. 결국 1910년(明治 43) 한국이 병합되면서 제반 시설이 그 면목을 일신하였고, 육지면 재배 사업도 급속한 진보를 이루어 육지면은 조선의 중요 물산이 되었다. 이로써 농민 경제를 완화하고, 상공업 발달을 조장하며, 또 일본 국내 방적의 원면을 공급하는 등, 조선의 국부 증진에 기여하는 바 적지 않았다. 이렇게 된 그 근원을 거슬러 올라가면, 기실 1905년(明治 38) 선생의 과단 결행으로 기초를 다지고, 그 후 계속해서 선생이 노력을 아끼지 않았기 때문이다.

7) 각종 모범장 설치

(1) 뚝섬(纛島) 원예모범장 설치

뚝섬은 경성에서 동쪽으로 1리 정도 떨어진 장소인데, 선생은 한국에 채소류 및 과실의 부족함을 유감스러워하며 이곳에 관영 원예모범장을 설치하여 과수와 채소를 시작(試作)하게 했다. 한편으로는 시험 성적을 올리는 동시에, 다른 한편으로는 응용적 실효를 보여 모범장다운 책무를 다하게 하고자 1906년(광무 10, 明治 39) 8월 개장했다. 과수로는 배(梨), 포도, 사과(苹果) 등 묘수(苗樹)를 외국에서 주문하고, 채소류는 양배추, 토마토, 가지(茄子), 무(大根), 순무(蕪), 수박(西瓜) 등의 종자를 주문했다. 이 주문에 대해서도 선생은 물론 부인의 진력 또한 보통이 아니었다. 시작 결과 성적이 양호했고, 또 해당 모범장의 종자를 전국에 배포하여 농촌경제를 이롭게 했다. 또한 선생은 배와 사과를 장래 북만주 및 시베리아 방면으로의 수출을 목적으로 하여 이를 장려했는데, 배와 사과를 통한 최대 수입은 1단보당 300원 내외에 달하는 성적을 거두기에 이르렀다.

(2) 모범농장 설치

1905년(광무 9) 6월, 한국흥업주식회사를 도쿄에서 설립하고, 모범농장을 한국에 설치하여 농업을 개량하고 농산물의 증식을 도모했다. 또한 임업 경영할 목적으로 같은 달 한국 경리원(經理院)과 계약을 체결하였다. 경리원은 황해도에 있어서 동원(同院) 소속 토지를 동 회사에 대여했다. 모범농장에서는 파종, 시비, 경운(耕耘), 관개, 배수, 수확, 및 양잠, 사축(飼畜), 기타 농가의 부업 등 농사 일체의 실례를 보이고, 농민으로 하여금 이를 따르게 하고자 지도·감독의 소임을 담당하였다. 무엇보다 여기에 이른 것은 선생의 알선 진력에 기대는 바 많았다.

(3) 수원모범장과 농림학교

농상공부에서는 농림모범장을 설치하기 위해 수원에 농상공학교(農商工學校) 부속 농사시험지(農事試驗地)를 선정하고, 동시에 농상공학교에서 농과를 분리하여 새롭게 농림학교(農林學校)를 해당 모범장에 병치하기로 했다. 1906년(광무 10, 明治 39) 8월 개교했는데, 이 역시 선생의 노력에 의한 것이다.

8) 기타 시설계획

(1) 술(酒) 개량 연구

한국에는 약주(藥酒), 즉 청주(淸酒), 탁주(濁酒), 소주(燒酒) 등 3종이 있었다. 선생은 재원조사 차원에서 우선 소주의 증류를 시험해보게 하고, 국균(麴菌) 조사, 그리고 주모(酒母, 효모)에 살리실산(salicyl acid) 응용 연구를 시행하도록 했다. 또 특히 사람을 평양에 파견하여 일본주(日本酒) 제조 조사, 그리고 한국주 개량을 도모하게 하고, 또 평양 이외의 평안남도 및 북도에서도 같은 식으로 그 개량 연구를 진행했다. 그 후 1935년(明治 10) 10월 1일, 조선총독부 시정 25주년이 되자, 조선주조협회에서는 주세 연액 1,500원 돌파의 축하회를 개최했는데, 그때 선생 재직 중 재원 조사의 하나로서 실시한 술에 관한 연구 공로를 기리며 아득한 당시를 추회(追懷)했다.

(2) 제당공업 개시 계획

1904년(明治 37), 농상무성 기사 가토 스에로(加藤末郎)가 농사 시찰을 위해 한국에 출장했을 때, 한국에서 고구마(甘蔗)는 장래성이 없으나 첨채당업(甜菜糖業, 사탕무당업)은 함경·평안·강원 3도에 시험할 필요가 있다고 했다. 선생이 부임한 뒤 이 내용을 선생에게 보고했더니, 선생은 1906년(明治 39) 5월 후지타니 사쿠지로(藤谷作次郎)가 평양의 재정고문 지부로 부임했을 때 후지타니에게 제당공업에 착수하기 위한 준비로서 슈거 비트(sugar beet, 사탕무) 종자를 가지고 평양에 시작하도록 명했고, 그는 곧바로 이에 착수했다. 이 종자는 일본연초전매국(煙草專賣局)에 의뢰하여 독일에서 주문한 것이었다. 원래 이 문제는 농상공부 기사 고치베 다다쓰네(巨智部忠承) 박사와 연계 있음은 물론이지만, 이 계획은 선생에 의해 수립되었다.

(3) 경인운하 문제

옛날에는 한강은 용산까지 거슬러 올라가는 배(舟楫)편이 있었다고 알려지는데, 그 때문일 것이다, 이조 창시(創始) 시대에 용산에서 경성 남대문에 이르는 운하개착계획(運河開鑿計劃)이 있었고, 그 기사를 문적(文籍)에서 찾아볼 수 있었다. 언젠가 한국 일본공사관 통역관 시오카와 이치타로(鹽川一太郎)가 이를 메가타 선생에게 이야기하자, 선생은 그것 재미있겠다며 상당히 기뻐했다. 시오카와가 관찰한 바로는, 아마도 선생은 이 계획에 대해 무엇인가를 마음속에 그렸을 것이다, 이조 창시 시대에 계획한 운하 문제가 이조 말기에 이르러 선생에 의해 실행되려 하는 것도 실제로 재미있다고 생각했다고 한다. 그런데 이 운하 문제는 더욱 확대되어 1906년(광무 10, 明治 39) 1월, 세관 공사부 기사 나가이 마쓰지로(永井松次郎)가 재정고문부 대장서기관 스즈키 시즈카와 협의한 뒤, 경성과 인천 사이에 운하를 개착하고자 이 기공계획서를 메가타 고문에게 제출했다. 그 계획에 의하면 인천에 리버풀과 같은 습선거(濕船渠, wet dock)[69]나 혹은 맨체스터와 같은 쉽 커널(ship canal, 대형 선박용 운하)을

69 조수에 상관없이 배가 드나들며 짐을 부릴 수 있게 만든 항만시설이다. 이에 반해 건선거(dry dock)는 항구에서 물을 빼고 배를 만들거나 수리할 수 있는 곳을 뜻한다.

설치하고, 한강을 이용하여 운하로 만들어 경성 부근에 임페리얼 도크 또는 빅토리아 도크 같은 것을 설치하고자 했다. 원래 한강에서는 해마다 대범람과 겨울철 결빙, 조수 간만의 관계는 많은 조사와 연구가 필요하기 때문에, 가령 이 조사에 3년이 걸리고 공사에 7년간을 예상해야 하더라도 꼭 이를 실행했으면 했다. 물론 선생은 이에 대해 고려하는 바가 있었는데, 달리 긴급한 문제가 산적해 있었고, 경비(經費) 관계로 상당히 지난(至難)한 사업이었기 때문에, 결국 착수되지 못하고 말았다.

(4) 평양 무연탄갱 개굴 계획

평양 동대문 밖 1리 정도 떨어진 곳에 무연탄갱이 있다. 1905년(광무 9, 明治 38) 가을, 선생은 사람을 시켜 이를 시찰하게 했는데, 그 분량(매장량)이 매우 풍부했기 때문에, 외인에 이권이 점유되지 않도록 주의를 기울이는 동시에, 다시 일본인으로 하여금 평양에 있어서 시멘트 제조 사업을 일으키게 했다. 이 사업에 해당 무연탄을 사용하게 할 계획이었다. 다만 당시는 이를 실행하는데 이르지 못했는데, 이를 계기로 하여 뒷날에는 일본 해군의 주된 연료인 연탄을 제조하게 되었다. 또 시멘트는 현재 오노다(小野田)시멘트회사에서 활발하게 제조하고 있다.

11. 퇴직 귀국

처음 선생이 재정고문으로 한국에 부임하자, 한국 정부에서는 친일파인 민영기를 발탁하여 탁지부 대신에 임명하고, 메가타 고문과 협력하여 재정 정리를 맡게 했다. 민영기는 학문도 있고, 돌아가는 정세에 달관하여 일정한 주견(主見)을 가지고 있으며, 한국은 일본 제국에 의지해야 한다는 생각을 가지고 있던 사람으로 재정 경제에 관한 일에도 정통해 있었다. 그래서 고문인 선생이 첫 번째로 착수한 화폐 정리 계획에도 찬성했고, 미련 없이 각종 법령에도 서명했다. 또 스스로 자진하여 묘의(廟議, 조정회의)에 설명할 책임을 지는 등 상당히 노력하는 바가 있었다.

그런데 한국 조정 내의 친러파는 러일전쟁의 결과를 결국 일본의 패배로 귀결될 것이라고 보고, 화폐 정리를 방해하고자 각종 책동을 일으켜 유언비어가 활발하게 떠돌아 재정고문부 사람들이 자칫 가두에서 돌 맞을 위험도 있었고, 메가타 고문이 등청하는 왕복 길에도 경계가 섰다. 이런 상황이었기 때문에 화폐 정리와 관계있는 각종 제안은 무도 모두 시의(猜疑)의 눈으로 보여 선생은 상당한 괴로운 처지였다. 더구나 각 부 대신의 세력은 매우 미약했고, 황제 앞에 나서면 머리를 들지 못하고 아무리 무리한 말을 하더라도 거역하지 못하고 따르는(御無理御尤) 형편이었다. 그 말은 이루어지지 않고, 하는 일 없이 녹만 축내며(尸位素餐), 아무 하는 일 없이 헛되이 세월을 경과하는 상황이었다. 그중에서도 탁지부 대신 민영기는 비교적 세력도 있고, 선생에게는 협력자이기도 했지만, 내외의 압박에 견디지 못하고 결국 스스로 책임을 지고 사직하기에 이르렀다. 이를 보고 정부 내 일부 사람들은 당로의 대신이 인책사직(引責辭職)한 이상, 재정고문도 똑같이 책임을 져야 한다는 것이 그들의 주장이었다. 선생은 물론 이들 군소(群小)의 말에 귀를 기울이지 않았지만, 후임 탁지부 대신 민영철(閔泳喆)의 태도는 매우 불손하여, 전 대신은 헛되이 재정고문이 말하는 대로 따랐지만, 자신은 자기 마음대로 할 것이라고 했다. 이런 탁지부 대신을 도와서 재정의 감독·정리를 맡은 선생의 의견이 이루어질 리도 없어 선생은 부하에게 신임 대신과는 전혀 교섭이 이루어지지 않고 있으니 당분간 그 하는 바를 지켜보자고 만류했다.

그 후 얼마 안 가서 신임 대신이 실각하고 다시 민영기가 복직했다. 이런 와중에 선생은 그 소신을 단행하고 온갖 어려움을 물리쳐 재정 정리를 진척시키고, 아울러 큰일은 반드시 주청 재가를 거쳐야 했기 때문에 직접 황제를 알현하여 상당히 강경한 태도로 재가를 받았고, 황제도 선생에게는 한 발짝 물러나게 되었다. 그러나 선생 부임 당초에는 전제군주로서의 위력을 내세워 쉽게 건책(建策)을 응낙하지 않았기 때문에, 과연 선생도 마음을 진정시키기 못하고, 자주 주한특명전권공사 하야시 곤스케(林權助)와 난국 타개에 대해 협의했다. 하야시는 누차 황제를 알현하여 충언을 드렸으나 황제의 태도는 여전히 고쳐지지 않았다.

그러던 차에 1904년(明治 37) 12월 일본 정부의 추천으로 미국인 스티븐슨이 외교고문으로 부임해 왔는데, 곧 동씨도 자기의 의견이 실행되기 어렵다는 것을 하야시 공사에게 호소했다. 이어 1905년(明治 38) 2월, 경무고문으로서 부임한 마루야마 시게토시(丸山重俊)도 불평을 늘어놓기에 3월 하야시 공사는 일단 귀국하여 이런 사정을 가쓰라(桂) 총리와 고무라(小村) 외상에게 보고하고, 외교와 경무가 물론 중요한 문제이나 그중에서도 메가타 고문이 담임하는 일은 일본에 있어서 가장 중요한 문제이다, 그것이 충분히 이루어지지 않는 것은 유감천만이기 때문에 누차 황제에게 충언을 드렸다, 하지만 전혀 효과가 없다, 따라서 차제에 근저에서부터 일본은 다시 생각해야 한다고 상담했다. 때마침 봉천회전(奉天會戰) 대첩 직후로, 금후의 대외책(對外策)을 강구해야 하는 기회였기 때문에, 가쓰라 총리도 고무라 외상도 어지간히 고려한 결과, 가쓰라 총리는 그런 사정이라면 결국 한국을 보호국으로 하는 외에 길이 없다고 말을 꺼내고, 물론 고무라 외상도 하야시 공사도 찬성했다.

그러나 러시아와의 전쟁은 아직 끝나지 않았고, 함부로 외국의 오해를 초래해서는 곤란하기 때문에, 우리들 3인 외에는 가족들에게도 이 이야기는 비밀로 해야 한다고 가쓰라 총리의 주의가 있었다. 하야시 공사도 보호국 방침이 내정되어 버리면 일단 안심이라고 생각했기 때문에 한국에 귀임해서도 메가타 고문이나 다른 누구에게도 이 일을 발설하지 않고 그냥 시치미를 떼고 웃고 있었는데, 상당히 괴로웠다는 것은 하야시 공사의 뒷날 회고이다. 그러고 나서 곧 러일전쟁도 끝나고 포츠머스강화 담판이 개최되었기 때문에 하야시 공사는 가쓰라 총리에게 전부터 내정되어 일은 지금이 결행의 시기라고 타전했다. 그 전보는 동시에 미국에 있던 고무라 전권위원에게도 통보되었다. 그래서 1905년(明治 38) 9월, 러일강화 조약의 조인도 끝나고 고무라 위원이 귀국하게 되면서, 동 위원은 루즈벨트 대통령과 면회하고 솔직하게 일본의 결심을 전달, 일본은 한국에 관한 일을 여기까지 하고 싶다 동의를 바란다고 말하자 대통령이 알겠다고 대답했다고, 고무라 위원은 귀국 후 곧 개최된 조정회의에 참석하여 이를 피로했다.

조정회의는 결국 한국을 보호국으로 하기로 결정했다. 그 결과 동년 11월 17일 특명전권공사 하야시 곤스케와 한국 외부대신 박제순(朴齊純)의 조인으로 제2차 한일협약이 체결되었는데, 소위 보호조약이라는 것이 그것이다. 그 요지는, 일본은 한국 황실의 안녕과 존엄 유지를 보증하고, 동시에 한일 양국의 이해공통주의를 공고히 하기 위해 한국이 부강해졌다는 사실을 인정할 때까지 일본은 한국 외교에 대한 관계 및 사무를 감리·지도하고, 한국과 타국 사이에 현존하는 조약의 실행을 완전하게 하는 임무를 담당하기 위해, 따라서 한국은 금후 일본의 중개를 거치지 않고 국제적 성질을 갖는 어떤 조약 또는 약속을 하지 않을 것, 이를 위해 일본은 대표자로서 한국에 1명의 통감을 두어 오로지 외교에 관한 사항을 관리하게 하고, 일본은 또 한국의 각 개항장 및 기타 필요하다고 인정되는 곳에 이사관을 두어 통감의 지휘하에 종래의 영사가 갖는 직권(職權)을 집행하기로 했다. 이렇게 해서 12월 통감부가 설치되었고, 이토 히로부미(伊藤博文) 공이 제1세 통감에 임명되어 1906년(明治 39) 2월 착임하여 이에 통감정치가 실시되었다. 그 이후 메가타 고문의 일도 아무런 고충 없이 이루어지게 되었다.

이 보호조약으로 고문인 선생의 지위와 자격에 다소의 이동(異動)이 초래되었기 때문에, 통감부에서는 선생의 임무 권한에 대해 다음과 같은 의견을 구상서(口上書)[70]로써 선생에게 제시하였다.

> 한일협약 정문(正文, 조약문)에 의해 표면적으로 관찰할 때는, 일본 정부의 충고는 통감 또는 통감의 명령을 받은 자가 이를 행한다. 고문은 한국 정부의 내부(內部)에 있고, 이에 응하여 적절하게 한국의 재정을 처리해야 한다. 그럼에도 메가타 재정고문의 경우에는 특별한 관찰을 해야 하는데, 왜냐면 처음 동 고문을 파견할 때 당시 정부가 내훈(內訓)한 바에 의하면, 메가타 씨는 재정에 관해서는 대부분 오늘날의 통감과 동일한 지위로 보아야 할 것이나, 표면상으로는 이를 한국의 용빙고문으로 해 두어야 한다고 되어 있다. 따라서 메가타 고문

70 구상서란 토론 기록 등을 적어서 상대국에 手交하는 외교문서이다.

은 한국에서는 다른 각부 고문과는 특수한 지위에 있어 따라서 이를 대우하는 것은 다음과 같이 하는 것이 마땅하다고 생각한다.

(1) 한국에 한국 주재 재정관을 두고 메가타 씨에게 이를 맡긴다.
(2) 한국 주재 재정관은 고등관 1등 또는 2등으로 한다.
(3) 한국 주재 재정관은 통감의 지휘를 받아 한국 정부에 재정에 관한 제국 정부의 충고를 하는 것을 임무로 한다.
(4) 한일협약에 의한 한국 재정고문은 한국 주재 재정관으로 하여금 이를 담당하는 것으로 한다.
(5) 한국 주재 재정관은 한국 재정고문부 용빙의 관리를 감독·지휘하는 것으로 한다.

선생은 이에 대해 다음의 구상서(口上書)로 대답했다.

한국 재정의 감리는 행정 각 부 및 국가재정과 혼동한 궁중 재정에 대한 모든 건설적 사업이다. 또한 국제(國際) 재정의 장래를 고려하고, 또 그와 동시에 질서적 조직적 국민경제의 개발을 계도(計圖)하는 것을 요한다. 이 임무를 수행하기 위해서는 통일된 주뇌력(主腦力)을 가지고 하지 않으면 할 수 없다. 즉 착종교부(錯綜朽腐)의 가장 중심에 그 몸을 두고 제반 정실(情實)에 투철하여 비로소 수행할 수 있으면 된다.

장래 재정 정리상의 임무를 유지하고, 또 기회를 만나 이 확장을 도모하는 데 곤란한 사정이 있더라도 여전히 이를 수행해야 할 것인지 아닌지, 일본 내각은 이를 수행하는 것에 대해 동정(同情)이 있는지 없는지, 또는 일반 국정(國情)은 어떤지 등을 고려해야 한다. 만약 재정 정리를 하고도 헛수고로 돌아가거나 불명예로 끝나는 것은, 현임자(現任者) 일개인의 관계에만 그칠 수 없다. 따라서 현임자에게 적당한 일전방법(一轉方法, 완전히 바뀐 방법)을 가지고 했으면 한다.

원래 재정고문은 당초의 한일협약에 의해 총리·외무·대장대신의 내시를 받아 종래에는 훈령을 도쿄 정부에서 받았는데, 지금은 통감부 관제하에서 직접 정부와 접촉할 수 없다.

즉 그때부터 선생은 일본 정부와 직접 교섭이 없고, 이토 통감하에서 선생의 소위 일전방법(一轉方法)을 받아 충분하게 그 수완을 발휘하여 임무를 수행하게 되었다.

이 통감정치의 실시와 함께 경성 주답(駐箚) 제국 공사가 철수하게 되었고, 선생은 하야시 공사와 헤어졌는데, 틀림없이 석별의 정을 누를 수 없었으리라. 공사는 귀환에 즈음하여 특히 이토(伊藤博文) 공에게 남긴 말은, 이제 한국을 보호국으로 만들었으니 안심이라는 생각은 금물입니다, 아시는 바와 같이 궁중의 세력은 국왕에게 있습니다, 이 세력이 한국 정부를 좌우한다고 보시면 틀림이 없습니다, 그래서 앞으로 아무래도 궁정에서는 무엇인가 일본의 속박을 벗어나려는 기도가 몇 번이고 다시 일어나겠지요, 지금까지 한국 정부의 외교 방식을 돌이켜 보면 그런 불안을 야기할 것이기 때문에 아무쪼록 세심하게 주의를 기울이기 바란다는 내용이었다. 그래서 (이토) 공도 이 문제는 충분히 주의할 생각이었는데, 어떻게 해도 안 될 경우에는 병합 문제까지 가야 할 것이라는 것은 당시 일찍부터 공의 가슴 속에 왕래하고 있던 것이라고 추측해 대과 없다는 것은 하야시 공사도 언명하고 있는 바이다.

이 하야시 공사의 재임 중 공사와 메가타 선생이 충돌하지 않을까라고 사람들이 서로 이야기하고 있었다. 그것은 공사도 선생도 어딘가 색다른 콧대가 센 사람이기 때문이었다. 하지만 이런 상상은 완전히 기우여서 선생 부임 당초부터 공사는 비상한 호의를 가지고 선생을 맞이했다. 예컨대 특히 산해진미로 향응하고, 선생이 아니면 맛볼 수 없는 진품을 대접하는 등 상당히 정성을 다했다. 즉 하나를 보면 열을 알 수 있어서, 양자 사이는 정말 원만했고, 함께 일치 협력했으며, 어떤 곤란한 사태에 직면하더라도 부액제휴(扶腋提携)하여 선처했기 때문에 착착 실적을 거두었다. 공사가 선생을 중시한 것과 마찬가지로 선생도 공사를 중시했다. 공사관에 보내는 보고서는 반드시 선생의 자필이었고, 선생은 항상 이름 밑에 빨간 색으로 사인한 것을 보더라도 그 준비의 신중함을 엿볼 수 있다.

하야시 공사가 떠난 후, 신임 통감인 이토 공과 메가타 선생은, 종래는 그렇게 친한 사이도 아니었는데, 공이 부임한 이래 중요한 시설사업은 모두 재정과 밀접한 관계를 가지기 때문에 공은 항상 선생의 의견을 구했고, 선생도 자주 공의 의도를 들어 제반 계획을 추진했다. 따라서 공의 신뢰가 매우 두터웠고, 적어도 선생의 제안과 관련된 것은 모두 승인되었다. 마치 백년지기와 같이 계합융화(契合融和), 혼연(渾然)하여 물도 새지 않는 모양새였기 때문에 선생은 공의 간절(懇切)과 그 지우(知遇)에 만강(滿腔)의 기쁨을 금할 수 없었다. 아마도 선생이 재정고문으로서 자유롭게 수완을 펼치고 유감없이 그 경론(經論)을 실행할 수 있었던 것은 공의 신뢰에 의한 바가 많이 있다는 것은 통감부 서기관 스즈키 시즈카(鈴木穆)의 추억담이다.

원래 통감부의 일은 한국에 있어서 시설사업을 직접 경영하기보다는 오히려 감독의 지위에 있었기 때문에 실제로 제일선에서 일했던 것은 재정고문부였다. 그래서 선생이 감당한 일의 분량은 매우 많았고, 재정고문이라고 해도 재정뿐만 아니라 외교 방면에도 기타 백반의 사업에도 계획 입안하였고, 특히 1905년(明治 38) 11월 총세무사를 겸섭(兼攝)하고부터는 밤낮을 가리지 않고 상당히 바빴다. 또한 1907년(明治 40) 3월, 재정고문을 총독부[71] 재정감사장관(財政監査長官)에 임명했는데, 정력절륜(精力絶倫)한 선생은 소위 망중한(忙中閑) 동중정(動中靜)하고 여유작작(餘裕綽綽)하게 만사를 결행했다. 만약 선생에게 재정고문이라 부르는 사람이 있으면, 선생은 나는 고문이 아니라 집행자라고 하며 크게 화를 냈다. 또 재정고문과 총세무사의 구별을 엄격히 했고, 더구나 양자에 대해 백방획책(百方劃策)하고 유일부족(維日不足)한 분투의 모습이었다.

돌이켜 보면 선생 부임 당초 한국 경륜의 대강(韓國經綸の大綱)을 정하고, 인정의 보급(仁政の普及)이라는 제목으로 다음의 각 항을 자기(自記)하고 있는데, 그 이름은 재정고문이지만, 스스로 임하는 바가 얼마나 중차대한 일이었는지 이를 통해 엿볼 수 있다.

인정 보급

하나. 황실의 사사(私事)에 관여하지 않는다.

하나. 제사에 관여하지 않는다.

하나. 황실 제신(諸臣)의 진퇴를 관대히 한다.

하나. 세전어료(世傳御料)[72]를 정한다.

하나. 정부 한인 관리의 등용규칙을 관대히 한다.

하나. 봉급령을 정리하고, 봉급을 늘린다.

---

71 통감부의 오기?

72 구황실전범상 황실의 세습재산으로 토지, 물건 등의 분할이나 양여가 허락되지 않는 것이다.

하나. 일본 관리는 간부에만 임용하고, 하급 지위에 쓰지 않는다.

하나. 우선 한인의 식산흥업을 일으키고, 교통을 개발해야 한다.

하나. 사족(士族) 수산 방법을 일으킨다.

하나. 풍속에 관여하지 않는다.

하나. 교육을 일으키고, 외국 선교사의 지배에서 벗어나게 한다.

하나. 한국인에 적당한 농업은행에 대해, 모은행(親銀行)을 일으켜야 한다.

즉 이 방침에 의해 착착 백반의 시설을 실행했는데, 이토 공이 부임하고 통감정치가 시행되자, 선생은 새롭게 예산심사 방침을 정하고, 관제 개혁, 일본은급법(日本恩給法) 적용, 세입 증가 방법 등에 관해 제안한 것, 다음의 자기(自記)에서 이를 본다.

예산 심사 방법

1. 한국 종래의 관제는 부국(部局)이 너무 커서 항상 권한을 다투고 정무(政務)가 일루어지지 않음. 현재 장래 시정(施政)의 요부(要部)는 재정, 지방 행정, 그리고 사법의 셋을 주로 삼아야 함. 가급적 이 방침을 따라 일이 많은 요국(僚局)을 줄여야 함.
2. 일본 관리가 한국 정부의 관리로서 근무하는 자는 일본은급법을 적용해야 함.
   상기 내용은 한국으로부터 받는 봉급액 중에서 은급국(恩給局) 납금(納金)을 일본은급국에 납부하게 한다.
   상기 수불(受拂) 사무는 통감부 재정감사청에서 하게 한다.
3. 한국 세입을 증가하는 것이 아니면, 본년도 이후의 예산을 유지할 수 없고, 곧바로 다음의 재원에 대해 과세를 결정했으면 함.
   (1) 장래 전매제도로 할 목적하에 간단한 종량(從量) 부과 방법에 의한 연초소비세법을 발포할 것.
   (2) 장래 일본 내지와의 균형을 득할 목적으로 간이한 주세법을 발포할 것.
   (3) 장래 전매제도로 할 목적하에 현행 염세법을 확장할 것.
   (4) 수입을 얻을 유일한 재원인 지조 증가를 위해 토지정리사업을 개시하고, 연기(年期)를 지정하고, 지가를 정하고, 일반 불공평을 구제하고, 지조 증가를 도모할 것. 단,

토지정리 준비는 잘 조리(調理)하고 있을 것.

(5) 외국인, 특히 일본인의 납세를 행하게 할 것. 지방세에 대해서는 일본 민단으로 하여금 가급적 한국 지방의 행정을 합병시키고, 각 내용에서 그 경제를 구분하여 부과(賦課)의 분담을 지게 할 것. 납세 의무가 있는 외국인, 특히 일본인은 가급적 한국 재정부국(財政部局)의 관리를 받게 할 것. 일본인의 국세·지방세 납세에 대해서는 일본 법률로써 이를 명령할 필요 있을 것.

(6) 재정 경제에 관한 외국 특히 일본인의 기관은 모두 한국 재정기관의 관리를 받게 하는 것이 필요하다. 만약 그렇지 않고 종래와 같이 관리를 두 가지 방법으로 할 때는 금융 같은 것은 도저히 관리할 길이 없고, 일국의 재정 경제는 도저히 바로 서지 않을 것.

(7) 이상 사항을 관리시키기 위해 유효한 재정기관을 제치(制置)하고 종래와 같은 번잡을 피할 것.

이토 통감은 이를 받아들이고, 선생으로 하여금 상기 방침을 따라 사정(査定) 시행하게 했기 때문에, 단지 재정만이 아니라 서정(庶政)의 혁신도 착착 그 결실을 보기에 이르렀다.

이미 제국은 더 일보를 나아가 한국 보호 행정을 확충하고, 빠르게 한국의 부강을 기하는 동시에 한국민의 행복을 증진시킬 목적으로 한국 정치는 모두 통감의 지휘를 받도록 했다. 1907년(明治 40) 7월 24일, 제3차 한일신협약을 체결하여 이토 통감과 내각총리대신 이완용의 기명 조인을 마쳤다. 이 협약에 의하면, 한국 정부는 시설 개선에 관해 통감의 지휘를 받아 일체의 법령 제정 및 중요한 행정상의 처분은 미리 통감의 승인을 거쳐야 한다. 한국 고등 관리의 임면은 통감의 동의를 얻어 이를 행해야 하고, 통감이 추천한 일본인을 한국 관리에 임명하며, 통감의 동의 없이 외국인을 용빙하지 말 것, 사법 사무는 보통 행정 사무와 구별할 것, 1904년(明治 37) 8월 22일의 제1차 한일협약에 규정된 재정 및 외교의 각 고문은 이를 폐지하게 되어 보호정치가 완전한 형식을 갖추게 되었다. 여기서 재정고문은 자연 폐직(廢職)되었고, 동시에 재정고문으로서 통감부 재정감사장관에게 맡겨진 임무도 소멸하여 선생의 사명은 이때로써 완수된 것이다. 그것은 표면상 제도의 개혁에 의한 것으로 사실상 또 선생의 노력에 기인한 바가 많다. 그래서 이토 통감은 새로 선생을 탁지부 차관에 임명하고자 간절히 권유했던 것이다. 하지만 선생이 이 기회를 이용해 사직을 청했기 때문에, 통감도 굳이 잡아두지 못하고 깨끗하게 이를 승낙했다.

이보다 앞서 1907년(明治 40, 광무 11) 1월 21일 한국 황제는 선생을 훈1등에 서위하고 팔괘장(八卦章)을 주었고, 3월 12일 태극장을 환사(換賜)하여 그 공로를 표창했다. 또 제국에서도 9월 23일 훈공(勳功)에 의해 특별히 화족에 이름을 올려 남작을 주었고, 선생은 성은의 우악(優渥, 은혜가 넓고 두터움)에 감격했다.

선생은 이미 사임하기로 결정했고, 후임으로 아라이 겐타로(荒井賢太郎)가 통감부 참여관의 자격으로 탁지부 차관에 임명되었다. 선생도 그 뜻을 존중하여 곧 귀국하기로 했다. 9월 20일경이었다, 지금의 경성구락부인 당시의 관사로 한인 실업가 30여 명을 불러 만찬을 베풀었다. 그 사람들은 주로 금융계의 요직에 있던 사람들이었는데, 그 석상에서 선생은 일동을 향해 한일협약에 의해 일본인이 차관으로 정부에 들어가게 되었다, 그래서 자신도 이토 통감으로부터 탁지부 차관으로 일해 달라는 이야기가 있었다, 자신으로서는 차관이 되었건 국장이 되었건 그 지위는 무엇이든 상관없다, 일만 할 수 있으면 된다, 그런데 탁지부에는 유정수(柳正秀)라는 드물게 박식한 문학자이자 오랫동안 탁지부에 있어 무슨 일이든 잘 알고 있는 사람이 있다, 지금까지 자신과 같이 일해 왔는데 그 사람을 물리치고 자신이 그 후임이 되는 것은 곤란하다, 따라서 아라이가 그 뒤를 물려받게 되었다. 종래 몇 년 동안 메가타라고 불려 왔지만, 앞으로는 아라이라고 불러 달라고 인사했다. 그래서 비로소 선생의 심사를 이해할 수 있었다. 또 선생은 세상 이야기를 하면서 금융조합의 장래를 부탁하고, 또한 3년 전을 추억하며 자신이 경성에 왔을 당시는 아무것도 먹을 것이 없는 그런 상황이었는데 지금은 겨우 이런 진수성찬도 먹을 수 있게 되었다고 웃으며 말하였고, 나아가 장래의 발달을 희망했다.

10월 26일, 머지않아 선생이 귀국하게 되면서 한일 양국 관민은 성대한 송별원유회를 파고다공원(탑골공원)에서 개최했다. 선생은 일장 인사를 하였다. 아울러 아라이 탁지부 차관에 관한 이야기에 미치자, 내 후임으로서 마음에 두고 있던 아라이를 얻어 안심하고 후사를 맡긴 것은 매우 기쁜 일이다, 라고 말했다. 마지막 일절(一節)에 자신이 한국에 와서 만 3년이 된다, 그사이 함께 일한 료우(僚友) 중에는 이미 두세 명 병몰한 자도 있다고 말하며 감개무량한 모습을 보였다. 일동이 이 때문에 울었고, 선생 자신도 남몰래 눈물을 흘렸다. 그 병몰한 사람은 1907년(明治 40) 5월에 재무관 야마다 슈조(山田周三), 같은 해 6월에 재무관 고즈 나오부미(神津質文), 같은 해 8월에 재정고문부 기사 쓰쓰미 게이조(堤慶藏) 등이 한국에서 객사했다.

이 송별원유회와 같은 날, 재한국일본인상업회소는 연합회 회두 아키요시 도미타로(秋吉富太郎) 명의로 다음의 감사장을 선생에게 증정했다.

감사장

회고하면, 각하 지난 1904년(明治 37) 10월 한국재정고문으로서 빙임(聘任)된 이래 3년, 각하의 온축(蘊蓄)한 지식과 열성적인 분력(奮力)은 여러 해 동안 문란했던 한국의 재정을 정리했다. 세무 통일을 도모하거나 혹은 관세 개선, 항만 수축, 수도 부설, 항해 이편(利便), 기타 많은 모범적 신사업을 일으켰다. 그 시설이야 단지 한국 계발에 그치는 것이 아니라 나아가 우리 방인(邦人, 일본인)에게 있어서도 직접 간접으로 다대한 비익을 가져다 주었다. 이제 각하가 직을 그만두고 한국을 떠나게 되어 우리 재한일본인상업회의소는 특별히 결의를 통해 깊이 각하의 공적을 칭송하고 삼가 이에 감사장을 드린다.

1907년(明治 40) 10월 26일
재한국일본한상업회의소연합회 회두 아키요시 도미타로(秋吉富太郎)

그 밖에 인천에서 보낸 감사장 및 증정물품, 원산에서 보낸 감사장 등 다음과 같다.

감사장

각하 전에 한국 재정고문과 총세무사의 요직에 취임한 이래 이에 3년, 그동안 여러 해 혼란한 상태에 있던 한국의 재정을 정리하고 식산에, 흥업에, 또한 운수교통에 공헌한 그 공적이 현저함은 일찍이 안팎에서 인정하는 바이다. 특히 우리 인천은 수도와 축항의 2대 사업을 비롯하여 시구개정(市區改正), 판로개삭(坂路改鑿) 등 각하의 후의에 입은 바 매우 커서 정말이지 감사하지 않을 수 없다. 이제 각하 이 요직을 그만두고 귀국하고자 하나 제반 사업은 절반에 그쳐 향후 날로 각하에게 기대는 바 큼을 생각할 때 더욱더 석별의 정 금할 수 없다. 이에 당 거류민회의 결의로 삼가 별지 목록의 조품(粗品)을 증정하여 소소하나마 감사의 징의(徵意)를 표한다.

1907년(明治 40) 11월 1일 인천거류민단 민장 종6위 훈6등 도미타 고지(富田耕司)
남작 메가타 다네타로 각하
증정목록 인천거류민단

황태자 전하 어도한 기념

1. 인천풍경사진첩
1. 인천상황일반(仁川狀況一斑)
1. 호피(虎皮)
이상

감사장

근계(謹啓) 각하 날로 융성하심을 경하드립니다. 삼가 말씀드립니다. 각하 한국 재정고문으로서 재임 중에는 우리 원산에 있어서 세관 설비, 항만 개축, 금융기관 설치 등 당항 발전을 위해 진췌(盡瘁)하심은 당항 거류민 일동 감사해 마지않는 바입니다. 이번에 각하 현직을 그만두고 귀국하게 되어 소소하나마 석별의 지정(至情)과 감사의 징의(徵意)를 표하기 위해 당지에서 난 표피(豹皮) 1장을 증정하오니, 가납해 주시면 폐소(弊所)의 영광이겠습니다. 경구(敬具)

1907년(明治 40) 11월 원산일본인상업회의소 회두 오타(大田儀三)
전 한국재정고문 남작 메가타 다네타로 각하

상장

정부 재정고문 남작 메가타 다네타로

군은 1904년(광무 8) 10월 14일 재정고문직에 취임한 이래 국가 세계(歲計)의 기초를 확립하여 출납의 서차(序次)를 바로잡고 구채(舊債) 정리하였으며, 금고를 설치하고, 화폐를 구광(救匡)했다. 징세기관을 정돈하여 세계를 확보하고 국가 세원(稅源)을 키웠다. 금융기관을 정비하여 농상공업을 일으키고, 세관 사무를 확충하여 항만의 개선을 도모했다. 내외 무역을 증진하고 항해를 표식하여 선박 교통을 안전하게 했다. 그 밖에 수도, 인쇄, 건축, 측량 등 각종 사업을 창시함으로써 국운 융창의 기틀을 수립한 그 공적이 매우 크고 위대하고 할 것이다. 이에 삼가 대 황제 폐하의 칙을 받들어 일금 3만 원을 하사하여 그 공적을 표창한다.

1907년(융희 원년) 11월 5일

내각총리대신 대훈(大勳) 이완용(인)

11월 7일 전 군무대신 권중현(權重顯)은 다음과 같은 송별의 서(序)[73]를 보내 그 공적을 칭송하고, 친히 석별의 정을 표했다.

送目賀田男歸國序

(본문 생략)

1907년(융희 원년) 영가(永嘉) 권중현 삼가 쓰다

11월 9일 선생 경성을 출발하여 귀국 길에 올랐다. 이날 부산의 조선시보는 다음의 사설을 게재하여 선생을 보냈다.

전에 영일동맹이 정립되자 동아(東亞)에 있어서 수공(守攻)의 기세가 정해지고, 양국의 권

73 한문 문체의 하나로 사적(事跡)의 요지를 기록한다.

의(權義, 권리 의무)가 확연하게 명확해진데다 좌제우휴(左提右携)함으로써 대국(大局)의 섭리에 임해야 할 대강(大綱)을 정했다. 또한 러일전쟁은 착착 기선을 제압하여 교전의 벽두부터 러시아 세력을 모두 멀리 한국 바깥으로 쫓아냈다. 이 때문이었던가, 우리 제국 정부는 순식간에 한일협약을 체결하여 이에 보호국의 간계(干繫)를 맺고, 우선 그 외교권 및 재정권을 장악하여 교전(交戰)의 목적에 부합하는 시설에 나섰다. 그러나 이미 이런 종류의 시설 있어, 모름지기 사람을 얻어 그 경영을 맡기는 것은 자연스러운 순서로써, 즉 우리 정부는 스티븐을 추천하여 외교고문으로 삼고, 다른 한편 메가타를 선발하여 재정고문으로 삼아 이 안배의 중요 임무를 맡게 했다.

스티븐 역시 풍부한 식력(識力)과 심숙(深熟)한 경험으로 임무 앞에 근면했으나, 때마침 전쟁 중에 있어 명성이 들리지 않는 사람과 같았다. 하지만 그 드러나지 않는 곳에 마음이 가는 공적이 있음은 내가 믿고자 하는 바이다. 그에 반해 우리 메가타의 임무는 매우 중대하고 하나, 소위 부업용으로써, 수고한 것에 비해 자칫 이름이 들리지 않고 끝날 우려가 있음을 피할 수 없었다. 그런데도 지금은 사각사각 안팎으로 씨의 공적을 매우 칭양(稱揚)하고, 훈업(勳業, 공적)이 당대에 높아, 그럼으로써 오랫동안 후세에 전하기 위해 한(韓)의 상하는 물론 우리 재류민이 성의를 가지고 그 덕을 우러르고, 성심으로 가지고 그 풍모를 그리워하며, 또는 물품을 증(贈)하고, 혹은 감사장을 정(呈)하고, 혹은 송별을 하여 그럼에도 아직 만족하지 못하는 인정 있는 자, 어찌 또 까닭이 없다고 하겠는가, 실로 이는 메가타 씨의 메가타 씨다운 점으로, 또 그렇게 함으로써 그 사람의 큰 역량과 큰 수완이 어떤지를 미루어 짐작할 것이다.

회고하면 영국은 청한(淸韓)에 대한 그 정치상 및 통상상의 세력을 계속 유지하고 확장할 수 있는 유일한 설자(楔子, 연결쇠)로써 이 재정의 추축(樞軸)을 쥐었다. 청국에 로버트 하트가 있다면 한국에는 브라운이 있어 양자가 서로 도와 이 수완을 펼치게 했다. 이 때문에 브라운 같은 경우는 그 수완이나 역량은 차치하고 그 요직에 있는 것이 오래되어 지반이 견고했다. 또한 대영제국을 배후에 두고 있어서, 총세무사는 탁지부 대신보다 훨씬 상위에 있고, 아니 총세무사청과 한정부(韓政府)가 서로 주도권을 다투는 감이 없지 않았다. 그리고 시세의 추이나 대국의 일변(一變)으로 브라운이 원만하게 물러나고, 메가타가 이 뒤를 이어 탁지부 고문 겸 총세무사로서 왕성한 거완(巨腕)을 발휘했다. 그 공적과 훈업은 역력하여 셀 수 없고, 문란한 폐제(幣制)의 확립이 되었건, 황폐한 재정 정리가 되었건, 세무상의 통일, 세관행정 쇄신, 항만 개수, 등대 건설, 육해(陸海) 이원(利源)의 조사, 식산흥업의 지도적 시설, 즉 재정의 본무(本務)를 토대로 또 그에 부수할 만한 사업을 경영한 자, 한(韓) 귀하역에 보급하고, 중앙에 치우치지 않고 지방에 기울지 않아 대체로 적절했다. 특히 금융기관, 도로 개착(開鑿), 항만 수축 및 모범적 경영 같은 것은 해마다 좋은 효과를 거두어 조만간 반드시 주된 임무의 광휘에 더욱 빛을 더하게 될 것이다.

이제 메가타는 세상에서 가장 어렵다고 하는, 즉 산을 쌓는 것에 비유할 수 있는 창업, 더구나 가장 어렵다고 하는 재정에 관한 창업의 공을 마치고, 이에 혁혁한 명예를 지고 고답용퇴(高踏勇退)하고 잠시 한지(閑地)에 그 몸을 두고자 한다. 그 고풍(高風) 매우 우러를 만하다. 이 때문인지 우리 항(港, 부산항)의 관민 유지는 메가타를 그 여도(旅途)에 기다리고 있다가 성대한 조도연(祖道宴)을 베풀어 메가타의 노고를 위로하고, 메가타의 덕에 감사하고자 했다.

원래 부산의 경우는 실업 유일의 천지(天地)로, 특히 메가타에게 신세진 것이 많은 땅에서는 원래 당연한 예(禮)로써 이 거행의 주도함을 바라지 않을 수 없다. 그리고 아울러 우리는 하루아침의 향연감사(饗讌感謝)로 보답할 수 없어, 그 시설을 계승하고 그 사업을 추소(追紹)하여 날로 메가타의 위업을 발휘하고 날로 대책(大策)을 천양(闡揚)하여, 메가타에게 대답할 수 있도록, 감히 메가타의 귀국에 즈음하여 한마디의 무사(蕪辭)를 늘어놓음으로써 소소하나마 송별의 의를 표하는 바이다.

이날 선생이 경성을 출발하자, 관민 · 유지 다수는 남대문역까지 배웅했는데, 또 어딘가 부족하다고 하여 수원까지 기차로 동승한 사람들이 꽤 있었다. 그 기차 안에서 통감부서기관 아카쿠라 기치자부로(赤倉吉三郎)가 '군을 보내 한(韓)의 산천이 단풍 든다'는 시 한 구를 지었다. 때는 마침 가을하늘이 온통 푸르러 투명했고, 손가락 사이로 보이는 오랜 성벽의 담쟁이는 이미 단풍으로 물들었다. 민가의 초가지붕은 표주박과 고추로 장식되어 무엇보다 여름의 특색을 잘 나타냈고, 맑고 깨끗한 기운으로 가득 차 있었다. 그 때문에 이런 시구가 나오게 된 것이다. 선생은 이에 대해 '보내져서 내 얼굴도 단풍 든다'고 써서 이건 어떠냐며 내밀어 기차 안은 한바탕 떠들썩했다. 이윽고 기차가 수원에 도착하자 일동은 하차하여 평안한 여행이 되기를 빌며 이별했다.

감사장

(내용 생략)

1907년(明治 40) 11월 부산번영회장 야마오카 기고로(山岡義五郎)

메가타 남작 각하

감사장

남작 메가타 다네타로 각하

한국 재정의 요로에 서서 재정 정리, 세무 통일을 비롯하여 세관 개선, 항만 수축, 수도 부설, 도로 개수, 항통(航通) 이편(利便), 그리고 금융기관 및 모범적 신사업 창설 등 기타 각반의 시설과 경영에 미치지 않은 것 없이 한국을 계발하고 아울러 재류 방인(邦人)을 이롭게 한 공적을 기려 감사의 성의를 표한다.

1907년(明治 40) 11월 10일 부산일본인상업회의소 회두 이시다 신이치로(石田信一郞)

남작 메가타 다네타로 각하

감사장

메가타 남작 각하

각하는 1904년(明治 37) 한국 재정고문으로 초빙되어 부임 이래 3년여 동안 난국(難局)에 임해 열심히 세계(歲計)의 조화, 화폐제도 이혁(釐革), 금융기관 설비, 통상무역 장려, 기타 식산공업에 운수교통에 적어도 한국의 발전에 수반하는 각종 사업의 기도(企圖)에 진췌(盡瘁)하고, 그 치적이 역력하여 볼만한 것이 적지 않다. 이렇게 위대한 공적은 한일 양 국민의 이익을 증진하고 안녕의 기초를 공고히 했다. 그중에서도 특히 부산항이 한일 양 국민의 문호로써 한국의 발달에 다대한 영향을 미치는 요충의 지위에 있음을 간파하고 항만시설을 개선하였다. 특히 이곳 부산 민단 공전의 대사업인 수도공사에 대해서는 계획 당초부터 시종일관 무한한 고려를 경주하여 착착 공사를 시키게 된 것은 완전히 각하의 원조에 의한 것으로 이곳 항민은 오랫동안 그 은택을 누릴 수 있게 되었다. 이제 명성이 자자하고 많은 공적을 지고 귀국하게 되어 경모(敬慕)의 정(情) 금할 수 없어 소소하나마 기념을 위해 사진첩 한 권을 증정하여 이에 부산항민을 대표하여 삼가 감사의 의를 표한다.

1907년(明治 40) 11월 10일 부산거류민단 민장 이시하라 항에몽(石原半右衛門) 삼가 쓰다
남작 메가타 다네타로 각하

부산에서부터는 한인 실업가 유지를 대표한 한상룡(韓相龍)·조진태(趙鎭泰)·백인기(白寅基) 세 사람과 공동창고회사의 이이즈미 간타(飯泉幹太) 모두 네 명이 고베(神戶)까지 배웅하는 것이 당초부터의 계획이었기 때문에 선생은 그 호의를 두텁게 받아들여, 특별히 서둘러 도쿄(東京)로 돌아가지 않아도 되니 도중의 경치를 천천히 즐기자고 해 그렇게 하기로 했다. 광제호(光濟號)를 타고 부산을 출발하여 여러 곳에 기항하면서 배를 전진시켰다. 부인과 네 번째 딸 이사오(勇雄)와 하녀 두 사람이 동반했다. 일행은 배 안에서 유희(遊戲)를 하거나 경주를 하거나 했는데, 선생은 밤 11시경까지 구경하다가 방으로 들어갔다. 대략 1주일 동안 항해로 고베에 도착, 배웅하는 네 명은 고베 상륙과 함께 이별을 고했다.

선생이 귀경한 후 12월 4일 제일은행 두취 남작 시부사와 에이이치(澁澤榮一)는 선생에게 기념품을 보내고, 다음과 같은 감사장을 증정했다.

감사장

남작 메가타 다네타로 각하

각하 오랫동안 한국 재정고문의 중임(重任)을 맡아 세계(歲計)의 균형을 유지하고 경제 발달을 도모했다. 화폐제도 이혁(釐革), 금융기관 정비, 금고 신설 등의 사업에서는 아마 본행의 업무와 밀접한 관계가 있어서 항상 지도유액을 받았기 때문에 한국에 있어서 본행(本行)의 업무가 크게 발전했다. 동 금융기관으로 한일무역상에 다소의 공헌을 할 수 있었던 것은 기실 각하의 덕으로 본행은 깊이 감사하는 바이다. 이에 각하 중임(重任)을 풀고 귀국하게 됨에 따라 소소하나마 다년간의 후의에 보답하고자 삼가 별지 목록의 물품을 증정한다. 각 본

행의 징충(徵忠)을 혜량하여 이를 가납하면 매우 행복하겠다.

1907년(明治40) 12월 4일 제일은행 두취 시부사와 에이이치

한국 관민 상하는 선생의 귀국 후라고 해도 선생을 경모하는 바 여전히 재임 중과 다르지 않고, 선생 역시 한국을 위해 여러모로 배려했다. 파고다공원의 송별원유회장에서 선생이 일동에게 나는 마음속의 후계자를 얻어 안심하고 귀국한다고 말했듯이, 탁지부 차관인 아라이 겐타로(荒井賢太郎)가 착착 선생의 시설사업을 완성하고 있어서 선생도 매우 기뻐하고 있다. 선생 귀국 다음 해인 1908년 10월 전(前) 대장대신 남작 사카타니 요시오(阪谷芳郎)가 구미 시찰에서 귀국하는 길에 시베리아철도를 경유하여 경성에 들렀을 때, 환영자 중의 모씨가 다음의 교가(狂歌)[74]를 지었다.

"사카타니의 머리에 메가타의 배를 붙이고, 나머지는 아라이의 팔에 탁지부(阪谷の頭に目賀田の腹を据え後は荒井の腕に度支部)"

이는 메가타 선생이 한국에 부임할 당시 사카타니 남작이 대장차관이었는데, 한국의 개발 및 선생의 임무에 대해 여러 가지로 부심했다. 선생은 그것을 한국의 실정에 비추어 안팎의 형세에 응하여 시설방침을 정하고 착착 성적을 거두었다. 그리고 선생의 뒤를 이어받은 아라이가 또 유감없이 그 수완을 계속 발휘하고 있었다. 이러한 경위를 잘 노래한 것으로 듣는 사람으로 하여금 절찬하게 만들었다. 그래서 사카타니 남작이 마포의 벽돌제조소를 시찰한 당일, 즉석에서 제조한 화병 세 개에 이 교가(狂歌)를 새겨 넣어(구워) 기념으로 삼았다. 그 한 개는 선생에게 증정했다.

사카타니 남작이 경성을 떠난 후 한 달 남짓한 11월 5일, 경성신문(京城新聞)은 다음의 사설을 실어 선생 재임 중의 위적(偉績)을 회상하고 이토(伊藤博文) 통감 이상의 대인격자라고 칭양(稱揚)했다.

---

74 교가(狂歌)는 에도시대 후기에 유행했던 풍자와 익살을 주로 한 단가(短歌)이다.

메가타 전 고문을 생각하다

시국이 어려움에 빠져야 영웅걸사(英雄傑士)를 품고, 가계가 쇠퇴하여야 양처(良妻)를 생각한다. 이리는 최근의 통감정치을 생각할 때 메가타 전 고문을 상기하지 않을 수 없다. 제국이 한국 지도의 소임을 맡은 지 오래되었다. 청일전쟁에서는 메이지 정부의 거물 이노우에 가오루(井上馨)가 호시 도오루(星亨), 사이토 슈이치로(齋藤修一郎) 같은 준재를 막료로 이끌고 와 열심히 그 실행에 종사했으나 불행히도 어떤 두드러진 공적을 거두지 못했다. 이노우에 가오루나 막료의 수완이 없었기 때문이 아니라 당시는 러시아(露國)의 세력이 활발하여 프랑스(佛國) 및 독일 같은 경우도 암암리에 한국에 전개되는 제국의 시설(施設)에 호의를 표하지 않는 등 복잡한 외교관계가 있었기 때문에 여의치 않았던 것도 어쩔 수 없었다. 러일전쟁 후에는 이들 복잡한 외교관계가 제거되는 동시에 보호협약이 체결되어 제국의 대정치가 이토(伊藤博文) 공이 통감으로서 인재를 구름같이 이끌고 와서 보호통치의 임무를 맡았다. 세상 사람은 반드시 대공적을 거둘 수 있을 것으로 기대했다. 그런데 그 이후 성적을 보건대, 단지 표면에 있어서 형식의 개선에 그쳐서 통치의 가장 주요 항목인 한인(韓人)을 심복시키지는 못했다. 정말이지 독립의 사상을 가지고 침범할 수 없는 위신(威信)에 의해 한인을 마음속에서부터 굴복시키는 것은 통치상 가장 중요한 일이다. 이 위신으로 행하면 나머지 용의(容儀)나 형식(形式) 등은 단지 명령만 하면 된다. 이토 공의 한인에 대한 언동은 유감스럽지만 이를 결여하였고, 종종 너무 익숙해져서 상대하기 쉽다고 생각하게 만드는 감이 있다. 그 때문에 정신적으로 그들을 심복시킬 수 없기 때문에, 모든 시설에 지장을 초래했다. 생각건대 이는 제국 정부에 일정불변의 방침이 없음에 기인한다. (중략) 하지만 깊이 생각해 보면 본국 정부의 방침불변도 필요하지만, 그 소임을 맡은 자의 인격도 중요시해야 한다. 아무리 광대한 권력을 갖더라도 범용(凡庸)한 정치가로서는 도저히 아무 일도 할 수 없게 된다. 우리들이 메가타 전 고문을 상기하는 까닭은 일단 정한 방침은 끝까지 수행하는 용기와 믿음을 갖고 있기 때문이다. 재직 중에 충분히 이 믿음과 용기를 발휘하여 아무리 한인들이 꿩꿩 떠들썩하더라도 자약(自若)하게 단행했고, 권위로 그 직분을 행했다. 한인들도 처음에는 반항을 시도했으나 결국 효과가 없음을 알고 굴복하게 되었다. 전 고문은 이 점에서 확실히 성공했다. 전 고문의 권위적 단행은 한인의 두뇌에 좋은 인상을 주었다. 전 고문은 확실히 한인을 통수하는 기술을 이해했다. 한인들이 이토 공은 상대하기 쉽다고 해도, 전 고문에 대해서는 침범할 수 없다고 했다. 상대하기 쉽다는 인상을 주는 것과, 침범할 수 없다는 인상을 주는 것은 그 시설하는 데 있어서 큰 차이를 발생시키게 된다. 한국 통치에는 침범할 수 없는 위엄을 필요로 한다. 위신을 행하고자 하면 그 인격에 갖추어진 권위가 있어야 한다. 단지 관위(官位)와 훈등(勳等)이 높은 것만으로는 되지 않는다. 이는 완전히 인격에 의한 것이 된다. 우리들은 다시 전 고문을 추대하고자 하는 것이 아니나, 시국을 돌이켜보건대 당시의 고문을 상기하는 것을 금할 수 없을 뿐.

이렇게 선생에 대한 신망이 두터운 동시에 책임감이 깊은 선생은 한국에 있어서 시설 사업의 나중 성과에 대해서 고념(顧念)한 바 있었다. 그 일례를 들면 1909년 1월, 한국 남부에 있어서 대구를 중심으로 남쪽은 경산·청도·밀양을 거쳐 부산에 이르고, 북쪽은 신동(新洞)·왜관·김천을 거쳐 경성으로 이르는 도로 개착 현상, 및 이들 연선에 있어서 미곡 집산 상황, 그리고 세관 사무 취급 등에 관해 글을 써 대구재무감독국장 가와카미 쓰네오(川上常郎)에게 조사보고를 요구하였고, 또 동년 봄 오사카세관장 오쓰키 다쓰지(大槻龍治)에게 편지를 써서 북한 청진항과 본방(本邦) 북해안을 연락하는 정기항로를 개통할 경우 쓰루가(敦賀)와 마이쓰루(舞鶴) 두 항구 중 어떤 것을 선택해야 할 것인가의 조사보고를 요구하는 등 이미 임무를 떠난 한국을 위해 여전히 획책하는 것, 이와 같은 상황인 것은 그 열성 아마도 달리 예를 볼 수 없을 것이다. 그리고 쓰루가항은 뒷날 한국, 일본, 중국, 러시아 교통 운수 연락선의 발착점으로 실현되었다. 또 1910년(明治 43) 8월, 한일병합이 이루어지고, 자작 데라우치 마사타케(寺內正毅)가 초대 조선총독이 되자 그 시정(施政) 당초에 조선인의 사상 및 교육에 관해 선생의 의견을 구했고, 선생은 이에 다음과 같이 답했다.

조선인의 사상 및 교육에 관해서는 원래 이쪽 방면에 너무 어두울 뿐 아니라, 특히 재한(在韓) 기간이 길지 않고 임무에 비교하여 일이 많았기 때문에 이 의견을 말할 정도의 감견(感見)을 가지고 있지 않다.

들은 바에 의하면 조선에 있어서 정쟁(政爭)은 멀리 우리 메이오(明應, 연호 1492~1501) 초기에 해당하여, 유파(儒派) 대 유파(儒派)의 다툼이라고 할 수 있는 것에서 발아했다. 뒤에는 이를 동인(東人)과 서인(西人)의 싸움이라고 하였고, 동인 역시 두 개의 파로 나뉘었고, 서인도 노소(老少) 두 유파로 나뉜다. 이들의 내력은 전문 사가의 지식을 요하는 것이나 대체적인 기인(起因)을 가지고 통관(通觀)하면, 천하를 다스리는 대강대법(大綱大法)의 학문은 오랫동안 한문(漢文) 속으로 사라지고, 덕화(德化)가 이루어지지 않아 단지 허문(虛文)으로 흐른 것은 다툴 수 없는 일이다.

때문에 나는 처음부터 생각했다. 과거의 쇠정(衰政)이나 민속의 패퇴(敗頹) 같은 것을 거슬러 올라가 이를 연구하는 것은, 비교적 이익이 적은 문제이다. 더구나 이를 비관하고 심할 경우 이를 멸시하여, 자기 스스로가 우승할 것이라 믿는 것은 여전히 생각해 볼 만한 일이다. 또한 나의 임무상의 관점에서 고찰하면, 만사천만(萬事千萬) 모두 민식(民食)이 부족한데 원인이 있는 것이라면, 그 사상을 생각하고 교육 같은 심원(深遠)한 사항을 생각하기보다는 우선 천연(天然) 부원(富源)의 개발을 서둘러 민자(民資)가 마침내 충분할 때를 기다려 비로소 순서를 따라 교화의 길을 강구해야 할 것이라고 생각했다.

영국의 식민지에 임하는 것이 이미 오래되었고, 몇 번의 성패(成敗)를 거쳐 적중(積重)의 경력이 있다. 더구나 자기의 국민으로 하여금 일정한 특별 관습, 교법(敎法), 법도, 그리고 이를 활용하는 시설기관, 또는 시설물 등을 가진다. 또 그 인민이 잘 이 아래에서 일관된 습관을 유지하고 상하 내외로 통하는 일정한 예절과 질서를 변지(辨知)하고, 또는 이를 상행(常行)하여 표리가 바뀌는 일이 없어야 한다.

때문에 식민지 행정 스스로 조직이 있고 연락이 있다. 그 일을 이렇게 하면 이 건은 따라서 어떻게 할 것이다 같은, 제반 내용에 대해서도 모두 학리(學理)에 미루어보고 경력에 비추어, 앞뒤 접촉하지 않고, 당국으로서 일사불란하고, 직임(職任) 분명하게 각기 평행하고, 침범하지 않고 그르치지 않고, 실적을 올리는 것을 주로 하고, 직무의 권한은 오히려 나중에 정한다, 이로써 앞으로 나아간다, 누군가 이 사이에 의구심을 품겠는가.

독일은 그 행정조직이 영국과 같이 간일(簡一)하지 않지만, 그 활용 정신은 매우 주도(周到)하고 경제적이어서 조직력을 활용하여 전진하고 미세하게 집행력을 갖는 것은, 어쩌면 지금 영국보다 나을 것이다.

우리 제국 신부(新附)의 민을 대하는 것은 이상에서 살펴본 영국과 독일 종래의 경력에 비추어 고찰해야 할 일이다. 법제에 정한 우리 교육 제도는 존재하지만, 내가 과문한 탓에 우리 학문이 충분히 독립한 것을 모르고, 입으로는 영국풍의 식민정략(植民政略)과 식민제도를 주창하지만, 종사자(從事者) 교육은 영국풍의 학문 교육을 가지고 한 것이 아니며, 이는 매우 무리한 주문이라고 생각했다. 우연히 이 병합에 즈음하여 각 방면의 요구가 번다(煩多)하니, 이를 통일하여 해당 지역의 실정에 응하여 서서히 순차적으로 시설하지 않으면, 시법자(施法者)는 견디기 어려워질 것이다. 따라서 문제가 있으면 아침저녁으로 논정(論定)할 수 있는 성질의 것이 아니다. 우선 잘 고찰하고 그런 연후에 차차 행해야 할 것이지 단지 일시적인 출장이라든가 서물상(書物上)의 조사로 결정할 수 있는 것이 아니라고 생각한다. 나는 단지 지금 필요한 마음가짐을 말하면 대체로 다음과 같다.

하나. 조선인의 풍속을 멸시하고, 또 급하게 개변(改變)하려 하지 말 것.
하나. 제사나 기타 신교적(信教的)인 일을 침범하지 말 것.
하나. 향당(鄕黨) 및 공공에서 설치한 공자묘(孔子廟), 관우묘(關羽廟), 기타 무릇 이와 같은 영묘(靈廟) 및 그 구내 같은 곳에 비례(非禮)를 가하거나 침해를 하지 말 것.
하나. 남녀 사이에 존재하는 구습관 등을 경시하지 말 것.
하나. 함부로 고담방언(高談放言)하지 말 것.

이같이 퇴관 후에도 선생이 조선을 위해 마음을 쓰고, 예전 인연으로 여러모로 지도하는 바가 있음에 대해 사람들이 모두 감사의 뜻을 표하지 않을 수 없고, 공사를 불문하고 암문보답(暗問報答)하고 정의상통(情誼相通)하는 자, 여전히 현직에 있을 당시와 다르지 않았다.

한일병합의 1910년(明治 43) 봄, 전 재무고문부원은 선생의 위적(偉績)을 생각하고 그 성덕을 그리워하며 기념으로 금배 한 개를 증정했다. 선생은 이를 깊이 기뻐하고 가보로 후세에 전하고자 했다.

2. 대한제국기 경제침략 관련 자료

〈자료 05〉 한국 중앙금융기관과 화폐 정리사무 집행기관

[『澁澤榮一傳記資料』 제16권(1957), 183~185쪽; 第一銀行 편, 1909, 『韓國貨幣整理報告書』, 37~41쪽]

한국은 1901년(광무 5) 2월 화폐조례를 정하고 금화본위제를 채용하였지만, 아직 화폐를 발행하지 못한 상황에서 러일전쟁을 만났다. 메가타(目賀田) 고문은 이 조례를 시행하여 일본과 동일한 금화본위제를 확립하는 동시에 구은화·구백동화·구동화를 회수하여 시장에서 그 자취를 차단하고, 엽전은 대부분 회수하고 일부는 이를 존치하여 준보조화로 삼아 작은 거래에 편리하게 하고, 화폐제도를 같이 하는 일본 화폐의 유통도 공인시키고자 하여 1905년(광무 9) 1월 18일 칙령으로 오는 6월 1일부터 화폐조례를 실시한다. 이 조례에 규정한 화폐와 품위(品位)·중량·형체가 동일한 화폐는 지장 없이 통용하여 공적·사적 수수에 사용하는 것을 허용한다는 두 건을 공포하였다.

같은 달 31일 본 은행은 예정대로 한국 정부와 화폐 정리에 관한 계약을 체결하고, 탁지부대신의 지휘·감독에 따라 화폐 정리 사무를 집행하고, 이에 필요한 자금으로 한국 정부로부터 300만 엔(圓)을 본 은행에 교부하기로 하였다. 또 이 정부는 이 계약에서 본 은행이 발행하는 은행권을 공인하고 공적·사적 거래에 지장 없이 무제한으로 통용하는 것을 허용하였다. 그리고 화폐 정리자금 300만 엔은 한국 정부가 마련할 수 없으면 본 은행이 이를 이 정부에 대부하기로 하고, 같은 날 약정을 체결하였다. 이 대부는 해관세를 담보로 하고 이자는 연 6푼[分]으로 하였다. 처음에 본 은행이 화폐 정리의 중임을 맡아서 신구 화폐를 교환할 때 만약 교환액이 일시에 거액을 웃돈다면 300만 엔의 자금으로는 부족이 생길 것을 염려하였고, 그런 경우에는 정부 또는 일본은행(日本銀行)의 원조가 있었으면 한다는 취지를 대장성(大藏省)에 교섭하였다. 그래서 대장성이 한국 정부에 조회한 결과 곧바로 인가되었으므로 본 은행은 안심하고 두 계약의 성립을 보게 되었다. (중략) 대한국 정부는 화폐 정리에 관해 주식회사 제일은행과 다음과 같이 계약한다.

제1조 대한국 정부는 별도로 정한 대한국 현행 화폐 정리 예산의 범위에서 화폐 정리에 관한 사무를 제일은행이 집행하게 한다.

제2조 화폐 정리에 관한 사무 집행에 대해 제일은행은 탁지부 대신의 지휘·감독을 준수해야 한다.

제3조 대한국 정부는 제일은행권을 공인하고, 공적·사적 거래에 지장 없이 무제한 통용시켜야 한다.

제4조 대한국 정부는 화폐 정리에 필요한 일체의 비용에 충당하기 위해 화폐 정리자금으로 금 300만 엔을 제일은행에 교부한다.

제5조 제일은행에서는 화폐 정리에 관한 일체의 경비 및 수입을 별도 회계로 정리해야 한다.

제6조 제일은행에서는 화폐 정리 사무 착수 후 1년 반을 경과했을 때는 화폐 정리의 수지계산을 해야 한다. 화폐 정리 사무를 종료했을 때도 역시 마찬가지이다.

제7조 앞 조항의 계산 결과, 정리자금에 부족이 생겼을 때는 대한국 정부는 그 부족한 금액을 바로 제일은행에 지급해야 한다.

제8조 화폐 정리에 관해 대한국 정부에 손실을 입혔을 때는 이에 대해 충분한 주의를 기울였음에도 여전히 손실을 피할 수 없었음을 증명하지 않으면 제일은행은 대한국 정부에 대해 배상의 의무가 있다.

위의 조항을 확약하고, 그 증거로 계약서 일문(日文)과 한국문(韓文) 각 2통을 만들어 각자 2통씩 영유한다.

1905년(광무 9) 1월 31일

印

탁지부 서무국장 이중옥(李重玉) 인

대한국 정부 재정고문 메가타 다네타로(目賀田種太郎) 인

주식회사 제일은행 경성지점 지배인 시미즈 다이키치(淸水泰吉) 인

탁지부 대신 蓋印

印

본 계약의 신청을 수리하여 승인한다.

1905년(明治 38) 1월 31일

특명전권공사 하야시 곤스케(林權助) 인

○ (중략)

대한국 정부는 화폐 정리자금을 주식회사 제일은행으로부터 차입하는 데 대해 다음과 같이 계약하였다.

제1조 대한국 정부는 화폐 정리 비용 및 그 자금으로 금 300만 엔을 제일은행으로부터 차입한다.

제2조 위 조항의 차입금에 대해서는 연 6푼의 비율로 매년 6월과 12월에 이자를 지급해야 한다.

제3조 차입금 변제기간은 다음과 같다.

1. 차입 기일로부터 6년간 금 150만 엔
2. 위 6개년을 경과한 후 4년간 잔액 전부

단, 대한국 정부는 위 기간 내라도 소정의 금액을 초과하여 수시로 변제할 수 있다.

제4조 대한국 정부는 관세로써 위 차입금의 담보로 하는 데 대해 제일은행은 이에 우선 담보권을 가진다.

위의 조항을 확약하고, 그 증거로 계약서 일문과 한문 각 2통을 만들어 각자 2통씩 영유한다.

1905년(明治 38) 1월 31일

印

탁지부 서무국장 이중옥(李重玉) 인

대한국 정부 재정고문 메가타 다네타로(目賀田種太郎) 인

주식회사 제일은행 경성지점 지배인 시미즈 다이키치(清水泰吉) 인

탁지부 대신 관인 날인[蓋印]

印

본 계약의 신청을 수리하여 승인한다.

1905년(明治 38) 1월 31일

특명전권공사 하야시 곤스케(林權助) 인

〈자료 06〉 원(元), 양(兩), 환(圜), 원(圓)의 관계

(이석륜, 「圜」, 『한국민족문화대백과사전』, encykorea.aks.ac.kr)

1901년 2월에 금본위제도 채택을 내용으로 하는 '광무 5년의 화폐조례'가 공포되었다. 이 조례는 금화폐의 순금 양목을 2푼(750㎎)으로써 가격의 단위로 정하고, 이를 환(圜, 원이라고도 불림)이라고 부르기로 하고, '1환=100전(錢)'으로 화폐산식이 정해졌다. 그리하여 우리나라의 고유한 화폐단위인 양(兩)과 1894년(고종 31)부터 정부에 의해서 정식으로 사용하게 된 원(元)에 더하여 환(圜)이 새로운 화폐단위로 등장하게 되어, 말하자면 화폐단위는 상당한 혼란에 빠지게 되었다.

그런데 '광무 5년의 화폐조례'는 국내 및 국외의 복잡한 사정으로 1905년에 실시된 '광무 9년의 화폐개혁'에 의해서 빛을 보게 되었다. 즉, '광무 9년의 화폐개혁'은 '광무 5년의 화폐조례'에 일련의 화폐에 관한 조례가 부가됨으로써 단행되었다. 이 개혁에 의해서 우리나라에 금본위제도가 확립되었는데, 이때 1환의 금가치는 순금 2푼이고, '1환=100전'의 화폐산식은 '광무 5년의 화폐조례'에서 정하여진 것과 동일하였다.

그런데 이 개혁에서 신화(新貨)와 구화(舊貨)의 교환 비율이 중대한 문제로 제기되었다. 종래 원(元)·냥(兩)·환(圜) 사이에 있어 1원=5냥=1환이라는 등가관계가 성립되어 있었는데, 이 개혁에서는 신화와 구화의 교환비율이 1환=2원=10냥으로 정하여졌다. 즉, 우리나라의 화폐는 2분의 1로 가치가 절하되었다. 더구나 백동화(白銅貨)에 있어서는 차등교환이 행

하여졌을 뿐 아니라 엽전은 이를 낮게 평가하여 외국으로 수출을 꾀하였다. 이 개혁으로 우리나라 사람의 화폐적 자산은 약 3분의 1로 감축당하여, 극심한 금융공황이 발생하게 되었다. 이로 말미암아 우리나라 경제는 극심한 침체에 빠지게 되었다.

이 개혁은 당시 탁지부 고문으로 와 있던 일본인 메가타(目賀田種太郎)에 의해서 강행되었는데, 그는 부임하며 전환국(典圜局)을 폐지하고 전환국에 있던 주조제조기를 일본으로 수탈해 갔다. 이로써 우리나라는 국내에서 화폐를 주조할 수 없게 되었다. 뿐만 아니라 그는 우리나라의 고유한 금융기구였던 외획제도(外劃制度)를 폐지하고, 또 우리나라의 고유한 신용수단인 어음(於音) 발행도 금지한다는 어처구니없는 만행을 강행하였다.

그러므로 '광무 9년의 화폐개혁'은 일제가 우리나라를 식민지화하고자 하는 야망을 달성하기 위한 기초 공작의 하나로 단행되었다는 사실이 명백하다. 실상 세계의 화폐개혁 사상 그와 같이 수탈적인 화폐개혁은 그 유례를 찾아볼 수 없는 것이었다. 더욱이 이 개혁에 있어서 우리나라 화폐와 품위(品位)·양목(量目) 및 형체(形體)가 동일한 외국 화폐는 국내에서 합법적으로 통용될 수 있도록 정해졌는데, 그러한 화폐는 1897년에 금본위제도로 이행한 일본 화폐밖에 없었다. 여하튼 환이라는 화폐단위는 1910년의 국권 침탈 후까지 사용되고 있었던 것이 된다.

1910년 국권 침탈 이후는 원(圓)이라는 일본식 화폐단위가 이 땅에서 오랫동안 사용하게 되었다. 그 뒤 1945년 8·15광복을 지나 1950년에는 6·25전쟁으로 우리나라에는 악성 인플레이션이 급진적으로 진행되어 유통계가 극심한 혼란에 빠지게 되었다. 이를테면 1947년을 기준으로 하여 전국 소매물가지수는 1953년 1월에 65배를 초과하였다. 그리하여 1953년 2월 14일에 '1953년 통화 개혁'이 단행되어, 우리나라는 원(圓)이라는 일본식 화폐단위를 버리고 환이라는 과거 우리나라의 화폐단위를 되찾게 되었다. 이 개혁에 있어 신화와 구화의 교환 비율은 '1:100'이었으며, '1환=100전'으로 계산하게 되었다. 그런데, 이때 채택된 환은 1962년 6월에 단행된 '1962년의 통화개혁'에 의해서 원으로 바뀌게 되었다.

〈자료 07〉 한국 상인 구제 방법

[한국사데이터베이스, 〈고종시대사〉 6집, 광무 9년, 乙巳(1905년, 淸 德宗 光緒 31年, 日本 明治 38年) 8月 5日(土)]

일본 공사 하야시 곤스케(林權助)는 현재 종로에서 집회 성토 중인 한국 상인들의 구제 방법으로 제일은행으로부터 대책을 강구 중 한국 황실에서 백동화 100,000원(圓), 지화(紙貨) 100,000원을 제일은행 및 미쓰이물산(三井物産)의 어음[手形]으로 대부하는 외에 다시 지폐 200,000원을 내탕금 중에서 지출하였으니 제일은행 및 미쓰이물산의 지급은 그 인출을 정지할 것을 본국 정부에 청하다.

※ 위의 자료는『日本外交文書』第38卷 第1冊 581號 明治 38年 8月 7日;『駐韓日本公使館記錄 本省往電(3)』明治 38年 8月 7日 第300號;『梅泉野錄』卷4 光武 9年 7月에서 발췌한 것임.

〈자료 08〉 한국특파대사 이토의 복명서

(한국사데이터베이스, 〈駐韓日本公使館記錄〉 25권 七, 韓國奉使記錄)

(2) 한국특파대사 이토의 복명서

신 히로부미(博文) 성황돈수(誠惶頓首)[75] 삼가 아뢥니다. 신이 일찍이 폐하의 대명을 받들어 신한(宸翰, 임금의 편지)을 지니고 한국 조정으로 심부름을 갔습니다. 신은 친히 한국 황제께 알현하고 설득하기를, 인의(隣誼)는 존중하고 양국 이해가 관계되는 바를 밝히고, 한국의 미력함과 그 자립할 수 없는 까닭과 외교의 책임을 모조리 우리 정부에 위임할 것을 권유해야 하는 것이 예지(叡旨)를 존봉(遵奉)하여, 신은 미력이나마 미치는 바를 다하여 우리 공

75 편지 첫머리나 끝에 경의를 표하기 위하여 쓰는 말.

사로 하여금 정부와 협력을 체결하기에 이르도록 한 전말을 자세히 하여, 이에 을야(乙夜)의 예람(叡覽)에 공봉(供奉)함은 인시(人臣)의 신분으로서 무한의 광영으로 삼는 바입니다. 이것은 모두 폐하의 위덕(威德)이 미치는 바로써 인방(鄰邦) 또한 폐하의 은혜를 입는 까닭임에 틀림없다는 것을 신은 성황수돈(誠惶頓首) 말씀드립니다.

1905년(明治 38) 12월 8일
특파대사 추밀원의장 정2위대훈위(正二位大勳位)
후작 신(臣) 이토 히로부미(伊藤博文)

<별지 6>

봉사기사적요(奉使記事摘要)

1905년(明治 38) 11월 1일 대명을 받들고, 같은 달 3일 연하(輦下, 임금의 수레)를 떠나 하루 건너서 5일에 수행 문무관을 이끌고 한국 경성을 향하여 출발, 9일에 이곳에 도착했다. 다음날 10일 수행원 일동을 이끌고 한국 황제께 알현하여 봉대(奉戴)한 친서를 봉정함에 즈음하여 그 취지에 기초하여 크고 작은 사정을 상주하기 위하여 다시 내알현을 허락하시기를 청하여 한국 황제의 윤허를 얻었다. 당시의 정황은 별지 제1호 필기에 게재한 바와 같다. 통역과 필기의 임무를 맡은 이는 공사관 서기관 고쿠부 쇼타로(國分象太郎)이다.

그 후 한국 황제는 불예(不豫)의 이유로 내알현이 지연되리라는 것을 통보해 왔으므로 본사도 사정이 허락하는 한 그 쾌유하심을 기다려 15일에 이르러 겨우 내알현을 마칠 수 있었다.

이때 대담의 전말은 별지 제2호 필기에 게재된 바와 같이 한국 황제께서도 결국 어쩔 수 없이 대체로 이번 제안에 동의하시는 까닭과 이에 동의하시는 편이 도리어 한국 장래의 국시(國是)에 부응하는 것임을 깨달으신 것 같았다. 본사에게 약속하시기를 당국자에게 명하여 일본 정부의 제안에 기초하여 타협을 마칠 수 있도록 하겠다는 뜻을 가지시고, 아울러 본사에게 위탁하시기를 위 제안에 동의하는 것이 득책인 이유를 당국자들에게 설명하는 임무를 주셨다. 다음 날 16일 하야시(林) 특명전권공사가 정식으로 협약안을 제출하고, 외무 당국자와 협상을 개시함과 동시에, 본사는 내각의 여러 대신을 모두 다 여관에 불러 정중히 동아시아 현재의 대세 그리고 장래의 평화를 위하여 이번 협상이 부득이하다는 이유를 진변(陳辯)하였다. 그 전말은 별지 제3호 필기와 같다.

17일 하야시 공사는 한국 정부의 여러 대신과 협상을 시도하여 거의 상의가 결말났으므로 오후 3시경 여러 대신과 함께 궁중으로 사후(伺候)[76]하여 당일에 바로 결정을 볼 것을 기다렸다. 그런데 오후 8시 즈음에 이르러 한국 황제는 궁내부대신 이재극(李載克)을 본사에게 보내어 '꼭 일본 공사와 협의를 마칠 것을 내각의 여러 대신에게 명했지만, 그들은 두 번이나 반대 의견을 표명했으므로 어쩔 수가 없었다, 만약 이 기회에 이를 강요한다면 더욱더 분쟁 소요를 초래할 것이기 때문에 협의를 확정하는 것은 잠시 유예가 있기 바란다.'고 전했다. 그렇지만 본사가 보는 바에 의하면, 일이 늦어지면 한국의 내각은 어쩌면 총사직하겠다는 행동으로 나오기 때문에 우리가 대담할 당사자를 잃게 될 우려가 있을 뿐 아니라 한국 정부의 일부에서는 어디까지나 협의를 거절함으로써 신협약의 성립을 방해하고, 일본 정부가 하는 대로 방임해서 세계의 공론에 호소하는 것만 못 한다는 의론이 복재(伏在)하므로 일의 천연을 부득책이라고 보았다. 그래서 궁내부대신을 거쳐서 사태가 지연되면 더욱더 분쟁 소요를 크게 함으로써 황제의 의사에서 멀어질 우려가 있기 때문에 만약 여러 대신의 의론이 성지(聖旨)에 부합되지 않는 것이 있다면 본사도 또한 즉시 궁중에 사후(伺候)하여 진췌(盡瘁)하는 바가 있을 것이라고 봉답(奉答)했다. 그리고 다른 한편으로는 궁중에 있는 하야시 공사가 본사의 입궐을 재촉했으므로 오후 8시 드디어 궁중에 사후하였다. 당시 경성 시내는 다소 불온한 상황이 있었으므로 만일의 경우 즉시 우리 육군 관헌에 명령을 내리는 편의에 제공할 목적으로 하세가와(長谷川) 대장과 사토(佐藤) 헌병대장의 동행을 구했다. 궁중에서는 본사는 황제와 여러 대신과의 사이에서 알선하는 동시에 우리 제안의 협정에 힘쓴 것은 대략 별지 제4호 필기와 같다. 오후 11시 반경에 이르러 본사는 별지 제5호 신협약에 당사자 쌍방이 기명하는 것을 확인하고 또 별실에서 참정 한규설(韓圭卨)의 격앙을 위로하며 기타 여러 가

76 웃어른을 찾아뵙고 문안을 드린다는 뜻으로, 웃어른의 명령을 기다린다는 대후(待候)의 의미도 있다.

지 감정의 융화에 힘쓴 뒤에 18일 오전 1시 반 퇴출했다.

위에 의하여 사명의 안목은 이미 이를 끝냈다고 하지만 무릇 이번의 협약이야말로 한국의 대외적 운명에 걸린 바가 크므로 국내 인심의 격동도 적지 않은 듯하며 현재 각 대신은 사표를 봉정하여 각 부가 거의 휴무의 상태이므로 본사는 그 감정을 누그려 한국의 상하로 하여금 안도하여 우리에게 의신(倚信)시키지 않는다면 결국 신협약의 원만한 이행을 볼 수 없겠다고 생각하고 그중 한국 황제의 신금(宸襟)을 편안하게 할 필요가 있다고 생각했으므로 신협약 조인 후 더 머물러서 한편으로는 연회, 원유회 등을 기도하여 그들과 우리의 의지의 화합을 도모하였다. 또 한편으로는 한국의 여러 유사(有司)에게 접해서 그들의 의사·희망이 정당하다고 할 만한 것은 이의 실행을 원조하는 데 진력하고 25일 같은 일은 특히 한국 탁지부 대신 민영기(閔泳綺)와 한국 재정고문 메가타 다네타로(目賀田種太郎)를 초청해서 경제상의 구치(救治) 방법에 관하여 별지 제6호 필기에 기재한 바와 같이 쌍방의 의견을 교환시켰다. 그 후 그들과 숙의한 뒤에 별지 제7호 각서와 같은 구치(救治) 성안(成案)을 제출했으므로 본사는 이에 동의를 표하고 그 실시를 권고했다.

28일에 이르러 내알현을 끝내고 친밀하게 황제께서 안심하셔서 우리나라에 의뢰(倚賴)가 있으심이 득책이라는 까닭을 상주하고 아울러 작별을 청했다. 황제는 본사의 체류 연장을 희망하심이 절실하시어 부득이 만약 우리 천황폐하의 칙허를 받게 되면 다시 한국에 올 것이라고 아뢰었더니 한국 황제는 또 내일 아침 출발시간을 연기하여 출발 전에 내각 대신에게 설유해서 당장에 대처할 방침과 처리를 지도해주기를 바라셨다. 이에 부득이 이를 허락하여 겨우 작별의 승낙을 받았다. 그 상세한 사항은 후일 복명서 제2로써 천자 취침 전에 서한으로 제공할 것을 기한다.

사정이 이와 같으므로 다음 29일 오전 7시 경성 출발의 준비가 완전히 준비되었음에도 오전 9시 반을 기하여 한국 각 대신 등은 황제의 칙명에 따라 내방하였으므로 대국에 통하지 않는 어리석은 논의의 공격을 걱정하지 말고 안도하여 그 직무에 종사함으로써 신협약의 원만한 실행에 노력하여 그 효과를 올리는 데 진췌(盡瘁)하는 것이, 즉 그들의 나라에 진정한 충성을 다하는 까닭이라는 사리를 누누이 설명하고, 아울러 우리 정부에서도 충분히 그들을 원조하는 바 있을 것이라고 설명하는 데 힘썼다. 그 대략의 필기는 마찬가지로 이를 복명서 제2 중에 수록한다. 대담 중 출발시간이 다가왔으므로 부득이 그들에게 고별하고, 같은 날 오후 12시 10분 경성을 출발했다. 이날 출발 전 궁내부대신 이재극은 칙명을 받들어 황제의 희망 취의서(趣意書)라는 사유로써 별지 제8호 각서를 본사에게 교부하여 그 희망의 실행에 본사의 진력을 요청했다. 따라서 본사는 이를 쾌히 승낙하여 각서 중 제2조에 게재한 사항을 제외하고 모두 다 동의를 표하고, 아울러 하야시 공사와 메가타 고문 등에게 필요한 훈유를 했다.

같은 날 오후 10시 반 부산에 도착하여 호위 이와테(磐手)의 항행(航行) 형편에 따라 다음 날 30일은 이곳에 체류하고, 12월 1일 오전 8시 출발, 마산포에 기항해서 그곳을 순견(巡見)하고, 12월 2일 오전 10시 바칸(馬關, 시모노세키)에 도착하여 오늘 귀경하게 되었던 것이다.

〈자료 09〉 한국 경제 구제에 관한 의견교환 요지

[한국사데이터베이스, 〈駐韓日本公使館記錄〉 25권 七, 韓國奉使記錄(2) 〈韓國特派大使 伊藤의 복명서〉]

<별지 6>

한국 경제 구제에 관한 의견교환 요지

제6호

1905년(明治 38) 11월 25일 한국 금융 핍박(逼迫) 구제에 관한 의견교환 요령 필기

참석자(오전 10시 30분 참집)

이토(伊藤) 특파대사

민(閔) 탁지부 대신

류(柳) 탁지부협판

메가타(目賀田) 재무고문

권(權) 농상공부대신

하세가와(長谷川) 군사령관

통역 고쿠부(國分) 공사관서기관

통역 김응선(金應善)

필기자 후루타니(古谷) 제실제도조사국 비서

대사: 어제 탁지부 대신과 기타로부터 한국의 금융에 대하여 일단 담화를 들었다. 민간의 화폐 부족으로 국민이 곤란을 느끼고 있는 사정에 관해서는 나로서도 매우 가엽게 생각한다. 생각건대 오늘의 상태를 야기한 원인은 여러 가지 있을 것이다. 지금 이것을 명백히 하여 과연 구호의 필요가 있다고 하면 일본에 돌아가 상당한 처리를 취해야 하므로 탁지부 대신 및 메가타(目賀田) 고문도 마음속에 숨김없이 의견을 개진하시기를 바란다.

대사: (메가타 고문을 향해) 어제 들은 바로는 정부는 원래 백동화를 약 1,500만 원(元)을 주조하여 그중에서 이번 교환에 대하여 약 1,300만 원(元)을 탁지부에 반환하고, 그 대신에 자동화로 50전화(錢貨)와 20전화(錢貨) 및 제일은행 어음을 합계 600만 원(圓)을 냈다. 그런데 그 화폐의 약 3분의 2는 중국인 손에 있다. 나머지 대부분은 일본인 소유로 돌아가 한국인의 손에는 거의 없으므로 인민은 매우 곤란을 겪고 있다고 말한다. 또 다른 방면으로부터 들은 바에 의하면 올해는 흉작이므로 인민은 매각할 것을 갖지 못하고 게다가 필요품은 낡아서 이를 구입하지 않을 수 없는 상태에 있다고 말한다. 과연 그렇다면 불경기의 원인은 앞에서 말한 것과는 근본적으로 다르다. 그렇지만 원인 여하를 불문하고 인민이 곤란을 느끼는 것은 즉 하나다. 일본에서도 화폐 문제에 관해서는 종래 여러 가지 곤란을 느꼈다. 어쨌든 한국 국민은 지금 매우 심각한 곤란을 호소할 것이므로 이에 관해 나는 충분히 사정을 강구하기를 바란다.

탁지부 대신: 나는 어제 이미 대사에게 사정을 개진했다. 오늘은 메가타 고문으로부터 의견을 진술하기 바란다.

메가타 고문: 오늘의 불경기를 불러일으킨 원인은 여러 가지가 있다. 먼저 화폐교환의 일부터 설명하겠다. 들으신 바와 같이 전에 대원군 섭정 시대에 화폐교환이라 칭하여 구화(舊貨)를 회수하고, 이에 대신할 신화폐를 교부하지 않은 일이 있다. 그러므로 한국 국민은 이번의 교환에 대하여도 이에 신용을 하지 않고, 교환 개시 이전에 다투어 여러 가지 물품, 그중에서도 백포(白布)와 토지, 기타 부동산을 매입하였다. 이는 현재 화폐가 한국인의 손에 있지

않은 하나의 원인이다. 다음으로 이곳에서는 종래 상인이 어음을 실력 이상으로 발행했다. 그런데 이번 공황에 처하여 자주 그 중개를 받고, 이에 응할 만한 자력(資力)을 갖지 못했기 때문에 부득이하게 파산을한다. 그래서 한국 상인은 정부에 구호를 청원했다. 그렇지만 정부는 어느 사정 때문에 이에 응하지 않았다. 그와 같은 사정이었으므로 교환을 실시한 때에 실력이 있는 청나라 상인 및 일본 상인만이 이익을 얻는 것 같은 결과를 낳았다. 우견(愚見)에 의하면, 한국의 경제계는 쉽게 구제하기 어려운 환자와 같다. 그러므로 점진적으로 이의 진흥을 도모하지 않을 수 없음을 생각하여 먼저 비교적 확실한 한국인의 은행이라고도 말할 수 있는 한성은행을 정리하고, 제일은행에서 40만 원(圓)을 대여하여 제일은행원으로 하여금 그 행정 사무를 감독시키는 것으로 했다. 이외에 한국인이 조직한 은행에 천일은행이라는 것이 있다. 이 은행은 한성은행에 비교하면 조직이 매우 불완전할 뿐 아니라 예금은 대부분 각 부의 유금(遊金)이므로 일단 공황을 느끼면 그 영향을 크게 받을 것이라고 생각하여 나는 일찍이 동 은행에 대해서 경계를 가했다. 그렇지만 동 은행은 직접 제일은행의 보호를 받지 못할 사정도 있다. 아직 한성은행 정도로 발달하지 못했다는 보고와 같은 것도 2주쯤 이전에 비로소 발표한 것과 같은 상황이다. 어쨌든 소견에 의하면, 한국 경제계 부진의 원인은 금융기관의 폐색(閉塞)에 있다. 정부가 회수한 금액만큼은 이와 교환으로 신화폐를 발행하고 있었다. 게다가 제일은행 같은 것은 옛날보다 다액의 어음을 발행하고 있는 상황이다. 그러므로 나는 오로지 금융을 원활하게 하는 것에 노력하고 있다. 그 첫걸음으로 한국인으로 하여금 창고회사를 설립시킨 일이다. 그 자본금은 15만 원(圓)으로 이달 28일 개업할 계획이다. 또한 장려의 목적으로 경성의 경부철도 구내에 신탁창고를 만들게 하고 있다. 다음에 어음의 건에 관해서는 종래의 어음은 매우 불완전하므로 탁지부로부터 새로이 어음조례를 제정하고, 어음교환소를 신설해서 기금 15만 원(圓)을 정부에서 하사하여 융통을 원활하게 할 것을 계획하고 있다. 요컨대 경제계의 곤란은 다만 경성에 그치지 않고 평양도 곤란하다. 또 일반 서민들도 쌀농사가 심히 나쁘기 때문에 몹시 곤란을 느끼고 있다. 특히 종로의 상인들은 실로 곤란하다고 말하고 있지만, 그 실제는 그 정도는 아니나 곤란하긴 곤란하다. 나도 확실히 이를 인정하고 있는 형편이다. 특히 지방은 향후 더욱더 곤란을 느끼게 될 것이다. 그렇지만 개인의 곤란에 대해서는 정부에서 개개인에게 보조를 줄 수가 없다. 금융기관에게 그 임무를 감당시켜야 한다. 그런데 금융기관으로서 비교적 확실한 곳은 겨우 한성은행뿐이다. 이것으로는 불충분하다고 믿는다. 그렇지만 현재의 구제책은 이상 진술한 대로이다.

탁지부 대신: 어제 내가 대사에게 한 담화는 메가타 고문관이 이를 듣지 않았으므로 지금 일단 이것을 진술하겠다. 우리나라에서는 원래 본위화라는 것이 없다. 보조화인 백동화와 청동전뿐이다. 그러므로 고문관 각하의 취임 이래 일찍이 화폐제도 개혁에 종사하셨다. 그런데 인민은 4월 1일부터 화폐교환을 실시한다는 것을 듣고 소유하고 있는 화폐를 투입해서 물품을 매입했다. 그리고 오늘까지 교환을 마친 것은 약 600만 원(圓)으로 이 금액만큼 신화폐를 발행했다. 그런데 민간에는 화폐가 없고 인민은 곤경에 빠졌다. 뿐만 아니라 교환의 비율을 보면 전체 교환액의 10분의 6은 청나라 사람의 요구에 기초하고, 10분의 3은 일본인의 요구에 따른 것이고, 한국인이 교환을 요구한 것은 겨우 10분의 1이라고 한다. 일본인의 손에 들어간 신화폐는 제일은행을 거쳐서 다시 한국인의 소유로 돌아오는 일도 있겠지만 청나라 사람의 손으로 들어간 것은 쉽게 돌아올 희망이 적다. 그렇다면 현재 한국인은 빈부가 다 함께 정말로 곤궁하여 이유 없이 탁지부를 원망하고 있다. 듣는 바와 같다면 제일은행 지점에서도 상당한 재산을 가진 한국인이 상당한 담보를 제공해도 대부를 거절하는 모양이다. 과연 그렇다면 제일은행도 역시 자금이 궁하다고 믿는다. 그러므로 이 기회에 일본에서 제일은행 지점에 300만 원(圓) 내외의 자금을 융통하게 된다면 영업도 원활해지고 한국인도 행복을 누릴 것이 틀림없다. 게다가 천일은행 · 한성은행 · 권업은행 · 창고회사에 대해서도 역시 따로 약 300만 원(圓)을 대여한다면 금융은 자연히 면목을 일신할 것이다. 그렇게 하면 청나라 사람의 손에 있는 화폐도 자연스레 시장에 나올 것이다. 이는 요컨대 이 기회에 600만 원(圓) 내외의 자금을 얻고자 하는 희망을 어제 대사 각하께 진술했다. 현 구제책에 관해서는 지금 고문관 각하의 설명도 들었다. 우리나라 사람이 어음을 남발했음은 사실이다. 우리나라 사람은 은행의 제도를 충분히 알지 못하지만, 종래의 경험으로 1만 원(圓)의 재산이 있으면 2만 원(圓) 내외의 어음을 발행해도 된다고 믿고 있다. 금융만 원활하다면 그로써 심한 곤란을 느끼지 않는 것이다. 어쨌든 이 궁상을 구치하기 위해서는 300만 원(圓)쯤은 대여하지 않을 수 없다. 채무자가 그 상환에 궁색하기 때문에 정부가 다소 곤란을 느끼는 것 같은 일이 있다 해도 국가 인민을 위하여 이를 단행하는 것이라고 믿는다. 또한 어제 대사 각하에게는 말하지 않았지만, 올해는 매우 심한 흉작이다. 농작의 수확은 우선 평년

의 2분의 1이다. 이 때문에 농민은 매우 곤란을 느끼므로 상당한 방책을 강구하고 그들에게 노동시켜 기아를 면하게 하는 것도 정부의 책임이라고 믿는다.

메가타 고문: 의견은 그것뿐인가?

탁지부 대신: 그 외에 어제 대사에게 납세의 일에 관하여서도 말하였다. 종래 변방의 지방에서는 자금이 근소하므로 물품에 하물환(荷物換)을 붙여서 경성에 수송하여 이곳에서 매각하여 납세했다. 그런데 신제도에서 납세자는 일정한 수세소(收稅所)에 현금을 바치지 않을 수 없으므로 매우 곤란을 느끼고 있다. 그러므로 중앙금고에서나 지방의 지금고에서나 아무데서나 납세할 수 있도록 개혁하였으면 하는 바람을 진술했다.

메가타 고문: 이제부터 나의 의견을 진술하겠다. 탁지부 대신은 우선 본위의 일을 말씀하셨으므로 본인도 본위의 일부터 설명하겠다. 소견에 의하면 한국 통화의 본위는 의외로 쉽게 창정(創定)하다. 일본보다도 도리어 쉽게 본위의 확정을 보았다. 단, 본위는 한국의 화폐가 아니라 일본의 금화이다. 이것을 대표하는 것은 제일은행권이다. 보조화는 물론 진짜 보조화이다. 종래 유통했던 화폐 총액은 신빙할 만한 통계가 없기 때문에 이것을 확실히 알 수 없지만, 추측에 의하면 보조화는 약 600만 원(圓) 내외일 것이다. 이에 더하기를 6~7백만 원(圓)의 제일은행권이 있다. 그 밖에 청동전이라는 것이 있다. 그 금액은 알 수 없지만 우선 200만 원(圓) 내외일 것이다. 그러면 한국의 통화 총액은 1,500만 원(圓)으로 추산할 수 있을 것이다. 또 다른 한편으로는 한국의 인구도 그 수를 분명히 할 수 없지만 가령 이것을 1,500만 명으로 한다면 통화와 인구의 비례는 1인당 1원(圓)의 비율이다. 일본에서는 현재 1인당 6원(圓)의 비율로 화폐가 유통된다. 이 비례로 추찰하면 나중은 모르지만 우선 오늘에 있어서는 한국의 통화 총액은 현재로서는 타당하리라고 우고(愚考)한다. 특히 이 설은 확실한 통계를 기초로 한 것이 아니기 때문에 비평을 가하더라도 쓸데없이 공론으로 끝날 뿐이다.

탁지부 대신: 자세히 알았다. 종래 청동전 시대에는 1인에 대하여 30전의 비례이다. 그 당시 물가의 표준인 미가(米價)는 오늘의 20분의 1이다. 그렇다면 오늘은 1인 평균 2원(圓) 이상이지 않을 수 없다. 관아를 예로 들면 청동전 유통 시대의 내부(內部) 1년 수세액은 겨우 6~7만 원(圓)이었다. 그런데 오늘에는 1,400만 원(圓) 이상의 세금을 징수하면서도 더욱 자금의 부족을 느끼고 있는 것 같은 사정이다.

메가타 고문: 본인은 자설(自說)을 계속하겠다. 통화는 1인당 1원(圓)이든 2원이든 이의가 없다.

단, 일에는 순서가 있다. 일본에서도 은화 시대에는 통화 8,000만 원(圓) 내외였다. 인민은 자꾸만 부족을 호소했지만 대장대신은 위의 정도를 지키고 쉽게 증가시키지 않았다. 우견(愚見)에 의하면 한국 경제계의 곤궁한 상황은 통화 부족에 있지 않다. 금융기관이 없기 때문이다. 자금을 수입하는 것은 쉽다. 그렇지만 이를 취급하는 기관이 없으므로 도로(徒勞)에 속한다. 일본에서도 국립은행을 설치했을 때는 그 수가 100여 개에 달했다. 그렇지만 그 후 흥폐존망이 있어 금융기관도 순서를 쫓아 발달을 도모하지 않을 수 없었다. 이를 요컨대 한국 경제계에 대하여 내가 취할 바는 혈청요법이다. 점차 그 공을 올릴 수밖에 없다. 외과적 요법을 쓸 것이 아니다.

탁지부 대신: 한국에는 금융기관이 없다. 그렇지만 자금 역시 없다. 자금이 없으면 기관이 있어도 무익하다. 지금 이대로 내버려 두면 다음 달은 매우 곤란을 느낄 것이라고 믿는다. 생각건대 일본 거류민도 역시 곤경에 빠질 것이다. 6~7백만 원(圓)의 금액으로는 아직 부족할지도 모르겠다.

메가타 고문: 제일은행은 특별한 사정이 있다. 부동산을 담보로 대부하지 않은 것은 당연하다. 하물며 한국의 부동산 소유권은 법률상 여전히 하나의 문제인데 부동산을 저당으로 해서 자금을 공급하는 은행은 따로 이것을 설치하지 않을 수 없다. 나도 이 점에 대해서 목하 조사 중이다. 일본에서 자금을 수입하는 것은 결코 반대하지 않는다. 다만 그 순서를 연구 기안 중이다. 그렇지만 아직 대신들과 공식적으로 협의하기에는 이르지 않았다.

대사: 모두 원유회에 나갈 시각이 다가왔다. 오늘은 이만 일단락을 지자. 향후 다시 이 문제에 관하여 협의키로 하겠다.

탁지부 대신 · 메가타고문: 알았다.

대사: 지금까지 들은 바로 판단하면, 메가타 고문의 말은 영구적인 한국 재정개혁의 의견이다. 탁지부 대신의 말은 이에 반하여 현재의 곤경 구제책이다. 통화는 한국인의 손에 없고, 중국인과 일본인의 손에 있다는 설이 있다지만 소견으로는 통화는 결코 자연히 타인의 손에 건네지는 것이 아니다. 오늘의 상태를 가져온 것은 반드시 무역의 결과일 것이다. 쌍방의 설은 다시 듣겠지만 장래의 정리론과 오늘의 구치책(救治策)은 전연 딴 문제이다. 과연 탁지부 대신의 말과 같이 다음 달 말에 이르면 심한 곤란을 느낄 것이니 이를 어떻게 구제할 것인가라는 문제와 장래 한국 재정의 기초를 점차 강고하게 하는 데는 어떻게 할 것이냐의 문제와는

전혀 다른 것이다.

탁지부 대신: 지당한 말씀이다.

대사: (메가타 고문을 향해) 현재의 구치책에 관해서는 충분히 연구하기 바란다.

메가타 고문: 네. 내일부터 즉시 연구에 착수하여 불일내 성안(成案)을 제출하겠습니다. 단, 참석한 한국인 제관들께서도 이 문제에 관해서는 어디까지나 비밀을 엄수하시기 바랍니다.

열석 한인 일동: 네.

오후 12시 30분 일동 해산.

〈자료 10〉 금융구제의 방법

[한국사데이터베이스, 〈駐韓日本公使館記錄〉 25권 七, 韓國奉使記錄(2) 〈韓國特派大使 伊藤의 복명서〉]

<별지 7>

금융구제의 방법

제7호

근래 상민은 금융에 곤란을 느끼고 조야는 이의 구제에 초려(焦慮)하는 것 같다. 아마 이는 일부 상민의 상황으로써 그리고 경성 전반의 상태는 아닌 것이다. 그렇지만 그러한 것은 이미 염려한 바로써 이미 이의 구제 방법을 기획하고, 또 이미 그 시책에 착수한 상태이다. 다음에 그 개요를 말하겠다.

금융 핍박의 주된 원인은 다음과 같다.

1. 상민(商民) 간의 어음을 남발한 것.
2. 함부로 부동산을 매수해서 상업 자본을 고정시킨 것.
3. 금융기관이 없기 때문에 정업(正業) 외에 많이 무모한 금융을 도모하고 쓸데없이 대차

관계를 확장한 것.

4. 백동 어음의 유통이 곤란하게 된 것.

위 4가지 중 제1 내지 제3은 전연 상민들의 지식 결여에 기인하는 것이며, 따라서 상민 중 근신한 자는 금융 핍박 때문에 영향받는 것이 적다.

그리고 세간에서 왕왕 금융 핍박의 원인으로 백동 교환 때문에 통화 부족으로 돌아간 것이 있다고 하지만 이는 실로 이유 없는 것으로써 정부는 백동 교환을 위하여 이에 상당하는 (종래의 시가 이상으로) 신화폐를 발행했으므로 결코 통화 축소를 초래할 것이 아니다. 하물며 경부·경의 두 철도 건설과 군사상 문제 때문에 한국 일반에게 통화가 살포되었던 것이 실로 많다. 다만 교환 때문에 백동화 가격이 등귀했으므로 어음 소지자는 현 화폐 지불을 요구하여 어음으로써 어음을 지불하는 옛 관습을 승낙하지 않게 되었던 것이다. 즉 백통 어음의 유통 곤란은 백동 교환의 간접적인 영향에 의한 것이며, 여기서 어떤 원인을 이루는 것을 보지 못하였다.

원인은 이미 분명하다. 따라서 이것을 구제할 요점을 들면,

1. 어음의 유통을 조성할 것.
2. 동산 담보대부를 할 것.
3. 부동산 담보대부를 할 것.

제1. 어음조합 성립

어음을 발행한 것은 종래 상당한 지위에 있는 상민이며, 발행하는 어음은 전전유통(轉輾流通) 한 것과 같다. 그러므로 이들 상민으로 하여금 따로 조합을 설립시켜 새 화폐로서 어음 지불의 필요에 제공시키고, 또 어음 형식을 바르게 하여 그 신용을 확실하게 하는 것으로 한다. 조합조직의 요점은 다음과 같다.

1. 신용 있는 상민으로 조직시킬 것.
2. 어음 용지를 정하여 그 형식을 바르게 할 것.
3. 어음의 유통을 확보하기 위하여 공동 기금 몇만 원을 준비하여 공동담보로 할 것.

4. 조합원의 어음 발행을 감독하고, 그 남발이 없도록 기할 것.

5. 조합은 따로 정하는 바에 따라 어음에 증인(證印)을 한 자에 관해서는 그 지불 보증의 위치에 서는 것으로 어음 유통을 소통하면 조합원이 받을 이익이 적지 않은 것이다.

제2. 공동창고회사 설립

공동창고회사설립 요지는 다음과 같다.

1. 내하금(內下金) 15만 원(圓)과 자본금 15만 원(圓)을 자본으로 한다.
2. 경성 및 기타 주요한 곳에 창고를 설립한다.
3. 그 영업 종류는

(1) 예탁 물품에 대하여 예탁증권을 발행하여 자금 융통의 편리에 제공할 것.

(2) 예탁 물품에 대하여 금융을 할 것.

(3) 자본금 운용상 허락하는 한 부동산을 담보하여 자본금으로 할 것.

(4) 각 지방의 지고(支庫)는 미곡을 담보로 대부할 것.

이상 외에 제일은행은 위와 같은 기관을 통하여 오로지 금융의 편의를 계획할 것이므로 금융상 끼칠 영향은 다대할 것이다. 요컨대 어음 유통을 꾀하고, 그리고 동산과 부동산 대부를 하면 구제 방법으로써 여온(餘蘊)이 없을 수 있다. 다만 조야가 쓸데없이 입으로 구제를 말하고, 때문에 하는 일이 있는 듯하다. 정부 당국자는 이와 같은 의론을 배제하고 분발하여 위 계획의 실시에 힘쓰는 것은 상민을 이익이 되게 함이 크고, 또 향후 도리어 상업의 적당한 발전을 촉진할 수 있을 것이다.

기타 미곡의 수출 감소로 그 원인 역시 금융에 있지만, 작년과 올해에 계속된 흉작으로 인한 수입 감소, 특히 금년 같은 경우 약 4할이 감소한 것에 대해서 최근 일본 군대와 외국인의 이주가 크게 증가하여 재래의 미곡으로는 혹은 결핍되는 게 아니냐고 걱정하는 실정이어서 가격이 등귀하여 결국 수출 감소를 초래하는 것이라 한다. 그리고 창고회사에서 농민을 위하여 금융을 계획하는 외에 따로 농사 개량 방법을 계획하고, 장래에 더욱더 생산 증가를 도모하는 것은 긴요한 급무일 것이다.

〈자료 11〉 황실 경비에 대한 황제의 요구 각서

[한국사데이터베이스, 〈駐韓日本公使館記錄〉 25권 七, 〈韓國奉使記錄〉(2) 〈韓國特派大使 伊藤의 복명서〉]

<별지 8>

황실 경비에 대한 황제의 요구 각서

제8호

1905년(明治 38) 11월 29일 한국 황제 폐하의 명에 따라 궁내부대신 이재극이 가져온 폐하의 요구 각서

1. 종래 황실비는 경상비뿐이고, 궁내부에서 예산을 편성하여 이를 정부에 보내서 정부는 각 부의 예산과 마찬가지로 이것을 의정(議定)해서 연액을 정하고, 그리고 임시비는 일체 수시로 이것을 정부에 요구하여 봉상(捧上)시켰다. 지금부터 이 제도를 고쳐서 경상비와 임시비 두 비용을 합쳐 1년의 황실비 연액을 정하고, 이것을 궁내부에 넘겨주어 황실의 재정을 독립시키고자 한다.
2. 황실 소유 재산, 즉 황실 소속의 광산, 홍삼, 역전둔토 및 각 궁능원(宮陵園) 소속의 전토(田土) 등은 모두 다 종전과 같이 황실에서 소유 관리한다. 단, 위에 관한 일반 국세는 종전과 같이 이를 국고에 납부한다.
3. 황실 재정과 소유재산에는 정부 재정고문의 간섭 없이 황실 스스로 이를 처리한다.
4. 일반의 재정 정리 진보의 정도와 모순되지 않게 황실에서도 힘써 모든 폐해를 교정·정리한다.
5. 궁정 숙청 기타 모든 제도의 폐해를 교정하는 것은 모두 문명국의 모범에 따라 궁내부에서 점차 이를 실행한다.

〈자료 12〉 이토(伊藤) 대사 내알현 시말

[한국사데이터베이스, 〈駐韓日本公使館記錄〉 25권 七, 韓國奉使記錄(2) 〈韓國特派大使 伊藤의 복명서〉]

<별지 1>

부속서 2. 이토(伊藤) 대사 내알현 시말

제2호

11월 15일 오후 3시 황제 폐하는 대사와 대좌[對坐, 고쿠부(國分) 서기관과 박용화(朴鏞和)는 통역을 위해 배석] 먼저 한훤(寒暄)의 인사를 마치고서

폐하: 경이 이번에 사명을 띠고 다시 왔음은 짐이 충심을 다하여 흔행(欣幸)으로 여기는 바이다. 그러므로 짐이 한때 짐의 신료는 물론 종족에게도 입 밖에 내지 않았던 바이지만 감히 경에게 기탄없이 털어놓으려고 한다. 청컨대 이를 양해할지어다.

대사: 폐하께서 사정을 털어놓고 기탄없이 말씀하신다는 생각은 깊이 감사하는 바이옵니다. 외신(外臣)도 역시 성충을 피력하여 성지(聖旨)에 봉답하려 합니다.

폐하: 지난 1894년(明治 27), 1895년(明治 28) 일·청 교전할 때를 당하여 이노우에(井上) 백작이 공사로서 우리나라에 주차(駐箚)하자 짐은 그 지도에 기대하는 바 극히 다대하였다. 그런데 그 임무를 떠나고 아직 열흘(旬日)이 되지 않았는데도 불구하고 실로 말할 수 없이 우리나라에 가장 애통할, 또 한일 교의(交誼)에 장애를 주는 불행한 사건이 일어났다. 생각건대 만약 이노우에 백작이 여전히 그 임무를 띠고 이 땅에 주재하였다면 이와 같은 흉변(兇變)을 보기에 이르지는 않고, 양국의 관계는 여전히 친교를 돈독히 하여 오늘에 추이(推移)했을 것이다. 물론 흉행의 장본인은 짐의 시신(侍臣)과 잡배에 의해서 양성되었다고 할지라도 그들은 오로지 일본의 세력을 믿고 이를 행했음은 사실 의심할 것조차 없다. 생각이 이에 미치면 도무지 개연하지 않을 수 없다. 그렇지만 이는 이미 지난 일에 속하고 지금 이를 반복해도 이익이 없다. 그러므로 지난 일은 잠시 잊고 단지 최근의 상황에 관하여 경이 생각해야 할 것은 다른 게 없다. 지난해 3월, 경이 사명을 받들고 온 이후의 현 상황을 조금 말한다면, 첫째 재

정 정리 문제에 관해서는 일본은 우리에게 필요한 권고를 하고, 이를 문명적으로 개량시키려고 한 것이다. 그중 금융기관인 은행제도 같은 것은 오로지 우리나라 전유(專有)의 은행을 설치해서 이에 국고금을 다루게 하는 길로 나가는 것이라고 믿어 의심치 않았다. 그런데 실제는 이에 반하여 제일은행은 곧 중앙금고 사무를 담임하여 국고 수입금은 모조리 그 관리에 위임하고, 금융의 기능은 오직 제일은행이 장악하게 되었기 때문에 전국의 금융은 그 평준을 잃고 원만함을 결하여 국민은 도탄에 고통스러워하는 실황을 초래했다. 뿐만 아니라 황실의 내탕(內帑)에 간섭하여 그 전재(錢財)까지도 강압적으로 갖고 가버려서 탁지(度支)의 주관으로 귀속시키기에 이르러서 짐이 그 불법을 하세가와(長谷川) 대장에게 호소했지만 동 대장의 의견 역시 그렇게 하라는 것에 일치했으므로 잠자코 말았다. 재정의 일이 이미 그렇다. 전신 우편사무, 즉 통신기관 같은 것은 이것을 사람의 몸에 비유한다면 마치 혈맥처럼 국가 생존상 지대한 관계가 있다. 그리고 이것을 개선·진보시켜서 그 모든 기능을 다 하려고 한다면 우리는 즐겨 그 지도와 충고 아래 이의 개량을 계획할 것을 결코 사양하지 않는 바이다. 그런데 이렇게 되지 않고 모두 다 일본의 관리에 맡기니 우리는 어쩔 수 없이 수수방관하는 경우에 이르렀다. 또 국방에 필요한 군대는 어떠한가? 이것 역시 축소를 강요받아 별 수 없이 심히 많은 수를 감소했다. 짐은 귀국 폐하의 친서를 번독(繙讀)하고 마침 국방불비(不備) 운운하는 부분에 이르렀다. 이는 그 실제를 다하여 유감이 없다고 하겠지만 현재 존재하는 병력을 감히 감소하는 데 이르러서는 귀국 당국자에 향하여 불만이 없을 수 없다. 그리고 그 결과 지방에서 일어나고 혹은 일어나려고 하는 비도(匪徒)조차 진압할 수 없는 상태에 빠졌다. 또 일본 군대는 철도·전신의 보호라는 명목하에 군령을 발포해서 우리 국민의 유치한 그 일편(一片)을 게시·유고(諭告)하여 그들로 하여금 이를 주지시키는 데 근거가 없고, 우연히 이를 범하는 자가 있자 준엄한 군법 아래 즉시 총살하는 불행을 보았다. 처음에는 환영했던 자가 후에는 원성을 내게 되었다. 실로 인정이 면치 못할 바이다. 그리고 최근에 이르러서는 외교관계를 일본에 인수한다는 풍설이 전해진 이래 한층 인심이 위구심을 품고 만족스럽지 않은 상황에 있다. 이상에서 말한 상황은 우리 상하로 하여금 일본의 태도를 의심하게 하여 악감정을 야기하기에 이르렀다. 요즘 경의 내한은 짐으로 하여금 솔직하게 사정을 호소하여 경을 고려하게 하는 동시에 시험 삼아 경이 입장을 바꾸어 현재 우리나라가 처한 위치에 있다고 한다면 아마 생각이 거의 지나치는 바 있을 것이다.

대사: 여러 가지 폐하의 불만스런 실정에 관한 말씀의 취지는 자세히 알았습니다. 그러나 폐하께 시험 삼아 묻겠습니다. 한국은 어떻게 해서 오늘에 생존할 수 있었는지, 또한 한국의 독립은 누구 덕택이었는지, 한 가지 일이 이것입니다. 폐하는 이것을 아시고서 그리고 또한 그렇게 불만의 말씀을 흘리시는 것인지요?

〈자료 13〉 국고금 취급에 관한 한국정부와의 계약

[『澁澤榮一傳記資料』 제16권(1957), 195~197쪽, 『第一銀行五十年史稿』(1923) 권5, 88~90쪽; 第一銀行編, 『韓國ニ於ケル第一銀行』(1908), 322~331쪽에서 발췌]

일본 제일은행에 국고금 취급권을 부여하는 계약 체결(1905.1.31)

(전략) 1905년(明治 38) 1월 27일 탁지부 대신 민영기·하야시(林) 공사·메가타(目賀田) 고문이 일본공사관에서 만나 금고 개설 건을 협의하고 본 은행에 이를 맡기기로 정한 결과, 31일에 이르러 본 은행과 탁지부가 국고금 취급에 관한 계약서를 체결하였다.

이렇게 해서 본 은행은 탁지부 대신의 지휘·감독에 따라 국고금 출납 사무를 취급할 것, 세입은 국고예금으로 전부 본 은행에 예입할 것, 국고예금에 대해서는 이자를 붙이지 않는 동시에 이의 출납에 관한 경비는 전부 본 은행의 부담으로 할 것 등 국고금 취급 사무를 위탁받았다. 그런데 얼마 되지 않아 탁지부령으로 금고 사무 처리 순서를 공포하여 금고는 당분간 세입·세출에 한하여 처리할 것, 본 은행은 경성지점을 중앙금고로 삼고 기타 지점·출장소를 지금고(支金庫)로 할 것, 경성지점 지배인을 금고출납역(金庫出納役)으로 하고 기타 지점 지배인 혹은 출장소 주임을 금고출납역의 대리인으로 할 것, 중앙금고는 소속 지금고를 통할하여 이를 감독할 것 등을 규정하였다. (중략)

국고금 취급에 관한 계약서

제1조 대한국 정부가 국고금 취급을 제일은행에 위탁한 데 대해, 제일은행은 광무 8년

(1904) 12월 30일 탁지부령에 따라 금고출납역 지위에 서서 탁지부 대신의 지휘·감독에 따라 성실하게 국고금 출납의 사무를 취급할 것.

제2조 대한국 정부의 세입은 국고예금으로서 전부 제일은행에 예입할 것.

제3조 국고예금에는 이자를 붙이지 않을 것.

제4조 국고예금의 출납에 관한 경비는 전부 제일은행의 부담으로 할 것.

제5조 제일은행은 대한국 국고예금 출납을 위해 주요한 장소에 사무소를 설치할 것.

(중략)

1905년(明治 38) 1월 31일

탁지부 서무국장 이중옥(李重玉)

주식회사 제일은행 경성지점 지배인 시미즈 다이키치(淸水泰吉)

〈자료 14〉 메가타에 대한 내훈 관련하여

[한국사데이터베이스, 〈駐韓日本公使館記錄〉 22권 六, 長谷川·丸山·스티븐스에 대한 訓令及對韓施設綱領竝加藤增雄傭聘契約 (2) 目賀田 氏에 대한 內訓 사본 송부의 件]

메가타(目賀田)에 대한 내훈(內訓)

이번 한일협약 제1항의 규정에 의하여 귀관(貴官)을 한국 재무고문으로 파견하는 데 대하여 대략 다음과 같이 알아두기 바람.

1. 제국 정부는 한국에 대한 대체적인 시설 항목은 별지 갑·을·병 호와 같으므로, 귀관은 그 직무를 집행하는 데 있어 이것에 따를 것을 요함. 더욱이 귀관이 관계해야 할 직무 권한은 재정 범위에서 그쳐야 하는 것은 물론임.
2. 재정 감독 및 정리 등에 관한 표준은 대략 별지 병호와 같음. 귀관은 부임 후 실황을 잘

조사 파악해야 할 것이며, 만사에 경중·완급에 따라 그 실행을 도모할 것. 더욱이 별지 병호 중 제14항 내지 제17항은 그 실행에 관해 재정 이외에 고려할 것이 많으므로 귀관은 위 항의 실행에 대해 안을 제시할 것.

3. 귀관은 중요한 사항에 대해서는 한국 주재 제국 공사와 협의한 다음 입안 또는 집행하고, 또 제국 정부의 훈령을 필요로 하는 것은 그 공사를 거치거나 또는 직접 외무대신에게 품의하여 그의 지휘를 기다릴 것.

4. 한국 재정에 관한 제국 정부의 방침은 그때그때 한국 주재 공사를 거쳐 훈령할 것이며, 귀관은 또 재정상 정황에 대해 그 공사를 거쳐 그때그때 외무대신에게 보고할 것.

<별지 병호>

메가타(目賀田) 씨에 대한 내훈에 속한 시정 요목

제1. 일본 화폐 유통을 공인하게 할 것.

제2. 백동화 주조를 정지시키고, 이미 발행된 백동화 처분은 재무고문이 자세히 연구하여 그 방법을 세울 것.

제3. 화폐는 일본에서 주조하고, 한국 전환국은 폐쇄하며, 만일 전환국을 유지할 경우에는 일본 조폐국 출장소로 하든지, 아니면 그 감독 아래에 두어 화폐의 신용을 유지할 것.

제4. 정부 지폐는 발행하지 말 것.

제5. 제일은행 발행의 은행권은 당분간 현재대로 하며, 이것을 공약으로 하여 세출로 지불하며, 적당한 정도로 의무를 부담하게 하여 재정에 이용함.

제6. 공채를 발행할 경우에는 일본 정부에서 보증하기로 함.

제7. 일본 정부로부터 대부금을 받을 수도 있음.

제8. 수지(收支)의 예산과 함께 결산을 세울 것.

제9. 출납기관을 설치할 것. 단, 금고 특히 환(換) 쪽은 당분간 제일은행에 맡김.

제10. 징세법을 개정하여 수입 증가를 도모할 것.

제11. 세관은 당분간 현행대로 따르며 추후에 통일함.

제12. 황무지 개간은 일본인의 손에 특허를 주어, 별도로 회사를 설립하여 경영케 함. 단,

상당한 초하(鍬下)[77] 기한 후에는 지조를 부담하게 함은 물론임.

제13. 광산 개발은 일정한 규칙을 준수하여 내·외인을 불문하고 이것을 허가할 것.

제14. 한국 군대는 점차 감원할 것.

제15. 고용 외국인 중(일본인도 포함) 필요 없는 자는 점차 계약을 해지할 것.

제16. 재외 한국공사관을 점차 철퇴시킬 것.

제17. 체신의 일은 당분간 그 관리를 일본이 함.

〈자료 15〉 세입 세출 처리 순서를 공포

[한국사데이터베이스, 《고종실록》 45권, 고종 42년 6월 30일 양력 3번째 기사 1905년 대한 광무(光武) 9년]

세입 세출 처리 순서(歲入歲出處理順序)를 공포하다

탁지부령(度支部令) 제5호, 〈세입 세출 처리 순서〉를 공포하여 시행하였다.

"세입과 세출을 당분간 본령(本令)에 의거하여 처리하며, 본령에 규정되어 있지 않은 것은 종래의 규칙이나 관례에 따라 하되 탁지부 대신(度支部大臣)은 연도가 시작되는 1개월 전에 매 연도의 결정된 예산액에 근거하여 각 항목 금액들을 내줄 것을 명령할 관청들에 보이고 그대로 중앙금고(中央金庫)에 명령을 하달해야 한다. 지불할 예산을 다시 정할 때도 같다. 세입 사무는 경성에서는 탁지부가 관리하고 지방에서는 각 도의 관찰사가 관리한다.

금고의 명칭과 위치는 아래와 같다.

중앙금고-경성(京城), 인천 지금고(仁川支金庫)-인천(仁川), 부산 지금고(釜山支金庫)-부산(釜山), 군산 지금고(群山支金庫)-군산(群山), 목포 지금고(木浦支金庫)-목포(木浦), 평양 지금고(平壤支金庫)-평양(平壤), 대구 지금고(大邱支金庫)-대구(大邱), 진남포 지금고(鎭南浦支

77 황무지를 개간하여 논밭은 만들기까지의 기간.

金庫)-진남포(鎭南浦), 원산 지금고(元山支金庫)-원산(元山), 성진 지금고(城津支金庫)-성진(城津), 개성 지금고(開城支金庫)-개성(開城)."

〈자료 16〉 창고주식

[《황성신문(皇城新聞)》, 1905.10.6]

창고주식

한성공동창고주식회사 설립하는 사무소를 광교(廣橋) 천일은행 내로 정하고 주금(株金)을 응모하는데 매주(每株)에 신화 50원씩이라더라.

〈자료 17〉 창고 발기인사무소

(《황성신문》, 1905.10.7)

창고 발기인사무소

본사 설립하는 발기인사무소를 광교 천일은행 내로 정하였사오니 응모하실 제씨(諸氏)는 내문(來問)하시오. 단, 매주 신화 50원(元)으로 정함.

한성공동창고주식회사 발기인 조진태(趙鎭泰) 조병택(趙秉澤) 배동혁(裵東爀) 백완혁(白完爀)

〈자료 18〉 창고 주식보증금

(《황성신문》, 1905.10.23)

창고 주식보증금

본사 주주는 주식보증금을 양력 10월 25일에 판납(辦納)하고, 주식 1회금은 양력 11월 10일 내로 기어판납(期於辦納)하여 영업을 속히 실행케 하심을 요함.

한성공동창고주식회사 고백

〈자료 19〉 한국 정부에 제출한 상업회의소 청원서

[《대한매일신보(大韓每日申報)》, 1906.1.11]

상업회의소에서 한정(韓廷)에 청원서 전문이 다음과 같음

위 청원은 본 상업회의소에서 작년 7월 이래로 재정 정리에 일대 공황을 당하여 탕산패업(蕩産敗業)한 거세만상(巨細萬商)을 극구부지(極救扶持)하며, 유래위미(由來萎靡)한 상업사회를 진흥 발행할 목적으로 기위(旣爲) 정부 첨위 대신 각하 및 일본 조야 제씨에게 애원을 앙유(仰籲)함이 일재(一再)에 부지(不止)하옵더니, 다행히 우리 정부 대신 각하의 극력 주선한 노고와 그 일본 정부의 보린대의(保隣大意)를 입어 150만 원(元)을 10년간 무이자 담보로써 우리 정부에 대여하여 이 어육학철(魚肉涸轍)의 상민을 구제보생하며, 한일 양국의 상업 발달을 기도하고자 함에 나온 바이오니, 이때를 당하여 우리 정부 제 대신 각하는 조속히 일본 당국자에게 해당 금액을 여수추월(如數推越)하사 다음에 열거하는 3개소로 대하하시되, 그 중에서도 천일은행과는 상계상(商界上) 다년(多年) 신용하던 곳이오니 다수 획급(劃給)하여 이 기경(幾傾)한 상계(商界)를 만회하시며, 도현(倒懸)한 민명(民命)을 서해(紓解)하게 하심을 천만복망(千萬伏望).

광무 10년 1월 일

다음

一 천일은행

一 한성은행

一 한성공동창고회사

〈자료 20〉 메가타에게 제출한 상업회의소 청원서

(《대한매일신보》, 1906.1.12)

상업회의소에서 재정고문 메가타(目賀田)에게 청원한 전문이 다음과 같음.

위 청원은 본 상업회의소에서 작년 7월 이래로 재정 정리의 영향을 당하여 도산탕업(倒産蕩業)한 거세상민(巨細商民)을 징구하면 금융기관의 원만유통을 무도(務圖)하기 위하여 저간(這間) 그 구제의 방책을 정부와 각의에게 애소간구(哀訴懇求)함이 일재(一再)의 부지하였거니와 종래로 어떤 선량한 조시(措施)가 없어 오늘에 이르도록 공황의 비참을 면하지 못함은 실로 본 상업회의소에서 심절호탄(深切浩歎)하는 바라 불의에 이번에 우리 정부 당국자와 각하의 특별한 호의로 주시(周施)의 노고와 귀국 정부의 보인대의(保隣大意)를 의지하여 150만 환(圜)을 10년간 무이자 무담보로 대여하여 오로지 우리 한인민(韓人民)의 상업 공황을 교구부지(矯救扶持)하게 하신 이 성의(盛意)는 실로 감읍해 마지않는 바이라 일작(日昨) 본 상업회의소로서 정부에 정원(情願)하여 해당 전액을 곧 진월(進越)하사 한성 중앙에 있는 천일은행, 한성은행과 한성공동창고회사 등 3개소로 적응배하하심을 절원(切願)하는 바 이번(今玆)에 또 각하의 고명하신 조획(措劃)으로 화협찬동(和協贊同)하시어 해당 금액을 곧 판하(辦下)하게 하시고 기어상당(其於相當)한 지휘시조(指揮施措)의 방향을 훈시하시어 아무쪼록 해당 원번의 실력을 손상치 않게 하시고 이 도현긍측(倒懸矜惻)의 민명(民命)을 극구회생(極救回甦)하게 하심을 천만애유(千萬哀籲)하는 바이라.

본 청원 중에 잠차(暫且) 의문이 있는 자는 어떤 이유와 어떤 관계로써 해당 금액을 하필 앞에서 말한 3개소로만 획하함이 타당하겠는가 하는 구어(句語)이니 이에 대하여 그 이유 관계를 개략 진술하오리다. 미완.

〈자료 21〉 창고 부동산 담보 대금

(《대한매일신보》 1906.1.19)

한성공동창고주식회사에서 일반 상계를 구제할 목적으로 종래에 동산만 담보로 금전을 대부하더니 이번에 다시 사무를 확장하고 탁지대신의 인허를 받아 부동산도 담보로 대금하여 일층 금융을 원활하게 한다 함은 일전에 지상(紙上)에 이게(已揭)한 바이거니와 해당 회사에서 이번에 그 준비가 정돈하였음으로 오늘을 시작으로 이의 대부를 개시한다 하니 저간 옹체(壅滯)하였던 금융이 이로 인해 대 유통을 볼 수 있겠고 또한 해당 회사에서는 올해 말이 되어 특히 이번 음력 30일까지는 일요일에도 휴업하지 아니하고 영업한다더라.

〈자료 22〉 경성상업회의소에서 일본 정부에 제출한 '한국 폐제개혁에 관한 진정서'

(1905.11.13)

[경성상업회의소, 『韓國幣制改革ニ關スル情願書』(국립중앙도서관 소장, 朝31~A5) 1905, 1~16쪽. (한국사데이터베이스, 『한국근대사기초자료집』, 개화기의 금융)]

한국 폐제개혁에 관한 진정서

한국 경성상업회의소 부의장 이군필, 의원 박창훈, 특별의원 최경순 등이 한국 폐제 정리 방침의 개혁에 관해 삼가 대일본제국 내각총리대신 겸 외무대신 가쓰라(桂) 백작 각하에게 진정합니다.

저희들이 한국의 상민으로서 당돌한 진정을 각하께 바치는 것은 법식으로 보건대 그 전례(典例)에 어긋남은 의심할 여지가 없지만, 한국 상민의 현 상황은 참으로 초미의 위급이 닥쳐서 하루라도 늦출 수 없습니다. 뿐만 아니라 한국 정부의 재정 및 경제 행정은 오로지 대일본제국에서 파견한 재정고문 메가타(目賀田) 각하의 지도를 앙청하기 때문에 그 각하의 방침이 이미 확정되어 저희들이 재삼 근심하며 호소하여도 그때마다 배척되어 다시 진정할 여지를 보지 못하였습니다. 저희들은 실로 전장(典章)에 따라 바라는 생각의 창달을 도모할 길이 없고 사세가 급박해져서 참으로 어진 하늘에, 부모에게 목 놓아 우는 막다른 고비에 빠져 있습니다. 먼 바다를 건너 곧바로 각하께 공손히 나아가 각하의 현명한 판단을 우러러 청하고자 합니다.

삼가 생각건대, 대일본국 천황폐하께서는 예성(叡聖)하여 문무(文武)가 항상 모든 백성을 어린아이 어루만지듯이 지극히 인자함을 보이시니 한국을 지도하는 대계(大計) 역시 저희들 한국 국민의 액경(厄境)을 구제해주시는 의지(懿旨)를 품지 않으면 안 됩니다. 그리고 파견하신 고문의 시책이 한국 국민을 도탄으로 내모는 것과 같은 것은 폐하의 성지(聖旨)와 천만 리 떨어져 있다고 확신합니다. 각하께서는 성대(聖代)에 장순(奬順)한 대임(大任)을 받들어 성지를 체득하여 구구한 형식에 구애되어 멀리서 온 사람들이 말하는 것으로 여기지 마시고 저희들이 간절히 원하는 사유를 들으셔서 속히 적절한 처단을 내려주시기를 바랍니다.

지금 저희들이 각하를 기다려 시름에 겨워 호소하려는 화폐제도 문제는 관계되는 바가 다기다단하여 사정을 자세히 천명하고자 하면 수만 말을 허비할 필요가 있지만 여기서는 다만 대체를 간략하게 서술하여 각하가 대강 훑어보시도록 제공하고 다시 자미(紫眉)를 접하고 사정을 자세히 아뢰고자 합니다. 각하께서는 양해하여 문장 이면의 깊은 뜻을 꿰뚫는 통찰력을 보이셔서 저희의 바람을 힘껏 살펴주시기를 바랍니다.

제1조 폐제 정리의 결점

이번에 메가타 고문 각하가 입안한 폐제개혁은 한국 재정 정리의 제일 착수로써 시무에 적절함은 물론이지만, 개혁안이 신랄하여 한국 국민이 뜻밖일 뿐만 아니라 실로 문명 열국(列國)의 통의(通義)에 반하며 특히 귀국의 폐제개혁을 보더라도 바른길을 크게 벗어납니다. 한국에서 유통되는 백동화에 대한 처분안을 들어보면, 갑(甲) 구백동화는 1개당 신화폐 2전(錢) 5리(厘)의 비율로 교환한다, 을(乙) 부정한 구백동화는 1개당 신화폐 1전의 비율로 매수한다, 매수를 바라지 않는 것은 정부가 그것을 절단하여 소유자에게 환부한다, 병(丙) 형체와 품질이 화폐라고 인정하기 어려운 것은 정부가 매수하지 않는다, 라고 하여 병 종류에 속하는 것은 이를 몰수하는 절차를 정하였습니다. 갑작스럽게 보면, 일도양단의 쾌거와 같지만, 이는 참으로 한국 폐제의 현상을 무시한 것이며, 이른바 폐제개혁은 통화를 금절(禁絶)하여 소의 뿔을 바로잡으려다가 소를 죽이는 실적을 보였습니다. 그 사유를 간략하게 기술하면 다음과 같습니다.

제1항 구백동화에 갑·을은 없다

한국에 유통되는 구백동화에 진위 구별이 있다고 국내외에 공인된 것은 사실이지만, 국내 유통에서는 조금도 갑·을이 있지 않고 민간의 수수에서 위조 행사한 벌을 보지 못했을 뿐만 아니라 공조(公租)도 모두 이로써 수령되고 국비도 이를 사용하여 순연한 법정 통화로써 유통되는 것은 다툼이 없는 사실입니다. 그런데 뜻밖에 진위를 나누어 그 차액을 정하고 심하면 전혀 가치 없는 물품으로써 유통을 금절하기에 이른 것은 한국의 실상을 무시하고 한국 국민의 재산권을 유린하며 악화를 처분하는 경우에서의 국가 부담의 통의를 돌아보지 않은 것입니다.

제2항 악화 증대 사실 및 연유

혹은 말하기를 한국에 악화가 유통되는 것은 한국 국민이 자인하는 바이며, 따라서 이번 처분을 당한 것은 물론 당연한 응보일 따름이라고 합니다. 이른바 한국의 악화라는 것은 한국 국민이 관여한 바가 아닙니다. 무릇 구백동화 주조 당초에는 1개 2전(錢) 5푼[分] [즉 일본 화폐 5센(錢)]의 법정가격을 정하였고, 주조 발행한 이래 3~4년 동안은 일본 상인이 수급(需給) 관계에 따라 일정한 공차(公差)를 유지하며 질서정연하였는데, 그 신용을 잃은 것은 공공연한 비밀로써 사주(私鑄)를 허용한 것입니다. 다른 큰 원인은 악화 밀수입으로 인해 4~5년 이래 대단한 낙차(落差)를 초래하여 국제 교환에서 결국 일본 백동에 대해 반값 내지 심할 경우 3분의 1로 떨어졌습니다. 이 때문에 한국 국민이 입는 고통은 더없이 크지만 그 원인에서는 조금도 한국 일반 양민의 작위(作爲)에 기인한 것이 아니라 국내외의 위정(爲政) 문란의 결과임에 틀림없습니다. 그런데 일의 책임을 거론하여 이를 한국 국민에게 부담 지우는 것은 인정과 도리상 허용할 수 없는 처치입니다.

제3항 악화의 강제 유통

저희들은 참으로 이를 각하께 고백하는 것을 주저하지 않을 수 없지만, 한국의 악화는 앞의 항과 같이 유통된 데에 그치지 않고 요즘 경부철도 및 경의철도 공사 공임을 지불할 때 형질이 몹시 의심스러운 악화를 지급하였는데, 특히 이 수령을 거부하는 자에 대해서는 엄벌을 가한 사실이 있다. 즉 한국 국민은 악화 유통을 강제당한 것이며, 사실 이것을 유통하는 수밖에 없는 상태에 있었다. 그러므로 경성 방면에서는 통화의 10 중에 2 내지 2.5는 악화에 속하는 비율이었음에도 평양 방면과 같은 곳은 비례가 완전히 전도되어 양화 2에 대해 악화가 8을 차지하는 현상을 나타내었다. 지금에 와서 단호하게 악화 금절을 명하는 것은 그 비리(非理)가 역시 심하니 이 어찌 폐제 문제이겠습니까. 실로 인도(人道)의 일대 문제입니다.

이를 앞에 기술한 사실에 비춰보면, 이번의 폐제 정리는 단지 한국 정부의 재무만을 목적으로 하고, 한국 국민의 이해를 무시한 것으로써 재정 때문에 경제의 근저를 파괴하는 처치입니다. 이렇게 해서 국본(國本)을 고사시키는 것은 위정의 대의에 반할 뿐 아니라 이른바 재정의 원류도 역시 결국 고갈되어 국가와 사회 모두 도산하지 않을 수 없습니다. 즉 재정정책을 보더라도 결코 마땅한 처치가 아닙니다. 이를 공익에서 보건대 위와 같고, 개인의 고통에서 살피면 각하 역시 소름이 끼치지 않겠습니까.

대일본 천황폐하의 성지(聖旨)가 아니며, 안(案)의 근본이 이미 이러한 결점이 있을 뿐 아니라 실시 때에도 역시 적절함을 결여하였습니다. 이를 다음 조항에서 진술하고자 합니다.

제2조 실시상 결점

이른바 폐제개혁을 실시할 때를 당하여 올해 6월 24일 자 탁지부령으로 구 백동화교환규칙을 정하여 같은 달 29일의 『관보』로 이를 발표하고, 7월 1일부터 실시하는 급격한 수단을 취하였습니다. 생각건대, 악화를 처분하는 때의 정책으로 분란을 끊기 위해서는 때로 이처럼 속단을 내릴 필요가 있습니다. 예를 들어 귀국이 유신 당초에 열국과 분규 사건이 되었던 이분판처분안(二分判處分案)과 같은 그런 종류의 수단에 의거한 적이 있음은 저희도 역시 알고 있는 바이지만, 이는 임기응변의 정책일 뿐 이를 이번의 방안과 한국의 실상에 대조하면, 적절하지 못하였음을 의심하지 않을 수 없습니다. 그 대요를 들면 다음과 같습니다.

제1항 깨우치지 못한 백성을 죽인다

정리안의 근본은 법정 통화로써 국내에 유통되는 대부분의 화폐를 구축하는 데에 있습니다. 그런데 아무런 예고를 가하지 않고 돌연 위와 같은 발령을 하고 곧바로 이를 실시하는 것은 실로 깨우치지 못한 백성을 죽이는 것입니다. 저 폐제개혁을 급히 실시하는 정략은 오로지 개혁에 따른 동란을 가볍게 하는 데에 있음에도 불구하고 바야흐로 재계의 동란 이상 절멸 정책을 취하는 근본에서 주의(主義)를 잘못한 것으로 어떠한 이론의 근거가 있음을 볼 수 없습니다. 특히 한국처럼 문화의 정도가 여전히 유치하여 이른바 『관보』와 같은 것도 민간에 반포되는 것이 겨우 30부에 불과하고 신문 같은 것도 역시 3천 내외의 발행에 지나지 않는 것이 이 나라의 상태인데 발령과 동시에 시행하는 것은 그 처치를 무엇이라 평해야 합니까. 이는 특히 각하의 현명한 추찰을 우러러 청하지 않을 수 없는 큰일입니다.

제2항 신용의 근저를 파괴한다

한국의 폐제는 원래 안전과 확고함이 빠져 있습니다. 특히 당백전, 소전, 당오전 등을 폐지하는 나쁜 사례가 있고부터는 국민은 화폐에 몹시 심한 불안을 품어서 화폐의 신용이 의외로 결핍된 상태이기 때문에 폐제의 근저를 정하여 영구히 경제의 기본을 확고하게 하려고 일대 정리를 단행하려 할 때는 모름지기 개혁의 방침을 제시하여 국민으로 하여금 신뢰하게 하는 바가 있어야 합니다. 그런데 갑자기 이를 발령하여 수중에 있는 보옥(寶玉)을 진흙으로 변하게 하는 것은 대단히 불신하게 하는 것이며, 결코 폐제 정리의 실제에 적합하지 않음은 불 보듯 뻔합니다. 그리고 본 안에 근거하여 교환되는 새 화폐 중에 이미 위조 화폐가 유포되고 있어서 한국 국민의 불안은 한층 더해서 신용의 근저를 파괴하는 것이 더욱더 심하니 이 어찌 정리라 부를 수 있겠습니까.

제3항 부정수단의 개입

만약 단지 돌발주의를 전용하여 엄중히 비밀을 확보하려고 하면 가하겠지만, 교환법을 24일에 제정하고 29일에 발표한 것은 그 무엇을 말하는지 알 수 없는 동시에 그동안 다른 데에 결코 누설되지 않음을 확보하지 못했을 뿐 아니라 사실상 그 기밀은 제정 이전에 이미 재빨리 일부에 누설되어 양화는 점차 일부의 손에 들어가고 한국 국민은 악화만을 손에 쥐고 부지불식간에 단두대 위로 옮겨지는 형세를 드러내었습니다. 이는 실로 방안 실시의 큰 주의(主義)에 저촉되는 것이며, 죄악을 돕고 무고한 자를 죽이는 것이라 할 수 있습니다. 법이 이미 신랄하여 이를 급격하게 행함으로써 한국 국민을 크게 해롭게 하는 것은 말하지 않고도 분명합니다. 나아가 그 독이 퍼진 결과를 간략하게 말하겠습니다.

제3조 한국 상민의 파산

방안 및 실시안이 갖춰지지 않음이 위와 같습니다. 본(本)이 어지러운데 말(末)이 다스려지는 것은 아직 없습니다. 한국의 상업계는 이로 인해 절대적인 영향을 입었습니다. 지난달 말에 이르기까지 파산한 대상인 별기 인명표와 같습니다. 소상인에 이르러서는 어느 정도인지 알 수 없습니다. 경성 일대의 장관인 노시(露市) 같은 것은 그림자도 보이지 않아 적적하게 되었습니다. 아래에 그 연유와 참혹한 궁상을 약간 호소하겠습니다.

제1항 파산의 제1 요인

이는 말할 것도 없이 통화의 결핍에 있습니다. 한국 상민이 손 안의 화폐가 하루아침에 반값 이하가 되고, 심한 경우는 완전히 진흙처럼 변하여 산업을 파산한 것은 역시 쓸데없이 이야기를 늘어놓을 필요가 없습니다.

제2항 파산의 제2 요인

한국 상민이 화폐를 신뢰하지 않음은 앞의 조항에서 아뢴 바와 같습니다. 따라서 악화 때문에 화폐가 심하게 하락하자 자위상 어쩔 수 없이 이것을 상품으로 바꿈으로써 폐제개혁과 더불어 자원(資源)을 끊고 물물무역을 하는 외에 자금 융통의 길이 없게 된 것이 파산의 두 번째 요인입니다.

제3항 파산의 제3 요인

한국 상민은 사권(私權) 보호가 몹시 결여되어 있어서 상업계의 비밀계약에 의해 일종의 어음을 발행하는 것이 상업계의 불문율로 되어 있고, 그 유통이 매우 원활하기 때문에 화폐 결핍의 대용으로 해왔습니다. 그런데 폐제개혁에 따른 상업계 일반의 융통이 갑자기 없어지는 결과를 초래하였으므로 발행자는 어음을 지불할 길을 잃고 어쩔 수 없이 파산하게 되는 한 요인이 되었다.

제4항 파산의 특수한 참상

파산이라고 하는 것은 귀국의 인사는 완비된 파산법의 개념으로 채권·채무를 상쇄한 결과 채무의 초과를 의미한다고 상정할지 몰라도 오늘날 한국에서 통칭하는 파산이란 사실 지불정지에 불과함에도 전 가산의 진멸을 피할 수 없어서 그 참상은 실로 말로 다 할 수 없습니다. 예를 들어, 채권이 1만 엔(圓) 있고, 채무는 3,000엔을 질 때 단지 500엔의 채무를 변제하지 못하였다고 하면 사법 관아의 재판 또는 청산, 강제집행 등 일체의 공권력에 의한 절차를 거치지 않고 채권자가 직접 그 집에 몰려가 파산 처분을 이행하고, 이를 공중에 고하며 자기 멋대로 채무자의 재산을 공매해 버리거나 이것을 점령하는 방식입니다. 한국 국민 상호 간에는 이 같은 극단적인 예를 볼 수 없지만 귀국인과 채무 관계를 교섭할 경우에는 자칫하면 이를 피할 수 없습니다. 그리고 발행한 어음은 한국 상민 간 또는 귀국인에게도 유통되기 때문에 폐제개혁 때문에 일반 융통이 막힌 한국 상민은 자산상 충분히 채무를 변제할 여력이 있음에도 불구하고 근소한 채무로 인해 전 재산을 탕진하는 불행을 당하게 되는 사정이어서 그 참혹함은 말로 다 할 수 없습니다.

제5항 13도 장래의 대화근

별지의 파산자는 경성 상민에 국한되지만, 악화 유통이 특히 활발한 평양 방면의 재난은 한층 더 격심할 것임은 의심할 여지가 없습니다. 특히 장래 가장 한심해 마지않는 것은 재정정리에 따른 금고규칙을 처음으로 정하여 중앙금고를 경성에 두는 것 외에 한국 전체를 통해 겨우 10개소의 지금고(支金庫)를 설치하여 각 지방의 수세, 기타 수입은 일체 현금을 이 지금고에 수납(輸納)하기로 제정한 것이 그것입니다. 한국은 작지만 13도 342군입니다. 이들 각지의 현금을 거두어 산포(散布) 상태가 희박하고도 편재되어 있는 겨우 10개소의 지금고에 집중하려 하는 것은 통화의 신축을 도외시한 정령(政令)입니다. 악화 배척과 더불어 이쪽저쪽 모두 실행하면 한국의 장래는 거국적인 파산이 있을 따름입니다. 종래 한국의 지방자치는 완전히 행해져서 조세 금납제가 되고 나서도 물화를 경성에 보내고 현금은 지방에 유치해두고 환(換) 작용으로 이것을 결제하는 관행이 있는데, 이처럼 극단적인 정책을 시행하면 반드시 몹시 참혹한 지경으로 흐르게 될 것입니다. 이는 실로 뜻하지 않게 심할 것이므로 저희는 은근히 전율을 금치 못합니다. 사태가 이처럼 현재와 장래가 참혹하고 우려가 되어 견딜 수 없는데 저희가 어찌 그 개선을 요구하지 않겠습니까. 그리고 저희가 절절히 진정하는 한국의 내용 역시 각하의 일고(一顧)를 바라지 않을 수 없습니다. 이를 다음 조항에서 아뢰고자 합니다.

제4조 구료(救療) 처분의 불비

저희 한국 국민의 고뇌는 누누이 한국 정부에 호소한 바 있습니다. 우리 황제 폐하는 특별히 30만 원(元)을 저희에게 은대(恩貸)하여 일시의 위급을 극복할 의지(懿旨)를 내려주셨습니다. 그런데 일이 메가타 고문 각하의 재정 정리를 간범(干犯)하게 되었기 때문에 그 실행이 저지되고, 저희의 곤핍함은 구료 방도를 얻지 못하였습니다. 이를 한국 정부에 호소하고, 귀국의 하야시(林) 공사 각하에게 호소하고, 결국 메가타 고문 각하에게 호소하게 되었습니다. 메가타 각하는 저희에게 논하기를 "폐제개혁의 해독은 외국 상민은 그것에 영향을 받지 않는데, 특히 한국 상민만이 해를 입는 것은 필경 상업상의 책략을 잘못한 결과이지 정부는 너희들의 게으름으로 생긴 책임을 질 이유가 없다."고 하였습니다. 그런데 외국 상민은 한국 상민이 알지 못하는 사이에 벌써 개혁의 기밀을 통하여 알아서는 안 되는 일을 알고 자못 대비한 바가 있으니, 한국 상인이 조심하지 않아 저지른 잘못을 책할 이유가 없습니다. 또한 구제의 한 방책으로 '공동창고회사조례'를 정하여 회사를 조직하고, 자금 15만 엔(圓)을 관(官)에서 대하(貸下)하여 창고의 물화에 대해 융통을 하는 안을 세웠지만 겨우 15만 엔의 대하로 폐제개혁에 따른 큰 해를 구제할 수 없을 뿐 아니라 한국 일체의 큰 고통은 결코 창고회사 하나로 어떻게 할 수 있는 것이 아닙니다. 저희는 결국 구제 방도를 찾지 못하였고, 또 달리 이를 호소할 만한 수단을 가지지 못하여 어쩔 수 없이 각하를 번거롭게 하게 된 까닭입니다. 저희가 품고 있는 구제 방도가 무엇인지 다음 조항에서 진술하고자 합니다.

제5조 구제 방안

지금 저희가 간절하게 바라는 개선의 이상을 솔직하게 아뢰면 그 요지는 즉 다음과 같습니다.

제1. 양화나 악화를 불문하고 전부 신화폐로 교환하는 것은 물론, 신화폐에 대해 이미 발생한 위조 화폐의 처벌을 엄중히 하여 국민으로 하여금 신뢰하게 할 것.

제2. 공황에 따른 손해를 구제하기 위해 민간의 신용이 있는 상인·선비[士]·농민의 연대 책임으로 상당한 자금을 이자 없이 연부불(年賦拂)의 방법으로 대하할 것.

제3. 앞의 제2항의 자원을 위해 정부는 공채 1500만 엔(圓)을 발행할 것.

제4. 은행을 설립하여 금융의 편리를 각지에 보급하고 또 이자를 제한할 것.

제5. 각 군 및 주요 각지에 국고금 취급의 방편을 둘 것.

제6. 앞의 몇몇 항목의 방법이 확립될 때까지 화폐 정리의 각 규정은 이행을 중지할 것.

이상은 혹 많은 것을 바랐는데 잃는 것이 있을지 몰라도 한국 국민을 유도하여 개발하고 자각 자강을 촉구하는 방도로는 결코 과대한 시행이 아니라 믿습니다. 각하께서는 이를 참작해 주시기 바랍니다.

이상 존엄을 모독하며 삼가 진정합니다. 각하께서는 예(禮)를 받아들여 저희의 절절한 충정을 힘써 살펴서 속히 메가타 고문 각하에게 훈령하여 적당히 변통해 처리하도록 지도하는 선정을 펼쳐 주시기 바랍니다. 또 사정을 분명히 하기 위해 별지 한국 정부에 바친 진정서 및 참고자료를 부록합니다. 각하께서 다행히 열람해 주셔서 저희는 황공하게 재배합니다.

대일본 1905년(明治 38) 11월 13일

대한 광무 9년 11월 13일

대한국 경성상업회의소 진정위원 부의장 이군필

대한국 경성상업회의소 진정위원 부의장 의원 박창훈

대한국 경성상업회의소 진정위원 부의장 특별의원 최경순

대일본제국 내각총리대신 겸 외무대신 백작 가쓰라 다로(桂太郎) 각하

〈자료 23〉 약속수형조례 반포(1905.9.30)

[《관보》 제3260호, 1905년(광무 9) 10월 3일; 『한말근대법령자료집』 Ⅳ, 1971, 401~404쪽. (한국사데이터베이스, 『한국근대사기초자료집』, 개화기의 금융)]

탁지부령 제15호

종래 상민들 사이에 어음(於音) 수표(手票)라는 것이 유통하여 비록 상업금융의 편의에 도움이 되었으나 인습(因襲)이 오래되어 결국 일종의 폐단이 생겨나 발급 남발에 이르러 융통지구(融通之具)하는지라. 이로써 하루아침에 유통의 길이 건체(愆滯)하여 현금의 추차(推次)를 당한즉, 환급의 준비가 없고, 그밖에 상품의 담보가 없어, 전포(廛鋪)를 철쇄(撤鎖)하고, 지발(支撥)을 정지하여 일반에 황급(遑急)을 야기하기에 이르렀다 하니, 이는 곧 규율에 따르는 것이 엄중하지 못하고 상민이 신용을 중시하지 않음이라. 고로 이에 약속수형(應交憑票)조례 및 수형조합조례를 반포하고, 유통의 규율을 소관하게 하는 동시에 적당한 보호를 주는 고로, 상민들은 능히 이 뜻을 체화하고, 신용을 중시하여 어음[手形] 남발의 폐에 빠지지 않는 것이 필요할 것이라.

약속수형은 상민에서 상품을 매수하고 일정한 기한 후에 그 가금(價金) 지발의 계약을 할 경우 등에 이를 쓰나니, 전혀 상업의 편의를 위하여 그 목적이 있는 고로 발행을 남발할 것이 아니라. 이왕 발행된 원(元)과 냥(兩)으로 금액을 명시한 어음과 수표는 이때 당자(當者)에게서 그 기한에 이른 자는 서로 교환 청진(淸賬)하거나 피차 타상(妥商) 후에 본령에 의한 약속수형에 경정(更正)함을 기도함이 가할지라.

약속수형(應交憑票)조례

제1장 총칙

제1조 약속수형은 재산과 신용을 기초 삼아 발행하는 것이니, 상업상 편리에 기여함을 목적으로 한다.

제2조 약속수형의 금액을 환(圜)과 원(圓)으로 나타내고, 1901년(광무 5) 칙령 제4호 화폐

조례에 정한 화폐나 동일한 품위, 양목(量目, 무게), 형체를 가진 일본 통화 혹은 태환권 및 은행권으로써 지불하고, 구(舊)화폐 및 엽전으로 지불할 수 없다.

단, 본령 시행 전에 발행한 구화폐와 엽전으로 계산할 어음 수표는 당사자의 합의로써 실물로 그 채무를 완상(完償)하거나 본령에 의한 약속수형으로 이를 경정(更正)할 수 있다.

제3조 약속수형 용지는 정부에서 제작한다.

제4조 약속수형에 상품, 기타의 물건(物件)을 부속하여 담보할 경우에는 어음[手形]상의 권리자는 그 물건에 대하여 우선권을 가진다. 혹시 그 물건을 처치하더라도 어음상의 채무를 완상(完償)치 못했을 때는 그 부족액은 어음상의 채무자가 연대하여 부담하는 자가 한다.

제5조 본령에 의하여 약속수형을 발행하는 자는 수형조합조례에 의하여 조직한 수형조합의 조합원으로 제한한다.

제2장 약속수형의 발행

제6조 약속수형에는 다음 사항을 기재하여 발행인[振出人]이 이에 기명날인해야 한다.

1. 일정한 금액
2. 수령인의 성명이나 상호
3. 단순한 지불 약속
4. 발급 연월일
5. 확정된 지불기일
6. 발행인의 거주지
7. 지불장소

제7조 발행인은 기일 전에 그 지불장소에 지불자금을 유치(留置)하거나 그 지불 준비 약속이 있어야 한다.

제3장 약속수형 이서(후면 보증 기명)

제8조 약속수형은 이서에 의해 이를 양여할 수 있다.

제9조 이서는 약속수형에 양수인의 성명이나 상호 및 이서 연월일을 기재하고 양수인이 기명날인함으로 정작(定作)한다.

제10조 약속수형 소지인은 이서에 의하여 약속수형의 전집(典執)을 하거나 그 수봉(收捧)의 위임할 수 있으니, 이런 경우에는 이서에 그 목적을 부기해야 한다.

전 항의 경우에는 피이서인(被裏書人)은 동일한 목적을 가지고 다시 이서해야 한다.

제11조 이서가 있는 약속수형 소지인은 그 이서가 연속하지 않으면 그 권리를 행할 수 없다.

제4장 약속수형 지불

제12조 약속수형 소지인은 그 지불기일이나 만기 후 5일 안에 약속수형을 명시하여 그 지불을 요구해야 한다.

제13조 지불은 약속수형과 서로 교환하지 않으면 이를 행할 수 없고, 지불을 하는 자는 소지인으로 하여금 약속수형에 그 지불을 받은 내용을 기재하게 하며, 또 이에 기명날인하게 할 수 있다.

제5장 상환 청구

제14조 발행인이 약속수형의 지불을 아니할 때는 소지인은 그 전자에 대하여 상환을 청구할 수 있다.

제15조 지불인이 수형금액의 지불을 아니할 경우 소지인이 전조(前條)의 청구를 하고자 할 때는 곧 상환하게 하고자 하는 자에 대하여 수형 금액 및 만기일 이후의 이자를 상환할 의도로 청구서를 보내야 한다.

제16조 이서인이 그 후자로부터 전 조의 통지를 받을 때는 그 전자에 대하여 다시 상환을 청구할 수 있다.

전 항의 경우에는 이서인은 상환하게 하고자 하는 자에 대하여 자기가 통지를 받은 날의 다음 날 안으로 상환 청구 통지를 보내야 한다.

1905년(광무 9) 9월 30일

탁지부 대신 민영기(閔泳綺)

〈자료 24〉 국내선세규칙

[일성록(日省錄) 1899년(광무 3) 6월 5일; 고종실록 1899년 7월 12일; 《官報》 1899년 7월 14일; 칙령 1899년 7월 12일; 한국사데이터베이스, 〈고종시대사〉 4집, 1899년 7월 12일]

국내선세규칙(國內船稅規則)

칙령 제33호로 국내선세규칙을 재가하여 반포하다. 동 법령 내용은 다음과 같다.

제1조 본국 크고 작은 선척(船隻)을 막론하고 본국인이 매입과 세용(貰用)할 때에 농상공부 통신국 관선과에서 관할할 것.

제2조 선척은 선주에 거주지방을 나누어 선적에 편입하기를 청원할 것.

제3조 선적은 다음에 조항을 기록하여 봄가을 이등(二等)으로 통신국에 보고할 것.

제1항 선명(船名) 및 호수(號數)

제2항 관할지명

제3항 제조 연월 및 지방

제4항 갑판 층수, 장수(檣數), 선신(船身) 재료

제5항 선주 성명 거주

제6항 선척 길이와 넓이 및 깊이

제7항 톤수(噸數) 장재석수(裝載石數)

제4조 선척은 신조(新造)와 파괴와 침몰 및 실종하는 대로 부근 해당 지방관과 각항 관장 및 영파원(另派員)에게 보고할 것.

제5조 선척마다 선표(船票)를 영수(領受)하고 나중에 해당 선박을 매매할 때 이 표로 전상위권(轉相爲券)할 것.

제6조 선표는 호수와 도착지명 제조 연월과 장재석수와 관할관장 성명과 선주 성명 거주와 배의 크기(船身長廣)와 가격(價金)과 연호연월일을 상세히 기재할 것.

제7조 선표 영수할 때는 톤수와 장재석수는 막론하고 배마다 30전 수공금(手工金)을 납부할 것.

제8조 선척마다 장상(檣上)과 선두(船頭)에 국기를 표게(表揭)하고, 선명과 호수를 서각하고, 화인(火印)을 찍어 이방간위(以防奸僞)할 것.

제9조 선세는 선척의 톤수 장재석수에 따라 다음과 같이 추세(抽稅)하되 1年에 두 번씩 수봉(收捧)할 것.

화륜선(火輪船)

50톤 이상	100톤까지	5원(元)
101톤 이상	200톤까지	10원
201톤 이상	300톤까지	15원
301톤 이상	400톤까지	20원
401톤 이상	500톤까지	25원
501톤 이상	1,000톤까지	30원

유범선(有帆船) 및 무범선(無帆船)

24석(石) 이하 과섭선(過涉船)까지		50전
25석 이상	50석까지	1원
51석 이상	100석까지	2원
101석 이상	200석까지	3원
201석 이상	300석까지	4원
301석 이상	400석까지	5원
401석 이상	500석까지	6원
501석 이상		8원

제10조 세금은 수합하여 농상공부 통신국 관선과로 수납할 것.

제11조 선척에 일반 무명잡세는 더불어 시행하지 말고 폐단이 혹시 있거든 각 해당 지방관과 항진관장(港津官長)과 영파원(另派員)에게 보고할 것.

제12조 세금 교납(交納)할 때에 영수증을 받아 나중에 증거하게 할 것.

제13조 선표를 호지(護持)하여 까닭없이(無故) 분실하지 말고, 만약 부득이한 연고로 손실하여 여러 사람에게 확증이 있으면 곧 지방관이나 영파원(另派員)에게 보고하여 증거를 만들어 다시 영수하게 할 것.

제14조 선표와 세납 영수증을 위조하였다가 탄로나면 해당 선척을 몰수할 것.

부칙

제15조 관선과세칙(管船課細則)은 농상공부대신이 편리함에 따라 탁지부 대신과 협의 타정(妥定)할 것.

제16조 본령은 반포일로부터 시행할 것.

〈자료 25〉 관세사와 징세서의 관제를 반포하다

(《고종실록》 33권, 고종 32년 3월 26일 정유 4번째 기사 1895년 대한 개국 504년)

칙령(勅令) 제56호 〈관세사와 징세서 관제(管稅司及徵稅署官制)〉를 재가(裁可)하여 반포(頒布)하였다

관세사와 징세서 관제(管稅司及徵稅署官制)

제1조 관세사(管稅司)와 징세서(徵稅署)는 탁지부 대신(度支部大臣)의 관리에 속하며 조세와 기타 세입(歲入)의 징수에 관한 사무를 맡는다.

관세사와 징세서의 위치와 관할구역은 탁지부 대신이 정한다.

제2조 관세사와 징세서의 직원은 각사(各司)와 각서(各署)를 통틀어 아래와 같다.

관세사장(管稅司長) 9인, 징세서장(徵稅署長) 220인, 관세주사(主事) 45인, 징세주사 880인

제3조 관세사장은 주임(奏任)으로서 탁지부 대신의 지휘·감독을 받아 사(司)의 일을 장리(掌理)한다.

제4조 징세서장은 판임(判任)으로서 탁지부 대신과 관세사장의 지휘 감독을 받아 서(署)의 일을 장리한다.

제5조 관세주사는 판임관으로서 관세사에 속하여 상관의 지휘를 받아 사의 일을 분장한다.

제6조 징세주사는 판임관으로서 징세서에 속하여 상관의 지휘를 받아 서의 일을 분장한다.

제7조 관세사와 징세서는 사무 필요에 따라 예산 정액 내에서 고원(雇員)을 사용할 수 있다.

제8조 관세사는 그 부내의 징세서를 감독하고 또한 각 고을의 세무를 감사한다.

제9조 징세서는 수입 조정관(收入調定官)이 내리는 세금 징수 명령이나 납액 고지(納額告知)에 의하여 조세와 기타 세입 징수를 행하여야 한다.

징세서는 세금 징수 명령이나 납액 고지를 내지 않은 조세와 기타 세입은 징수할 수 없다.

제10조 징세서는 따로 정한 규정에 의하여 조세를 체납한 자에 대한 처분을 집행한다.

제11조관세사와 징세서는 거두어들인 조세와 기타 세입을 성실히 보관하여야 한다.

관세사와 징세서는 탁지부 대신의 명령이 없이는 그 보관하는 금전과 물품을 지출할 수 없다.

제12조 관세사와 징세서는 징수에 관한 장부를 마련하고 따로 정한 규정에 의하여 정한 기일이나 혹은 임시로 그 결말을 탁지부 대신에게 보고하여야 한다.

제13조 본 칙령은 개국 504년 4월 1일부터 시행한다.

〈자료 26〉 칙령 제60호 조세징수규정(광무 10년 10월 16일)

(《대한자강회월보》 제4호, 1906년 10월 25일, 58~60쪽, 〈雜錄〉)

제1조 조세는 모두 본령에 의거하여 징수한다. 단, 권세(港稅) 기타 별도로 칙령에 규정이 있는 것은 이 제한에 있지 않다.

제2조 국조세 징수는 모두 다른 공과 및 채권에 우선하는 것으로 한다.

제3조 조세를 징수하려 할 때는 세무관이나 각 군 파주(派駐) 세무주사가 납세의무자에 대하여 납입고지서를 발부한다.

제4조 납세자는 납입고지서에 지정한 기한이 지나도 조세를 납부하지 않을 때는 세무관이나 각군 파주 세무주사는 다시 기한을 정하여 독촉서(督促書)를 발부해야 한다. 단, 이 경우에 매 1차에 수수요금 10전을 징수한다.

제5조 전 조에 의거하여 독촉서를 발부하여도 여전히 납부하지 않은 자는 강제로 징수한다. 단, 강제징수의 방법은 별도로 정한다.

제6조 납세의무자가 납세지에 없을 때는 대리인을 미리 정해 납세를 처리하게 해야 한다.

제7조 지세(地稅) 및 호세(戶稅)는 면장에게 납입고지서를 발행한다. 이 경우에는 면장은 세무관이나 각 군 파주 세무주사에 인허를 얻어 그 면 내의 납세 다액자 5명 이상으로 임원을 정하여 그 협의로 면 내 거주하는 각 납세의무자에 대한 부과금액을 정하여 납입통지를 발부하여 그 조세를 징수할 수 있다. 단, 현금 영수는 임원 중으로 세무관이나 각군 파주 세무주사의 인허를 얻어 선정된 공전영수원(公錢領收員)으로 하여금 이를 처리케 해야 한다.

제8조 전 조의 공전영수원이 피치 못할 재해로 기수(旣收)한 세금을 유실했을 때는 그 사실을 증명하여 탁지부 대신에게 세금 납입의 면제를 청원할 수 있다. 전 항의 청원이 있을 때는 탁지부 대신은 그 사실을 심사하여 확실한 증거를 얻은 후 이를 면제한다.

제9조 전 조에 의거하여 징수한 세금을 납입고지서에 지정한 장소에 납부해야 한다. 전 항에 의하여 납부했을 때는 징수비로 그 액에 대하여 100분의 2의 금액을 해당 면에 교부한다.

제10조 본령 시행에 관한 세칙은 탁지부 대신이 정한다.

부칙

제11조 본령은 반포일로부터 시행한다.

〈자료 27〉 염세규정

(《황성신문》, 1906.11.6)

염세규정

탁지부에서 염세규정을 의정하여 정부에 청의(請議)한 조항이 다음과 같으니, 소금(鹽)을 제조하려는 자는 다음에 열거하는 사항을 관할 세무관을 거쳐 탁지부에 제출해 면허를 받는다.

1. 채염지명(採鹽地名), 2. 염전면적, 3. 제조장 및 저장장(貯藏場)의 위치 및 개수, 4. 염정(鹽井)과 염부수(鹽釜數), 5. 제조방법, 6. 1년의 제조 측량, 7. 제조자의 거주 성명

본 령 시행 이전부터 소금 제조에 종사하고 향후 제조를 계속하고자 하는 자는 전 항의 면허를 필요로 하지 않는다. 전 항 각호의 사항을 기재한 소금 제조 신고서를 1907년 1월 안으로 세무감(稅務監)을 경유하여 제출하고, 소금을 제조자가 그 근량(斤量) 100근에 대하여 세금 6전을 봉수(捧收)하고, 1개년 내에 4기(期)로 정하되 제조자가 규칙을 위배하면 3환(圜) 이상 300환 이하의 벌금을 수납하며, 채염지, 제조장, 저장장, 그 소금에 관한 출입 장부를 속이거나 세무 관리의 직무집행을 거절하거나 기피하는 자에게 3환 이상 50환의 벌금을 징수한다더라.

〈자료 28〉 수산세칙

(《황성신문》, 1906.12.21)

수산세 시행세칙

(《황성신문》, 1907.2.6)

수산세칙

수산세칙 탁지부에서 수산세 규정을 의정(議定)함이 다음과 같다.

제1조 해산물 채취을 영업하는 자는 본 규칙의 규정에 의하여 수산세를 납부할 의무가 있는 자라 한다.

제2조 수산세는 연해 각 면으로써 1세구(稅區)로 하고, 그 채취물의 가격에 따라 각 세구에 배부하여 징수한다.

제3조 수산세는 채취물의 매매가격에 따라 다음의 세율에 따라 납부하되, 채취물 매매가격의 1000분의 10으로 한다.

제4조 수산세는 매년 1월부터 4월까지 5월부터 8월까지 9월부터 12월까지 3기로 나누어 매기 종료한 다음 달에 이를 납부한다.

제5조 채취물의 매매가격은 연해 각 면의 결세호세임원(結稅戶稅任員)으로 평정(評定)하게 하고, 그 평정가격을 소관 세관 또는 해당 군파주(郡派駐)의 세무주사가 결정한다.

제6조 세무관 또는 군고주 세무주사가 전조의 평정가격을 부당하다고 판단했을 때는 재평정을 명할 수 있다.

전 항 재평정을 여전히 부당하다고 판단할 때는 인접 연해 각 면의 임원을 초집(招集)하여 평정하게 한 후 이를 결정한다.

제7조 채취물 가격은 매기 종료한 다음 달 10일 이내에 이를 평정해야 하고 만약 기한 내에 평정을 필료(畢了)하지 아니할 때는 평정에 의하지 아니하고 세무관 또는 군파주의 세무주사가 이를 결정한다.

제8조 앞의 3조의 결정에 대하여는 이의를 신청할 수 없다.

제9조 수산세는 그 소관 세무관 또는 군파주의 세무주사로 하여금 각 그 면장에게 납입고지서를 발부해야 한다.

제10조 면장이 전 조에 납입고지서를 받았을 때는 결세호세(結稅戶稅)와 동일 순서에 따라 이를 각 납세의무자에게 통지해야 한다.

제11조 수산세 징수 순서는 본 법에서 정한 자 외에 모두 결세호세 징수에 관한 규칙을 준용해야 한다.

제12조 해산물 채취를 영업으로 하는 자는 그 채취한 해산물의 종류, 수량 및 가격을 매일 기부해야 한다.

전 항의 종류, 수량 및 가격은 매월 공계(共計)하여 다음 달 2일까지 면장을 경유하고, 소관 세무관 또는 군파주의 세무주사에게 신고해야 한다.

제13조 전 조의 기부(記簿)나 신고를 태만히 하며 또는 사위(詐僞)의 기부나 신고를 하는 자는 2환 이상 100환 이하의 벌금에 처한다.

제14조 세무관 또는 세무주사는 해산물의 채취를 영업으로 하는 자의 영업장 또는 저장

장에 향입(向入)하거나 장부에 검사를 할 수 있다.

제15조 수산세 징수비로 각 해당 면에 대하여 그 공전영수원이 국고에 납부한 금액의 1000분의 2를 교부한다.

수산세시행세칙

탁지부에서 수산세규칙시행세칙을 규정하였는데

제1조 해산물 채수(採收)를 영업하려는 자는 어구(漁具) 종류와 채취할 해산물 종류와 예정 채수장소(採收場所) 이름과 채취 종사자의 거주 성명을 해당 지역 면장에게 보고해야 한다. 전 항 기재사항에 이동(異動)이 생겼을 때는 그때마다 즉시 보고해야 한다.

제2조 세무관 또는 군파주 세무주사는 수산세 규칙 제5조 및 제7조에 의하여 채수물(採收物)의 매매가격을 결정했을 때는 해당 세구(稅區) 면장에게 통지해야 한다.

제3조 수산세 규칙 제6조 제2항에 의하여 인접 연해면의 임원을 초집했을 때는 1906년 칙령 제31호 내국여비지급세칙에 준거하여 판임관 여비에 상응한 금액을 지급한다.

제4조 수산세 세칙 12조 1항의 장부는 1호 서식에 의하여 조제(調制)하고, 동조(同條) 2항의 신고서는 2호 서식에 의하여 제출한다.

〈자료 29〉 지방세 결정

(《황성신문》, 1906.12.14)

지방세 결정

지방세조사위원회에서 의결한 안건이 다음과 같으니 도로 교량과 청사 건축 수리 등 토목공사에 관한 경비와 교육과 권업에 관한 경비와 경찰위생사업과 구휼 및 자선사업에 관한 경비와 지방관청의 경비와 공공시설에 관한 건에 대하여 지방세 징수항목을 규정하는데

1. 장시세(場市稅) 방매(放賣) 가액의 100분의 2

2. 포구세 통관 화물가격의 1000분의 5

3. 여각세(旅閣稅) 취급 제물(諸物) 가액의 1000분의 5

4. 점세(店稅) 도자기 제조 예정 가액의 100분의 1

5. 지통세(紙筒稅) 제지(製紙) 예정 가액의 100분의 1

6. 교세(轎稅)는 1대에 2원(圓), 인력거세는 1량(輛)에 2원, 자전차세는 1량(輛)에 3월, 하차세(荷車稅)는 1량(輛)에 2월, 수견차(手牽車) 1량(輛)에 1원, 화세(花稅)는 기(妓) 36원 창(娼) 24원이더라.

〈자료 30〉 인지수세

(《황성신문》, 1905.11.11)

인지수세(印紙收稅)

수입인지(收入印紙)는 이번에 칙령 50호로 정하였는데 탁지부 대신이 조세 및 수수료 종류를 지정하고, 납인(納人)으로 하여금 수입인지를 그 관계 서류에 첩용(貼用)하여 조세 및 수수료 출급을 완성하게 함이니, 가령 도우(屠牛) 수수료와 벌금 과료와 세관의 제 수수료와 같은 것을 포함한즉, 관계된 자가 대단(大端)히 편익을 얻으리라더라.

〈자료 31〉 수입인지 제조에 관한 건

(《황성신문》, 1905.11.14)

칙령 제50호 수입인지 제조에 관한 건

제1조 정부는 수입인지를 제조하여 조세 및 수수료는 해당 인지로써 납부하게 한다.

제2조 수입인지로 납부하게 할 조세 및 수수료의 종류와 수입인지의 형식 및 본령 시행에 관한 규정은 탁지부 대신이 이를 정한다.

1905년(광무 9) 11월 8일

〈자료 32〉 수입인지규정

[대한제국《官報》제2조 1, 50전 교율색(嬌栗色), 1905.12.8]

탁지부령 제17호 수입인지규정

제1조 수입인지로 납부할 조세 및 수수료의 종류는 다음과 같다.

1. 전당포세
2. 포사세(庖肆稅)
3. 관설도수(官設屠獸)수수료
4. 가권(家券)수수료

제2조 수입인지의 형식은 다음과 같다.

1. 50전 교율색(嬌栗色)
2. 1환(圜) 도문(圖紋) 홍색, 지문(地紋) 청색

제3조 제1조 각호에 의하여 수입인지로 납부할 경우에는 그 금액에 상당한 수입인지를 다음의 구별에 의하여 첩용(貼用)하고 납부하는 것으로 한다.

1. 조세는 납부서를 작성하여 여기에 첩용(貼用)한다.
2. 수수료는 그 신청서에 첩용한다.

제4조 인지를 첩용할 때는 납부서 또는 신청서 지면과 인지의 채문(彩紋)에 연섭(連涉)하여 그 작성자의 인장 혹은 서명으로 확연하게 이를 소인(消印)을 찍는다.

제5조 전조의 인장 혹은 서명으로 소인한 인지액이 납부해야 할 금액을 초과하는 일이 있어도 정부는 환부(還付)의 의무가 없다.

부칙

제6조 본 령 제1조 제3호는 1905년(광무 9) 12월 1일부터 한성부에서 시행하고 기타는 다시 종류 및 시기를 정하여 이를 시행한다.

1905년(광무 9) 11월 24일

탁지부 대신 민영기(閔泳綺)

〈자료 33〉 수입인지매하규정

[《대한매일신보》, 1905.12.12. 부령(部令); 12.13, 12.14, 12.15]

탁지부령 제18호 수입인지매하규정(收入印紙賣下規程)

제1조 각 도에 수입인지 원매하인(原賣下人) 1인을 두고, 각 부(各府) 및 각 군에 수입인지 분매하인(分賣下人) 1인을 둔다. 단, 한성부는 원매인(原賣人) 및 분매인(分賣人)을 모두 수시(隨時)로 정치(定置)한다.

제2조 수입인지 매하를 하고자 하는 자는 3년 이내에 기한을 정하고 원매하인은 탁지부에서 분매하인은 소관 한성부 또는 관찰부에 출원하여 그 면허를 받아야 한다.

제3조 수입인지 매하는 그 면액(面額)에 대하여 원매하인에게는 100분의 7, 분매하인에게는 100분의 5를 할인(抽除)하되 대금을 납입한 후에 원매하인에게는 탁지부에서 분매하인에게는 원매하인이 이를 교부해야 한다.

인지 매하 대금이 1회 2천 환(圜) 이상에 달했을 때는 국고증권 또는 공채증서, 유가증권을 저당(典執)하고 6개월 이내의 연납(延納)을 허가할 수 있다.

제4조 수입인지가 매하된 자로서 다음의 경우에는 인지 액면에 대하여 원매하인은 100분의 9의 할인으로 탁지부에, 분매하인은 100분의 7의 할인으로 원매하인에게 교환 혹은 환매를 청구할 수 있다. 단, 금액 10전 이상 자에 한한다.

1. 수입인지가 손상 또는 오염되었을 때

2. 수입인지가 불용(不用)에 속했을 때

제5조 수입인지 매하의 면허를 얻은 자가 그 매하구역 외에 이거(移居)할 때는 면허의 효력을 잃는다.

제6조 수입인지 매하인이 수입인지를 정가 이외로 수용자(需用者)에게 방매하거나 혹은 면허구역 외에서 이를 방매할 때는 면허를 취소(勿施)한다.

제7조 한성부 및 관찰부에 있어서 수입인지 매하를 허가했을 때는 그 거소(居所) 및 성명(姓名)과 면허 월일 및 기한을 그 소관 원매하인에게 통지해야 한다.

제8조 제3조 제2항의 국고증권은 액면가격으로 담보가격으로 하고, 공채증서 기타의 유가증권의 담보가격은 정부에서 지정한 가격에 의한다.

제9조 면허를 얻은 수입인지 매하인은 인지매하소(印紙賣下所)라는 표찰(標札)을 호(戶)에 게출(揭出)해야 한다.

제10조 수입인지 매하는 인지출납부를 조제하여 인지출납할 때마다 그 종류, 매수 및 연월일을 기재해야 한다.

제11조 수입인지 분매하인은 매년 7월 1일과 1월 1일에 그 전반연간(前半年間)의 인지 출납액 및 당일 현재액을 원매하인에게 보고해야 한다. 원매하인은 전항의 보고에 의하여 총보고서 및 이에 준하여 원매하인의 출납 및 현재액 보고서를 조제하여 함께 탁지부에 보고해야 한다.

부칙

제12조 본령은 지방의 실황에 따라 한성부는 1905년(광무 9) 12월 1일부터 시행하고 그 밖에는 때를 정하여 시행해야 한다.

1905년(광무 9) 11월 24일

탁지부 대신 민영기(閔泳綺)

〈자료 34〉 연초세법

(《황성신문》, 1909.2.23. 法律; 1909.2.27. 法律第四號)

연초세법 시행세칙

(《서북학회월보》 제15호, 1909.8.1)

법률 제4호 연초세법(煙草稅法)

[1908년(융희 2) 2월 8일]

제1조 연초 경작자 또는 연초 판매업자는 정부의 면허를 받아야 한다.

그 경작 또는 판매업을 폐지하고자 할 때는 면허의 격소(繳消)를 구해야 한다.

전 항에 의하여 면허를 주는 자에게는 준패(準牌)를 교부한다.

제2조 연초세를 나누어 연초경작세와 연초판매세로 한다.

제3조 연초경작세는 다음의 종별에 따라 연초경작자에게 이를 징수한다.

제1종 경작 (식부 근 900이하인 자) 1개년 50전

제2종 경작 (식부 근수 900을 초과하는 자) 1개년 2환(圜)

제4조 연초판매세는 다음의 종별에 따라 연초판매업자에게 이를 징수한다.

제1종 판매 (도매를 하는 자) 1개년 10환

제2종 판매 (산매[散賣]를 하는 자) 1개년 2환

제5조 연초세는 매년 다음의 납기에 징수한다.

하나. 연초경작세 11월

하나. 연초판매세 1월

제6조 준패(準牌)를 받은 자는 준패요금 10전을 납부해야 한다.

준패 재교부를 받을 때 역시 마찬가지이다.

제7조 준패는 점전(店前)이나 기타 역견처(易見處)에 항상 게방(揭榜)해야 한다.

제8조 재무관리는 연초경작지 또는 연초판매업자의 점포에 향입(向入)하여 신문(訊問) 또는 검사할 수 있다.

제9조 면허를 받지 않고 연초를 경작하며 또는 연초의 판매를 한 자는 1환 이상 20환 이

하의 벌금에 처한다.

제10조 연초경작자 또는 연초판매자가 제3조 또는 제4조의 종별을 사기하고 기타 부정의 행위로 인하여 탈세하거나 혹은 탈세하고자 할 때는 그 세액의 2배에 해당하는 벌금에 처한다.

제11조 앞의 2조에 해당한 자에 대해서는 탈세에 관련된 세금은 납기와 상관없이 즉시 징수할 수 있다.

제12조 연초경작자 또는 연초판매업자가 재무관리의 직무집행을 거역하거나 이에 구애(拘碍)를 가한 때는 2환 이상 20환 이하의 벌금에 처하되 형법대전에 정조(正條)가 있는 자는 해당 규정에 의한다.

부칙

본 법은 융희 3년(1909) 분부터 이를 시행한다. 단, 융희 2년(1908)분 연초판매세는 면허 때에 이를 징수한다.

본법 시행 전부터 계속하여 연초를 경작하거나 연초판매업을 영위하던 자는 본법 공포일로부터 90일 이내에 본법에 의하여 면허를 받아야 한다.

연초세법시행세칙(煙草稅法施行細則)

제1조 연초를 경작하거나 연초판매업을 영위하고자 하는 자는 그 주소, 성명 및 연초세법 제3조 또는 제4조의 종별을 기재한 면허신청서를 소할(所轄) 재무서에 제출해야 한다. 면허를 받은 사항을 변경하고자 할 때도 역시 마찬가지이다.

제2조 전 조에 의하여 면허를 주었을 때는 연초경작자에게는 제1호 서식에 의하고 연초판매업자에게는 제2호 서식에 의하여 면허준패를 교부한다.

제3조 연초를 경작하거나 연초판매업을 영위하고자 하는 자는 면허신청서와 함께 경작장 또는 판매장의 위치 및 식부 연초의 근수(根數)를 신고해야 한다. 그 신고한 사항을 변경한 때는 지체 말고 즉시 신고해야 한다.

제4조 연초경작자 또는 연초판매업자가 그 경작 또는 판매업을 폐지하고자 할 때는 소할(所轄) 재무서에 면허의 격소(繳消)를 청구하고 동시에 준패를 반납해야 한다.

제5조 면허준패를 망실하거나 또는 훼손한 때는 지체 말고 즉시 소할(所轄) 재무서에 신고하여 준패의 재부(再付)를 청구해야 한다.

제6조 연초경작자는 그 경작지 1개소마다 경작자 주소, 성명 및 경작의 종별을 기록한 표목(標木)을 세워야 한다.

부칙

본령은 연초세법 시행일로부터 이를 시행한다.

〈자료 35〉 보세창고가규칙

[《만세보(萬歲報)》, 1906.10.21, 10.23]

보세창고임시규칙

(《황성신문》, 1906.10.26, 10.27)

<잡보>

보세창고임시규칙(保稅倉庫臨時規則)

이번 총세무사에서 실시한 보세창고임시규칙(保稅倉庫臨時規則)이 다음과 같은데 현재 보세창고는 남대문 내에 신설한 것뿐이라.

제1장 보세창고에 장치(藏置)한 화물의 수입세(輸入稅)는 그 수입 당시 과세 가격에 의하여 징수한다.

제2장 보세창고의 화물 장치 기한은 그 입고일부터 만 1개년으로 한다.

제3장 당분간 보세창고에 장치할 수 있는 화물은 다음과 같은 종류에 한한다.

1. 견포류(絹布類) 및 면포류(綿布類)
2. 모포류(毛布類)
3. 연초엽권(煙草葉券), 연초지권(煙草紙券), 연초
4. 설탕[砂糖]
5. 분류(粉類)

6. 도기사기류(陶器砂器類)

7. 종이류(紙類)

제4장 보세창고에 장치한 화물을 운반하려 할 때는 해당 관서에서 화주로 하여금 그 화물에 대한 수입세를 납부하게 할 수 있다.

제5장 화물 장치 기한을 경과하여도 화주가 화물을 추거(推去)하지 않을 때는 무청구품(無請求品)으로 판단하고 해당 관서에서 그 화물의 기호, 번호, 화물명, 개수, 수량 등을 공고하고, 또 공고일부터 만 2개월이 지나도 추거(推去)하는 자가 없을 때는 해당 관서에서 그 화물을 경매에 부쳐 수입세, 공고료(公告料), 경매수수료, 고세(庫貰, 창고 임대료) 등과 기타 일체 비용에 충당하고 잉여금이 있을 때는 화주에게 환부한다.

제6장 장치한 화물이 부패하거나 기타 사고로 인하여 창고 또는 기타 화물을 손해할 우려가 있을 때는 해당 관서에서 화주에 대하여 지정한 기한 내에 그 화물을 추거(推去)할 것을 명하고, 또 이 기한을 경과하여도 추거(推去)하지 않을 때는 해당 관서에서 이를 감각(減却)할 수 있으나, 단, 긴급하게 필요가 있을 때는 앞의 기한 내라도 멸각(滅却)할 수 있다.

제7장 보세창고는 화물을 입고할 때는 세관 또는 세관지고에서 세관장 혹은 세관지서장이 서명한 임치증권(任置證券)을 화주에게 교부한다.

제8장 임치증권에는 다음의 사항을 기재한다.

1. 화물의 품명, 기호, 개수, 수량

2. 입고의 연월일

3. 화주의 주소 씨명

4. 창고소재지 및 번호

5. 수입세액

6. 고세(庫貰, 창고 임대료)

제9장 임치증권은 상품마다 1통(通)으로 하되 단 화주의 청구에 의해 분할할 수 있다.

제10장 임치증권에 기재한 화물의 일부를 꺼낼 때는 그 잉여 화물에 대하여 임치증권의 재발급을 신청한다.

제11장 임치증권이 도난당하거나 분실했을 때는 그 증권을 발행한 세관 혹은 세관지서에 통보하고 또 임치증권을 발견한 경우에도 역시 마찬가지이다.

제12장 전장(前章) 귀하단(前段)의 경우에 세관 혹은 세관지서에서 해당 임치증권이 2주 이내에 세관 혹은 세관지서에 제출되지 아니할 때는 그 효력을 잃은 것으로 고(告)하고 고료(告料)는 통보인이 부담한다.

전 항에서 지정한 기한 내에 해당 임치증권을 제출한 자가 없을 때는 세관장 혹은 세관지서장에게 통보인의 신청에 따라 다시 신 증권을 교부한다.

제13장 전 장 제1항의 공고 특정 기한 내에 제11장 제1항의 통보가 있은 임치증권을 제출한 자가 있을 때는 그 제출 및 통보인이 상응하는 절차를 행하고, 그 권리자가 확정될 때까지 장치한 화물의 인도를 신상(信上)한다.

제14장 임치증권의 분할·재급(再給)·개서(改書)함을 청구하는 자는 수수료로 1통에 30전을 납부한다.

〈자료 36〉 대한시설강령

[『일본외교문서(日本外交文書)』 제37권 제1책 390 1904년(明治 37) 5월 31일 「對韓方針竝ニ對韓施設綱領決定ノ件」 日本外交年表竝主要文書 上; 한국사데이터베이스 〈고종시대사〉 6집]

대한시설강령(對韓施設綱領)

제국 정부의 한국에 대한 대체의 방침으로 하여 결정된 이상 이에 기(基)하여 시설할 강령을 정하고 일의 완급과 시기의 당부(當否)에 비추어 이의 실행에 착수하려 한다. 생각건대 한국에 대한 경영은 장래 피아(彼我)의 관계 여하를 돌이켜 보아 시설하는 바 없지 않을 것이며, 그 사항도 또한 미리 정하기 어려우나 그 국방과 외정 및 경제는 대단히 긴요한 문제에 속하고 또 지금 시기에 착수해야 하므로 다음에 대강(大綱)을 거게(擧揭)하여 결정을 청하려 한다.

1. 방비(防備)를 온전히 할 것 (내용 생략)

2. 외정(外政)을 감독할 것 (내용 생략)

3. 재정(財政)을 감독할 것

한국 행정은 한결같이 개선을 필요치 않는 것이 없으나 만약 급격히 개혁을 행할 때는 상하 일반의 반항을 초래하여 헛되이 실패로 돌아갈 것인 고로 시기를 계량하여 서서히 착수하는 것을 요하나 유독 재정은 목하 이미 문란을 극(極)하여 내외 인민이 모두 그 폐(弊)에 괴롭히고 있을 뿐 아니라 대저 재정이란 것은 백반(百般) 행정의 기초인 고로 이의 정리에 의해 행정 각부의 폐해를 광정(匡正)함은 시정 개선의 실(實)을 올리는데 있어 가장 편이(便易)한 방법이기 때문이다. 고로 가급적 속히 우리 방인(邦人, 일본인) 중에서 적당한 고문관을 들여 위선 적어도 현금보다 이상으로 재정의 문란에 이르는 것을 방알(防遏)하고 차츰 징세법 개량, 화폐제도 개혁 등에 착수하여 드디어는 한국 재무의 실권을 우리 장중(掌中)에 거둠을 기(期)할 것이다. 한국 재정 문란의 원인은 본시(本是) 하나로써 족(足)하지 않으나 군대 때문에 지나친 비용을 소요하는 것이 그 주된 일인(一因)이다. 현실로 작년도의 예산을 보면 경상세출 총계 969만 7,000원(元) 중 412만 3,000원(元)이 군대 비용에 속하며, 그리고 그 병수(兵數)는 1만 6,000에 달한다고 한다. 그런데 장래 한국의 방비는 아방(我邦) 스스로가 이에 임(任)할 것이므로 한국 군대는 친위대를 제외하고 점차로 그 수를 감소시킬 것이다. 한국을 위해 새로이 재원을 얻고 아울러 우리 이권 확장의 목적으로써 제국 정부 관리하에 한국에서 식염, 연초 등의 전매를 일으키게 할 것이며, 그리고 그 방법은 직접 한국 정부로 하여금 이를 실행시킬 것인가에 대하여는 더 강구를 요한다.

4. 교통기관을 장악할 것 (내용 생략)

5. 통신기관을 장악할 것 (내용 생략)

6. 척식을 도모할 것 (내용 생략)

〈자료 37〉 칙령 제34호 관등봉급령

(《황성신문》 1905.7.1, 〈勅令 第三十四號〉)

칙령 제57호 관등봉급령

[《고종실록》 33권, 고종 32년(1895) 3월 26일 정유 5번째 기사]

칙령 제34호 관등봉급령

제1조 칙임관·주임관·판임관의 관등봉급 구분은 별표에 의한다.

제2조 칙임관(勅任官) 임관은 관고(官誥)에 어압(御押)을 서(署)하고, 어새(御璽)를 검(鈐)하나니, 국무대신은 대 황제 폐하께옵서 이를 친임하시고, 기타는 의정대신이 이를 봉행한다.

제3조 주임관(奏任官) 임관 및 서등(敍等)은 의정대신이 이를 주천(奏薦)하되, 각 부 및 각 부 소속 관청에 속한 자는 의정대신을 경유하여 주무대신이 이를 추천한다.

제4조 주임관 관고(官誥)는 어새(御璽)를 검(鈐)하고, 의정대신이 이를 선행(宣行)한다.

제5조 판임관(判任官) 임관은 의정대신 및 각 부 대신이 이를 선행(宣行)한다.

제6조 관제상으로 타관(他官)에 있는 자로써 겸임하게 하며, 또 예통(例充)할 관(官)으로 별도 관등을 정하지 않은 자는 본관(本官)의 관등에 의한다.

제7조 초임 주임관·판임관의 봉급은 7급봉 이하로 한다.

주임관이나 판임관으로 근무하다가 퇴거하여 다시 임관되는 자의 봉급은 전 관(前官)의 봉급 이하로 한다. 단, 전 관으로 8급봉 이하자는 승(陞)하여 전 항의 등급으로 진급할 수 있다.

주임관으로 전 관의 관등 재직이 만 2년이 넘은 자는 그 관등에 1등으로 진급할 수 있다.

판임관으로 전 관의 봉급 재직이 만 1년이 넘은 자는 전 관의 등급에 1급을 진급할 수 있다.

제8조 주임관·판임관 봉급은 별도로 진급례(進級例)를 정한 자를 제외한 외에 재직 만 1년이 넘지 않으면 곧 승급할 수 없다.

제9조 각 관 재직이 1년 이상으로 신고(身故)한 때는 그 재직의 최종 봉급 월액 3개월조(條)를 그 유족에게 지급한다.

전 항의 유족이라 함은 신고자(身故者)의 과부 고아 부모 조부모와 신고자가 급양(給養)의 의무가 있는 형제자매를 말한다.

제10조 봉급은 월별로 평분하여 매월 하순 1분(分)을 지급한다.

제11조 봉급은 신임 증봉 감봉을 막론하고 모두 발령한 다음 날부터 계산한다.

제12조 폐관(廢官), 퇴관(退官), 비직(非職) 및 신고(身故) 때는 그 당월조(條)의 전액을 지급한다.

제13조 폐관(廢官), 퇴관(退官), 비직자(非職者)로서 사무를 접계(接繼)하거나 여무(餘務)를 조리(調理)하기 위하여 특히 명을 받들어 공무에 종사할 때는 그간 또 종전의 봉급을 지급한다.

제14조 질병으로 집무를 못함이 60일을 넘거나 사고(私故)로 집무를 못함이 30일을 넘는 자는 봉급의 반액을 감한다. 공무로써 상이(傷痍)를 입거나 질병에 걸리거나 복기(服忌) 중에 있는 자는 이 제한에 있지 않다.

제15조 봉급 지급에 관한 세칙은 탁지부 대신이 부령으로 이를 정한다.

부칙

제16조 본령은 1905년 7월 1일부터 시행한다.

제17조 통신원(通信院) 및 그 소속 관청 외 공사관, 영사관, 개항 시장 감리서 소속 관리와 지방관의 봉급과 지급 조규(條規)는 당분간 옛날 규정에 따른다.

제18조 군인의 봉급은 종속(從速) 조사한 후 인차(鱗次, 차례대로) 개정한다.

1905년 6월 23일

칙령 제57호(1895년 3월 26일) 관등봉급령(官等俸給令)

관등봉급령(官等俸給令)을 재가(裁可)하여 반포(頒布)하였다.

제1조 관등(官等)은 칙임관(勅任官)은 1등부터 4등까지, 주임관(奏任官)은 1등부터 6등까지, 판임관(判任官)은 1등부터 8등까지 있다.

제2조 칙임관으로 임명하는 임명장에는 임금이 수결(手決)하고 옥새를 찍는데, 국무 대신을 제외하고는 내각 총리대신(內閣總理大臣)이 봉행(奉行)한다. 주임관 임명장에는 내각의 인장을 찍고 내각 총리대신이 선행(宣行)한다.

제3조 칙임관 임명장은 내각 총리대신이 황제 폐하 앞에서 임명된 자에게 받들어 전달한다. 단, 국무 대신의 경우에는 대군주 폐하(大君主陛下)가 친히 수여한다.

제4조 주임관 임명장은 내각 총리대신이 내각에서 임명된 자에게 선수(宣授)한다.

제5조 판임관은 내각과 각 부 대신이 각각 그 관청에서 임명한다.

제6조 칙임관, 주임관 및 판임관의 관등은 특별히 규정한 자를 제외하고는 본 칙령 안의 관등표대로 하여야 한다. 관제상으로 다른 관직에 있는 자가 겸임하거나 규례에 따라 보충된 벼슬에 따로 관등을 정하지 않았을 경우에는 본 관직의 관등에 의거한다.

제7조 주임관과 판임관의 관등은 따로 승급하는 규례를 정한 자 외에는 그 벼슬에 있은 지 1년이 넘지 않으면 올릴 수 없다.

제8조 주임관으로 있다가 퇴관(退官)한 자가 다시 주임관으로 임명되는 경우에는 그 관등은 이전 벼슬의 관등 이하로 한다. 판임관으로 있다가 퇴직한 자가 다시 판임관으로 임명되는 경우에는 그 관등은 이전 벼슬의 관등 이하로 한다.

제9조 칙임관, 주임관과 판임관의 봉급에 대해서는 따로 정한 것이 없는 자는 본 칙령에 의거한다.

제10조 동일한 관직으로서 관등에 의하여 그 봉급에 차이를 둔 것은 본 칙령에 정한 바를 따라 각각 그 관등을 대조하여 지급한다.

제11조 동일한 관직에 동일한 관등 안에서 봉급에 등급이 있는 경우에는 사무가 복잡한가 간소한가, 경한가, 중한가에 따라 소속 장관이 편의로 증감할 수 있다.

제12조 관리들이 사망하였을 때는 아래 규례에 의하여 관직에 있을 때의 최종 봉급 3개월분 이내의 액수를 유가족에게 일시에 지급한다. 10년 이상 관직에 있었을 때는 3개월분의 봉급, 10년 이하부터 7년 이상까지는 2개월 반분의 봉급, 7년 이하부터 5년 이상까지는 2개월분의 봉급, 5년 이하부터 3년 이상까지는 1개월 반분의 봉

급, 3년 이하부터 1년 이상까지는 1개월분의 봉급

제13조 봉급은 12등분하여 매달 하순에 그 하나를 지급한다. 단, 윤월(閏月)이 있는 해에는 13등분한다.

제14조 봉급은 새로 임명되었거나 봉급이 올라갔거나 내려간 것을 모두 발령한 이튿날부터 계산한다.

제15조 벼슬을 그만두거나 비직(非職) 및 사망하였을 때는 해당한 달의 봉급 전액을 지급한다.

제16조 비직·벼슬을 그만두거나 벼슬에서 물러난 사람이 사무를 인계하거나 남은 일을 정리하기 위하여 특별히 명령을 받고 공무에 종사할 때는 그 기간에 여전히 종전의 연봉(年俸)을 지급한다.

제17조 질병으로 일을 하지 않은 지가 60일이 넘은 자와 사사로운 사고로 일을 보지 않은 지가 30일이 넘은 자에 대해서는 봉급의 반액을 감한다. 단, 공무로 상처를 입었거나 질병에 걸렸거나 복기(服忌) 중인 자는 이 제한에 들지 않는다.

제18조 봉급 지불에 관한 세칙(細則)은 탁지부 대신이 부령(部令)으로 정한다.

칙임관·주임관·판임관의 관등(官等)과 봉급표(俸給表)

칙임관의 관등

1등: 내각 총리대신(內閣總理大臣), 각 부(各部)의 대신(大臣)

2등: 중추원의장(中樞院議長), 중추원부의장(中樞院副議長), 각 부 협판(協辦), 특명전권공사(特命全權公使), 경무사(警務使)

3등: 내각총서(內閣總書), 중추원일등의관(中樞院一等議官), 각 부 협판, 특명전권공사, 경무사

4등: 내각총서, 중추원일등의관, 각 부 일등국장(一等局長), 판리공사(辦理公使)

주임관의 관등

1등: 각 부 일등국장, 중추원 이등 의관, 내각과 각 부(部)와 원(院)의 참서관(參書官), 내각

총리대신 비서관(祕書官), 시찰관(視察官), 재무관(財務官), 이사(理事), 관세사장(管稅司長), 대리공사(代理公使), 공사관 일등 참서관, 총영사(總領事), 경무관(警務官), 관상소장(觀象所長), 기사(技師)

2등: 각 부 일·이등 국장, 중추원 이등 의관, 내각·각 부·원의 참서관, 내각총리대신 비서관, 시찰관, 재무관, 이사, 공사관 일등 참서관, 총영사

3등: 각 부 이등 국장, 중추원 이등 의관, 내각·각 부·원 참서관, 내각총리대신 비서관, 시찰관, 재무관, 이사, 공사관 이등 참서관, 영사(領事), 통상사무관(通商事務官), 경무관, 번역관(繙譯官), 관상소장, 기사

4등: 내각·각 부 삼등 국장, 중추원 삼등 의관, 내각·각 부·원 참서관, 내각총리대신 비서관, 시찰관, 재무관, 이사, 공사관 이등 참서관, 이사, 통상사무관, 경무관, 번역관, 관상소장, 기사

5등: 내각·각 부 삼등 국장, 중추원 삼등 의관 내각·각 부·원 참서관, 내각총리대신 비서관, 시찰관, 재무관, 이사, 공사관 삼등 참서관, 부영사, 통상사무관, 경무관, 번역관, 관상소장, 기사.

6등: 중추원 삼등 의관, 내각·각 부·원 참서관, 내각총리대신 비서관, 시찰관, 재무관, 이사, 공사관 삼등 참서관, 부영사, 통상사무관, 경무관, 번역관, 관상소장, 기사

판임관(判任官)의 관등

1등: 각 관청의 주사(主事)·서기(書記), 공사관서기생(公使館書記生), 영사관서기생(領事館書記生), 번역관보(繙譯官補), 녹사(錄事), 관세주사(管稅主事), 징세서장(徵稅署長), 징세주사(徵稅主事), 경무청감옥서장(警務廳監獄署長), 경무청총순(警務廳總巡), 기수(技手)

2등: 각 관청 주사·서기, 공사관서기생, 영사관서기생, 번역관보, 녹사, 관세주사, 징세서장, 징세주사, 경무청감옥서장, 경무청총순, 기수

3등: 각 관청 주사·서기, 공사관서기생, 영사관서기생, 번역관보, 녹사, 관세주사, 징세서장, 징세주사, 경무청감옥서장, 경무청총순, 기수

4등: 각 관청 주사·서기, 공사관서기생, 영사관서기생, 번역관보, 녹사, 관세주사, 징세서

장, 징세주사, 경무청감옥서장, 경무청총순, 기수

5등: 각 관청 주사·서기, 공사관서기생, 영사관서기생, 번역관보, 녹사, 관세주사, 징세서장, 징세주사, 경무청감옥서장, 경무청총순, 기수

6등: 각 관청 주사·서기, 공사관 서기생, 번역관보, 녹사, 관세주사, 징세서장, 징세주사, 경무청감옥서장, 경무청총순, 기수.

7등: 각 관청 주사·서기, 공사관서기생, 영사관서기생, 번역관보, 녹사, 관세주사, 징세서장, 징세주사, 경무청감옥서장, 경무청총순, 기수

8등: 각 관청 주사·서기, 공사관서기생, 영사관서기생, 번역관보, 녹사, 관세주사, 징세서장, 징세주사, 경무청감옥서장, 경무청 총순, 기수

칙임관 · 주임관 · 판임관의 봉급

칙임관

1등 연봉이 총리대신은 5,000원(元), 각 부 대신은 4,000원, 2등 연봉이 3,000원, 3등 연봉이 1급은 2,500원, 2급은 2,200원, 4등 연봉이 1급은 2,000원, 2급은 1,800원

주임관

1등 연봉이 1,600원, 2등 연봉이 1,400원, 3등 연봉이 1,200원, 4등 연봉이 1,000원, 5등 연봉이 800원, 6등 연봉이 600원

판임관

1등 연봉이 500원, 2등 연봉이 420원, 3등 연봉이 360원, 4등 연봉이 300원, 5등 연봉이 240원, 6등 연봉이 180원, 7등 연봉이 150원, 8등 연봉이 120원

〈자료 38〉 염전 시찰

(《황성신문》, 1907.9.22)

시찰 후 입성

(《대한매일신보》, 1907.9.25)

시찰 후 폐현

(《황성신문》, 1907.9.25)

염전 시찰

탁지부 재정고문부에서 경영하던 인천군 주안면 천일제(天日製) 시험 염전이 준공되어 목하 제염 중인데 재정감사장 메가타가 총상(總相) 이완용, 내대(內大) 임선준(任善準), 탁대(度大) 고영희(高永喜), 농대(農大) 송병준(宋秉畯) 등을 청격(請邀)하여 본월 23일 상오 12시에 해지(該地)를 시찰하기 이하여 남대문역에서 특별차를 탑승하고 발향(發向)한다더라.

시찰 후 입성

총리 이하 내대·탁대·농대 4씨가 재작일(再昨日)에 인천제염장을 시찰하고, 동 하오 3시경에 입성하였다더라.

시찰 후 폐현

총리대신 이완용이 재작일에 인천군 주안면 제염장을 시찰하고, 동일 오후 4기경에 예궐(詣闕) 폐현(陛見)하였다더라.

〈자료 39〉 독립 검사원(獨立檢査院)

(《황성신문》, 1907.10.8)

탁지부 검사국을 독립국으로 설행(設行)한다 함은 전보(前報)에 누게(累揭)하였거니와 해당 국(局)을 검사원으로 개정하고, 원장은 재정감사장관 메가타가 피임(被任)하고, 검사관 4명을 설치한다는데, 2명은 본국인으로 2명은 일본인으로 서임한다는 설이 있다더라

〈자료 40〉 일인 원장(日人院長)

(《대한매일신보》, 1907.10.8)

탁지부에서 검사원을 설립한다는 설은 전보에 게재하였거니와 해당 원장은 재정감사장관 메가타가 피임하고 검사관 2명을 설치할 터인데, 일인(日人)으로 서임한다더라.

해제

1. 대한제국기 근대적 화폐금융제도 수립

개항 이후 조선 정부는 몇 차례에 걸쳐 근대적 화폐제도 수립을 시도하였다. 근대적 화폐제도를 수립하기 위해서는 근대적 본위화제도 도입과 중앙은행 창설이라는 두 가지 문제를 해결해야 했다. 최초의 시도는 1891년에 발표된 「대조선국화폐조례(大朝鮮國貨幣條例)」(일명 신식화폐조례)였다. 이 조례에서는 은본위제를 천명하고, 화폐 주조를 정부의 전권사항으로 귀속시켰다. 다음으로 갑오개혁 당시에 발표된 「신식화폐발행장정(新式貨幣發行章程)」(1894.7.11)이 있다. 역시 은본위제(본위화는 5냥 은화)를 채택하고, 신화폐와 구엽전을 병용토록 하였다. 그러나 이 장정에 의해 발행될 신화폐가 충분히 공급될 때까지는 한국 화폐와 동질(同質)·동량(同量)·동가(同價)인 외국 화폐를 혼용하게 한다는 경과조치를 두었다. 그 결과 외국 화폐의 무제한 통용을 인정하게 되었고, 결국 일본 화폐(1원 은화. 한국의 본위화로 지정된 5냥 은화와 동위·동량인 화폐)가 한국의 본위화가 되었고, 한국 화폐는 보조화로 전락되는 결과를 가져왔다.

1897년 일본이 금본위제로 이행하는 등 당시 세계적인 조류가 은본위제에서 금본위제로 이행하자, 대한제국은 「화폐조례」(칙령 제4호, 1901.2.12)[1]를 공포하여 금본위제를 공식 선언하였다. 이 본위화 제도가 실시되려면 그 전제로 정화 준비와 은행권 주조 및 발행을 담당할 중앙은행이 필요하다고 인식한 대한제국은 정화 준비는 해관세를 담보로 한 차관 도입[운남(雲南)신디케이트]을 통해, 중앙은행은 궁내부 주도로 대한특립제일은행(이하 '특립은행')을 설립하여 해결하려 하였다. 특립은행은 자본금이 250만 원(주당 100원)으로 1897년에 설립된 한성은행(20만 원)이나 1899년에 설립된 대한천일은행(5만 6,000원)보다 훨씬 큰 액수였고,

1 「화폐조례」 전문은 이 책 66쪽에 수록되어 있음.

총주식 중 18,720주(74.9%)는 민간에서 공모, 6,280주(25.1%)는 황실이 인수하여 출자할 예정이었다. 자본금의 20%만 납입되면 영업을 개시할 수 있다는 점에서 일단 황실 출자만으로도 개업이 가능하도록 하였다. 은행 설립의 주체이자 감독기관은 궁내부로, 정관 변경이나 영업보고도 탁지부가 아닌 궁내부에 보고하도록 하였다. 은행장은 궁내부 특진관인 민병한(閔丙漢)이 임명되었다. 화폐조례에 따른 신화폐 주조의 사무를 담당하고, 태환은행권 발행의 특권도 부여받았으며, 지금은 매매, 국고금 출납 등 중앙은행 업무를 담당하도록 하였다. 즉 특립은행은 황실이 1/4의 자본금을 출자하고, 궁내부가 직접 감독하는 중앙은행으로 구상되었다. 그러나 운남신디케이트와의 차관 교섭이 실패하여 화폐조례와 특립은행 설립은 실현되지 못하였다.

한편 1902년 5월 일본의 제일은행은 대한제국의 허가 없이 1원짜리 은행권을 발행하여 주요 도시에 유통시켰고, 뒤이어 5원권과 10원권까지 유통시켰다. 대한제국은 9월 제일은행권 통용을 전면 금지시켰으나, 통용금지 취소(1903.1.8), 재금지(1.30), 재취소(2.13) 등으로 혼란이 거듭되었다. 이에 대한제국 정부는 1903년 3월 24일 「중앙은행조례」(칙령 제8호)와 「태환금권조례」(칙령 제9호)를 공포하였다. 계속해서 1903년 8월에는 중앙은행 사무소를 설치, 주식모집에 착수하였고, 창립위원도 임명하였다. 총재에는 충청북도 관찰사인 심상훈(沈相薰, 한말 3개 일반은행 발기인을 역임)을 겸임케 하고, 부총재는 내장원경 이용익(李容翊)을 겸임케 하였다. 10월에는 중앙은행 신축 건물 부지도 선정하고, 10월부터 11월에 걸쳐 자본금 2,724주(13만 6,200원)를 모집하였다. 11월 1일에는 총재·부총재·주주 34명이 모여 이사로 최문식(崔文植)·조진태(趙鎭泰) 2인을 선임하는 등 설립 준비를 진행시켜 나갔다. 그러나 1904년 2월 러일전쟁이 발발하고, 메가타 다네타로(目賀田種太郎)가 재정고문으로 파견되어 화폐정리사업이 실시됨으로써 대한제국의 근대적 화폐제도 수립은 좌절되고 말았다.

대한제국의 「중앙은행조례」는 1900년의 특립은행에 비해 많은 차이가 있다. 우선 특립은행은 궁내부가 출자한 반관반민의 조직이지만 1903년의 중앙은행(이하 '대한중앙은행')은 순전한 민영은행으로 출범하였다. 특히 대한중앙은행은 주주 자격을 자국민으로만 한정하고, 새롭게 주주가 되려 할 때도 정부의 인가를 받도록 하여 외국인의 참여를 원천적으로 봉쇄하였다. 대한중앙은행이 국고금 취급과 화폐 발행이라는 국가의 막중한 임무를 수행한다는 점을 감안한 것으로 보인다. 중역 인사와 감독권을 보면 특립은행은 궁내부가 모든 권한을 행사한 반면 대한중앙은행은 정부(탁지부 대신)가 모든 권한을 가졌고, 정·부총재는 고등관으로 규정하여 정부 관리로 간주하였다. 특립은행이 황실 직속의 중앙은행으로 설립되었다면, 대한중앙은행은 그 자리를 정부가 대신하고 있었다. 업무에 있어서 대한중앙은행은 무엇보다도 국고금 취급을 강조하였다. 특립은행은 국고금 취급을 간단히 규정한 반면, 대한중앙은행은 영업 조항 제1항에서 국고금 출납뿐 아니라 해관세 및 기타 각종 세금 수납 일체를 담당한다며 매우 강조하였다. 무엇보다 해관세를 특정한 것은 일본 제일은행이 수행하고 있던 특권을 대한제국에서 회수하려고 한 의지를 강력하게 드러낸 것이라고 볼 수 있다. 대한중앙은행은 지점 설치에서도 특립은행과 달리 항구를 특정했는데, 역시 해관세 취급을 염두에 둔 것이다. 그리고 영업에 관해서는 특립은행·대한중앙은행 모두 일반 상업금융은 겸영하지 않고 순수한 중앙은행 업무만 수행하도록 되어 있다. 특립은행의 경우 일반 상업금융은 한정된 대상에게만 허용한 반면 대한중앙은행은 정부 관련 대출을 제외하고는 민간 회사나 은행·상인을 대상으로 한 거래 자체가 아예 허용되지 않았다. 운영기구는 대한중앙은행은 그 내용을 확인할 수 없는데, 특립은행은 평의원회라는 독특한 조직을 두었다. 평의원회는 주주로 구성되는데 은행 중역과는 별도로 은행 운영에 참여하는 기구로 볼 수 있다.

다음으로 은행권 발행을 보면 특립은행은 1년 뒤에 공포된 「화폐조례」에 대응하고 있었다. 정관에서는 경화뿐 아니라 태환은행권도 발행한다고 명시하였다. 그러나 「화폐조례」에서는 금을 본위화로 삼은 금속화폐 발행만 규정되어 있을 뿐 은행권 발행 규정은 없다. 대한중앙은행은 특립은행에 비해 훨씬 더 진전된 은행권 발행제도를 구비했는데, 같은 날 공포된 「태환금권조례」에 기반하고 있다. 대한중앙은행은 매우 독특한 발권제도를 구비하였는데, 정화 준비 발행+제한 외 발행이라는 제도를 채택하였다. 즉 보증 준비 발행이 없고, 제한 외 발행에 대한 과세도 없는데, 이는 정화 준비를 초과하는 은행권은 모두 제한 외 발행으로 감당하겠다는 것이다. 이런 방식은 매우 이례적인 것으로 이 경우 당연히 인플레이션의 위험이 증대된다. 그럼에도 불구하고 대한제국이 이 제도를 채택한 이유는 지폐 발행을 처음 시도하는 입장에서 시장이 필요로 하는 금액을 확정하기 어려워 보증 준비 한도액을 설정하기가 어렵기 때문에 제한 외 발행을 적극 활용할 수밖에 없다는 현실에서 비롯된 것이다. 대한제국의 계획은 시장에서 필요한 통화를 탄력적으로 공급하겠다는 것이었다. 이는 동시에 화폐 남발의 위험성을 어떻게 관리할 것인가라는 운영 주체의 문제 또한 해결해야 하는 과제이기도 하다. 요컨대 중앙은행의 가장 중요한 업무로 국고금 취급과 은행권 발행을 들 수 있는데, 대한제국의 「중앙은행조례」는 이 점을 잘 보여주고 있다.

한편 대한제국의 중앙은행 설립에 대해 일본 측은 반대 의견을 제시하였는데, 그 내용은 아래 '4) 중앙은행·태환금권 양조례 문의'에 수록되어 있다. 여기서 일본 측이 가장 문제 삼은 것은 국고금 취급이었다. 국고금 취급은 결국 일본 제일은행이 수행하던 해관세 취급이라는 특권을 회수하는 것이 목표였기 때문에 강력히 반발한 것이다. 은행권 발행과 관련해서도 현재 금화가 주조되지 않은 채 보조화인 백동화가 남발되고 있는 상황에서 은행권[金券]을 발행하는 것은 무리라고 반박하였다. 무엇보다 크게 문제 삼았던 것은 보증 준비 발행 없이 제한 외 발행을 채택한 것이었는데, 이는 백동화와 마찬가지로 통화 남발의 여지를 열어 시장에 악영향을 미치게 될 것이라고 유감을 표하였다.

2. 통감부기 한국 중앙은행 설립 관계 문서

1907년 고종의 강제 퇴위 이후 제3차 한일협약이 체결되어 군대가 해산되고, 행정기관에 일본인 관리 등용이 강제되는 등 통감정치의 지배권이 확립되었다. 그 결과 재정 운영도 재정고문을 통한 간접 지도에서 일본인이 직접 지배하는 체제가 되었고, 대장성 주계국장인 아라이 겐타로(荒井賢太郎)가 한국 탁지부 차관에 취임(1907.9)하였다. 이 시기를 전후하여 제일은행을 대신할 새로운 한국 중앙은행 설립 구상안이 통감부를 중심으로 추진되었고, 이 안을 대장성 내에서도 검토하기 시작하였다.

'1) 한국은행 설립 사정 서류'는 통감부에서 자체적으로 마련한 한국 중앙은행 설립에 관한 구상안이다. 이 구상안은 1907년 8월 전후로 작성된 것으로 추정되는데, 특징은 첫째, 한국법에 근거하여 대한은행을 설립한 점, 둘째, 임원은 총재 1인, 부총재 2인, 이사 4인 이상, 감독역 3인 이상이지만, 부총재 1인 및 이사·감사역에 한국인의 등용을 고려한 점, 셋째, 영업은 중앙은행 업무를 운영하는 은행으로 생각하고 있다는 것을 들 수 있다. 그런데 여기서 통감부가 무엇보다 고심한 것은 기존에 조선에서 중앙은행 역할을 한 제일은행과의 관계였다. 제일은행의 발권 특권을 몰수함에 있어 제일은행권의 상각 의무를 어떻게 부과하는가가 검토되어 있는데, 구상안에서는 정화 준비 및 보증 준비 중 한국 정부에 대한 채권(3백만 엔의 화폐 정리자금 차관에 상응하는 한국 정부 증권 등)은 제일은행이 모두 무상으로 한국 정부에 인도할 것, 그 보상으로써 제일은행에 대해 대한은행 주식의 30%, 즉 300만 엔의 우선 주식을 보증 준비에 충당하고 있는 유가증권으로 불입에 충당하고, 우선주에는 10년간 6%의 배당보증을 부가하고, 그 금액의 은행권 상각 의무를 연기한다는 안이었다.

'2) 한국 중앙은행 설립 제1차 관계 자료(1907년경)'는 위 통감부안과 별도로 아라이 겐타로 탁지부 차관과 쇼다 가즈에(勝田主計) 대장성 이재국장 간에 상담한 내용이다. 이 구상안은 위 통감부안과 달리 한국법에 의거하지 않고, '외국에서 은행사업에 관한 법률'(1905년 법률 제47호)에 근거하여 「대한은행조례」를 제정하도록 하였다. 또한 한일 양국 정부 인수주식이 4만 주에서 3만 주로 감소한 것, 중역 정원을 축소한 것 등에서 차이를 보인다. 또한 한국에 독자적인 중앙은행 설립과 함께 검토 대상이 된 제2안 '일본은행지점 설치의 방법'에는 경성에 일본은행 지점을 설치하고, 이 경성지점을 통할점으로 하여 이사 1명을 상주시키고, 기타 지역에는 지점 출장소를 두어 한국의 화폐 정리와 국고·국채 사무를 취급한다는 안이었다. 이 안은 대장성 차관 미즈마치 게사로쿠(水町袈裟六)가 사카타니 요시히로(阪谷芳郎) 대장대신에게 송부하였다.

'3) 제일은행 자료'는 통감부와 제일은행 간의 논의 과정을 수록한 자료이다. 위의 '1) 한국은행 설립 사정 서류'의 내용을 기초로 하여 중앙은행 신설 입안을 진행한 결과, 구상안이 완성되었다. 조선 통감 이토 히로부미가 제일은행 두취 시부사와 에이이치에게 그 내용을 전달한 시기는 1908년 2월이다. 이 문서는 제일권업은행에 소장되어 있는데, '(1) 한국 중앙금융기관 설치안, (2) 대한은행조례, (3) 대한은행으로의 업무 인계에 관한 명령안'이 이에 해당한다. 여기에 보이는 대한은행 설립안은 당초의 대한은행안과는 기본적으로 두 가지의 다른 점이 있다. 첫째, 한국법에 기초하여 설립되는 한일합병은행이 아니고, 일본법에 기초하여 설립되는 한일합병은행이라는 점이다. 둘째, 중앙은행 업무만을 행하는 은행으로서 설립하는 것이 아니고, 대만은행과 마찬가지로 중앙은행 업무와 보통은행 업무를 겸영하는 은행이라는 점이다. 대한은행조례의 영업조항은 당시의 현행 대만은행법과 거의 차이가 없지만, 은행권 정화 준비에 일본은행 태환권이 추가되고, 감독 권한이 상세히 규정된 것은 대만은행법과 다르다. 이 외에 몇 개의 조항은 제일은행의 중앙은행 활동의 실태를 근거로 하여 한국 사정에 부합하는 조문으로 구성되어 있다. 그런데 기존 중앙은행 업무 전업에서 보통은행 겸영안으로 전환한 것은 중요한 결정이라고 볼 수 있다. 다만 어떤 이유로 그렇게 되었는지는 분명하게 나와 있지 않다.

특히 여기서 주목해야 할 것은 왜 통감부가 제일은행을 대신하여 대한은행을 신설하는 것으로 결정했는가이다. 이는 '(1) 한국 중앙금융기관 설치안'에 설명되어 있다. 즉 당시 통감부가 한국 재정 경제의 지배권을 장악하고 있는데, 일본에 본점을 둔 사립은행이 중앙은행으로 기능한다면 한국을 지배하는 데 장애가 될 것이라고 보았기 때문이다. 특히 재정 경비를 중앙은행의 발권에 기대하고자 할 때, 사립은행의 은행 경영은 이와 모순된다고 파악한 것이 큰 이유로 보인다.

이에 통감부 아라이 탁지부 차관은 이치하라(市原) 제일은행 한국총지점 지배인에게 1908년 8월 12일 자로 통첩[(5) 아라이 탁지부 차관이 이치하라 제일은행 한국총지점 지배인에게 보내는 통첩]을 보내는데, ① 제일은행 한국 총지점 산하의 토지, 가옥 등의 양도가격, ② 중앙은행 설립 후 제일은행이 한국에 존치시킬 것으로 예상되는 지점 및 출장소, ③ 예금과 대출금 승계 순서, ④ 은행권 상각연한 및 액수 등에 대해 제일은행의 입장을 질문하였다. 이에 이치하라는 "9월 29일 자 각서[(6) 이차히라 제일은행 한국총지점 지배인의 아라이 탁지부 차관 쪽 각서]를 통해 ① 양도할 물건 가격은 1906년 이후 매입분은 실가로서 이전분은 시가로서 하고 싶음, ② 존치할 지점은 경성·인천·부산의 3지점을 예상하고 있는데, 경우에 따라서는 전점을 인수해도 좋음, ③ 예금·대출금은 제일은행에서 존치하는 지점분을 제외하고 일정일에 모두 인계할 것, ④ 은행권 상각연한은 일본 국립은행 지폐 시말의 선례에 따라 원자(元資) 예금(정화 준비) 및 매반계 이익금에서 예입된 상각 원자적립금(총발행고의 1.25%)에 의해 매입된 공채이자로 상각하고, 이대로는 25년을 요하는 것인데 이를 단축하여, 1905년 3월(칙령에 의해 특허를 획득한 날)부터 20년간 완전히 상각하는 것으로 한다면, 전기 방법으로 상각을 계속하고, 잔액 4백만 엔은 공채매각에 의해 일시로 상각한다"라고 회답하였다.

'2) 한국은행 설립 관계 문서'는 통감부와 제일은행 간의 교섭을 거쳐 한국은행이 설립되는 과정에서 작성된 자료이다. 제일은행이 발행한 은행권 상각 등 권리 의무 인계에 관한 교섭을 거친 후 1909년 신설 중앙은행인 한국은행이 설립되었는데, 한국은행조례가 이전의 구상안인 대한은행조례와 다른 점은 다음과 같다. 우선 한국법에 기초하여 한국 정부 단독으로 정부 소유 주식 3만 주를 인수하여 한국은행이 설립되었다. 정부 소유 주식은 공모주와 같이 당초 1/4이 불입되면 한국은행이 발족하고, 그 대신에 일반 주주에 대해서 배당이 6%에 이를 때까지 한국 정부가 배당 보증을 행하는 것으로 하였다. 또한 제일은행 우선주를 없애고 공모 주식을 7만 주로 늘렸고, 중역에 한국인 임용 규정을 없앴다. 영업 조항에는 정부의 인가를 받아 공공단체에게 무담보 대부를 행하는 것을 추가하였고, 적립금과 납부금 비율도 개정하였다. 또 정부 보조로 정부대하금 120만 엔(무이자, 5년 거치 10년 상환)이 부여되었다.

한국은행조례는 부칙에 한국은행 설립 사무 일체를 일본 정부에 위탁하였다. 일본 정부는 1909년 8월 16일, 일본은행 총재 마쓰오 시게요시(松尾臣善)를 설립위원장으로, 대장차관 와카쓰키 레이지로(若槻札次郎) 이하 32명을 설립위원으로 임명하였다. 설립위원에는 정부 관리, 은행가, 실업가가 선임되었는데 한국인은 백완혁(白完爀, 한호농공은행장), 한상룡(韓相龍, 한성은행 이사, 동양척식회사 이사) 등 2명에 불과하였다.

'1) 한국은행 창설 준비 관계 자료'는 조선은행사연구회(朝鮮銀行史硏究會)가 편찬한 『조선은행사(朝鮮銀行史)』(1987, 東洋經濟新聞社) 중 〈자료편〉 '한국은행 창설 준비 관계 자료'(889~ 918쪽)에 수록되어 있다. '2) 한국은행 설립 관계 문서'는 일본 외무성 외교사료관에 소장 중인 「한국중앙은행설립일건(韓国中央銀行設立一件)」의 일부를 편역한 것이다.

3. 조선은행법 제정 관계 서류

이 자료는 국가기록원에 소장된 문서다. 기록물 제목(철)은 『조선은행법 제정 관계 서류(朝鮮銀行法制定關係書類)』(朝鮮總督府 度支部司計局)로, 1911년에 생산된 것으로 되어 있다. 이 자료는 한국은행에서 조선은행으로 명칭을 바꾸면서 제정된 『조선은행법』의 주요 쟁점에 대해 일본 정부인 대장성과 조선총독부 간에 논의한 내용이 담겨 있다.

강제병합으로 통감부가 폐지되고 조선총독부가 설치되자 조선총독부는 1909년에 공포된 「한국은행조례」(1909.7)를 대신할 조선은행법 제정을 일본 대장성과 협의하였다. 후자는 대체로 전자를 계승하는 형태로 진행되었는데, 양측은 감독권 소재를 두고 첨예하게 대립하였다. 이는 한국은행조례에 표기된 '정부'를 어떻게 해석하느냐에 대한 문제였다. 이 자료군으로 조선총독부와 대장성이 조선은행 감독을 둘러싸고 어떤 입장을 취했는지 확인할 수 있다.

우선 조선총독부는 '정부'를 모두 조선총독으로 고칠 것을 제안하였다. 이에 대해 대장성은 여기서 '정부'는 조선총독이 아닌 일본 정부라고 정반대 의견을 제시하였다. 그러자 조선총독은 대장대신에게 감독권을 부여하는 것에 대해서는 강력히 반대하면서 조선의 정무는 모두 조선총독에게 위임하는 것이 조선통치의 근본 방침이라는 원칙을 들었다. 즉 조선은행 감독권이 대장대신에게 있다면 "개개의 사무마다" 감독권자가 달라지므로 이러한 조치는 조선 통치의 근본 방침을 문란케 하는 것이기 때문에 동의할 수 없다는 것이다. 만약 대장성의 주장대로 감독권을 대장대신이 행사하게 된다면, 아예 조선총독부관제를 뜯어고쳐야 할 것이라고 총독부는 반대하고 나섰다. 실제 입법 과정에서는 조선총독부의 의견이 상당히 관철된 것으로 보인다.

그런데 법안과는 별도로 대장성과 총독부 간에 작성된 '조선은행 감독에 관한 조선총독부와 대장성 간의 합의안'에 주목해야 한다. 이 합의는 조선은행 감독권을 둘러싼 논란이 한창이던 1911년 3월 11일에 작성되었는데, 핵심은 조선총독이 대장대신과 '사전'에 협의해야 할 사항이다. 합의안에 따르면 조선총독은 정관 변경, 은행권 발행에 관련된 제반 사무, 제한 외 발행 세율, 정부 대상금, 일본 내 영업소 설치, 이사 인사권 등을 행사하기 위해서는 우선 대장성과 사전에 협의를 거쳐야만 한다. 특히 정관 변경 및 이사 임명권은 조선총독부가 사후 보고로 할 것을 요구하였으나 수용되지 못하고 대장성의 주장대로 관철되었다. 요컨대 조선총독이 행사할 수 있는 권한 중 핵심적인 내용은 사전에 대장성과 협의해야 했기 때문에 사실상 조선총독의 감독권은 매우 제한적인 것이었다. 이처럼 이 자료는 양측이 이견을 보인 내용을 서로 왕래하면서 조율하고 있어서 조선은행법 제정 과정에서 쟁점이 된 내용을 파악하는 데 큰 도움이 된다.

이 과정을 거쳐서 제정된 「조선은행법」은 어떤 내용을 담고 있는가? 우선 이 법안은 「일본은행조례」를 기본으로 삼아서 일부 내용을 수정한 것이다. 따라서 일본은행과의 차이점도 같이 검토할 필요가 있다. 우선 조선은행은 주식회사로 설립되었는데, 정부 출자분이 30%이다. 참고로 일본은행은 정부가 50%를 출자하였다. 주주의 요건은 제국신민이라고 하여 한국인과 일본인 모두 가능하도록 규정하였는데, 일본은행이 오직 일본인만 주주가 될 수 있도록 한 점에서 큰 차이를 보인다. 1주당 가격은 100엔으로 일본은행의 200엔의 절반 정도이다. 존립기간은 50년으로 이를 연장하려면 정부의 인가를 받아야 했다.

다음으로 중역은 총재·이사·감사로 구성되는데, 일본은행에 있는 부총재가 없는 것이 특징이다. 총재는 정부에서 임명하고, 이사와 감사의 경우 주식회사라는 관계상 이사와 감사의 선임은 모두 주주총회를 거치도록 하였는데, 이사의 경우 주총에서 2배수를 선거한 후 정부가 임명하고 임기는 3년이다. 감사는 주주총회에서 선출하고 임기는 2년으로 하였다.

다음으로 은행권 발행제도를 보면, 정화 준비+보증 준비+제한 외 발행으로 구성되어 있다.

그러나 조선은행은 정화 준비에 일본은행권을 규정한 점에서 큰 차이가 있다. 반면 일본은행의 정화 준비는 금화 및 금지금으로만 운용하고 있다. 이처럼 정화 준비 규정에 있어서 조선은행만이 일본은행권을 준비 물건으로 하고, 또 대부분을 차지하는 점이 가장 큰 특징이라 할 수 있다. 영업 내용은 정관에서 자세하게 규정하고 있는데, 가장 큰 차이는 조선은행이 일반은행 업무를 겸영한 반면, 일본은행은 일반은행 업무를 하지 않는다는 데 있다. 순전한 중앙은행인 일본은행의 경우, 재할인이나 정부 대상에 대해 매우 엄격하게 관리하는 데 반해, 상업은행을 겸영하는 조선은행은 이와 같은 안전장치가 전혀 갖추어져 있지 않아서 얼마든지 영리 추구를 할 수 있도록 제도화된 것임을 알 수 있다.

1. 대한제국기 근대적 화폐금융제도 수립

〈자료 41〉 대한특립제일은행 장정 및 정관

(「대한제국특립제일은행에 관한 사적연구」, 『상경논총』, 1975)

1) 특립제일은행 장정

1조 본 은행은 책임이 유한하니 주주의 부담은 주금에 그칠 것.

2조 본 은행의 본점은 경성에 두고 지점과 분파소(分派所)는 13부 중요 지방에 두며 또한 타 은행과 취대(取貸)[2] 약정을 체결할 수 있다.

3조 본 은행 영업 연한은 개업일로부터 만 30개년으로 정할 것.

4조 본 은행 자본금은 250만 원(元)으로 정하고, 주수는 2만 5,000주로 정하여 매 주식을 100원으로 정하고, 6,280주는 내탕금으로 내려주고, 1만 8,720주는 인민이 합자하되, 단 주주총회의 의결을 거쳐 자본금은 증액할 수 있다.

5조 본 은행의 주권은 무기명권으로 시행할 것.

6조 자본금 총액의 5분 1액수인 50만 원으로써 영업을 개시할 수 있다.

7조 본 은행의 영업은 다음과 같으니

1. 정부가 발행한 증권과 환은환표(換銀換票), 상업환표(商業換票) 등을 담보대부도 하며 매입도 할 것.
2. 지금은과 사금을 매매할 것.
3. 금은화와 지금은을 담보대부할 것.
4. 부동산은 담보대부를 할 수 없음.
5. 예약한 각 회사나 타 은행이나 외 타 상인을 위하여 환표의 징수를 행할 것.
6. 예치금과 금은화와 귀금속의 보호를 행할 것.

---

2 돈을 빌리거나 빌려주는 일.

7. 공채증서나 정부발행 표(票)나 기타 정부와 관계된 각종 증권을 담보대부하고 즉지(卽地) 대부[3]나 정기대부를 행할 것.

8. 기한이 정해진 예치는 이자를 교부하고 그렇지 않은 예치도 역시 이자를 지불할 것.

8조 본 은행 본지점이나 파출소는 전 조에 게재한 것 이외에 국고금의 요구에 응해 담당하되, 그 수수료는 본부(本府)와 본 은행이 타협하여 정할 것.

9조 전 항 사무의 정리를 위하여 본 은행 지소나 파출소를 분치하는 각 지방에는 본부에서 중요한 권한을 부여할 것.

10조 본 은행은 전 2조 업무 이외에 아래에 열거한 사건이나 다른 사업을 행할 수 없다.

제1. 본 은행 주권에 대하여 대출 또는 담보대부를 취하지 못한다.

제2. 본 지점 파출소의 필요한 토지 외에 부동산을 소유하지 못한다.

제3. 각종 회사의 주권을 매매치 못한다.

11조 본 은행은 장 2인, 부장 2인 사무원 6인, 검찰원 2인, 장부원 2인으로 정할 것.

12조 장과 부장은 은행 주권 200주요, 사무원은 150주요, 검찰원은 100주 이상을 소유한 자에 대하여 주주총회에서 선거할 것.

13조 장과 부장의 임기는 5년, 사무원은 4년, 검찰원은 3년으로 정할 것.

14조 장은 매 반기에 통상 주주총회나 임시총회를 소집하되, 검찰원 전원과 주주총회 절반 이상으로 회의의 요지를 보이며, 청구할 사항에는 임시총회를 소집할 수 없음.

15조 주주총회 회원은 회기 60일 전에 10주 이상의 주주에게 안내장을 송부할 것.

16조 주주총회에는 회원의 대변을 위임한 외에는 다른 인원의 대변을 받아들이지 않을 것. 단, 회원이라도 1인이 10인 이상 대변을 담당할 수 없음.

17조 본 은행은 본 조례의 취지를 바탕으로 정관을 작성하여 정부의 인허를 받을 것.

---

3 단기 대부.

2) 공립제일은행 정관

제1장 은행조직

제1조 은행 명칭은 대한제국특립제일은행이라 칭할 것,

제2조 본 은행은 유한한 책임이니 부담을 변상하는 때는 주금의 총수에만 그칠 것,

제3조 본 은행의 본점은 경성에 두고, 각 중요지에 지점과 파출소를 설치하며, 타 은행과 화폐거래를 체약할 것.

제4조 본 은행의 영업 연한은 30개년으로 정하되, 단 주주총회의 의결을 거쳐 정부 허가를 얻은 후에 계속 영업할 수 있음.

제2장 자본금 적립금

제5조 본 은행 자본금은 250만 원으로 정하고, 주수는 2만 5천주로 분배하여 매주에 1백 원씩으로 정하되, 단 주주총회의 의결로 자본금을 증액할 수 있음.

제6조 본 은행 주권은 무기명권으로 행할 것.

제7조 자본금 총액 중 5분의 1인 50만 원이 입금된 때에 영업을 시작할 것.

제8조 사업 확장으로 인해 자본금을 증가하고자 할 때는 자본금 외에 추가 모집할 것.

제9조 주권은 은행에서 주권 명부를 제작하여 기재하고, 주권을 매매하거나 양여하고자 하는 때는 양인이 사유를 청구하여 장의 허가를 받은 후에 증서를 제작하여 상호 날인 교환하고, 명부에 증명 기재할 것.

제10조 순익금 총액에서 매년 6월 말·12월 말에 실제 보고한 결산 각종 비용을 공제한 그 나머지 10분의 1을 적립금이라 칭하여 자본금 손실을 보충하며 예비금 부족을 보충할 것.

제3장

제11조 본 은행의 영업은 다음과 같으니

제1은 정부에서 발행하는 은표(銀票)와 환표(換票)나 기타 상업환표(商業換票)에 할인 대출도 하며 매입도 하는 일

제2는 지금은이나 사금을 매매하는 일

제3은 지금은이나 금은을 담보로 하여 채급(債給)[4]하는 일

제4는 부동산은 담보로 삼을 수 없음.

제5는 예치금이나 보관금과 또 기타 금은화 귀금속을 예치 보호하는 일

제6은 공채증서나 정부가 발행하는 각종 증서를 담보로 하여 임시대출도 하며, 당좌대출도 하며 정기대출도 하는 일

제12조 본 은행은 전 조에 기재한 사업 이외에 아래에 기재한 조건은 간섭할 수 없다.

제1은 본 은행 주권에 대하여 대출하거나 주권을 매수하지 못한다.

제2는 본 지점 파출소에 중요한 지역 외에는 부동산을 소유하지 못한다.

제3은 각종 은행이나 제(諸) 회사의 주권을 담보로 하여 대부할 수 없다.

제4장 실제 보고 및 이익 분배

제13조 본 은행은 매년 6월 말·12월 말에 결산하여 계산서와 재산목록과 대차대조표와 사업보고서와 이익분배안을 통상총회에 제출할 것.

제14조 본 은행의 손익계산은 총이익금에서 제반 보상이자와 경비와 기타 손실금을 공제하고 그 남은 금액을 순익금이라 하되, 다음의 표준에 따라 적립금과 행원의 상여금을 제외하고 남은 금액을 주주에게 분배할 것 .

제1은 순익금 총액 10분의 1은 적립금이요

제2는 순익금 총액 10분의 1 이하는 행원 상여금이라 할 것.

제15조 재산목록 및 대차대조표는 신문에 공포할 것.

제16조 본 은행은 매월 말에 영업보고서를 본부에 보고할 것.

제17조 본 은행 임원 조직은 아래와 같으니

장 2인

부장 2인

사무원 6인

---

4 자금을 빌려줌.

검찰원 2인

장부원 2인

제18조 장과 부장은 본 은행 주금 200주이며, 사무원은 주금 150주이며, 검찰원은 주금 100주 이상을 소유한 자로 인원 중에서 주주총회에서 선거하여 인허를 얻은 후에 취임하되 장과 부장의 임기는 5년이요, 사무원은 4년이요, 검찰원은 3년으로 정하나 임기 만료 후에 연임할 수도 있음.

제19조 장은 매 반년에 통상 주주총회를 소집할 것.

제1은 장이 임시 긴급함에 응하여 주주총회 회원 절반 이상이 회집(會集)한 후에 회의의 주지를 보이고 긴요한 사항이 있으면 임시주주총회를 개최할 것.

제2는 주주총회를 개최하는 때는 60일 전을 기하여 안내장을 각 회원에게 송부할 것.

제3은 주주총회에는 회원이 대변함을 위탁한 사람 이외에 타인으로 하여금 대변하게 할 수 없으며 1인이 10인 이상을 대변함을 겸하지 못할 것.

제20조 장은 중원(重員) 회집(會集)과 주주총회 때에 의장이라 칭할 것.

제21조 중원회집은 제반 규칙을 제정하며 임원의 출척(黜陟)[5] 포상과 벌칙을 의정할 것.

제22조 사무원은 본 은행 업무를 시찰하며 검찰원은 계산 분배 등을 검찰하여 주주총회에 보고할 것.

제5장 평의원회

제23조 평의원은 20인을 추첨 선정해 2개년씩 개선(改選)하되, 그 절반은 교체하지 않을 것.

제24조 평의원은 주주총회에서 무기명 투표로 선거할 것.

제25조 평의원회는 평의원 10명 이상과 사무원 검찰원 절반 이상이 참석하여 개회하고, 장이 의장이 되며 의장이 유고가 있을 때는 부장이 대변하고, 부장이 유고가 있을 때는 사무원 중에서 대변할 것.

제26조 평의원은 무기명 투표로써 장과 부장과 사무원과 검찰원을 선거할 것.

제27조 평의원회는 매년 6월 · 12월에 결산보고를 인가하며, 단 이익분배 준비금과 임원

5 공에 따라 지위를 올리거나 내림.

상여금 등의 일을 의정할 것.

제6장 주주총회

제28조 주주총회의 회원 된 사람은 개회 전 60일 이상에 한정하고, 10주 이상을 소유한 자에게 안내장을 송부할 것.

제29조 주주총회에서는 회원 대변을 위탁한 것 외에 타인으로 하여금 대변하게 할 수 없고, 1인이 10인 이상 대변을 겸하지 못한다.

제30조 주주총회는 회원 절반 이상이 참석하지 않으면 결의치 못하되 단 제1회에 회원이 채워지지 않으면 약정(略定)[6]을 의(議)하고, 30일 이상을 채워 제2차 회의에서도 정원이 미달할 때는 의결이 확정되지 않은 것이라고 칭하여 안내장에 설명할 것.

제31조 주주총회는 창립총회와 전 조항 이외에 긴요한 사항이 있으면 임시집회를 개회할 것.

제1은 장에게 긴요한 사항을 승인할 때이며

제2는 평의원 절반 이상으로 회의의 주지를 보이며 청구할 때이며

제3은 주주총회의 회원 4분의 1 이상으로 회의의 주지를 보이며 요청할 때이다.

제32조 전 조의 규정에 의하여 주주총회를 소집하고 제1회에 정원이 미달할 때에는 가의결(假議決)이라고 할 수 없음.

제33조 영업 기한 내에는 동일 사건에 대하여 임시 주주총회를 소집하지 못할 것.

제34조 주주총회에는 안내장을 30일 전에 그 긴요한 의제를 명기 송부할 것.

제35조 본 은행은 화폐조례에 의거하여 신화 주조의 사무를 담당할 것.

제36조 본 은행은 태환은행권 발행 특권을 가질 것. 단, 태환을 할 때 규비(規費) 약간을 수취할 것

제37조 본 은행 정관 중 후일에 약간의 개정 증산(增刪)[7]할 사건이 있을 경우에는 은행총회와 주주총회의 결의를 거쳐 그 개정 증산할 사건을 궁내부 대신에게 보고할 것.

1900년(광무 4) 월 일

---

6 대충만 정하는 것.

7 더하거나 삭제하는 것.

〈자료 42〉 중앙은행조례(1903년 3월 24일 칙령 제8호)

(《관보》 제2470호, 대한제국, 1903.3.26)

제1조 중앙은행은 유한(有限)한 책임이니, 본 은행에서 부채를 변상할 때는 주금 총수로 한정한다.

제2조 중앙은행 본점은 황성(皇城)에 설치하고, 지점과 분·지소(分·支所)는 각 부(府)와 각 항과 기타 긴요한 지방에 설치하고, 또 타 은행과 거래하는 체약(締約)을 할 수 있다. 단, 그 이유와 현행(現行)하는 규칙은 탁지부 대신의 인가를 받는다.

제3조 중앙은행 영업 연한은 개업일로 시작하여 만 30년으로 정하되 주주총회의 결의에 따라 영업 연기를 청원할 수 있다.

제4조 중앙은행 자본금은 300만 환(圜)으로 정하고, 6만 주로 나누어 1주당에 50환으로 정한다. 단, 주주의 결의로 주금을 증가시킬 수 있다.

제5조 중앙은행 주권은 주주 성명을 기재하여 대한국인(大韓國人)으로 모집하고 매매·양여(讓與)도 국내인 외에는 허가하지 않는다.

제6조 중앙은행 주주는 탁지부 대신의 인가를 받은 후에 시행한다.

제7조 자본금 총액의 5분의 1, 60만 원(元)이 수취된 후에 영업을 개시한다. 단, 주금을 수취하는 규칙은 본 은행에서 정한다.

제8조 중앙은행은 순이익금 내에서 주주에게 분배하는 금액을 공제하고 그 나머지 금액의 최소 10분의 1은 적립금으로 하여 혹시 자본금 손실 또는 분배금 부족이 발생할 때 보충한다.

제9조 중앙은행 영업은 다음과 같다.

1. 국고금 출납과 해관세(海關稅) 및 기타 제반 세금 징수 일체의 사무를 담당하되, 탁지부에 관유(關由)[8] 한다.
2. 태환금권(兌換金券)을 발행하는 권한은 본 은행이 전임 담당한다. 단, 태환금권 조례는 별도로 정한다.

---

8 탁지부를 거쳐야 한다는 의미.

3. 정부가 발행하는 금은표(金銀票), 환표(換票), 기타 상업표(商業票)를 매입 및 할인한다.

4. 금은을 매매하며 신구 화폐를 교환한다.

5. 제(諸) 예치금을 회계하며, 화폐 및 제 증권류의 예치를 보호한다.

6. 공채증서(公債証書)와 정부가 발행하는 각종 증서를 담보로 하여 임시 또는 정기로 대여한다.

제10조 중앙은행은 전 조에 기재한 사업 외에 다음에 게재한 조건은 관섭(關涉)하지 못한다.

1. 부동산 및 본 은행과 그 밖의 다른 은행, 각종 회사 주권(衿券)을 담보·대여 또는 매입하지 못한다.

2. 본 지점 및 분·지소(分支所)를 개설하기 위하여 필요한 외에 부동산 소유주가 되지 못한다.

제11조 중앙은행 영업시간은 본점 또는 지점에서 공통으로 미리 정하거나 임시휴가일을 제외하고는 매일 오전 10부터 오후 4시까지로 한다. 단, 제반(諸般) 금액 지불의 기일이 휴가일일 경우에는 그다음 날로 정한다.

제12조 중앙은행은 각종 표증(票証) 발행을 할 수 있다.

제13조 국고금 출납과 각 세액 징수와 신구(新舊) 화폐교환에 관한 제(諸)경비 등은 탁지부 대신이 중앙은행 총재와 협의하여 정한다.

제14조 중앙은행은 총재 1인, 부총재 1인, 이사 2인으로 종리(綜理)하고, 감리원 5인 이하를 둔다.

제15조 총재와 부총재의 임기는 5년으로 정하고, 총재는 칙임하고 부총재는 칙임 혹 주임이니 임기 내 다른 관직을 겸임하지 못한다.

제16조 이사의 임기는 4년이고, 감리의 임기는 3년으로 정하되, 임기 내에 타 은행이나 제(諸) 회사의 임원을 겸임하지 못한다.

제17조 총재와 부총재는 본 은행 주금 200주 이상 소유인으로 임명하고, 이사는 본 은행 주금 150주 이상 소유인으로 주주총회에서 선거하여 탁지부 대신이 명령하고, 감리는 본 은행 주금 100주 이상 소유인으로 주주총회에서 선정한다.

제18조 탁지부 대신이 때때로 감사과원을 중앙은행에 파견해서 각종 사무를 감시할 수

있다.

제19조 중앙은행은 본 지점 및 분지소 영업상 각종 형편을 조사하여 매년 6월·12월에 주주결의를 거친 후 탁지부 대신에게 보고한다.

제20조 중앙은행은 본 조례에 따라 본 은행 정관을 작성하여 탁지부 대신의 인가를 받고, 혹 개정 수정할 경우에는 주주의 결의로 탁지부 대신의 허가를 얻어야 할 수 있다.

제21조 탁지부 대신은 중앙은행 제반 업무를 감독하되, 그 영업상에 조례와 정관과 내규에 어긋나지 못하게 한다.

제22조 이 조례를 개정 수정할 경우에는 그 시행일로부터 3개월 이전에 반포한다.

1903년(광무 7) 3월 24일

봉칙(奉勅)

의정부 의정(議政) 이근명(李根命)

〈자료 43〉 태환금권조례(1903년 3월 24일 칙령 제9호)

(《관보》 제2470호, 대한제국, 1903.3.26)

제1조 태환금권(兌換金券)은 중앙은행조례 제9조 제2항에 의하여 동 은행에서 발행하며 금화로써 태환한다.

제2조 중앙은행은 태환금권 발행액에 대하여 동액의 금화 및 금괴를 저치(貯置)하고, 그 교환의 준비를 한다.

중앙은행은 전 항 이외에 시장의 상황에 따라 유통화폐를 증가시킬 필요가 있는 경우에는 탁지부 대신의 허가를 얻어 정부 발행 공채증서, 탁지부증권, 기타 확실한 증권 및 상업표(商業票)를 보증하고 태환금권을 발행할 수 있다.

제3조 태환금권 종류는 1환, 5환, 10환, 50환, 100환 5종으로 정하고, 각종의 발행하는 액수는 탁지부 대신이 정한다.

제4조 태환금권은 조세, 해관세와 기타 주고받는 데 거리낌 없이 통용된다.

제5조 태환금권의 제식도형(製式圖形)[9]은 탁지부 대신이 정하되, 그 표본은 발행기일 전에 해당 대신이 일반에게 고시한다.

제6조 태환금권 교환을 청구하는 자는 중앙은행 본점 또는 지점에서 영업시한 내에 언제라도 태환할 수 있다. 단, 지점은 본점에서 준비금이 도달할 때까지는 그 태환을 연기할 수 있다.

제7조 금화로 태환금권 교환을 청하는 자에 대하여는 중앙은행 본점 또는 지점에서 비용 없이 교환한다.

제8조 탁지부 대신은 중앙은행에 감사과원을 때때로 파견하여 태환금권의 발행 액수를 조사한다.

제9조 태환금권이 오염되거나 손상되어 주고받는 데 불편한 것은 중앙은행 본점 또는 지점에서 비용 없이 교환한다.

제10조 태환금권 위조자와 그것이 위조임을 알면서도 행사하는 자의 죄는 형법 사위소간율(詐僞所干律)[10]에 의하여 처단한다.

1903년(광무 7) 3월 24일 봉칙(奉勅)

의정부 의정 이근명(李根命)

〈자료 44〉 중앙은행·태환금권 양조례 문의

(『주한일본공사관기록』 16권, 주한일본공사관, 1903.3.30)

서한으로 말씀드립니다. 지난 26일 관보로 공시하신 중앙은행 및 태환금권의 양 조례는 그 실행의 결과 일한(日韓) 간 통상에 영향을 주는 바가 지대하다고 생각되기에 양 조례에 관한 의문 및 이에 대한 저의 견해를 미리 말씀드리고자 합니다.

---

9 양식과 도형.

10 형법대전 제4장.

갑. 중앙은행에 관하여

1. 은행의 신용이란 하루아침에 얻을 수 있는 것이 아니다. 또 운용할 만한 자를 구하지 못하면 신용을 유지할 수 없다. 지금 신용이 확립되지 못했고, 운용할 만한 자를 구하지 못한 은행으로 하여금 제9조에 따라 천만 엔 내외의 국고금 및 백만 엔 내외의 해관세를 취급하게 한다면, 한국 재정의 위험을 초래하게 될 것은 당연하다.
2. 제9조에 따르면 국고금 출납은 모두 중앙은행에 위임한다고 하지만, 이는 단지 전 항에서 기술한 것과 같은 위험이 있을 뿐 아니라 이 은행이 각 중요 도시와 항구에 지점을 널리 설치하게 하는 것은 쉬운 일이 아니기 때문에 국고금 출납 전부를 이 은행에서 취급하게 하는 것은 사실 행하기 어렵다. 이 점에 관해 우리 일본은행이 일본은행조례 제13조에 따라 정부의 편의를 참작하여 국고금 출납에 종사시킬 뿐이니, 역시 이를 거울로 삼을 수 있을 것이다.
3. 제9조에 의하면 중앙은행은 해관세에 관한 일체의 사무를 담당한다고 되어 있으나, 해관세는 20년 간 우리 제일은행이 총세무사와의 사이에 존립하는 약정에 따라 출납을 관장하고 있기 때문에 본 조항의 규정은 사실과 모순된다. 또한 해관세는 조약상 부담해야 할 의무[예: 등대 및 기타 항안(港岸) 설비]가 있어서 이러한 설비를 완성시키기도 전에 해관 수입을 한국 정부가 임의대로 소비하는 것은 제국 정부가 절대적으로 이의를 제기하는 바이다. 대개 해관세의 대부분은 우리 상인들의 납세로 이루어지고, 또 한국의 외국무역은 사실상 일한간 무역에 그치기 때문에 제국정부의 이의는 매우 강고하게 주장할 수 있는 충분한 이유가 있다.
4. 한국의 현재 재정 상황에서는 중앙은행이 제9조 3항 이하의 영업을 한다는 것은 도저히 실현될 수 없습니다.

을. 태환금권 조례에 관하여

1. 대체로 태환금권은 금화를 대용하는 것이기 때문에 금화 주조는 금권 발행에 우선되는 긴급한 설비인데, 한국 정부는 화폐조례 발포 이후 수년간 금화를 주조하지 않고, 오히려 백동 보조화를 남발함으로써 현재 구제할 수 없는 문란함을 경제계에 가하고 있다. 이는 제국 정부도 크게 의혹을 가지고 있기 때문에 한국 정부는 우선 백동화 남발을 정

지시켜 재계의 완화를 강구하고, 또 금본위화의 주조를 결행하지 않고서 태환권을 발행하게 된다면, 제국 정부는 강고한 이의를 제기하지 않을 수 없을 것이다.

2. 준비금을 초과하는 태환권은 예컨대 유가증권을 담보로 한다 하더라도, 그 액수에 제한을 두고 또 어느 한도에서 상당한 과세를 하는 것은 은행이 태환권을 남발하지 못하게 하는데 필요한 제재이므로 각국이 그 법규를 동일하게 하는 바이다. 그러나 태환금권조례 제2조 2항에서는 각국의 보통 예규에 따르지 않고 현재 백동화와 같이 태환권을 남발하게 하여 마침내 지대한 악영향을 시장에 미치게 될 여지를 둔 것으로 본 공사가 가장 유감으로 생각하는 바이다. 따라서 본 조항을 개정하여 각국의 보통 법제에 일치시키지 않는다면 제국 정부는 어쩔 수 없이 이의를 제출하게 될 것이다.

위의 내용을 요약하면, 이 양 조례는 주요 규정에서 틀린 것이 많을 뿐 아니라 중앙은행 설립이나, 태환권 발행 모두 먼저 밟아야 할 단계를 거치지 않은 설비이기 때문에 도저히 실질적인 효과를 거둘 수 없을 것입니다. 이것을 지금 결행한다면 오히려 한국의 재정을 문란케 하여 예측할 수 없는 피해를 국내외 상민에게 파급하는 일이 될 것이기 때문에 대신 각하께서는 같은 의견이시라면 위 양 조례의 실시는 당분간 연기하시기를 바라는 바입니다. 만약 저의 의견에 반대하여 실시하실 경우, 제국 정부에서는 일한무역 보호 취지 및 잠정합동조약 위반의 조치로써 이의를 제출할 수밖에 없습니다. 이 의견을 미리 알고 계시기를 바라며 조회합니다.

1903년(明治 36) 3월 30일

특명전권공사 하야시 곤스케(林權助)

외부대신 이도재(李道宰) 각하

〈자료 45〉 한청은행과 양전(韓清銀行과 兩廛)

(《황성신문》, 1900.9.24, 2면 2단)

특립한청제일은행(特立韓清第一銀行)[11]을 설치할 터인데, 농상공부에서 종로의 저포전(苧布廛)과 망문상전(望門床廛)[12] 대표를 불러서 설득하기를 위 양 시전에 해당 은행을 건설한다고 하였다고 한다.

〈자료 46〉 전민청원(廛民請願)

(《황성신문》, 1900.9.25, 2면 3단)

특립한청제일은행 설립과 관련하여 저포전, 망문상전의 상인 50여 명이 농부(農部)에 일제히 나아가 청원하기를 양 시전을 철폐하면 우리들의 생계가 끊어지게 된다고 함에 농상공부에서 지령하기를 해당 양 시전을 다시 건축하여 영업할 수 있게 함이라 하였다고 한다.

〈자료 47〉 (광고) 特立第一銀行을 銅峴으로 設立ᄒᆞ오니 僉君子ᄂᆞᆫ 照亮ᄒᆞ시ᄋᆞᆸ

(《황성신문》, 1900.10.2, 3면 1단)

특립제일은행을 동현(銅峴)[13]에 설립하오니 여러분은 조량(照亮)[14]하시오.

특립제일은행장 민병한(閔丙漢)

창립부장 정은채(鄭殷采)

---

11 특립제일은행의 오기로 보인다. 《제국신문》 1900년 10월 6일 자 기사에서는 "한청은행이란 말은 다시 들은즉 한청은행이 아니요 대한특립제일은행이더라"라고 정정하였다.

12 잡화를 주로 취급하는 시전.

13 구리개. 현재 을지로 1가와 2가 사이에 있는 작은 고개로 흙빛이 구리와 같다고 해서 구리개라고 불렸다.

14 사정이나 형편을 살펴서 밝히 알다.

주주사무원 이윤경(李崙庚)

부장 이면수(李冕洙)

부장 정인섭(鄭寅燮)

사무원 김용상(金溶常)[15]

〈자료 48〉 (광고) 特立第一銀行臨時事務所을 大安門前二層閣으로 定ᄒᆞ오니 僉君子[16]은 照亮ᄒᆞ시옵

(《황성신문》 1900.11.3, 2면 3단)

특립제일은행 임시사무소를 대안문(大安門)[17] 앞 이층집으로 정하오니 여러분은 조량하시오.

주무부장 정은채

부장 이면수

사무원 김용상 고함.

〈자료 49〉 자칭지사(藉稱支社)

(《황성신문》, 1901.8.24, 2면 3단)

지난번 대한특립은행에서 충남 관찰부에 공함(公函)[18]하고, 그 관하의 각 군에 훈령을 내려 은행을 개설하라고 하였다고 하더니, 최근에 들으니 홍주군(洪州郡) 광천장(廣川場)과 예산군

15 특립제일은행의 정관에 따르면 부장(副長)은 정원 2인으로 부총재에 해당하고, 사무원은 정원 6인으로 이사에 해당한다.

16 여러분

17 현재 덕수궁 대한문이다.

18 공무에 주고받는 문서.

(禮山郡)에 은행 지사를 설립하고, 해당 군수가 직접 나서서 자본가를 회동하여 상업상에 이익이 왕성하게 번창할 방책을 설명하니, 회사를 조직한 지 5~6개월에 주주금으로 엽전 500냥씩을 내놓은 자가 20여 인이라. 아직 실현이 되지 않아서 해당 주주들이 의아해 하던 중 해당 은행장 민병한(閔丙漢)이 해당 군에 공문을 내리되, 최근에 들으니 협잡배가 은행지사라고 빙자하여 공문서를 위조하여 재물을 모은다고 하니, 해당 관리는 모두 잡아서 한성으로 압송하라고 하였다고 하고, 또 들으니 여기에 연루된 신입 주주 등 20여 인이 상경하였다고 한다.

〈자료 50〉 중앙은행 의정(中央銀行議定)

(《황성신문》, 1903.3.20, 2면 4단)

탁지부에서 중앙은행을 설치할 차로 은행조례를 방금 의정(議定)하여 며칠 내에 정부 회의에 제출한다는데, 지폐 제조할 종이를 현재 조지소(造紙所)에서 제작하여 지폐 제조 사무를 빨리 시작할 것이라고 한다.

〈자료 51〉 (잡보) 중앙은행 조례(雜報 中央銀行條例)

(《제국신문》, 1903.3.26, 3면 1단)

중앙은행소와 지폐 발행할 일은 기어이 실시할 터인데 그 조례를 대강 들은즉, 중앙은행 본점은 황성에 설치하고, 지점은 각 부와 각 항구와 기타 긴요 각 지방에 설치하되, 자본금은 300만 원으로 작정하고, 6만 주로 분배하여 매주에 50원씩 마련하되, 외국인은 참여치 못하게 하고, 은행소에 관원을 내되 총재 1인은 칙임, 부총재 1인은 칙임 혹은 주임이니 200주 이상을 낸 이로써 임명하여, 임기는 5개년으로 작정하고, 이사가 2인이니 150주 이상인으로서 임명하여 임기는 3개년[19]으로 정하고, 감리원이 5인이니 100주 이상인으로서 임

19 중앙은행조례에는 4년으로 규정되어 있다.

명하여 임기는 3개년으로 정하였고, 지폐조례는 1원, 5원, 10원, 50원, 100원 5종으로 발행할 터인데 태환하기 위하여 은행소에서는 금은 종류를 매수하여 저축하여 본위화를 삼을 터이라고 한다.

〈자료 52〉 일사의견서(日使意見書)

(《황성신문》, 1903.4.16, 1면 3단)

조선신보(朝鮮新報)에 따르면 중앙은행조례 및 태환권조례를 반포한 일로 일본공사 하야시 곤스케(林權助)가 이의를 제출하였다고 한 것은 이미 보도하였거니와 그 후 탐문한 바에 의하면 앞의 이의라고 하는 것은 온당치 아니하고 충고서 혹은 의견서라고 함이 적당한 듯한데, 해당 전문을 읽어 보지 못하였기에 상세히 알지 못하였으나 탐문한 사실에 따르면

(1) 은행이 일조일석(一朝一夕)에 내외의 신용을 얻지 못할 것이기 때문에 중앙은행을 설립하였다고 곧 국고금 및 해관세금을 판별하여 처리하게 하는 것은 위험한 것.
(2) 해관세금은 수십 년 동안 제일은행이 총세무사와 체약하여 처리하던 것이오. 또 등대 및 개항장 설비 등 비용에 충당하게 되었는즉 해관세금을 임의로 다른 곳에 소비하는 것은 크게 이의가 있는 것.
(3) 한국 현재의 재정 사정은 중앙은행조례 제9조 중의 영업이 공상(空想)으로 끝이 날 줄로 인정할 것.
(4) 한국 정부에서 지난번 금화조례[20]를 반포한 이래로 금화를 주조하지 아니하고 백동화를 남발하여 경제계를 문란하게 한 오늘날에 금화를 주조하지 아니하고 태환권을 발행한다고 하는 것은 크게 이의가 있는 것.
(5) 태환권을 발행하는 준비에도 크게 개량할 점이 적지 않은 것이라 하였다고 한다.

20 1901년 대한제국이 반포한 화폐조례(칙령 제4호, 1901.2.12)를 지칭하는 것으로 금본위제를 채택한 법령이다.

〈자료 53〉 (잡보) 금화장주(雜報 金貨將鑄)

(《황성신문》, 1903.5.12, 2면 4단)

전환국에서 현재 적·백동화도 주조하거니와 내장원경 이용익(李容翊)이 화폐 정리에 열심히 하여 장차 금은원위화를 주조할 차로 금괴 3만 개를 운반 적치하고, 은행과 태환조례를 실시하기로 주의하는데 금괴를 또 속속 계속 적치한다더라.

〈자료 54〉 (논설) 논태환지폐성질급발행제도(論兌換紙幣性質及發行制度)

(《황성신문》, 1903.5.19, 2면 1단)

지폐란 것은 정화를 대표하여 교환을 매개·완료하는 유가증권이오. 유가증권이란 것은 일정한 권리관계를 표출하는 증서이기 때문에 그 실은 일종의 가치를 갖는 대표물에 불과하다. 발행자를 분류하는 것에 따라서 명칭이 각각 다른데, 정부에서 직접 발행한 지폐가 있으며, 정부의 명령에 따라 은행 혹은 회사에서 발행한 지폐도 있으며 혹은 지방자치단체에서 발행한 지폐도 있다. 또한 대체로 지폐 중에는 두 종류의 성질이 있으니 태환(兌換)지폐와 불환(不換)지폐가 그것이다. 태환지폐란 것은 해당 지폐를 소지한 자에 대해서는 언제라도 그 지폐 권면에 기재된 금액을 금은 화폐로 태환하여 지급한다는 약속증서이니, 이것은 비록 사소하더라도 결코 법률상 강제력은 없는 것이다. 그러나 본위화폐로서 이를 논한다면 저 금은의 금속화폐는 비록 지금(地金)을 본질로 삼아 교역매매를 하더라도 원래 가치가 감소되는 것은 없거니와 지폐에 이르게 되면 본래 금속화폐의 실제 가치는 없고, 단지 그 권면에 기재된 가격만을 갖추고 거의 보조화폐의 성질과 서로 같다. 이에 사회의 인민은 그 실제 가치를 가진 금은의 금속화폐는 버리고 오히려 가치를 갖지 않은 한 장의 종이를 좋아하니 이것을 대신 사용하는 것은 무슨 이유인가. 대체로 그 이유는 네 가지이다.

첫째, 금속화폐는 무게가 무거워 운반상에 심히 불편함을 깨달아 도저히 지폐의 가벼운 편리함과 같지 못한 것이다.

둘째, 지폐를 사용하는 것은 금속화폐를 사용하는 것에 비하여 매우 안전하여 위험이 별로 없는 것이다.

셋째, 금속화폐는 유통할 때 마찰로 인해 훼손되어 가격이 감소하되 지폐는 이러한 우려를 할 필요가 없다.

넷째, 지폐 제조는 금속화폐 제조에 비해 비용이 매우 감소하게 된다.

위에서 든 이유 외에도 태환지폐가 갖는 이익을 다시 논하자면 일반 금속화폐와 함께 통용할 때에 이는 곧 각종의 가볍고 편리함이 있으며, 또 일국의 통화를 이로써 하면 이익의 증가함이 있다. 만약 태환지폐를 발행할 때에 전액준비법을 채택하면 이는 그 지폐 발행액과 동액의 금은을 반드시 준비해야 되니 그렇게 되면 사회에서 꼭 필요로 하는 통화에 있어서는 증가되는 이익이 별로 없게 된다. 기존의 경험으로 관찰하면 그 준비금액을 지폐 발행액에 비례로 하여 매월 몇 분(分)씩 축소하게 되면 그 축소되는 수만큼 발생하는 차액 수천·수만 원은 자연히 국가의 이익이 된다. 또 태환지폐를 발행할 때는 그 이익이 단지 금속화폐의 절약에만 있는 것이 아니라 항상 사회에서 융통하는 화폐의 한도를 높이거나 낮추어 긴축과 확장을 할 수 있어 금속화폐가 변동하는 권능(權能)을 제압할 수 있다.

구미 각국의 태환지폐 발행제도를 고찰해보면, 분권제도와 집권제도의 두 종류가 있다. 분권제도는 다수의 은행에게 태환권 발행의 특권을 주는 것으로 이를 다시 세 종류로 나누어 분석하면 첫째는 국가가 그 은행으로 하여금 마음대로 발행하게 하고, 그 은행의 신용 정도는 일반 대중에 위치하는 법이니, 이것은 1844년 이전의 영국의 제도이다. 둘째는 국가가 일정한 조건을 미리 제정하고 은행으로 하여금 만약 위 조건에 미달할 경우에는 태환권 발행을 불허하는 법이니, 이것은 1603년 아메리카 및 스위스 등의 제도이다. 셋째는 은행이 지폐를 발행할 때는 국가로부터 특허를 받을 것을 필요로 하는 것으로 이것은 예전 프로이센의 제도이다. 또 집권제도를 논하자면 분권제도와는 매우 다른데, 대체로 태환지폐 발행 특권을 중앙은행에게만 허락하여 부여하는 것이니, 이것 역시 두 종류가 있다. 프랑스, 스페인, 포르투갈, 벨기에, 네덜란드, 일본 등의 나라들은 모두 집권제도를 채택한 국가이다. 현재 독일과 영국은 혼합제도국이다.

위의 양 제도의 이익과 폐해를 연구하여 말하자면 물론 집권제도가 분권제도보다 우월하다. 모두 그 나라의 역사에서 유래한 제도에 따라서 규정하는 것인데, (두 제도 중에서) 선택하여 시행하려고 한다면 불가불 집권제도를 채택하는 것이 금일의 편하고 좋은 방법이라 하노라.

〈자료 55〉 중앙은행(中央銀行)

(《황성신문》, 1903.8.11, 2면 3단)

요사이 중앙은행 사무소를 정하고 이달 중으로 실시하기로 의결하고 현재 주식을 모집한다고 한다.

〈자료 56〉 은행총재(銀行摠裁)

(《황성신문》, 1903.8.25, 2면 3단)

충북 관찰사 심상훈(沈相薰)은 중앙은행 총재를 겸임하고, 내장원경(내장원경) 이용익은 부총재를 겸임한다고 한다.

〈자료 57〉 (잡보) 탁상부의(雜報 度相否議)

(《황성신문》, 1903.9.19, 2면 3단)

며칠 전 중앙은행 사무소에서 부총재 이하 각 원이 회동하여 은행 설립의 방략을 여러 사람이 충분히 논의하고 있을 때 농상공부 고문관 가토 마쓰오(加藤增雄)가 참석하여 연설하기를 국가의 재용이 유통됨은 지폐를 발행하는 것이 가장 편리하다고 하거늘, 탁지부 대신 김성근(金聲根)이 설명하야 말하기를 한국 재정이 완전하지 않은데 지폐를 행용하면 지폐가 허(虛)어음과 동일할 뿐으로 위조지폐가 나라에 가득 차 재정이 매우 곤란할 터인즉 지폐 발행은 불가하다 하였다더라.

〈자료 58〉 (잡보) 양상사소(雜報 兩相辭疏)

(《황성신문》, 1903.10.2, 2면 3단)

3일 전에 탁지부 대신 김성근(金聲根)이 중앙은행 사건으로 인하여 사직소를 올렸고, 군부대신 윤웅렬(尹雄烈)도 사직소를 올렸다더라

〈자료 59〉 은행긴축(銀行建築)

(《황성신문》, 1903.10.20, 2면 4단)

중앙은행소를 이전 사자청(寫字廳)[21]에 설치하는데, 장차 굉장하게 건축한다고 한다.

〈자료 60〉 은행의정(銀行議定)

(《황성신문》, 1903.10.23, 2면 3단)

중앙은행은 조속히 실시가 될 것인데, 각 도에 지점을 창설하기로 의정하였다고 한다.

〈자료 61〉 (잡보) 금화장주(雜報 金貨將鑄)

(《황성신문》, 1903.12.16, 2면 4단)

전환국에서 가까운 데에 금화 주조에 착수할 차로 근래에 금괴를 분석하는데 이 국에 저장한 금괴가 약 120만 원이오. 또 이미 주조한 50전 은화가 150만 원이더라.

---

21 사자청은 문서를 정서(正書)하는 일을 맡아보던 관청이다. 현재 서울시 중구 삼각동 남대문로1가에 걸쳐 있던 마을을 사자청동이라고 불렀다.

2. 통감부기 한국 중앙은행 설립 관계 문서

〈자료 62〉 한국은행 창설 준비 관계 자료

(『朝鮮銀行史』, 東洋經濟新報社, 1987)

1) 한국은행 설립 사정 서류

(1) 한국 중앙은행 설립에 관한 방법 요강

1. 한국에 중앙금융기관을 창설하고, 이를 대한은행이라 칭한다.
2. 대한은행의 존립기간은 50년으로 한다.
3. 대한은행의 자본금을 1,000만 엔으로 하고, 이를 10만 주로 나누어 각 주식의 금액을 100엔으로 한다.
4. 전 항 주식 중 3/10, 즉 3만 주는 제일은행에서 선취권을 가지고, 4/10, 즉 4만 주는 한일 양국 정부에서 이를 인수하고, 그 잔액 3만 주는 대중에서 모집하는 것으로 한다.
5. 대한은행의 주식은 모두 기명식으로 하고, 한일 양국인 이외에는 양도하는 것을 허락하지 않는다.
6. 제일은행의 인수 주식 3만 주에 대해서는 10개년간 이익 배당 연 6분의 우선권을 부여해야 한다.
7. 대한은행 창립 시 제일은행은 법인으로서 주주가 되게 되고, 제일은행은 장래 필요하다고 인정하면 적당한 시기에 인수한 주식 금액에 상당하는 자본 감소의 수속을 행할 수 있도록 한다.

   자본 감소 방법은

   1) 감소 주식의 분배는 추첨으로써 이를 정한다.

   2) 감소 주식의 인출금은 대한은행 주권으로서 이를 충당한다.

   위는 간단한 편법에 지나지 않고, 그 실행은 물론 주주총회의 결의에 따라야 한다.
8. 역원은 총재 1인, 부총재 2인으로 정부가 이를 임명하고 그 임기를 5개년으로 한다. 이

사는 4인 이상으로 50주 이상을 소유한 주주 중에서 2배의 후보자를 선거하여 정부가 그중에서 이를 임명하고 그 임기를 5년으로 한다. 감사역은 3인 이상으로 주주총회에서 이를 선거하고 그 임기를 2개년으로 한다.

창립 최초의 이사와 감사역은 정부가 임명한다.

9. 대한은행에게는 은행권 발행의 특권을 부여한다.

은행권은 법화로써 무제한으로 통용할 수 있는 것으로 한다.

10. 은행권 발행 방법은 아래와 같다.
    1) 은행권은 통화로써 교환하는 것으로 한다.
    2) 정화 준비는 무제한으로 한다.
    3) 보증 준비는 1, 500만 엔으로 한도로 한다. 단, 1,500만 엔 중 1,000만 엔은 제일은행권을 소각함에 따라 점차 발행하는 것으로 한다.
    4) 제한 외 발행을 인정하고 여기에서 발생하는 이익은 정부가 명령하는 바에 따라 납부해야 한다.

11. 대한은행을 설립할 때 제일은행은 그 발행권에 관한 일체의 권리 의무를 정부에 인계하고, 정부는 대한은행으로 하여금 교환 사무를 취급게 해야 한다. 그 방법은 아래와 같다.
    1) 정화 준비(모든 발행액의 1/3) 및 보증 준비 중 한국 정부에 대한 채권은 전부 무상으로 인도해야 할 것.
    2) 기타 보증 준비에 관계되는 유가증권은 전부 이를 한국 정부에 인도해야 한다.
    3) 제일은행이 보증 준비에 관계된 유가증권 중 그것을 가지고 대한은행 주식 인수의 불입금액에 충당했을 때는 그 금액만큼은 대한은행 주식을 한국 정부에 담보로써 연기를 하게 할 수 있다.

(2) 제일은행권 정리에 관한 방법

본 안 외에 또한 아래의 방법이 있음.

제1안

1. 제일은행은 은행권 발행에 관한 일체의 권리 의무를 대한은행에 인계할 것.

2. 제일은행은 정화 준비 및 보증 준비 중 정부 대상금은 전부 무상으로 대한은행에게 인도할 것.
3. 보증 준비 중 전 항의 정부 대상금을 공제한 나머지 유가증권은 대한은행에서 준비가격으로써 이를 매수해야 한다.
4. 정부는 전 항의 매수금을 저리 또는 무이자로 대한은행에게 대부해야 한다.

제2안

1. 제일은행은 은행권에 관한 일체의 권리 의무를 정부에 인계하고, 정부는 대한은행으로 하여금 교환의 사무에 담당케 할 것.
2. 제일은행은 정화 준비 및 보증 준비 중 정부 대상금은 모두 무상으로 정부에 납부하게 할 것.
3. 보증 준비 중 전 항 정부 대상금을 공제한 나머지 유가증권은 정부에 제출하고, 남겨진 유가증권에서 발생하는 이익은 제일은행의 소득으로 한다.

점차 여기에 상당하는 금액을 정부에 납부하게 할 것.

제3안

1. 제일은행권 교환은 제일은행에서 자기의 처리로 할 것.
2. 전 항의 교환자금은 제1 정화 준비 총액, 제2 보증 준비, 기타 자산 중 어음 또는 증권 상환금, 유가증권 매각금 및 이식배당금 등으로 하고, 이것으로 부족할 경우에는 대한은행 또는 정부에서 저리로 자금을 대여할 것.

12. 대한은행을 설립했을 때 정부는 대한은행에 감리관을 두고 동 은행의 업무, 특히 은행권 발행 건을 감시케 해야 한다.
13. 이상의 방법에 따른 실행 수속은 아래와 같다.
    1) 한국 정부는 대한은행법을 제정할 것.
    2) 대한은행법 시행과 동시에 1905년(明治 38) 칙령 제73호를 폐지하고 새로이 이에 관한 칙령을 발포할 것.
    3) 정부는 제일은행에게 명령서를 하달할 것. 단, 사전의 협정을 필요로 함.

4) 한국 정부는 1905년(明治 38) 1월 31일 자 및 1906년(明治 39) 7월 23일 자로 제일은행과 체결한 화폐 정리에 관한 계약, 국고금 취급 위탁에 관한 계약 및 제일은행권에 관한 계약을 대한은행 설립과 동시에 해제하고 다시 본 안 실행에 관한 계약을 체결할 것.

5) 한국 정부는 제일은행권 정리에 관한 법률을 제정할 것.

6) 정부는 대한은행 설립위원을 두고 대한은행 정관 논의와 결정, 주주 모집, 창립총회 소집 등 설립에 관한 일체의 사무를 처리케 할 것.

7) 정부는 설립위원에게 하달해야 할 명령서를 조정 · 작성해야 한다.

14. 제일은행 지점은 이후 보통 상업은행으로서 그 업무를 계속하고, 한국 화폐 정리 국고금 취급 및 국채 사무는 모두 대한은행에게 인계, 이후 대한은행은 한국 정부에 대해서 직접 책임자가 되고, 제일은행은 대한은행의 대리점 또는 금고 출납역 대리자로서 그 사무 취급에 종사해야 한다.

상세한 것은 또한 정밀한 연구를 요한다.

(3) 대한은행법안

제1장 총칙

제1조 대한은행은 일본 상법 규정에 준거한 주식회사로서 그 본점을 경성에 둔다.

제2조 대한은행의 자본금은 1,000만 엔으로 한다. 단, 정부의 인가를 받아 이를 증가시킬 수 있다.

제3조 대한은행의 각 주식의 금액은 100엔으로 한다.

제4조 대한은행의 주식은 모두 기명으로 하고, 일한 양국 정부 및 일한 양국인에게만 한정하여 이를 소유할 수 있도록 한다.

제5조 대한은행의 존립기간은 창립총회 종료일로부터 50년으로 한다. 단, 정부의 인가를 받아 이를 연장할 수 있다.

제2장 역원

제6조 대한은행에 총재 1인, 부총재 2인, 이사 4인 이상, 감사역 3인 이상을 둔다.

제7조 총재는 대한은행을 대표하고 그 사무를 총리한다.

부총재는 총재에게 사고가 있을 때 그 직무를 대리하고 총재 결원 시 그 직무를 행한다.

부총재 및 이사는 총재를 보조하고 정관에 정한 바에 따라 대한은행의 업무를 분장한다.

감사역은 대한은행의 업무를 감사한다.

제8조 총재는 일본인으로 하고, 일본 정부가 이를 임명한다.

부총재의 경우 1인은 일본인으로 하고, 1인은 한국인으로 한다.

이사 및 감사역은 그 정원의 적어도 2/3를 일본인으로, 나머지는 한국인으로 한다.

부총재 및 이사 중 일본인은 일본 정부가 이를 임명하고, 한국인은 한국 정부가 이를 임명한다. 단, 이사는 50주 이상을 소유한 주주 중에서 주주총회에서 2배의 후보자를 선거해야 한다.

감사역은 30주 이상을 소유한 주주 중에서 주주총회에서 이를 선거한다.

총재 · 부총재 · 이사의 임기는 5년으로 하고, 감사역의 임기는 2년으로 한다.

제9조 총재 · 부총재 · 이사는 다른 직무 및 상업에 종사할 수 없다. 단, 정부의 인가를 받았을 때는 이 제한을 두지 않는다.

제3장 영업

제10조 대한은행은 아래의 사무를 영업하는 것으로 한다.

제1 일한 양국 정부가 발행한 단기증권 및 상업어음 할인 또는 매입

제2 일한 양국 정부가 발행한 국채증권 또는 양국 정부가 보증한 증권을 담보로 한 단기 대부

제3 정부가 지정한 일한 양국의 지방채증권, 사채권 주식 또는 외국 국채증권을 담보로 하고, 또 2인 이상의 확실한 보증인이 있는 단기 대부

제4 금은화 및 지금은을 담보로 하는 대부

제5 지금은 매매

제6 예금

제7 금은화, 귀금속 보석 및 증권 보호예치금

제8 평상시 거래를 약정한 상인을 위한 어음금 징수

위 이외에 정부의 인가를 받아 일한 양국 정부 또는 공사단체 발행의 국채증권, 지방채증권 및 권업채권, 흥업채권, 척식채권, 농공채권, 남만주철도회사사채권 또는 동양척식회사사채권을 매입케 할 수 있다.

제11조 대한은행은 본 법에 기재되지 않은 업무를 영업할 수 없다.

제12조 정부는 형편에 따라 대한은행으로 하여금 국고금 취급 및 화폐 정리 사무 취급을 하게 할 수 있다.

제4장 태환은행권

제13조 대한은행은 태환은행권을 발행할 수 있다.

제14조 태환은행권은 대한은행 본지점에서 영업시간 중 언제라도 통화로써 교환할 수 있다. 단, 지점에서는 본점에서 준비금이 도달할 시간까지 그 교환을 연기할 수 있다.

제15조 대한은행은 태환은행권 발행 총고에 대해 동액의 금화, 금은지금 및 일본은행 태환권을 두고 그 교환 준비에 충당해야 한다. 단, 은지금은 교환 준비 총액의 1/4을 초과할 수 없다.

전 항 준비에 의한 것 외에 대한은행은 1,500만 엔을 한도로 하여 일한 양국 정부가 발행한 국채증권 기타 확실한 증권 또는 상업어음을 보증으로 하여 태환은행권을 발행할 수 있다. 단, 주식회사 제일은행이 발행한 은행권의 통용기간 내에는 그 유통액을 뺀 잔액을 초과할 수 없다.

경제상의 상황에 따라 전 2항 이외에 다시 은행권 발행을 필요로 할 때는 정부의 인가를 받아 일한 양국 정부가 발행한 국채증권, 기타 확실한 증권 혹은 상업어음을 보증으로 하여 이를 발행할 수 있다. 단, 이 경우에는 정부가 정한 바에 따라 그 발행에서 발생하는 이익을 정부에 납부해야 한다.

전 2항 준비 종류 및 그 가격은 정부의 인가를 받아야 한다.

제16조 정부는 화폐 정리 경과 또는 금융 상황에 따라 필요하다고 인정될 때는 태환은행권 종류 및 발행고를 제한할 수 있다.

제17조 태환은행권 양식 및 종류에 대해서는 정부의 인가를 받아야 한다.

제18조 태환은행권은 한국 내에서 공사 일체의 거래에 무제한으로 통용하는 것으로 한다.

제5장 준비금

제19조 대한은행은 매 영업연도 준비금으로써 자본의 결손을 보충하기 위해 이익의 8/100 이상을 적립하고, 또 이익배당의 평균을 얻기 위해 이익의 2/100 이상을 적립해야 한다.

제6장 정부의 감독 및 보조

제20조 정부는 대한은행의 업무를 감독한다.

제21조 정부는 대한은행 감리관을 두고, 일본 정부가 임명한 감리관과 공동으로 대한은행의 업무를 감시케 한다.

대한은행 감리관은 언제라도 대한은행의 금고장부 및 제반의 문서물건을 검사할 수 있다.

대한은행 감리관은 필요하다고 인정할 때는 언제라도 대한은행에게 명령하여 영업상 제반의 계산 및 경황을 보고케 할 수 있다.

대한은행 감리관은 주주총회 기타 제반 회의에 출석하여 의견을 진술할 수 있다.

제22조 정부는 대한은행의 영업에 관해 감독상 필요한 명령을 할 수 있다.

제23조 대한은행은 정관을 변경하고자 할 때는 정부의 인가를 받아야 한다.

제24조 대한은행 대출금의 이율 및 할인율은 정부의 인가를 받아 이를 정해야 한다.

제25조 대한은행이 주주에게 배당금을 분배하고자 할 때는 정부의 인가를 받아야 한다.

제26조 정부는 필요하다고 인정할 때 태환은행권 발행고, 각종 대출금액 및 대출 방법을 제한할 수 있다.

정부는 필요하다고 인정할 때는 정관 변경을 명령할 수 있다.

제27조 대한은행이 법률 명령 또는 정관에 배치되거나 공익을 해칠 행위를 한 것으로 인정될 때는 정부는 인가를 취소하거나 업무 전부 또는 일부 정지를 명령하거나 역원을 해직할 수 있다.

제28조 일한 양국 정부는 각 200만 엔을 한도로 하여 대한은행의 주식을 인수해야 한다.

제29조 대한은행의 그 창립 초기 말일부터 10년간은 일한 양국 정부의 소유 주식에 대해 배당금 분배를 할 필요는 없다.

전 항의 연한 내에라도 이익 배당이 일한 양국 정부 이외의 주주의 불입금에 대해 연 10%의 비율을 초과할 때는 그 초과 금액은 총주식에 대해 다시 균등한 비율로 배당을 해야 한다.

제7장 벌칙

제30조 대한은행에서 아래의 사범이 있을 때는 총재·부총재·이사를 100엔 이상의 과료에 처한다. 단, 사범에 관련되지 않을 때는 이 제한을 두지 않는다.

1) 본 법에 의해서 정부의 허가 또는 인가를 받아야 할 경우에 이 인가를 받지 않았을 때

2) 제11조의 규정을 위반하여 본 법에 기재되지 않은 업무를 영업할 때

3) 제15조의 규정을 위반하여 태환은행권을 발행할 때

4) 제29조의 규정을 위반하여 이익금을 처분할 때

제31조 대한은행의 총재·부총재·이사가 제9조의 규정을 침범했을 때는 20엔 이상 200엔 이하의 과료에 처한다.

부칙

제32조 정부는 설립위원을 임명하고, 일본 정부가 임명한 설립위원과 공동으로 대한은행의 설립에 관한 일체의 사무를 처리케 할 것.

제33조 설립위원은 정관을 작성하고, 정부의 인가를 받은 후 주주를 모집해야 한다.

제34조 설립위원은 주주 모집을 마쳤을 때는 주식 신청 서류를 정부에 제출하고, 대한은행 설립 인가를 청해야 한다.

제35조 창립총회 종결 시 설립위원은 그 사무를 대한은행 총재에게 인도해야 한다.

제36조 제1기 이사 및 감사역은 주주총회의 선거에 의하지 않고 이를 임명한다. 기타 조건에 대해서는 제8조의 예에 따른다.

(4) 제일은행권 정리에 관한 법률안

제1조 주식회사 제일은행이 발행한 은행권 교환은 정부가 이를 인수한다.

제2조 은행권 통용기한은 연월일로 한다.

제3조 은행권을 소지한 자는 전 항 기일의 다음 날부터 기산한 만 5개년 이내에 교환을 정부에 청구해야 한다.

전 항의 교환기일을 지났을 때는 소지인은 교환의 청구를 할 수 없다.

(5) 제일은행권 인계에 관한 대장성의 예상

한국에서 제일은행이 소유한 은행권 발행권을 몰수하여 새롭게 이를 한국 중앙은행에 부여하고자 하면 제일은행이 현재 발행하고 있는 은행권 9백만 엔 상각 의무도 역시 이를 한국 중앙은행에 인계함이 지당하다.

정화 준비는 은행권 교환의 제1 기초이며, 제일은행에서 은행권 9백만 엔 상각의 의무를 한국 중앙은행에게 인계한 이상 동행은 그 교환의 제1 기초인 정화 준비 3백만 엔도 역시 바로 이를 한국 중앙은행에 인계해야 한다. 그렇지 않다면 한국 중앙은행은 교환 의무를 이행할 수단을 가질 수 없게 된다.

보증 준비도 물론 은행권 교환의 기초이지만 보통의 교환 이외 특별히 교환이 많아질 형세가 없는 한에는 보증물을 처분해야만 하는 경우가 발생하는 일은 거의 없다. 따라서 보증 준비에 의해 발행된 6,00만 엔에 관해서는 한국 중앙은행은 제일은행에 대해 그 변상을 유예하지 않을 수 없다. 한편에서 제일은행이 한국에서 중앙은행으로서의 임무를 수행했기에 정부의 명령에 따라 강제적으로 시설하고자 한 것을 보면 자본금 증가, 지점출장소 설치, 사무원 편성, 한국 정부에 대한 융통 등 사리(私利)를 생각하지 않고 공익을 위해 다한 바가 적지 않다. 근면히 노력한 바가 많아 경영이 점차 그 실마리가 풀려 동행은 지금 한국에서 영업상 해마다 50만 엔 이상의 이익을 거두는 경우에 이르고, 이 이익은 금후 영구히 이를 누려서 더욱더 이를 증진하고자 기대하기에 이르렀다.

금회 한국에서 새로이 특별히 중앙은행을 설립하고자 하는 논의가 발생함은 제일은행 측의 사정에서 기인한 것이 아니라 오로지 국가 지상의 필요 때문에 촉진된 것이라고 말하지 않을 수 없다.그러한 희생을 제공하여 이와 같은 이익을 올리고 있는 제일은행으로 하여금 그 기득의 지위를 박탈하여 이를 한국 중앙은행에 양도하게 하는 경우에는 제일은행으로 하여금 그 권리 의무 인계 시 가능한 한 고통을 적게 느끼도록 하고, 또 상당한 보상을 얻도록 함은 당연한 일이다. 그렇다면 보증 준비에 의해 발행한 6,00만 엔에 대해서는 제일은행이 상당한 기간을 기해 연부(年賦) 상환을 할 수 있도록 하고, 한국 중앙은행은 상환 여하에 따라 상환액에 해당하는 보증물을 반환하는 것으로 하는 방법이 쌍방 간 수수를 원만하게 하기에는 가장 적당한 것으로 해야 할 것이다.

혹은 한국 중앙은행은 은행권 발행의 특권을 부여하여 창설된 것임에도 불구하고 보증 준비에 의한 발행액 6,00만 엔의 연부(年賦) 상환을 허용할 때는 은행권 발행의 특권에 따른 열매를 가지지 못하게 된다는 주의에서 불가능하다는 의논도 발생할 수 있다.

그런데 한국 중앙은행은 제일은행으로부터 상환을 받는 것에 따라 상환액에 상당하는 은행권을 발행할 수 있을 뿐 아니라 9,00만 엔 이상의 은행권 발행이 필요한 경우에는 한국 중앙은행은 그 특권에 의해 은행권을 발행하여 이익을 취득할 수 있기에 이번 기회에 6,00만 엔의 연부(年賦) 상환을 허락하여도 그로 인해 발행은행인 본질이 손상되는 것은 아니다.

오직 보증 준비에 의한 발행총액 6,00만 엔에 대해 연부(年賦) 상환을 허락할 때는 별지의 손익계산 갑호에 보이는 바와 같이 새롭게 설립될 한국 중앙은행은 첫해에는 손실을 보고, 다음 해 및 3년도에서도 지극히 소액의 순익을 거둠에 지나지 않게 된다. 그런데 이와 같은 자본가를 유치하여 은행 창설에 열심히 할 수 없기에 6,00만 엔의 연부(年賦) 상환을 허락함과 동시에 신설 중앙은행이 상당한 이익을 거두기 위해서는 정부가 신설은행에 대해서는 어느 정도의 특수한 편익을 부여할 필요가 있다. 환언하면 민간주주는 최초 오직 1/4의 불입이 필요함에도 불구하고 정부 소유 주식 3,00만 엔에 대해서는 처음부터 전액 불입을 하도록 하고 민간주주에게 6분의 배당을 할 수 있을 때까지는 정부는 배당을 받지 않는 것으로 해야 한다. 이같이 한다면 별지 이익계산 을호에서 보인 바와 같이 민간주주는 설립 초년부터 연 6분의 비율의 배당을 받을 수 있다.

한국 정부로서는 위 3,00만 엔의 주식을 인수하여 일시에 이를 불입하거나 혹은 한국의 법률로써 한국 중앙은행을 설립하는 것도 가능하다. 단, 이 경우로 말하자면 일본 내지의 자본가가 한국 법률로써 설립하는 법인의 주식에 응모하는 것이 매우 적게 될 것을 각오하지 않으면 안 된다. 만약 위 3,00만 엔을 일한 양국에서 인수하여 일시에 불입을 하는 것이 편리하면 일본 정부에서 2,00만 엔까지 주식을 인수하는 것도 가능한 방법이다 단, 일본 정부가 인수한 주식의 불입에 대해서는 예산으로서 제국의회의 협찬을 받는 것을 필요로 한다. 불입에 대해 의회의 협찬을 필요로 하는 이상 오히려 은행 창설에 관한 그 일에 대해서도 일본 법률로써 이를 정해 의회의 협찬을 거치도록 해야 할 것이다. 그리고 일본 내지의 자본가는 매우 흔쾌히 일본 법률에 의해 설립될 법인의 주식에 응모할 수 있다.

일본 법률에 따라 설립된 일한합자로서 경영되는 은행은 일한은행으로 칭함이 가장 적당할 것이다. 혹은 그렇지 않다면 적어도 한국은행으로 칭하는 것이 타당할 것이다.

지금까지 서술한 것을 요약하면 아래와 같다.

1. 제일은행은 은행권 현재 발행고 900만 엔 소각의 의무를 한국 중앙은행에게 인계할 것.
2. 제일은행은 정화 준비 300만 엔을 무상으로 한국 중앙은행 성립과 함께 즉시 이를 인계할 것.
3. 제일은행은 보증 준비 600만 엔을 아래의 조건에 따라 중앙은행에 상환할 것.
   1) 금액 600만 엔
   2) 상환 16년 연부(年賦)
   3) 현재 보증 준비에 충당한 유가증권 등은 중앙은행에 대한 담보로 제공할 것. 단, 상환액에 따라 담보를 해제할 것.
4. 제일은행은 영업상 일체의 권리(화폐 정리자금 3백만 엔의 대상금은 제외) 의무를 한국 중앙은행에게 인계할 것. 또 권리에 부수하는 담보물 및 증빙서류는 모두 이를 인계할 것. 단, 중앙은행은 회수가 확실한 대출금에 대해서는 전 항 소각고에 대해서 해제해야 할 담보 유가증권(보증 준비 유가증권)을 유보시켜 그 보증에 충당할 것.
5. 제일은행은 영업용 토지·건물을 한국 중앙은행에게 인계하고, 중앙은행은 그 대가를 즉시 현금으로써 지불할 것. 여기에 소요되는 자금 120만 엔은 한국 정부에게 무이자로 융통할 것.
6. 한국 중앙은행은 제일은행의 현재 사용인을 모두 인계하여 고용할 것. 또 신원보증에 관한 일체의 권리 의무를 승계할 것.
7. 만약 제일은행에서 한두 개의 지점출장소 등을 존치함이 필요하면 한국 중앙은행은 영

업을 방해하지 않도록 노력할 것.

8. 한국 중앙은행에 관한 규정은 일본 법률로써 이를 정하고 일한은행 또는 한국은행으로 칭할 것.
9. 자본금 1,000만 엔 중 300만 엔은 정부 소유주로 하고 일본 정부 200만 엔, 한국 정부 100만 엔을 인수하는 것으로 한다.
10. 제1회 불입금은 1/4로 한다. 단, 정부 소유주는 전액 불입할 것.
11. 민간 소유주에 대해 연 6분의 배당을 할 수 있음에 이르기까지는 정부 소유주에 대해서는 배당을 하지 않는 것으로 한다(이하 각종 표는 생략).

(6) 한국은행 설립에 관한 사항 보고

1. 한국은 1909년(융희 3) 7월 26일 법률 제22호로써 한국은행조례를 발포하고, 곧 1909년(明治 42) 8월 16일 통감부는 고시 제70호로써 그 번역문을 공고함.
1. 1909년(융희 3, 明治 42) 8월 16일 한국은행에 관한 일한 양국 정부의 각서를 발포함.
1. 1909년(융희 3, 明治 42) 8월 17일 한국은행 설립위원장 및 위원 32명, 간사 2명 임명.
1. 1909년(융희 3, 明治 42) 8월 17일 한국은행 설립위원 사무소를 도쿄(東京)시 코지마치(麴町)구 나가타쵸(永田町) 2정목 19번지 대장대신 관사 내에 설치한다.
1. 1909년(융희 3, 明治 42) 8월 23일 설립위원회를 개최하고 아래의 사항을 의정한다.
    1) 의사규칙 및 사무장정안
    2) 정관안
    3) 취급점 계약서안
    4) 주주 모집 공고안

또한 위원장으로 하여금 상임위원 5명을 지정하게 한다.

1. 8월 24일 정관 인가를 대장대신에게 신청하고 25일 인가를 받음.
1. 8월 24일 주주 모집 사무 취급 방법에 대해 각 예정 은행과 계약의 교섭을 개시하고 8월 27일 이후 이 계약을 체결함.
1. 8월 24일 주식모집 공고를 관보 및 중요 신문지에 게재함.
1. 주주 모집 개시는 9월 6일 마감은 9월 12일로 정했는데, 응모가 크게 성황을 이루

어 6일 오전 10시 각 취급점의 보고에 따르면 이미 모집액을 초과함으로써 6일 오후 1시에 마감. 그 결과 응모 주식 수 2,035만 2,374주(그 가운데 일본 황실 1,000주, 한국 황실 1,000주), 신청 구수 4만 4,930구에 달하고 모집 주식 수의 292배에 이름.

1. 9월 18일 상임위원회를 개최하고, 일한 양 황실의 신청 주식은 특히 우선 모입(募入)[22]으로 취급할 것을 정하고, 다른 신청 주식 수에 대한 배분율은 3.3218/1,000으로 하고, 배분율의 결과 발생한 1주 이하의 단수는 이를 절삭하여 할당액을 정하는 것으로 의결.
1. 9월 23일 다시 상임위원회를 개최하고, 배분 결과 발생한 단수주(端數株)는 이를 301주 이하의 신청인, 즉 모입(募入) 이외의 신청인을 대상으로 추첨 배분하는 것으로 결정.
1. 10월 1일 위원장 및 상임위원이 입회한 다음 단수주에 대해 추첨을 집행하고 총주식의 할당을 확정하였다. 그 결과는 다음과 같다.

   한국 정부 인수주-3만 주

   내장두(內藏頭) 인수주-1,000주

   내장원경 인수주-1,000주

   역원 인수주-400주

   배분 할당주-61,981주

   추첨 배당주-5,691주

   합계-10만 주

   주주 인원-1만 377인

1. 10월 1일 모입 주식 수의 확정에 따라 한국은행 설립 인가신청서를 대장대신에게 제출하고 당일 그 인가를 받음.
1. 10월 1일부터 총 신청에 대한 신청 주식의 할당 방법 및 제1회 주금 불입의 통지를 발령함.
1. 10월 14일 제1회 주금 불입 종료, 다음 15일에 10월 29일 창립총회 개최의 뜻을 각 주주에게 통지함.

---

22 유가 증권 응모자 중에서 할당 받을 사람을 결정하는 일.

2) 한국 중앙은행 설립 제1차 관계 자료(1907년경)

(1)

제1안 한국 중앙은행 설립에 관한 방법

1. 한국에 중앙금융기관을 창설하고, 이를 대한은행이라고 칭한다.
2. 대한은행의 존립기간은 20년으로 한다. 단, 주주총회의 결의에 따라 정부의 허가를 받아 이를 연장할 수 있다.
3. 대한은행의 자본금을 1,000만 엔으로 하고, 이를 10만 주로 나누어 각 주식의 금액을 100엔으로 한다.
4. 전 항 주식 중 3/10, 즉 3만 주는 제일은행에서 선취권을 가지고, 3만 주는 일한 양국 정부에서 이를 인수하고, 그 잔액 4만 주는 공중(公衆)에서 모집하는 것으로 한다.
5. 주주총회에서 주주의 의결권은 주식 수 10개당 1개로 하고, 11주 이상은 50주를 증가할 때마다 1개를 추가한다. 단, 11주 이상의 제한은 일한 정부의 소유 주식에는 적용하지 않는다.
6. 대한은행의 주권은 모두 기명식으로 하고, 일한 양국인 이외에는 양도하는 것을 허용하지 않는다.
7. 제일은행의 인수 주식 3만 주에 대해서는 10년간 이익 배당 연 6분의 우선권을 부여해야 한다.
8. 전 각 항의 방법에 따르면 대한은행 창립 시 제일은행은 법인으로 하여 주주로 되는 것으로 제일은행은 장래에 필요하다고 인정될 때는 적당한 시기에서 인수한 주식 금액에 상당하는 자본 감소의 수속을 행함을 방해하지 않는다.

   자본 감소의 방법은

   1) 감소 주식의 분배는 추첨으로써 이를 정한다.

   2) 감소 주식의 인출금은 대한은행 주권으로서 이를 충당한다.

   위는 간단한 편법을 보임에 지나지 않는다. 그 실행은 물론 주주총회 결의에 따라야 한다.
9. 대한은행의 총재·부총재는 각 1인으로 하고, 정부가 이를 임명하고 그 임기는 5년으로 한다. 이사는 3인 이상으로 100주 이상을 소유한 주주 중에서 2배의 후보자를 선거하

여 정부가 그중에서 임명하고 그 임기는 3년으로 한다. 감사는 3인 이상으로 주주총회에서 이를 선거하고 그 임기를 2년으로 한다.

창립 처음의 이사는 정부가 이를 임명한다.

10. 총재 및 이사는 재임 중 다른 직무 및 상업에 종사하는 것을 허용치 않는다. 단, 주무대신의 인가를 받았을 때는 이 제한을 두지 않는다.

11. 대한은행에게 은행권 발행의 특권을 부여해야 한다.

    은행권은 법화로서 무제한으로 통용해야 하는 것으로 한다.

    은행권 발행의 특권에 대해서는 장래 특별한 의무를 부담할 것을 유보할 수 있다.

12. 은행권 발행 방법은 아래와 같다.

    1) 은행권은 통화로써 교환하는 것으로 한다. 단, 가능한 한 한국 및 청국과 러시아의 산금을 흡수 축적하여 제일은행권의 회수 소각을 마칠 때까지 금화 태환의 기초를 세워 준비의 독립을 도모해야 한다.

    2) 정화 준비는 무제한으로 한다.

    3) 보증 준비는 1,500만 엔을 한도로 한다. 단, 1,500만 엔 중 1,000만 엔은 제일은행권을 소각하는 것에 따라서 점차 발행하는 것으로 한다.

    4) 시장의 상황에 따라 정부의 인가를 받았을 때는 전호의 제한을 초과하여 발행할 수 있다. 이 경우에는 그 초과 발행고에서 발생하는 이익(제조비 기타의 모든 비용을 공제한 것)은 모두 정부에 납부해야 한다.

    5) 정화 준비, 보증 준비의 종류 및 가격 산정 방법 등은 대체로 제일은행권의 예에 근거하는 것으로 하고, 여기에는 생략한다.

13. 대한은행을 설립할 때는 제일은행은 그 발행권에 관한 일체의 권리 의무를 대한은행에게 인도해야 한다. 그 방법은 아래와 같다.

    1) 정화 준비 및 보증 준비 중 한국 정부에 대한 대부에 관계되는 3백만 엔은 모두 무상으로 인도해야 할 것.

    2) 보증 준비에 관계된 유가증권 중 제4항에 의한 인수 주식의 불입금액에 상당하는 액수는 준비가격으로 해당 불입금에 충당해야 한다. 단, 이 경우에서 제일은행권 보증 준비에서 빠지는 금액은 일시 대한은행 주권으로써 이를 보전할 수 있다.

3) 귀하 2항에서 공제한 잔여 유가증권은 이를 담보로 하여 대한은행에서 은행권 교환기금으로써 저리로 10년간 연부(年賦) 상환 방법에 따라 차입을 행할 것. 단, 제일은행 경성지점은 매년 이익금 중에서 특별적립금을 하여 그 액수 35만 엔에 달하는 것으로써 이를 은행권 소각금에 충당할 때는 그 액수만큼은 차입금을 감해야 한다.

14. 전 항의 수속을 마쳤을 때는 정부는 이번 제일은행에서 발행한 은행권은 모두 대한은행에게 인계함에 대해 이때부터 해당 은행권은 대한은행에서 언제라도 이를 교환함에 있어 의심의 여지 없이 통용케 할 뜻을 고시하고, 대한은행 및 제일은행 역시 그 뜻을 공고해야 한다.

15. 대한은행이 제일은행권의 인계를 받았을 때는 영업상 수입하는 제일은행권은 바로 이를 소각하여 재발행이 허용되지 않는 것을 알지 못하거나 인식하지 못하는 기간에 신구은행권으로 교체하고자 할 때는 금융상 동요를 일으키지 않도록 원활한 효과를 거두어야 한다.

이같이 수년을 경과하여 제일은행권으로 교환되지 않은 잔고가 근소하여 산실(散失)된 액수로 인정해야 할 정도가 되었을 때는 정부의 허가를 얻어 교환 기간을 공고하고, 해당 기한 후에 교환되지 않은 잔고는 대한은행의 소득에 귀속해야 한다.

16. 대한은행을 설립할 때 정부는 대한은행 감리관을 두고 동 은행의 업무, 특히 은행권 발행 건을 감시하도록 해야 한다.

17. 이상의 방법에 의한 실행 수속은 다음과 같다.

1) 1905년(明治 38) 법률 제47호에 의해 칙령으로써 대한은행조례를 제정할 것.

2) 정부는 제일은행에 명령서를 하달할 것. 단, 미리 협정을 필요로 한다.

3) 대한은행조례 시행과 동시에 1905년(明治 38) 칙령 제73호를 폐지할 것.

4) 정부는 대한은행 설립위원을 두고 대한은행 정관의 논의와 결정, 주주 모집, 창립총회 소집 등 설립에 관한 일체의 사무를 처리케 할 것.

5) 대한은행 설립 비용은 정부가 이를 지불해야 하는데, 이에 대해서는 미리 예산을 조절하여 작성하여야 한다. 단, 급히 시행해야 할 경우에는 예비금의 지출을 바랄 것.

6) 정부는 설립위원에게 하달해야 할 명령서를 조정 작성해야 한다.

18. 제일은행 지점은 이후 보통 상업은행으로서 그 업무를 계속하고, 한국 화폐 정리 국고

금 취급 및 국채 사무는 모두 대한은행에게 인계한 후 대한은행은 한국 정부에 대해서 직접 책임자로 되고, 제일은행은 대한은행의 대리점 또는 금고출납역 대리자로 그 사무 취급에 종사해야 한다.

이상은 방법의 개요를 진술한 것에 지나지 않고 그 세목에 관련해서는 본 안 결정상 다시 실정을 자세히 조사하여 밝혀야 할 것이다.

제2안 일본은행 지점 설치 방법

1. 일본은행으로 하여금 한국 경성에 지점을 설치하게 한다.
2. 지점이 필요한 지역으로 인정될 때는 경성 이외에 지점 또는 출장소를 설치케 할 수 있다. 단, 은행권 발행 및 업무의 통일을 도모하기 위해 경성지점을 총괄점으로 하여 다른 지점 출장소를 총괄 감독케 해야 한다.
3. 일본은행은 지점의 감독역으로서 이사 중 1인을 한국 경성에 주재시켜야 한다.
4. 일본은행 한국 지점은 한국 내는 물론 청국과 러시아 지방의 산금을 흡수·축적하여 가능한 한 정화 준비의 독립을 도모해야 한다.
   독립준비금은 본점의 정화 준비 이외에 두어야 한다.
5. 일본은행 한국 지점은 본점이 발행한 은행권을 통화로 간주하여 금은 재고에 산입(算入)할 수 있다. 단, 그 금고(金高)는 1,000만 엔(제일은행권의 인계고를 표준으로 함)에 한정하고, 만약 그 제한을 초과할 때는 그 초과 금액에 해당하는 독립준비금을 본점의 정화 준비에 조입해야 한다.
6. 일본은행 경성지점은 사변 또는 시장의 수요에 따라 또는 손상된 은행권의 교환에 응하기 위해 예비권을 보유하도록 할 수 있다.
   전 항의 예비권을 발행할 경우에는 손상된 은행권 교환 이외는 모두 본점의 허가를 받아야 한다. 단, 본점의 명령에 따를 시간이 없을 때는 독립준비금에 상당하는 액수만큼을 발행한 후 바로 이를 본점에 보고해야 하고 이를 회수할 때에도 역시 동일하다.
7. 제일은행권은 일본은행 경성지점에 인계해야 한다. 그 방법은 아래와 같다.
   1) 정화 준비 및 보증 준비 중 한국 정부에 대한 대출금은 무상으로서 인계할 것.

2) 귀하 항 이외에 보증 준비로써 발행한 액수에 대해서는 그 준비에 관계되는 유가증권을 담보로 하여 일본은행으로부터 무이자로 소각기금을 빌려 받아야 한다. 그 상환기한은 5개년(일본은행의 존립기간)을 1기로 한다.

8. 일본은행은 영업상 수입한 제일은행권은 바로 이를 소각하여 재발행을 허락하지 않는다. 이같이 전 항의 제1기를 경과했을 때 교환되지 않은 잔고가 근소하여 산실(散失) 된 금액으로 간주해야 할 정도에 이를 때까지는 정부의 허가를 얻어 교환기한을 공고하고, 해당 기한 후에는 교환의 책임을 면하는 것으로 한다.

9. 제일은행권을 일본은행 한국 지점에 지참하여 교환을 청구하고자 할 때는 일본은행권으로 이를 교환해야 한다. 특히 통화를 특정하여 교환을 청구하여도 일본은행은 이에 응할 의무가 없는 것으로 한다.

10. 저당 및 보증품의 종류 기타 사업상 한국의 재정 경제상 적응해야 할 필요조건이면서 일본은행조례 및 정관에 준거하기 어려운 것은 1905년(明治 38) 법률 제47호에 의해 특별한 규정을 둘 수 있다.

11. 제일은행 지점에서 종래 취급한 한국의 화폐 정리 국고금 및 국채 사무는 일본은행으로 옮기고, 일본은행은 한국 정부에 대해서 직접의 책임을 진다. 이후 제일은행 한국 각 지점출장소는 일본은행의 대리점 또는 금고출납역 대리자로 하여금 그 사무 취급에 종사하게 한다.

12. 통감부 고등관 중에서 일본은행 감리관을 두고 지점의 업무를 감시케 할 수 있다.

13. 이상의 방법에 따른 실행의 수속은 대체로 아래와 같다.

1) 정부는 일본은행 및 제일은행에게 명령서를 하달할 것.

2) 일본은행과 제일은행 사이에 은행권 교환의 계약서를 체결할 것.

이상은 사전 협정을 필요로 한다.

3) 일본은행이 제일은행권의 교환 사무를 처리하는 것에 대해서는 단행법 발포를 필요로 할 것.

4) 1905년(明治 38) 칙령 제73호를 폐지할 것.

5) 필요하다고 인정될 때는 1905년(明治 38) 법률 제47호에 의해 특별한 규정을 둔다.

위의 그 개요를 진술하는 것으로 됨.

(2) 미즈마치 대장차관이 사카타니 대장대신에게 보낸 설명서

한국은행에 관한 건

별지안은 대장성의 논의를 거친 것이 아니라 오직 아라이(荒井) 탁지부 차관과 쇼다(勝田) 국장 사이에서 상담한 안으로써 아라이는 이 안을 참고로 하여 1~2일 중에 의견을 제출할 것으로 이 중 중앙은행 관계분은 제1안도 실행이 매우 곤란함이 있는데, 물론 연구 결과는 혹은 현상유지(물론 개혁을 가해서) 또는 엄중한 조건을 정해서 일본은행 출장소로 변화하는 것도 있음. (후략)

23일

대신각하 미즈마치 게사로쿠(水町袈裟六)

3) 제일은행 자료

(1) 한국 중앙금융기관 설치안

한국 재정 정리의 필요상 지난 1905년(明治 38) 1월 한국 정부는 계약을 맺어 제일은행을 한국 국고 은행으로 삼음과 동시에 그 발행에 관계된 태환은행권을 무제한으로 통용하게 하는 것을 공인하였다. 또 제국 정부는 1905년(明治 38) 법률 제47호 칙령에 근거하여 제일은행의 한국에서의 업무에 관한 규정을 설치, 태환은행권 발행을 인정하고 이로써 제일은행은 한국의 중앙은행의 지위에 서서 해당국 금융 및 재정상 가장 중요한 국가적 기관의 활동을 맡는 것이 되었다.

이같이 일개 사립은행이 국가 재정상의 중추기관이 되는 것이 적당하지 않다는 것은 이미 당시에도 정설이었다 하더라도 한국 정부의 재정을 정리하는 것이 매우 시급히 필요했기에 신설 중앙은행을 창립하는 것을 서두르지 않고 잠시 당 은행에게 의뢰함을 득책으로 하여 그 결점을 보완하기 위해 정부는 당 은행의 한국에서의 업무에 관한 개요에 다음과 같이 제한을 가하였다.

1. 한국의 업무에 관해서는 경성에 있는 지점을 총지점으로 하고 모두 여기에서 총할할 것.

2. 제일은행권 소지자는 한국 내 제일은행의 재산에 대해 선취 특권을 가질 것.
3. 한국의 업무는 정부가 이를 감독한다. 정부는 감리관을 임명하여 한국 총지점에 대해 그 업무를 감독하게 한다.
4. 정부는 명령을 내려 제일은행에 대해 오로지 한국 중앙은행이라는 마음가짐을 가지고 업무에 종사해야 할 것을 훈령한다.

그런데 중앙은행이라는 것은 태환권 발행의 특권을 가지고, 국고금 출납을 장악함으로써 한 나라 금융의 중추를 장악하고, 국가 재정상 중요한 협찬을 하여 금융의 처리 및 정리를 맡고, 국내외 무역의 발달에 이바지하는 것 등이 그 주요 임무이면서 이렇게 함으로써 비로소 가장 중요한 국가기관이 될 수 있게 된다. 이 때문에 각국의 실례에 비추어 보면 중앙은행에 대해서는 특별한 법규로써 이를 조직하여 정부의 엄중한 감독하에 두고, 은행 중역은 정부가 임명하고, 업무에 대해서는 엄중한 제한을 가하고, 또 그 중역이 다른 업무에 관여하는 것을 제한하는 등 은행의 확실한 안정과 견고함을 계획하고, 또 은행권 발행은 굳건한 국가의 권리이기 때문에 이 특권을 부여하는 것에 대해서는 그 이익의 얼마를 국가에 제공케 하는 등은 각국 모두 그 방향을 하나로 하는 점이다.

반대로 한국에서의 제일은행의 제도를 보면 실로 다음과 같은 결점이 있다.

1. 제일은행의 업무에 대해서는 정부는 엄밀한 감독권이 없다.
   정부의 감독은 겨우 한국 내 업무만을 대상으로 하고 있어서 제일은행 업무의 대부분을 차지하는 그 본점 및 재일본 각 지점의 업무에 대해서는 어떤 특별한 감독을 할 수 없다. 따라서 정부는 당 은행의 확실한 안정과 견고함을 보증할 수 없는 것으로 되었다.
2. 제일은행에 대해서는 단지 한국 내 업무에 대해서만 정부는 인가권을 가지고 제한을 가할 수 있다 하더라도 일본에서의 영업에 대해서는 하등의 제한이 없다.
3. 정부는 국채 모집, 기타 재정상에 관한 중앙은행의 자금력에 기대는 것이 매우 크고, 이렇게 함으로써 비로소 경륜을 용이하게 쌓을 수 있다. 그런데 제일은행은 일개 사립은행으로서 주로 그 이익을 꾀하는 것을 우선시하여 국가 경제의 대세에 비추어 급함이 없고, 특히 한국과 전연 경제 사정을 달리하는 본점의 통제를 받기 때문에 정부는 그 협

력을 거의 의뢰할 수 없는 감이 있다.

4. 중앙은행의 견고를 계획하고, 또 이로써 공익을 다하기 위해 정부는 그 중역을 임면하는 권리를 가지는 것이 일반적이다. 그런데 제일은행의 중역에 대해서는 정부는 선임의 권한을 가지지 못하고 또 처벌의 규정이 없다.
5. 제일은행은 한국 경제 및 재정상 중요한 기관임에도 불구하고 한국 정부는 그 업무에 관해 지휘 감독의 권한이 없다.
6. 은행권 발행의 특권에 대해서 어떤 이익을 제공하도록 하는 규정이 없고 또 이익을 제한할 방법이 갖추어지지 않았다.
7. 중앙은행 중역은 은행 업무에 전심을 다하기 위해 다른 업무에 관여함을 허락하지 않는 것을 통례로 한다. 그런데 제일은행의 중역은 어떠한 제한도 받지 않고 있다.

이상 서술한 바의 결점은 중앙금융기관으로서 근본적으로 부적당하다는 것을 표명하는 것으로써 현재에 이르기까지는 과실이나 실수가 없다 하더라도 이미 은행권 발행액이 1,200만 엔에 달하고 가까운 장래에 한국의 경제 및 재정의 진보는 반드시 현저해질 것이기에 만약 중앙금융기관의 제도로써 발전되지 않을 때는 금융 처리 및 정리, 산업 장려, 재정 정리에 관해 중대한 장애로 되고 있다. 특히 일개 사립은행의 손실이 바로 중추기관의 존망을 초래할 수 있는 것과 같은 위험한 제도는 장래의 경제 및 재정에 비추어 간과할 수 없다. 이번 기회에 다소의 곤란함은 배척하고 국가 백 년의 대계상 이의 혁신이 필요하다고 인정된다.

<한국 중앙금융기관 설치안>

새로운 한국 중앙은행이 될 대한은행을 설립하여 은행권 발행의 특권을 부여하고 종래의 제일은행권 교환의 의무를 이행하게 한다. 또 제일은행에 대해서는 은행권 발행의 특권을 몰수하고 이에 대한 보상으로 상당한 이익을 부여하고 장래에 보통은행으로서 그 영업을 계속하게 함에 있다.

위 방침에 따라 아래의 요목을 게재한다.

1. 1905년(明治 38) 법률 제47호에 따라 칙령으로써 대한은행조례를 정할 것. 그 요령은 다음과 같다.

(1) 자본금 1,000만 엔 10만 주로 나누어 1주의 금액을 100엔으로 하고 존립기간을 50개년으로 한다.

(2) 3만 주는 한국 정부에서 인수할 것(단, 일본 정부 재정상 편의에 따라 그 절반까지 인수할 것)

(3) 3만 주는 제일은행이 우선적으로 인수할 권리를 인정할 것.

또 이 주식에 대해서는 10개년 간 이익 연 8분의 우선권을 부여할 것.

주주는 일한 양국 정부 및 그 신민에 한정할 것.

(4) 총재·부총재·이사는 정부가 임명 또는 찬임(撰任)한다. 감사는 주주총회에서 찬거(撰擧)한다.

부총재, 이사 및 감사 각 1명은 한국인으로 할 필요가 있다.

총재·부총재의 임기는 5개년, 이사는 3개년, 감사는 2개년으로 한다.

총재·부총재·이사는 다른 업무 또는 상업에 종사하는 것을 제한한다.

(5) 영업의 종류를 한정하고 또 영업상 필요 또는 채무 변제를 위해 인수한 것 외에 동산 또는 부동산을 매입할 수 없도록 한다.

(6) 은행권 발행의 특권을 부여한다.

보증 준비발행액을 2천만 엔으로 한다.

정화 및 보증 준비 방법은 제일은행의 제도와 동일하게 할 것.

일반주주의 배당이 연 6분이 되지 않을 기간에는 일본 및 한국 정부의 소유주에 대해서는 이익의 배당을 하지 않을 것.

(7) 제국 정부의 감독을 받는 것 외에 한국 정부의 지휘·감독을 받게 할 것.

제국 정부의 인가를 받아야 할 사항은 한국 정부의 인가를 받을 것을 필요로 할 것.

한국 정부가 감독을 하는 방법에 대해서는 제국 정부와 협상을 통해 이를 정할 것.

대한은행 감리관을 두고 은행의 업무를 감독 검사하게 할 것.

감리관은 제국 정부 및 한국 정부 공동으로 하여 이를 임명하고, 탁지부에 근무하는 통감부 고등관으로 이에 충당할 것.

(8) 한국 정부에 대한 의무는 다음과 같다.

① 국고금 및 국채 원리금 출납을 위해 한국 내에서 하는 것은 무상으로 취급케 할 것.

② 보증 준비 제한을 초과하여 은행권을 발행할 필요가 있을 때는 정부가 정한 바에 따라 발행액에 대해 연 5분 이상의 발행세를 납부하게 할 것.

③ 주주에 대한 이익배당이 연 8분 이상이 될 때는 그 초과액의 1/2은 한국 정부에 납부해야 한다.

전 항의 납부를 했음에도 또 이익 배당이 연 1할을 초과할 때는 그 초과액의 3/4은 한국 정부에 납부해야 한다.

④ 화폐 정리자금에 충당하기 위해 금 250만 엔까지를 무이자로써 또 금 100만 엔까지를 이율 연 4분으로써 한국 정부에 대부할 것.

2. 제일은행과의 관계에 대해서는 아래와 같이 할 것.

(1) 제일은행의 우선 인수에 관계된 3만 주의 불입에 대해서는 제일은행은 은행권의 보증 준비에 충당할 유가증권으로서 충당할 수 있다. 위 유가증권의 가격은 실제 불입하기 전 2개월 간의 평균 시세에 따른다.

(2) 대한은행 설립과 동시에 제일은행은 그 발행과 관련된 은행에 관한 일체의 권리 의무를 대한은행에게 인도할 것.

① 정화 준비 및 보증 준비를 모두 무상으로 인도할 것.

② 제일은행권은 제일은행 각 지점 및 대한은행 각 지점에서 교환하는 것으로 한다. 단, 제일은행 기타 각 지점에서는 대한은행에서 준비가 도달할 때까지 기간은 유예할 수 있다.

제일은행권으로서 대한은행 및 대한은행 각 지점 및 제일은행에서 회수한 것은 다시 발행하지 않는다.

(3) 대한은행은 상당한 담보에 대해 금 200만 엔까지를 한해 연 3분 5리의 이자, 상환기한 10개년으로 제일은행에게 대부할 의무가 있는 것으로 한다.

(4) 화폐 정리 사무, 국고금 취급 사무는 대한은행에게 이전한다.

(5) 제도 변경에 따라 자연히 폐쇄가 필요한 제일은행의 지점 또는 출장소 기타 필요하지 않게 된 토지·건물이면서 대한은행의 업무에 필요한 것은 상당한 평가로써 이를 대한은행이 양수할 수 있다. 단, 지점 또는 출장소에 관해서는 대한은행이 그 손

실을 보상하여 제일은행에 대해 영업의 계승을 청구하는 것이 가능하다.

(6) 제일은행권은 자연스러운 회수에 맡겨 4,~5년 후에 정부는 그 교환 시기로 적당한 때를 택해 통용기한을 정하고, 회수하도록 하여 일반 인민에게 조금의 의혹도 일어나지 않도록 할 필요가 있다.

(2) 대한은행조례

제1장 총칙

제1조 대한은행은 주식회사로서 그 본점을 한국 경성에 둔다.

제2조 대한은행은 정부의 인가를 받아 필요한 지역에 지점·대리점을 설치하거나 다른 은행과 '코레스폰던스(correspondence)'를 체약할 수 있다.

정부에서 지점·대리점을 필요로 할 때는 은행에 명령해 이를 설치케 할 수 있다.

제3조 대한은행의 자본금은 1천만 엔으로 하고, 이를 10만 주로 나누어 1주의 금액을 100엔으로 한다.[23]

제5조 대한은행의 주식은 모두 기명으로 하고, 일한 양국 정부 및 일한인에 한정해 이를 소유할 수 있도록 한다.

제6조 제국 정부 및 한국 정부는 대한은행의 주식 중 3만 주를 한도로 하여 우선적으로 이를 인수할 수 있다.

주식회사 제일은행은 3만 주를 한도로 하여 동일하게 우선적으로 인수할 수 있다.

제7조 전 조 제2항에서 주식회사 제일은행이 인수한 주식에 대해서는 창립 초기의 말일로부터 10개년간은 이익배당 연 8분의 우선권을 부여하는 것으로 한다.

제2장 중역

제8조 대한은행에 총재·부총재 각 1인, 이사 3인 이상, 감사 3인 이상을 둔다.

제9조 총재는 대한은행을 대표하고 그 사무를 총리한다.

부총재는 총재를 보좌하고, 총재 사고 시 그 직무를 대리하고 총재 결원 시 그 직무

---

23 원문에는 제4조가 없음.

를 행한다.

이사는 총재를 보좌하고 정관이 정한 바에 따라 대한은행의 업무를 분장한다.

감사는 대한은행의 업무를 감사한다.

제10조 총재 및 부총재는 100주 이상을 소유한 주주 중에서 정부가 이를 임명하고 그 임기는 5개년으로 한다.

이사는 100주 이상을 소유한 주주 중에서 주주총회에서 선거한 2배의 후보자 중에서 정부가 이를 임명하고 그 임기는 3개년으로 한다. 단, 창립 초기의 이사는 정부가 임명한다.

제11조 부총재 및 이사 1인은 한국인으로 할 것을 필요로 하고, 제국 정부 및 한국 정부가 이를 임명한다.

감사 중 1인은 한국인으로 충당한다.

감사는 50주 이상을 소유한 주주 중에서 주주총회에서 이를 선임하고 그 임기는 2개년으로 한다.

제12조 총재·부총재·이사는 어떠한 명칭에도 불구하고 다른 직무 및 상업에 종사할 수 없다. 단, 정부의 인가를 받았을 때는 그러하지 아니하다.

제3장 주주총회

제13조 통상 주주총회는 매년 2회 정관이 정한 시기에 총재가 이를 소집한다.

제14조 임시 주주총회는 임시 사항을 의논하기 위해 언제라도 총재가 이를 소집할 수 있다.

제15조 감사의 전원 또는 총주식 금액의 1/5 이상에 상당하는 주주는 회의의 목적을 제시하여 임시 주주총회 소집을 총재에게 청구할 수 있다.

총재는 전 항의 청구를 받은 때는 임시 주주총회를 소집해야 한다.

제16조 주주총회에서 주주의 의결권은 그 소유 주식 수 10주까지를 의결권 1개로 하고, 11주 이상 50주까지 증가할 때마다 의결권 1개를 추가한다. 단, 일한 양국 정부의 소유 주식은 10주당 의결권을 1개로 한다.

제17조 주주총회에서는 주주는 의결권을 가진 주주 이외에 대리를 위탁할 수 없다. 단, 법정대리인은 그러하지 아니하다.

제4장 영업

제18조 대한은행은 아래의 업무를 영업하는 것으로 한다.

제1 환어음, 기타 상업어음 할인

제2 평상시 거래하는 제 회사 은행 또는 상인을 위한 어음금 징수

제3 환 및 하환(荷換)

제4 확실한 담보가 있는 대부

제5 제 예치금 및 당좌대월 감정

제6 금은화, 귀금속 보석 및 제 증권의 보호예치

제7 지금은 매매 및 화폐 교환

제8 타 은행 업무 대리

위 이외에 정부의 형편에 따라 국채증권, 지방채증권, 기타 정부가 지정한 확실한 유가증권을 매입할 수 있다.

제19조 대한은행은 영업을 위해 필요한 물건을 매입하거나 채무변제를 위해 인수한 물건을 소유하는 것 외에는 동산 및 부동산을 매입할 수 없다.

제20조 대한은행은 한국 내에서는 한국 정부의 국고금 및 국채원리금 출납에 관계된 사무를 무상으로 취급할 의무가 있는 것으로 한다.

한국 내에서의 제국 정부에 속한 국고금 취급에 대해서도 역시 동일하다.

제21조 대한은행은 본 법에 기재되지 업무는 영업할 수 없다. 단, 정부의 명령에 기반한 경우에는 그러하지 아니하다.

제5장 은행권

제22조 대한은행은 권면 금액 1엔 이상의 은행권을 발행할 수 있다. 단, 은행권 양식 및 종류에 관해서는 정부의 인가를 받아야 한다.

전 항의 은행권은 대한은행 본점 및 한국 지점에서 영업시간 중 언제라도 일본국 혹은 한국의 통화와 교환할 수 있다. 단, 지점에서는 본점에서 준비금이 도달할 시간까지 그 교환을 연기할 수 있다.

제23조 대한은행은 은행권 발행고에 대해 동액의 금화, 지금은 및 일본은행 태환권을 두

고 그 지불 준비에 충당해야 한다. 단, 은지금은 교환 준비 총액의 1/4을 초과할 수 없다.

전 항 준비에 의한 것 외에 특별히 2,000만 엔을 한도로 국채증권 기타 확실한 증권 또는 상업어음을 보증으로 하여 은행권을 발행할 수 있다. 단, 본 항 2천만 엔 중 1천만 엔은 주식회사 제일은행권의 소각고를 한도로 하여 점차 발행하는 것으로 한다.

전 2항의 제한을 초과하여 은행권 발행이 필요할 때는 정부의 인가를 받아 국채증권, 기타 확실한 증권 혹은 상업어음을 보증으로 하여 이를 발행할 수 있다. 이 경우에는 한국 정부의 명령에 따라 1개년 5/100를 이상의 비율로써 발행세를 한국 정부에 납부해야 한다.

제24조 대한은행은 화폐 정리자금에 충당하기 위한 금 250만 엔을 무이자로 금 100만 엔은 이율 연 4분으로 한국 정부에 대부해야 한다.

전 항의 대부금 상환 연한 및 매년의 상환금액 등은 한국 정부가 정한 바에 근거해야 한다.

제25조 대한은행에서 발행한 은행권은 한국 내에서는 공사의 거래에 무제한으로 통용하는 것으로 한다.

제26조 은행권 소유자는 대한은행의 재산에 대해 선취 특권을 가진다.

제27조 대한은행은 은행권 발행액 및 지불 준비에 관한 매주 평균고표(平均高表)를 신문지 기타의 방법으로 한국에 공고해야 한다.

제6장 준비금 및 이익배당

제28조 대한은행은 매 영업연도 준비금으로 자본의 결손을 보충하기 위해 이익의 5/100 이상을 적립하고, 또 이익배당의 평균을 얻기 위해 이익의 2/100 이상을 적립해야 한다.

제29조 전 조의 적립금을 공제한 잔액을 주주에게 배당한다.

주주에 대한 이익 배당은 불입자본에 대해 연 8분을 초과할 때는 그 초과액의 1/2을 한국 정부에 납부하고 그 잔액을 다시 배당해야 한다.

주주배당금이 불입자본에 대해 연 1할을 초과할 때는 해당 초과액의 3/4을 한국 정부에 납부해야 한다.

제7장 정부의 감독 및 보조

제30조 정부는 대한은행의 업무를 감독한다.

대한은행은 제국 정부의 감독을 받는 것 외에 한국 정부의 지휘·감독을 받아야 한다.

한국 정부가 감독을 하는 방법에 대해서는 제국 정부와 협상을 통해 이를 정한다.

제31조 본 조례에서 정부의 인가를 받아야 할 사항에 대해서는 대한은행은 한국 정부의 인가를 받는 것을 필요로 한다.

제32조 대한은행은 그 정관을 변경하고자 할 때는 정부의 인가를 받아야 한다.

제33조 대한은행은 주주에게 배당금을 분배하고자 할 때는 정부의 인가를 받아야 한다.

제34조 정부는 필요하다고 인정할 때는 은행권의 종류, 발행고, 대부, 할인 금액 및 방법 또는 그 이자율, 환료(換料) 및 정화 준비 혹은 보증 준비에 관해 제한을 가할 수 있다.

제35조 정부는 대한은행의 영업상 본 조례, 정관 또는 감독상 정부가 발포한 명령에 배치되거나 혹은 공익을 해할 사항이라고 인정될 때는 이를 제지해야 한다.

제36조 대한은행은 정부의 명령에 따라 그 영업에 관한 제반의 경황 및 계산보고서를 제출해야 한다.

제37조 정부는 특별히 대한은행 감리관을 두고, 대한은행의 업무를 감시하게 한다.

대한은행 감리관은 제국 정부 및 한국 정부에서 이를 임명하고 한국 탁지부에 근무하는 통감부 고등관 이상인 자로서 충당한다.

제38조 대한은행 감리관은 언제라도 대한은행의 금고장부 및 제반의 문서 물건을 검사할 수 있다.

대한은행 감리관은 주주총회 기타 제반 회의에 출석하여 의견을 진술할 수 있다.

제39조 대한은행의 이익 배당금으로서 일한 양국 정부 소유 주식 이외의 주식에 대해서는 연 6/100의 비율에 달할 때까지는 일한 양국 정부 소유 주식에게는 배당할 필요가 없다.

제8장 벌칙

제40조 대한은행에서 아래의 범죄가 있을 때는 총재 또는 총재의 직무를 행하거나 대리하는 부총재를 1천 엔 이하의 과료에 처한다. 그 범죄로써 부총재·이사의 분담 업무에 관계될 때는 부총재·이사를 과료에 처하는 것도 역시 동일하다.

1) 제21조의 규정을 위반하여 본 법에 기재되지 않은 업무를 영업할 때

2) 제23조의 규정을 위반하여 은행권을 발행할 때

3) 제28조의 규정을 위반하여 준비금을 적립하지 않을 때

부칙

제41조 정부는 설립위원을 두고 대한은행의 설립에 관한 일체의 사무를 처리하게 한다.

제42조 설립위원은 정관을 작성하고 정부의 인가를 받은 후 주주를 모집한다.

제43조 설립위원은 주주 모집을 마쳤을 때는 주식 신청증을 정부에 제출하고, 대한은행 설립 인가를 신청해야 한다.

전 항의 인가를 받았을 때는 설립위원은 지체 없이 각 주식에 대해 제1회 불입을 하게 할 것을 필요로 한다.

제44조 창립총회 종료 시 설립위원은 그 사무를 대한은행 총재에게 인도해야 한다.

제45조 대한은행은 전 조에 의해 창립을 종료함과 동시에 제일은행권 발행에 관한 일체의 권리 의무를 주식회사 제일은행으로부터 승계한다.

전 항에 의한 승계 방법은 정부가 이를 정한다.

제46조 전 조의 승계 이전 주식회사 제일은행이 발행한 은행권은 제22조에서 대한은행이 발행한 것으로 간주한다.

전 항의 은행권 교환에 대해서는 대한은행 이외 주식회사 제일은행은 한국에서 각 지점 및 출장소에서 영업시간 중 언제라도 통화로써 교환할 의무가 있는 것으로 한다. 단, 대한은행에서 준비금이 도달할 시간까지 그 교환을 연기할 수 있다.

제47조 제45조에서 인계를 받음과 동시에 대한은행은 상당한 담보에 대해 금 200만 엔을 이율 연 3분 5리 이내 상환기한 10개년 이상으로 주식회사 제일은행에 대부해야 한다.

제48조 종래 주식회사 제일은행이 취급한 한국 정부 국고금 출납 및 화폐 정리에 관한 사무 승계에 대해서는 대한은행은 업무 형편에 따라 점차 그 인계를 받을 수 있다.

제49조 1905년(明治 38) 칙령 제73호는 제45조의 인계 종료와 동시에 이를 폐지한다.

(3) 대한은행으로의 업무 인계에 관한 명령안

주식회사 제일은행에 대한 명령안

금번 칙령 제73호 대한은행조례에 기초하여 대한은행을 설립해야 한다. 이 은행은 한국 중앙금융기관으로서 그 업무를 운영하고, 은행권 발행의 특권을 가지고, 한국 정부에 속한 국고금 출납 및 화폐 정리 사무를 취급해야 한다. 또 대한은행 창립이 끝남과 동시에 1905년(明治 38) 칙령 제73호는 폐지되어야 하는 것에 대해 제일은행 및 대한은행 내의 업무 인계 등에 관해서는 아래와 같이 주의해야 한다.

1. 종래 제일은행이 한국에서 경영한 공적 및 제일은행이 가진 특종의 이익에 대해 보상하는 것의 주지로써 대한은행 주식 3만 주를 우선적으로 인수하는 권리를 부여하고, 또 해당 주식에 대해서 설립 후 만 10개년간 이익배당 연 8분의 우선권을 부여하는 것으로 한다.
2. 전 항의 주식 불입은 국채증권, 지방채증권 기타 확실한 유가증권으로 할 수 있다. 단, 그 가격은 불입했을 때로부터 2개월의 평균가격에 의한 것으로 한다.
3. 대한은행의 창립을 마쳤을 때는 종래 그 은행이 발행한 은행권에 관한 권리 의무는 대한은행에서 승계한다. 따라서 그 인계에 대해서는 다음과 같이 주의해서 해야 한다.
   (1) 제일은행권 교환 의무는 모두 대한은행에게 이전하는 것으로 한다.
   (2) 제일은행권 발행에 대한 정화 준비 및 보증 준비는 일체 대한은행에게 인계할 것.
   (3) 제일은행권은 한국에서 제일은행의 각 지점 및 출장소에서 영업시간 중 언제라도 통화로써 교환할 수 있다. 단, 대한은행으로부터 준비금이 도달할 시간까지 그 교환을 연기할 수 있다.
4. 대한은행 설립을 마쳤을 때는 제일은행과 한국 정부의 계약에 속한 한국 화폐 정리, 국고금 취급 및 화폐 정리자금의 대부, 기타 한국 정부에 대한 채권은 일체 대한은행에게 인계해야 한다. 단, 본 항의 인계는 오로지 종래의 관행을 급격히 변화하지 않고 점차

또 평온히 인계할 필요가 있기에 제일은행이 대한은행과 협의하여 위의 주지로써 처리해야 한다.

5. 위 각 항 이외에 정부는 필요한 주의를 명령할 수 있다.

(4) 제일은행 두취 시부사와 에이이치가 조선통감 공작 이토 히로부미에게 보내는 편지

통감부 설치 이래 한국의 서정이 나날이 새로워지고 특히 지난 1907년(明治 40) 한일신협약 제정에 있어서는 종래 한국에서 시설된 각종 제도들도 이를 개정할 필요가 발생함에 따라 지난 1905년(明治 38) 칙령 제73호로 제정된 당 은행의 한국에서의 업무, 즉 한국 화폐정리 사무, 한국 관금(官金) 취급 사무 및 은행권 발행에 관한 사무의 규정을 폐기하고, 특히 한국에서 일대 중앙은행을 창설하게 됨에 따라 당 은행이 취급해 온 사무를 계승하고자 하는 취지로써 그 은행의 조례 초안 및 시설 방법 등이 논의됨과 함께 각종 서류를 내시하여 상세한 내용을 들었습니다. 이는 한국에 대한 정치상의 변경에 의해 발생하는 것으로 사정상 어쩔 수 없는 것으로 이번 기회에 본래 피차 진정할 필요는 없어도 당 은행이 한국에 지점을 설치한 것은 멀리 1878년(明治 11)의 옛날이고 이후 우리 거류민을 위한 금융기관으로서 일한무역에 이바지 한 바가 있어 1884년(明治 17)에 한국 총세무사의 권유에 의해 해관세금 취급의 일을 인수하여 각 개항장에 지점을 설치하고, 1894년(明治 27) 청일전쟁 이후는 때때로 한국 정부의 금융의 의뢰에 응하여 상당한 금액을 조달하여 경험과 신용이 다른 기관보다 뛰어나게 되었습니다. 러일전쟁 후 외무·대장 두 대신은 당 은행을 편의상 한국 재정 정리의 기관으로 삼아 그 명령에 따라 1905년(明治 38) 1월 당 은행은 한국 탁지부 대신과 계약하여 한국 정부의 국고은행이 되어 출납 사무를 취급하는 것 외에 한국의 화폐 정리 사무를 인수하고, 이를 위해 당은행의 일람불수형(一覽拂手形) 즉 은행권을 한국 내 공사일체의 거래에 무제한으로 통용케 하는 특허를 얻기에 이르렀습니다. 다음으로 1905년(明治 38) 3월 칙령 공포에 따라 당 은행은 바로 자본금을 두 배로 증가시키고, 또 한국 각지에 지점출장소를 증설하여 경성지점을 한국 총지점으로 함으로써 한국 금융의 조화와 상공업 발달을 도모하였습니다. 한편에서는 거류지 기타 단체를 대상으로 저리의 자금을 공급하여 학교, 병원, 도로, 수도, 해벽 축조, 해면 매립 등의 설비를 완성케 하였습니다. 통감부 설치 이후는 경성에 전무취체역을 재근시키고, 각지의 사무를 개량 진보시켜 은행권 개조를 행하고, 현재 총지점의 신축을 착수하여 한국 중앙금융기관으로서 부여된 임무를 열심히 수행하였습니다. 그런데 시세의 진운은 일개 사립은행의 지점으로 영구히 한국의 중앙은행으로 기능할 수 없게 하고, 이번 기회에 그 제도를 개정할 필요가 있다고 합니다. 이는 당 은행이 일개의 사리(私利)로써 국가의 공익을 방해한 것은 환영받지 못할 일이기 때문에 다년간 한국에 부식(扶植)시킨 신용과 이익을 던져 버리는 것을 불사하는 것입니다. 이번의 변경 개정의 경우 일한 양국 정부는 당 은행이 30년 동안 한국에서 진력을 다한 약간의 공적이나마 기록하지 않고, 또 종래 특전으로써 부여된 은행권 발행의 권리를 회수하는 것은 당 은행에게는 심대한 타격을 주어 영업상 일대 변화를 초래한다는 점을 헤아려 주시기를 간절히 바랍니다.

사정은 앞에서 진술한 바와 같이 말해도 이미 이를 개정해야만 한다면 마땅히 장래를 생각하고 헤아려 선후의 계획을 세워야 한다고 생각합니다. 그렇다면 현재 한국의 경제 상태는 당 은행이 전술한 바와 같이 중대한 특전을 잃고 또 보통 상업은행으로서 종전의 영업을 계속할 여지가 있는가를 살펴 이번 기회에 생각을 깊게 해야 할 문제에 속합니다. 특히 신설 중앙은행의 장래를 상상하면 상공업이 아직 발달하지 않은 한국에 있어서는 우리 일본은행의 영업과 같이 단순히 각 은행만을 고객으로 하여 경영하는 것에 그칠 수 없습니다. 대만은행의 예에 비추어 중앙은행으로서는 지폐를 발행하고 국고 사무를 취급하는 것 외에 각종의 예금 및 환·하환(荷換) 취급에 이르기까지 보통은행의 업무를 겸영하지 않으면 도저히 한국의 상공업을 진작시켜 일한 무역을 증진시킬 수 없기 때문에 만약 당 은행이 강하게 구태를 유지하고자 한다면 스스로 양자가 서로 경쟁하는 폐가 발생하지 않도록 해야만 합니다. 이로써 당 은행은 이 개정에 즈음하여 일한 양국 정부에 파격적이고 관대한 은전을 베풀어 특히 아래에 기재한 수속서와 같이 허용할 것을 간절히 바라옵니다.

1. 신설 중앙은행 설립과 동시에 당 은행은 일찍이 경영한 지점출장소의 토지, 가옥 및 업무 일체를 들어 이를 중앙은행에게 양도하고, 그 신설 창립 시에 힘써 협력하여 만사에 불편이 없도록 할 것.

   단, 경성 및 2~3 지역의 개항장에서 당 은행의 지점 또는 출장소를 존치할 때는 중앙은행과 협의하여 방해가 되지 않도록 주의해야 할 것.

1. 위 양도 시점에 종래 당 은행에서 취급해 온 예금 대출 등 일체의 거래는 상당의 수속에

의해 중앙은행에서 승계할 것.

1. 신설 중앙은행이 일본에 대리점을 둘 때는 당 은행으로 하여금 이를 인수함에 충분한 편의를 도모할 것.
1. 당 은행에서 발행한 은행권의 시말에 대해서는 지난 1883년 우리 정부가 전국 각 국립 은행에 부여한 예에 따라 신설 한국 중앙은행에서 그 교환 사무를 승계하여 상당한 연한으로써 이를 상각하는 방법을 정해야 할 것.
1. 위의 방법을 정함에 있어서는 당 은행은 내시(內示)된 수속서에 기재한 중앙은행 주식의 우선권 및 연부(年賦) 대하금 등의 특전은 이를 원하지 않을 것.

다행히 위 조항과 같이 허용될 수 있다면 한국 중앙금융기관의 일대 변혁에 있어서 하나의 동요나 장애가 없게 하여 지극히 평온히 그 사업의 승계를 마칠 수 있을 것입니다. 이는 오직 당 은행의 이익만이 아니라 신설 중앙은행으로서도 크게 이러한 편의를 얻어 한국 경제계의 복리를 증진하는 것이라고 할 수 있습니다. 은행권 상각방법 및 지점출장소 사무 인계의 순서 등은 필요에 따라 때때로 이를 자세히 진술할 수 있습니다.

제일은행 두취 시부사와 에이치(澁澤榮一)

1908년(明治 41) 6월 통감 공작 이토 히로부미(伊藤博文) 귀하

(5) 아라이 탁지부 차관이 이치하라 제일은행 한국 총지점 지배인에게 보내는 통첩

도국부(度國釜) 제471호

한국 중앙은행 창설의 뜻에 관해 귀행 두취로부터 통감 각하에게 제출된 조항에 대해 아래 건으로 미리 알고자 합니다. 귀행의 의견을 작성하여 알려주시길 바랍니다.

1908년(明治 41) 8월 12일

탁지부 차관 아라이 겐타로(荒井賢太郎)

제일은행 한국 총지점 지배인 이치하라 모리히로(市原盛宏) 앞.

기(記)

1. 귀행 지점출장소의 토지·가옥 기타 건물의 양도 가격의 대략의 수치

1. 한국 중앙은행 설립 후 귀행에서 존치할 것으로 예상되는 지점 출장처

1. 예금 및 대금의 승계 순서

1. 귀행 은행권에 대한 상각연한 및 그 액수

(6) 이치히라 제일은행 한국 총지점 지배인의 아라이 탁지부 차관 쪽 각서

한국 중앙은행 창설에 관해서는 우리 은행의 두취로부터 통감 각하께 의견을 진술한 바 있습니다. 각 조항 중 아래의 건에 미리 알고자 하는 뜻을 조회한 뜻을 들었습니다. 아래의 각서로서 회답합니다.

1908년(明治 41) 9월 29일

주식회사 제일은행 한국 총지점 지배인 이치하라 모리히로(市原盛宏)

탁지부 차관 아라이 겐타로(荒井賢太郎) 앞

각서

1. 우리 은행 지점출장소의 토지·가옥 물건의 양도가격은 1906년(明治 39) 1월 이후 매입 또는 건축한 것은 그 실제 가격으로 하고, 위 기한 이전에 매입 또는 건축한 것은 현재의 평가에 따라 계산하는 방법이 적당하다고 생각합니다. 다른 의견이 없으시면 다시 정밀한 계산을 한 뒤 가격표를 작성하여 제출하고자 합니다.
1. 한국 중앙은행 설립 후 당 은행에서 존치해야 할 지점 출장소는 경성·인천·부산의 3개소에 한정될 것으로 예상됩니다. 경우에 따라서는 모두 양도하여 지점출장소는 일체 철수할 수도 있습니다.
1. 예금 및 대금의 승계 순서에 대해서는 당 은행이 지점출장소를 존치하지 않는 경우의 부분은 날을 정해 대차 모두 인계가 가능합니다.
1. 은행권에 대한 상환 연한은 의견서에도 진술하였던 것과 같이 국립은행지폐 시말의 예에 따라 은행권 소각 원자(元資) 예금(정화 준비) 및 6개월마다 이익금에서 예입되어야

할 상각 원자 적립금(총발행고의 1분 2리 5모에 해당하는 금액)으로 매입한 공채증서의 이자로써 차례대로 소각하는 것으로 계산하면 약 25년을 필요로 합니다. 그 기한을 단축하여 칙령에 따라 특허를 받은 1905년(明治 38) 3월부터 만 20개년 1925년(大正 14) 3월까지 전기의 방법에 의거해 은행권을 모두 소각하는 것으로 계산하면 만기에 이르면 또한 400여만 엔이 남으므로 이 부분은 매 반계에 적립한 원자 적립금의 공채증서를 매각하여 그 대금으로 일시에 소각하고 만약 부족분이 발생할 때는 아울러 담보로써 예치한 보증 준비의 공채증서를 매각하면 완비가 가능합니다.

위 이외에 아래 2항은 하문한 항목 중에는 없지만 미리 듣고 싶습니다.

1. 우리 은행의 지점출장소 사무를 한국 중앙은행에게 양도할 때 그 지점에 종사하는 사용인은 모두 동 은행에서 인계하여 고용되고 싶습니다.
1. 우리 은행의 한국에서의 업무에 대해서는 칙령으로써 규정된 사항에 대해 그 개정에 대해서도 물론 칙령을 발포하는 것으로 됨과 동시에 우리은행에서 은행권 소각의 담보로서 납부해야 할 현금 및 유가증권은 일본 정부 또는 일본은행에서 보관할 수 있도록 하고 싶습니다.

중앙은행 수지계산서 설명

대차대조표

부채의 부

1. 공금예금, 보통예금의 액수는 제일은행의 현상을 기초로 하고, 장래 공금예금은 정부 재정의 확장에 따라 매년 증가하였는데, 지금 그 증가율을 예측하기 어렵기 때문에 가령 그 액수에 이동이 없는 것으로서 계산.
2. 보통예금 증가율은 귀안[24]과 같다.
3. 지폐 소각 원자 예금 및 소각 원자 적립금은 현금으로 공탁하기 때문에 중앙은행에서

24 탁지부에서 제시한 안

그 예금을 운용하는 한편, 제일은행에 대해서는 연 6분의 이자를 지불하고, 제일은행은 이를 가지고 지폐의 소각에 충당케 할 것.

4. 은행권 귀안에서는 가령 9백만 엔으로 함. 단, 전 2개년의 평균 발행고는 총 1천만 엔이기 때문에 이에 근거할 때는 다시 그 액수를 증가하고 또 원자 예금도 변경을 가져올 것.

5. 적립금

자산의 부

1. 정화 준비는 초년부터 900만 엔 전액을 발행하지 않기에 300만 엔을 존치할 필요가 없다고 하더라도 여유가 있는 수지계산으로 하여 가령 초년도에서 전액의 발행을 할 수 있는 것으로 하여 계산.
2. 예금지불준비금의 항은 이를 삭제하고 보통은행에 대해서는 예금의 지급에는 금속화폐[硬貨] 또는 태환권으로 하지 않을 수 없기 때문에 영업상 1/10 내외의 지불준비금이 필요하여도 중앙은행에 있어서는 예금의 지불은 태환권의 발행으로 되는 것에 지나지 않기 때문에 발행 지폐에 대한 정화 준비금 이전에 예금지불준비금을 준비하는 것은 필요하지 않다.
3. 제일은행 미상환금- 소각원자예금에서 발생하는 이익과 소각원자적립금에서 발생하는 이익에 해당하는 액수만큼을 상환하는 것으로 한다.
4. 토지·건물- 제일은행에서 제출한 각서에 의해 중앙은행 설립과 동시에 그대로 승계하는 것으로 하고 그 액수는 목하 총지점이 신축 중에 있으므로 순차 아래와 같이 증가하는 것으로 한다.

   금 150만 엔 최초의 인계고

   내 127만 엔 제일은행 현재 소유물 가격 개략적인 금액

   23만 엔 총지점 신축비 중 지불 완료고

   금 20만 엔 1909~1911년(明治 42~44)의 3개년간 신축비에 지출하여 1912년(明治 45)에 17만 엔을 지출하여 전부 낙성 완료.
5. 부채 감정에서 정화 준비 제일은행 미상환금 및 소유 건물 감정을 공제한 것을 운용자금으로써 이를 대부 및 유가증권에 방자(放資)하는 것으로 한다.

손익 감정

손실의 부

1. 공금예금- 중앙은행 창립 초기시대에서는 정부는 그 예금에 대해서는 무이자의 특전을 부여함이 당연하다고 생각하여 가령 연 3분으로 하여 계산.
2. 보통예금 이자- 제일은행의 예금 평균 이율을 보면 정기예금(총예금의 약 1/4)은 평균 연 5분 3리, 당좌예금(총예금의 약 1/2)은 평균 연 3분, 특별당좌예금(총예금의 약 1/4)은 평균 4분 5리에 해당. 총평균 이율은 연 4분 이상으로 장래에서는 예금 이자도 순차 인하의 필요를 보아야 함에도 한국의 상황에서는 수년간은 이 필요성을 볼 수 없기에 평균 연 4분으로 계산.
3. 원자예금 및 원자적립금의 이자는 연 6분으로 한다.
4. 영업비- 제일은행의 현상에 의하면 영선비를 더해 연액 35만 엔으로 족할 것으로 믿어도 귀안에 의한 영선비를 별도로 하여 연 1만 엔을 증가하는 것으로 한다.
5. 은행권 제조비- 신은행권은 당분간 1,500만 엔을 제조하는 것으로 하여 그 제조 비용은 현재 제일은행권 제조비(액수 12만 2,000엔)를 표준으로 하고 또 그 사용 기간을 6개년으로 견적하여 매년 2만 엔씩을 분할지출의 계산.
6. 영선비- 제일은행 현재의 건물은 최근의 건축으로 많은 것은 종래의 예에 의하여도 그 유지보존비는 연 1만 엔으로 충분.
7. 창업비- 적지도 많지도 않다고 생각되어 귀안에 따름.

이익의 부

1. 대출 및 유가증권 이자-제일은행의 현상에 비추어 보통 대출금은 평균 연 1할 5리, 정부 대상금 및 유가증권은 연 약 6분의 이자로써 평균 8분 이상에 해당(이 보통 대출금 중에서는 제일은행이 현재 일본 정부의 명령에 따라 특히 저리로 융통하고 있는 하환(荷換) 대출 및 한국 내 상업자금 저리공급을 위한 동업자에 대한 특별할당자금 대출도 포함)되기 때문에 평균 8분으로 계산하고 이에 수년간은 현상의 것에서 특별히 인하를 요하지 않아야 한다.
2. 금고수수료-귀안과 같은 현상에 기초로 한다.

3. 보통수수료-제일은행의 현상에 비추어 보통 송금료 및 잡수수료는 연액 5만 엔 내지 7만 엔으로서 평균 6만 엔 내외이기 때문에 장래 중앙은행으로서 손익 등 수수료의 비율을 체감하는 것으로 가정하여도 또한 그 반액으로 보면 충분하기 때문에 연액 3만 엔으로 견적한다.
4. 국고수수료-제일은행이 현재 한국국고금 취급에 쓰고 있는 비용을 표준으로 하여 약 20만 엔으로 간주하고 매년 2만 엔씩을 체감한 상당의 배당을 하기에 이르기까지 정부에서 실비로 중앙은행에 교부하는 것으로 하여 계산. 단, 정부예금을 무이자로 하는가 혹은 정부 소유 주식에 대한 일정 기간 동안 무배당으로 하는가 또는 정부에서 배당의 보급을 하는가, 어떻게 이들의 방법에 의해 보조를 주는 것으로 하는가. 이 국고 취급수수료의 지급액은 다시 감소하는 일을 할 수 있는 경우에 따라서는 전연 폐지하는 일도 가능하다.

<참조>

권업은행의 실례

배당금이 5/100에 달하지 않을 때는 정부는 창립 처음부터 10개년에 한해 이에 달하게 할 금액을 보급하는 것으로 한다. 단, 그 액수는 어떠한 경우에도 불입 자본금의 5/100를 초과할 수 없다.

대차대조표	1차년도	2차년도	3차년도	4차년도	5차년도
부채지부					
자본금	2,500,000	2,500,000	2,500,000	2,500,000	2,500,000
공공예금	3,500,000	3,500,000	3,500,000	3,500,000	3,500,000
보통예금	6,500,000	7,000,000	7,500,000	8,000,000	8,500,000
(지폐 소각)원자예금	3,000,000	3,225,000	3,450,000	3,675,000	3,900,000
은행권	9,000,000	10,000,000	11,000,000	12,000,000	13,000,000
적립금	0	38,000	92,076	156,752	232,200
합계	24,500,000	26,263,000	28,042,076	29,831,752	31,632,200

자산지부					
정화 준비	3,000,000	3,333,000	3,666,000	4,000,000	4,333,000
제일은행미상환금	9,000,000	8,806,500	8,595,000	8,379,000	8,145,000
토지 · 건물	1,500,000	1,700,000	1,900,000	2,100,000	2,270,000
(운용자금)대출 및 유가증권	11,000,000	12,423,500	13,881,076	15,352,752	16,884,296
합계	24,500,000	26,263,000	28,042,076	29,831,752	31,632,296
손익감정					
공금예금 이자	3% 105,000	3% 105,000	3% 105,000	3% 105,000	3% 105,000
보통예금 이자	4% 260,000	4% 280,000	4% 300,000	4% 320,000	4% 340,000
원자금 및 원자 적립금 이자	6% 180,000	6% 193,500	6% 207,000	6% 220,500	6% 234,000
영업비	350,000	360,000	370,000	380,000	390,000
은행권 제조비	20,000	20,000	20,000	20,000	20,000
영선비	10,000	10,000	10,000	10,000	10,000
창업비	30,000				
순익금	190,000	270,380	323,386	377,720	436,743
합계	1,145,000	1,238,880	1,335,486	1,433,220	1,535,743
대출금 및 유가증권 이자	880,000	993,880	1,110,486	1,228,220	1,350,743
금고 취급수수료	35,000	35,000	35,000	35,000	35,000
보통수수료	30,000	30,000	30,000	30,000	30,000
국고 취급수수료	200,000	180,000	160,000	140,000	120,000
합계	1,145,000	1,238,880	1,335,486	1,433,220	1,535,743
순익금	190,000	270,380	323,386	377,720	436,743
적립금 10%	19,000	27,038	32,338	37,772	43,674
소유물 상각 적립금 10%	19,000	27,038	32,338	37,772	43,674
상여금 7%	13,300	18,927	22,637	26,440	30,572
차인	138,700	197,377	236,073	275,736	318,823
배당률	0.555	0.789	0.944	1.103	1.275

척식은행의 실례

정부는 백만 엔(총자본액의 1/5)을 한도로 하여 척식은행의 주식을 인수하거나 또 인수한 주식에 대해서는 홋카이도척식은행(北海道拓殖銀行)은 그 창립 초기의 말일부터 10개년간 이익배당을 할 필요는 없다.

일본흥업은행의 실례

보급 방법은 권업은행과 동일하다. 단, 연 5분까지의 이익보급을 5개년으로 한다.

대만은행의 실례

정부는 백만 엔(자본총액의 1/5)을 한도로 하여 주식을 인수하고, 5개년간 또 주식에 대해 배당해야 할 이익금을 결손보전준비금에 조입한다.

정부는 2백만 엔을 8개년간 무이자로 대여하고, 또 국고 취급수수료로 초년도에 17만 엔을 교부함으로써 금일에 계속한다. 단, 그 액수는 매년 얼마씩 체감한다.

이익분배금

1. 적립금은 이익금의 10/100 소유물 상각적립금은 역시 10/100 중역 상여금은 7/100로 계산한다.

   상여금을 7/100로 가정하면 일본의 특별은행 실례를 참작하는 것으로 한다.

   이상의 계산에 따를 때는 초년도의 주식배당금은 연 5분 5리 5모에 그쳐도 4년째에는 1할 1분 이상 5년째에는 1할 2분 8리를 배당할 수 있다.

귀안 제일은행의 영업 계승 요항에 대한 당 은행의 의견

1. 제일은행 발행 은행권의 계승

   갑. 지난번 제출한 각서에 따라 당 은행 발행의 은행권을 국립은행 지폐 상각의 예에 따라 처리케 함에 대해서는 이의 없음.

   을. 정화 준비는 전부 이를 중앙은행에 인계하는 것으로 입안해도 이것은 국립은행 지폐 소각의 예에 근거해 원자(元資)예금으로써 이자를 붙이는 것으로 고치게 할 것.

   병. 당 은행에서 제출한 각서와 같이 국립은행 지폐 상각의 예에 따라 은행권의 발행

총액을 원자예금에서 발생하는 이익과 원자적립금에서 발생하는 이익으로서 매년 소각하는 것으로 고칠 것.

2. 예금 대출금의 전부를 중앙은행에 인계하는 것에는 이의가 없어도 이미 업무 일체의 수수를 종료한 이상 제일은행이 보증하도록 한 것은 전연 삭제할 것.
3. 지점출장소 건물 일체를 계승하는 것은 역시 이의가 없어도 연부(年賦) 상환으로써 반제하는 것은 당 은행이 감당할 수 없기 때문에 앞서 제출한 각서의 가격으로 중앙은행 설립과 동시에 현금으로 교부.
4. 현재 고용인을 모두 중앙은행에 인계함에 있어 그 신원보증에 관한 권리 의무도 계승하는 것은 대체로 이의가 없다.

〈자료 63〉 한국은행 설립 관계 문서

(「韓国中央銀行設立一件」, 1907~1909, 일본 외무성외교사료관 소장)

1) 한국 중앙은행 설립 시 제일은행 간 권리 의무 승계에 관한 각서

1. 한국 중앙은행은 주식회사 제일은행으로부터 은행권 소각 의무를 승계할 것.
2. 주식회사 제일은행은 전 항의 인계와 동시에 정화 준비를 무상으로 한국 중앙은행에 인도할 것
3. 보증 준비 발행액에 대해서는 주식회사 제일은행은 아래의 조건에 따라 한국 중앙은행에게 연부(年賦) 상환할 것.

   가. 연부 상환기한 20개년.

   나. 현재 보증 준비에 충당하는 유가증권 등은 한국 중앙은행에 담보로 제공할 것. 단, 상환금액에 따라 담보를 해제하는 것으로 함.
4. 주식회사 제일은행은 영업상 모든 권리 및 의무를 특별한 사정이 있는 경우를 제외하고 그 권리에 따른 담보물, 증권 서류 등과 함께 한국 중앙은행에 인계할 것.

   위의 인계를 받은 채권 중 회수가 불확실한 것에 대해서는 주식회사 제일은행이 한국

제8조 주식회사 제일은행이 한국에서 발행한 은행권은 한국 각 지점 및 출장소에서 영업 시간 중 언제라도 통화로 교환할 수 있다.

단, 경성 이외의 지점 및 출장소에서는 경성지점에서 준비금이 도달할 시간까지 교환을 연기할 수 있다.

제9조 주식회사 제일은행 경성지점은 한국에서의 은행권 발행 총고에 대해 동액의 금화·금은지금 및 일본은행 태환은행권을 두어서 그 교환 준비에 충당해야 한다.

단, 은지금은 교환 준비 총액의 4분의 1을 초과할 수 없다.

전 항의 준비에 의거한 것 외에 주식회사 제일은행은 1천만 원을 한도로 국채증권·상업어음, 기타 확실한 증권을 보증으로 하여 은행권을 발행할 수 있다.

단, 그 준비가격은 주무대신의 인가를 거쳐서 정해야 한다.

경제상의 상황에 따라 필요할 경우에는 주무대신이 특별히 지정한 조건에 따라 전 2항 이외에 다시 은행권의 발행을 할 수 있다.

주무대신은 한국 화폐 정리의 경과 또는 금융 상황에 따라 필요하다고 인정될 때는 은행권의 종류 및 발행고를 제한할 수 있다.

제10조 은행권의 양식 및 종류에 관해서는 주무대신의 인가를 받아야 한다.

제11조 은행권의 소유자는 한국에서 주식회사 제일은행의 재산에 대해 선취특권을 가진다.

제12조 주식회사 제일은행이 한국 정부와 계약을 체결하거나 한국 정부로부터 특허 특권을 받고자 할 때는 주무대신의 인가를 받아야 한다.

제13조 주무대신은 주식회사 제일은행이 한국에서 운영하는 업무에 관해 필요하다고 인정할 때는 언제라도 한국 각 지점·출장소 및 대리점의 금고권(金庫劵)·서고 장부 기타 문서의 검사 또는 제반의 경황 및 계산에 관한 보고서를 제출케 할 수 있다.

제14조 주무대신은 필요하다고 인정될 때는 주식회사 제일은행이 한국에서 운영하는 대출 할인의 금액 및 방법 또는 그 이자율 기타 환료(換料) 등에 관해 상당한 제한을 할 수 있다.

제15조 주무대신은 주식회사 제일은행에 감리관을 둔다. 감리관은 주무대신의 지휘를 받아 주식회사 제일은행 한국 각 지점·출장소 및 대리점의 업무를 감시한다.

제16조 주식회사 제일은행 감리관은 언제라도 주식회사 제일은행 한국 각 지점·출장소

및 대리점의 금고권·서고 장부 기타의 문서를 검사하거나 제반의 경황 및 계산에 관한 보고서를 제출케 할 수 있다.

제17조 주식회사 제일은행은 은행권의 발행액 및 교환 준비에 관한 평균고표를 공고해야 한다. 공고의 방법은 주무대신이 정한 바에 따른다.

제18조 주식회사 제일은행의 정관은 주무대신의 인가를 받는 것을 필요로 한다.

제19조 주식회사 제일은행은 인가를 받아야 할 사항을 변경하고자 할 때는 다시 인가를 받아야 한다.

제20조 주무대신은 주식회사 제일은행이 법령 또는 정관에 배치되거나 본령에 근거해 발한 명령을 위반하거나 기타 공익을 해치는 행위가 있다고 인정할 때는 임원을 다시 임명하고 인가를 취소하거나 한국에서 운영하는 업무의 전부 또는 일부의 정지를 명령할 수 있다.

부칙

본령 시행 전 주식회사 제일은행이 한국에서 발행한 은행권은 본령에 의거하여 발행한 것으로 간주한다.

(4) 은행조례

1890년(明治 23) 8월 법률 제72호

제1조 공개적으로 연 점포에서 영업으로 증권 할인 또는 환 사업을 하거나 또는 예금 및 대출을 함께 하는 것은 어떠한 명칭을 사용하는지 불문하고 모두 은행이라고 한다.

제2조 은행 사업을 경영하고자 하는 자는 그 자본금액을 정해 지방 장관을 경유하여 대장대신의 인가를 받아야 한다.

은행 사업을 경영하는 회사이면서 합병하고자 할 때는 대장대신의 인가를 받아야 한다.

제3조 은행은 매 반개년 영업 보고서를 제작하여 지방 장관을 경유하여 대장대신에게 송부해야 한다.

제4조 은행은 매 반개년 대차대조표를 제작하여 신문지 기타의 방법으로서 이를 공고해야 한다.

제5조 은행이 등기해야 할 사항이면서 대장대신의 인가를 요하는 것이 있을 때는 그 인가서가 도달한 날부터 등기의 기간을 기산한다.

제6조 은행의 영업시간은 오전 9시부터 오후 3시까지로 한다.

단, 영업의 형편에 따라 시간을 증가할 수 있다.

제7조 은행의 휴일은 대제일(大祭日)·축일(祝日)·일요일 및 은행 영업지에서 시행하는 정례의 휴일로 한다.

단, 부득이한 사고가 있을 경우에는 지방 장관에게 신고하여 미리 신문지 기타의 방법으로서 공고한 뒤에 휴업을 할 수 있다.

제8조 대장대신은 언제라도 지방 장관 또는 기타 관리에게 명령하여 은행 업무의 실태 및 재산의 현황을 검사하게 할 수 있다.

제9조 제2조의 규정을 위반하여 대장대신의 인가를 받아 은행 사업을 경영하는 때는 그 경영주·회사의 업무를 집행하는 사원·이사·외국회사의 대표자를 10원 이상 500원 이하의 과료에 처한다.

제10조 은행에서 제3조의 보고 또는 제4조의 공고를 하지 않거나 혹은 보고 내용 중이나 공고 내용 중에서 허위의 진술을 하거나 사실을 은폐할 때는 그 경영주·회사의 업무를 집행하는 사원·이사·외국회사의 대표자 5원 이상 5백 원 이하의 과료에 처한다.

제8조의 검사를 받을 것을 거절할 경우에는 경영주·회사의 업무를 집행하는 사원·이사·외국회사의 대표자를 10원 이상 500원 이하의 과료에 처한다.

제11조 이 조례는 일본은행, 요코하마(橫濱)정금은행, 국립은행에는 적용하지 않는다.

(5) 비송사건수속법(非訟事件手續法)

1898년(明治 31) 6월 법률 제14호

제206조 민법 제84조·제1107조 및 민법시행법 제22조 및 상법 제18조 제2항·제261조·제262조·제536조 및 상법시행법 제11조 제2항·제27조·제39조 제2항·제54조·제60조 제2항·제69조·제75조 제3항·제87조·제95조 제3항에서 정한 사건은 과료에 처해야 할 자의 소재지 지방재판소 관할로 한다.

제207조 과료의 재판은 이유를 붙인 결정으로써 이를 해야 한다.

재판소는 재판을 하기 전 당사자의 진술을 청취하고 검사의견을 구해야 한다.

당사자 및 검사는 과료의 재판에 대해 즉시 항고를 할 수 있다. 항고는 집행정지의 효력을 가진다.

수속 비용은 과료에 처하는 언도가 있을 경우에는 그 언도를 받은 자의 부담으로 하고, 기타의 경우에는 국고의 부담으로 한다.

항고재판소가 당사자의 신청에 해당하는 재판을 할 때는 항고 수속 비용 및 이전 재판에서 당사자가 부담해야 할 비용은 국고의 부담으로 한다.

제208조 과료의 재판은 검사의 명령으로써 이를 집행한다. 이 명령은 집행력을 가진 채무 명의와 동일한 효력을 가진다.

과료의 재판 집행은 민사소송법 제6편의 규정에 따라 이를 행한다.

단, 집행을 하기 전 재판의 송달을 할 필요는 없다.

(6) 한국에서의 은행업에 관한 건

칙령 제 호

제1조 한국에서의 은행업을 운영하는 자는 통감이 정한 규정에 따라 통감이 정한 사항을 갖추어 인가를 받아야 한다.

전 항의 인가를 받은 사항을 변경하고자 할 때는 통감의 인가를 받아야 한다.

은행업을 운영하는 회사가 한국에서 합병 또는 조직을 변경하고자 할 때는 통감의 인가를 받아야 한다.

제2조 은행업을 운영하기 위해 설립하는 회사는 금전 이외의 재산을 가지고 출자의 목적으로 할 수 없다.

제3조 은행업을 목적으로 하는 주식회사의 발기인·이사 또는 주식합자회사의 무한책임사원은 제1조의 인가를 받은 후가 아니면 주식의 인수 또는 주주의 모집을 할 수 없다.

제4조 은행이 제1조 제1항의 인가를 받은 후 1년 이내에 영업을 개시하지 않을 때는 인가의 효력을 상실한다.

제5조 은행은 매월의 영업 실제 보고, 매 반개년의 영업보고서 및 대차대조표를 통감에게 제출해야 하고 또 대차대조표를 공고해야 한다.

제6조 은행의 영업 시간 및 휴일에 대해서는 통감이 이를 정한다.

제7조 통감은 통감부 또는 그 소속 관서의 관리에게 명령하여 은행의 업무 및 재산의 상황을 검사하게 할 수 있다.

제8조 통감은 은행이 법령·정관 또는 본 법령에 의거하여 발한 명령을 위반하거나 공익을 해하는 행위가 있다고 인정할 때는 임원의 해임을 명령하고 한국에서 운영하는 업무의 전부 또는 일부의 정지를 명령하거나 인가를 취소할 수 있다.

제9조 다음의 경우에 있어서는 영업주·발기인·업무집행사원·이사 또는 한국에서의 대표자를 50원 이상 1,000원 이하의 과료에 처한다.

1. 제1조 또는 제3조에 위반했을 때
2. 제5조의 보고 혹은 공고를 하지 않거나 그 보고 혹은 공고 중에 허위의 사실을 게재하거나 사실을 은폐했을 때
3. 제7조에 의한 검사를 피하거나 이를 거부할 때

전 항의 과료에 관해서는 비송사건수속법(非訟事件手續法) 제206조 내지 제208조의 규정을 준용한다.

제10조 본 법령에서 정한 것 이외에 필요한 규정은 통감이 이를 정한다.

부칙

본 법령 시행 때에 현재 한국에서 은행업을 운영하는 자가 1개월 이내에 제1조 제1항의 인가사항을 통감에게 신고할 때는 인가를 받은 것으로 간주한다.

(7) 한국 중앙은행에 관한 각서안

일한 양국 정부는 한국은행 설립과 관련하여 다음의 조관(條款)을 협정한다.

제1조 한국 정부는 한국은행을 설립하여 태환은행권을 발행할 수 있는 권한을 부여하고, 한국 중앙금융기관으로서의 업무에 종사하도록 하는 것 이외에 일본은행의 위탁이 있을 때는 일본국 국고금을 취급할 수 있다.

제2조 주식회사 제일은행이 발행한 은행권은 한국은행이 발행하는 것으로 간주하며, 한국은행은 그 소각 의무를 승계하는 것으로 한다.

제3조 한국은행의 주식은 일한 양국 국민에 한정하여 소유할 수 있다.

제4조 한국은행의 중역은 당분간 일본인이 맡는 것으로 한다.

제5조 한국은행은 한국 정부가 소유한 주식을 제외한 주식에 대해 이익배당이 연 100분의 6의 비율에 이를 때까지는 한국 정부의 소유 주식에 대해서 배당할 필요는 없다.

제6조 한국 정부는 한국은행 창립 후 5년 동안은 한국 정부의 소유 주식을 제외한 주식에 대하여 연 100분의 6의 비율로 이익배당을 보증하는 것으로 한다.

1909년(明治 42) 7월 26일

통감 자작 소네 아라스케(曾禰荒助)

1909년(융희 3) 7월 26일

내각 총리대신 이완용(李完用)

3) 한국은행조례(1909년 법률 제22호)

제1장 총칙

제1조 한국은행은 주식회사로 하고, 그 본점을 경성에 둔다.

제2조 한국은행은 정부의 인가를 받아 요지에 지점과 대리점을 설립하며, 또는 다른 은행과 코레스폰던스(Correspondent)를 체약할 수 있다.

정부에서 지점·대리점이 필요하다고 인정할 때는 은행에 명하여 이를 설치하게 할 수 있다.

제3조 한국은행의 존립 시기는 설립 등기일로부터 50년으로 한다. 단, 정부의 인가를 받아 이를 연장할 수 있다.

제4조 한국은행의 자본금은 1,000만 환(圜)으로 하고, 이를 10만 주(株)로 나누어 1주의 금액을 100환으로 한다. 단, 정부의 인가를 받아서 자본금을 증가시킬 수 있다.

제5조 한국은행의 주식은 모두 기명(記名)으로 하고, 한일 양국인에 한정하여 소유하게 할 수 있다.

제6조 정부는 한국은행의 주식 가운데 3만 주를 부담한다.

정부는 전 항에 의하여 부담한 한국은행의 주식을 이권[離權]할 수 없다.

제7조 본 조례에 규정한 것 외에는 일본국 주식회사에 관한 규정을 준용한다.

제2장 중역

제8조 한국은행에 총재 1인, 이사 3인 이상, 감사 2명 이상을 둔다.

제9조 총재는 한국은행을 대표하고, 그 사무를 총리(總理)한다.

총재 유고(有故) 시에는 이사의 1인이 그 직무를 대리하고, 총재 궐원(闕員) 시에는 그 직무를 행한다.

이사는 총재를 보좌하고 정관의 규정에 따라 한국은행 업무를 분장한다.

감사는 한국은행 업무를 감사한다.

제10조 총재는 정부에서 이를 임명하고, 그 임기는 5년으로 한다.

이사는 100주 이상을 소유한 주주 중에서 주주총회에서 선거한 2배의 후보자 중에서 정부가 이를 임명하고, 그 임기를 3년으로 한다.

감사는 50주 이상을 소유한 주주 중에서 주주총회로 이를 선임하고, 그 임기를 2년으로 한다.

제11조 총재와 이사는 어떠한 명칭에도 불구하고 다른 직무나 또는 상업에 종사할 수 없다. 단, 정부의 인가를 받은 때는 그러하지 아니하다.

제3장 주주총회

제12조 통상 주주총회는 매년 2회 정관에서 정한 시기에 총재가 이를 소집한다.

제13조 임시 주주총회는 임시 사항을 협의하기 위하여 언제든지 총재가 이를 소집할 수 있다.

제14조 감사 전원 또는 총 주금의 5분의 1 이상에 상당하는 주주는 회의 목적을 명시하여 임시 주주 총회 소집을 총재에게 청구할 수 있다.

총재가 전 항의 청구를 받았을 때는 임시 주주총회를 소집해야 한다.

제15조 주주총회에서 주주의 의결권은 그 소유 주식 수 1주에 대하여 1개로 한다. 단, 11주 이상은 10주가 증가할 때마다 1개를 더한다.

제16조 주주총회에서 주주는 의결권을 가진 주주 외에는 대리를 위탁할 수 없다. 다만 법정대리인은 그러하지 아니하다.

제17조 정관의 변경은 총 자본의 반액(半額) 이상에 상당하는 주주가 출석하여 그 의결권의 과반수로써 이를 결정한다.

제4장 영업

제18조 한국은행은 아래의 업무를 영업한다.

제1 환어음(爲替手形)과 기타 상업어음의 할인

제2 평상시에 거래하는 여러 회사, 은행 또는 상인을 위한 어음금 추심

제3 환 및 하환

제4 확실한 담보가 있는 대부

제5 각종 예치금 및 당좌대월을 감정

제6 금은화, 귀금속 및 각종 증권의 보호예치

제7 지금은 매매 및 화폐교환

공공단체에 대하여서는 정부의 인가를 받아서 무담보로 대부할 수 있다.

전 2항 외의 영업 편의에 의하여 국채증권, 지방채권 기타 정부가 지정하는 확실한 유가증권을 매수할 수 있다.

한국은행은 정부의 인가를 받아 다른 은행의 업무를 대리할 수 있다.

제19조 한국은행은 영업을 위하여 필요한 물건을 매수하거나 채무변제를 위하여 담보로 하는 물건을 소유하는 외에는 동산 및 부동산을 매수할 수 없다.

제20조 한국은행은 국고금(國庫金)을 예치하고 그 출납에 관한 사무를 무상으로 처리할 의무가 있다.

정부는 한국은행으로 하여금 화폐 정리 사무와 국채 원리금 출납에 관한 사무를 처리하게 한다.

제21조 한국은행은 본 법에 기재하지 아니한 사업을 영업할 수 없다. 다만, 정부의 명령이 있을 경우에는 그러하지 아니한다.

제5장 은행권

제22조 한국은행은 은행권을 발행할 수 있다. 다만, 은행권의 양식과 종류에 관해서는 정부의 인가를 받는다.

전 항의 은행권은 한국은행 본점 및 지점에서 영업시간 중 언제라도 금화 또는 일본은행 태환권과 교환한다. 다만, 지점에서는 본점에서 준비금이 도달할 시간까지 그 교환을 연기할 수 있다.

제23조 한국은행은 은행권의 발행액에 대하여 동액의 금화, 지금은, 일본은행 태환권을 두고 그 지불 준비에 충당한다. 다만, 은지금은 지불 준비 총액의 4분의 1을 초과할 수 없다.

전 항의 준비에 의한 것 외에 한국은행은 특히 2,000만 환(圜)을 한정하여 국채증권 기타 확실한 증권 또는 상업어음을 보증으로 삼아 은행권을 발행할 수 있다.

시장의 상황에 따라서 전 2항 외에 다시 은행권의 발행을 필요로 할 때는 정부의 인가를 받아 국채증권 기타 확실한 증권 또는 상업어음을 보증으로 삼아 이를 발행할 수가 있다. 이 경우에는 정부가 명하는 바에 따라서 연 100분의 5 이상의 비율로 발행세를 납부해야 한다.

제24조 한국은행에서 발행하는 은행권은 공사 거래에 무제한으로 통용하는 것으로 한다.

제25조 한국은행은 은행권 발행액 및 지불 준비에 관한 매주 평균고표를 관보에 공고해야 한다.

제26조 은행권의 제조·발행과 손권(損券) 교환 및 소각 등의 일에 관한 조치는 별도로 이를 정한다.

제27조 은행권의 위조와 변조에 관계되는 죄는 형법 위조지폐에 관한 각 본조를 참조하여 처단한다.

제6장 준비금 및 납부금

제28조 한국은행은 영업연도마다 준비금으로 자본의 결손을 보충하기 위하여 이익금의 100분의 8 이상을 적립하고 이익 배당의 평균을 얻게 하기 위하여 이익의 100분의 2 이상을 적립해야 한다.

제29조 주주에 대한 이익 배당액이 불입자본에 대하여 연 100분의 12를 초과할 경우 한국은행은 해당 초과 액수의 2분의 1을 정부에 납부해야 한다.

제7장 정부의 감독 및 보조

제30조 정부는 한국은행 업무를 감독한다.

제31조 한국은행은 그 정관을 변경하고자 할 때는 정부의 인가를 받아야 한다.

제32조 한국은행은 주주에게 배당금을 분배하고자 할 때는 정부의 인가를 받아야 한다.

제33조 정부는 필요하다고 인정될 때는 은행권의 종류와 발행액, 대부 할인의 금액·방법·이자율, 환료(爲替料), 정화 준비, 보증 준비에 관하여 제한을 둘 수 있다.

제34조 정부는 한국은행이 영업상 본 조례나 정관, 감독상 정부가 발포한 명령을 위반하거나 공익을 해칠 사항이 있다고 인정될 때는 이를 제지하고 또 사실에 따라 임원을 해직할 수 있다.

제35조 한국은행은 정부의 명령을 따라서 그 영업에 관한 제반 경황과 계산 보고서를 제출해야 한다.

제36조 정부는 특히 한국은행에 감리관을 두고 한국은행 업무를 감시하게 한다.

제37조 한국은행의 감리관은 언제라도 한국은행의 금고 장부와 제반 문서를 검사할 수 있다.

한국은행의 감리관은 감시상 필요하다고 인정될 때는 언제라도 한국은행에 명령하여 영업상의 제반 계산과 경황을 보고하게 할 수 있다.

한국은행의 감리관은 주주총회, 기타 제반 회의에 출석하여 의견을 진술할 수 있다. 다만, 의결의 수에는 포함되지 않는다.

제38조 한국은행의 이익배당금으로 정부 소유주 이외의 주식에 대하여 매 영업연도에서 연 100분의 6의 비율에 달할 때까지는 정부 소유주에는 배당할 필요가 없다.

제39조 한국은행의 이익배당금으로 정부가 소유한 주식에 대해 매 영업연도에 연 100분의 6의 비율에 달하지 아니할 때는 정부는 창립 초기의 말일부터 5년간에 한정하여 이에 달할 만한 금액을 보급한다.

제40조 정부는 한국은행이 창립할 때 그 영업비를 보조하기 위하여 120만 환을 한도로 무이자로 대하한다.

전 항의 대하금은 대하일로부터 5년간 거치한 후 10개년 연부로 상환하게 하는 것으로 한다.

제8장 벌칙

제41조 한국은행에서 아래에 해당하는 범죄가 있는 때에는 총재 또는 총재의 직무를 행하거나 대리하는 이사에게 1천 환 이하의 과료에 처하고 그 범죄가 이사의 분담 업무에 관련이 있을 때는 이사를 과료에 처함도 역시 같다.

1. 제21조의 규정을 위반하여 본 조례에 기재되지 아니하거나 정부 명령을 거치지 아니한 업무를 영업할 때
2. 제23조의 규정을 위반하여 은행권을 발행할 때
3. 제28조의 규정을 위반하여 준비금을 적립하지 아니할 때
4. 본 조례에 의하여 인가를 받을 만한 사항으로 그 인가를 받지 아니할 때

제42조 전 조의 과료는 재판소의 명령으로써 이를 부과한다. 그 명령에 대하여 14일 이내에 항고할 수 있다.

부칙

제43조 본 법은 반포일로부터 시행한다.

제44조 한국은행 설립에 관한 일체의 사무는 이를 일본 정부에 위탁한다.

제45조 제15조, 제16조 및 제17조의 규정은 창립총회에 이를 준용(準用)한다.

제46조 창립 초기의 이사와 감사는 임기를 제외한 것 외에는 제10조의 조건에도 불구하고 정부가 이를 명령한다.

제47조 한국은행은 정부의 정한 바에 따라서 주식회사 제일은행의 권리와 의무를 계승하는 것으로 한다.

제48조 전 조에 계승하는 전 주식회사 제일은행에서 발행한 은행권은 한국은행이 발행한 것으로 인식한다.

제49조 제47조에 의하여 계승과 동시에 한국은행은 정부의 정한 바를 따라서 계승일의 보증 준비에 상당하는 금액을 한정하여 무이자로 20년간 연부 상환으로써 주식

회사 제일은행에 대부해야 한다.

4) 한국은행정관

제1장 총칙

제1조 본 은행은 융희 3년 법률 제22호 한국은행조례에 의해 설립되며 한국은행이라 칭한다.

제2조 본 은행은 한국은행 조례에 따라 은행업을 영업하는 것을 목적으로 한다.

제3조 본 은행의 본점을 경성에 설치한다.

본 은행은 정부의 인가를 받거나 정부의 명령에 의해 필요한 지역에 지점 및 대리점을 설치하며, 또 타 은행과 코레스폰던스(correspondence)를 체약할 수 있다.

제4조 본 은행의 존립기간은 설립 등기일로부터 50년으로 한다. 단, 주주총회의 결의에 의해 정부의 인가를 받아 그 기한을 연장할 수 있다.

제5조 본 은행의 공고는 일한 양국의 관보 및 신문을 통해 이를 행한다. 단, 공고를 할 신문은 총재가 이를 선정하고 일한 양국의 관보에 공고한다.

제2장 자본금 및 주식

제6조 본 은행의 자본금 총액은 1,000만 원(圓)으로 하고, 이를 10만 주로 나누어 각 주식의 금액을 백 원으로 한다. 단, 주주총회의 결의에 의해 정부의 인가를 받아 자본금을 증가시킬 수 있다.

제7조 본 은행의 주식은 모두 기명으로 하고 일본인과 한국인에 한해서만 소유할 수 있다.

제8조 본 은행의 주식 중 3만 주는 정부에서 이를 부담하는 것으로 한다.

제9조 본 은행의 주권은 1주권, 5주권, 10주권, 50주권, 100주권 및 1,000주권 등 6종류로 한다.

제10조 주주가 제1회차 주금(株金)을 납입한 때는 영수증을 교부하고, 추후에 주권과 서로 교환한다.

주권은 주금의 납입이 있을 때마다 그 금액을 기재하고 총재가 여기에 날인한다.

제11조 주금 제1회차 납입금액은 총액의 4분의 1, 즉 250만 원(1주에 대하여 25원)으로 한다.

제12조 주금 제2회차 이후의 납입 기일, 방법 및 금액은 영업의 편의에 따라 총재가 이를 정하고 최소 1개월 전에 각 주주에게 통지하는 동시에 이를 공고해야 한다. 단, 그 납입금액은 매회 1주에 대해 25원을 초과하지 않는 것으로 한다.

제13조 주주가 주금의 납입을 게을리 할 때는 일본국 주식회사에 관한 규정에 따라 처분한다.

전 항의 경우에 있어서 그 납입기일의 익일부터 현재 납입일까지의 체납금에 대해 백 원 당 1일 4전에 비율에 해당하는 배상금을 징수한다.

제14조 주주 및 그 법정대리인은 인감 및 주소를 본 은행에 신고해야 한다. 이를 변경하는 때에도 역시 동일하다. 단, 인감 또는 법정대리인의 권한에 대해 본 은행에서 증명을 청구할 때는 그 절차를 진행해야 한다.

제15조 본 은행의 주식을 양도하는 경우에는 주권의 뒷면에 당사자 쌍방이 기명날인하고, 이에 연서(連署)한 명의 개서(改書) 청구서를 첨부해 본 은행에 제출해야 한다.

본 은행은 전 항의 청구를 받은 때에는 총재 또는 총재의 대리자가 주권의 뒷면에 기명날인하고, 동시에 주주 명부에 기입하는 절차를 완료한 후 이를 환부한다.

상속, 유증(遺贈) 또는 재판의 집행 등에 따라 본 은행의 주식을 취득할 때는, 취득자가 주권 뒷면에 기명날인하고 정식의 증명서를 첨부해야 한다.

제16조 본 은행의 주권이 재해(災害)를 입어 멸실(滅失)된 때에는 그 사유, 종류, 금액, 번호 등을 상세하게 기재하여 본 은행이 만족하는 2인 이상의 보증인을 세워 본 은행에 신고하고 신주권 교부를 청구할 수 있다.

전 항의 청구를 받고 증거로 판명될 때는 본 은행은 신주권을 교부한다. 증거로 판명되지 않을 경우에는 모두 분실의 예에 따른다.

제17조 본 은행의 주권을 분실, 혹은 도난당한 때에는 주주는 그 종류, 금액, 번호를 상세히 기재하고 해당 서류를 본 은행에 신고하여 신주권의 교부를 청구할 수 있다.

전 항의 청구를 받은 때에 본 은행은 청구인의 비용으로 그 내용을 공고하고 1개월 후, 본 은행이 만족하는 2인 이상의 보증인을 세워야 신주권을 교부할 수 있다.

전 항의 기간 내에 청구인이 해당 주권을 발견한 때에는 즉시 본 은행에 신고해야 한다. 본 은행은 전 항의 예에 따라 그 내용을 공고한다.

제18조 멸실, 분실, 또는 도난 신고가 있는 주권에 대하여 이의 신청을 한 사람이 있을 때는 본 은행은 관할 재판소의 판결에 따르지 아니하면 신주권을 교부하지 않는다.

제19조 주권이 오염 또는 훼손된 때에는 주주는 그 사유를 상세히 기재하고, 그 주권을 첨부하여 본 은행에 제출한 후 신주권의 교부를 청구할 수 있다.

전 항의 청구를 받고 그 주권을 심사하여 진정한 것이라 인정한 때에는 본 은행은 신주권을 교부한다. 그 주권의 진정 여부를 감별하기 어려운 것은 분실의 예에 따른다.

제20조 본 은행은 주주의 청구에 따라 주권의 종류 변경을 행한다. 단, 신주권 1매당 20전의 수수료를 청구인에게서 징수한다.

제21조 본 은행은 주권의 명의 개서를 하는 경우 1매당 5전의 수수료를 징수하며 멸실, 분실, 도난 또는 오염 및 훼손 등으로 인해 신주권을 교부하는 경우에는 1매당 20전의 수수료를 청구인에게서 징수한다.

제22조 본 은행은 정기 주주총회 전 1개월 이내에 주식의 양도를 정지한다. 단, 이 경우에는 미리 해당 내용을 공고해야 한다.

제3장 중역(重役)

제23조 본 은행은 총재 1인, 이사 3인 이상, 감사 2인 이상을 둔다.

제24조 총재는 그 임기를 5년으로 하고 정부가 임명한다.

이사는 그 임기를 3년으로 하고, 100주 이상을 소유한 주주 중에서 주주총회에서 2배수의 후보자를 선출하고 정부가 그중에서 임명한다.

감사는 그 임기를 2년으로 하고, 50주 이상을 소유한 주주 중에서 주주총회에서 선출한다.

이사 또는 감사의 결원이 있을 때는 주주총회를 소집하고 보궐선거를 행한다. 단, 정부의 인가를 받은 때에는 보궐 선거는 다음 정기 주주총회까지 연기할 수 있다.

제25조 이사가 소유한 본 은행의 주식 각 100주는 재임 중 감사에게 공탁하는 것이 요구된다.

전 항의 주권은 본인이 퇴직하더라도 그 기간에 속한 결산보고가 주주총회의 승인을 얻은 후가 아니라면 이를 돌려받을 수 없다.

제26조 총재의 직무권한은 다음과 같다.

1. 총재는 일체의 업무에 대하여 본 은행을 대표한다.
2. 총재는 법률, 명령, 정관 등의 규정과 주주총회 및 중역회의 결의에 따라 본 은행의 일체의 사무를 집행한다.
3. 총재는 주주총회 및 중역회의 의장이 된다.
4. 총재는 본 은행의 권리 의무에 관한 일체의 문서에 기명날인한다.

제27조 총재가 사고가 있을 때는 총재는 이사 1인으로 하여금 그 직무를 대리하게 한다.

총재가 결원이 될 때는 정부가 지명한 이사가 총재의 직무를 행한다.

제28조 이사는 총재를 보조하고 총재의 명령을 받아 본 은행의 업무를 분장한다.

제29조 감사는 본 은행의 업무를 감사한다.

제30조 총재 및 이사의 보수액은 다음과 같다.

1. 총재 6,000원(圓)
2. 이사 1급 4,000원, 2급 3,000원

감사의 보수는 주주총회의 결의로 이를 정한다.

총재 및 이사에 대하여는 수당을 지급할 수 있다. 그 금액은 정부가 정한다.

제4장 중역회

제31조 중역회는 총재 및 이사로 조직한다.

제32조 중역회는 본 은행의 중요한 업무를 의결한다.

제33조 중역회는 필요한 경우 총재가 이를 소집한다.

중역회는 회원 과반이 출석하지 않으면 개회할 수 없다. 단, 회원 중 질병, 여행, 기타 사고로 인해 정수를 채우지 못했더라도, 사안의 신속한 처리가 필요할 때는 출석한 인원으로 이를 결의하고, 다음 중역회에서 그 내용을 보고해야 한다.

의사는 다수결로 정한다. 가부 동수일 때는 의장이 이를 결정한다.

제34조 중역회에서 결의한 사항은 결의록에 기재하고 출석원은 여기에 기명날인해야 한다.

제5장 주주총회

제35조 주주총회는 정기총회 및 임시총회 2종류로 나눈다.

제36조 정기 주주총회는 매년 2월·8월 2회 개최한다. 그 일시, 장소, 총회의 목적 및 총회에서 결의가 필요한 사항은 적어도 개회일로부터 20일 전에 총재가 각 주주에게 통지해야 한다.

정기 주주총회에서는 총재가 제출한 서류 및 감사의 보고서를 조사하고 이익금의 배당을 결의한다.

제37조 임시 주주총회는 다음의 경우에 한해 개최된다. 단, 그 일시와 장소는 총재가 정하고 총회의 목적 및 결의사항은 적어도 개회일로부터 20일 전에 각 주주에게 통지해야 한다.

1. 총재가 필요하다고 인정하는 때
2. 감사 전원이 회의의 목적을 명시하여 그 소집을 청구한 때
3. 자본의 5분의 1 이상을 보유한 주주가 총회의 목적 및 소집의 이유를 기재한 문서를 제출하여 그 소집을 청구한 때

총재는 전 항 제2호 및 제3호의 청구를 받은 때에는 14일 이내에 그 소집의 절차를 행하여야 한다.

제38조 각 주주의 의결권은 소유 주식 1주당 1개로 하고, 11주 이상은 10주가 증가할 때마다 1개씩 추가된다.

제39조 주주는 대리인으로 하여금 총회에 출석하여 의결권을 행사하게 할 수 있다. 단, 그 대리인은 법정대리인 또는 본 은행의 주주로 한정한다.

본 은행의 중역 및 사용인은 법정대리인이 되는 경우를 제외하고는 어떠한 경우라도 대리인이 될 수 없다.

제40조 주주의 대리인으로서 주주총회에 출석하여 의결권을 행사하려는 자는 그 권한을 증명할 것이 요구된다.

제41조 주주총회의 결의는 출석한 주주의 의결권의 과반수로써 이를 행한다. 가부 동수인 때는 의장의 결정에 따른다. 단, 정관의 변경은 총 자본의 반액 이상을 소유한 주주가 출석하고 그 의결권의 과반수로써 이를 결정한다.

제42조 주주총회에서 결의한 사항은 이를 결의록에 기재하고 총재, 이사 및 감사가 여기에 기명날인해야 한다.

제43조 주주총회 출석명부는 총재, 이사 및 감사가 기명날인 후 결의록에 부쳐야 한다.

제6장 영업

제44조 본 은행의 업무는 다음과 같다.

1. 환어음, 기타 상업어음의 할인
2. 평상시 거래하는 제 회사, 은행, 또는 상인을 위한 어음금의 추심
3. 환 및 하환
4. 확실한 담보가 있는 대부
5. 각종 예치금 및 당좌대월계정
6. 금은화, 귀금속 및 제 증권의 보호예치
7. 지금은의 매매 및 화폐교환

공공단체에 대하여는 정부의 인가를 받아 무담보 대부를 행한다.

전 2항 이외의 영업 편의에 따라 국채증권, 지방채권, 기타 정부가 지정하는 확실한 유가증권을 매입할 수 있다.

본 은행은 정부의 인가를 받아 타 은행의 업무 대리를 행할 수 있다.

제45조 본 은행은 본 정관에 규정되어있지 않은 업무를 영업할 수 없다. 단, 정부의 명령이 있는 경우에는 그러하지 아니하다.

제46조 본 은행은 영업을 위하여 필요한 물건을 매수하거나 채무변제를 위하여 부담한 물건을 소유하는 것 이외에는 동산 및 부동산을 매수할 수 없다.

채무변제를 위하여 부담한 동산은 6개월 이내에, 부동산은 1년 이내에 이를 매각하여야 한다. 단, 매수인이 없거나 매수인이 있더라도 그 금액이 부적당하다고 인정될 때는 정부의 인가를 받아 이를 연기할 수 있다.

제47조 본 은행은 정부의 명령에 따라 국고금을 예치하고 그 출납에 관한 사무를 수수료 없이 취급한다.

본 은행은 정부의 명령에 따라 화폐 정리 사무와 국채 원리금 출납에 관한 사무를

취급한다.

제48조 본 은행은 일본은행의 위탁이 있는 때에는 일본국 정부의 국고금 출납에 관한 사무를 취급한다.

제49조 본 은행은 자행의 주권을 취득하거나 전당의 목적으로 이를 받을 수 없다.

제50조 본 은행은 어떠한 경우에도 본 은행의 임원 및 사용인에 대해 대부를 행하지 않는다.

제7장 은행권

제51조 본 은행은 은행권을 발행한다.

제52조 은행권은 본 은행 본점 및 지점에서 영업시간 중 어느 때라도 금화 또는 일본은행 태환권과 교환할 수 있다. 단, 지점은 본점에서 준비금이 도달할 때까지 그 교환을 연기할 수 있다.

제53조 본 은행은 은행권 발행액에 대하여 동액의 금화, 금괴·은괴 및 일본은행 태환권을 두고 그 지불 준비에 충당해야 한다. 단, 은괴는 지불 준비 총액의 4분의 1을 초과할 수 없다.

전 항의 금괴·은괴는 조폐 기준에 맞는 품위를 가진 것에 한정한다.

제54조 전 조의 준비에 의하는 것 이외에 2천만 원(圓)을 한도로 하여 국채증권, 기타 확실한 증권 또는 상업어음을 보증으로 삼아 은행권을 발행할 수 있다.

시장의 상황에 따라 정부의 인가를 받아, 전 항과 동일한 종류의 보증 준비로써 제한외은행권을 발행할 수 있다. 이 경우, 정부가 명령하는 바에 따라 그 발행액에 대해 1년에 100분의 5 이상의 비율로 발행세를 납부해야 한다.

제55조 전 2개조의 금괴·은괴의 준비가격 및 국채증권, 기타 증권의 보증가격은 정부의 인가를 받아야 한다.

제56조 은행권 발행액, 교환액 및 준비의 증감에 관한 출납일표와 매주 평균액표를 만들고, 출납일표는 다음 날 오전에, 매주 평균액표는 다음 주 수요일까지 정부에 제출하고 매주 평균액표는 이를 관보에 게재해야 한다.

제8장 계산

제57조 본 은행의 영업연도는 매년 1월부터 6월까지 및 7월부터 12월까지로 하고 매 영업연도가 끝날 때 총재는 모든 계정을 결산하고 재산목록, 대차대조표, 영업보고서, 손익계산서 및 이익배당안을 작성하여 정기 주주총회에 제출하여야 한다.

제58조 이익금 분배의 방법은 총 이익금에서 영업비와 기타 모든 비용과 손실을 공제한 후 잔액을 이익금으로 삼아 다음의 비례로 분배한다.

1. 이익금 100분의 8 이상 손실보전준비금
2. 이익금 100분의 2 이상 배당평균준비금
3. 이익금 100분의 10 이내 역원 상여금 및 교제비
4. 이익금에 전기 이월금을 더한 금액 중 전 3호의 금액을 공제한 잔액을 납입자본금에 대하여 연 100분의 6의 비율로 배당한다.

이익금에 전기 이월금을 더한 금액 중 전 항 각 호의 금액을 공제하고도 여전히 잔액이 있는 때는 이를 납입자본금에 대하여 재배당을 행하거나 특별적립금 또는 후기 이월금으로 한다.

이익금 중 제1항 제1호부터 제3호까지의 금액을 공제한 잔액이 납입자본금에 대해 연 100분의 12 비율을 초과하는 때는 그 초과액의 2분의 1은 정부에 납부한다.

제59조 본 은행의 이익배당금이 정부 소유 주식 이외의 주식에 대하여 연 100분의 6 비율이 될 때까지는 정부 소유 주식에 대해 배당을 할 필요가 없다. 이를 타 주식에 대한 배당금에 추가한다.

제60조 본 은행의 이익배당금이 정부 소유 주식 이외의 주식에 대하여 연 100분의 6의 비율이 되지 않을 때에는 정부에서 창립 초기의 말일로부터 5년간에 한하여 이에 해당하는 금액의 보급을 받는 것으로 한다.

제61조 본 은행의 이익배당금이 총 주식에 대하여 연 100분의 6 비율이 되지 않을 때는 먼저 정부 소유 주식을 제외한 주식에 대하여 연 100분의 6의 배당을 행하고, 그 잔액을 정부 소유 주식에 배당한다.

제62조 본 은행은 정부의 인가를 받지 않으면 주주에게 이익금의 배당을 행할 수 없다.

배당금의 교부 기일은 총재가 정하고 주주에게 통지한다.

부칙

제63조 본 은행의 설립비용은 4만 원을 한도로 한다.

제64조 본 은행은 창립 초기에 정부로부터 120만 원의 대하를 받고 무이자 5년 거치 이후 10년간 연부상환한다.

제65조 본 은행은 정부가 정하는 바에 따라 은행권 발행에 관한 권리 의무 및 기타의 업무를 주식회사 제일은행으로부터 계승한다.

제66조 본 은행은 전 조에 따른 계승과 동시에, 계승일의 은행권 보증 준비액에 해당하는 금액에 한하여 무이자 20년 연부상환 방법으로 주식회사 제일은행에 대출한다.

제67조 본 은행은 전 조 대출금에 대한 담보로 제일은행에게서 제65조에 따른 계승일의 보증 준비에 충당하는 증권을 징수한다.

5) 한국은행 주주모집 공고문

이번 한국은행의 주주를 모집하기에 다음의 사항을 공고한다.

1909년(明治 42) 8월 27일

한국은행 설립위원장 남작(男爵) 마쓰오 시게요시(松尾臣善)

1. 본 은행의 자본은 1,000만 원으로, 총 주식 수는 10만 주로 하고 1주의 금액을 100원으로 한다.
2. 한국 정부는 3만 주를 부담하는 것으로 한다.
3. 금회에 모집해야 할 주식 수는 10만 주 중 한국 정부가 부담하는 3만 주를 제외한 7만 주로 한다. 단, 이 중에서 4백 주를 제외한 나머지 6만 9,600주를 공중(公衆)에게서 모집하는 것으로 한다.
4. 본 은행 주식을 신청하는 자는 일한 양국인으로 한정한다.
5. 본 은행 정관은 메이지 42년 8월 25일에 일본국 정부로부터 인가를 받았다.
6. 한국은행조례 및 본 은행의 정관은 본 사무소 및 각지의 취급점에 비치하여 신청인이 열람할 수 있도록 하고, 또한 본 은행 정관은 8월 27일 자 일본관보 및 8월 27일 자 한

국관보에 그 전문이 게재되었다.

7. 주식 신청의 기한은 융희 3년(1909) 9월 6일부터 동월 12일까지로 한다.

신청 주식 수가 수요액에 달한 때는 전 항의 기한 이내라도 모집을 체결하는 것으로 한다.

8. 주식 신청인은 주식 신청증에 증거금(1주에 대하여 5원)을 첨부하여 각 취급점에 신청해야 한다.

증거금에 대하여는 1구마다 영수증을 교부하고 분할청구가 있어도 이에 응하지 않는다. 주식 신청증을 우편으로 송부하는 경우에는 반드시 증거금을 첨부하여 등기우편으로 송부해야 한다.

체결할 때까지 도착하지 않은 주식 신청증 및 신청증에 증거금이 첨부되지 않을 때는 모두 이를 수리하지 않는다.

9. 주식 신청증과 인감용지는 각 취급점에 비치하므로 신청인은 동 취급점에서 청구해야 한다.

10. 신청한 주식 수가 수요액을 초과하는 때는 모든 신청인에 대해 안분비례(按分比例)로 모집 금액을 정한다. 단, 안분한 결과 단수(端數)가 발생한 때에는 적절한 방법으로 처리한다.

11. 모집 주식에 대한 증거금은 제1회차 납입금에 충당하는 것으로 한다.

12. 모집에 빠진 자에게는 그 취급점을 통해 서류로 통지하고 증거금을 반환한다.

13. 각 주식의 제1회차 납입금은 25원(증거금 포함)으로 한다. 위원장의 통지를 받은 때에는 기한 내에 그 취급점에 납입하여야 한다. 만일 납입을 이행하지 않아 주주가 될 권리를 상실한 때에는 이미 납부한 증거금은 이를 돌려주지 않는다.

전 항의 경우에 위원장은 정관이 정하는 바에 따라 손해배상금을 청구한다.

14. 본 은행의 주주모집 사무를 위탁받은 각 지역의 취급점은 다음과 같다.

도쿄시	주식회사 일본코교(興業)은행
도쿄시	주식회사 다이이치(第一)은행
도쿄시	주식회사 쥬고(十五)은행
도쿄시	주식회사 다이햐쿠(第百)은행
도쿄시	주식회사 다이산(第三)은행

도쿄시	주식회사 도카이(東海)은행
도쿄시	주식회사 도쿄(東京)은행
도쿄시	주식회사 도요쿠니(豊國)은행
도쿄시	합명회사 미쓰이(三井)은행
도쿄시	합명회사 야스다(安全)은행
도쿄시	합명회사 무라이(村井)은행
도쿄시	미쓰비시(三菱)합자회사 은행부
도쿄시	합자회사 가와사키(川崎)은행
오사카시	주식회사 산쥬시(三十四)은행
오사카시	주식회사 나니와(浪速)은행
오사카시	주식회사 기타하마(北濱)은행
오사카시	주식회사 모우미(近江)은행
오사카시	합자회사 가시마(加島)은행
오사카시	합명회사 고노이케(鴻池)은행
오사카시	스미토모(住友)은행
오사카시	야마구치(山口)은행
교토시	주식회사 교토상공은행
나고야시	주식회사 아이치(愛知)은행
나고야시	주식회사 메이지(明治)은행
나고야시	주식회사 나고야은행
고베시	주식회사 나니와은행 고베지점
요코하마시	주식회사 요코하마 다이니(第二)은행
요코하마시	주식회사 요코하마 나나쥬시(七十四)은행
요코하마시	합자회사 소다(左右田)은행
후쿠시마시	주식회사 다이햐쿠나나(第百七)은행
하코다테구	주식회사 햐쿠쥬산(百十三)은행
아타루(小樽)구	주식회사 홋카이도(北海道) 은행

가나자와(金澤)시	주식회사 쥬니(十二)은행 가나자와 지점
니가타(新瀉)시	주식회사 니가타은행
다카마츠시	주식회사 다카마츠 백십사(百十四)은행
고치시	주식회사 토사(土佐)은행
마츠에시	주식회사 다이산(第三)은행 마츠에지점
히로시마시	주식회사 히로시마은행
모지시	주식회사 니쥬산(二十三)은행 모지(門司)지점
구마모토시	주식회사 히고(肥後)은행
카고시마시	주식회사 나니아은행 가고시마지점
한국 경성	주식회사 제일은행 경성지점
한국 경성	주식회사 한호농공은행
한국 경성	주식회사 대한천일은행
한국 경성	주식회사 한일은행
한국 경성	주식회사 한성은행
한국 인천	주식회사 제일은행 인천지점
한국 부산	주식회사 제일은행 부산지점
한국 평양	주식회사 제일은행 평양지점

당월 27일 일본 정부의 인가를 받은 한국은행 정관은 다음과 같음.

1909년(융희 3) 8월 27일

한국은행 설립위원장 마쓰오 시게요시(松尾臣善)

〈자료 64〉 은행신건설(銀行新建說)

(《대한매일신보》, 1909.5.21, 2면 2단)

한국 중앙금고의 출납 사무를 일본인 제일은행에 위탁 시행한 것은 일반인도 다 아는 바이거니와 최근에 들은즉 무슨 사건으로 인한 것인지 정부에서 중앙은행소를 설립하고 해당 사무를 인계한다는 설이 있다고 한다.

〈자료 65〉 중앙은행 문제(中央銀行問題)

(《황성신문》, 1909.5.21, 2면 5단)

국내 중앙은행 설립 문제는 탁지부 전(前) 고문 메가타(目賀田)의 재임 때부터 제출되었던 것인데, 현재와 같이 제일은행으로 중앙은행의 사무를 취급하게 하고 1,000분의 12.5를 과세로 하였으나 오늘에 있어서는 단정코 중앙은행을 설립하리라는 안건이 확정되며, 여기에 관한 조례안도 기초를 마치고, 아라이(荒井) 차관은 기어코 이를 완성하게 하리라 하여 지난번에 귀국했을 때에 여러 곳에 교섭 중이나 직접적인 관계가 있는 시부사와(澁澤) 남작이 일당사건(日糖事件)[25]으로 인해 대단히 분주하므로 아라이 차관이 귀임 시기를 수차 연기하다가 결국에는 결정하지 못하였으나 중앙은행 신설에 대하여 제일은행 간에 발생할 문제는 ① 제일은행이 가진 국고금 취급 건 및 지폐 발행의 특권에 대하여 배상할 건, ② 제일은행에서 정부에 대부한 금액이 700~800만 환가량이 되므로 이것을 처리할 건, ③ 제일은행에서 소유한 특권에 의하여 우리나라에서 총지점에서만 거둘 이익금은 1년에 70만 환 이상일 터인데 지금 갑자기 이것을 도로 빼앗아 단순한 은행업만 경영할 때는 우리나라에 산재해 있는 제일은행의 각 지점은 도저히 유지하기 어렵다는 문제들이 있기 때문에 이것을 처리할 방법을 강구할 터인데, 아라이 차관은 모두 이 문제를 해결하고 중앙은행을 설치할 의안(議案)을 확정하였다고 하는 고로 아라이 차관이 귀임하면 필연 중앙은행은 확실히 설립되리라고 한다.

---

25 일본제당(日本製糖)의 이사가 대만에서의 제당 관련 법률 연장을 위해 중의원을 상대로 뇌물을 공여한 사건.

〈자료 66〉 중앙은행 정의(中央銀行定議)

(《황성신문》, 1909.6.3, 2면 2단)

우리 정부에서 중앙은행을 특설(特設)한다는 논의가 이미 확정되었으므로 제일은행은 지금 이후부터는 일개의 순수한 상업은행에 불과하게 된 고로 총지배인 이치하라(市原)와 같은 큰 재능이 있는 자를 둘 필요고 없고, 또 이치하라도 제일은행에 있기를 원하지 않아 오사카(大阪)의 모(某) 상회와 교섭 중이라고 모 고등관이 말하였다고 한다.

〈자료 67〉 중앙은행 총재의 유인(中央銀行総裁의 有人)

(《황성신문》, 1909.6.18, 2면 5단)

우리나라에 중앙은행을 설립한다는 것은 세상 사람들이 모두 아는 것인데, 위 은행을 비록 우리 정부에서 설립할지라도 그 실권은 일본인에게 돌아감이 명료한지라 최근 모처(某處)의 보도를 들은즉 일본 실업가 중에서 중앙은행의 총재가 되기를 원하여 운동하는 자가 많으나 모 참여관은 말하기를 "작년에 대한권업은행(大韓勸業銀行)을 설립하기로 계획한 때에 그 총재 선임권을 소네(曾禰) 자작[26]에게 전부 위임한 바 소네 자작이 도쿄(東京)에서 일본홋카이도척식은행(日本北海道拓殖銀行) 두취 미노베 슌키치(美濃部俊吉)[27]와 회견한 후 이미 미노베의 내락을 받았다고 하는데, 현재 위 권업은행 설립이 중지되었기에 미노베의 총재 임명도 중지되었는즉, 이 중앙은행이 확실히 설립되면 총재의 임명은 종래의 관계에 따라서 미노베에게 돌아가게 되리라고 운운하였다고 한다.

26 당시 한국통감인 소네 아라스케(曾禰荒助).

27 미노베는 한국은행의 후신인 조선은행 3대 총재(1916~1924)를 역임한 인물이다.

〈자료 68〉 중앙은행 계획(中央銀行計劃)

(《대한매일신보》, 1909.6.18, 2면 2단)

한국에 시설하는 중앙은행의 주금 1천만 환을 한일 양국에서 모집하며 한국 정부는 6주를 보급하여 이를 통감부와 한국 정부 감독하에서 태환권을 발행하여 국고금의 출납을 취급할 터인데 그 조약령은 일본은행령과 큰 차이가 없다 하는데 일본인 중에서 그 총재의 임을 운동하는 자가 수인(數人)이라더라.

〈자료 69〉 중앙은행 내용(中央銀行內容)

(《대한매일신보》, 1909.6.30, 2면 1단)

한성 안에 중앙은행을 설립한다는 설은 이전 기사에 이미 게재하였거니와 금번 소네(曾禰) 통감이 은행협약사건을 가지고 온다고 하였다는데 그 내용을 얻어들은즉, 은행은 형식상으로 한국 중앙에 설치하고 임원인즉 총재 이하 각 역원을 전부 일본인으로 선정하여 일본 정부에 동의를 얻어 사무를 처리한다더라.

〈자료 70〉 중은 자금(中銀資金)

(《대한매일신보》, 1909.7.4, 2면 4단)

한국중앙은행조례안은 금월 중 발포된다는데 동 은행은 순연한 한국은행이라 하여 주주는 한일양국인으로만 허가하고 자본금은 일천만 환이라더라.

〈자료 71〉 중앙은행과 취극서(中央銀行과 取極書)[28]

(《황성신문》, 1909.7.6, 2면 2단)

한국 중앙은행 신설에 관하여 한일 양국 정부 간에 조약서를 교환할 터이나 그 내용은 5개조인데 '일본인이 한국에서 중앙은행을 설립할 특권을 가질 것, 한국중앙은행조례는 한국 정부에서 발행할 것이나 해당 조례는 일본 정부의 허락을 거치지 못하면 무난히 조례를 변경할 수 없을 것' 등을 규정한 것이라고 한다.

〈자료 72〉 중앙은행 설비(中央銀行設備)

(《황성신문》, 1909.7.28, 2면 3단)

중앙은행 설립에 대하여 우리 정부의 보조 상태는 그 이익배당금이 100분의 6에 이를 때까지는 정부가 소유한 3만 주는 이익배당을 받지 않되, 만약 6분에 이르지 못할 때는 창립 초기의 말일부터 5년간 보급을 행하고, 창립 영업비 120만 환은 5년간을 거치한 후 10년간을 무이자로 대하(貸下)하여 제일은행의 가옥을 매입하게 한다고 한다.

〈자료 73〉 이치하라씨 총재설(市原氏総裁說)

(《황성신문》, 1909.7.29, 2면 2단)

시부사와(澁澤) 남작은 종래의 관계로 인하여 제일은행 총지배인 이치하라(市原)를 한국은행 총재로 추천하였는데 이에 대해서는 소네(曾禰) 통감도 동의할 모양이라는 설이 있다고 한다.

---

28 협정서.

〈자료 74〉 중은의 신청(中銀의 申請)

(《황성신문》, 1909.8.22, 2면 5단)

중앙은행의 정관은 23일에 개회하는 위원회에서 통과하여 당일 정부에 인가를 신청할 터인데, 그 내용을 들은즉 전문이 52개조로 이루어져 있고 다른 은행과 동일하고 별로 특별한 종류의 규정이 없으며 그중 중요 역원의 봉급은 총재가 6,000환, 이사가 1급에 4,000환, 2급에 3,000환이며 수당금은 본봉 이내로 제한하여 총수입이 총재는 1만 2,000환에 불과하고 이사는 8,000환과 6,000환을 넘지 않도록 정하였다고 한다.

3. 조선은행법 제정 관계 서류

〈자료 75〉 조선은행법 제정 시말

(朝鮮銀行法制定關係書類, 조선총독부 탁지부 사계국, 1911)

한국은행은 한국병합의 결과 그 명칭을 변경할 필요가 있고, 또 조선의 경제 상황의 진전에 따라 은행권 보증 준비 발행액 제한의 확장, 기타 한국은행조례 중 규정에 개폐가 필요한 것이 있다. 이런 이유로 한국은행은 조선은행으로 개칭하여 그 설립 당시에 소급하여 조선은행으로 성립한 것으로 간주하여 일체의 권리 의무는 이를 조선은행에 귀속시키는 방안을 세우고, 필요한 규정의 개폐를 함으로써 조선은행법안을 기초하였다. 그 완성안이 제2호 조선은행법안이다.

위 초안을 부의 결정하여 제출된 것에 척식국은 제2호 초안에 붉은색으로 수정하였고, 대장성은 제3호의 의견을 제출하였다. 척식국의 수정사항은 대체로 자구에 그치고, 실질적으로 원안과는 다른 내용이 없기에 여기에 동의를 표시하였다 하여도 대장성의 제의는 그 제3호와 같이

1. 조선은행의 감독에 관해 조선총독을 모두 정부로 고칠 것.
2. 제18조[29] 제1호 중 '제 회사 및 은행' 및 동조 제2호를 전부 삭제할 것.
3. 제20조[30]를 삭제할 것.
4. 제24조 중 '조선총독부 관할 지방 내'를 '조선'으로 고칠 것

네 가지 점이었는데, 위에 대해서는 제4호와 같이 조선총독부는

1. 제1은 관제상 조선 통치의 근본 방침에 미치는 것으로써 이를 거절하고

---

29 제18조 조선은행은 전 조에 게재된 것 외에 조선총독의 인가를 받아 아래의 업무를 영업할 수 있다.
1. 공공단체, 제 회사 및 은행에 대한 무담보 대부
2. 국채증권, 지방채증권 및 사채권 응모 또는 인수
3. 타 은행의 업무 대리

30 제20조 정부는 조선은행으로서 국고금의 취급을 할 수 있게 한다.

2. 제2는 회답안 기재의 조건을 붙여 동의하고

3. 제3·제4는 동의를 표시하는 것으로 회답하여 제4의 '조선총독부 관할지방 내'인 것을 '조선'으로 고치는 것으로 일단 동의를 표시했는데, 재고한 결과 원안을 부활하는 것으로 협정하였다.

이같이 수정한 초안이 법제국에 회부되었는데, 법제국은 제2호에 묵서(墨書)로 수정할 내용을 제의하였는데, 대체로 자구에 그치고 내용에는 차이가 없기에 동의하였다.

대장성이 제안한 제1 '조선은행의 감독에 관해 조선총독을 정부로 고칠 것'에 관해서는 법제국이 찬성의 뜻을 표한 바 그 수정안을 고집하지 않고, 이를 '정부'로 고치고, 제5호의 주의에 따라 감독권의 귀속을 협정할 것을 주장하였다. 이에 따라 제6호 및 제7호의 주장에 따르면 관제상 도저히 동의하기 어렵다고 주장하여 교섭을 계속한 결과 마침내 원안과 같이 3월 7일 각의 결정을 보게 되었다. 3월 9일 해당 법안은 중의원에 제출되어 그날 제1독회 개회, 아라이(荒井) 정부위원이 제출의 이유를 설명하고 한두 번 질의응답을 한 후 18인의 특별위원에게 부탁하여 다시 특별위원회를 4회 개최하였다. 여러 질의가 있었고, 가쓰라(桂) 대장대신 및 아라이 정부위원이 교대로 설명 응답을 시행했는데 위원 중에서 제8호 묵서의 수정설을 제의한 것이 있어 위원회는 3월 16일 수정안과 같이 가결 결정하게 되어 같은 날 중의원은 제1독회를 계속해서 개최하고 제2·3독회는 생략한 후 대체로 위원회 수정안과 같이 가결 확정되었다.

귀족원은 3월 16일 중의원으로부터 의안의 송부를 받아 18일 제1독회를 개최하고, 아라이 정부위원이 제출의 이유를 설명하고 9인의 특별위원에게 위탁하여 19일 위원회를 개최하였다. 여러 질의가 있었는데, 아라이 정부위원의 응답 후 전부 중의원 수정과 같이 가결 확정하였다. 다음으로 3월 21일 귀족원은 제1독회에 계속해서 개최하고 제2·3독회는 생략함으로써 위원장 보고와 같이 가결 확정되어 본 안은 이에 양원을 통과하여 양원에서의 질의응답은 제 호 및 제 호와 같이 이로써 해당 법안은 재가를 거쳐 3월 29일 공포되었다.

〈자료 76〉 조선은행법안에 대한 대장성의 의견

(朝鮮銀行法制定關係書類, 조선총독부 탁지부 사계국, 1911)

1. 본 법 중 조선은행의 감독에 관해 '조선총독'을 모두 '정부'로 고칠 것.

조선총독은 관제상 대만총독 또는 관동도독과 다른 것이 있다고 해도, 조선은행의 감독권을 전부 조선총독에게 부여하는 것은 불가능한데, 그렇게 말하는 이유는 다음과 같다.

① 조선은행은 일본은행 태환권으로서 태환권 발행 준비로 하기에 일본은행에서 분리되지 않고 연쇄됨.

② 조선은행은 국고금을 취급함으로써 이 관계에서 중앙금고에서 분리되지 않고 연쇄됨.

③ 조선은행은 일본에 지점을 두고 그 업무를 집행함으로써 이 관계에서 대장대신의 감독도 필요로 함.

④ 조선은행의 경영은 조선만을 기점으로 한다고 논할 수 없으며, 일반 경제 업무만 담당할 수 있다.

2. 제18조 제1호 중 '제 회사 및 은행'을 삭제하고, 제2호를 전부 삭제할 것.

조선은행의 대부는 한편으로는 태환권 보증 준비 중의 하나가 되기 때문에 가장 확실한 것을 필요로 한다. 따라서 담보대부의 범위를 가능한 한 제한해야만 한다.

유가증권의 응모 인수 등 다대(多大)의 자산을 이런 종류의 업무에 투입하는 것은 조선은행에서도 경계해야 할 일에 속한다. 만약 필요할 때는 제17조 제2항에서 규정한 유가증권의 매입으로 그 수요를 충족할 수 있다.

3. 제20조를 삭제할 것.

국고금 취급은 일본은행 대리점으로서 병행하는 것이기에 본 법의 규정이 필요하지 않다.

4. 제24조 중 '조선총독부 관할지방 내'를 '조선'으로 고칠 것.

본 규정은 그 모범을 대만은행법에서 가져온 것이라고 해도, 대만의 경우는 팽호도가 있기 때문에 이 규정이 필요한데, 조선에서는 단지 조선이라고 해도 충분하다.

〈자료 77〉 조선은행법안에 대한 조선총독부의 의견

(朝鮮銀行法制定關係書類, 조선총독부 탁지부 사계국, 1911)

1. 조선은행의 감독을 대장대신 아래에 두자고 하는 의견이 있어도, 조선 통치의 근본 방침에 의하면 조선의 정무는 모두 조선총독에 위임하는 것으로 정부 회의에서 결정하여 관제를 발포하였기 때문에 조선은행에 대한 감독과 같이 개개의 사무마다 그 소속을 달리하는 것은 위의 근본 방침을 문란케 하는 것이기에 동의하기 어렵다.

2. 조선은행법안의 영업과목 중 제 회사 및 은행에 대한 무담보 대부 및 국채증권, 지방채증권 및 사채권의 응모 또는 인수항을 삭제하는 것에는 이의가 없다. 단, 조선 현재의 경제상황에서는 가장 급무로 해야 할 산업 개발에 있어 각종 회사 은행 등의 지도, 이끌어 줄 필요가 있기 때문에 조선은행은 이들에 대해 때때로 무담보 융통을 어쩔 수 없이 해야 하는 경우가 있다. 또 한국은행이 설립됨에 따라 일본흥업은행은 그 경성지점이 필요가 없다고 폐쇄한 이후로 조선에서 지방채증권 및 사채권 응모 인수를 할 기관이 결여되게 되었다. 따라서 조선은행은 때때로 영업의 형편에 살펴서 이들의 응모 인수를 하지 않을 수 없기에 이 의견을 받아들일 수 없다. 조선은행법에서 위의 영업과목을 삭제한다고 해도

① 제 회사 및 은행에 대해서는 어음할인으로 단기간 무담보 융통을 할 수 있게 할 것.

② 국채증권은 은행의 본질상 당연 응모 인수를 할 수 있게 할 것.

③ 지방채증권 및 사채권은 영업 형편에 따라 이를 매입할 수 있게 함은 물론 필요한 경우에는 조선총독으로 하여금 이를 응모 또는 인수를 명령하도록 할 것.

이상 세 가지 점에서 적절한 조치를 할 수 있다고 해석되면 이 법문의 삭제에 동의를 표한다.

3. 第20조 삭제 및 제23조 수정에 대해서는 이의 없음.

〈자료 78〉 조선은행법안에 대한 조선총독부의 의견

(朝鮮銀行法制定關係書類, 조선총독부 탁지부 사계국, 1911)

1. 조선 통치의 근본방침으로 조선의 정무는 모두 조선총독에게 위임케 한 것으로 정부회의에서 결정했기 때문에 재정계획은 물론 이와 밀접 불가결한 관계에 있는 경제금융에 관한 시설도 모두 조선총독의 감독하에 속하게 하였다. 그 결과 제반의 시설계획을 감사통일하여 조화발전의 길에 나아감이 필요하고, 이는 통치상 가장 필요한 것이다. 그런데 지금 다수 금융기관의 예를 깨고 오로지 조선은행의 감독에 관해서만 그 소속을 달리하여 옮기는 것은 그 통일을 결여하는 것으로 근본 방침에 반하는 것으로 된다.

2. 조선은행의 감독은 법문상 '정부'에 속하게 하여도 관제에서 당연 '조선총독'의 소관에 속해야 하는 일인데 종래의 입법례를 보아도 '정부' 또는 '주무관청'으로 그 문자를 달리함으로써 감독권의 소속 계통을 밝혀 '정부'라는 문자는 모방으로서 명료함을 결여할 우려가 있다. 그런데 지금 조선은행의 감독권에 관해 단지 '정부'로 함은 이후의 오해 분란을 야기할 토대가 될 것이 분명하기에 마땅히 입법례에 비추어 명확히 '조선총독'으로 규정하여 그 소속에 관한 의심스러운 논의를 미연에 방지해 두는 것이 좋다.

〈자료 79〉 조선은행법안에 대한 조선총독부의 의견

(朝鮮銀行法制定關係書類, 조선총독부 탁지부 사계국, 1911)

조선은행법 중 조선총독의 감독권을 대만은행의 예에 비추어 대장대신에게 속하게 한 것은 단지 법률안 개정이 필요로 할 뿐 아니라 칙령으로써 조선총독부관제를 변경하지 않으면 안 되는데, 대만총독은 내각총리대신의 감독을 받기 때문에 그 감독권의 일부를 칙령으로써 대장대신에게 옮기면 단지 주무대신의 이동에 그치고 통치의 방침에 변경을 초래하지 않는다 하여도 조선총독은 천황에 직예(直隸)하여 제반 정무를 통할하고, 주무대신의 직접 감독을 받지 않기 때문에 지금 신조선은행의 감독권을 대장대신에게 속하게 하여 조선총독이 대장대신의 감독을 받는 것으로 하면 이는 주무대신의 감독권 이전이 아니라 관제의 취지를 변경하여 조선 통치의 근본 방침을 아주 달라지는 것으로 해야만 하고, 이 점에 관해서는 특히 각하의 고려를 받들지 않을 수 없다. 또 법안 중 조선총독이란 문자를 변경하여 정부라는 문자를 사용하는 것으로 하여도 관제를 개정하지 않으면 해석상 그 감독권은 당연히 조선총독에 속해 원안과 털끝도 다른 것이 없기 때문에 오히려 법문상 조선총독이란 문자를 사용하여 그 감독권의 소재를 밝히는 것이 적당하다.

조선총독부관제

제3조 총독은 천황에 직예하고 위임의 범위 내에서 육·해군을 통솔하고 조선의 방위를 관장한다.

총독은 제반 정무를 통할하고 내각총리대신을 거쳐 상주를 하고 재가를 받는다.

대만총독부관제

제3조 총독에게 위임하는 범위 내에서 육·해군을 통솔하고 내각총리대신의 감독을 받아 제반 정무를 총리한다.

대만에서의 정무 중 대장대신의 주관사무[1897년(明治 30) 칙령 제9호]

대만에서의 화폐, 은행, 관세 및 조제 장뇌(樟腦), 장뇌유(樟腦油) 귀하매 등에 관한 정무는 대장대신의 관리에 속하게 한다.

전 항의 정무에 대해서는 대만총독은 대장대신의 감독을 받는 것으로 한다.

제1안 특수은행법과 마찬가지로 존립기간 연장, 자본 증액 및 역원 임명 조항에 한해서는 정부라는 문자를 사용하고 기타 조항은 원안 그대로 할 것. 이것이 보통의 입법례이다.

제2안 법안 중 조선총독을 정부로 고친다. 단, 이 경우에는 관계 조문 중 개정을 필요한 것이 있다.

동양척식회사법에는 전부 정부라는 문자를 사용하여도 이것은 오히려 변형된 사례로 동양척식회사법은 한국 정부에서도 마찬가지의 법률을 제정할 필요가 있는 것에 의해서 편의상 정부라는 문자를 사용하는 것으로 되었다.

〈자료 80〉 조선은행법안

(朝鮮銀行法制定關係書類, 조선총독부 탁지부 사계국, 1911)

제1장 총칙

제1조 조선은행은 주식회사로 하고, 본점을 조선의 경성에 둔다.

제2조 조선은행은 조선총독의 인가를 받아 지점·대리점을 설치하거나 다른 은행과 '코레스 계약'을 체약할 수 있다.

조선총독은 필요하다고 인정되는 때에는 지점·대리점 설치를 명할 수 있다.

제3조 조선은행의 존립기간은 설립 등기일로부터 50년으로 한다. 단, 정부의 인가를 받아 연장할 수 있다.

제4조 조선은행의 자본금은 1천만 원으로 하고, 이를 10만 주로 나누어 1주의 금액을 100원으로 한다. 단, 정부의 인가를 받아 자본금을 증가할 수 있다.

제5조 조선은행의 주권은 기명식으로 한다.

제국신민이 아니면 조선은행의 주주가 될 수 없다.

제6조 정부는 조선은행의 주식 중 3만 주를 인수하는 것으로 한다.

정부는 전 항의 규정에 의하여 인수한 주식을 이권(離權)할 수 없다.

제2장 중역

제7조 조선은행에 총재 1인, 이사 3인 이상, 감사 2인 이상을 둔다.

제8조 총재는 조선은행을 대표하고 그 사무를 총리한다.

총재에게 사고가 있을 때는 이사 중 1인이 그 직무를 대리하고 총재가 결원인 때는 그 직무를 행한다.

이사는 총재를 보좌하고 정관이 정하는 바에 따라 조선은행의 업무를 분장한다.

감사는 조선은행의 업무를 감사한다.

제9조 총재는 정부가 임명하고 임기는 5년으로 한다.

이사는 100주 이상을 소유한 주주 중에서 주주총회에서 선거한 2배의 후보자 중에서 조선총독이 임명하고 임기는 3년으로 한다.

감사는 50주 이상을 소유한 주주 중에서 주주총회에서 선임하고 임기는 2년으로 한다.

제10조 총재 및 이사는 명칭 여하를 불구하고 다른 직무 또는 상업에 종사할 수 없다. 단, 조선총독의 인가를 받은 때에는 그러하지 아니하다.

제3장 주주총회

제11조 통상 주주총회는 정관에서 정한 시기에 총재가 소집한다.

제12조 임시 주주총회는 임시로 필요한 때에 총재가 소집한다.

제13조 감사 전원 또는 자본의 5분의 1 이상에 해당하는 주주는 회의의 목적인 사항을 제시하여 임시 주주총회의 소집을 총재에게 청구할 수 있다.

총재는 전 항의 청구를 받은 때에는 임시 주주총회를 소집하여야 한다.

제14조 주주의 의결권은 1주당 1개로 한다. 11주 이상은 10주가 증가할 때마다 1개를 추가한다.

제15조 주주는 주주가 아닌 자를 대리인으로 하여 의결권을 행사할 수 없다. 다만, 법정대리인은 그러하지 아니하다.

제16조 정관 변경은 자본의 반액 이상에 해당하는 주주가 출석하여 의결권의 과반수로 결정한다.

제4장 영업

제17조 조선은행은 다음 각 호의 업무를 영업하는 것으로 한다.

1. 환어음 기타 상업어음의 할인
2. 평상시 거래하는 제 회사·은행 또는 상인의 어음금 추심
3. 환 및 하환
4. 확실한 담보가 있는 대부
5. 제 예금 및 당좌대월계정
6. 금은화, 귀금속 및 제 증권의 보호예치
7. 지금은 매매 및 화폐교환

전 항 외에 영업의 형편에 따라 국채증권·지방채증권 기타 조선총독이 지정한 확실한 유가증권을 매입할 수 있다.

제18조 조선은행은 전 조에 게재한 것 외에 조선총독의 인가를 받아 다음 각 호의 업무를 영업할 수 있다.

1. 공공단체에 대한 무담보 대부

2. 다른 은행의 업무 대리

제19조 조선은행은 영업을 위하여 필요한 물건을 취득하거나 채무변제를 위하여 물건을 인수하는 경우를 제외하고는 동산 및 부동산을 소유할 수 없다.

제20조 조선은행은 본 법에 기재되어 있지 않은 업무를 영업할 수 없다. 다만, 조선총독의 명령에 의한 경우에는 그러하지 아니하다.

제5장 은행권

제21조 조선은행은 은행권을 발행할 수 있다. 단, 은행권의 양식 및 종류에 관하여는 조선총독의 인가를 받아야 한다.

전 항의 은행권은 조선은행 본점 및 지점에서 영업시간 중 언제라도 금화 또는 일본은행 태환권과 교환하는 것으로 한다. 단, 지점에서는 본점에서 준비금이 도달하는 시간까지 교환을 연기할 수 있다.

제22조 조선은행은 은행권 발행고에 대하여 동액의 금화, 지금은 또는 일본은행 태환권을 두어 지불 준비에 충당해야 한다. 단, 은지금은 지불 준비 총액의 4분의 1을 초과할 수 없다.

전 항의 지불 준비에 의한 것 외에 조선은행은 특별히 3000만 원을 한도로 국채증권 기타 확실한 증권 또는 상업어음을 보증으로 은행권을 발행할 수 있다.

전 2항에 규정한 것 외에 시장의 상황에 따라 은행권의 발행이 필요할 때는 조선총독의 인가를 받아 국채증권 기타 확실한 증권 또는 상업어음을 보증으로 하여 발행을 할 수 있다. 이 경우에는 정부가 명하는 바에 따라 발행고에 대하여 연 100분의 5 이상의 비율로 발행세를 납부해야 한다.

제23조 조선은행이 발행한 은행권은 조선총독의 관할지역 안에서 무제한으로 통용하는

것으로 한다.

제24조 조선은행은 은행권의 발행액 및 지불 준비와 관련하여 매주 평균고의 표를 관보에 공고하여야 한다.

제25조 은행권의 제조, 발행, 손권(損券)교환 및 소각 등의 수속은 조선총독이 정한다.

제6장 적립금 및 납부금

제26조 조선은행은 매 영업연도에 자본의 결손을 보충하기 위하여 이익의 100분의 8 이상을 적립하고 이익배당의 평균을 유지하기 위하여 이익의 100분의 2 이상을 적립해야 한다.

제27조 주주에게 배당하여야 하는 이익금액이 불입자본에 대하여 연 100분의 12의 비율을 초과할 때는 조선은행은 해당 초과액의 2분의 1을 정부에 납부해야 한다.

제7장 정부의 감독 및 보조

제28조 정부는 조선은행의 업무를 감독한다.

제29조 조선은행이 정관을 변경하고자 할 때는 조선총독의 인가를 받아야 한다.

제30조 조선은행이 주주에게 배당금을 분배하려 할 때는 조선총독의 인가를 받아야 한다.

제31조 조선총독이 필요하다고 인정할 때는 은행권의 종류, 발행고, 대부할인의 금액, 방법, 이자나 비율, 환료(換料), 정화 준비 또는 보증 준비 등에 관해 제한을 가할 수 있다.

제32조 조선은행의 영업상 법령 또는 정관에 위반하거나 공익을 저해하는 사항이 있다고 인정될 때에는 조선총독은 이를 제지할 수 있다.

제33조 조선은행은 조선총독이 정하는 바에 따라 영업에 관한 제반의 경황 및 계산의 보고서를 제출하여야 한다.

제34조 조선총독은 특별히 조선은행 감리관을 두어 조선은행의 업무를 감시하게 한다.

제35조 조선은행 감리관은 어느 때라도 조선은행의 금고·장부 및 제반 문서를 검사할 수 있다.

조선은행 감리관은 감시상 필요하다고 인정될 때는 어느 때라도 조선은행에 명하여 영업상의 제반 계산 및 경황을 보고하게 할 수 있다.

조선은행 감리관은 주주총회 기타 제반 회의에 출석하여 의견을 진술할 수 있다. 단, 의결 수에는 추가되지 않는다.

제36조 조선은행의 이익배당금에서 정부 소유 주식을 제외한 주식에 대해 매 영업연도에 연 100분의 6의 비율에 달할 때까지는 정부 소유 주식에 대해서는 배당을 할 필요는 없다.

제37조 조선은행의 이익배당금에서 정부 소유 주식을 제외한 주식에 대하여 매 영업연도에 연 100분의 6의 비율에 달하지 아니한 때에는 정부는 창립 초기의 말일부터 5년에 한도로 이에 달하는 금액을 보급한다.

제8장 벌칙

제38조 조선은행에서 다음의 범죄가 있을 때는 총재 또는 총재의 직무를 수행하거나 대리하는 이사를 100원 이상 1,000원 이하의 과료에 처한다. 그 범죄가 이사의 분담업무와 관련될 때는 이사를 과료에 처하는 것도 같다.

1. 제19조, 제20조, 제22조 제1항 또는 제26조 등의 규정에 위반했을 때
2. 이 법에 의하여 인가를 받아야 하는 사항에 관하여 인가를 받지 아니할 때

제39조 조선은행 총재 또는 총재의 직무를 행하거나 대리하는 이사가 제11조 또는 제13조 제2항의 규정을 위반하여 주주총회를 소집하지 아니한 때에는 100원 이상 1,000원 이하의 과료에 처한다.

제40조 조선은행의 총재 또는 이사가 제10조의 규정을 위반할 때는 20원 이상 200원 이하의 과료에 처한다.

제41조 전 3조의 과료에 관하여는 비송사건수속법 제206조 내지 제208조의 규정에 의한다.

부칙(제48호, 1911.3.28.)

제42조 본 법의 시행기일은 칙령으로 정한다.

조선은행법은 1911년 8월 15일부터 시행(1911.7.2.2 칙령 제203호).

제43조 구한국 융희 3년(1909) 법률 제22호에 의한 한국은행은 조선은행이라 하고 한국

은행 설립일에 본 법에 따라 설립된 것으로 간주하며, 한국은행이 행한 행위는 조선은행이 행한 것으로 간주한다.

한국은행에 대하여 행한 등기는 조선은행에 대하여 행한 등기로 간주하고 등기부의 은행 명칭은 당연히 변경된 것으로 한다.

제44조 한국은행의 총재·이사 및 감사는 조선은행의 총재·이사 및 감사로서 취직한 것으로 간주한다.

제45조 한국은행이 발행한 한국은행권 및 그 발행으로 간주되는 주식회사 제일은행의 은행권은 조선은행에서 발행한 것으로 간주한다.

〈자료 81〉 조선에서의 은행 감독에 관한 합의 사항(대장성 제의)

(朝鮮銀行法制定關係書類, 조선총독부 탁지부 사계국, 1911)

제1 한국은행

갑. 아래 사항에 대해서는 조선총독은 사전에 대장대신과 협의해야 한다.

1. 한국은행조례 시행에 관한 명령 제정, 변경 또는 폐지
1. 한국은행정관 개정 또는 변경
1. 은행권 발행, 손상된 은행권 교환에 관한 제 규칙 제정 또는 변경 및 은행권 양식 또는 종류 변경
1. 제한 외 발행의 인가 및 발행 세율 명령
1. 화폐 정리자금 기타 정부 감정에 속한 대상금에 관한 명령의 개정
1. 이익배당 인가
1. 중역 교체
1. 기타 중요사항

을. 아래 사항에 대해서는 조선총독은 이를 대장대신에게 보고해야 한다.

1. 감리관 규정, 제정 또는 변경

1. 은행에서 설정하는 제 규칙

1. 은행권 준비 정화의 가격인가

1. 은행권 보증 준비의 종류 변경 및 준비가격 변경

1. 지점출장소 폐설

1. 외국은행과 '코레스폰던스(correspondence)'계약 체결 인가

1. 종전의 의무 이외에 새로운 의무를 부과 또는 종전의 의무를 변경하는 명령

1. 제일은행과의 계약사항 변경 또는 개정

1. 기타 중요사항

병. 영업에 관한 제반 경황 및 계산보고는 대장대신에게도 1통을 제출할 것.

제2 동양척식주식회사

갑. 아래 사항에 대해서는 조선총독부는 사전에 대장대신과 협의해야 한다.

1. 동양척식주식회사법 시행에 관한 명령의 제정, 변경 또는 폐지

1. 동양척식주식회사 정관의 개정 또는 변경

1. 채권의 발행 또는 상환에 관한 일체의 규칙

1. 채권 발행의 인가

1. 이익의 배당

1. 중역의 교체

1. 기타 중요사항

을. 아래 사항에 대해서는 조선총독부는 이를 대장대신에게 보고해야 한다.

감리관 규정의 제정 또는 변경

회사의 설치하는 제(諸)규정

지점 출장소의 폐지와 설치

기타 중요 사항

병. 영업에 관한 제반의 경황 및 계산보고는 대장대신에게도 1통을 제출할 것.

제3 기타은행

갑. 아래 사항에 대해서 조선총독부는 사전에 대장대신과 협의해야 한다.

조선 측 은행 및 일본 측 은행의 조선 지점 감독에 관한 법령을 제정하거나 변경하려 할 때

조선 측 은행의 본점 또는 지점을 일본, 대만 또는 사할린 등에 이전 또는 설치하려 할 때

일본 측 보통은행이 그 본점 또는 지점을 조선에 이전 또는 설치할 것을 인가하려 할 때

은행에 대한 사업의 정지 또는 인가의 취소 기타 중대한 처분을 하고자 할 때

을. 아래 사항에 대해서는 대장대신은 사전에 조선총독과 협의해야 한다.

조선에 지점을 설치하려 하는 은행의 신설 또는 조선에 지점을 가진 은행의 합병에 대해서 인가를 하고자 할 때

특별은행 또는 저축은행이 조선에 본점을 이전하거나 지점을 설치하는 것을 인가하고자 할 때

병. 아래 사항이 발생할 때는 조선총독은 이것을 대장대신에게 보고해야 한다.

1. 은행의 신설, 합병, 조직 변경, 사채(社債) 모집, 예금의 급격한 인출, 지불 정지, 파산 선고, 폐업 또는 해산 등이 있을 경우 그 사실 및 개황
1. 기타 중대한 사실

정. 일본, 대만 또는 사할린 등에 지점을 가진 조선 측 은행에게 아래의 사항이 발생할 때는 대장대신은 이것을 조선총독에 보고해야 한다.

1. 지점에서의 예금의 급격한 인출, 지불 정지, 파산의 선고 또는 지점의 폐쇄 등이 있을 경우 그 사실 및 개황
1. 기타 중대한 사항

〈자료 82〉 조선에서의 은행 감독에 관한 합의 사항(총독부 회답)

(朝鮮銀行法制定關係書類, 조선총독부 탁지부 사계국, 1911)

갑. 아래의 사항에 대해서는 조선총독은 미리 대장대신과 협의할 것.

1. 은행권의 발행, 손상된 은행권 교환에 관한 제 규칙 제정 또는 변경 및 은행권 양식 또는 종류 변경
1. 발행 세율 명령
1. 정부 감정에 속한 대상금에 관한 명령 개정

을. 아래의 사항에 대해서는 조선총독은 대장대신에게 보고할 것.

1. 조선은행법의 시행에 관한 명령의 제정, 변경 또는 폐지
1. 조선은행정관의 개정 또는 변경
1. 이익배당의 인가
1. 중역의 교체
1. 감리관 규정의 제정 또는 변경
1. 은행권 준비 정화의 가격인가
1. 은행권 보증 준비의 종류 및 준비가격의 인가
1. 지점 출장소의 폐지와 설치
1. 외국은행과 코레스폰던스(correspondence) 계약 체결의 인가
1. 제일은행과의 계약사항의 변경
1. 조선은행 매 영업 연도 말 계산 및 매 반기 제반 경황

〈자료 83〉 조선은행 감독에 관한 대장대신과의 합의 사항

(朝鮮銀行法制定關係書類, 조선총독부 탁지부 사계국, 1911)

조선은행 감독에 관한 합의 사항

갑. 아래의 사항에 대해서는 조선총독은 미리 대장대신과 협의할 것.

1. 조선은행법 변경
1. 존립기간 연장
1. 자본금액 증가
1. 조선은행정관 변경
1. 은행권 발행, 손상된 은행권 교환에 관한 제 규칙 제정 또는 변경 및 은행권 양식 또는 종류 변경.
1. 제한 외 발행세율의 명령
1. 정부 감정에 속한 대상금에 관한 명령 개정.
1. 내지에 지점 또는 출장소 설치
1. 중역 교체

을. 아래의 사항에 대해서는 조선총독은 대장대신에게 보고할 것.

1. 조선은행법 시행에 관한 명령 제정 변경 또는 폐지
1. 이익배당 인가
1. 감리관 규정 제정 또는 변경
1. 은행권 준비 정화의 가격인가
1. 은행권 보증 준비의 종류 변경 또는 준비가격의 변경
1. 지점출장소의 폐지 및 설치
1. 외국은행과 '코레스폰던스(correspondence)'계약 체결의 인가
1. 제일은행과의 계약사항 변경 또는 개정
1. 조선은행 매 영업연도 말 계산 및 매 반기 제반 경황.

〈자료 84〉 조선사업공채법에 의한 차입금의 차입 및 상환 수속에 관한 대장차관과 탁지부 장관과의 협정서

(朝鮮銀行法制定關係書類, 조선총독부 탁지부 사계국, 1911)

1. 차입금액, 이율, 차입선, 차입 시기, 이자 지불기 및 상환기한은 조선총독이 대장대신과 협의하여 선정할 것.
2. 차입금에 대한 납입고지서 발부 방법은 별도의 통달을 기다려서 조선총독에게 위임하게 하는 것으로 한다.

   그 세입 과목은 아래와 같다.

   세입임시부

   공채모집금(款)

   조선사업비 교환 차입금(項)
3. 차입금이 금고로 납입이 끝나면 조선총독은 그 내용을 대장대신에게 전보함과 동시에 대장대신을 대신하여 차입증서(대장대신이 동의한 조건을 기재)를 교부하고 그 사본을 바로 대장대신에게 송부해야 한다.
4. 전 항의 전보를 받은 때에 대장대신은 그 차입금을 조선총독부 특별회계로 이체할 것을 명령한다.
5. 차입금 상환은 차입 조건에 의거하여 대장대신이 이것을 명령할 것. 조선총독부에서 차입증서를 회수할 때는 대장성에 송부할 것.

위를 협정한다.

1911년 4월 8일

대장차관 와카쓰키 레이지로(若規禮次郎)

조선총독부 탁지부 장관 아라이 겐타로(荒井賢太郎)

〈자료 85〉 조선은행법안에 관한 아라이 정부위원 참고서

(朝鮮銀行法制定關係書類, 조선총독부 탁지부 사계국, 1911)

5) 조선은행에 은행권 발행을 허가하는 이유

일본과 조선 간의 경제 공통을 주창하면서 일본은행 태환권을 공통화폐로 사용해야 한다는 논의가 주창되고 있다. 마치 일본과 조선은 매우 인접하여 서로 상대하고 있기 때문에 이러한 논의의 실현도 역시 쉽지 않을까 여긴다고 하여도 정책이나 실제에 있어서는 당장 수긍하기 어렵다.

(1) 정책상의 필요

일본 및 조선 경제를 공통으로 하는 일은 물론 간절히 바라던 것이라 하여도, 경제 관계에 있어서는 엄연한 국경을 이루고 있다. 특히 조선은 강을 사이에 두고 바로 대륙 여러 나라와 국경을 접하고 있어 대청, 대러시아 무역은 매우 밀접한 관계에 있다. 한편 상대국인 청나라의 화폐 제도는 혼란이 극심한 상태라서 언제 통일을 보게 될 수 있을지 알 수가 없다. 향후 이들 국가와 무역 관계를 더 발전시키려면, 당연히 경제 사정 및 통화 상황은 특별히 깊이 연구해야 할 뿐만 아니라 정화 준비를 옹호함에 있어서도 매우 깊은 고려를 하지 않으면 안 된다. 현재 한국은행권은 국경을 넘어 멀리 봉천 지방에서도 그 유통을 볼 수 있는데, 만약 한국은행권을 일본은행권으로 대신하고자 할 때는 대륙통상 관계나 혹은 정화 준비에 불안한 생각이 야기될 수밖에 없다. 또 만약 유사시 당연히 바로 일본은행 정화 준비에 위험이 되는 것과 같은 것은 더욱 걱정해야 한다. 따라서 마땅히 조선은행권 발행을 허가하여 평상시에는 조선-청나라 및 조선-러시아 간 대륙 무역 관계에 따른 금융조절 역할을 하게 함으로써, 일본은행 정화 준비에 풍성함과 부족함에 영향을 미치지 않도록 할 뿐만 아니라, 유사시에는 조선은행을 대륙 방면의 정화 준비 옹호를 위한 방어선으로 삼아 일본은행 정화의 확고한 안정을 도모하는 대책을 세워야 한다.

(2) 실질적인 필요

만약 조선은행의 발행권을 박탈하고 일본은행의 지점 조직으로 한다면

① 상업 관습이 다른 점

조선은 건국된 지 오래되어 생활 풍습뿐 아니라 상업적인 관습도 일본과는 다르다. 따라서 이에 적합한 수단을 강구하여 조선 경제계의 중추를 장악할 수 있는 기관이 필요하다. 일본은행에서 하는 것과 같은 규율로 구속하고자 하는 것은 한국의 풍속 관습에 어긋나므로 변통의 길이 없게 된다.

② 상업은행의 흠결을 보완

제국 정화 준비의 옹호자인 일본은행은 은행의 은행으로서 보통 상업은행의 업무를 피하고 있다. 조선에서는 금융기관이 아직 보급되지 않았기 때문에 조선은행에 명하여 지방 주요 지역에 지점 및 출장소를 설치케 하여 보통은행 업무를 경영하도록 하고 있다. 이것은 일본은행으로서는 가장 불편한 것이다.

③ 교통이 불편한 점

조선 내륙은 아직 교통기관이 보급되지 않아 지방간의 왕래가 쉽지 않기 때문에, 각 주요 지역에 지점 및 출장소를 설치하여 태환이 민활하게 이루어지도록 해야 한다. 동시에 교통이 불편하기에 조선 금융을 통할해야 할 중추기관이 필요하다. 도저히 일본은행으로 하여금 조선은행을 대신하게 한다는 것은 불가능하다

6) 보증 준비 확장의 이유

현행 한국은행법에서의 보증 준비 발행제한액은 2천만 엔인데, 이번 은행법을 개정을 통해 한도를 확장하여 3천만 엔으로 하고자 한다. 그 이유는 아래와 같다.

(1) 통화 유통액의 과거 및 현재

한국의 과거 통화 유통액은 합하여 거론하면, 화폐 정리 착수 이래 유통고 및 구(舊)화폐 회수고는 별표에서 보이는 것과 같은데, 1905년(明治 38) 말부터 1907년(明治 40)까지 2년 동안 신화폐 발행고는 약 850만 엔에서 약 1천 7백만 엔에 달하고, 다른 한편으로 구화폐가 회수된 것은 240여 만 엔으로 이를 빼도 오히려 2년간 약 6백만 엔, 즉 7할 8분의 증가를 보이고 있다. 당시의 상황이 어떠한지 살펴보면

① 구화폐는 민중의 유일한 재보(財寶)로 가장 신용하면서 애석해 하는 것임.

② 신화폐는 아직 그 신용이 전파되지 못해 민중이 사용함이 익숙하지 못해 대체로 그 수수를 좋아하지 않는 것임.

③ 지방의 물가는 대체로 구화폐를 기준으로 한 시세에 따르는 것임.

등에 의해서 신화폐 보급이 가장 고심되는 것인데, 또한 경제적 수용은 이와 같은 2개년간 7할 이상의 통화 팽창을 유도하고 이는 전후의 통감정치를 실시한 정부의 시설 및 일본인의 자본이 점차 증가함과 함께 오랜 학정에 고통받던 한국인도 점점 새로운 정치의 은혜를 입어 각성하고 산업 발흥의 기운을 보인 것에 따른 것이다. 그러나 그해 밀사 사건의 출현은 경성의 소란을 야기하고, 이어서 폭도가 각지에서 횡행하여 마음대로 약탈하고 지방의 질서가 문란해지고 교통이 두절되어 많은 피해를 입힌 결과 모처럼 싹이 돋아나던 산업의 열기도 갑자기 냉각되어 부진의 목소리가 도시부터 지방에까지 만연하였다. 아울러 소위 당시의 세계적 불경기 여파는 빈약한 한국도 피할 수 없어 불황이 더욱 깊어져 이와 같은데 한때는 1,700만 엔에 달했던 통화액도 1,250만 엔으로 떨어졌다(당시 일본의 불경기로 인해 조선에 투자한 자금이 회수된 것은 수백만 엔 달함). 그 후 1909년(明治 42) 6월에 이르러 약 1년간의 기간에 구화폐 회수는 3백만 엔 이상에 달했음에도 불구하고 신화폐의 유통액은 많이 상승하여도 1,300여만 엔 대에서 오르락내리락하고 있었다. 1909년(明治 42) 8, 9월에 각지의 폭도도 점차 그 위력을 잃어 각 지역의 안녕이 회복됨과 함께 세계 시장의 경기도 만회됨에 따라 조선의 경제계도 점차 회복의 서광을 바랄 수 있게 되었다. 그러자 통화도 팽창되어 그해 말에는 일약 1,800여만 엔을 헤아리는데 이르고 날이 갈수록 그 유통액이 증가하여 작년 말의 신화폐 유통액은 실로 2,640여만 엔에 달했다(그 사이 구화폐 회수는 1백여만 엔).

이 동안 은행권의 발행액은 1개년간 1,340여만 엔에서 2,010여만 엔으로 오르고, 즉 그 기

간 통화의 팽창은 4할의 은행권이 5할의 팽창을 보였다. 이 급격한 증가는 일한병합에 의해 인심이 크게 일신하여 여객의 출입, 무역 격증에 기인한 것으로 당시 이러한 비례로 증가한 것은 기약할 수 없는 것이다.

(2) 통화의 장래

이같이 여러 차례 팽창과 수축을 거쳐 현재 통화의 유통액은 2,750만 엔이고, 현재 이 통화가 장래에 어느 비율로 증가할 것인지 예상하는 것은 심히 어려운 일이라고 해도 통화가 팽창해 온 원인을 탐구하면 그 대강은 얻을 수 있다.

장래 통화가 팽창할 원인

① 재정의 팽창에 의한 것

조선 세입과 세출의 총계는 내년 예산에서도 이미 지난해 말의 예산에 대해 1,100여만 엔 팽창을 하고 있고, 그 원인은 오로지 조선의 개발을 위한 각종 사업 자금에 기인한 것이다. 정부 사업이 진행됨에 따라 자연히 통화의 팽창이 초래될 것이다.

② 무역의 진전에 따른 것

조선병합은 각종 산업 발흥의 기운을 조장시키고 무역이 날로 융성해진 것은 별표와 같다.

③ 일본인의 투자열에 따른 것

종래에는 재산권 불안으로 인해 투자를 주저한 자도 갑자기 개척 식산의 업을 기획함에 따라 자금의 주입이 배로 늘어나게 되었다.

④ 조선인의 산업심을 유발한 것

종래에는 헛된 공론을 펼쳐 인민을 모욕하고 학대하고 불공평하고 부정한 것을 참았고, 양반 유생을 비롯한 학정과 함께 힘을 다해 부지런히 치부를 할 기운이 없는 형편이었는데, 매우 넓고 두터운 천은(天恩)에 기뻐하여 나아가 식산 후생의 실업에 향하는 점.

⑤ 화폐 이용이 보급되는 점

산간벽지에서의 종래 조선인 경제 상태는 물물교환에 지나지 않고, 화폐 이용은 오직 시장이 열리는 날에 일시적으로 교환의 방법으로만 사용되고 있었다. 시장이 서는 날에는 스스로 생산한 곡물류, 잡화를 짊어지고 시장에서 값을 받고 물건을 주어 생활에 필요한 물품을 메고 돌아가서 집에 돈을 저장하는 것이 없는 것이 보통이었다. 그런데 근래에 점점 일본에서 온 행상이 집을 상대로 교환 매매하는 것이 많아짐에 이르자 점차 통화의 필요를 느끼고 화폐 이용의 길은 날마다 확장됨에 이르게 됨으로써 장래 통화의 필요가 격증하게 된 점.

⑥ 신용경제가 유치한 것

전 항과 같이 점차 화폐를 이용하는 것이 편리하다고 느낄 수 있는 것과 같은 현상으로 통화 대용의 하나인 수표 등 통화라고 할 수 있는 것은 문명국에서와 같이 신용거래의 이치에서 통화 과부족을 막았다. 이같이 수표 등은 일찍이 화폐의 필요에 따라 화폐로 사용해 왔는데 이를 대신하여 사용함에는 이르지 못했다.

이상과 같이 장래 통화는 더욱 팽창할 것인 이유가 많음에도 불구하고 얼마의 비율로 증가하는가는 쉽게 단정할 수 없다. 그런데 인구당 통화액을 보면 조선의 인구 1,300인은 1인에 2엔 10전에 지나지 않는데, 일본의 1인당 약 10엔, 기타 소절 거래가 융성하여 1인당 대체로 7불인 영국, 40프랑인 프랑스와 비교하면 빈부의 차이에서 본래 그렇다고 하여도 그 인구당 비율로는 너무 적다고 할 수밖에 없다. 아마도 장래 수년간 적어도 1인당 4엔 이상일 것으로 예상할 수 있는데, 연간 통화는 적어도 매년 2할은 팽창할 것으로 볼 수 있다.

34) 한국은행 보증 준비 제한액 확장에 관한 조사

한국은행조례 제23조 제2항에서 한국은행은 특별히 2천만 엔을 한도로 국채증권 기타 확실한 증권 또는 상업수형을 보증으로 하여 은행권을 발행할 수 있다고 규정하였다. 이같이 제한액을 정한 것은 당시 하나의 국가인 한국의 현상 및 장래 발전에 비추어 적당하면서 통화의 조리상 과오가 없기를 통찰함에 따른 것이다. 그런데 현재 일한병합이 성립하여 한국은 순연한 제국의 영토로 예속되었기 때문에 보증 준비 제한액으로 정한 근거는 전후가 상이하게 되었다고 말하지 않을 수 없다. 이에 한국은행조례를 개정하여 조선은행법을 발포하고자 함에 있어 신중하게 이 제한액을 고려해야만 한다.

현재 일한병합이 경제계에 미치는 영향이 큰 것을 들면 다음과 같다.

(1) 병합조약은 인기를 높여 여객의 왕래, 화물의 출입이 급격히 증가함에 따라 통화의 팽창을 가져올 것임.

화폐 유통고표 (단위: 엔)

1909년 8월	18,430,433	1910년 8월	20,114,668
1909년 9월	18,503,203	1910년 9월	22,563,650
1909년 9월	18,571,255	1910년 9월	25,042,000
1909년 10월	20,492,677	1910년 10월	26,414,155

은행권 유통고표 (단위: 엔)

1909년 8월	10,081,829	1910년 8월	13,423,758
1909년 9월	10,311,190	1910년 9월	15,716,761
1909년 9월	11,483,613	1910년 9월	17,469,354
1909년 10월	12,340,378	1910년 10월	18,367,170

무역고표 (단위: 엔)

1909년 8월	3,579,475	1910년 8월	4,091,997
1909년 9월	4,872,135	1910년 9월	5,793,343
1909년 9월	5,269,505	1910년 9월	6,751,806
1909년 10월	5,423,456	1910년 10월	6,458,916

(2) 종래 국민이 도탄에 빠져 힘을 다해 슬퍼함으로써 분발하는 기운이 없고 나라는 거들먹거리지만 가난하여 한두 말의 쌀을 저축할 것도 없고, 소수의 부유한 자가 있어도 죄를 지어 벌을 받아서 가난하게 된 경제 상태의 유치한 것과 차이가 없었다. 화폐가 있어도 이를

이용하는 것을 알지 못하고 평온한 마음으로 타고난 복에 편안해 하고 있었다. 지금은 매우 넓고 두터운 천은을 입기에 이르러서, 식산 치부의 경향도 발생하고 있다.

(3) 몇만의 능력도 없으면서 높은 자리에서 관직만 지키고 있는 이들이 인민을 모욕하고 학대하고 불공평하고 부정한 것을 하는 것 이외에는 어떤 것도 하는 것이 없는 양반 유생의 무리는 지금 엽관(獵官)[31]의 뜻이 두절되어 서로 나서서 산업에 종사하고자 하는 풍조가 발생한 점.

(4) 일본인이어도 종래 자금 투자를 주저하여 아직 사업이 볼만한 것이 없었는데, 병합 이후 개척 식산의 업무를 기획하는 자가 나날이 잇따르고 있는 점

그런데 조선의 현상은 이를 경제 진화에서 보면 아직 구미 각국에서와 같은 신용경제의 상태와는 거리가 있는데 드디어 점점 물물교환의 상태를 탈피하여 화폐 경제의 시기에 들어온 것이기에 소유하고 있는 금의 다수를 보유하지 않으면 안 되었다. 영국에서의 소유고는 1인당 17불인 수표의 발달이 현저한 까닭이고, 프랑스에서는 40프랑인 것은 국가의 자원인 풍부함에 기인한 것으로 저들과 동일하게 논할 수는 없어도 조선의 현재 1인당 2엔 정도는 누구라도 아주 적다는 것을 인정하는 바이다. 통화의 수급이 아직 충분하지 않고 이에 더해 교통기관의 발달, 식산흥업에 관한 시설의 개량 증진에 따라 장래 반드시 통화의 팽창이 초래될 것은 쉽게 볼 수 있다. 현상으로 말하자면 이와 같은 통화가 팽창하는 형세는 피할 없기 때문에 이로 인해 지금 보증 준비 발행액을 확장하는 것은 수긍하지 않을 수 없다.

병합 후 한국은행권이 증발하게 된 것은 그 원인이 경제상의 발전에 따른 것보다는 오히려 국고의 관계에서 기인한 것이다. 대체로 9월 이후 국고금의 지불이 아직 증가함이 없어 다액에 달하지 않았을 뿐만 아니라 구한국 국고의 예금제도는 병합 후 금고제도로 개정되었기 때문에 금고지불기금이 증가한 것이다.

보증 준비 발행액은 그 나라의 지폐 최소유통액(어떤 경우에도 태환 청구의 위험이 없다고 인정

---

31 관직을 얻으려고 갖은 방법을 씀.

하는 액수)에 한정하는 것을 원칙으로 한다. 만약 이 액수를 초과하는 것이 크게 되어 혹 정화를 구축하고 혹 태환권이 바로 은행에 돌아오는 경제상의 공황이 야기되는 것은 1830년대 및 1840년대의 영국에서의 누누이 본 것이다. 그리하여 1844년 로버트 필(Rebert Peel) 경은 기존의 통계에 기초하여 태환권의 유통액 그것보다 내려가지 않는 액수 1,400만 파운드로 영란은행의 보증 준비 발행액으로 함으로써 태환권 남발의 위험을 방지하였다. 조선에서는 통화 유통 총액에 대한 은행권 발행의 비율이 얼마에 달할 때에 정화를 구축하느냐는 것에 대해서는 아직 통계적으로 이를 논할 수 없다. 겨우 작년 말에 비로소 은행권의 유통고는 보증 준비 발행액 2천만 엔에 달했을 뿐으로 과거 수년 및 현재에서는 그 유통액이 항상 보증 준비 발행액 이하에 있었다. 이리하여 금일 이것의 확장함을 계획하는 것은 전연 그 이유라고 말하지 않을 수 없다.

대만은행에서 보증 준비 발행액 500만 엔을 1,000만 엔으로 확장한 것은 설립 당시에 비해 재정 무역 등이 현저히 발달했기 때문으로 조선에서는 근래 재정 무역의 진척을 조금 보이는 것이 있다고 할지라도 아직 이와 같은 영역에 도달한 것은 아니다. 또 조선에서의 무역의 관계는 해마다 수입초과를 보여 만약 보증 준비 제한액 확장으로 인해 통화가 급격히 팽창히 물가가 등귀하면 무역의 균형을 잃어버려 지금보다 심하게 될 것이다.

1884년(明治 17) 일본은행의 보증 준비 발행액을 7,000만 엔으로 정한 것은 당시 통화는 1억 2,000만 엔 이상으로 그 5분의 3인 7,000만 엔은 당시의 세입액에도 미치지 않는 것으로 조세를 위해 반드시 민간에 필요하여 결코 태환으로 인해 은행에 돌아올 우려가 없게 한 것이다. 이후 인구 증가, 재정 팽창에 따라 8,500만 엔으로 개정하고 다음으로 1억 2,000만 엔으로 하였다. 그런데 러일전쟁 이후 국운이 풍성해져 매년 제한 외 발행을 할 우려가 있어 일부 인사들 사이에는 보증 준비가 과소하다고 주장하는 자들이 있었다 할지라도 이에 대해서는 반대의 목소리가 높았다. 그 이유로는 정화 준비의 기초를 위협하고 국가의 신용을 감쇄하는 것으로 되기 때문으로 근래 각국의 중앙은행이 거의 공통으로 지향하는 대세는 정화 준비를 충실케 하여 신용을 유지하는 것에 부심하는 것은 다음의 표와 같다.

(5) 현재 각국의 식민지에 대한 경제정책을 보면 식민지에서의 통화 결핍을 보완하기 위해 태환은행권 발행의 특허를 부여한 은행을 설립한 것이 많고 다년의 경험은 그 발행력에

대해서 점차 엄밀한 제한을 가하는 추세를 보이고 있다. 예컨대 프랑스와 같은 나라는 알제리은행이 1870년 보불전쟁 때 크게 본국 정부를 위해 조력한 점이 많았는데, 그때 동 은행에 대해서 운전자본의 3배에 달하는 은행권 발행을 하도록 허락했는데, 이후 동행의 업무는 번한(繁閑)이 하나같지 않아 다액의 부채를 지고 영업 곤란에 초래하여 마침내 1900년 프랑스 정부는 동 은행에 대해서 은행권 발행액을 언제라도 정화로 태환할 수 있는 정도를 초과할 수 없도록 명령을 발했다. 영국 식민지에서는 각 은행의 상황이 타국 식민지의 그것에 비해서 순조로웠음에도 불구하고 1846년 이래 영국 정부는 식민지은행의 영업방침을 규정하고 은행권 발행으로써 다른 은행 업무과 구별하고자 하여 태환권 발행을 불입자본금을 초과할 수 없도록 하고, 또 발행액의 3분의 1 이상의 정화 준비를 보유하지 않으면 안 되도록 하였다. 현재 홍콩상하이은행을 비롯하여 캐나다, 호주, 아프리카의 각 식민지은행 등은 모두 이 규정을 따르고 있다.

이러한 이유에서 보면 한국은행의 보증 준비 제한액 2천만 엔은 오히려 지나치게 많다는 의심이 없지 않을 수 없다. 조선에서는 신용 제도의 발달이 충분하지 못하고, 또한 경제계의 발전이 크게 볼만한 것이 없기에 현재 정한 것이 적당하다고 할 수 있다고 말할 수 있다. 다시 이를 확장하고자 하는 것은 시기상조임이 분명하다.

35) 한국은행 제출 참고서

(1) 한국은행과 조선의 농공은행 및 일본은행 지점과의 관계 여하

조선의 농공은행은 조례에서 정한 바에 따라 보통은행 업무를 겸영할 수 있도록 하였다. 그런데 이 현상은 농공은행 본연의 업무라기도 보다도 보통은행 업무를 주로 하는 것이다. 첫째 관개, 배수, 식림, 하천, 도로, 경지 정리 등의 사업은 민지(民智)·민부의 정도가 증대하지 않은 상태에서 기획하는 것인데, 조선의 현재 상황은 이런 종류의 기업을 필요로 하는 자금의 수요가 아직 왕성하지 않아 부동산 저당의 대부 및 토지의 생산물에 대한 융통으로 족한 상황이다. 둘째로 개항장 이외의 지역에서 보통은행의 설치는 전연 이를 결여했다고 하여도 무방하다. 그런데 농공은행은 조선인 본위로 한 결과 많은 개항장 이외의 지역에 설치되었기 때문에 이로 하여금 보통은행 업무를 겸영케 하여 이롭게 하는 것이기 때문이다. 본년 11월 말 한국은행의 농공은행에 대한 융통 총액은 29만 8,633엔 53전인데 그중 11만 엔은 조선 정부의 주요한 재원 중 하나인 개성의 삼업 장려자금으로써 한호농공은행에 대한 대부이다. 기타 대체로 소위 농공은행의 순연한 상업자금에 사용되고 있다.

농공은행에 대한 자금 관계를 보면 총대출 현재 약정액은 51만 5,000엔으로, 그중 최고는 45만 8,301엔 76전이고, 최저는 3만 3,130엔으로 11월 말 현재는 29만 8,633엔 53전이다. 사업자금대출을 보면 약정액은 41만 5,000엔으로 그중 최고는 35만 8,301엔이고, 최저는 3만 3,130엔으로 11월 말 현재 19만 8,633엔 53전이다. 특별 삼업자금의 경우 10만 엔이다.

일본은행의 조선 지점과 한국은행과의 관계도 역시 원만하고 이들 각 은행과의 자금 수요에 대해 한국은행은 가능한 한 이를 공급함에 편의를 주고 있다. 단지 현재 대출액은 비교적 적은데 일반금융의 완만함에 기인한다.

일본 각 은행지점에 대한 자금 관계를 보면 총대출 현재 약정액은 70만 엔인데, 11월 말 현재 총대출액은 31만 1,030엔이다.

(2) 한국은행은 부동산에 대해 융통을 하고, 또 고정된 것이 있는지 질문 여하

한국은행의 부동산 담보 대출 총액은 본년 11월 말에 93만 6,000여 원으로 이는 총대출액 2,224만 4,000여 엔에 비하면 약 4분이 넘는 것에 해당하는 것과 같다. 실제로 모두 부동산을 담보로 한 것인데 자금의 용도는 수출입 무역, 순연한 상업상의 자금을 바라지만 조선에서는 은행의 안목에 담보로 좋은 유가증권이 결핍되고, 만약 부동산 담보대출을 하지 않을 때는 이로 인해 산업 발달을 저해할 우려가 있다. 이로써 한국은행 단기 상업자금의 융통에 즈음하여 일시 부동산을 담보로 하여 융통하는 것은 역시 어쩔 수 없는 것이다. 그런데 위 부동산 담보대출 중에서 다소 고정된 것이 없다 하더라도 이는 오직 대출의 당초에서는 상업자금 융통의 담보로 취입한 것이어서 러일전쟁 후 사업열이 발흥된 것의 반동으로 재계가 일시 불황에 빠진 결과 부동산 가격이 하락한 영향을 받아 금일에 이른 것이어서 금일이라고 해도 점차 양호하게 회수되고 있을 뿐만 아니라 장래 특수한 종류의 부동산 저당대부 기관이 정비되게 되면 물론 용이하게 회수될 것이다. 요컨대 한국은행은 특히 부동산 그 물건에 대해 융통한다는 것은 없다.

(3) 한국은행이 보통 영업을 겸영하는 이유 여하

조선 현재의 상태에서 급무 중의 급무로 해야 할 것은 산업 개발이라는 말을 기다릴 필요도 없는데, 산업 개발의 첩경은 금리의 평준을 도모하여 저리자금을 융통하게 함에 있다. 그런데 금리의 평준은 금융기관의 정비 발달을 도모하는 것 외에는 방도가 없고, 도리어 조선의 금융기관 분포 상태를 보면 경성 및 개항장에서는 종래 일본 제 은행의 지점이 설치되어 있고, 또 개항장 이외의 내륙에서는 정부의 보조로 설립된 농공은행과 함께 금융상 공헌하는 바가 적지 않다 하더라도 그 은행 수 및 그 융통금액에 있어서 물론 이로써 아직 충분하다고 말할 수는 없다. 이는 은행업도 역시 하나의 영리사업인 까닭에 그 발생은 자연히 주위의 경제 사정에 따라 영업의 여지를 인정하기에 이르러야만 비로소 그 성립을 보게 되는 것이다. 그런데 시간이 흐를수록 조선에서 그 개발상 가장 필요한 금융기관의 정비를 자연의 발달에 맡기고 보는 것은 사정이 허락되지 않을 뿐 아니라 조선 현재의 금리는 일반적으로 고율이고, 또 지역마다 서로 같지 않은 차이가 심해 산업 개발을 저해하는 것이 많다. 이를 구제하는 길은 다른 것이 아니라 지금 영업상 불리한 지역에서도 정부의 명령으로 여기에 지점 또는 출장소를 설치할 수 있게 하고, 특수한 종류의 은행을 이용하게 하는 데 있다. 따라서 한국은행과 같이 태환권 발행의 특권을 가진 은행이 이를 담당하기에 가장 적당하고, 또 한국은행 이외에 이미 다른 은행이 설치된 지역에서도 솔선하여 금리 평준화의 임무를 담당할 수 있는 것이다. 한국은행을 아껴 다른 은행에게 이것을 구하는 것은 어렵다. 이는 한국은행으로 하여금 보통 영업을 겸영케 하는 까닭이다. 요컨대 한국은행이 보통 영업을 겸영하는 것은 과도기의 응급수단에 지나지 않는다. 이로써 오늘날에는 경성, 인천, 부산 등과 같은 다른 은행 설립이 충분한 지역에서는 힘써서 보통 영업을 피할 뿐 아니라 장래 경제·금융 상황의 발전에 따라 이미 보통은행으로 존립할 필요가 없기에 이를 것이다. 정부는 바로 한국은행의 보통 영업을 철폐하고자 하는데 단지 이 시기가 도래하는 기간 혹은 한국은행이 다른 은행과 경쟁적인 태도에 나서는 것과 같은 모습을 드러내지 않을 수 없어도 이는 실제로 앞에서 진술한 금리 평준 도모를 그 주요 임무의 하나로 한 결과로써 정부의 근본 방침을 수행하는 데 있어서 어쩔 수 없는 것이다.

(4) 태환권의 기초가 확실한지 아닌지의 여하

태환의 기초는 더없이 확실하고 은행권 발행고는 작년 11월 말에 1,300여만 엔이었는데, 본년 11월 말에서 490여만 엔의 증가했는데, 하나는 정치적 변혁에 따른 국고 지출금의 증가와 다른 하나는 이출입 무역의 융성함에 기인한 것이다.

은행권 유통고조

총발행고: 17,937,000(엔)

정화 준비 발행고: 6,375,750

보증 준비 발행고: 11,561,250

정화 준비 중에 일본은행권을 추가한 것은 공중의 편리함을 생각했기 때문이다. 즉 태환을 요구하는 자는 주로 일본인 및 중국인인데, 일본인의 경우 금화를 휴대 운반하는 것이 오히려 불편하고, 또 청국도 일본은행권은 조선에서 대안에 이르는 지역에도 유통되기에 그 소지를 희망하고 있다. 따라서 한국은행이 일본은행으로 매각하여 조선 산금의 대가로서 하고 또 은행권의 성질상 언제라도 이것을 제시하면 정화와 교환될 수 있기에 이의 정화 준비 중에 추가하는 것은 태환의 기초를 위태롭게 할 두려움은 조금도 없다.

정화 준비조

정화 준비 발행고: 6,375,750(엔)

금화: 2,022,750

일본은행권: 4,443,000

그렇다면 조선 산금 구입액이 얼마인가 하면 본년 1월 이후 11월 말까지의 총액은 699만 9,666엔으로서 이 중 360만 엔은 본년 6월부터 내년 5월 말까지 계약된 것에 따른 것이다. 한국은행이 일본은행에 매각하지 않을 수 없는 것이라고 해도 잔여의 것은 한국은행이 자행에 두고 준비로서 보관할 수 있는 액수이기에 이것을 일본은행에 매각하고 대신에 일본은행권으로 하는 것에 지나지 않다. 그리고 조선에서 산금의 경황은 더욱 양호해지고 있다.

(5) 지금과 같이 한국은행의 발행권을 존속시킬 필요가 있는가, 일한 태환제도의 통일 및 일본은행 지점 설치에 관한 정부의 의견 여하

조선에서의 중앙금융기관은 적극·소극 양 방면의 임무가 있다. 적극적인 임무로는 이 중앙금융기관은 조선의 경제를 점차 발달하게 하여 마침내 일본과 경제 공통의 지경에 도달하게 하는 데 있다. 소극적인 임무로는 훨씬 저수준에 있는 한국 재계의 악영향이 일본 재계에 미치지 않도록 하여 모국 태환의 기초에 하나라도 염려와 두려움이 될 악을 초래하지 않도록 함에 있는 것이다. 지금 이를 국방상에서 보아도 조선은 제국의 북쪽 변경으로 유사시에 혹은 군사 행동의 지역을 될 가능성이 있고, 이것의 연장으로써 경제의 동요를 초래할 가능성이 일본에 비해 지극히 크고 또 농후하다. 이를 경제상에서 보아도 그 경제는 지금 점차로 화폐 경제로 들어간 것으로 아직 신용경제가 행해지지 않은 결과 유가증권의 유통이 적고 발행 특권을 가진 것이 중앙금융기관이라고 하더라도 때에 따라 부동산을 담보로 하여 상업자금 융통을 하지 않으면 안 된다. 훨씬 진보한 일본의 중앙은행을 조선에 설치함은 시기상조라고 믿는다. 이 때문에 조선만으로 제한하여 행하는 태환은행권 발행의 특전을 가지고 특수한 종류의 은행으로서 앞의 적극·소극 양 방면의 임무를 담당하게 하는 것이 득책이라고 할 수 있다.

(6) 한국은행에 대한 연 6분의 배당 보호는 향후 몇 년간 계속될 것으로 예상하는가 또 대하금 상환의 예상 여하

한국은행은 작년 말 제1기의 결산에 있어서 92여만 엔의 순손실금이 발생했는데, 본년 상반기에서 2만 6천여 엔의 순이익금을 올렸다. 지금 하반기 결산에서 약 4만여 엔의 순이익금을 올릴 것으로 예상하는데 이와 같은 상태에서 조례에서 정한 연한 이내에는 정부의 보급금이 필요하기에 충분한 배당을 해야만 한다.

창립비 3만 엔의 대하금은 본년 11월 25일부터 매년 1만 엔씩 상환해야 하는데 이미 본년도 분은 상환하고 잔금도 역시 확실히 상환할 수 있다. 영업비 120만 엔의 대하금은 1909년(明治 42) 11월 20일, 즉 한국은행 창립일부터 5개년 거치 이후 10개년간 연부금으로 12만 엔씩을 상환해야 하는 것으로 되었는데, 금일은 비록 거치 기간에 속한다고 하더라도 상환기에 들어서면 정확히 상환할 수 있는 것은 금일의 상황에서 미루어 단정할 수 있다.

(7) 한국은행에 안동현 및 오사카 지점을 설치하는 이유 여하

안동현에 지점을 설치하는 것은 안동현은 경제상 조선과 동일시할 수 있기 때문으로 압록강 연안의 지역은 제국령과 청국령 사이에 상호 교역이 서로 착종하여 경제상 분명한 구별을 둘 수 없는 것에서 유래한다. 러일전쟁 이래 제국의 위세는 북으로 나아감에 따라 안동현에 거주하는 제 국민의 숫자도 해가 지날수록 증가하는 경향이 있다. 따라서 만약 이곳에 지점을 설치하지 않는 것은 선만 무역상 불편함이 심대해질 우려가 있다.

오사카에 지점을 설치하는 것은 대조선 이출입 무역 조장 및 이에 부수하는 환 대차 결제에 편리를 도모하는 것에 있다.

IV

일제의 금융 침탈과 재조 일본인 언론의 원조

해제

1. 《한성신보》 관련 자료

《한성신보》는 1895년 2월 17일 구마모토국권당(熊本國權黨) 당원들이 중심이 되어 주한일본공사관의 협조를 얻어서 창간한 신문이다. 《한성신보》의 주요 인물들은 주한일본공사관과 협조 관계를 유지하면서도 동시에 자신들이 추구했던 지향에 따라 일본인의 경제적 이익을 확보하기 위해 노력을 경주하였다. 따라서 한국 내 여러 경제 관련된 정책과 사안 등에 대한 재조 일본인들, 특히 거류지 일본 상인들의 인식과 대응을 살펴볼 수 있는 중요한 사료라 할 수 있다. 종래에는 자료의 접근성으로 인해 제대로 활용되지 못하다가 2014년 《한성신보》의 새로운 영인본이 출간되면서 그 활용도가 제고되었다.

이 자료집에서는 《한성신보》에서 화폐금융 분야의 내용을 살펴보았다(〈朝鮮銀行定款〉, 《漢城新報》, 1896.9.14, 9.16, 9.18, 9.20, 9.24, 10.2). 가령 1896년에 설립된 최초의 민간은행인 조선은행의 동향을 소개하고, 정관 83개조 전문을 게재하였다. 조선은행은 독립협회를 주도한 고위 관료와 소수의 상인이 중심이 되어 설립되었는데, 처음에는 일본은행과 같이 탁지부 국고금을 취급하려고 했다. 그러나 탁지부 재정고문 브라운의 반대로 반관반민의 사립은행으로 출발하였다. 조선은행은 설립 주체와 밀접한 관련이 있는 독립협회의 부침에 큰 영향을 받았던 것으로 보인다. 독립협회가 해산된 후 영업 부진을 극복하기 위해 1899년 10월 한흥(韓興)은행으로 개칭하였으나 결국 1901년에 폐점되고 말았다.[1]

조선은행에 관한 내용은 매우 단편적인데, 특히 매우 중요한 정관이 소개된 것은 그 사료적 가치가 크다고 볼 수 있다. 조선은행의 정관은 사실상 일본은행 정관 87개조의 번역본이라고 해도 좋을 정도로 차이가 나지 않는다. 조선은행이 일본은행과 같이 '중앙은행'을 지

1 도면회, 1997, 「갑오개혁 이후의 근대적 금융기관」, 『국사관논총』 77, 95~99쪽.

향했기 때문에 그대로 모방한 것으로 보인다. 다만 일본은행의 감리관 규정 전체 3개조와 정부의 감독을 규정한 86·87조가 생략된 것만 다를 뿐이다. 또 중역을 고원(高員), 이사를 총무원, 감사를 간사라고 표기하는 등 일부 용어를 바꾼 정도에 불과했다.[2] 조선은행 정관에서는 정부의 감독 권한을 명문화하지 않았는데, 은행 운영의 자율성을 최대한 확보하려는 의도가 반영된 것이라고 볼 수 있다. 혹은 정부와의 관계를 어떻게 설정해야 할지 아직 알 수 없었기 때문일지도 모른다.

더불어 1902~1903년 대한제국의 중앙은행 설립 시도와 태환권 발행을 둘러싸고 다양한 의견을 제시하면서 반발하는 일본 측의 대응을 확인할 수 있다. 《한성신보》의 기사를 통해 당시 재조 일본인의 여론을 알 수 있는데, 대한제국의 중앙은행 설립은 이용익의 주도라고 판단하고 그에 대해 비난을 집중하고 있다. 1902년도 사설에서는 이용익의 무리한 재정 계획 및 그에 대한 일부의 비난을 이용해 '역적'이라고까지 규정하는 등 적대감을 고스란히 드러내고 있다. 그리고 1903년 들어서는 대한제국의 중앙은행 수립 및 은행권 발행 계획 소식을 계속 전하면서 그 실현 불가능성을 강조하는 데 집중하고 있다. 이러한 《한성신보》의 태도는 이후 전개된 일본 측의 반대론과 궤를 같이한다는 점에서 사실상 일본 정부의 의견을 언론을 통해 전파한 것이라고 볼 수 있다.

2 이 신문에 따르면 조선은행은 법규와 정관을 작성하기 위해 일본의 사례를 번역하여 연구했는데, 이해가 되지 않는 내용이 많아 조선에 진출한 일본 제58국립은행 관리인의 도움을 받았다고 한다(〈朝鮮銀行 設立〉, 《漢城新報》, 1896.6.24).

2.《조선협회회보》 관련 자료

《조선협회회보》는 재조선 일본인 단체인 조선협회에서 발간된 잡지로서 1~10호까지 발행되었고, 현재 한국연구원(韓國研究院)에 소장되어 있다. 회보에는 조선의 경제 및 사회에 관련된 각종 조사 자료가 수록되어 있는데, 여기서는 화폐금융과 관련된 기사를 선택하였다.

1902년 7월에 발간된 회보 1회에는 한국의 화폐금융과 관련된 3편의 기사가 연속으로 게재되어 있다. 첫 번째인 '한국 화폐 문제 조사 자료'에서는 당시 한국에서 유통되고 있던 각종 화폐의 통계 및 이와 관련된 조선 경제의 제반 실정을 소개하고 있다. 특히 엽전, 백동화, 일본계 화폐의 유통량 등을 추산하였고, 신용화폐, 즉 어음에 대한 관행도 조사하였다. 이외에도 무역, 미두 생산량, 조세금납화, 인구에 관련된 각종 조사 자료 등도 수록하고 있다.

다음의 '한국 화폐의 연혁'에서는 고대부터 조선에 이르기까지 조선에서 발행된 화폐의 대강을 서술한 후에 개항 이후 시행된 신화폐 발행 시도가 자세히 소개되어 있다. 앞의 '한국 화폐 문제 조사 자료'가 통계적 조사에 치중했다면 '한국 화폐의 연혁'에서는 현재 조선에서 유통되고 있는 각종 화폐에 대한 구체적 사실을 소개하는 데 집중하였다.

마지막으로 '한국 백동화의 유래 및 남발 사정'에서는 당시 일본 측이 가장 문제 삼고 있던 백동화 문제를 자세하게 분석하고 있다. 우선 백동화 주조 및 유통에 관해 서술한 후 백동화 문제에 대한 일본 측의 입장과 대응 등을 자세히 소개하였다.

1902년 11월에 발간된 회보 4회에서는 '일한은행 설립안'이란 기사가 게재되었는데, 당시 대한제국에서 추진하고 있던 중앙은행 설립에 대응한 것으로 보인다. 우선 일한은행은 일본 상인들이 활동하는 거류지에서 원활한 상품 거래가 이루어질 수 있도록 화폐 발행을 목적으로 설립하려는 기관이었다. 이는 조선에서 활동하던 일본 상인들이 환전 과정에서 발생하는 불편을 해결하기 위한 것이었다. 일한은행의 자본금은 500만 원으로 하고, 한국과 일본에서 주주를 모집하여 150만으로 영업을 시작할 수 있도록 하였다. 주요 업무는 부동산 담보대출, 지금 매매, 유가증권 매매 등 일반은행 업무뿐 아니라 지폐 발행, 조세금 징수 등 중앙은행의 업무까지 확대할 계획이었다. 특히 거류지 단체들의 법인화를 염두에 두고 이들을 통해 시행되는 전기, 수도, 매립 등의 사업에 자본을 공급할 수 있는 특권도 부여되었다. 이 점은 일본 거류지 상인들의 요구 사항이 반영된 것으로 볼 수 있다. 즉 지폐 발행의 특권을 갖는 중앙은행을 한국과 일본이 합작으로 설립하자는 것으로, 대한제국의 근대적 화폐금융제도 수립에 대한 비판의 연장선에서 제안된 것이다.

1. 《한성신보》 관련 자료

〈자료 86〉 통화론(通貨論)

(《한성신보》, 1895.9.21)

논하건대 그 일을 잘하고자 할 때는 그 연장을 먼저 이롭게 한다 하였으니 어찌함인고. 연장이 이롭지 못한즉 비록 이름이 난 뛰어난 장인이라도 그 일을 잘할 수 없으니라. 차가 아니면 능히 먼 길을 가지 못하고, 배가 아니면 능히 큰 물을 건너지 못하니라. 이용후생(利用厚生)하는 기술을 갖추지 못하고 백성이 부유하고 국가가 강하고자 하면 또한 가히 될까보냐. 그런고로 도로가 편하지 못한즉 차나 말에 이로움을 주지 못하며, 하천이 정비되지 못한즉 배가 이로움을 통하지 못하며, 도랑을 설치하지 아니하면 관개에 이로움을 행할 바가 없느니라. 그러한데 지금에 농업을 권하며 공업을 장려하여서 무역을 융성케 하려 하는즉 화폐의 제도를 고치는 것보다 급한 것이 없느니라. 무릇 천하에 쓰임이 화폐의 큰 것이 없으며, 천하에 편리함이 화폐에서 확대한 것이 없나니, 대개 화폐에 이로움은 인간 세상에 간절한 것이 물과 불의 중요한 것과 같으니라. 비유컨대 화폐가 세상에 있는 것이 마치 물이 땅에 있는 것과 같으니 물은 낮은 데로 흘러서 고이며, 화폐는 편리한 대로 쫓아서 운행하는 고로 운수와 교통에 편하게 갖춘즉 화폐가 유통하여서 도시와 농촌에 빈(貧)과 부(富)가 각각 그 이로움을 누려서 마치 물이 막혀서 걸리거나 범람하는 근심이 없어서 미곡이 때를 얻고 농산이 넉넉하고 잘될 것이니라. 일찍이 이르기를 지금에 이르러서 세상 사람이 화폐를 쓰지 않는 자가 없으나 화폐를 쓰는 이치를 아는 자는 적은지라. 이로 인해 화폐에 제도가 완전하지 못하고, 화폐에 이로움이 다하지 못하느니라. 예전 몽매할 때는 화폐가 있지 아니하여 사람마다 각각 물건으로써 물건을 바꿀 때 이 사람이 사고자 하는 것을 저 사람이 반드시 가지지 아니하였으면 저 사람이 팔고자 하는 것을 이 사람이 반드시 구하는 게 아니며, 또 저 물건과 이 물건의 값이 서로 같지 아니한지라. 이에 물건으로써 물건을 바꾸는 법이 극히 궁색하거늘 이러함으로 화폐를 쓰는 법이 더 나은데, 화폐도 또한 물건이라 그 물건 됨이 또한 능히 시가를 따라서 오르고 내리기를 아니하지 못한즉 또한 능히 화폐에 쓰이는 것이 환전하지 못한지라. 어찌함인고 화폐란 것은 물건값을 재는 도구라. 옛사람이 말씀하지 아니하였으나 지름이나 선의 거리를 재는 도구로써 하지 아니하면 능히 네모와 원을 이루지 못하고, 6율(六律)의 소리로써 하지 아니하면 능히 5음을 바르게 하지 못한다 하였으니, 진실로 규구준승(規矩準繩)[3] 으로 하여 금일 정한 바가 없을 것인데 어찌 그 규구준승이라 하리오. 그런고로 화폐의 이로움은 그 긴요한 것이 세 가지이니, 첫째는 물건이 얻기 쉽지 못한 것으로 하여서 다른 물가와 같이 오르고 내리지 아닐할 것을 요구할 것이요, 둘째는 그 바탕이 단단하며 곱고 아름다워 제조하며 재단한 지가 오래되어도 변하지 아니할 것을 요구할 것이요, 셋째는 그 물건됨이 심히 크지도 아니하며 심히 적지도 아니하여서 옷의 띠 안에 감추고 가지고 다니기가 편하기를 요구한 것이니, 이 세 가지는 화폐로 하여금 그 쓰임을 완전하게 하는 것이라. 천하에 보배가 많으나 이 세 가지를 겸한 것은 금과 은과 동 같은 것이 없느니라. 그런고로 금·은·동이란 것은 매양 천하에 통화가 되느니, 동서 각국이 다 하나의 법으로 나와서 마치 부(符)와 절(節)을 합함[4]과 같으니라. 무릇 비단이 비록 아름다우며 옥과 구슬이 비록 귀하나 능히 화폐로 쓰임은 되지 못하나니. 이는 상하고 깨지기가 쉬워서 견고하지 못함이라. 오직 무릇 인간 세상이 개화하지 못한 때에는 혹 소로 통화를 삼는 나라도 있고, 혹은 옥으로도 쓰며, 혹은 차와 조개와 곡식과 비단으로 통화를 삼는 나라가 있다고 하더니, 이제는 온 천하가 이 금·은·동으로 하지 아니하는 나라가 없느니라.

〈자료 87〉 전당옥(典當屋)에 번창(繁昌)함이라

(《한성신보》, 1895.9.21)

추석 중추절이 이미 가까워서 불과 며칠이 아니 남은 고로 각처 전당집에 전당 잡히러 들어오는 물건이 많아서 전당집 벌이가 극히 번성한다더라. 장사 생애에 완전하며 완전하지

3 목수가 쓰는 그림쇠, 자, 수준기, 먹줄을 통틀어 이르는 말로써 일상생활에서 지켜야 할 법도를 지칭한다.

4 옛날에 사신이 가지고 다니던 물건으로 둘로 갈라 하나는 조정에 두고 하나는 본인이 가지고 신표로 쓰다가 후일 서로 맞추어 봄으로써 증거로 삼던 것.

못한 두 가지 일에 전당일도 그 한 가지 벌이로 참여할 만하나 대저 전당 벌이가 성하고 잘 되면 그 인민의 생애가 군색한 것을 가히 살필 수 있으리라.

〈자료 88〉 통화론(通貨論)

(《한성신보》, 1895.9.25)

무릇 화폐제도는 시대에 따라 변하는 것을 새로 말할 것이 없거니와 대개 세운이 열리지 아니하여서는 인민의 생계가 극히 간편하고 극히 용이하니 궁실과 의관으로부터 일용의 온갖 물건까지 심히 번화하고 아름답지 못하여서 의식이 다만 찬 것을 막고 줄인 것을 구할 뿐이라. 그런고로 농업과 목축, 공예와 상인의 일들이 성하지 못하였으니 이때를 당하여서는 대체 각종 물화가 값이 적고 싸기로 멀리 이루지 못하며 또한 유행하고 통용하는 화폐도 많지 아니하니 어찌함인고. 화폐의 많고 적음을 좇아 부유함이 크고 적은 게 있으며, 부유함의 크고 적음으로 좇아 물화의 많고 적기가 달라지니, 세운이 점점 열리어 나아갈수록 물산이 따라 풍부해지리니, 물산이 풍부해지고 무역이 번화해진 이후에야 화폐의 쓰임이 점점 크고 점점 넓어지느니라. 이때를 당하여서 억지로 옛 법제를 가지고서 재정을 다스리라 하면 이는 마치 제한이 있는 물로 제한이 없는 들에 물을 대려는 것과 같으니 마땅히 그 효험이 없음을 보리로다. 현재 조선에서 유행하는 통화가 대강 3~400만 원 밖에 못되니, 많고 적음이 과연 산업의 많고 적음과 서로 맞는지 아닌지 알 수 없는즉, 이 일은 우리가 깊이 구해야 할 것이 아니라 아직 의논하지 않거니와 오직 화폐제도는 그 세상의 물정으로 더불어 서로 맞지 아니함이 분명한지라. 방금에 화폐제도가 6종으로 나뉘었으니 첫째는 5냥은(1圓錢), 둘째는 1냥은, 셋째는 2전 5푼 백동화전, 넷째는 5푼 적동화전, 다섯째는 1푼 황동전, 여섯째는 엽전이니 크게 분별하여서 새 것과 옛 것 두 가지로 나눈즉, 위의 다섯 가지는 새로 온 화재(貨財)가 되었고, 아래 한 가지가 옛 화재(貨財)가 되니, 이에 옛 화재와 새 화재를 서로 대하여 헤아리면 그 소위 엽전 한 개가 황동전 한 개와 같고, 다섯 개가 적동전 한 개와 같고, 25개가 백동전 한 개와 같고, 100개가 1냥은 한 개와 같고, 500개가 5냥은 1원과 같은데 인민들은 대개 구화를 좋아하고 신화를 좋아하지 아니하여서 백동·황동전과 같은 것은 더구나 그 바탕이 좋지 아니함을 싫어하니 이는 어째 화폐제도가 마땅치 못하게 된 이유가 아니리오. 대저 화폐가 인민에게 믿음이 있어야 함은 그 근본 소재가 정밀한 것과 거친 것의 선악에 관계한 것은 진실로 말할 것도 없고, 무릇 화폐의 제도를 나누어 두 가지를 삼되 본위화와 보조화라 한 것이니, 소위 본위화인즉 화폐의 기본을 삼을 것이니, 각국이 다 금과 은으로 만드는 것이라. 설령 부수어서 조각을 내어도 그 본래 가치를 잃지 아니하기 때문에 인민에게 믿음을 취하는 것이요, 마치 그 보조화라 하는 것은 각 국가가 또한 은이나 동으로 만들기는 하여도 불과 이 본위화에 미치치 못하는 곳을 돕는 것이라. 이런 고로 그 바탕이 극히 좋을 게 없고 제도가 극히 아름다울 게 없는지라. 어찌함인고 하니 본위화가 이미 정하여서 화폐의 기본이 된즉, 물론 어느 때든지 본위화를 바꾸어 가지려면 마음대로 하고, 그 발행하는 수효가 본위화에서 10분의 1이나 혹은 100분의 1밖에는 아니되나니. 이는 각국에 통한 제도라. 대개 본위화를 이미 정하고 인민이 정부를 믿은즉, 보조화 또한 따라서 통행하기를 본위화와 다른 것이 없을 뿐 아니라 지폐까지 있으니, 무릇 지폐란 것은 그 밑천으로써 말할진대 한 조각 종이이지만 통행하기는 일찍이 본위화와 다르지 아니한 것은 본위화가 이미 정해지고 또 준비한 금은이 많아서 지폐의 기본으로 삼을 만한 것이라(조선의 어음과 같으니 다 저 상업하는 사람의 가세가 부유하거나 자본이 넉넉하거나 하면 그 어음의 사용이 쾌하고, 그렇지 아니하면 믿지 못하여 사용이 안 되는 것과 같으니라). 그러함으로써 인민들이 지폐를 편하게 알고 금은화를 편하게 여기지 아니하니 어찌함인고. 지폐는 옷 속의 띠에 감추고 다니기가 극히 편하고, 금은은 오히려 무거워 편하지 못한 모양이로다.

〈자료 89〉 통화론(通貨論)

(《한성신보》, 1895.9.27)

조선의 인구는 대강 1,000여만 명인데 통화는 300만 원(元)에 지나지 못하니 이에 1명으로 나누면 두 냥 남짓밖에 못되니 또한 그 부족함을 알 것이라. 조선에도 원래 상표(商標는 어음)가 있어서 상인 간에 돌아다닐 때 적은 것은 수십 원(元)이요, 큰 것은 수천 원인데 또한 한 조각 종이로 서로 통행하니 믿음이 있는 까닭이라. 이로 인해 화폐의 제도가 그 여의함을 얻지 못하고 오히려 무역 교역하는 도가 없음은 대개 상표가 있는 까닭이나 상표라 하는 것은 지불과 상인의 틈으로만 쓰는 물건이요, 인민 사이에 널리 통행하지는 못하니 그 편리함이 진실로 화폐와 더불어 같지 못한지라. 그렇기에 화폐제도가 이루지 못하면 실상 금일에 걱정이니라. 또 큰 근심인즉 본위화는 적고 엽전이 많은 것에 있으니 어찌하여 이른 말인고. 무릇 엽전이라 하는 것은 그중 적은 보조화라. 가장 저장하기에도 운수하기에도 몸에 가지고 다니기에도 편하지 못하여서 무릇 말 한 필에 싣는 것이 20원에 지나지 못하니 그렇기에 100원을 실어 보내려 하면 말을 다섯 필을 쓸 것이요, 1,000원을 실어 보내고자 하면 말을 50필을 쓸 터이니, 만일 거리가 먼 곳이면 그 운수하는 데 필요 경비가 적지 아니하리니, 이게 어찌 불편함이 더욱 심한 것이 아니리요. 이제 인천에서 서울이 80리라. 이곳에 있는 상인이 남은 돈을 저곳으로 실어가려고 하면 여기서 저기가 불과 하룻길이라. 1,000원쯤만 운수하는 데도 말 50필은 쓰일 터인데 1필당 1원씩만 준다 하여도 50원은 될 터요, 1만원만 운수하자면 500원은 허비할 터이니 상인 하나로만 가지고 어림짐작하여도 그러하니 온 나라를 두고 대강 헤아려보면 그 필요 경비가 어찌 적으리오. 또 수백 리 밖을 왕래하려면 가벼운 행장(차림새)에 가지고 가야 할 물건이 자못 가까운 곳에 왕래하는 것과는 다른지라. 다른 나라는 화폐의 편리함이 심히 가벼운 것이건만 조선은 가지고 가야 할 물건 이외에도 길가에서 능히 돈을 삯짐으로 지불하는 번거로움이 없을 수 없으니, 이와 같은 것을 가지고 보아도 사리의 분명함을 알기 쉬운 것이요, 그 나머지 허다한 불편한 것이야 어찌 이루 들어 말하리오. 무릇 본위화와 보조화의 쓰임은 모름지기 말할 것 없고, 보조화란 것은 대강이 본위화의 10분의 1이나 100분의 1이 되게 하는 것은 곧 각 국가에서 통행하는 제도이거늘. 이제 조선 통화는 대강 300만 원이라 본위화가 보조의 일정한 수효를 채우지 못해 엽전의 10분의 1이 되니 어찌 족히 본위화라 하리오. 이는 본위화의 이름만 있고 본위화에 실상은 없도다. 다만 엽전만으로 민간에 행하던 것이 곧 조선의 상업도 융성하지 못하고 농·공업 또한 흥하지 못하는 바이라. 대개 조선의 신화(新貨)를 만든 것이 지금 3년 전부터 시작하여서 작년에 이르러서야 비로소 발행하였으니, 그 사유는 신식화폐발행조례에 자세한 고로 감히 다시 번거로이 말하지 아니하거니와 그것도 중지되고, 조례는 헛되이 있고, 새로 만든 화폐는 실상 구화폐의 소용을 대신하지 못하니 진실로 탄식할 만한 하도다. 또 무릇 조선의 부세가 원래 물건으로 상납하는 제도를 이제 고쳐서 돈으로 상납하는 제도를 삼으매 그 예산 세액이 대강 200원(元)인즉 실상 통화의 전액이라. 만일 이 돈으로 세납하는 법을 행하게 할 진데 통화를 온통 들어 경성으로 수렴하는 것이 가할 것인가. 어찌 각 지방의 백성들이 어찌 그 뻗어가는 폐해와 화를 입지 아니하리오. 그러한즉 금일의 이재(理財)하는 중요한 사무를 알 수 있을 것이라. 화폐의 제도를 확충하려면 본위 은화를 더 많이 만들고 엽전의 10분의 9를 폐지하는 것이 옳으니, 이 일이 한 번 행하면 오늘날의 근심은 거의 구원하리로다.

〈자료 90〉 논지폐발행(論紙幣發行)

(《한성신보》, 1895.10.25)

예전 과거의 시절에는 화폐가 없고 사람마다 각각 물건으로 물건을 바꾸더니, 근대에 화폐를 통하는 제도가 완전함에 그 이용함이 하루라도 없지 못할 것인데, 조선에서 통행하는 화폐란 것은 홀로 동전 한 가지뿐이라. 그러나 그 동전도 일정한 제도가 없어서 돈의 형상에 크고 적은 것과 돈의 바탕이 거칠고 정밀한 것이 백 가지 종류의 천 가지 모양이오. 또 이곳에 쓰는 것을 저곳에서는 쓰지 아니하니 가히 통화라 함이 없다고 말할 수 있을 것이라. 이 까닭에 지금 보는 바에 조선의 매매하는 장시에서 통화하여 물건값을 표준으로 하여 교환되는 것이 홀로 일본 화폐 및 은전뿐이요, 조선 돈과 같은 것은 쓸데없는 물건에 지나지 못하는지라. 대개 조선 나라는 해외와는 문을 닫은 나라인즉 말년이 와 방금에 이미 3항구에 통상이 되었고, 또 별도로 서울에 외국 상인이 상점을 개설하는 것을 허락하여서 아시아의 여러 나라와 구미의 여러 나라가 다 와서 통상한즉, 가히 호랑이를 탄 형세 같아서 마침내 제어하지 못하리니, 이때를 당하여 한결같은 화폐를 통용할 제도를 정하는 것이 긴요한 것은 ■■■■을 기다리지 아니하고 가히 알 수 있을 것이다. 화폐를 만드는 것이 금과 은과 동이니, 이 세 가지가 가장 좋은 것임에 옛날과 지금 각 국가에서 다 이 세 가지를 쓰는 것은 서로 의논하지 아니하고 자연스럽게 된 것이라. 그러나 조선은 오늘날 형세가 이 세 가지로 화폐를 만들기가 극히 어려운 일인 고로 지금 급히 힘쓸 것이 먼저 지전(紙錢)을 발행함에 있다. 그러나 지전을 통용할 일이 또한 나라의 경제하는데 크게 관계함이 있어서 가히 갑자기 행하지 못할지라. 따라서 반드시 먼저 화폐의 장정을 제정하여 그 법을 완전하게 하여 발행하며, 유통하며, 환수하는 여러 가지 법이 다하여 그 장정을 준거로 하여 익히 지폐를 발행하는 법이 여러 가지로 족함을 생각하여 이제 그 긴요함을 기록하건대, 예컨대 기탁법이며, 예컨대 대소를 준비할 법이며, 예컨대 증권을 준비하는 법이며, 예컨대 실산(實産)을 준비하는 법이며, 예컨대 발행함을 자유로 하는 법이며, 조세를 상납하는 법이며, 후년에 태환하는 법이며, 지폐 이것이라. 이 위에 여러 가지 법을 이제 반드시 낱낱이 밝혀서 말할 수 없고, 다만 조선에서 가히 캐서 규칙을 삼을 것으로 대강 외인편에 기록하노니, 이 위에 여러 가지 법과 방법 중에 준비실산법(準備實産法) 같은 것과 상납공조법(上納公租法) 같은 것과 후년태환법(後年兌換法) 같은 것과 지폐법 같은 것은 다 가히 조선 정부에서 지폐를 발행할 근본이 될지라. 첫째, 준비실산법은 말하되 토지와 가옥과 철도와 선박과 광산하는 여러 가지의 산출을 정함이라. 조선이 비록 가옥과 철도와 선박이 족히 준비할 것은 심히 적고, 경지와 목장과 산림과 어장과 광산이 여러 가지가 다 정부에서 차지한 바로 돌아간 것이 도처에 너무 많으니, 만일 이것으로써 준비함을 삼으면 가격이 나머지가 있고, 그 편하고 온전함을 가히 보전할 터이오. 둘째, 상납공조법이라 하는 것은 말하되 발행하는 바 지폐로서 조세 상납함을 허락함이니, 대개 이 법이 상하가 막히고 걸림이 없게 해서 한결같이 주도면밀하게 하여서 인민으로 하여금 의심의혹이 없게 함이오. 셋째, 후년태환법은 금은화폐를 일시에 변통해 준비하기가 어려운 고로 지폐를 발행하여 저것으로 이것을 대신하는 것이니, 다만 미리 태환하는 기한을 정함이요, 인민으로 하여금 돌아갈 것임을 알게 함이니 이것이 실로 지폐 발행하는 법에 긴요한 기틀이라. 일본 정부가 유신할 처음에 한 가지 지폐를 발행하되 이름을 태정관찰(太政官札)이라 하여 통용하기를 15년을 한정하여서 후년에 태환할 뜻을 표하여 가히 증거함을 삼은 것이오. 넷째, 지폐법이라 하는 것은 말하되 나라법과 다만 풍속에 익은 것으로 하여금 통화하는 본을 삼는 지라. 조선 정부에서 만일 이 여러 가지 법을 의지하여 취하고, 버려서, 절충하여, 마땅함을 얻으면 곧 지폐 발행의 큰 업에 이르기를 기약할 수 있을 것이로다. 다만 염려되는 것이 조선이 원래 지폐를 통용하는 데 익숙하지 못하였는지라. 고로 정부에서 만일 발행시키는 처음에 행하는 뜻을 주밀히 아니하여 백성들이 혹 잘못된 의견을 가지고 서로 망령된 말을 전하면 지폐를 운행함이 막힐 뿐 아니라 마침내 변란을 빚어내는데 이르기를 또한 알지 못할지라. 그런고로 미리 먼저 조칙을 내려서 지폐 외 장정을 발포하여 널리 온 나라 신민에게 유고하되, 그때에 지전(紙錢)의 표지와 모양을 함께 보내어 각 도와 각 부, 각 주현 아문 앞에 게시하여 인민으로 하여금 능히 지전이 어떠한 물건인 줄을 알게 할 것이라. 이렇게 한 후에 만일 하루아침에 유통하여 주고받는 것이 막힘이 없어서 사람이 다 지극히 편히 여기게 된즉, 또한 금·은·동 화폐를 요구하지 아니할 지라. 일본 정부에서 유신할 첫해에 지전을 발행한 것이 2,400만 원 남짓하더니 해마다 점점 더 발행되어 마침내 1878년(明治 11)에 이르러 1억 2,000만 원의 액수가 되더니 이후에 점점 환수하여 1887년(明治 20) 정부에 지전 6,639만 5,945원이요, 은행소 지전이 2,928만 4,795원이요, 태환은행권이 3,600만 1,493원이니, 일본 온 나라 통행하는 지폐를 계산한즉 1억 1,198만 2,230원에 많음이라. 이제는 금과 은과 동에 화폐가 나라 창고에 가득 차서 태환권이 더 쓰이고 지전은 걷히는 지라. 은과 종이가 하나의 값이 되어서 사람마다 종이를 가지고 은을 바꾸기를 원하는 자가 없으니 가히 지폐에 공을 들인 보람이 거룩하고 크다고 이를 지라. 귀감이 멀지 아니하여 가까이 일본에 있으니, 조선 정부에서 어찌 손을 맞잡고 하지 않음이 가하리오.

지폐를 발행하는 이익이 이 같음에 지폐 만드는 법이 가장 긴요한지라. 대개 지폐의 물건됨이 천하에 공본된 보화라서 값을 표하여서 교환함을 꾸며서 권리와 의무를 법이 정한 고로, 그 형용과 바탕을 가히 한결같고, 종이 바탕을 가히 굳고 단단하게 아니할 수 없고, 무늬와 그림을 가히 정교하며 철저하게 아니할 수 없고, 글자와 인장과 기호를 가히 선명하며 확실히 아니할 수 없는지라. 종이 바탕이 굳고 단단하지 아니한즉 유행하여 주고받을 때 파손될 염려가 있고, 무늬와 그림이 정교하고 주밀하지 아니한즉 위조 모방 제조할 폐해가 있고, 글자와 인장과 기호가 선명하고 확실치 아니한즉 백성이 의심할 염려가 있을 것이라. 위에서 말한 바 일본 정부에서 태정관찰이라 하는 것이 종이의 질과 무늬 채색과 글자와 그림이 다 법도에 합당하지 못하여 천백 가지 폐해가 많았으니 진실로 가히 경계하고 살필지라. 조선이 좋은 종이가 없고 또 조각하고 인쇄하는 법이 옹졸하여 결단코 능히 완전하고 무결한 지폐를 만들 수 없으니 모름지기 지폐 만드는 일은 일본 정부 인쇄국에 부탁할지라. 일본서도 처음에 독일국에 부탁하였고 그 후에 또 미국에 부탁하였는데, 허비한 바가 극히 적고 가장 좋은 지폐를 만든 것이오. 다만 대장대신이 그 다른 인장과 기호인즉 자국에서 찍어내는 것이 마땅한지라. 다른 상세한 일은 다른 날 두 번 의논하기를 청하노라.

〈자료 91〉 조선경제책(朝鮮經濟策)

(《한성신보》, 1895.12.3)

수년 전에 우리 일본이 조선에 대한 외교 정략 개혁에 필요를 변론하였을 때, 귀 기울여 듣는 조선인이 적고 그 논하는 것이 헛되이 되어 버렸더라. 이러한데 지난해 일청 교섭 사변 이후로 조선 문제는 여론이 되어 일본에 외교 정략뿐 아니라 경제에 주의하게 되었던 일은 우리가 기뻐하지 않을 수 없다.

조선 경제 문제 1절에서 정치상에 유신 변혁의 긴요함은 그 논의함을 기다려주지 않고, 이상한 조세법이며, 문란 혼란한 징세법이며, 무너지는 법률이며, 불안하고 불법한 재판제도 밑에서 살아 재산 보호에 믿을 수 없는 일은 논의함을 기다릴 바 아니라. 이제 조선에 정치적 혁신을 바라는 일은 참 백 년 전 일을 기다리는 감동이 없지 아니하니, 조선 경제책은 조선에 정치적 혁신 이외에서 구해서 찾을 수밖에 없느니라.

조선국 경제책 일로 일본인이 계획하던 것이 부지기수로 성취하던 것이 하나도 없는 지라. 전년도 오사카 상인 오미와(大三輪) 및 마쓰다(增田) 양씨가 경륜을 하던 화폐제도 개혁 사업 같은 일은 그중 유명한데, 시작하다가 그만두어 버리더라. 그러하기로 우리의 소견은 이들을 잃고 난 이후이기에 지극히 확실한 방법을 낼 수밖에 없느니라.

조선국 경제책은 강대한 경제기관을 설계하고, 그 기관에 특권을 주어 정치적 압제 밖에 두고, 경제의 발달을 기도하고, 그 정부는 그 기관에서 매년 일정한 수입을 거두어 납부하여 직접 이익으로 하고, 또 경제사업이 발달하면 따로 간접 이익도 날 것이니라.

제1 조선은행

조선은행은 자본금 500만 원(元)으로 하고, 본점을 경성에 설치하고, 지점을 인천, 부산, 원산 기타 요지에 배치함.

조선은행은 남에게 송금하는 것을 전하는 일과 남의 저축 돈 및 일시 맡기는 돈을 맡아 이자를 나게 하는 일과 대부하는 일과 금은 종류 및 각종 유가증권 매매와 기타 보통은행 사업 일을 보고 국고금 처리를 하는 것이오.

조선은행은 은행 지폐를 발행할 특권을 가짐. 그 지폐는 은전(銀錢) 태환으로 함. 금액 4천만 원을 한도로 하여 보증 준비하여 발행함을 허락함.

조선 정부는 은행 영업 특허 기한 중에는 일체 지폐를 발행하지 아니하고, 또 다른 일반인에게 지폐 발행함을 허가하지 아니함.

조선은행은 조선국 내에 보조 통용할 소액 동전(銅錢)을 주조 발행할 특권을 가짐. 보조통화 소액화폐 발행액은 2천만 원을 한도로 함.

조선 정부는 은행 특허 기한 중에는 일체 화폐 주조 발행함을 허락하지 아니함.

조선은행은 1,500만 원을 한도로 무이자로 엽전을 모아 받아서 값이 있는 통화로 개주할 의무를 가짐. 또 1개년 무이자로 조선 정부에 대부할 의무를 가짐.

조선은행은 전 항의 의무 이외에 매년 일정한 세금을 조선 정부로 상납하니, 이외에는 어떤 명색이라도 정부는 그 은행에 과세하며 강제 차입 기타 군사상에 조세를 거둠을 명령함이 없음.

조선은행의 자본은 국내·외국인에 모집함.

조선은행 특허 기간은 50년으로 하고, 기한이 만료되면 정부는 특권의 전부며 일부를 철회하여 다시 특허 기한을 연기하는 일도 있느니라.

제2. 우체회사

조선국 우체사업에 특권을 가짐.

제3 전신회사

조선국 전신통신사업에 특권을 가짐.

제4 철도회사

조선국 경성에서 인천, 부산, 원산, 의주 등으로 갈 철로 영업에 특권을 가짐.

제5 기선회사

조선국 연안 및 일본, 청국, 러시아 영지로 갈 정기항해 일을 위하여 정부에서 보호금을 부여하는 일이오.

제6 광산회사

조선 전국을 수 개의 구역으로 나누어 매 구역에 하나의 회사를 특허하는 일이오.

이상의 우체회사 이하 조직, 권리, 의무 등은 흔히 조선은행의 예로 쫓아야 할 것이니라.

위 경제기관의 조직은 그 특허사업 구역 내에서는 자주독립에 권력이 있는 것이고, 조선처럼 문란·혼잡이 있는 정치 아래서 하다가는 회사와 정부 간에 좀 어려운 일이 있을까마는 이리 강대한 경제기관을 설립하여 그 기관의 운전으로 국내 전면에 경제를 발달케 하고, 그 기관에 무형의 노력을 가지고 점차로 정치 혁신을 재촉할 수밖에 다른 묘안이 없는 줄 믿어 의견을 기술하여 세상 식자에게 질문함.

〈자료 92〉 조선은행 설립(朝鮮銀行 設立)

(《한성신보》, 1896.6.24)

이 은행 설립함의 계획이 있다는 말은 전 호에 기재하였거니와 다시 확실한 쪽에서 들으니 발기인은 안경수(安駉壽), 심상훈(沈相薰), 이완용(李完用), 이채연(李采淵), 김종한(金宗漢) 및 대상인 이근배(李根培), 윤규섭(尹奎燮), 이승업(李承業) 제씨요, 자본금은 10만 원(元)으로 하여 모금(주금, 모금이란 말은 모전(母錢)인데 본전이니라) 모집액의 삼분지 일이 되거든 개업할 터라 하더라. 그 업무는 팔도의 조세 징수를 담당하며, 또 전환국에서 주조하는 돈을 그 은행에서 쓰게 하고, 기타 탁지부 출납 사무를 담당하며 볼 것이라더라. 그 은행장은 안경수·김종한 양씨 중에서 추천에 따라 선발할 터인데, 아마 안경수 씨가 그 장을 할 것이며, 또 관리인[執業人]에는 우항선(禹恒善) 씨를 추천할 터라더라. 또 당초에 은행 설립 계획하자는 말이 났을 때 그 발기인 중에서 미국인 모모 등으로 일을 같이 하자니 미국인도 찬동하여 자본금의 반액, 즉 5만 원을 내마고 하였더라. 이러하더니 그 후에 그 의논이 변하여 되도록 자국 사람 중에서 모금을 모아서 부족한 것을 미국 사람한테서 모음이 옳다고 결의되어서 그 모금을 모으는 취지서를 만들어 널리 산포하니 일본인은 곡절이 있어서 주주[錢主]로 아니하게 결의하였다는데 본래 조선 사람이 은행을 설립함이 처음인즉(이 나라 습관으로 2~3년을 시작하다가 ■■을 아니하면 조화요), 아무도 이 사업에 경험이 없을 뿐 아니라 어떻게 조직하여 옳은지 그 일도 아는 이 없다 하니, 아마 그럴 것이니라. 어떻든지 그 은행에서는 법규와 정관을 만들고, 정부는 이 일에 관해서는 조례를 내어야 하겠다고 일본이나 기타 은행 사업에 관한 번역서를 가지고 연구하니, 그 뜻을 알지 못하는 일이 많다고 하여 오십팔국립은행 관리인 후지타(藤田) 씨에게 그 교시함을 청하였던 일이 적지 않다더라. 그 은행 창설 사무소는 종로 광통교 근처에 있던 전환국 터에서 관계할 사람들이 날마다 모여서 빈번히 상의하고 있으니, 어떠한 사람이 말하건대 은행을 만드는 일은 참 크게 좋은 일이라. 또 2~3인의 관인이 그 출금을 한다니 감히 불가한 일이 아니나, 그 업무에 정당함과 부정함을 살피고 조사하여 엄격히 처리할 지위에 있는 해당 대신 등을 발기인으로 하여 공표하는 날이 있게 되면 역시 실로 심한 것이니라. 우리는 쌍수를 들어 은행 설립의 일을 좋은 일로 아는 일과 아울러 이 일은 옳지 아니함을 믿으니 여러분은 좀 염려하여야 옳을 터이다.

〈자료 93〉 조선은행 정관(朝鮮銀行定款)

(《한성신보》, 1896.9.14)

조선은행의 일에 대해서는 전 호에 이미 그 대강을 기재하였는데, 지금 그 정관을 얻은 바 아래와 같이 등록한다.

조선은행 정관

제1장 조선은행의 조직

제1조 은행 명호를 조선은행이라고 칭하고, 본점[本所]를 한성에 개설하고, 지점[支所] 및 출장소 및 파출소[分派所]는 수시로 증설한다.

제2조 조선은행은 유한책임으로 하고, 본행의 부채를 변상함은 주금 총수에 그친다.

제3조 조선은행은 3개의 항구 및 각 부 기타 긴요한 지방에 지점 및 출장소, 파출소를 설치하고, 또 다른 은행과 거래하는 체약을 얻어 그 사유를 탁지부 대신 및 농상공부

대신에게 상세하게 적어 보고하고, 그 허가를 받아야 한다.

제4조 지점 및 출장소, 파출소를 설치하고 또 다른 은행과 거래를 체약하는 규칙은 중역[高圓]의 결의를 받아야 한다.

제5조 조선은행 영업 연한은 조례 제4조에 의거해 건양 원년 월(月)부터 만 20개년을 기한으로 한다. 단, 주주총회 결의에 따라 영업을 계속할 경우 그 연기를 할 수 있다.

제6조 조선은행 실제 보고가 자본금 반액 이상의 손실을 있는 것을 증명하는 때는 본점을 폐쇄한다.

전 항의 경우를 제외하고는 기한 내에 폐업하는 때는 주주총회의 참석원 4분의 3 이상과 총주식 수 절반 이상 소유자의 결의를 들어야 한다.

제7조 조선은행은 영업 기한 이내와 기한이 다 된 것을 막론하고 전 조의 경우에 있어서 폐업을 할 경우 총회를 개설하여 폐업 사무원을 선정하여 그 권리 제한을 정한다.

제2장 자본금 및 적립금[積儲金]의 일

제8조 조선은행 자본금은 20만 원(元)으로 정하고, 이를 40주로 나누어 1주를 50원씩으로 한다. 단, 주주총회 결의에 따라 자본금을 증가할 수 있다.

제9조 조선은행 자본금에 대해서 정부로부터 자본금 약간을 교부받고 동일한 주주로 할 수 있다.

제10조 자본금 총액 중 8만 원은 1주당 20원으로 수취한 후 영업을 개시한다.

위 자본 입금 수효 및 기한은 다음과 같다.

제1회 금 20원 1주당

위는 건양 원년 6월 25일부터 7월 30일까지 수취한 것. 단, 향읍(鄕邑)은 8월 말일까지 수취함.

제2회 금 15원 1주당

위는 건양 원년 월 일부터 월 일까지 수취함.

제3회 금 15원 1주당

위는 건양 원년 월 일부터 월 일까지 수취함.

제11조 영업상 손실이 있어 자본 실입금액 중 얼마를 감축할 때는 그 사유를 소상히 밝혀

자본입금 잔액으로 그 감축을 보전해야 할 금액을 추가 모집함.

제12조 사업 확장에 의해 자본입금을 증가하고자 할 때는 자본금 잔액으로 추가 모집해야 한다.

제13조 주주이면서 만일 자본입금일 마감에 입금하지 못하면 과태금으로 추가 모집금의 10분의 1을 징수하고, 또 2개월을 경과하여도 입금하지 못한 자가 있을 때는 그 주권을 방매하여 그 가격에서 추가금액과 과태료 및 그 방매에 관한 비용을 제외한 잔액이 있는 때는 이를 원래 주주에게 환부하고, 부족할 때는 이를 추가 모집해야 한다.

제14조 주권에는 주주의 성명을 기재하고, 조선인 이외에 매매 양여를 할 수 없다.

제15조 조선은행의 주주가 되기를 원하는 자는 본행장의 허가를 받아야 한다.

제16조 주권은 은행에서 주식장부를 제작하여 기재하고, 만일 주권을 매매·양여하고자 할 때는 매도인은 그 사유를 은행에 청구하여 은행은 본행장의 허가를 받은 후에 본인에게 통지하고, 본인은 이 통지를 받은 후에 매매·양여의 증서를 작성하여 상호날인하여 주권에 잇달아 붙여 이를 은행에 가지고 간다. 은행은 이를 장부에 기록하여 그 매매·양여의 증거로 하여 본행장, 문서과, 주식과 각각 그 주권 이면에 서명을 날인한다.

제17조 주주는 은행 자산을 공유함으로써 그 분배금(이익의 배당금)을 수취할 때는 소유 주식 수의 다과(多寡)를 막론하고 매 주식 각각 1개 평등의 권리를 가진다.

제18조 조선은행 주주는 본행 정관 및 주주총회에서 결의한 사건을 준수해야 한다.

제19조 대체로 주식에 속한 권리 의무는 그 주권을 따른다.

제20조 순익금액에서 제37조에 게재한 주주 분배금을 제외한 그 잔액의 10분의 1을 다음의 목적을 위해 적립하여 저금한다.

제1 자본금의 손실을 보충

제2 분배금이 제37조를 실행함에 부족을 고할 때 이를 보충

제21조 전 제20조에 기재한 적립금은 금은화 지금은 및 공채증서를 매입할 수 있다. 또 이 적립금에서 발생하는 금액은 은행 순익금에 산입해야 한다.

〈자료 94〉 조선은행 정관(朝鮮銀行定款)

(《한성신보》, 1896.9.16)

제3장 은행의 영업

제22조 은행의 영업은 다음과 같다.

제1 정부가 발행하는 어음[銀票]과 환어음[換票] 기타 상업표(상업어음) 등을 할인 또는 매취하는 일

제2 각종 화물을 무역하고, 동산을 저당으로 취하여 화폐를 교환하는 일

제3 미리 거래의 약정 있는 각 회사, 은행 또는 상인으로부터 발행한 각종 어음금[票金]을 추심(수취)하는 일

제4 제 예치금[諸任置金(諸預金)]을 회계하고 또 금은화, 금은속, 아울러 증서류를 보호예치하는 일

제5 공채증서, 정부 발행의 각종 증권을 전당하여 임시 대여하거나 또 정기 대여함에는 본행장 및 총무원이 수시로 의결할 것.

제23조 조선은행은 전 조 22조에 기재한 사업 이외에는 아래에 게재한 조건은 물론 기타 제반의 영업은 간섭할 수 없다.

제1 부동산 및 은행, 제 회사의 주권을 전당하여 대금을 할 수 없다.

제2 본은행 주주에 대해서 대금하거나 또는 주권을 살 수 없다.

제3 직접·간접을 막론하고 제 공업 회사의 주주인 일은 물론 공업에 관계된 일에 간섭할 수 없다.

제4 본지점 및 출장소·파출소를 개설하기 위해 필요한 것 이외에는 일체 다른 부동산의 소유주가 될 수 없다.

제24조 조선은행에서 할인하는 상업어음은 모두 이서를 하여 수수하고, 인세(印稅)규칙에 따라 인지를 첨부하고, 자산이 확실한 자 2인 이상의 연대 서명을 필요로 한다. 단, 상환기한이 100일 이내에 있는 것은 혹은 은행총회의 결의를 거쳐 특별한 약속이 있는 것은 서명인이 1인이어도 할인한다.

제25조 할인 청구인으로서 그 어음 금액에 상당하는 상품 또는 상품 예치증서를 전당할

때는 이것을 한 사람분의 서명날인으로 간주하고 할인함을 허락할 수 있다.

제26조 정부 발행 어음의 할인은 출금 기한과 할인액을 때때로 탁지부 대신에게 품의하고 중역회의에서 결정한다.

제27조 어음[錢票] 할인액은 매월 중역회의에서 결정하고, 지점 및 출장소·파출소에서는 본점에서 때때로 지정한다. 단, 이 할인액은 중역회의에서 필요하다고 인정할 때는 언제라도 변경할 수 있다.

제28조 정부 발행 어음의 할인을 보충할 금액 및 공채와 같이 정부가 보증하는 증권을 전당하여 대여하는 금액 및 이자액은 매 10일 중역집회에서 결의하고 감사회[간사회]가 승낙한 뒤에 탁지부 대신의 허가를 받아야 한다.

제29조 전 28조의 대여는 은행에 있어서 자산이 확실하다고 인정한 것에 한정하고, 또 그 기한은 6개월을 초과하지 않고, 그 대여금은 당일 증권 시가 10분의 8을 초과할 수 없다. 부채주이면서 혹 기한에 이르러 완제(完濟)하지 않은 때는 그 전당 물건을 방매하여 원리금[本邊]을 공제한 후 잔액이 있다면 본인에게 환부하고, 부족하면 추가로 징수해야 한다. 단, 기한이 다 된 증서를 다시 고쳐 연기를 청구할 때는 1회에 한해 이것을 허락한다 할지라도 은행 총금에 있어서 각별한 허가를 준 경우에는 이 제한을 두지 아니한다.

제30조 조선은행은 공채증서 및 정부 발행 어음을 매수하고 또 방매할 수 있다 하더라도 이 경우에는 중역회에서 결의하고 간사회가 승낙한 후에 탁지부 대신의 허가를 받지 않으면 시행할 수 없다. 또 그 허가를 받은 날로부터 30일 이내에 시행하지 않으면 그 허가는 효험이 없다.

제31조 조선은행은 태환은행권을 발행할 수 있다. 단 정부가 별도의 규칙을 반포한 후에 실시한다.

제32조 조선은행은 송금 어음과 발행 어음과 진체(振替) 어음을 발행할 수 있다.

제33조 조선은행은 정부의 편의에 따라 국고금 출납에 종사할 수 있다.

제34조 대여금 상환에 대해서 전액 상환이 어려울 것이라는 우려가 있을 때는 부채 소유자의 가옥, 논밭, 기타 재산을 은행에서 몰수할 수 있다. 단, 이 가옥, 논밭, 기타 재산은 이후 1개년 이내에 방매한다.

〈자료 95〉 조선은행 정관(朝鮮銀行定款)

(《한성신보》, 1896.9.18)

제4장 실제 보고 및 이익금 분배

제35조 중역집회는 매년 6월 30일, 12월 31일 두 번 영업상의 실제 보고를 정리하여 20일 이내에 이를 간사집회에 부치고, 간사집회는 이 보고를 받은 날로부터 다시 20일 이내에 이것을 조사하는 것으로 한다. 그리고 간사집회에서 다수의 찬성자가 있을 때는 즉시 확정하고, 다수를 얻지 못할 때는 주주총회에 의결에 부쳐야 한다.

제36조 창설 영업비 및 기타 제 비용은 매 반계(6월, 12월) 결산 총이익금 중에서 공제하고 그 잔액을 순이익금으로 한다. 단, 창업비는 체감법에 따라 소멸시킨다.

제37조 순이익금은 다음과 같이 분배(배당)해야 한다.

제1 인민이 소유하는 주권 실납입액에 대해 매년 8분을 분배한다(즉 매 반계 4분).

제2 분배금을 공제하고 그 잔액 10분의 1 이상을 적립금으로 한다.

제3 위 2항 금액을 공제하고, 그 잔액 10분의 1을 상여금으로 하고, 총무원 및 간사에게 분배한다. 그 비율은 총무원에게 6분, 간사원에게 4분으로 한다.

제38조 상반계(1월부터 6월)의 분배금은 그해 8월 30일까지, 하반계(7월부터 12월) 분배금은 다음 해 2월 28일까지 각 주주에게 분배한다.

제39조 이 분배금이 제37조의 규정에 의해 분배하기 어려우면 적립금에서 이것을 보충하게 한 후 다음 반계에 잉여금이 있으면 이것으로써 전반계의 부족을 보충하여 적립금액을 보전한다.

제40조 상하 양반계의 실제 보고와 손익계산은 탁지부 대신에게 보고하고 또 신문지에 공고한다. 하반계의 실제 보고 및 손익계산에는 중역 및 간사 각각 그 연도 영업상의 보고서를 붙여 다음 해의 주주총회 개회 5일 전에 각 주주에게 송부해야 한다.

제41조 은행 중역은 본지점 및 출장소·파출소, 약정점 등에서의 영업상 제반의 경황을 조사하여 매년 말에 탁지부 대신에게 보고해야 한다.

제5장 행무의 종리(綜理)[5]

제1절 임원조직

제42조 조선은행에는 은행장 1인, 부장 1인을 두고, 또 서무를 관리하게 할 총무원 2인을 두고, 사무를 협동할 이상 4인의 집회를 중역집회라고 한다. 그 외에 간사 2인을 두고, 위 전원의 집회를 간사집회라고 칭한다. 또 어음[銀票] 계산을 위해 계산위원을 따로 정한다.

제43조 은행장, 부장의 임기는 4개년으로 하고, 해당 기간에는 다른 관직을 겸임할 수 없다. 만기 후에는 몇 회라도 임명할 수 있다.

제44조 은행장, 부장은 한성부 내에 거주해야 한다.

제45조 은행장의 교제비는 본행에서 지불하고 액수는 따로 정한다.

제46조 총무원의 임기는 3년으로 하고 주주총회에서 선거한다.

제47조 총무원도 만기 후에는 몇 회라도 선임될 수 있다. 역시 한성부 내에 거주해야 한다.

제48조 총무원은 만기의 해의 8월에 개최되는 주주총회에서 선거한다.

총무원의 사망 등에 의해 불시에 퇴직하는 경우가 있을 때는 이를 보궐하게 하고, 그 임기는 전임자의 잔여기간으로 한정한다.

제49조 은행장, 부장, 총무원, 간사원은 그 임기 중 다른 은행 및 각 회사 등의 사무를 겸임할 수 없다.

제50조 간사집회는 회원 중에서 회장 1명을 선거해야 한다.

제51조 간사의 임기 3년으로 하고 주주총회에서 선거한다. 만기 후 몇 회라도 선임될 수 있다.

간사는 만기가 되는 해의 8월에 개최되는 주주총회에서 선거하고, 만약 사망 등에 의한 불시의 퇴직이 있을 때는 이를 보결하게 하고 그 임기는 전임자의 잔여기간에 한정한다.

제52조 총무원은 50주 이상의 주주에서 선거하고 간사원은 20주 이상의 자에게서 선거한다. 단, 창설 때의 임원은 이 제한을 두지 아니한다.

---

5 빈틈없이 처리함.

제53조 은행장, 부장, 총무원 및 간사원은 은행 영업상 타인과 약속하는 사건은 개인의 의무라고 간주할 수 없다.

제54조 매 반계 상여금의 분배는 총무원은 3,000원, 간사원은 2,000원을 초과할 수 없다.

〈자료 96〉 조선은행 정관(朝鮮銀行定款)

(《한성신보》, 1896.9.20)

제2절 은행장 부장

제55조 은행장은 중역집회, 은행집회 및 주주회의의 의장이 될 수 있다.

은행장은 이들의 회의에서 결의된 사건을 시행하는 것을 허가한다.

은행장은 은행 제반의 사무를 총괄하고 정관 및 내규 등의 제 규칙을 준수해야 한다.

은행 영업에 관한 제반의 송사는 은행장의 서명으로 시행한다.

제56조 은행장은 중역집회의 결의로써 약정서 및 기타 제반의 서류에 서명날인해야 한다.

매일 사소한 사건에 관한 서류를 제외한 영업상의 증명서 기타 서류에는 반드시 문서과의 서명날인이 있어야 한다.

은행장은 중역집회에서 결의된 사건이 부당하다고 인정할 때는 신속히 은행총회를 열어 그 의견에 대해 자문을 구할 수 있다.

각 회의에서 결정한 사건이라 하더라도 정관 및 제 규칙에 저촉하는 것은 물론 정부에서 불리하다 인정할 때는 은행장은 즉시 정지한다.

제57조 은행장이 사고가 있어 그 직을 집행할 수 없을 경우에는 부장이 임시 대리한다.

제58조 은행장은 매일의 사소한 일을 처리하고, 그 사건을 정해서 총무원에게 대리하게 할 수 있다.

제3절 중역집회

제59조 중역집회는 은행 제반의 사무를 결의한다. 단, 다른 집회에서 결의하여 성문화된 규칙이 있는 것은 이 제한을 두지 않는다.

이 집회는 어음할인의 비율과 정부 발행 어음을 할인하는 금액 및 공채증서 등에 대해 대여하는 금액과 공채증서의 매수금액 등을 정하는 것으로 하고, 이들의 사건은 간사집회의 승낙을 거친 후에 시행한다.

이 집회는 각 영업소 인원의 진퇴 및 승진과 축출을 평의하고, 그 월급 및 보호 금액을 정해야 한다.

지점 및 출장소·파출소 인원 중 은행의 명의로 증서류에 서명날인한 것이 있는 것이 있을 때는 중역집회에서 그 사람을 선거하여 위임장을 수여하는 것으로 한다.

이 집회에서는 주주총회에 제출할 1년간의 영업보고서를 정리한다.

제60조 중역집회는 반수 이상이 출석하지 않으면 결의할 수 없다.

이 집회의 의사는 다수로써 결정한다. 만약 가결자와 부결자가 서로 반반이면 의장이 이를 결정한다.

제61조 중역집회에서는 의사록을 작성하고, 그 결의한 의사 및 사무 요령을 기재하여 참석원 및 문서과장이 서명날인해야 한다.

제4절 간사집회

제62조 간사는 제반의 사무를 감시하고 또 각종 장부를 검사한다.

간사는 실제 보고 손익감정 및 경비예산 등을 조사하여 정당하다고 인정하는 때에는 승낙한다. 단, 이 보고 예산 등은 중역집회에서 조정 회부해야 한다. 중역집회에서 어음할인 다과의 변경과 정부 발행 어음할인 금액과 공채증서 및 기타 정부가 보증하는 각 증권에 대해 대여하는 금액을 증감하거나 공채증서를 매수하는 건을 결의하는 때는 간사집회의 승인을 받는 것으로 하여도 사정이 급박할 때는 어음할인의 비율을 중역집회의 결의로써 증감할 수 있다.

단, 이 경우가 되면 반드시 5일 이내에 간사집회의 승인을 받아야 한다.

제63조 간사집회는 매월 1회 이상 개회를 한다. 그렇지만 만일 2인 이상이 결석하는 때는 결의를 할 수 없다.

의사는 다수로써 결정할 수 있다. 그렇지만 만일 가부의 수가 서로 반반일 때는 은행총회에서 결정해야 한다. 만약 2인 이상의 결석이 있으면 결의를 할 수 없어도 시급함을 요하는 사건은 은행총회에서 결의할 수 있다.

제64조 제37조 제3항에서 정한 간사의 분배금은 반액은 인원에 따라 균분하고, 반액은 각 과원에게 분급해야 한다.

〈자료 97〉 조선은행 정관(朝鮮銀行定款)

(《한성신보》, 1896.9.24)

제5절 은행총회[6]

제65조 은행장, 부장, 총무원 및 간사의 집회를 칭하여 은행총회라고 한다.

제66조 은행총회는 적어도 매월 1회 이상 개회하고 영업상 득실을 상의한다.

이 총회는 이익금의 분배 및 상여금액을 결의한다.

이 총회는 보호 예치 약속과 그 수속 절차를 결의한다.

이 총회는 중역집회에서 기안한 은행 내규 및 지점 및 출장소·파출소 등의 규칙을 결의한다.

제67조 제62조 제3항의 경우를 제외하고는 중역 및 간사의 절반이 참석하지 않으면 결의를 할 수 없다.

결의는 다수에 따라 결정하고 만약 가부의 수가 서로 반반일 때는 의장이 이를 결정한다.

제6절 할인위원

제68조 할인위원은 적어도 3인 이상으로 하고, 그 위원은 은행총회에서 선정하여 출석일수에 따라 수당을 지급한다.

이 위원은 간사 중에서 겸임할 수 있다.

이 위원은 매년 총원의 절반씩을 교체하고 재선할 수 있다.

---

6 원문에는 '은행총회'가 생략되어 있다.

第69조 할인위원은 총무원 1명을 장(長)으로 삼고, 위원 참석 일시는 내규로써 정한다.

이 위원은 각 어음을 검사하고, 할인을 허가할 수 있다고 인정할 때는 그 사유를 은행 중역에게 보고해야 한다.

제7절 주주총회

제70조 주주총회는 주주 전체의 권리를 대표하고 주주총회에서 결의한 사건은 결석자라 하더라도 이의를 제기할 수 없다.

제71조 주주총회의 회원은 회기 60일 이전에 5주 이상을 소유한 자에 한정한다.

회원이 결석했을 때는 다른 회원에게 대리 참석을 부탁할 수 있다.

전 항에서 정한 대리 참석자는 반드시 위임장과 기타의 서류를 휴대해야 한다.

제72조 회원은 당일 개회 전에 출석명부에 서명날인해야 한다.

제73조 주주는 소유 주식 수 10개당 투표 1개의 권리를 가지고, 11주 이상은 50주마다 1개를 증가시킨다. 또 타인의 대리위임을 받은 경우에는 그 대리에 속하는 권리는 10개 이상을 가질 수 없는 것으로 한다.

〈자료 98〉 조선은행 정관(朝鮮銀行定款)

(《한성신보》, 1896.10.2)

제74조 정식 주주총회는 매년 2월, 8월의 세 번째 토요일에 개회한다.

이 정식 주주총회는 전반기 실제 보고를 결의하는 것으로 하고, 2월 총회에는 은행 중역으로부터 전년도 12월 30일까지의 영업 보고를 제출받고, 8월의 주주총회는 그해에 만기 퇴직해야 할 총무원 및 간사를 다시 선거하는 것으로 한다.

제75조 긴급한 사건이 있어 중역집회에서 주주총회를 개회함이 적당하다고 인정할 때는 언제라도 임시 개회할 수 있다.

간사집회에서 청구하거나 주주총회 회원 50명 이상의 청구가 있을 때는 언제라도 임시 주주총회를 개설한다.

제76조 주주총회를 개최하고자 할 경우에는 정식과 임시를 불문하고 30일 이전에 소집장을 각 원에게 발송해야 한다. 만약 은행집회에서 긴요한 사건이 있어 신속히 주주총회를 개설함이 적당하다고 인정할 때는 이 소집기한을 15일로 단축할 수 있다.

제77조 위 소집장에는 그 의제를 명시해야 한다.

제78조 은행장, 부장, 총무원, 간사 등을 제외한 당일 출석회원 중 가장 많은 주식을 소유한 자 중에서 2명을 선거하여 총회 간사로 정하고, 당선자가 사퇴할 때는 순차로 차점자를 천거한다.

이 간사는 은행장, 부장, 총무원 및 간사와 함께 당일 회의장의 의사록에 서명날인해야 한다.

제79조 주주총회는 소집장에 기록된 사건을 부의(附議)하고, 그 결의는 중역집회 및 간사집회에 송부해야 한다.

주주총회에서는 의사 이외의 사건과 개인을 대상으로 칭찬과 비방하는 말과 행동에 관한 사건으로 논란을 벌일 수 없다.

소집장에 기록되지 않은 사건이라 하더라도 중역집회에서 임시 송부한 의안으로 회의장에서 긴요하다고 인정할 때는 즉각 논의하게 한다.

제80조 의사는 다수로써 결정한다. 그렇지만 만일 가부가 서로 반반일 때는 의장이 이를 결정한다.

제81조 제46조에 정한 바의 총무원의 선거에 과반수를 차지하는 자가 없을 때는 투표 다수자 중에서 20인을 정해서 재투표를 하고, 만일 득표가 동수이면 연장자를 정한다.

간사 선거에서 득표 과반수를 얻지 못할 때에도 역시 전 항의 예에 준한다.

제82조 총무원 혹은 간사이면서 임기 내에 사직하게 하고자 할 때는 주주총회 참석원의 4분의 3 혹은 총 주식의 절반 이상을 소유한 자의 동의를 얻지 못하면 결정할 수 없다.

제83조 만일 이 정관을 개정하고자 할 때는 특별히 주주총회를 개최하여 의결한다. 그 개정의 조건은 총회 소집장에 기입해야 한다.

〈자료 99〉 (사설) 이탁지대신재정계획(社說 李度支大臣財政計劃)

(《한성신보》, 1902.8.15)

탁지부 대신 심상훈(沈相薰) 씨가 사직하고 이용익(李容翊) 씨가 다시 탁지부 대신 서리를 함에 세상에서 칭하되 이 씨는 한국의 제일류 재정가이라. 비록 그 위인의 시비에 말이 있으나 이 씨가 근검 역행하여 힘을 다해 부지런히 힘씀이 보통 사람보다 과한 것은 아마도 천하가 인식하는 바라.

현재 한국 재정이 지극히 가난하여 보존 정리하는데 이른 것은 그 국고에 자못 좋은 안이 없고 더구나 이런 시기에 경축 예식 행사비가 거액이라. 이 난국을 맞이하여 장차 국고를 정돈하려면 그 사업이 쉽지 못함은 가히 알 수 있을 것이라. 우리는 이 대신이 장차 이 국면에 어떻게 대처하려 하는지는 듣지 못하였으나 이 씨의 재완으로써 반드시 묘리가 없지 아니할지라. 들리는 말에 따르면 이 씨가 먼저 체납 군수를 엄중히 꾸짖는다고 하니 응당 재무를 잘 처리함을 도모함이요, 또 이 씨가 탁지부 대신이 되어 전환국에 저장한 금액으로써 부족분을 충당한다고 하니 우리가 비록 그 진위를 알지는 못하나 군수를 엄하게 꾸짖는 것이 그 하나의 방법이요, 전환국 저금으로 부족분을 충당하는 것 역시 그 하나의 방법이라. 그러나 한국 재정은 어지럽고 복잡한 사이에서 이를 정리하기에 이르게 되면 마땅히 국가재정 출입의 대방침을 확정할 것이니, 이 씨가 과연 그 대방침이 있으면 천하의 일을 할 만하다고 할 뿐이다.

〈자료 100〉 (사설) 이용익 죄안(社說 李容翊罪案)

(《한성신보》, 1902.11.30)

아! 인생의 영락을 예측할 수 없으며 국가 성쇠를 기약할 수 없을지라. 다음에 열린 의정부회의를 끝내고 상주한 글인즉 이용익을 나라의 역적(國賊)의 죄로 묻기로 각 대신이 죄를 조사한 일을 연달아 상주하고 있으니 이 어찌 국가의 대사가 아니리오.

우리가 죄의 옳고 그름을 논하고자 하는 것이 아닌 고로 역적의 시비를 말하지 아니하며,

우리가 일개 이용익 씨에게 기쁨과 걱정이 있는 것이 아닌 고로 죄의 득실을 논하지 아니함이나 의정부의 상주문을 읽는데 이르러서는 이 사건이 예사로운 일이 아니요, 또 조정할 수 있는 일이 아닌 줄 아노라.

나는 이 씨가 북인(北人)의 미천함으로써 임금의 은혜를 입어 가위 신하에 등극하니 그 영화와 권세는 세상의 부러움과 시기한 바라. 하물며 그 관직을 들으면 탁지부 대신이요, 전환국국장이요, 내장원경이요, 서북철도국총재이요, 대대장이니 이는 모두 일국의 중요 부서라. 그 하나의 관직으로 하여도 오히려 그 충성을 다하며 그 공을 거두는 것이 충분하거늘 5개의 귀하고 중요한 직을 겸하여 국가재정의 정리함을 스스로 기약하려고 하니 대체로 신이 아니면 능히 이루지 못할 바람이라. 이 씨가 그 몸을 돌아보지 않고 감히 장차 수행하려하니 그 일신의 위기와 불행을 입는 것이 당연하다 하리로다.

만약 이 씨의 이전 내력 행위의 공적을 미루어 생각해보면 재정이 정리되지 않아 백동화의 폐해가 더욱 범람함이요, 금은괴를 저장하여 스스로 국가재정 조리를 계획하지 아니함이니, 이런 때를 당하여 이 씨가 마땅히 정도에 처하여 그 관직을 사임하고 그 분수를 벗어나는 영화를 버려서 충성을 다해야 하는 것이거늘 지금 국가의 형벌을 받고 감히 장차 생명을 지키려 함이 물러남이 늦다고 하겠다.

한국 정치가 거의 이 씨로 하여 이후를 경계할 것이라. 한갓 권세를 탐하여 부귀를 즐겨서 권력을 기르고 충성을 다하여 공을 세울 바른길을 알지 못하면 위기가 순환하여 생명이 올 것이니, 진실로 개선하여 충의를 다하고자 하면 하나의 관직이 또한 충분히 족하니, 관직을 무리 지어 훔치는 자는 마땅히 이용익의 범죄 사실을 적은 기록으로 하여금 천하 사기를 흥기하리라.

〈자료 101〉 백동화소관건의서(白銅貨所關建議書)

(《한성신보》, 1902.12.7)

대한 백동화폐에 관하여 일본인회의소에서 영사에게 건의한 것이 다음과 같다더라.

한국 정부가 국가재정의 수입을 위하여 전환국에서 백동화를 마구 주조하여 남발하기에 이른 정황은 지금 자세한 논의할 필요가 없고, 민간에 있어서도 묵주(默鑄)와 사주(私鑄)가 매년 갑절이나 과다해진 결과로써 통용하는 화폐의 가격이 더욱더 추락하여 한일 간 통상무역을 저해하여 우리와 상대편의 재산상에 손해를 입히는 것이 다대하기로 한일 통상의 전도가 우려됨이 이루 다할 수 없기로 작년 1901년(明治 34) 12월 9일 본 회의소가 구제에 관한 의견서를 제출하였더니, 당시에 한국 주재 외국 사신들도 사태가 용이하지 않음을 인식하고 사신회의를 이어서 의논하여 일본 하야시 공사 각하는 한국 정부에 경고하여 민간의 묵주·사주를 엄금하며 전환국의 주조를 정지하고 저장한 것을 엄격히 봉하게 하였더니, 당시 저락에서 회복하여 좋은 운수에 향함을 예상하였더니,

〈자료 102〉 백동화소관건의서(白銅貨所關建議書)(續)

(《한성신보》, 1902.12.10)

그러나 한국 정부는 황제 등극 40년 칭경예식 준비를 위한다고 하여 약 80만 원(元)의 백동화를 돌연 시장에 범람하게 하고, 이후 전환국은 마구 주조하여 남발한 결과 현재 유통하는 백동화 실질액은 1,200만 원 이상에 달한다 하며, 여기에 더해 여러 해 동안 흉년으로 수출입 무역의 불균형으로 인해 통화가 갑절로 팽창하여 그 통용 가격이 점점 저락하여 지금 일본 화폐 1원(元)에 백동화 1원(元) 90여전(錢)으로 교환하기에 이르러 직접 경제계에서 입는 영향의 극심함이 끝이 없다. 자연히 수입 화물은 막히고 상품은 유통되지 않고 문득 상업이 두절되는 불행한 운명에 빠짐을 피하지 못할 형세에 최근 한국 백동화사주취체법을 일본 정부에서 먼저 숙려한 바 있으니, 백동화취체법을 제정하고 벌써 칙령 제256호로 발포하여 수입하는 자에 대하여는 일본의 태도 변화도 극히 명백하게 확정되어 지금부터는 일본 수입자도 해당 법령하에서 과오를 막게 할 방침인즉, 결국에 한국 화폐제도의 개선 정리를 촉진하고, 한일 통상의 쇠퇴를 만회 진흥케 할 의사라. 그러나 한국 정부에서는 또한 화폐제도의 개혁을 단행치 못하고 의연히 묵주·사주 내지 전환국 주조까지 증식하기에 이르러 경제계가 교란되어 상호 통상 무역상에 회복이 쉽지 못하고 재난을 끼치기에 이르러 상업 사정은 확실한 전망이 없으니, 한국의 전도는 진실로 한심함을 감당하지 못할지라. 이로 인해

본 회의소에서 건의서를 제출하여 다음에 요령으로 귀관이 그 소관 부처에 전달하기를 희망하는 바라.

1. 전환국 공동화(公銅貨)의 주조를 정지하는 일

전환국에서 백동화를 마구 주조하여 남발하기에 결국 민간에서는 묵주와 사주가 비밀리에 행해지고, 또 공공연히 하여 주조를 왕성케 하여 지금은 그 극점에 이르러 통용 화폐의 가격이 나날이 저락하여 지금에 일본 화폐 1원에 대하여 백동화 1원 95전까지 달했으니 그 원인은 여러 이유가 있으되,

〈자료 103〉 백동화소관건의서(白銅貨所關建議書)(續)

(《한성신보》, 1902.12.12)

그러나 지금에 이를 분별하면 첫째는 백동화가 법이 정한 가격을 유지하게 함이요, 둘째는 경제계에 존재한 사정으로 평론하여 분별하면 전환국에서 민간의 사주를 마음대로 만드는 것을 중지하게 할 것이오. 흉년 이후에 수출입 무역이 불균형하여 재계를 어지럽게 하여 요즘에 수입품이 초과함을 비교하건대 사금(砂金)이 나오는 것도 근소하고 한국의 수출품은 오직 미곡인데 수확하는 계절이 도래하여야 충절이 있거니와 이들이 저락하는 중요 요인이 아니요, 근본적인 원인은 통화 팽창의 결과에 수요과 공급에 현저하게 차이가 두드러짐으로써 제반의 저락함을 고함이라. 따라서 물가가 등귀하고, 빈약한 한국인은 구매력이 감쇄하고, 시장에 상품 화물 이동이 적어지니 상업계의 형편이 침체하여서 떨쳐 일어나지 못한즉 상업자의 위기 상태가 불가불 비참한 지경에 빠질지라. 지금에 저락함을 방지할진대 경제계의 번영함을 보기는 물론하고, 우리 상민은 영구히 써서 닳아 없어짐을 보상하는 것이 불능하여 도저히 파산자들이 나오고, 통상이 두절하는 참상을 보는 것을 지키지 못할지라. 다행히 일본 정부가 법령을 발포하여 수입자의 단속을 엄중히 독려하기로 한 것에 의하여 일본인의 수입자를 방지하기에 족하였으니, 이 좋은 기회를 맞이하여 선후책을 강구하는 것은 실로 시급한 이때 가장 급무인데, 또 스스로의 개선 정리 방법이 있으니 방법인즉 최

근 일본 하야시(林) 공사가 사신회의의 결의로서 한국 정부에 경고한 바 전환국 백동화의 주조를 정지함을 다시 실행함이 그것이라. 한국 정부에서는 우리 공사의 경고를 이미 용납하여 그 주조를 정지하기로 자각한 모양 같더니 재정의 궁핍과 위기에 구축되어 국제상 공약을 파기하고 마구 주조하여 남발하여 통화가 팽창된 결과 경제계의 기초를 흔들어서 금일에 재정 파탄을 초래한 지경에 이르렀는즉, 우리 하야시 공사 각하에게 청원하여서 한국 정부로 하여금 화폐제도를 확정하기에 이르도록 전환국 백동화 주조를 정지시키고 점차 현재 유통하고 있는 백동화를 회수하는 획책이 급한 것임을 믿노라. 하물며 한국이 세계 경제에서 생존하는 것에 가장 약점이 되는 것은 백동화를 함부로 주조하는 것이 근본 원인인 줄로 믿음으로써 권하는 바라.

〈자료 104〉 일청아청양은행비교(日淸俄淸兩銀行比較)

(《한성신보》, 1902.12.24)

1. 일청은행(日淸銀行)의 자본금은 2천만 원(元)이요, 아청은행(俄淸銀行)의 자본금은 최초 금액이 600만 루블이더니 이후 증가하여 750만 루블로 개정하였는데, 1주의 액면가는 125루블이요, 일청은행의 설립기한은 인가일로부터 50년인데 아청은행은 조례 제3조에 무기한으로 하였다고 한다.
2. 아청은행의 업무는 조례를 보면, 즉 기한 1년 이내의 수표 할인, 위탁에 관계된 화폐, 유가증권, 귀금속 화폐의 환어음과 수표의 매매와 공채증권 채권의 예약 수수와 화물의 해상 운반 및 육상 운송과 화물의 저당, 현금보증과 신용이 있는 자의 각종 수표와 예금 및 보호 예금, 그 이외에 화물 송장과 창고증권의 대금 등인데 대체로 일청은행의 업무와 다름이 없다더라.
3. 아청은행법안의 청국 공금 예치란 1항에 대하여는 아청은행은 청국 내의 제반 세금 징수와 중앙과 지방간의 재무 관계에 관한 업무와 각국 정부가 허가한 화폐 주조와 청국 정부에서 모집한 공채 이자의 지급과 청국 내의 철도 및 전선 건설에 관하여 양여할 수 있음과 화재와 기타 위험에 대한 보험업 등을 병행하는데,

〈자료 105〉 일청아청양은행비교(日淸俄淸兩銀行比較)

(《한성신보》, 1902.12.28)

이 은행이 직접 부동산을 매매하는 것은 제3자를 대상으로만 시행하고, 일청은행에서 종사하는 부동산 및 선박에 대하여 대여하는 것은 아청은행조례에서 허가하지 않았으나 실상은 이 은행이 철도부설권을 취득할 뿐 아니라 자연히 이 사업도 경영하는 것은 세상 사람들이 아는 바라.

4. 아청은행은 그 업무 경영의 목적이 된 지방에서는 전 항과 같은 업무를 하겠으나 본국 및 유럽 각국에서는 일반 상업은행의 업무를 할 수 있을 따름이다.
5. 아청은행의 총무원은 9명으로 되고 100주 이상의 주주로 한정하고 임기는 3년이라.
6. 아청은행은 보통 준비금으로 그 이익 중에서 자본금의 절반에 해당하는 금액을 지급하는 규정인데, 자본금의 3분의 1에 이를 때까지는 순이익의 100분의 10을 지급하고 전기 제한에 달한 이후에는 100분의 2로 줄이기로 하였는데, 현재에 이 방법으로 집적한 것이 이미 7만 6,000파운드에 이른다고 하더라.
7. 아청은행은 제반 경비 및 손실 및 전 항의 준비금을 제외한 순이익금의 잔액이 자본금의 100분의 6을 초과하지 아니할 때는 이를 주주의 배당으로 충당하되 일청은행에서는 결손보전 및 배당 평균을 보장하기 위해서 합해서 100분의 10을 적립해 두기로 함이라.

〈자료 106〉 (사설) 지폐발행계획(社說 紙幣發行計劃)

(《한성신보》, 1903.2.3)

전하는 말을 들으니 이용익 씨가 여순에서 돌아와서 세력을 크게 길러 자못 안팎을 압박하니 완연히 제왕과 같은지라. 중앙은행 계획을 앞장서 주장하니 좋은 것이라. 이 계획이여.

이 씨가 천하 제일류 재정가로 스스로 여기니 만일 세상에 이 계획을 도모하는 자가 있으면 아마도 이 씨를 당할 자 없을지라. 이 씨가 국가은행을 설립하고 지폐를 발행하면 국가 이익이 거액 재무를 마땅히 조달할 수 있으리라고 하니 이 재정론의 하나이니라.

국가의 화폐제도가 확립되지 못하고 준비금이 부족한데 지폐를 발행하는 것이 가난한 사람이 한갓 지폐를 발행하며 부유함이라 칭함과 같으니 국고가 파산되리라 할지라. 그렇지만 이 씨는 천하의 일류 재무가이라. 이 계획이 있는 것은 반드시 마땅히 이 일이 이루어질 가능성이 있으리니 우리는 그 일이 좋은 결과를 맺기를 바라노라.

〈자료 107〉 중앙은행 계획(中央銀行計劃)

(《한성신보》, 1903.2.3)

내장원경 이용익 씨가 주장자가 되어 정부은행을 설립하고, 몇백만 원의 금화를 준비하여 장차 지폐를 발행한다 하는데, 준비금의 현재액이 겨우 몇만 원에 지나지 못함에 매일 백동화를 주조하여 백동화로 금괴를 매수하고, 그 부족분은 마땅히 외국 차관에 의뢰한다 하더라.

〈자료 108〉 소제대언(小題大言)

(《한성신보》, 1903.2.3)

이용익 씨가 차관을 위해 외국인과 계획하니 외국인이 말하기를 이를 행하는 것은 매우 쉬운 일이다. 다만 나로 하여금 지폐를 발행하게 하라. 이 씨가 말하기를 지폐 발행은 우리나라의 대계이니 이를 허가하기는 불가하다고 하였다 하니 과연 그런가.

〈자료 109〉 군맹준준(群盲蠢蠢)[가소도인(呵笑道人)]

(《한성신보》, 1903.2.10)

금전(金錢) 1만 원은 내가 품지 못함이요, 은전(銀錢) 1만 원은 내가 짊어지지 못함이요, 백동화 1만 원, 동전 1만 원은 내가 몇 마리의 말에 태워야 할지 모름이요, 엽전 1만 원은 소 수레 몇 냥으로 남대문 밖 도로를 통과하는지 그 행로가 어렵더라. 은행권은 하나의 종잇조각에 불과하나 왼손의 한 조각 종이로 오른손에 찬란한 금화를 쥘 수 있으니 이 때문에 한 조각의 종이 은행권은 현재 문명국에서 사용하는 화폐를 전담하느니라. 이는 곧 은행에서의 교환을 믿는 것이라. 대한은행(大韓銀行)은 누가 이를 믿을 수 있겠는가. 따라서 그 은행권을 발행하지 못하는 것이나 만일 그 은행권을 발행한즉 한 조각의 흰 종이 가치만 못하리니. 자기를 믿지 못하는 고로 타인의 믿음을 미루어 헤아려 몇 필의 주단에 우마 몇 삯짐으로 받은 돈을 운반하니 스스로 해롭게 하여 스스로 버리는 그 어리석음이 군맹준준(群盲蠢蠢)[7]하여 상업을 그르치니 가히 웃을 만하다.

은행권은 어음이고 환이요, 신용이 있으면 유통될 것이고 신용이 없으면 누가 주고받을 수 있으리오. 만약 이렇게 명백한 경위를 이해할 학문이 없이 천하의 웃음거리가 될 뿐 아니라 감히 엄중한 법률로 경계하는 등 위협의 자구로 희롱하여 인민을 미혹하게 하고, 그로 인하여 조약을 위반하고 교린의 도를 손상하려 하니 군맹준준하여 나라의 일을 그르치니 불쌍하다.

배불리 먹고 따뜻한 옷을 입고서 정사를 처리하는, 당상에 높이 누워서 정승이라 하고 대신이라고 하지만 배우지 못해 알지 못하여 국가의 백년지계는 고사하고 한 치 앞도 내다보지 못하니 한탄스럽기 그지없다. 듣자니 제일은행권의 일로 일본 사신의 조회에 대하여 일언반구도 논박도 하지 못하고, 그러나 비밀리에 훈령하고, 고시하고, 심지어 천민과 노비를 사주하여 누추한 수단을 백방으로 행하니, 계속 작아져서 머리와 꼬리, 손과 발이 만나 맞아 죽은 자라가 아니리오.

국가의 일은 정정당당한 사리에 따라서 이해를 서로 논할 것이라. 쥐 도둑이 어두운 밤에 문틈 사이를 살펴보는 것을 정부 대신의 행위라 하리오. 아마도 군맹준준은 군맹준준이러라.

7 맹인들이 더듬거리는 모양.

〈자료 110〉 회의소 결의(會議所決意)

(《한성신보》, 1903.2.10)

재경성 일본인상업회의소에서는 현재 상황에 분개한 바 있어서 아래와 같이 결의를 하여 일본공사에게 성원할 방침을 가지기로 하였다고 하더라.

결의서

우리 제일은행이 발행한 은행권은 한국 금융시장에 일대 편리를 주고, 일한 무역의 발달에 이익이 되는 효력은 양 국민이 이미 잘 알고, 일반 인민이 장애 없이 통용하는 바인데, 한국 정부는 지금 국가의 강권력으로 제일은행권 통용을 금지하고자 하는지라. 최근 한국 정부의 우리에 대한 거동은 감히 이에 들추지는 아니하나 제반의 압제적 명령은 조약을 유린하고, 국가의 공약을 무시하여 이어서 일한 무역을 두절하게 함이니, 일본인이 묵시하지 못할 바라. 우리 제국의 공사는 이전에 한국 정부에 대하여 강경한 결심으로 국제 담판을 개시하여 크게 우리 조계지 거류민의 민심을 강하게 함이 있는지라. 그런데 시각이 급한 이때에 그 담판이 진행하는 중임에 조만간 해결하는 대로 하리라. 그러나 사실인즉 진실로 우리 제국의 위신에 관하니 만약 한국 정부가 완강히 사리를 분별하지 못하고 우리의 요구에 응하는 기색이 없다면 국가 최후의 수단으로 응답함을 바란다.

위 결의함.

2월 7일 경성 일본인상업회소라 하였더라.

〈자료 111〉 소제대언(小題大言)

(《한성신보》, 1903.2.10)

풍문이 왕성하여 천하가 은행권 문제로 인하여 한 은행의 이해 사정을 위한다 하니 그 이면에 양국 중대한 교제에 관계되는 바를 알지 못함이라.

〈자료 112〉 한국중앙은행(韓國中央銀行)

(《한성신보》, 1903.2.13)

중앙은행조례와 태환금권조례를 이용익 씨의 손으로 기초하였다 하는데, 그 요점이 다음과 같다더라.

제1. 중앙은행의 본점은 한성에 두고, 각 항구와 기타 중요한 부군(府郡)에 지점을 설치할 것.

제2. 이 은행의 자본금은 300만 원(元)으로 정하고, 1주를 50원씩으로 하여 총주식 수를 6만 주로 하고, 내국인으로만 모집할 것.

제3. 이 은행은 유한한 책임이 있을 것.

제4. 이 은행은 국고금과 해관세를 함께 하고, 조세 징수의 사무를 취급하며, 태환금권을 발행하고, 또는 금은을 매입하며 신구 화폐의 교환과 정부 발행하는 수형 할인이며 공채증서와 기타 정부의 명의로 발행한 유가증권을 저당하고 기한부 대출을 할 것.

제5. 이 은행에 총재는 칙임으로 하고, 부총재 이하에 이사와 감리원 등을 둘 것.

단, 총재 이하는 누구든지 동 은행에 대한 약간의 주권을 소유할 것이 마땅할 것(제한은 아직 듣지 못했음).

그러한데 동 은행은 자본금 총액의 5분의 1(즉 60만 원)의 불입을 기다려 업무를 개시할 것이요, 또 총재 이하의 역원은 다른 관직에 취임하지 못할 것이요, 주주의 회의를 할 것과 탁지부 대신이 이 은행에 대하여 감독하며 명령할 규정이 있을 터이오. 또 태환금권조례에는 태환금권을 1원, 5원, 10원, 50원, 100원 등 5종으로 할 터이오. 이 금권은 조세와 해관세와 기타 수수 통용에 차질이 없게 하고, 태환금권 발행하기와 이에 준비금은 탁지부 대신이 감독할 규정이 있을 터라 하나 아직 그 자세한 것은 듣지 못해서 알지 못하여 그 대강을 기록한 대로 기재하노라.

〈자료 113〉 (사설) 지표원리급국권(社說 紙票原理及國權)

(《한성신보》, 1903.2.15)

근래 수일간 정국의 분란이 지금에 화해함을 고한지라. 한일 양국 교제의 따뜻한 정이 한층 더 친목을 더하게 되었으니 실로 기뻐할 만하도다.

대강 들어보니 제일은행권을 발행함은 일본 정부에서 장기간 숙고하고 조사한 바가 있어 한국의 화폐제도 개선을 일찍이 기약하였으므로 이 표(제일은행권)를 먼저 발행하여 장차 한국 지폐 발행의 취지를 권고함인 고로, 가령 한국이 비록 지폐 발행의 기획이 있으나 서로 배치되는 것이 아니니라.

지폐는 국가에서 신용을 표시하여 인민의 금융을 조리하는 것인 고로, 만일 어떤 정부가 지폐 발행에 의하여 이익을 얻고자 하면 반드시 큰 폐해가 발생하는 고로, 지폐 발행은 국가가 감독으로 해야 비로소 성공할 수 있다.

일본 정부가 제일은행을 신뢰하여 그 발행을 감독한 것이기 때문에 만일 침해한다면 일본의 위신과 권리와 이해를 침해하는 것이라. 반드시 마침내 강력한 힘으로 서로 대결하리니, 이것은 영국의 홍콩상하이은행(香港上海銀行)과 일본의 요코하마정금은행(横浜正金銀行), 러시아의 아청은행(俄清銀行)과 비슷하다. 지폐의 권한이 있어야 국내외의 신용을 받을 수 있으니, 그러한즉 한국이 홀로 이 권한을 방해할 이유가 있으리오.

〈자료 114〉 회견문답(會見問答)

(《한성신보》, 1903.2.15)

3일 전에 하기와라(萩原)[8]

대리공사가 답례차로 외부를 방문하였는데, 즉시 은행권 문제로 문답 담화를 교환하여

8 萩原守一(하기와라 모리이치)

즉시 결정한 모양이 없더니, 하기와라 공사가 결연히 얼굴빛을 바꿔 대신 및 협판을 향하여 "소관이 듣기로는 두 분은 한국의 유명한 유학자라 하니 사리의 옳고 그름은 소관의 설명을 기댈 것이 없어 명민한 두 분이 충분히 살펴서 알 수 있다고 믿노니, 현재 일한 양국의 국제 문제는 공평한 상식으로 이를 비판하면 결코 해결하기 어려운 문제가 아니오. 그러니 두 분께서 지금까지 주저하는 것은 어떤 까닭이뇨. 소관은 그 이유를 듣기를 매우 바라니 과오를 고침에 인색하지 않기를 군자의 예와 법도로 일시라도 바삐 그 해결을 끝내는 것이 바로 소관이 두 분께 바라는 바라."

언명하거늘 이 대신과 이 협판(協辦)이 스스로 돌이켜보아 마치 부끄러움을 감당하지 못하는 것 같이 잠시 숙고하다가 하기와라 공사를 향하여 한국의 이전 죄를 참회한 것 같이 태도 일변하여 적당하고 좋은 타협을 구함을 물으니, 하기와라 공사도 역시 자각의 미덕을 칭찬하여 이 문제를 결국 별항과 같이 하기로 하였더라.

1. 일본에 대하여 사죄의 뜻을 표할 것.
1. 내부 및 탁지부에서 판윤 및 감리에게 훈령 고시한 금지령을 철퇴할 것.
1. 조병식(趙秉式) 씨가 이전에 발령한 것과 같이 적당한 방편을 강구하여 은행권 유통을 도모하고, 기타 미해결 사건도 동시에 이전 약속대로 이를 이행할 것.
1. 은행권 유통에 대하여 방해를 주는 자는 누구라도 불문하고 한국정부는 이를 엄벌에 처할 것.

등의 각서가 성립하였는데, 외부대신 및 협판이 책임으로 시인하고 정식의 공문을 작성하여 속히 일본공사에게 성명하기로 결정하여 원만한 해결과 양국 국위가 손상되지 않은 것으로 담화의 요점으로 하여 회견을 마쳤다 하더라.

특히 이때 한 가지 주의할 일은 영국 공사가 외부를 방문한 일이라. 영국 공사는 본국 정부의 훈령을 받아 일본의 주창을 성원하라는 전보가 도달한 고로, 영국 공사가 외부에 먼저 방문한 것인데 동시에 일본 공사가 방문한 고로, 영국 공사는 잠시 별실에서 이 대신과 밀담한 후 이 문제 성립에 관하여 충분히 조력을 주었다는 설이 있다더라.

〈자료 115〉 소제대언(小題大言)

(《한성신보》, 1903.2.15)

중앙은행에 대해 말하기를 지폐를 발행한즉 국가의 이익이라 하니 이익인 것은 이익이나 만일 백동화의 이익과 같은 것이면 그 폐해가 어찌 백동에 못하리오.

청국에 영국 홍콩상하이은행(香港上海銀行)과 일본의 요코하마정금은행(橫浜正金銀行)과 러시아의 아청은행(俄淸銀行)을 설치하고 다 지폐를 발행하여 현재 크게 유통하니, 지폐는 사람의 신뢰로써 상호 사용하니 가히 깨트리지 못하고, 가히 철폐하지 못할지라. 만일 깨트려 철폐한즉 그 국가의 위신과 권리를 침해함이니 조정이 어찌 이를 알지 못함이오.

〈자료 116〉 한성부 고시(漢城府告示)

(《한성신보》, 1903.2.15)

지난 13일에 고시 제3호로 한성부 소윤 하규일(河圭一) 씨가 게재한 내용은 일본 제일은행 발행권 통용 금지의 일로 각 방에 게시한 바, 현재 살펴보면 근일 각국의 통상하는 예는 백성이 스스로 편한 것에 맡기고 있는즉, 제일은행 발행권의 수수함은 인민의 그 신뢰 여부에 달려 있는지라. 만약 이를 믿을 수 있으면 이를 받고, 믿을 수 없다면 받지 아니하여 주고 받는 것을 인민에게 일임하는 것이 사리의 타당함이요, 금지함이 부당하기에 한 번 더 고하노니 대소 인민은 마땅히 모두 잘 알아야 함이 마땅한 일이라 하였더라.

〈자료 117〉 이설난행(易設難行)

(《한성신보》, 1903.2.22)

한국중앙은행조례는 이미 세간에 누설된 바이니, 그 설치는 과연 시행할지 알 수 없으나 이 은행 설립자라 할만한 이용익 씨는 가장 열심히 운동한다더라.

이 은행의 설립 준비로 조례안은 이미 완성되었으나 그 안 중에 해관세 운운은 본래 브라운(John McLeavy Brown) 씨와 협정한 후가 아니면 성립하지 못할 것이오. 특히 종래로 해관세 수입은 브라운 씨와 제일은행 간의 계약이 있어 제일은행에서 보관한즉, 제일은행과 협의하지 아니하고는 해관세를 중앙은행에 이동하지 못하리라. 이것이 제일 곤란한 점이오. 두 번째는 중앙은행의 자본금으로 이용익 씨는 내장원과 전환국에 저장한 금지금(金地) 1백만 원 은지금(銀地) 150만 원으로 충당할 듯하나 이같이 소액의 자본금으로 태환권을 발행하는 것을 실행한다 하더라도 교환에 곤란이 생기리니. 그러한즉 자본금은 불가불 차관을 기다릴 것이나 그 목적이 재정 정리의 의사가 없어서는 차관 역시 곤란한 일이라. 이상의 곤란은 설혹 이용익 씨의 세력과 지위로 인하여 배제할 수 있다 하더라도 이를 운전하는 실무자가 없고, 또 국가재정을 조리하는데 필요한 방침을 명시하지 아니하면 뒷날에 이르러 각종 곤란이 발생하리니. 좌우간 이 은행의 성립은 쉽게 못하리다 하노라.

〈자료 118〉 소제대언(小題大言)

(《한성신보》, 1903.3.1)

중앙은행은 조만간 큰 이익을 낼 사업이나 만일 그 도(道)를 잃으면 마침내 대파괴적인 사업이 되리로다.

〈자료 119〉 (사설) 한국재정 급무의견(1)[社說 韓國財政急務意見(一)]

(《한성신보》, 1903.3.13)

이 글은 재경성 모씨의 의견으로 한국 당국자에게 참고로 보이는 것이라고 하는데, 현재 은행 설립 이야기가 있고, 또 지폐 발행설이 있으나 재정의 기초가 서지 아니하면 백 개의 은행이 있고 백만·천만 지폐를 발행한다 하여도 도리어 해를 입게 될 따름이라. 예전에 한국 재무자가 취하는 바 무에서 유를 만드는 정략, 즉 실제 가격은 1전인 것을 5전으로 유통하게 하여 4전의 값을 이용하고자 함과 같은 정략은 지금의 세상에 행하지 못할 산수라. 백동화가 이미 이를 증명하니, 고로 무(無)준비의 지폐는 즉 폐지(廢紙)라. 이 글에서 적는 것은 우선 준비를 외채를 빌려서 정기태환권을 발행함이니 다시 이로 인하여 권업적 대계획을 수행하여 수출의 초과를 도모하여 이로써 경화(硬貨)의 유출을 막고 근본적 재정의 기초를 견고하게 함인즉, 한국의 재정 정리에 실로 급무 중의 급무라 하노라. 그러나 한국의 현상으로 보건대 이를 이행하기는 매우 어려울 듯하며, 한국 사대부는 이를 경시하지 아니하면 다행이라 하노라(기자 기록).

한국의 현상으로 시정의 중요한 사무가 일일이 거론하기는 어려우나 그 급무 중의 급무라 할 것은 재정 정리와 식산흥업을 성하게 하는 데 있으니, 지금에 이에 관하여 15개년 계획으로 실제로 시행하여 일이 성사될 의견을 다음에 같이 말하노라.

1. 외국 차관으로 인하여 금화 1천만 원을 15개년 연부(10년 동안은 상환하지 않고 이후 5년간에 상환함)하여 매년 8%의 이자로 차관할 것.
1. 본 차관은 일본은행 혹은 다른 일본의 대은행에서 차관할 것.
1. 위 차관금은 그대로 준비금으로 일본은행 혹은 다른 대은행에 연 4% 이상의 특별계약을 맺어 보관할 것. 단, 이 방법에 의하면 차관은 가장 용이하고 안전하게 되리라.

〈자료 120〉 (사설) 한국재정 급무의견(2)[社說 韓國財政急務意見(二)]

(《한성신보》, 1903.3.15)

1. 한국 정부는 위 차관금을 준비금으로 하고 다른 준비에 대하여 매년 그 필요한 때에 정기 태환권을 발행하여 15년 동안에 총계 5천만 원을 발행함을 기함(별표 제1호 제3란 참조).
1. 정기 태환권은 10년간 일절 교환하지 않음을 공포하고, 단 그 권면에 명기하여 11년째부터 5년 동안 적당한 때에 교환하기로 함. 단, 재정 정리 결과 국고에 여유가 생기고 준비금이 점차로 충실하여 교환을 바라는 자가 없을 경우가 되면 부정기 태환권을 발행

하여 정기 태환권과 교환할 것.

1. 위에서 발행한 정기 태환권은 조칙 혹은 법률로 상납전과 관료의 봉급, 민간의 대차, 매매, 수수 등에 지장이 없도록 행정권으로 그 보급과 유통을 장려할 것.
1. 정기 태환권은 탁지부 특별회계에 속하여 탁지부 대신 및 유력한 고문 감독자로 하여금 감독하게 하고 한정된 금액 외에는 정부의 경상비로 유용하는 것을 허가하지 않고 반드시 국가 경제의 용도와 식산흥업에 사용할 것.
1. 정기 태환권의 출납 사무는 경성에 본점을 두고 각지에 지점을 설치하는 가장 확실한 은행에 명령할 것.

이제 한국 중앙은행 혹은 일한은행이라고 할 만한 실체가 있는 일대은행(一大銀行)의 창설을 불가불 재촉함이라. 단, 은행의 문제는 다음에 다시 논하고자 하노라.

〈자료 121〉 (사설) 한국재정 급무의견(3)[社說 韓國財政急務意見(三)]

(《한성신보》, 1903.3.18)

특별회계에 속한 태환권 사용방법

제1. 세법개정국을 설치하여 지조 개정을 단행하여 기타 수세법을 개정함.

정부의 예산을 보니 한국의 현재 지세는 겨우 298만 1,300여 원에 불과(전년도 예산에 근거함)하고, 국토의 면적으로 일본에 비교하면 그 절반에 해당하니 가령 일체의 사정이 일본과 동일하다고 본다면, 지세 2,290여만 원이 될 만한데, 한국의 실제 상황을 보니 전답이 ■백 91만 984결이니 일본 지가의 반액으로 계산하여도 지가 3억 3,452만 500원이 될 터이오. 이에 100분의 5의 지세를 부과하면 1,672만 6,205원을 얻을 수 있으리니, 현재 수세의 5배 수입이 있을지라. 이것이 지조 개정의 최급무라고 하는 까닭이라.

100분의 5는 지방세 기타 지조 비례의 부과 등 부담이 없는 국민에게는 저율의 수세라 할지라.

지조 개정을 단행하려면 일본 정부 대장성과 내무성 등에 다수 실험이 있는 관리 몇 명을 초빙하여 한국 관리 중에서 특히 재간이 있는 자를 선발하여 지조개정조례에 준거하여 같이 직접 맡도록 하고, 또 준수한 자제 50명 이상을 일본에 파견하여 수세 실무를 연습하게 할 것.

지조 개정은 경비 대략 350만 원이 예산으로 8개년에 완성케 하기로 계획할 것.

제2. 권농제도를 설치하여 힘을 구혁(溝洫)[9]에 다하고, 관개법의 못과 늪을 각지에 설치할 것.

한국의 관개법이 황폐하여 조금의 가뭄을 만나면 토지가 갈라짐으로 인하여 흉년이 됨은 매년 실제로 보는 바라. 이는 빗물의 저장과 관개법이 전혀 갖춰지지 못한 것이기 때문이니, 마땅히 지리를 살피고 수맥을 검사하여 크게 그 설비를 전국에 보급하게 하는 것이 긴요한 일이라 함.

〈자료 122〉 (사설) 한국재정 급무의견(4)[社說 韓國財政急務意見(四)]

(《한성신보》 1903.3.20)

여기에 소요되는 경상비를 매년 30만 원으로 하고 이와 비슷하게 매년 지출하여 전국의 관개를 완성하는 데 이르게 할 것. 통계표에는 다만 15개년으로 기재할 따름.

제3. 정부는 스스로 산림의 사업을 경영하여 널리 식림업(植林業)을 장려할 것.

한국의 산림 남벌이 극심하여 늪이나 바다, 내지의 산악은 물론 민둥산이요, 푸른 곳이 없는지라. 고로 수맥이 고갈하고 지력이 건조하여 운무가 일어나지 않고, 이슬이 내리지 않으니 그 농사에 미치는 바 장애는 계산하기가 어려운지라. 식목의 사업은 하루바삐 급한 것이로다.

식림 사업은 당초에 경비를 필요로 함이 극소하고 지대한 결과를 얻을 수 있으나 다만 세월의 장구함을 피할 수 없다. 이 사업에 대해서는 1개년의 경상비가 겨우 15만 원으로 1개년에 500만 주 이상의 식림을 할 수 있으니 통계표에 따르면 수지의 예상치를 볼 수 있는데

9 길가나 논밭 사이의 작은 도랑.

15년이 되는 해에 5,000만 주의 좋은 나무를 얻을 수 있으니, 그 가격이 대략 5,000만 원 이상일지라.

제4. 수산을 보호하고, 또 그 연관 사업을 장려할 것.

한국 바다의 어업 이익이 실로 막대한데, 한국민의 어선이 취약하고 어구가 조악하여 하늘이 준 이익을 잃는 것이 적지 않은지라. 도리어 자기 집의 바다를 외국인의 좋은 어장으로 제공하는 형상이 있으니, 만약 크게 장려를 가하여 모범을 보일진대 그 공과 이익이 반드시 막대함이 있으리라.

수산에 대하여는 정부가 스스로 착수하지 말고 다만 매년에 대략 10만 원으로 보호의 법을 행할 것.

〈자료 123〉 (사설) 한국재정 급무의견(5) [社說 韓國財政急務意見(五)]

(《한성신보》, 1903.3.25)

제5. 광무국의 규모를 크게 하여 유리한 금, 은, 동 등의 광산을 조사 채굴하여 획득한 금은은 다 국고에 저축하여 차관의 상환, 태환권에 보충할 것.본 사업은 한국의 가장 유리하고 성공하기 쉬운 사업이니 적임자로 외국기사를 초빙하고, 또한 감독자도 역시 총세무사와 같은 권력과 책임이 중대한 외국인에게 위임하는 것이 옳다.

본 사업은 정부 사업으로 경영하되 고정자본을 300만 원으로 하고, 경상비는 1개년에 40만 원 내지 60만 원을 지출하기로 함.

제6. 잠상국(蠶桑局)을 설치해 모범 뽕나무밭을 개척하여 재배하고, 중앙제사장을 설치해 지방 도처에 뽕나무를 심게 하고, 누에고치 매입소를 설치해 잠업을 전국에 크게 장려할 것.

한국의 외국무역은 매년 수입이 초과할 뿐이니 수출이 부족한 것이 대략 300~400만 원이라. 다행히 사금 산출액이 다대하므로 겨우 평형을 지킬 뿐이라. 이 때문에 경화(硬貨)의 제도를 세우고자 하나 그 유출을 면하지 못함에 실행하기 어려워 백동화 같은 보조화만 시장에 흘러넘쳐 높고 낮음에 일정함이 없으니 한국의 재정을 정리하여 화폐제도를 정하고자 하면 우선 수출입의 평균을 강구할 것이요, 그 평균책에 가장 지름길은 잠업만한 것이 없으니 한국의 기후 풍토가 자못 잠업에 적당하여 정부에서 여기에 힘을 다한다면 5년에 적은 성과를 내고, 10년 혹은 15년에 대성공을 거두는데 이르리라. 잠업이 크게 발달하여 뽕나무밭 개발이 일본의 4분의 1에 달하면 견사(絹絲) 생산액이 51만 9,820여 원을 획득할 것이리니, 그러한즉 이 하나의 사업으로 능히 수입 초과를 영구히 방어할지라.

잠사업도 임업과 동일하여 다만 이를 관업(官業)으로 전속하지 못하니 임업과 같이 유구한 세월을 필요로 하나 당국자가 열심히 유도하여 한편으로 모범을 보이고, 다른 한편으로는 원료를 매입하여 제사(製絲)를 할진대, 진보 발달은 신속하리라. 경상비는 매년 35만 원씩을 투자할 계산이라.

〈자료 124〉 (사설) 한국재정 급무의견(6) [社說 韓國財政急務意見(六)]

(《한성신보》, 1903.3.27)

제7. 국내인, 외국인을 불문하고 국내에 철도를 부설하고, 또 연안 각 항 간에 정기 항해를 개통하는 자에게 장려금 혹은 보급 이자를 지원하여 교통 운수의 길을 크게 열게 할 것.

이외의 장려를 거들어 도와줄 사업은 거론할 겨를이 없으니, 이상 말한 바 세법을 개정하고 재정 기초를 견고하게 하여 정부 세입으로 여유를 생기게 하고, 한편으로는 식산흥업을 자영(自營)하고 권유하여 무역의 평균을 도모할 뿐 아니라 수출 초과를 촉진하여 화폐제도를 확립시켜 외국 부채 상환과 태환권 교환 준비를 충실하게 하는 대방침·대계획을 하려는 자요. 한국 정부의 위정자 또 정무고문관이 되는 자와 같이 계획을 세워 행하는 것이 급무라 하노라.

단, 이에 부대하는 통계표는 15년간 경영상의 그 큰 줄기를 보임이라. 제반 경영에 예산이 없지 않으리니, 예산을 따르는 것이 소위 계입위출(計入爲出) 하는 것이니 낭비와 방만한 지출의 폐해를 면할 수 있으리라. 일언이폐지하고 시정의 방법은 반드시 기준[10]을 세워 그 기

10 원문에는 '규구(規矩)'로 되어 있는데, 대체로 지름이나 선의 거리를 재는 도구나 일상생활에서 지켜야 할 법도

준을 활용함은 다만 그 사람을 얻는 데 있으니 운용의 묘가 한마음에 있다고 함을 대강 말할 따름이라.

〈자료 125〉 중앙은행 시설(中央銀行施設)

(《한성신보》, 1903.3.27)

대한 정부에서 중앙은행을 시설하여 지폐를 발행할 차로 내장원경 이용익 씨가 극진히 주선하여 일전에 정부회의에 제출하여 마침내 안건 처리가 보류되었다는 말이 있더니, 이에 들은즉 그때 안건이 의결되어 즉시 윤허를 받았다고 하는데 과연 어제 관보에 다음과 같이 반포가 되었더라.[11]

〈자료 126〉 (논설) 중앙은행 설립(論說 中央銀行設立)

(《한성신보》, 1903.3.27)

전하는 말과 같이 중앙은행안을 이달 26일 관보에 게재하였으나 이 은행 설비가 아마도 근일 중에 성립할지라.

그 조례 요항에 언급하였으되 자본금이 300만 환인데, 60만 환 주금으로 개업하고 영업사항은 소관 해관세의 각종 세금으로 태환권을 발행하기로 주요를 하였으니, 방금 각국이 대저 중앙은행을 설비하여 국정 재정의 조리하는 기관을 삼으나 한국에 이를 소유함에는 실로 가히 진보라 말하는지라.

그러나 천하의 좋은 것이 그 운용의 기술을 잃으면 폐해가 어찌 크지 않으리오. 한국의 재

를 뜻하는 말이다.

11 '중앙은행조례'가 게재되어 있는데, 내용은 본 자료집에 수록된 것과 동일하기 때문에 생략함. 다만 조례 제4조에 300만 원(圓), 50원(圓)으로 화폐단위가 환이 아니라 원으로 표기되어 있음.

정이 극히 곤궁한데 화폐제도가 더욱 문란한지라. 이런 때에 오히려 근소한 금화를 준비하고 백동화를 쉽게 주조하는 것을 금하지 아니하여 만일 하나를 잃으면 그 화가 극대하리니. 우리는 중앙은행으로 하여 좋은 것이라고 하나 지폐가 저락하고 금화가 구축되어 백동화가 남발하면 이 은행이 또한 망국의 화근이 되리로다.

이용익 씨가 재정가로 자임한 자인데 지금 그 대담함으로 중앙은행을 결단하니 만일 다행히 지폐의 신용을 지켜 물가가 등귀함이 없으면 우리는 이 씨의 계획을 어찌 높이 칭찬하지 아니하리오.

〈자료 127〉 백동화사건(白銅貨事件)

(《한성신보》, 1903.12.17)

지난번 일본공사가 백동화에 관하여 한국 정부에 조회함은 그때 신문에 상세히 보도하였거니와 한국 정부에서는 지난 11일에 금후 백동화 주조를 정지하여 본위화 주조를 할 것과 외국 화폐의 가계(加計)[12]가 없게 할 것 등을 회답하였는데, 그 조건은 불가능한 것이 아니나 항상 그 실행에 대하여는 믿지 못할 것이 있는즉 일본공사는 다시 조회하여 그 실행 방법 등을 질문한다고 하더라.

〈자료 128〉 본위화주조(本位貨鑄造)

(《한성신보》, 1903.12.17)

황성신보가 보도한 바에 의하면 전환국에서 근래 금화 주조에 착수할 차로 금괴를 분석하는데 전환국에서 저장한 금괴가 약 120만 원(元)이요, 또 이미 주조한 50전 은화가 150만 원이라 하더라.

---

12 통화의 액면가와 시가가 다를 경우 그 차액을 보태어 계산하는 것.

2. 《조선협회회보》 관련 자료

〈자료 129〉 한국 화폐문제 조사 자료(韓國貨幣問題調査資料)

(《조선협회회보》 1호, 조선협회, 1902.7)

현재 한국 화폐제도는 그 문란의 폐해가 극도에 달하여 이를 근본에서부터 정리할 수밖에 없는 상황에 이르게 되었다. 즉 지난 5년 동안 백동화의 관주(官鑄), 특주(特鑄), 묵주(默鑄), 사주(私鑄) 등을 합하여 시장에서 유통되는 것이 약 1,400만 원(元)에 달한다. 여기에서 양화가 구축되어 타보(打步, 프리미엄)의 폭등으로 되고, 시세가 앙등하여 구매력 감소로 이어져 전당포는 파산하고, 한국 무역의 부진과 한국 재정의 곤란이 더욱 심해져 화폐제도 개혁의 목소리가 점점 높아졌다.

생각해보면 한국 화폐 문제의 해결 여하는 한일 무역의 성장과 쇠퇴와 관련해서 특히 중대하기에 이것을 치료할 방책을 강구하는 일의 긴급함은 말할 필요도 없다. 그런데 한국 정부가 독자적인 힘으로 이 문제를 해결하고, 또 이를 정리할 수 있는 능력이 있는지 심한 의문이 있다. 일반의 관찰에 따르면 그 능력이 거의 결핍되어 있을 뿐 아니라 또한 그 신용도 없다. 따라서 한국 화폐제도의 문란을 정리하여 경제계의 쇠퇴를 치료해서 구하려 한다면, 반드시 어떤 나라가 이를 원조하여 보호하지 않는다면 결코 실행되지는 못할 것이다. 그런데 여러 나라 중에서 감히 자진해서 그 임무를 맡으려는 나라가 있을 것이라고는 생각되지 않는다. 가령 그러한 나라가 있다 하더라도 일본은 이를 방관하면서 좌시할 수 없는 통상(通商)의 이해관계를 가지고 있다. 이것은 단지 정치적 의미에서 그러할 뿐 아니라 한국 무역의 8~9할을 차지하는 일본에 있어서도 어쩔 수 없는 관계에 있는 것이다. 지금 한국 정부는 각국 사신의 충고를 수용해 일시적으로 주조를 정지하였지만, 국고의 궁핍과 재정 곤란이 일어난다면 다시 악화 주조에 종사하게 될 것은 불을 보듯 뻔한 일이다. 따라서 한국 화폐의 문란은 지금 근본적인 정리를 하지 않는다면 한일 간 무역은 영원히 발달을 기할 수 없을 것이다. 이 문제를 해결함에 있어서는 우선 그 기초가 될 재료를 수집하여 참고·심사 자료를 제공할 필요가 있다.

본 회에서는 한국의 각 일본영사관, 거류민 대표사무소, 상업회의소 기타에 의뢰하여 그들의 호의에 의해서 구한 것과 각종 책자 및 보고 등을 섭렵하여 얻은 자료에 의거하여 어느 정도 정확하다고 생각한 결과는 다음과 같다.

1. 한전(韓錢) 유통고 약 600만 원(圓)

2. 백동화(白銅貨) 유통고 약 1,400만 원(元)

3. 동화(銅貨) 유통고

   적동화(赤銅貨) 약 20만 원(圓)

   황동화(黃銅貨) 약 890원(圓)

4. 일본 화폐 유통액

   지폐 약 87만 원(圓)

   구원은(舊圓銀) 약 53만 원(圓)

   보조화 약 15만 원(圓)

   이상 1에서 4에 이르는 각 항목별 유통 구역은 별항에서 참조할 필요가 있다.

5. 사금(砂金) 산출 장소 및 매년 산출고 약 500만 원(圓)

   사금 산출 장소에 관해서는 별항 참조를 요함.

6. 한국 거류지 및 민간에서 관용하는 어음의 상황

   별항 참조를 요함.

7. 수출입 무역고 및 관세의 최근 연도 금액

   1900년(明治 33) 수출입 무역고 2,038만 327원(圓)

   수입고 1,094만 460원(圓)

   수출고 943만 9,867원(圓)

   1900년(明治 33) 해관세 109만 7,217원(圓)

8. 금납(金納)의 조세액[1902년(明治 35) 세입예산 총계]

   758만 6,530원(元)

9. 쌀·콩 산출량

   쌀 약 800만 석

콩 약 400만 석

10. 한국의 인구 약 1,000만

다시 이를 상세히 설명하면 아래와 같다.

1. 한전(韓錢) 유통고에 대한 대략적인 계산

한국에서는 구화폐를 총칭하여 전문(錢文)이라고 말하고, 일본인은 이를 한전(韓錢)이라고 말한다. 한국 땅에서 신화폐(1894년(明治 27) 7월 2일의 '신식화폐발행장정'에 의거하여 발행된 것) 및 최신화폐(1901년(明治 34) 2월 12일 칙령 제4호로서 '화폐조례'가 발포되었는데, 이에 해당하는 것은 아직 발행되지 않았음)가 아직 보급되지 못했기 때문에 그 성질이 보조 화폐임에도 불구하고 실제로는 본위 화폐로도 되고, 또 보조 화폐로도 되어 통용되고 있다.

현재의 한전을 구별하면 아래와 같다.

(1) 엽전(葉錢)

엽전은 상평통보(常平通寶)로 일본의 관영통보(寬永通寶)에 해당하는 것이다. 소위 1문전(文錢)이라는 것이 이것으로, 그 중량은 100문이 평균 120~30돈(目)[13]이다.

(2) 신전(新錢)

1892~1893년경(明治 25~26) 민영준이 평안도 감사로 있을 때 주조한 것으로, 일반적으로 평양전(平壤錢)이라고 하고 또 신전이라고도 말한다. 돈의 표면에는 상평통보라는 문자를 새겨 놓았다. 그의 실제 질은 매우 조악하여 일본의 구아전(舊鐚錢)[14]보다도 못해 그 무게는 겨우 8분(分)이다.

---

13 몸메(匁)와 동의어로 돈이라고 한다. 1돈은 1관(貫)의 1000분의 1로 3.75g이다.

14 무로마치 막부와 에도 막부 시대에 사용되었던 돈의 일종.

(3) 당오전(當五錢)

당오전은 상평통보로 일본의 관영통보(파전(波錢)이라고 불리고 2리(厘)로 통용하는 것)에 상당하는 것으로 고종 18년(1881)에 새롭게 주조하였다. 주조 초기에 그 1매를 가지고 엽전 5매와 교환되었기에 이러한 이름이 생겨났다. 그러나 조악하고 또 중량이 겨우 엽전의 1~2배에 해당하였기 때문에 최근에는 모두 엽전의 가치로 통용되는 것이 일반적이다. 그 이름과 실제 가치가 서로 부합하지 않는 것은 마치 일본의 천보통보(天保通寶)가 100에 해당하는 법정화폐였는데, 이후에 가치가 겨우 8리였던 것과 같다.

한전의 유통고는 1892~1893년경(明治 25~26) 평양에서 주조된 것을 마지막으로 하여, 당시의 유통고 800만 원(圓) 내지 1,000만 원 사이일 것이라고 한다. 전술한 바와 같이 1문전과 5문전이 동일하게 통용되고 있을 뿐 아니라 큰 것과 작은 것, 그리고 양호한 것과 그렇지 못한 것이 뒤섞여 있기에 그 질이 좋은 것은 금속을 녹여 지금(地金)으로 되고, 또 운반할 때 배나 뗏목이 전복하여 강이나 바다에 잠기는 것이 있어 당시의 발행고에 비해 현재의 유통고는 대략 그의 4~5할 감소했다고 보아도 큰 차이는 없을 것이다. 즉 유통고는 현재 약 6백만 원으로 추정하는 것이 어느 정도 중용을 얻은 추산이라 할 수 있다.

2. 백동화 유통고에 대한 대략적인 계산

백동화는 1894년(明治 27)의 '신식화폐발행장정'에 의해 주조 발행된 것으로 1892년(明治 25) 귀하후에 주조된 것도 있다. 그리고 1901년(明治 34)에 화폐조례가 제정되었지만, 이 조례에 의하여 주조된 것은 없다고 한다. 신식화폐발행장정 반포와 함께 발행한 백동화는 7만 6,601원(圓) 40전으로 이후에 마구잡이로 주조[濫造]하였다 해도 재작년까지의 발행액은 100만 원이었다. 그러나 작년 이래로 마구잡이로 주조 발행하여 특주(特鑄), 묵주(默鑄), 사주(私鑄) 등도 역시 많이 더해져 그 정확한 수치를 알기는 어렵다 하더라도 약 1,400만 원으로 보면 큰 차이는 없을 것이다.

백동화 하락의 현상 기타에 대해서는 별도로 기술하였다.

3. 동화 유통고에 대한 대략적인 계산

(1) 적동화

1894년(明治 27)의 신식화폐발행장정에 의하여 주조 발행된 것으로 이 장정 발포와 함께 발행된 것이 15만 3,172원(圓) 51전이다. 이후의 주조고는 5만 원을 넘지 않았을 것이라고 한다. 따라서 그 유통액은 약 20만 원이라고 한다.

적동화는 백동화에 비해 그 품질이 양호하고 또 위조가 없기 때문에 일반의 세평은 좋으나 계산 및 휴대가 불편하기에 적동화의 일본 화폐에 대한 프리미엄은 백동화와 큰 차이가 없을 것이라 한다.

(2) 황동화

1894년(明治 27)의 신식화폐발행장정에 의하여 주조 발행된 것으로, 1분(2리에 해당함)이다. 이 장정 제5조에 따르면 한전 1매에 해당한다. 이 장정이 발포됨과 동시에 발행된 것이 888원 53전 2리로써 이후에는 주조된 것이 거의 없다고 한다.

위의 2종의 동화 역시 1892년(明治 25)에 이미 주조된 것이 있다.

4. 일본 화폐 유통고에 대한 대략적인 계산

믿을 수 있는 최근의 조사에 따르면, 한국에서의 일본 화폐 유통고는 대체로 다음과 같다.

도명	지폐(円)	구원은(円)	합계(円)
경기도 · 충청도	550,000	150,000	700,000
평안도 · 황해도	100,000	300,000	400,000
전라도 · 경상도	150,000	50,000	200,000
강원도 · 함경도	70,000	30,000	100,000
총계	870,000	530,000	1,400,000

위 유통고 이외에 50전 은화 이하의 보조 화폐 총유통액은 10만 내지 20만 원(圓) 사이일 것이라고 한다. 그리고 경성·인천 양 지역에서 유통되는 일본 화폐는 한국 유통고의 대부분을 차지하는데, 약 50만 원에 이를 것이라고 한다.

지폐는 주로 일본은행이 발행한 태환권으로 국립은행 및 정부가 발행한 지폐는 전연 없다고 말할 수 있다. 그 종류는 10원권, 5원권, 1원권을 주로 하고, 그중에서도 5원권 및 그 이상의 지폐가 많다. 요즘 1원권은 현저히 감소하였는데, 이것은 일본에서 1원권을 회수한 것과 일한 무역이 발달함에 따라 큰 거래가 많아 영향을 받은 것이라고 한다. 지폐는 각종 모두 한인들 사이에서 신용이 있고, 구원은(舊圓銀)은 한국 화폐가 하락함에 따라 현저히 시장에서 구축되었다. 한때 지폐 1원에 대하여 구원은 1원 67전(인천) 내지 34전(원산)이 되었다.

1원권이 회수됨에 따라 이를 보충하기 위해 수입된 50전 은화는 아직 그 융성함을 보기에는 이르지 못한 것 같다.

기타 20전, 10전 은화 및 5전 백동화는 그 유통고에 큰 차이가 없지만 비교적 백동화는 소수이고, 5전 은화, 2전·1전·5리 적동화는 더욱 소수인 것 같다.

금화에 이르러서는 그 유통이 전연 없다고 말할 수 있다.

요컨대 일본 지폐 및 보조 화폐는 현재 한국민 사이에 신용이 있고, 점차 그 유통 구역을 확장하고 있다. 그리고 지폐의 유통 구역은 은화와 비교하면 아직은 협애(狹隘)함을 면할 수 없다.

5. 사금 산출 장소 및 매년 산출고에 대한 대략적인 계산

광산은 한국의 큰 부의 원천이다. 즉 금, 동, 철, 탄 등의 각종 광석이 풍부하고, 은광도 역시 존재한다. 특히 금과 철의 경우 유명한데, 유명한 금광은 평안도 운산·은산, 함경도 영흥·단천, 충청도 직산 등으로 기타 작은 것은 일일이 거론할 수 없을 정도이다. 현재 유명한 금광을 열거하면 아래와 같다.

경기도: 안성, 통진

충청도: 직산, 청주, 충주, 문의, 공주, 청산, 보은, 영동, 황간

전라도: 금구, 남원, 금주, 보성, 영암, 무산, 분산

경상도: 청송, 의성, 성주, 경주, 합천, 창원, 시원, 진주, 울산, 팔룡산, 달전장암

평안도: 평양, 순안, 은산, 운산, 성천, 삭주, 선천, 안주, 의주, 태천, 원창, 죽천, 개천, 희천, 자산, 영변, 자성, 강동, 강계, 창성, 구성, 관원, 동점, 진목

황해도: 송화, 장연, 수안, 재령

함경도: 부령, 단천(대동오을정, 용동, 도령, 문암), 갑산(운총, 감평, 하남, 남대동), 장진(달하치점, 평안좌점, 갈이점, 형제동점, 성피점, 삼포), 정평(토점, 석점, 순동, 기대동), 영흥(포마기혹보막, 독현혹덕고개, 개삼동, 금피원, 절암), 명천(방북간동, 하고암), 길주(상팔), 삼수(가을파두, 장흥리)

강원도: 금성, 평강, 회양, 홍천, 춘천, 인제, 원주, 횡성, 삼척, 선춘

한국의 1년 산출액은 약 440~450만 원(圓) 내지 500만 원으로 보면 큰 차이는 없을 것이다. 금지금 수출고는 아래와 같다.

연도	한국 전수출고(圓)	전체 수출 중 일본으로의 수출고(圓)	전수출고에 대한 비율(%)
1894	934,075	638,690	68
1895	1,352,929	952,706	70
1896	1,390,412	828,968	60
1897	2,034,079	947,536	47
1898	2,375,725	1,192,588	50
1899	2,933,382	2,049,477	70
1900	3,633,050	2,912,910	80

그리고 1901년(明治 34) 중 한국에서 일본으로 수입된 금화 및 금지금은 485만 9,238원 2전임.

6. 한국 거류지 및 민간에서 관용하는 어음의 상황

한전은 한국에서 본위 화폐의 실질이 있는데, 그 질이 거칠고 크며 계산이 번거롭고 까다로우며 운반이 불편하다. 경성 안에서도 1천 원(圓)까지 12전의 운임을 필요로 하고, 지방에서는 1리 10관문(貫文)당 보통 7전의 운임을 필요로 하는데, 이를 부담할 수 있는 것은 말 한 필당 40원분(分), 사람 1인당 18원분밖에 지나지 않는다고 한다.

위와 같은 불편에 더하여 무역의 발달은 어음의 발달을 촉진하였는데, 목하 한국의 현 상태에 비추어 보면 그 발달은 특히 놀랄만한 것이다. 또한 사업가의 신용이 처음부터 그 기초의 근저가 된다는 것은 말할 필요도 없다.

현재 한국 거류지 및 민간에서 관용하는 어음은 상법에서 정한 어음(환어음, 약속어음, 수표)과 관행상의 어음[한화(韓貨)어음]으로 구별할 수 있다.

(1) 상법에서 정한 어음

① 환어음

갑 지역에서 을 지역으로 또 을 지역에서 갑 지역으로 화물환어음(荷換) 발행, 또는 대금 추심을 위해 사용하는 상업어음이다. 단순히 거류지 안에서만 거래에 사용되는 것은 드물다.

② 약속어음

청국 상인 동순태(同順泰)는 2~3년 이래 경성에서 자기 상점의 약속어음을 발행하였는데, 그 성질은 일람불약속어음이어도 그의 형상·신용이 당당한 태환은행권과 다르지 않다. 그 종류에는 50냥, 100냥, 500냥 및 1,000냥 등 4종이 있고, 그 발행 총액은 명백하지는 않지만 적어도 금일에는 15~16만 원 이상일 것이라는 설이 있다. 그런데 이 어음은 태환의 요구에 대하여 전혀 마음대로 한 일이 없기에 그것이 한인 사이에서 널리 유통되는 것이 마치 일본 지폐와 다를 바가 없다(단, 동순태에서 발행한 어음에도 본문에서 서술한 것 이외에 보통의 어음이 있다. 또 청국 상인 중에서 어음을 발행하는 것은 동순태만은 아니다. 동순태가 발행한 어음의 견본은 『한반도(韓半島)』 54항의 다음에 있다).

도쿄 제일은행에서는 충분한 준비금을 두고 엄중한 감독 아래에 일람불어음을 발행하는데 이미 부산에서는 5월 20일부터, 인천에서는 27일부터, 경성에서는 28일부터 널리 사용하는 것을 시도하였다. 그 양식은 일본은행의 태환권과 거의 비슷한 것으로 위조 등의 폐해를 면하기 위하여 주의에 주의를 기울여 제조하였다. 그 권면은 1원으로 계속해서 5원권, 10원권을 발행한다고 한다. 현재 1원 태환권이 점차 일본으로 회수되어 유통고는 감소되어 소액 거래에 부자유를 느끼고 있는 때에 일반적으로 환영받고 있으며, 또 비상한 신용을 얻고 있는 것 같은데 부산에서는 발행 당일에도 불구하고 실로 2천여 원의 발행고를 달하였다고 한다. 현재 한국의 무역 상황에 있어서 또 한국 화폐제도의 문란에 대한 응급 대책으로 이 움직임을 찬성할 뿐 아니라 장래를 위하여 일본인 사이에 매우 촉망받고 있는 모양이다. 따라서 한국인에게도 원만한 유통을 보게 될 것이라고 한다.

보통 일본 상인이 발행하는 어음은 대체로 융통어음으로 개인 대차의 증권에 대신해서 사용하고 유통증권으로는 유통되지 않는다.

③ 수표

이 어음의 사용은 매우 발달하고 한 은행에서 하루에 취급하는 것이 수백 매에 달해 오히려 남발의 느낌이 있다. 그러나 유통 구역이 협애하여 발행 당일에 돈으로 바꾸지 않는 사람이 거의 없으며, 유통증서처럼 여기저기로 돌아다니는 것은 없다고 한다.

이상 3종의 어음은 그 사용 효용에 있어서 일본과 다른 점이 없다.

(2) 관행상의 어음

관행상의 어음이라는 것은 소위 한화(韓貨)어음으로 한인에 대하여 혹은 일본인 상호 간에 또는 한인 상호 간에서 행하여지고, 그의 기일과 같은 것은 10일 기한 혹은 돈의 교환 청구가 있는 즉시 양도하는 것이 많고, 길어도 2주를 초과하는 것은 없다. 그리고 부산·원산에서는 한전(韓錢)어음이 많고, 경성과 인천 간에는 현재 백동화어음이 많다. 한화어음은 합법적인 어음이 아니라고 하더라도 이것의 유통 여하는 일한 무역상 지대한 문제를 가지기에 상세히 서술할 필요가 있다.

한인 상호 간의 어음은 매우 간단한데 단지 넓이가 1촌, 길이가 5~6촌 내지 7~8촌의 당지(唐紙)에 금액과 수취월일, 발급인의 성 혹은 성명만을 기재하고 도장을 날인한 것을 세로로 절반으로 나누어 수취인 및 발급인이 서로 가져다 두는 것이다. 이 어음을 지참하는 자는 누구를 불문하고 그 절반으로 나눈 것과 맞추어서 지불하는 것으로 되어 있다. 그리고 신용이 있는 사람이 발행한 어음 같은 것은 마치 일본 지폐와 같이 여기저기로 유통되고, 그 금액과 같은 것도 많은 것은 어음 1매에 그 금액이 수만 원인 것이 있다. 거래 기일은 길게는 한 달의 5일을 기한으로 하여 매월 5일, 15일, 25일, 즉 한국 전반에서 준수하는 거래 기일로 되어 있다.

백동화 어음은 그 유통이 지극히 적기 때문에 아래에 일본인이 발행하는 한전어음에 대해서 기술하려 한다.

한전어음

한전어음은 원래 법률적으로 발달한 것이 아니기에 오늘날 이것을 볼 때는 불완전한 일종의 예탁증권으로 간주할 수 있고, 상법상 어음과 같이 일정한 만기일 및 발행지는 많은 경우 기재하지 않은 것과 같다. 지금 어음의 중요한 것에 대한 기재사항 중 그 형식상의 요건이라고 칭할 수 있는 것을 열거하면 대체로 다음과 같다.

① 형식상의 요건

ⓐ 보관의 의사를 표시한 문자

ⓑ 일정한 금액

ⓒ 수취인의 씨명 또는 상호

ⓓ 단순한 보관의 약속

ⓔ 발행의 연월일

ⓕ 발행인의 씨명 또는 상호

ⓖ 부기번호(附記番號)

지금 어음 용지 중에서 주요한 것 두세 가지를 들어보자. 어음 안의 금액 좌측에 부기한 글자는 관습상 대체로 일정하여 동일한 문자로 표시된다고 해도 부산, 인천, 원산, 목포 등에 따라 그 글자의 의미에 대해서는 다소 다른 것이 없는 것은 아니다. 이를 대별해 보면 다음의 4종류이다.

㉠ **현금**[現錢] 즉 최초에 있어서는 부기한 글자가 없었다고 해도 어음이 현금보다 신용을 잃어 점차 어음을 수취하려는 자가 감소하기에 이르면 어음 발행인은 각종의 방법을 강구하여 어음의 신용을 회복하기 위해 고안해 낸 것으로 글자 중에서 첫째로 '현전(現錢)'이라고 기재된 어음으로 일시적으로 부도가 발생하지 않았다. 크게 신용을 높였으므로 모든 어음에 같은 글자를 부기하였다. 이후 부도를 발생하였으므로.

㉡ **직도**(直渡) 현금을 바로 교부한다는 의미를 표시하기 위하여 다시 '직도(直渡)'라는 글자를 부기하고 이로써 현금어음과의 구별을 시도한 것이다. 역시 현금어음과 마찬가지로 처음에는 신용이 있었어도, 일단 부도가 발생하면 신용을 잃었기 때문에.

㉢ **자택도**(自宅渡) 자택에서 반드시 양도한다는 의미로 '자택도(自宅渡)'라는 글자를 부기하기에 이르렀다. 이것 역시 최초에는 지체 없이 교환되었더라도 이후 얼마 가지 않아 부도가 발생하여 신용을 잃었기 때문에.

㉣ **정규전**(正規錢) 바로 현금으로 지불한다는 의미로 '정규전(正規錢)' 글자를 부기하여 표시하였는데, 오늘에 이르러서는 이것도 역시 그 효과가 없다. 오늘에 이르러서는 그 부기한 글자의 여하로 바로 어음의 신용을 점칠 수는 없고, 오직 그 발행인의 신용 여하에 따라 어음의 좋고 나쁨을 검사하기에 이르렀다.

② 어음의 금액

어음면의 금액은 상거래가 다른 것에 따라 다과는 있어도 최소액은 2관문(貫文), 최대액은 1천 관문 이상에 달하는 것이 없지는 않으나 보통 유통하는 것은 50관문 정도로 오늘날 한전 시세를 15할이라고 가정하면 일본의 75원(圓)에 해당한다.

③ 유통기간

한전어음은 일종의 예탁증권 형식을 구비한 것으로 원래 만기일 표시가 없고 많은 것이 일람불(一覽拂)로 되어 있다. 따라서 언제라도 그 어음의 소지인은 그 지급인에 대하여 현금과의 교환을 청구할 수 있는 성질을 갖추고 있다 하더라도 현금이 필요하지 않은 이상 이 지급을 청구하는 것은 없다. 그리고 한전 가격이 저락한 경우에는 현금 지급을 청구하지 않고, 등귀한 경우에는 많이 한다. 또 신용이 없는 상인이 발행하는 것은 현금 지급의 청구가 긴박하고, 신용이 있는 상인이 발행하는 것은 현금 지급의 청구가 완만하다. 또 매우 확실한 상인 혹은 청국 상인은 변동이 일정하지 않은 한전어음을 소지하는 것을 좋아하지 않고 바로 당일 현금으로 교환하는 것이 일반적이다.

또 계절에 따라 현금 지급을 청구하는 것에 완급이 발생하는데 음력 8월 혹은 12월은 한인이 상품을 매입하는 때이므로 어음을 현금으로 교환하여 다른 곳에 보내는 것이 신속하게 이루어진다고 한다.

위와 같다고 하더라도 보통은 5일 기한 혹은 7일을 기한으로 하고, 장기의 것이라 하더라도 발행일자에서 1개월을 넘지 않는 것 같다.

④ 어음의 현금 교환 곤란

여기에서 하나 언급해야 하는 것은 어음의 현금 교환 곤란이다. 대개 어음 용지에는 많은 것이 현금 지불의 취지를 표시하고 있더라도 어음의 현금 교환 청구가 있을 때는 현금 지불이 용이하게 행해지지 않고 있다. 왜냐면 어음을 가지고서 어음의 현금 교환 청구에 응하는 관습이 있기 때문이다. 자세히 서술하면 현금 지불 취지를 표시한 어음을 제시하여 현금과 교환을 청구할 때 발행인이 다른 어음을 제공하는 이유는 지금 일시적으로 필요한 현금을 갖추고 있지 않더라도 이 현금과 동일한 어음이 있으면 이것으로 그 거래를 종료하게 함으로써 이를 상대방에게 교부하여 그 거래를 종료하는 관습이 있기 때문이다.

⑤ 유통고

한전어음의 유통액은 금융의 번거로운 때와 한가한 시기 및 계절에 따라 그 금액을 달리하여도 부산항만으로도 충분히 10만 관문(貫文)을 초과하는 일이 적지 않다고 한다면 그 한국 거류지 내의 총유통액은 그의 3~4배, 즉 30~40만 관문을 초과한다는 말은 있어도 이는 조금 과당한 액수인데, 더욱이 마산과 같은 곳은 아직 어음 유통이 없다고 한다.

⑥ 이서(裏書)

한전어음에 있어서는 이서 양도는 행해지지 않고 있는데, 이것은 한전어음 시세가 나날이 변동하여 일정하지 않기 때문이다. 그 어음에 서명한 사람은 어음에 대한 현금 교환 청구가 종료할 때까지는 언제라도 후자에 대한 상환 의무를 부담해야 한다. 그렇게 되면 자기 자신이 이것을 이서하여 양도한 경우에는 그 당시 15할 가격의 한전 또는 이에 해당하는 일본 화폐를 수취한다. 그런데 상환 의무를 다하니 한전 시세가 등귀하여 18할이 되는 경우에는 대단한 손실을 입지 않을 수 없기 때문이다. 이것이 이서 양도가 발달하지 못한 까닭이다.

⑦ 현금과 어음의 가격 차이

현금은 수수의 불편함은 말할 필요도 없는데, 이미 일반이 잘 알고 있기 때문에 이 가볍고 편리한 어음을 가지고 충분한 신용을 가지고 있어 일본인은 물론 한국인도 기꺼이 이를 수수한다. 그 가액은 현금에 비하여 등귀하는 것이 이치라고 해도 그의 현금 교환이 용이하게 행해지지 않기 때문에 자연히 일반의 신용을 잃고 어음이 현금에 비하여 항상 5분 이상의 저가로 되는 것을 면치 못하고 있다. 그러나 발행인의 신용 여하에 따라 그 가격을 달리하는 일은 없다. 이는 어음 중에 만일 가격에 차이가 발생하는 경우 어음으로 수수되지 않고 바로 현금과 교환되기 때문이다.

한전은 항상 상업상의 변동과 관련하여 그 가치가 앙등 또는 저락하는 것이기 때문에 완연히 하나의 상품으로 되어 있다. 부산 같은 곳에서는 이를 매매·양여하는 중매인이 있어서 이 중매인은 하나의 조합하에 한화(韓貨)의 수요공급 기관으로 되어 시가에 따라 매매한다. 이로 인해 한전의 앙등 및 저락과 함께 그 어음도 높게 오르거나 낮게 내려 일개의 상품같이 보인다. 그리고 한전어음의 할인은 일본의 은행에서는 그 편리를 얻을 수 없다 하더라도 한국의 은행 또는 한국의 도매업[問屋]은 이 할인에 응한다. 즉 경성의 천일은행, 한성은행, 한흥은행에서도 이것을 취급하고 있다(천일은행은 경성에 본점이 있고, 부산에 지점이 있다).

도매업[問屋]에 대해서는 재인천 일본인상업회의소의『한국화폐문제에 관한 의견서』라는 참고자료에 따르면, 한국의 도매업에는 두 종류가 있다.[15] 하나는 일본에 보통 있는 도매업[卸問屋]인데, 한국에 있어서 도매업[問屋]이라고 칭하는 것의 다수는 화물의 위탁판매에 종사하고 있으며, 아울러 금융의 주선을 업으로 하는 자이다. 예컨대 지방의 하주(荷主) 등이 미곡 등을 개항시장에서 방매하고자 할 때 하주는 우선 그 미곡을 자신이 믿고 있는 도매

15 여기서 도매업자는 조선의 경우 객주를 지칭하는 것이다.

업자에게 수송하든지 또는 스스로 수송하여 도매업자에게 방매를 위탁한다. 도매업자는 그 위탁에 의해 화물을 일본 상인 등에게 매도하고 정산을 한 뒤 상당한 구전(口錢)을 받는다. 그 지방 상인이 화물을 외국 상인에게서 구입하는 경우에도 역시 도매업자의 손을 거쳐야만 한다. 이를 다시 말하면 지방 상인은 모두 도매업자에 대해서 개항시장에서 화물 구입을 하고, 또 외국 상인에 대한 판매도 위탁한다. 만약 그 판매에 대하여 어음을 수취했을 때는 그 어음을 도매업자에게서 할인받거나 혹은 그 어음을 근거로 다시 구입하는 것이다. 또 그 도매업자는 각 지방과의 거래 연락도 하기에 일종의 환 업무도 이 도매업자에 의해서 행해지게 된다. 지금 환에 관한 하나의 사례를 들면 지방관이 조세를 중앙정부에 수송하는가 화폐를 현송하는가와 같은 것은 경성에 가까운 지역이 아닐 경우 절대로 선택할 필요가 없다. 대개 그 지역의 도매업자에게 일종의 환을 행하게 하는데, 도매업자는 그때의 경황에 따라서 상납금으로 쌀·콩류를 구매하여 이것을 인천에서 거래하는 도매업자에게 수송하고, 그 도매업자로 하여금 수송한 쌀·콩류를 팔아서 받은 화폐로 중앙정부에 납부하게 하는 것이다. 그 지방관이 조세를 영업자본으로 운용하고, 틈을 보아 이익을 거두는 것은 이들의 사실에 의해서 행해지는 것이다. 특히 부산 방면과 인천지방은 통용 화폐를 달리하는 것으로부터 조세로 수수한 한전(韓錢)을 부산에서 팔고, 백동화를 인천에서 사서 이것을 중앙정부에 납입하여 그 사이의 차액금을 이익으로 하는 사실도 있다. 도매업자는 실로 한국에 있어서 일종의 필요기관인 동시에 또한 경제계 세력 중 하나이다.

⑧ 한전(韓錢)어음의 이익과 폐해

ⓐ 이익

㉠ 노동력과 비용을 절감하고, 또 한전의 감소를 방지한다.

㉡ 상거래를 민활하게 하고, 저장 방법을 용이하게 한다.

㉢ 발행인은 현금 교환 청구의 기간까지 무이자 저금을 가진 것과 같은 이치가 되기에 금융의 편리를 얻는다.

ⓑ 폐해

㉠ 한전어음은 전 항에서 기술하였듯이 일본 상법에서 규정한 약속어음의 요건을 구비하고 있지 않기 때문에 일단 어음이 부도가 난 경우에는 어음의 소지인이 수신

인으로 되어 있는 경우에도 발행인에 대하여 환 소송을 제기할 수 없다. 하물며 다수의 경우와 같이 소지인이 수신인 이외의 제3자인 경우에는 수신인의 대리자로서 보통 민사상 소송을 제기하는 수밖에 없고, 만일 수신인이 부재하든가 또는 기타의 이유로 인해 대리권의 수여를 거절하면 소지인은 보통 소송을 할 수 없다. 또 어음의 이서가 없기에 발행인이 지급을 거절하는 경우에는 전자에 대한 상환청구권이 없고, 결국 소지인은 자기의 손실로 끝나게 될 것이다. 현재 1899년(明治 32) 말부터 다음 해에 걸쳐서 미가가 폭락하고 있는 때에 무역상인 중 대실패를 한 사람이 많았기 때문에 한전어음의 부도가 속출하여 거류지 금융에 크게 공황을 초래하고, 한국 상인의 손실도 이로 인해 적지 않았기 때문에 모처럼 신용이 점점 두터워지던 일본 상인의 어음은 청국 상인이나 한국 상인의 어음 신용보다 훨씬 열등한 것으로 되기에 이르렀다. 이후 오늘에 이르기까지 어음의 신용이 점점 회복하기에 이르렀지만 아직 충분하지 않다.

ⓛ 한전어음이 투기 용도로 제공된다. 한전의 시세가 나날이 변동되는 것을 면할 수 없기에 어음의 발행자도 이 어음으로 일종의 투기를 기도하는 사람이 많다. 예컨대 한전의 하락이 예상될 때에는 현금으로 지불하지 않고 일시 한전어음을 발행해 두고 뒷날 한전이 저락할 날을 기다려 현금을 사서 지불의 용도에 사용하려는 자가 있다. 그리고 예상한 대로 뒷날 한전이 저락하게 되면 어음 발행인은 이익을 얻지만 만일 한전이 등귀하게 되면 오히려 손실을 입지 않을 수 없다. 어음을 투기에 사용하는 것은 한전어음의 발행에 있어 가장 위험한 점이라 할 수 있다.

부산에 있는 일본인상업회의소는 일찍이 한전어음이 각기 달라서 신용의 정도를 쉽게 알 수 없었기 때문에 이것을 일정하게 할 필요가 있었고, 동시에 그 신용을 한층 깊고 두텁게 해 확실한 것으로 하기 위하여 동 회의소에 의해 다음과 같은 일종의 한전어음을 발행하였다.

동 회의소에서 어음 발행을 하고자 하는 사람은 보증금으로 4백 관문[貫文, 일본 지폐 8백 원(圓)]을 동 회의소에 예입하고 번호순으로 필요에 따라 교부하였다. 그런데 발행인 중에서 자칫하면 이 어음이 회의소에서 발행된 것을 악용하여 회의소의 신용을 이용하여 남발하는 자도 있기에, 만약 발행인으로서 자기의 신용을 회생시키는 자가 나오게 되면 소지인은 이를 청구할 길이 없어 부득이 동 회의소를 향해 청구하려는 자가 있는 등 결국 동 회의소에게 폐해를 끼치는 일이 때때로 있었기 때문에 동 회의소는 마침내 그 취급을 폐지하기에 이르렀다.

⑨ 어음 부도의 제재

어음 부도의 제재로는 오늘날 어떠한 방법이 없고, 또 감독관청 또는 거류지 상업단체 사이에 있어서도 이에 대한 특별한 단속이 없는 것과 같다. 더구나 오늘날의 현황에서 볼 때 자기의 신용 이외로 어음을 발행함으로써 일시적 위급을 호도하려는 자가 적지 않다. 따라서 한편에서는 어음을 발행하여 쌀, 콩, 기타의 상품을 한인에게서 구입하고, 다른 한편으로는 그 화물에 대하여 화물환을 매입하는데 많은 것은 그 거래은행에 입금함으로써 비교적 상인의 신용을 증가시킨다고 하더라도 만약의 경우 어떤 사정으로 인해 시장에서 유통하는 어음 중에서 부도가 일어나거나 고장이 발생하면 갑자기 어음의 현금 교환 청구가 한꺼번에 일어나서 공황을 초래하지 않는다고 할 수 없다. 따라서 적어도 어음이 오늘날과 같이 유통하게 된 이상은 적당한 제재와 감독의 방법을 강구하는 것은 어음의 신용상 혹은 금융계의 평온을 유지하고 무역의 증진을 기도함에 있어 특히 필요로 하는 것이다.

7. 수출입 무역고 및 관세의 최근 연액

한국에 있어서 무역의 누년 비교는 아래와 같다.

[단위: 원(圓)]

	수입		수출		총계	재수출
	외국에서	개항장에서	외국으로	개항장으로		
1894	5,924,006	1,363,043	2,311,215	1,099,823	10,698,087	334,150
1895	8,339,978	1,483,037	2,481,808	1,143,401	13,448,224	563,992
1896	6,669,612	1,119,268	4,728,700	768,924	13,286,504	443,995
1897	10,179,196	1,913,989	8,973,895	1,196,286	22,263,366	786,095
1898	11,921,296	2,570,002	5,709,489	2,380,385	23,581,172	1,254,660

1899	10,279,474	3,362,618	4,997,845	1,948,830	20,588,767	1,454,589
1900	10,940,460	미상	9,429,867	미상	20,380,327	미상

비고: 본 표는 한국 관세조사에 의거함.
1900년(明治 33)의 총계는 개항장 간의 수출입고가 포함되지 않은 것임.

그리고 1900년(明治 33)에 있어서 일한의 수출입 품목 중 중요한 것을 열거하면 아래와 같다.

수입품		
품명	한국 수입액	일본에서 한국으로의 수출액
천축포(天竺布)(일본)	31,149反	2,760,285야드
시팅(일본)	160,350反	12,189,020야드
잡종 면포(일본)	751,232反	2,929,379反
방적사(일본)	53,572擔	61,917擔
성냥	481,354그로스	606,144그로스
도자기	50,224円	150,917円
담배	148,106円	235,157円
일본술 및 중국술	16,776擔	536,306升

수출품		
품명	한국 수출액	한국에서 일본으로의 수입액
쌀	1,145,805擔	1,131,787擔
콩류	946,358	885,056
보리	55,876	51,825
소가죽	22,890	16,425
금지금	3,633,050圓	2,912,910圓

위 항목의 한국 수출입액은 인천세관의 조사이고, 아래 항목의 일본으로부터의 수입액 및 일본으로의 수입액은 일본 대장성의 조사이다. 한국 수입액은 일본으로부터의 수입품(성냥, 도자기, 담배, 일본술 및 중국술을 제외)만을 열거하고, 일본으로부터의 한국 수출액 중 일본술 및 중국술 항목은 일본술만 기재하였다. 한국 수출액은 한국으로부터 수출한 중요품의 총수량을 기재하였다. 수입액에 대하여 일본으로부터의 한국 수출액이 오히려 많은 것은 밀수입 등이 있다고 하더라도 역시 세관에 단속되지 않은 것과 조사가 불완전한 까닭이다.

1900년(明治 33) 중 일본의 수출입 총액은 4억 8,533만 원으로 그중 1,876만 원은 한국과의 수출입에 속한다. 일본과 각국과의 무역에서 한국은 제8위로 프랑스 다음이다. 또 1901년(明治 34) 중 일한 무역은 수출이 1,137만 2,550원 60전이었고, 수입은 1,005만 2,438원 34전으로 합계는 2,142만 4,988원 94전이다. 이에 의거해서 보면 한화(韓貨)의 폭락, 무역 불황 속에서도 증진의 흔적이 있음을 증명하기에 족하다.

인천해관이 알린 것에 의하면 1900년(明治 33) 중 한국의 무역은 수출입 가격을 합하여 2,038만여 원으로 그중 절반이 인천에 속하고 있다. 그리고 인천의 3분의 2가 일본과의 사이에 속한다고 하는데, 장래 유망한 것으로 유추할 수 있을 것이다. 현재 수출입 가격을 국가별로 대조하면 아래와 같다(무역국은 일본, 청국 및 러시아령 만주만을 지칭).

국별	1899년			1900년		
	수입	수출	수출입 전액	수입	수출	수출입 전액
일본	65	84	72	75	77	76
청국	34	14	27	24	21	22
러시아령 만주	1	2	1	1	2	2

그리고 일한 무역은 오늘날 사실에 있어서 한국-오사카 무역(阪韓무역) 상세히 말하여 한국과 오사카(大阪)와 고베(神戶)와의 무역이라고 말할 수 있다.

한국의 해관세 누년 수입 비교는 아래와 같다.

연도	수입세(円)	수출세(円)	톤세(円)	총계(円)
1894	357,828	115,779	7,399	481,006
1895	601,588	124,261	15,448	741,297
1896	448,137	226,342	17,305	691,784
1897	673,188	420,292	69,689	1,163,167
1898	740,421	237,733	22,296	1,000,450
1899	654,979	227,458	20,519	902,956
1900	688,807	384,525	23,885	1,097,217

그리고 무역의 발달과 항운업의 진보에 의해서 해관세 수입은 해가 갈수록 증가하리라는 것은 말할 것도 없다.

한국에서의 입항 선박 수 및 톤 수를 참조하기 위해 아래에 게재한다.

	1899				1900			
	전체 선박 수 및 톤 수		전체 중 일본 선적		전체 선박 수 및 톤 수		전체 중 일본 선적	
기선	1,666(척)	746,020(톤)	1,179(척)	604,150(톤)	2,097(척)	769,928(톤)	1,458(척)	639,067(톤)
서양형 범선	969	48,662	442	35,797	1,075	50,494	463	35,615
戎克(정크)	1,080	19,662	827	17,003	1,227	21,955	958	19,564

8. 금납의 조세액 큰 차이

1902년(明治 35)에 있어 세입 예산은 아래와 같다.

제1관 조세 6,808,530원(元)

제1항 지세 4,488,235원

제2항 호세 460,295원

제3항 잡세 210,000원

제4항 전년도 소속수입 800,000원

제5항 항세 850,000원

제2관 잡수입 110,000원

제3관 주조화(鑄造貨) 350,000원

제1항 주조화 350,000원

제4관 전년도 세계 잉여 318,000원

제1항 전년도 세계 잉여 318,000원

세입 총계 7,586,530원(元)

이를 작년의 세입 총계 9,412,485원에 비교하면 약 180만 원이 감소하였다.

지세라고 말해도 그 과세물건은 논과 밭(田畑)뿐 이기에 따라서 오히려 전세(田稅)라고 칭하는 것이 지당하다. 그리고 이전부터 전세는 수전(속칭 답(畓)이라 쓴다)에 있어서는 쌀을 납부하고, 한전(속칭 전(田)이라 쓴다)에 있어서는 콩을 납부하는 것을 정식으로 하였다 하더라도 전국의 각 도가 각각 사정을 달리하여 운반 교통의 편리함과 불편함 사이에 현저한 차이가 있기에 각 도·읍에서 부담함에 경중(輕重)이 있는 것은 물론이요, 그 상납 방법과 같은 것도 혹은 미곡으로 하고, 혹은 베와 비단(布帛)을 가지고 그에 대신하고, 혹은 금전으로 납부가 행해지는 것도 있어 일정하지 않았는데, 갑오개혁(1894) 때 이르러 조세는 일반적으로 금전 납부로 되었다.

조세가 일반적으로 전납으로 되는 것은 표면상의 규정에 지나지 않고, 지방관 중에는 현물로 징수하는 자가 많다. 그러므로 인민의 조세 납부가 반드시 전납이라고 말할 수 없다. 그리고 지방관이 몰래 이익을 거두는 정황은 '6. 한국 거류지 및 민간에서 관용되는 어음의 상황' 중의 '한전어음'에서 '⑦ 현금과 어음의 가격 차이'를 기술한 중에서 '도매업(問屋)'에 관한 내용을 참조할 필요가 있다.

호세[일명 戶布錢(호포전)]는 본래 병역 대신에 징수한 면역세임에도 오늘날에 와서는 마치 가옥세 형태를 가진 일종의 인두세라고 보아도 큰 차이가 없다.

잡세의 종류는 둔세(屯稅), 역도세(驛賭稅), 어염세(漁鹽稅)이다.

전년도 소속 수입은 실수액과 예상액이 항상 심한 차이가 발생하는데, 해당연도에 속한 조세가 예상한 대로 징수되지 못해 결국 이를 다음 연도의 세입 예산에 이월하지 않을 수 없는 결과로 매년 징수할 수 없었던 숫자를 예산표상에 제시하는 데 그치고 있다. 본년 예산의 설명에도 '각 연도 미납분이 아직도 많아 2백만 원(元)에 이르지만 전년도 실수입에 의거해 10분의 4로 가정한다'고 한다. 잡수입은 관보, 우체, 전보, 장속전(贓贖錢) 및 공물(公物) 판매가 등으로 본년도에는 지계(地契)를 간행한다고 한다.

한국의 회계연도는 1월에 시작되어 12월에 끝난다.

9. 쌀·콩의 산출고

한국의 수출품 중에서 제1위를 점하는 것은 미곡으로 콩, 인삼, 해산물 등이 그다음이다(금지금은 별도로 하고). 그리고 쌀의 생산 비율은 아래와 같다.

전라·경상 2도: 45/100

충청·황해·경기 3도: 40/100

평안·강원·함경 3도: 15/100

국내의 쌀·콩 산출액은 아직 의거할 만한 재료가 없다고 해도 전국의 논밭 면적에서 이를 대강 계산함에 전국의 논 면적은 약 34만 9,884결로 지금 일설에 따르면 1결의 생산미를 일본의 되[桝]로 22석 8두 5승으로 견적할 때는 쌀의 총액은 약 800만 석이 될 것이다. 또 밭 면적을 약 45만 5,013결로 하고 그중 콩을 심는 밭을 이의 절반으로 견적할 때 그 산출액은 약 400만 석 내외로 될 것이다. 그리고 수출무역액은 다음과 같은데, 이 가운데 9/10는 일본이 이를 흡수하고, 그 주요한 운송지는 오사카(大阪)와 고베(神戶)이다.

품별	1894	1895	1896	1897	1898	1899	1900
쌀(擔)	376,239	305,196	906,585	1,738,321	652,402	472,312	1,145,805
콩류(擔)	273,729	473,091	647,131	667,876	399,485	723,575	946,358

비고: 1섬(擔)은 16관문(貫匁)

10. 한국의 인구

한국의 인구에 관해서는 아직 정확한 통계는 없다. 따라서 각종 저서나 기타 산출에 매우 큰 차이가 있다. 지금 다음과 같이 열거한다.

바레 씨: 16,000,000~18,000,000

1881년(明治 14)

일본 통계: 16,227,885

오파르트 씨: 15,000,000~16,000,000

조선수로지(朝鮮水路誌): 12,000,000

그리피스 씨: 12,000,000

조선사정(朝鮮事情): 12,000,000

대원군 집권 중의 조사: 12,000,000

1890년(明治 23)

정치년감(政治年鑑): 10,528,937

하야시 다이스케(林泰輔) 씨: 10,528,900

그루네 씨: 10,000,000

빠크스 씨: 8,000,000~ 10,000,000

참모본부 조사: 9,302,400

청화산인(青華山人): 9,300,400

기쿠치 겐조(菊池謙讓) 씨: 8,024,697

다블레 씨: 7,344,361

1900년(明治 33)

한국 정부 조사: 5,713,344

위의 각종 조사를 비교하면 한국인의 인구는 적은 것은 500만, 많은 것은 1,800만에 미치고 있다. 그리고 가장 적은 한국 정부의 조사는 정확하다고 말할 수 없다. 왜냐면 일찍이 한국의 재정 담당 관청에서 근무하였던 어떤 한국인이 말하는 바에 따르면 한국 정부의 조사는 통계적 두뇌로 조사하는 것이 아니라 조세 부과를 위한 조사에서 나오기 때문에 집주인 이외의 아이나 머슴은 장부에 기재하여 인구로 넣지 않거나 혹은 수탈이 심하게 될 것을 두려워하여 관리에게 뇌물을 주어 몇 개의 호를 합쳐서 1호로 하고 10인을 2~3인으로 신고하는 자도 있어 그 조사의 주안점이 이미 다르기 때문에 도저히 정확성을 기할 수 없다고 한다. 이 말은 믿기에 충분하다. 현재 삼남지방은 인구가 조밀하고 또 북부는 희소하다고 말하더라도 1읍의 인구를 말해야 할 것이 있다. 또한 인구 1,600만 내지 1,8000만 인이라고 하는 과다한 조사는 무엇을 표준으로 하여 산출해 낸 것인지 분명하지 않다. 이는 혹은 여행하는 동안에 견문한 결과일 것으로 이것도 역시 정확하다고 말할 수 없다.

지금 위에서 제시한 각종 재료를 종합할 때 평균 1,100만이 된다. 현재 일본 인구가 4,500만으로 1개년 미곡 생산액을 4,000만 석으로 하고, 1인 1개년의 양을 평균하여 이 비율을 가지고, 가령 매년 미곡 수출이 있다고 하더라도 북부에서는 귀리, 콩, 보리 등을 평상식으로 하는 것에 비해, 그리고 맬서스의 인구론에서 말하는 바와 같이 정치·경제상의 정황에 의해서 감소해야 할 원인을 조사하여 단안을 내릴 때 한국의 인구는 1,000만이라고 보면 큰 차이가 없을 것이라고 믿게 된다.

〈자료 130〉 한국화폐의 연혁(韓國貨幣의 沿革)

(《조선협회회보》 1호, 조선협회, 1902.7)

한국의 화폐제도는 겨우 수년간에 벌써 두 번을 개정하였는데, 즉 종래에 통용하는 동화(銅貨)본위에서 1894년(明治 27)의 '신식화폐발행장정'에 의해 은화본위제로 되었다. 다시 1901년(明治 34)의 '화폐조례'에 의거한 금본위제로 되었다. 그런데 개정할 때마다 화폐의 종류가 잡다하였는데, 현재 국내에서 유통하는 국내외의 화폐가 21종의 다수에 이르고, 이에 더해 그 정치상 폐해가 가해져서 백동화 같은 것은 남주(濫鑄), 묵주(默鑄), 사주(私鑄), 외국 사주(私鑄) 등의 수입이 매우 심하여 화폐의 실질이 조악하게 되었다. 그레셤의 이른바 악화는 양화를 구축한다는 악한 현상을 드러내고 있다. 외국 화폐와의 비가 변동이 일상화되어 거의 일종의 화물(貨物)로 취급되고 있는 모양을 보이기에 이르렀다.

지금 한국의 화폐 연혁을 약술하여 현재의 화폐까지 미치게 할 것이다. 대체로 한국에서는 주화를 가지고 일종의 영리사업으로 여기는 것이 그 유래가 오래됨을 알 수 있다. 따라서 현재의 화폐 문제로서 자세히 살펴본다면 특히 흥미가 있는 까닭이다.

『조선잡기(朝鮮雜記)』에서 말하기를 조선의 통화는 가장 오래된 것이 조선통보(朝鮮通寶)라고 한다. 이 돈에는 금·은·동 3종이 있는데, 옛날에 기자(箕子)가 조선에 봉해졌을 때 주조한 것이라고 한다. 조선 풍속이 돈을 던져서 점치기를 좋아하는데, 따라서 이 통보를 가지고 하면 정확하게 맞아 백에 하나를 잃는 것이 없다고 한다. 이로 인해 조선에서 이것을 들어 진기한 것이라고 말한다. 기자가 조선에 들어온 것이 4천 년 전의 일에 속한다. 중국에서는 이미 우왕(禹王) 때 통화를 주조하였다고 전하지만 조선에서 주화, 특히 금은화의 존재에 대해서는 너무 아득한 일이라 밝힐 수가 없고, 혹은 조선 태조 이성계 시대에 주조한 조선통보를 잘못 전한 것이 아닌가. 기타 삼한시대에는 팔괘전(八卦錢), 성전(星錢), 동자전(童子錢), 용전(龍錢), 십장생전(十長生錢), 수복전(壽福錢) 등을 주조한 것이 있다. 현재에는 출생 및 장수를 축하하는 선물 기념으로만 단지 이것을 사용한다고 한다. 그러므로 이들은 공전(公錢)이 아닌 것 같다.

조선 통화의 연혁을 살펴보면 고려 초에는 아직 화폐제도가 없고, 오직 추포(麁布, 거친 베)를 사용했는데, 지금부터 9백여 년 전에 성종·목종 시대에 중국과의 교통이 빈번해지자 주전(鑄錢)도 역시 중국을 모방하여 행해졌다고 보는 것이 최초라 할 수 있다. 즉 성종 때 비로소 철전(鐵錢)을 사용하였고, 목종은 추포 사용을 금지하고 전(錢)을 사용하도록 노력했어도 당시 인민은 이를 편리하다고 여기지 않아서 이후에는 다만 찻집, 술집, 음식점 등의 점포에서 수수하는 데 그치고, 일반 교역의 표준은 항상 마포(麻布, 삼베)를 원칙으로 하였다.

그 후 거의 백 년이 지나서 숙종 때 다시 주전도감을 설치하고, 전(錢) 1만 5,000관문을 주조하고 민간에 통용하게 했는데, 인민은 관습이 변하지 않았기 때문에 행해지지 않았다고 한다[신교정공방도감(新校正孔方圖鑑)을 열람하니 숙종 6년 해동통보(海東通寶), 해동중보(海東重寶), 삼한중보(三韓重寶), 동국통보(東國通寶), 동국중보(東國重寶) 등 각종의 화폐가 주조된 것 같다]. 이

때 거란·여진국의 국세가 발달함에 따라 고려와 관계가 접근하여 오기로 모든 사물에 영향을 미치는 것이 적지 않았다. 고려인이 쉽게 은을 사용하는 것을 습득한 것도 이때 있는 것 같다. 숙종 때는 주전과 동시에 은을 병 모양(은 1근으로 본국의 지형을 모양으로 주조하고 일반적으로 활구라고 말함)으로 주조하여서 여기에 표식 도장을 찍어 법화로 하여 각 지역에 점포를 열어 돈의 이익을 알도록 하였다. 그렇게 하여도 예종 초에 이르러 돈을 사용하는 것이 불편하다고 말하는 자가 때때로 있는 것을 보면 그 발달이 빠르지 못했음을 알 수 있다. 이후 150~160년간 통화로 통용되어 그 원활한 통용을 보기에 이르자 당국자들은 그 주조에 따른 이익을 거두고자 하여 부정한 수단을 집행하기에 이르렀다. 즉 이후에 발행한 은병은 혼합되는 동의 양이 점차 많아졌기 때문에 시가가 떨어져 하락하게 되었다. 또 은병은 그 중량이 1근이라는 규제가 있기 때문에 단위가 커서 실(失)이 있는 것 같아 충렬왕 때에 이르러 은을 부수어 은괴(銀塊)를 사용하였다. 또 원으로부터 지원보초(至元寶鈔), 중통보초(中統寶鈔) 등을 반포하여 통용케 하고 충숙왕 시대에는 은병에 상품병(上品甁), 첩병(貼甁) 등의 명칭이 있어서 2할의 가격 차이를 보였다고 한다. 그 후 충혜왕 때는 구래 은병 사용을 금지하고, 새로이 소형 은병을 발행하고, 5종포(五綜布) 15필에 해당하는 마포와 비가를 정해 이것의 사용을 명령하였다.

활구의 단위가 매우 커서 보통 민간에서는 쇄은(碎銀)을 사용하는 것을 좋아하고, 또 마포와의 비가를 정하는 것 등에 의해서 활구·쇄은·마포 3자가 함께 교역의 매개가 되었는데, 그 후 쇄은 역시 은병과 마찬가지로 그 실질이 조악해졌기 때문에 민간의 거래에는 은을 사용하는 것을 싫어하고, 공민왕 때가 되면 마포만이 통화로 남겨지게 되었다.

은을 사용하는 흔적이 두절되고, 마포도 역시 오래되지 않아 그 품질이 추악해져서 교환의 매개를 감당할 수 없게 되니, 공양왕 때 몇 종의 은전(銀錢)을 새롭게 주조하는 동시에 마포에는 검인을 찍어 함께 통용을 시도하자는 의논도 있었지만, 고려 말엽에 가까웠기에 이것을 결행할 힘이 없었다.

고려 말엽에는 원과의 교통이 빈번해지자 원에서 발행하는 지폐가 고려인의 눈에 들어왔고, 또 위에서 서술하였듯이 충렬왕 때는 원나라 왕이 이것을 보내어 통용을 시도하고자 한 적도 있었다. 이성계가 공양왕을 옹립하고 실권을 장악할 때 화폐제도 정리라는 이름으로 지폐 발행을 조정에서 하고자 하였다. 그래서 인쇄를 이미 마쳤으나 조정의 뜻이 다시 변해 마침내 실시되지 못하고 말았다. 고려말에 기획된 지폐는 조선 개국 후 태조 이성계에 의해서 결국 발행되었다. 포백(布帛, 삼베와 비단)과 혼용하여 사용하도록 하고 은 사용을 금지했다. 그러나 이 지폐는 얼마 되지 않아 폐절된 것으로 보아 그 발행 방법은 민간의 신용을 지속하는데 충분하지 않았던 것 같다(『신교정공방도감(新校正孔方圖鑑)』에 따르면 조선 태조 때 조선통보(朝鮮通寶)를 주조하였다고 한다. 그리고 『고전가록(古錢價錄)』에 의하면 다른 화폐는 겨우 전(錢) 50~60문 이상이 은 1수(銖)[16]에 해당하였는데, 조선통보는 금 1분이었다고 한다. 이 책은 1799년에 간행된 관계상 당시 이 돈을 좋아하여 가까이에 두고서 즐기는 것을 볼 수 있다).

이보다 앞서 고려 공민왕 때 면화 종자를 중국에서 얻었는데, 그 재배가 국내에 금세 전파되어 조선조 초기에 면포는 이미 마포를 대신하여 의류 이외에 통화로 사용하게 되었다. 저화(楮貨)가 폐절된 이후 2백여 년간 면포를 유일한 통화로 만족하고 있었지만, 오래되면 품질이 조악해지게 되었다. 그 단속 방법에 대해서는 누누이 조정 논의에 오르고 있었는데, 1560년에 이르러서는 유통하는 면포가 점점 더 조악해지게 되어 교역용 면포와 의류 면포는 그 품질이나 가격이 매우 큰 차이가 발생하여 전자 30필을 사용하여 후자의 품질이 우수한 것을 겨우 1필만 살 수 있게 되었다고 한다.

선조 때 일본 도요토미 히데요시(豊臣秀吉)의 한국 침입에 따라 수십만의 명군이 군수로써 다량의 은을 수입하였다. 이로 인해 태조 이래 국법이었던 은 사용의 금지가 완전히 해제되었고, 또 추포 통용의 폐해를 감당할 수 없었던 때이기에 명군에 의해서 수입된 명나라 돈이 통용됨에 따른 편리함을 깨닫게 되었다. 이같이 동화(銅貨) 주조 논의가 정부에서 일어났지만 결국 실행되지는 못했다.

임진왜란을 전후하여 만주인의 세력이 점차 왕성해져서 인조 때에 이르러 만주군의 침략을 당했다. 이 군대도 역시 다수의 동전(銅錢)을 수입하여 그 사용을 한국인에게 전파한 것 같다. 인조 때 당시 상업의 수도라고 칭할 수 있는 송도에서는 어느덧 상인 간에는 동전을 통화로 전용하게 되었다.

민간에서 전화(錢貨)가 통용되는 것을 보게 되자 정부에서도 공화(公貨)로서 전화(錢貨) 발행의 논의가 활발하게 일어났다. 1632년(인조 10) 상평통보를 주조하여 1635년과 1650년

---

16 1수는 1냥(兩)의 1/24로 약 0.15분.

두 번에 걸쳐 그 통용을 시도하였다. 당시 주조된 화폐는 순동(純銅)과 황동(黃銅) 2종으로 황동화 1개는 순동화 2개에 해당하고, 쌀 1되의 시가를 황동 2개로 규정하여 발행하였다. 그러나 그 발행 방법이 적당하지 않았기 때문에 신화(新貨)는 개성 일부에만 모여들어 널리 행해지지 못했다. 그리하여 1656년(효종 7)에 이르러 중지 명령을 내리게 되었다.

정부는 위에서 서술한 주전(鑄錢)과 동시에 외국 돈의 사용을 공식 허용하고, 요동에서 명나라 돈을 구입하여 통용을 장려하여 한때 전국에 통용시키고자 했으나 1656년 용전(用錢) 금지령과 함께 좌절되고 말았다. 이후 20년간은 오직 송도 및 그 부근에서만 통용되었고, 일반에서는 다시 은과 면포에 의한 교역을 행하였다. 그 불편이 심했기에 1676년(숙종 2)에는 용전(用錢) 논의가 일어나 북경의 예부에 자문하여 동전 공급을 요청하였지만 청국 조정으로부터 거절당했다.

전화(錢貨)의 필요성은 다툴 여지조차 없는 것으로 되었는데, 외국 돈을 수입할 희망도 끊어졌기 때문에 조선 조정은 단연 동전 주조 발행을 결행하는 것으로 되었다. 이것이 상평통보가 조선에 태어나게 된 인연으로 되었다. 그리하여 최초의 주조는 1679년(숙종 5)에 있었다(225년 전). 이 해에 주전도감(鑄錢都監)이라는 관청을 설치하고 호조, 상평청, 진휼청, 정초청, 사복시, 어영청, 훈련도감 등 거의 모든 서울 안의 관아에 명령을 내리고 전라, 평안 등의 감영 병영에도 명령을 내려 각 관청 현재의 비단과 무명, 미곡을 유용하여 동화를 왕성하게 주조 발행케 하였다. 그 후에도 1683년(숙종 9)에 호조에 명령을 내리고, 1685년(숙종 11)에는 공조에 명령을 내리고, 1691년(숙종 17)에 개성부에, 1693년(숙종 19)에 상평청, 훈련도감, 총융청 등에 명령을 내려 주조시켰다. 이후 연말까지 호조와 상평청, 평안, 경상, 전라 등의 감영으로 하여금 끊임없이 주조하게 하였다. 현재 유통되는 상평통보의 이면에 호(戶), 진(賑), 훈(訓), 총(總) 기타 각종 문자를 새긴 것은 이 때문이다. 그리고 지방에서는 그 주전의 재료를 얻기 위해 동그릇 사용을 금지하고, 또 각 도에 통용시키기 위해 관의 손으로 이것을 각지에 분배하고, 각 도시에 전포(錢鋪)를 설치하거나 혹은 관인을 보내는 등 갖은 방법 써서 예의 그 통용에 노력하였다. 이로 인해서 숙종 말년에 이르러 마침내 상평전의 통용을 보기에 이르렀다. 단, 청국과 경계에 접하는 압록강변 7개 읍, 함경도 단천 이북의 각 읍과 부산의 왜관 등은 이때부터 국법을 설정하여 그 통용을 금지하고 돈이 국경 밖으로 유출하는 것을 예방하였다.

경종대 이후 130~140년간의 주전은 대체로 5년 내지 10년에 1회, 이전과 같은 방법에 따라 호조, 선혜청, 각 군문, 병영, 유영(留營), 감영 등에 명령을 내려 이를 거행하게 하였다. 그 1회의 주조 총액은 평균 40~50만 냥 내외인 것 같다. 대개 당시의 주전은 정부로서는 영리가 생기는 사업으로 영조대의 주전에 관하여 재상 홍봉한(洪鳳漢)이 말한 바에 의하면 15만 냥의 원료를 가지고 전화(錢貨) 20만 냥을 찍어낼 수 있기 때문에 공역의 보수 등을 매우 높게 잡는다 해도 1만 냥 이상의 순이익이 있다고 한다. 그러나 그 지금(地金)은 외국의 수입에 기대야만 하는 것으로 그때의 외국무역은 물화의 수량에 일정한 약정액이 있어서 한쪽에서 자기 뜻대로 증감할 수 없는 사정이 있어서 원료 공급이 자유롭지 못하게 되는 이 일이 정부를 제약하여 함부로 주전을 하지 못하게 하였다. 그리고 5년 내지 10년의 1회 주전은 마치 물화 교통의 진보와 전화(錢貨) 소멸에 대하여 균형을 유지하는 데 과부족이 없었던 것 같다. 따라서 물가는 그동안 대체로 일정한 위치에 머물러 있었던 것이다.

돈의 모양은 숙종대에 처음 주조되었을 때부터 둥근 원 중간에 네모난 구멍[正圓方孔]이 있었고, 상평통보 글자를 표면에 새겨놓도록 하는 규정이 있었는데, 그 모양은 인조 때 주조를 시험하여 사용한 것을 그대로 답습하여 사용하였다고 한다. 이후 그 모양과 문자에는 변화가 없었지만 그 크기는 점차로 축소된 것 같다. 숙종대 도감에서 주조된 것은 중량이 거의 영락전(永樂錢)의 3배에 해당하고, 1개가 2돈 5푼이었다. 이후 영조 초년에 주조된 것은 2돈, 중년에는 1돈 5푼으로 정하고, 정조 이후 철종에 이르기까지 1돈 2푼을 가지고 정식으로 하였다. 『조선개화사(朝鮮開化史)』(恒屋盛服 저술)에 기재되어 있는 주전식(鑄錢式)을 보면 다음과 같다.

주전식(鑄錢式)

신전(新錢) 1개 흑골(黑骨, 아직 정련하지 않은 것을 흑골이라고 한다)을 포함한 분량

생동(生銅) 9푼 7리 4호 6사 6홀 6미

함석(含錫) 1푼 8리 2호 6사 6홀 6미

상철(常鐵) 1푼 8리 2호 6사 6홀 6미

합계 중량 1전 3푼 3리 9호 9사 9홀 8미

실제 백골(白骨, 이미 정련한 것을 백골이라 한다)을 제외하면 1전 2푼, 그리고 전술한 바와 같이 30~40년간은 다행히 화폐제도의 동요를 보지 않았다 하더라도 위정자의 사욕과 왕실 재정[內帑]의 곤란은 이 사이에도 각종 계획을 수립하지 않을 수 없었다. 고액전[大錢] 주조 논의 역시 그 하나로써 이 계획을 처음 보게 된 것은 1798년(정조 22)이었다. 그러나 그 당시의 국가재정[國帑]은 이와 같은 계획을 수행하는 것이 필요하지 않은 상황에 있었으므로 조정의 논의도 이것을 수용하지 않았다.

이후 고종 초년에 이르러 왕이 나이가 어려서 대원군이 섭정하였는데, 안에서는 공역을 일으키고 밖에서는 외국 선박이 도래하였다. 이에 더해 흉년[일본의 천보홍화(天保弘化, 1830~1847) 시기에 해당]은 아직 상처가 남아 있을 때이기에 국고의 피폐는 극에 달하였다. 대원군은 이 위급함을 구하기 위한 하나의 대책으로 고액전[大錢] 발행 계획을 채용하였다. 그래서 1866년(고종 3)에 당백전을 주조하였는데, 중량이 상평통보의 5~6배에 지나지 않았다. 이것을 가지고 1개가 상평통보의 100개에 해당한다는 당백(當百)으로 통용하도록 명령을 내려 강제로 상평통보와 혼용시키고자 시도하였다. 그러나 상평통보는 점차 시장에서 구축되고, 단지 물가만 상승하여 미가 1석이 44~45냥으로 올라 목적과는 완전히 어긋났기 때문에 1869년(고종 6)에 어쩔 수 없이 이것을 회수하여, 재계는 겨우 이전 상태를 회복할 수 있었다.

당백전이 회수된 후 10여 년 동안은 소강상태였지만, 그 사이에 일본과의 통상조약이 체결되어 주전(鑄錢)의 속박도 풀어지며 국내의 일반사정에도 변혁이 일어나 수단과 방법을 가리지 않고 이익을 볼 기회를 얻고자 하는 무리가 그 사이에 기회를 탔다. 다시 화폐의 난잡함이 시작되었다. 1881년(고종 18) 즉 민영준이 세도를 부릴 당시에 상평통보의 1~2배에 해당하는 것을 주조하여 당오전(當五錢)이라 하여 상평통보의 5배 가치로 통용시키고자 하였다. 또 민영준이 평안도 감사였을 때 상평통보의 거의 절반 중량에 해당하는 조악한 돈을 주조하여 상평통보와 동일한 가치로 통용시켰다. 그리하여 당오전은 오늘날 상평통보(엽전)와 동일한 가치로 통용되고 평양전에 이르러서는 거의 통용되지 못하기까지 이르렀다. 상평통보 즉 정원방공(正圓方孔) 귀하화(錢貨)의 주조는 이로 끝이 나게 되었다.

1892년(고종 29) 안경수 등의 건의를 받아들여 일본 화폐를 모방하여 5종의 신화(新貨)를 주조하기로 결정하고, 인천전환국에서 20만 원(圓)의 주조를 허가했는데, 당시 청국 주재관의 이의가 있어 실행되지 못하였다. 1894년(고종 31)[17] 의정부에서 화폐제도의 의견을 임금께 올려 군국기무처의 의결을 거쳐 같은 해(청일전쟁이 일어나던 해) 7월에 '신식화폐발행장정(新式貨幣發行章程)'을 발포하고, 또 신식화폐를 발행하였는데 이 장정은 다음과 같다.

신식화폐발행장정

제1조 신식화폐는 네 가지 종류로 나누는데 첫째는 은화(銀貨)이고, 둘째는 백동화(白銅貨)이고, 셋째는 적동화(赤銅貨)이고, 넷째는 황동화(黃銅貨)이다.

제2조 화폐의 최저 단위는 푼(分)으로 하고 10분을 1전으로, 10전을 1냥(兩)으로 한다.

제3조 화폐는 5등급으로 나누는데 최저 단위인 1푼은 황동으로 만들고, 그다음 5푼은 적동으로 만들고, 그다음 2전 5푼은 백동으로 만들고, 그다음 1냥과 5냥은 은으로 만든다.

제4조 5냥 은화를 본위 화폐로 삼고, 1냥 은화 이하는 모두 보조 화폐로 삼는다. 1냥 은화를 한 번 주고받는 것은 100냥을 기준으로 삼고, 백동화 이하의 돈을 한 번 주고받는 것은 5냥을 기준으로 삼되, 다만 주고받는 사람이 서로 승인하는 경우에는 이 예에 따르지 않는다.

제5조 신구 화폐를 똑같이 통용하여 널리 유통하게 하되 그 비율은 다음과 같다.

황동화 1푼은 상평통보(舊錢) 1매
적동화 5푼은 상평통보 5매
백동화 2전 5푼은 상평통보 25매
은 1냥 상평통보 100매
은 5냥 상평통보 500매

제6조 각종 세목과 봉급을 은화로 정한 것은 가능한 한 은화를 쓰되 혹시 그때의 형편에 따라 구식화폐를 대용할 수 있다. 그러나 구식화폐로 정한 것은 제5조의 비율에 의하여 은화로 대용할 수 있다.

---

17 원문에는 고종 34년, 1897년으로 되어 있으나 오기임.

제7조 신식화폐를 많이 주조하기 전에는 당분간 외국 화폐를 혼용할 수 있다. 다만 본국 화폐와 동질(同質)·동량(同量)·동가(同價)인 것이라야 통용될 수 있다.

그런데 위 장정 제7조에 본국 화폐와 동질, 동량 동 가격인 외국 화폐의 혼용을 잠시 허가하였기 때문에 일본의 1원, 20전, 10전, 5전, 2전, 1전 등의 금속화폐는 전쟁 중의 용도에 충당하기 위해 속속 반도에 수입되게 되었다.

'신식화폐발행장정'에 의거하여 주조된 화폐 중에서 백동화의 주조 남발이 특히 심하였고, 사주(私鑄) 역시 격심하였기 때문에 가격 하락이 점점 더 심해져만 갔다. 그 결과 한국 정부는 작년, 즉 1901년(광무 5) 2월 칙령 제4호로 '화폐조례(貨幣條例)'를 발포하고, 설비가 정돈되는 것을 기다려 주조에 착수한다는 취지를 공시하였다. '화폐조례'는 아래와 같다.[18]

지금 조례에 의해서 제정된 화폐 및 현행의 화폐를 열거하면 아래와 같다.

1. 내국 화폐

(1) 한전(韓錢, 동화 본위)

조선인은 전문(錢文)이라고 한다. 신화폐 및 최신 화폐가 국내에 보급되지 못했기 때문에 실제에 있어서 본위 화폐로도 되고 또 보조화폐로 통용한다.

① 엽전(葉錢): 숙종 이래로 발행된 것으로 소위 1문전(文錢)으로 그 종류가 특히 많다.

② 당오전(當五錢): 1881년(고종 18)에 주조된 것으로 주조 초기에 그 1매로써 엽전 5매와 교환한다고 명령한 것에 의해 이 명칭이 되었다. 그런데 최근에는 모두 엽전과 동일한 가격으로 통용된다.

③ 신전(新錢): 1893년(고종 30)에 평양에서 주조된 것으로 그 실질이 매우 조악하여 일본의 아전(鐚錢)[19]보다도 열등하다. 한국인 사이에서도 이것을 수수하는 것을 특히 싫어한다.

---

18 「화폐조례」 전문은 본서 41쪽에 수록되어 있으므로 생략함.

19 일본 무로마치 막부와 에도 막부 시대에 사용되었던 돈의 일종.

한전의 유통고는 전술한 바와 같다.

여기에서 주의해야 할 일은 한전의 계산법이다. 한전은 지방에 따라 그 계산법에 두 종류가 있다. 즉 경기도 및 그 부근 지방에서는 엽전(1문전)이든 당오전을 불문하고 모두 1매를 5문으로 통산하기 때문에 이 지방에 있어서 전(錢) 1관문(貫文)이라고 칭하는 것은 당오전 또는 엽전 혹은 양자가 섞인 것으로 200매에 해당하는 것이다. 그러나 다른 지방(이를테면 부산, 목포, 원산 등)에 있어서는 엽전이든 당오전을 불문하고 모두 1매를 1문으로 통산하기 때문에 전(錢) 1관문(貫文)이라고 칭하는 것은 1,000매에 해당하게 된다. 따라서 이들 지방에서의 1관문(貫文)은 경기도 및 그 부근의 1관문의 5배에 해당하는 것이다. 이같이 지방에 따라서 그 계산 방법이 다른데 경기도 및 그 부근의 한전이 다른 지방의 5배로 통용된다고 말하는 것은 아니다. 즉 그 차이는 단지 호가의 5배이고, 실질 가격의 5배라고 말하는 뜻은 아니다. 물화 또는 일본 화폐에 대할 때는 동일한 실질 가치를 가진다. 예컨대 일본 화폐의 환산 시세에 있어서 경성·인천 지방에서 한전 1관문이 일본 화폐 40전에 해당할 때는 그 전할(錢割)은 4할이라고 하여도 부산·원산에 있어서 이런 경우에는 일본 화폐 2원(圓)에 해당하기 때문에 그 전할은 20할이라고 칭한다. 그러나 이 소위 할(割) 단위를 일본 화폐와 대조하여 확인해 보면 양자가 완전히 동일하다는 것을 이해할 수 있다. 이 관계는 한전 시세라는 것이 무엇인지를 이해하는데 특히 중요한 점이다.

'신식화폐발행장정'에 따르면 화폐의 최저 단위는 푼(分)으로 10푼을 1전으로 하고, 10전을 1냥으로 하기에 한국의 1냥은 일본의 20전에 해당하고, 5냥은 일본의 1원에 해당한다. 그런데 민간에서 보통 호칭은 현재 또한 과거의 냥문(兩文)을 사용하여 이 1냥은 100문으로 되면 일본의 4전에 해당한다. 일본의 1원(圓)은 한국의 25냥에 해당하기 때문에 '신식화폐발행장정'의 소위 냥과 민간에서 보통 부르는 냥은 1과 5의 차이가 있음을 알 수 있다.

(2) 신화폐(新貨幣, 은화 본위)

일본의 은화제도를 모방하여 전환국(인천에 있다가 이후에 용산으로 이전)에서 주조하였다. 1894년(明治 27)의 '신식화폐발행장정'을 발포함과 동시에 발행하였다. 이후 작년에 '화폐조례'의 발포가 있었지만, 이 조례에 의거하여 발행된 것이 없기 때문에 이 장정에 의거하여 발행한 것이 전부를 차지한다고 보아도 차질이 없다.

① 은화(銀貨)

ⓐ 5냥(본위화): 일본의 1원(圓) 은화에 해당하고 동일 품질, 동일 중량이다. 발행장정에 의거하면 구전(舊錢) 500매에 해당하는 것이다.

ⓑ 1냥(보조화): 일본의 20전 은화에 해당하고 동일 품질, 동일 중량이다. 발행장정에 의거하면 구전 100매에 해당하는 것이다.

위의 것 이외에 1888년(明治 21)의 각인과 1892년(明治 25)의 각인에 의한 1환(圜) 은화(일본의 1원에 해당함)가 있지만, 그의 주조액은 매우 적을 뿐 아니라 한국인은 그것을 받거나 가지는 것을 싫어한다고 한다.

5냥 및 1냥 은화는 1894년(明治 27)의 발행장정의 발포와 함께 발행한 금액은

5냥 은화: 1만 9,923원(圓)

1냥 은화: 7만 402원(圓) 20전

으로서, 즉 약 일본의 9만 원에 해당하지만 일설에는 위의 액수는 일본의 9만 원이 아니라 한국의 9만냥이라고도 한다. 그리고 이후에 다시 주조되지 않았고, 또 발행된 것도 오늘날 유통장 밖으로 구축되어 그 그림자도 남아 있지 않다.

② 동화(銅貨)

ⓐ 2전 5푼 백동화: 일본의 5전 백동화에 해당하고 품질과 중량이 서로 같다. 발행장정에 의하면 구전(舊錢) 25매에 해당한다. 그런데 재작년 이래로 남주(濫鑄), 묵주(默鑄), 사주(私鑄) 등이 심해져 품질이 조악하게 되어 일본 화폐에 대하여 거의 8~9할의 프리미엄을 보기에 이르렀다. 상세한 것은 뒤의 항에서 서술한다.

ⓑ 5푼 적동화: 일본의 1전 동화에 해당하고 구전 5매에 해당한다. 발행장정에 의거해 이 장정이 발포되었을 때 발행된 것은 153,172원(圓) 51전이다. 이후의 발행은 5만 원 정도로 예상된다.

ⓒ 1푼 황동화: 일본의 2리에 해당하고 구전 1문에 해당한다. 발행장정이 발포되었을 때 발행한 것이 888원(圓) 53전 2리이다.

이외에 5문(文) 적동화(그 법정가격은 일본의 5리에 해당하고 형상도 역시 같음)가 있는데, 발행장정 발포 이전에 주조 발행되었고, 그 이후로는 주조되지 않았다.

(3) 최신 화폐(금화본위)

신화폐 남발의 폐해와 국내인과 외국인의 묵주(默鑄)와 사주(私鑄)의 해악은 다시 한국 정부로 하여금 일본 화폐제도를 모방해 그 화폐제도를 개정하기에 이르렀다. 그리고 이 조례가 발포된 결과 금화본위로 되었다.

① 금화

ⓐ 20환(圜): 일본의 20원(圓) 금화와 동일 품질, 동일 중량이다.

ⓑ 10환: 일본의 10원 금화와 동일 품질, 동일 중량이다.

ⓒ 5환: 일본의 5원 금화와 동일 품질, 동일 중량이다.

② 은화

ⓐ 반환(半圜): 일본의 50전 은화와 동일 품질, 동일 중량이다.

ⓑ 20전: 일본의 20전 은화와 동일 품질, 동일 중량이다.

은화는 10환을 한도로 하여 법화로서 통용하게 한다.

③ 동화

ⓐ 5전 백동화: 일본의 5전 백동화와 동일 품질, 동일 중량이다.

ⓑ 1전 적동화: 일본의 1전 적동화와 동일 품질, 동일 중량이다.

법령의 문장은 완전하여 결함이 없지만 최신 화폐는 아직 시장에 나타나지 않고, 장래라고 하더라도 본 조례의 실행은 예기할 수 없을 것 같다. 단, 설비가 정돈되는 것을 기다려 주조에 착수한다는 취지를 공시하고, 또 근래 반환(半圜)의 은화 주조에 착수했다고 한다.

2. 외국 화폐

(1) 일본 화폐

① **지폐** 한국에서 유통되는 지폐는 대체로 일본은행의 태환권으로 국립은행 지폐 및 정부 지폐의 유통은 아예 없다고 말할 수 있다. 그리고 태환권이 어떠한 물건인지를 아직 지방의 한국인은 이해하지 못하고 있기 때문에 현재 아직 1원(圓) 은화를 대신하여 지방에서 유통되지는 않고 있다. 그러나 한국인으로서 일단 태환권의 성질을 이해하고 그것을 신용할 만하다고 판단하기에 이를 때는 반드시 이것을 환영할 것이다. 현재 개항장 및 개시장에 있어서 그 성질을 이해한 한국인은 그 수수를 기뻐하여 일본은행 태

환권에 대한 신용이 나날이 두터워지고 있음을 보면 명백한 것이라 할 수 있다.

제일은행이 올해 5월부터 재한국 각 지점에서 발행한 일람불약속어음은 그 신용에 있어서 거의 태환권에 필적한다. 상세한 것은 전술한 것을 참조하라.

② **구1원(舊1圓) 은화** 1894~1895년(明治 27~28)의 청일전쟁 이후 일본의 1원(圓) 은화는 한국인 사이에 상당한 신용을 얻었는데, 그중에서도 평안도 방면의 한국인이 일본의 1원 은화를 가장 신용하였기 때문에 당시 일본의 원은(圓銀)은 마치 한국의 본위 화폐처럼 유통되었다. 그러나 이후 일본 화폐제도가 개정된 결과 많은 것이 일본으로 회수되었고, 또 한국 정부에서 일시적으로 일본 원은(圓銀) 배척 방침을 취했기 때문에 오늘날 한국에 남아 있는 일본 원은의 수는 많지 않은 상태로 되었다.

③ **보조 화폐** 보조 화폐 중에서 50전 은화는 태환권에 비교하면 그 유통구역이 비교적 넓다 하더라도 아직 구원은(舊圓銀)에 대신하여 각 지방에 널리 유통되지는 못하고 있다. 대체로 거류지에서의 거래 수요를 충당하기 위하여 증가된 것으로써 기타 20전, 10전 은화는 유통에 큰 차이가 없는데 백동화는 비교적 소수이고 2전, 1전, 5리의 적동화에 이르러서는 더욱 소수이다.

1888~1889년경(明治 21~22)에는 멕시코 은화(墨銀)의 신용이 점차로 증가한 데 반하여 일본 화폐는 겨우 시작 단계였기 때문에 아직 신용을 얻지 못하고 있었다. 그런데 1891~1892년(明治 24~25)에 이르러서는 이미 일본 화폐의 신용은 묵은을 훨씬 능가하여 점차 시장에서 구축하는 기세를 보였다. 이어 1894년(明治 27)에 이르면 묵은의 유통이 진실로 그 수가 극히 적은 것에 반해 일본 화폐, 특히 1원 은화는 한국의 내지에서 널리 유통되기에 이르렀다. 이것은 하나는 묵은의 위조가 많아서 진위를 식별하기 어려운 것과 다른 하나는 한전이 조악하여 중량이 과대하여 휴대하기가 불편했기 때문이었다.

그런데 1897년(明治 30) 중에 일본의 화폐제도가 개정되어 금화본위제가 되고 같은 해 11월 1일부터 실시되었다. 뒤이어 1원 은화의 교환기한이 다음 해인 1898년(明治 31) 7월 31일로 단축되었기 때문에 한국 안에서 유통되고 있던 일본의 1원 은화는 속속 일본에 복귀되게 되었다. 이를 기회로 러시아의 재무관 알렉세예프가 한국의 탁지부 고문으로 되어 극력 일본의 1원 은화의 배척 방침을 취했기 때문에 한국 안에서 일본의 1원 은화의 유통을 지속시키고자 하여 일본 제일은행과 한국 총세무사 사이에 계약된 각인부 원은(圓銀)의 공급도 기대했던 좋은 결과를 얻지 못하여 큰 타격을 받기에 이르렀다. 그런데 알렉세예프(K. A. Alexeiev)가 떠나고 영국인 브라운(J. McLeavy Brown)이 한국 총세무사가 됨에 따라 각인부 원은(圓銀)의 유통을 다시 보게 되었다. 이것을 과거에 비추어 현재를 보면 일본 화폐의 신용은 하루하루 한국인 사이에서 증진되고 있었던 것은 사실을 다툴 여지가 없는 것으로 한국의 통상이 일본 화폐의 매개를 기대하는 것이 특히 크다. 현재 해관 같은 것은 모든 계산을 일본 화폐에 의뢰하고 있어서 그 신용이 얼마나 두터운가를 미루어 짐작하는데 충분하다.

(2) 멕시코 화폐

소위 멕시코 은화로 중국인의 수입에 관계된 것이 많다. 1889년경(明治 22)까지는 한국 내에서 신용이 있어 통용되었지만 그 진위 구별이 곤란해짐에 따라 한국인은 물론 일반이 수수하는 것을 싫어하여 현재에 이르러서는 시장에서 드물게 눈에 띌 뿐이다.

(3) 중국 화폐

많은 것은 마제은(馬蹄銀)으로 중국인의 수입에 관계된 것이다. 그 유통구역은 중국인 거류지 및 의주에서 압록강 상류 연안의 각 군[소위 연강지방(沿江地方)]으로 그 유통액은 많지 않다.

(4) 러시아 화폐

대부분 루블 은화로 경흥부터 두만강 상류 연안의 각 군(소위 관북지방)에서 조금 유통된다. 이것은 주로 시베리아 지방에 출동하여 일하는 한국인이 휴대하여 귀국하고 그대로 통용하는 것으로 보인다. 그리고 그 액수는 약 20만 루블 내외일 것이라고 한다.

위에서 기재한 것 이외의 외국 화폐는 보는 일이 있어도 유통이라고 말할 만한 것은 없다.

〈자료 131〉 한국 백동화의 유래 및 남발의 사정(韓國白銅貨の由來及濫發の事情)

(《조선협회회보》 1호, 조선협회, 1902.7)

1. 백동화 주조
2. 주조 총고
3. 유통구역
4. 프리미엄
5. 하락 원인
6. 하락 영향
7. 한국 정부의 조치
8. 각국 사신회의
9. 일본 상인의 행동
10. 의정부회의
11. 하기와라(萩原) 서기관의 전환국 순시
12. 의정부 재회의
13. 러시아공사의 태도
14. 백동화 주조 정지
15. 한국 정부의 사주(私鑄) 단속 독려
16. 백동화 가액의 앙등
17. 결론

한국은 화폐제도상으로 말하면 금화본위이지만 실제에 있어서는 은화 단본위(單本位)도 아니고, 또 복본위(複本位)도 아니다. 그리고 아직 금화본위도 아니다. 만일 적절하게 말한다면 한전(韓錢) 및 일한 양국 은화 혼용국이라 말할 수 있을 것이다. 그런데 일본 태환권 유통은 양국 은화보다도 우수한 것이다. 한국 정부는 본위 화폐의 준비가 없이 보조 화폐, 즉 백동화 주조 남발을 초래하고, 또 사주(私鑄)를 엄금시킬 힘이 없을 뿐 아니라 사주(私鑄)를 특히 묵인했기 때문에 소량밖에 주조되지 않은 은화는 시장에서 구축되어 거의 그 그림자도 남아 있지 않다. 일본 화폐에 대하여서는 프리미엄(premium, 打步)이 붙지 않으면 유통될 수 없는 것이 되었다. 여기에서 한국의 백동화 문제가 제기된다.

1. 백동화 주조

현재 유통되는 백동화는 다음과 같은 여러 종류에 따라 주조된다.

(1) 관주(官鑄)

전환국에서 주조된 것을 말한다. 매년 주조가 남발된 결과 시장의 혼란을 초래할 우려가 있기 때문에 각국 사신들이 권고한 결과 전환국은 올해 4월 5일에 이르러 그 주조를 정지하였다고 한다.

(2) 특주(特鑄)

공공연하게 주조 특허를 얻은 자로서 묵주(默鑄), 사주(私鑄) 등과 구별하기 위하여 특주라고 칭한다고 한다. 예컨대 미국인이 200만 원(元)의 주조권을 얻은 것은 이 부류에 속하는 것이다. 이 부류 중에는 단지 주조 청부라고 하는 것과 같이 계약으로 특허하는 것도 있지만 다음과 같은 계약에 따라서 특허되는 것도 있다.

첫째, 주조에 필요한 지금 매입, 기타 일체의 비용은 특허를 받은 자가 스스로 마련한다.

둘째, 위와 같이 하여 200만 원(元)의 주조권을 얻었다고 한다면 그 주조액의 3분의 1 내지 반액을 궁중에 상납하고, 그 잔액은 특허를 받은 자가 자유롭게 사용할 수 있다.

셋째, 전 항의 계약을 가령 반액을 상납하는 계약으로 200만 원(元)의 주조 특허를 얻었다고 하고, 그 당시의 백동화 1원(元)의 통용가격이 일본의 65전에 해당한다고 하면 특허를 받은 자의 이익계산은 다음과 같다.

65만 원(圓): 자유사용권에 속하는 100만 원(元)을 일본 화폐로 환산한 액수로써 특허를 받은 자의 수익에 속하는 금액이다.

이 중 36만 원(圓): 백동화 4천만 개의 주조비, 1개의 주조비는 일본의 9리 비율.

차감 29만 원(圓)이 이익임

위의 이익금 중에서 특허를 받은 것에 대한 운동비, 즉 뇌물을 빼지 않으면 안 된다. 또 비용을 지출하기 시작하여 끝날 때까지의 금리도 예상해야 하기에 위 계산에서는 특허를 받은 자의 이익은 오히려 근소하다 하더라도 200만 원(圓)의 특허를 얻으면 200만 원(元)이라는 명의로 250만 원(元) 내지 300만 원(元)을 주조할 수 있는 것이 보통이기에 실제로 특허를 얻으면 그 이익이 되는 것은 결코 적지 않다. 그리고 백동화 주조 특허도 뇌물의 다소에 따라서 쉽게 이것을 얻을 수 있다.

(3) 묵주(默鑄)

황실은 그 수입을 크게 하고 싶어 하기에 약간의 금(金)을 받고 개인에게 '계(啓)'자라는 공적인 흔적을 임금 칙령으로 주어서 임의로 백동화를 주조 발행할 수 있도록 허가하였다. '계'자라는 것은 한국 궁중에서 발행하는 특허장 등에는 '계'자 날인으로 증명으로 하는 것으로 지금 '계'자라고 말하면 사람들은 모두 궁중의 특허장이라는 것을 이해하지 못하는 것은 없다. 그런데 '계'자 발급은 그 남발이 심하고 그중에는 궁중 관리가 위조한 것이 있다고 하더라도 궁중에서는 종래부터 기꺼이 '계'자를 판매하였다. 그리하여 '계'자 판매는 궁중의 폐신(嬖臣)[20] 및 환관 등에 의해서 주선되어 중요한 자리의 대신은 이것을 잘 알고 있으면서도 어떠한 제재를 가할 수 있는 세력이 없다고 한다.

(4) 사주(私鑄)

국내인과 외국인이 사사로이 주조하는 것으로 간사하고 음흉한 국민은 또한 황실에 대한 소위 헌금하는 것을 면하고자 하여 몰래 외국인과 결탁하여 원료 및 기계류를 구입하고, 또 전환국에서 사용하는 각인을 절취하든지 혹은 관인에게 이익을 준다고 꾀어내어 이것을 밀매하여[겨우 25원(圓)을 납부한 자에 대하여 전환국은 그 타형기(打形器)를 교부한다고 한다] 위조를 왕성히 행하였다. 경무청이 이를 단속하여도 범인은 약간의 뇌물에 의해서 바로 방면된다. 그리고 이 사주(私鑄)의 심한 것은 한국 조정 내의 높은 관리로서 1대 또는 2~3대를 거치하고 있지 않은 자가 없다는 풍문도 있지만 실제로는 그 정도로 많지 않을 것이라 한다. 더구

---

20 임금에게 아부하여 신임을 받는 신하.

나 한국 민의 사주(私鑄)는 상당히 왕성해져서 외국인의 사주(私鑄)도 역시 점점 더 많아지는 것 같다. 프랑스 천주교회당에 열 몇 대를 거치하고 있는데 그 제품은 관주(官鑄)보다도 신용이 있다고 하고, 또 중국공사관에서는 서기관 자신이 인원을 나누어 사주(私鑄)를 하는 중이라고 전해지고 있다. 기타 정동 방면이나 일본 조계에도 사주를 하는 자가 있다고 공공연히 떠드는데 그 진위를 반드시 알 수 없다고 하더라도 이를 통해 사주가 얼마나 심한가를 추측하는 데는 충분하다.

(5) 외국 수입 사주(私鑄)

사주의 원료는 외국인이 전환국 주문 이외로 수입하여 밀매매를 한다는 소문은 감출 수 없는 형편인데, 요즘에는 이들의 복잡하고 성가신 제작법은 줄어들어 외국에서 정제한 현물의 백동화[現白]를 한 번에 다량으로 수입하거나 혹은 절인 저장식품을 담는 통 또는 맥주병 혹은 쌀가마니 속에 혼입하여 세관 모르게 수입한다. 현재 인천해관에는 이들 주조에 관한 재료, 기계 등이 계속해서 어디에서 수입되는 것이 있다. 그 극단적인 것을 들어보면 현재 사용하게 할 수 있는 각인을 찍은 주조화 23만 원(元)을 인천해관이 압수를 했다는 소식이 사방에서 시끄럽게 떠돌고 있다.

그래서 동일한 백동화 중에서도 제조가 우수한 것과 미흡한 것에 따라서 환산가격, 즉 프리미엄에 차이를 발생시켜 이 현상은 거의 보통 화물과 다를 바 없는 것으로 되었다.

2. 주조 총고

한국의 백동화 주조고에 대해서는 세부적으로 정확하고 확실한 통계를 얻을 수 없다. 1894년(明治 27)의 '신식화폐발행장정(新式貨幣發行章程)' 발포와 함께 발행된 액수는 7만 6,601원(圓) 40전이었다고 한다. 이후의 주조액은 세상에 공시되어 있지는 않다고 해도 일반의 추정에 의하면 약 1천만 원(元)이 될 것이라고 한다. 그리고 올해 3월 29일 일본공사관 서기관 하기와라 모리이치(萩原守一)가 전환국의 사업을 참관하고, 전환국 관리 이용익과 대담한 바에 따르면 하기와라 서기관이 현재 시장에 있는 관주(官鑄) 백동화의 수는 1,000만 원(元) 이상이 아닌가라는 질문에 대하여 이용익은 3백만 원(元) 정도로 사료된다는 취지의 답이 있었다 하는데, 이 씨의 답변은 믿기 어렵다. 또한 전환국에 있어서 이미 주조하고 아직 발행하지 않은 것이 적지 않다는 것과 약 150~160만 원(元)을 주조할 수 있는 원료가 전환국에 현재 있다는 것이 사실이라면 이미 발행한 것은 혹은 1,000만 원(元)에 달하지 못하여도 아마도 7~800만 원(元) 사이일 것이라고 하는 것도 역시 들을 만한 관찰이다. 그리고 일반적으로 전해지고 있는 바에 따르면

전환국에서 발행한 것: 약 800만 원(元)

특허를 받은 것: 약 300만 원(元)

묵주(默鑄)·사주(私鑄)의 것: 약 300만 원(元)

합계 1,400만 원(元)으로 될 것이라 한다. 또 오랫동안 한국 무역에 종사한 상민 모씨는 관주(官鑄), 사주(私鑄) 등을 합하여 2,000만 원(元)이 넘을 것이라는 마음속의 취지를 분명히 말하였다고 한다.

3. 유통구역

백동화 유통구역은 경성·인천이 높은 비중을 차지하고 기타 평양, 개성, 군산 등 경성에서 50~60리 근처에서는 상당한 신용이 있어 통용되었다. 요즘은 진남포에서도 역시 유통되고 있는데 진남포를 중심으로 하여 집산하는 백동화가 평안도 일대에 유통하기에 이르렀지만, 그 액수는 14~15만 원(元)을 넘지 못할 것이며, 그리고 겨울철 결빙 중에는 들어오지 않는다. 부산, 원산 기타 무역항은 보루를 높게 쌓아 이것의 유통을 엄격하게 막고 있다. 즉 원산 거류지의 경우 1898년(明治 31) 12월에 한국의 은화, 백동화를 시장에서 배제하는 정책을 취한 이래 전혀 통용되지 못하게 되었다(재원산일본인상업회의소 보고에 따르면 원산리(한인 마을)에서 약 2만 원(圓) 이내, 함경도 일원에서 약 7~8만 원(圓)이 유통된다고 한다). 그리고 정부는 7~8년이나 오랜 기간 동안 거의 아무런 조치도 강구하지 않은 것과 한인 사이에서 이것을 수수하는 것을 싫어하기 때문에 그 유통구역은 여전히 좁은 지역에 치우쳐 있다.

4. 프리미엄

백동화는 매해 가격이 하락하여 일본 화폐 1원(圓)에 대하여 12전, 즉 1할 2분의 프리미엄이 붙여져 거래되어 왔지만, 재작년 이래 남발된 결과와 아울러 미곡 수출이 생각만큼 되지 않았기 때문에 일시적으로 일본 지폐에 대하여 4~5할의 프리미엄이 붙게 되었다. 따라서 일본 수입품의 경우 종래 1원(圓)하던 것이 폭등하여 1원(圓) 40~50전으로 되었기 때문에, 판로가 막힌 일본 상인의 곤란과 군색함이 심하게 되었다. 그런데 이해 말에 부산, 인천 등으로부터 곡물이 수입되는 것이 있었고, 이에 더해 관삼(官蔘) 제조 자금 및 금괴 매입 등으로 인해 갑자기 백동화에 대한 수요가 일어난 것에 의해 일시 저락했던 백동화도 다소 그 가격을 회복하였다. 그런데 재작년 이래로 남발이 심해져서 4~5월 시기에 그 프리미엄이 3~4할대를 오르내리고 있었다. 작년 이래 주조 남발, 특주, 묵주, 사주 등의 결과로 날이 갈수록 심하게 저하하고 폭락하여 전환국에서 발행한 진정한 백동화를 가지고서도 또한 일본 지폐 1원(圓)에 대하여 8~9할(1원 80전~1원 90전)의 프리미엄을 주지 않으면 교환되지 않게 되었다. 이 사주전의 경우는 10할~10할 2, 3분(2원~2원 2, 3전)의 프리미엄을 붙이더라도 이것을 수수하는 사람이 없게 되었다. 이미 이같이 되었다면 보조화로서의 가치가 있는 것이 아니라 거의 일종의 재화로 취급되게 되었다.

지금 재인천일본인상업회의소가 조사한 바에 의해서 일본 화폐 1원(圓)에 대한 교환 프리미엄의 고저를 1901년(明治 34) 10월부터 1902년(明治 35) 3월에 이르기까지 6개월간, 약 1주일마다 평균한 비율을 열거하면 다음과 같다.

	1~8일 평균	9~15일 평균	16~23일 평균	24~30일 평균	최고	최저
1901년 10월	44.6(錢)	41.3	45.3	45.8	46.7	37.0
11월	46.6	46.8	47.0	56.1	49.0	45.0
12월	57.6	57.4	64.5	67.2	73.0	55.9
1902년 1월	71.2	74.9	74.8	75.3	76.0	70.0
2월	74.5	74.5	79.0	84.2	86.0	73.0
3월	93.9	85.3	88.4	85.4	100.0	76.0

5. 하락 원인

백동화 하락의 원인은 여러 가지가 있다고 해도 그 중요한 원인은 다음의 몇 가지가 나올 수 있다.

(1) 귀하환국의 남주(濫鑄), 남발(濫發)

(2) 특주(特鑄), 묵주(默鑄), 사주전(私鑄錢)의 증가

즉 이로 인해 공급 과잉이 되고, 또 겨울의 결빙기가 되면 진남포 지방의 유통구역이 축소되는 것도 역시 영향이 적다고 할 수 없다.

(3) 작년의 흉작

역시 중요한 원인으로, 즉 작년의 미곡 흉년은 매우 큰 것이어서 일시적으로 정부로 하여금 방곡령을 실시하게 한 것과 같은 실황이 되었다. 한국 유일의 수출품인 미곡이 시장에 출하되지 못하고, 또 외국에 수출되지도 못하고 오히려 일본에서 수입하는 것과 같은 모양인데, 따라서 미곡을 매입하기 위해 이 보조 화폐의 필요성을 느끼지 않았다.

이상과 같은 사실에 추가하여 백동화의 유통구역은 전 항에서 서술한 것과 같이 그 범위가 특히 협애하여 전적으로 이 백동화는 경성과 인천 사이에 퇴적되어 왔다. 경성과 인천 사이의 상인은 이 때문에 유통의 길이 없어 날이 갈수록 어쩔 수 없이 백동화 과잉이라는 상황에 처하게 되었다. 특히 10월 또는 11월부터 다음 해 3~4월에 이르는 동안은 결빙 시기에 속하기 때문에 철도 공사 및 기타 토목건축 등이 거의 모두 멈추기 때문에 어떠한 방면을 향해서도 백동화를 소비할 수단이 없어 이것 역시 현저하게 백동화 과잉의 원인을 조장한 것이다. 요컨대 정부가 본위 화폐를 준비하지 않고 보조화폐, 즉 백동화를 남발한 것, 인민의 사주(私鑄)를 특허(特許), 묵허(默許)하고 또 위조화를 등한시한 것, 백동화 유통구역을 벌리지 못한 것, 수요와 공급이 균형을 잃고 백동화 과잉 상태에 빠졌다는 것 등 몇 가지 원인이 종합된 것이다. 그래서 그 실질이 조악하고 지금 시세에 주조비를 더하여도 일본의 1전만한 가치도 되지 못하는 것과 같은 것이 그의 최대 원인이라 하겠다.

6. 하락 영향

한국 백동화 폭락의 결과로 거류지 상인들은 새삼스럽게 크게 놀라고 일본인의 각 상점은 다소라도 장사를 하여 백동화를 받아들이지만 시세 격변과 백동화의 진위를 식별하는 데 고심하여 즉시 백동화로 다른 상점의 물품을 구매하여 화폐 저축을 피하는 경향이 있다. 그리고 일본 화폐로 구입한 상품은 한화(韓貨)의 폭락에 따라 한화에 대한 가격이 차츰 등귀함에 따라 구매력이 감소하게 되고, 수입 물품의 판매 방법이 거의 막히는 상태에 빠졌다. 종래 하루에 2~3백 원(圓)의 장사를 하던 상점도 지금은 2~3원의 매상을 올리게 되고, 더구나 판매하면 판매할수록 손해를 보게 되어 중간 이하의 각 상점은 극심한 금융 핍박을 받고 있다. 무진(無盡)의 경우 인천 조계지에서 18개가 행해지고 있는 모양이다. 그중에는 25원을 불입하는 등 규모가 큰 것이 있고, 그 결과 1천 원을 받을 수 있는 것을 매일 경쟁입찰에서 500원 정도로 떨어져서 낙찰자가 마침내 폐점 파산하기에 이른 것이 적지 않았기 때문에 부금의 책임을 감당하지 못해 연대보증인에게 폐를 끼치는 것도 적지 않다. 또한 개인적으로 은행의 내부 사정을 탐지해 보니 지금까지 2백만 원이 되는 예금이 있었던 것이 겨우 20만 원 정도로 되고 더구나 일본인의 저금은 거의 모두 없다고 한다. 그중에서도 많은 일본 상인의 경우 종래 한국의 고리(高利)적인 경제 상태를 기회로 삼아 전당포 즉 질옥(質屋), 대금업을 경영하고 있었다. 음력 12월도 이미 지나 한국인의 눈앞에 닥친 돈의 필요성이 적어진 것과 금년에 이르러 한성회사(漢城會社)라는 대금 영업의 조합이 한국인에 의해서 설립되어 일본 조계에서 전당포라는 간판을 걸고 한국인이 전당업을 경영하여 한국인으로부터 전당 잡히고, 저당 잡힌 토지문서나 집문서를 회수할 목적으로 나섰다. 한국의 토지·가옥이 일본인 소유로 될 수 있는 것을 막으려는 방책이라고 전해지고 있다. 그래서 한성회사에서 한성부에 요청한 결과 한성부에서는 일본인에 대한 금전 대차를 금지함과 함께 한편에서는 한국인으로 하여금 일본인과의 대차관계상 토지문서나 집문서의 등기를 청원하여도 한성부에서 이의 공증서(公證書) 등의 수속을 하지 않아 그 책임을 피하고 있는 모양이다. 또한 한성회사에 대하여 황실에서 특별히 30만 원(元)을 지출하였다는 소문이 있지만 그 진위는 아직 확실하지 않다. 어쨌든 한성회사가 설립된 이래로 일본인 전당포에서 토지문서나 집문서를 저당으로 하여 대출한 자금에 대한 상환이 실로 엄청나서 이로 인해 일본인 전당포는 이 화폐의 진위 구별에 고심하고, 또 이 돈을 가지고 토지를 매수하고자 하는 자가 있어도 적당한 매도자를 얻을 수 없기에 그 사용이 곤란해졌다. 그리하여 이들 한국인에게 대부한 총액은 경성만으로도 30만 원(圓) 이상이라고 하지만, 대부 당시에는 한화(韓貨)의 프리미엄 30~40전대이던 것이 1원 이상으로 폭락한 오늘에는 90% 정도 상환된 상태이면서 어떤 고리(高利)의 거래로 하더라도 또한 이자 이상으로 너무 큰 손실을 초래하였다. 더욱더 토지·가옥을 가지고 있고, 일정한 수입에 의해서 생활하는 자 및 관리, 노동자 등과 같은 사람은 매우 큰 불이익을 받는 중이다. 단지 의식하지 못하고 있다가 물가의 앙등에 깜짝 놀라 손을 잡고서는 어쩔 수 없을 뿐으로 형세가 이렇게 되면 그 영향이 미치는 것을 거의 기약할 수 없을 것이다.

7. 한국 정부의 조치

한국 정부는 위와 같은 사태에 대해서는 거의 어떤 대책도 없었고, 앉아서 일이 되어 가는 대로 내버려 두었고, 뜻있는 사람들 역시 이 문제를 방기하였다. 그럴 뿐 아니라 황제폐하는 정부 신하들의 의견을 구하지 않고 비밀리에 예식원 외사과장 현상건(玄尙建)을 통해서 미국인 콜브란과 체결한 백동화 200만 원(元)의 주조 원료 수입 계약에 의거하여 미국인은 이미 그 1백만 원(元)의 원료를 보내고 와서 여러 번 교섭한 결과 이것을 전환국에서 구입하고 잔액 100만 원(元)도 수송해 온 사실이 있다.

이용익은 내장원경으로서, 탁지부 대신으로서, 전환국관리로서, 궁내 및 탁지부의 재정권을 장악하고 화폐제도 개선을 위하여 분주하였다. 그는 운남신디케이트와 약정한 계약을 실행하여 그 5백만 원(元)의 절반은 금괴·은괴 현송을 받아 금은화폐를 주조하여 금본위로 하고, 은화 이하의 현존하는 백동화·적동화를 보조 화폐로 하고, 또한 지폐도 발행하고자 기도하였다. 운남신디케이트 차관은 계약기일을 어긴 것과 한국 정부 안에서 다른 의견이 있었기 때문에 파기되었다. 이용익은 탁지부 대신에서 해직되어 단지 내장원경으로서, 전환국 관리로서 이전에 영국의 홈링거상회 및 일본 미쓰이(三井)물산에서 구입해 온 은지금을 가지고 50전 은화를 주조하였다[주조액은 약 30~40만 원(圓)]. 또 지폐 발행을 계획하는 등 쓸모없는 잔꾀를 시도하는데 지나지 않았다. 그런데 그가 전환국에 들어가자 하룻밤 사이에 관제를 개정하고 전환국을 탁지부에서 분리하여 독립시킨 것과 같은 것은 그의 기지를 보기에 충분하다. 새로운 탁지부 대신이 된 심상훈(沈相薰)의 시설에 대해서는 아직 말할 만한 것이 없다.

8. 각국 사신회의

일본의 하야시(林) 공사는 이보다 앞서 한국 정부에게 충고한 적이 있는데 백동화 남발의 폐해가 특히 심하여 말없이 묵묵히 있을 수만 없기 때문에 이의 응급 구제 방법에 대해 하야시 공사가 주로 제창하게 되었다. 올해(1902) 3월 15일 오후 4시부터 일본공사관에서 제1회 각국 사신회의를 개최하였다. 이날에는 각국 사신 중 1인의 결석자도 없이 2시간여에 걸친 협의가 진행된 후 다음과 같이 결의하였다.

백동화 금후의 하락을 제지하는 일에 관한 방안

(1) 한국 정부는 금후 당분간 백동화의 주조를 정지해야 한다.

전환국에 현존하는 백동화 지금은 모두 봉함하여 금후 재주조 시기까지 그대로 보존해야 한다.

전 항과 같이 봉함을 시행한 백동지금의 수량은 이를 공시해야 한다.

(2) 한국 정부는 금후 어떠한 사정이 있어도 백동화폐를 국내인, 외국인 혹은 회사에 특허를 주면 안 된다. 또 현재의 사주(私鑄) 특허장은 속히 이를 취소하여야 한다.

(3) 한국 정부는 이미 계약을 체결한 것 이외에는 금후 그 필요한 시기가 도래할 때까지는 백동지금의 매입 혹은 구입의 계약을 하면 안 된다.

(4) 백동화 위조에 대하여 엄밀한 수단을 시행하는 동시에 각 항구의 해관은 위조화 수입에 대해 가능한 한 엄중한 단속을 행해야 한다.

(5) 한국 정부는 백동화 유통구역을 확장하는데 필요한 수단을 취해야 한다.

(6) 한국 정부는 이미 발행·유통 중인 백동화 액수, 그 회수한 금액 및 금후의 주조액 등에 관한 상세한 통계를 공시하고, 또 각국 대표자에게 통첩해야 한다.

회수한 백동화는 국내외 상인에 의해서 조직된 위원이 입회하여 이를 파괴해야 한다.

(7) 한국 정부는 상금을 내거는 방법으로 백동화 사주(私鑄) 주조에 필요한 기계기구의 제작, 지금 제조의 발각을 장려하고 이로 인해 차압하여 획득한 물건은 모두 유예 없이 파괴해야 한다. 사주자가 발각되거나 또 이 사업에 외국인이 관계한 것이 있는 경우 이에 대해서 적당한 처분을 시행할 수 있도록 속히 그 상세한 내용을 해당 외국 대표자 혹은 영사에게 통첩해야 한다.

이상의 결의는 공문서로 한국 정부에 충고하기로 하고 산회하였다. 이어서 19일에 다시 러시아공사관에서 사신회의를 열고 일본공사관에서 결의한 공문서에 조인하는 일과 미국인과 한국 정부 사이에 계약한 백동화 원료 200만 원(元)을 매입하는 건은 이를 실행할 수 있어도 수입과 동시에 주조하지 않는 것으로 결정하였다.

위의 백동화 처분 방안은 영국공사관에서 복사하여 재한국 각국 사신에게 보내고, 또 한국 정부에 충고할 공문서에는 각국 사신을 대표하여 일본의 하야시 공사 이름을 서명할 필요가 있어서 그 원안이 일본공사관에 회부되어 왔다.

3월 20일 일본의 하야시 공사는 사신회의 결과를 외부(外部)에 통고하고, 동시에 외부대신서리 유기환(兪箕煥) 및 탁지부 대신 심상훈(沈相薰) 두 사람과 회동하여 전환국 관리 이용익으로 하여금 백동화 주조 기계를 봉쇄시키게 할 취지에 대해 협의하였다. 두 대신은 이용익으로 하여금 봉쇄시키게 할 필요는 없고 정부에서 단행할 것이라는 취지를 언명하였다. 또 3월 25일 오후 하야시 공사는 궐에 들어가 백동화 문제, 기타 내정개혁에 대해 진술한 것이 있었는데 폐하는 기꺼이 들었다는 말이 들린다.

9. 일본 상인의 행동

재원산 일본인 거류지에서는 1898년(明治 31) 12월 7일 원산항 일본인상업회의소의 결의로써 방공전(方孔錢, 한전)[21]을 제외한 일체의 보조 화폐를 무역상 수수하지 않기로 하고 전

21 상평통보를 말함.

부 정리해서 인천으로 회송하였다. 그 이후로 백동화와 같은 것은 유통되지 않게 되었는데 백동화 문제가 점점 시끄러워졌기 때문에 다시 다음의 결의를 하여 배제책을 채택하였다.

결의문

원산항 일본인상업회의소는 1898년 12월 7일 의결의 취지에 의거하여 이번에 다시 한국의 방공전(方孔錢)을 제외한 모든 보조 화폐는 일절 무역 거래에 수수하지 않을 것을 결의함.

이유

한국 보조 화폐의 발행은 점차 그 도가 지나쳐 그중에서 백동화 같은 것은 남발의 극에 달하여 일한 무역에 많고 적은 장애를 주어 다른 항구는 이에 곤란한 폐해를 입고 있다. 이제 그 여독이 원산항을 침범할 우려가 있기 때문에 이 결의를 필요로 하는 까닭이다.

부산에서는 이전에 한 번 백동화를 유통시켜서 무역상이 지대한 손해를 입은 일이 있기에 한국 정부가 백동화를 위협적으로 유통시키려고 한다는 말을 듣자 영사 감독하에 있는 부산실업조사회는 본문제에 관하여 회의를 열었다. 그런데 본건은 중대한 문제이기 때문에 다음 회의로 넘기기로 하였는데, 당일 출석한 의원 다수는 백동화의 본질부터 논급하였다. 백동화는 도저히 화폐로서의 자격을 구비하지 못하고 있는데, 이렇게 불완전한 것을 남발하여 국가의 통화로 삼는 것은 오직 한국의 화폐제도를 파괴할 뿐 아니라 일한 무역의 발전을 저해하는 것이 특히 심하다. 경상도는 다행히 아직 통용되고 있지는 않다고 하더라도 오늘날 형세로 보면 한국 정부가 조만간 압제적으로 유통시키려고 할 것인지는 아직 알 수는 없다. 만일 이러한 경우를 만나더라도 부산에 있는 상인들은 단호히 이를 배척하고 모든 거래에 백동화를 수수하지 말아야 할 것이다. 그리고 이러한 의사를 실행하기 위해서는 부산에 있는 거류민이 동일한 보조로 나아가 가령 반전(半錢)이라도 이 관문을 잠입하지 못하게 한다는 의향이 거의 일치한 것과 같이, 부산에서는 거의 백동화는 유통되지 않고 있다.

한국에 있는 일본 상인들은 작년 가을 인천에서 재한일본인상업회의소 연합회의를 열고, 올해 1월 20일 자로 동회 회장 가쿠 에이타로(加來榮太郎)가 주한대리공사 하기와라 모리이치(萩原守一)에게 제출한 진정서 중에서 화폐제도에 관한 건은 다음과 같다.

한국 화폐제도의 문란이 심한 것은 결코 오늘 때문의 일이 아니라고 하더라도 최근 보조

화인 백동화를 무제한으로 남발한 것과 개인에게 특허를 주어 이를 주조 남발하게 한 것으로 인해 그 문란이 한층 더 심해져서 지금 백동화 통용가격의 저락은 거의 그칠 줄을 모르는 것 같다. 그 결과는 재산의 손해와 감소로 되어 구매력 감소로 되고, 물가의 등귀로 되어 통상의 침체와 쇠퇴로 되어 한일 인민이 모두 날이 갈수록 비참한 지경에 빠져 들고 있는 사실은 여기에서 자세히 서술할 것도 없이 이미 각하께서 잘 알고 계실 것으로 확신하는 바이다. 대체로 백동화의 통용가격 저락이 오늘날과 같이 심하게 된 것은 하나는 작년의 흉작으로 미곡 수출이 없어짐에 따라 백동화에 대한 수요가 감소하여 자연히 시장에 과잉으로 된 것이 원인인 것은 물론이다. 그런데 통화로써 그 가격의 고저가 심하게 된 오늘날과 같아서는 상인들이 하루도 영업의 안전을 얻기 어려운 것은 점차 가장 마음이 아픈 것으로 감당하기 어려운 사실입니다. 생각건대 이것을 바로 잡을 방책의 경우 반드시 하나가 아니라 하더라도 요컨대 한국의 화폐제도를 근본적으로 정리하지 않으면 구구한 치료책과 같은 것은 필경 일시적 미봉책이라는 고식적 수단에 지나지 않는 것은 의심할 여지가 없는 것이다. 본 회는 이번 기회에 한국 정부에 권고하건대 근본적인 정리로써 그 화폐제도를 확립시키게 되기를 간절히 바라는 바이다. 그리고 화폐제도를 확립한다는 것은 각 거류 상인의 손해와 위험을 보장하여 그의 영업을 안전하게 하는 것일 뿐 아니라 한국으로서도 지극히 필요하고 또 지극히 중요한 정책이 될 것이다. 청원하건대 각하께서는 본 회가 희망하고 있는 것을 살피시어 한국 정부에 대해 빨리 유효한 권고를 하여 주시기를 여기 본 회의 결의로 삼가 청하옵니다.

경성에 있는 일본 상인은 확실한 계산을 하는 기관 아래서 상업을 하고자 하여 올해 3월 12일 자로 한화(韓貨)거래소 설치인가 탄원서를 뜻을 모아 조합원의 이름으로 경성 주재 일본영사 미마시 구메키치(三增久米吉)에게 제출하였다.

탄원서

화폐제도가 다른 한국에 거류하면서 상업을 운영하는 것에는 화폐교환 기관이 하루라도 없어서는 안 된다는 것은 말할 필요도 없는 것입니다. 본 조합은 한화(韓貨)와 일화(日貨)의 차액이 발생하여 거래 교환에 있어 공정가격이 필요함을 인정하여 그 가액을 공정하기 위해 성립된 따름입니다. 재작년까지는 프리미엄이 근소하였고, 지금과 같이 큰 변화가 없었기에 역시 일화(日貨)로 교환할 수 있는 것에 대해서도 각별한 곤란은 없었습니다. 그런데 한화(韓

貨)는 한국 정부에서 남발했기 때문에 점점 더 하락하여 교환에 있어 비상한 수단을 필요로 하고, 또 기존 교환소에 있어서는 실로 안심할 수 없어 상인 일동의 곤란과 위험은 말로 다 할 수 없는 상태입니다. 만일 이대로 그냥 지나쳐 버린다면 조계지의 상업은 날이 갈수록 쇠퇴하여 각자가 상점을 닫고 가만히 지켜볼 수밖에 없는 궁상으로 될 것입니다.

위와 같은 사정에 있으니 기초가 확실한 교환기관의 설치를 출원하는 것에 대해서는 일의 이치를 잘 따져 논의하시어 부디 허가하여 주시기를 본 조합원의 연대서명으로 여기에 탄원하는 바입니다.

위 교환소 설립은 3월 17일 자로 허가되어 5월 1일부터 개업하였다.

재인천일본인상업회의소에서는 금년 4월 5일 회의를 개최하고, 다음과 같은 결의를 하고 다시 상세한 의견을 발표하였다.

첫째, 지금까지 응급책으로 강구된 전환국의 백동화 주조 정지, 기타 주조 남발의 단속 및 유통구역의 확장 등은 오늘의 상황에서는 오히려 무익하고 또 그 폐해를 뒷날에 더 크게 할 우려가 있음을 인정할 것.

둘째, 백동화의 통용가격은 일본의 1전에까지 떨어지는 것이 정당하다고 믿기 때문에 그 저락을 막고자 하는 것과 같은 방책을 집행하지 말고 이것을 자연의 추세에 맡겨서 오히려 그 저락을 조장하는 방침을 집행하는 것이 실정에 적합하다고 믿을 것.

셋째, 일본은행의 지점 또는 대리점을 한국에 설치하고 한국에 있어서 일본 화폐의 신용을 증가시키고 그의 유통을 확장하게 할 것.

제일은행이 발행한 무기명일람불약속어음의 상황에 관해서는 전술한 바와 같다. 그리고 금년 5월 부산에서 개최한 재한일본인상업회의소연합회에서는 제일은행권에 대하여 다음과 같이 결의하였다.

이번에 제일은행에서 발행한 은행권, 즉 무기명식일람불약속어음은 한국의 금융에 있어 편익을 증대시키고 아울러 한국 화폐제도의 개선 정리에 이바지하는 것이 적지 않을 것이라 믿기에 일한 무역을 위하여 크게 환영하여야 할 것이라고 인정한다. 따라서 한국에 있는 각 일본인상업회의소는 여기에 이 어음의 유통에 관해 상당한 장려의 수단을 집행할 것을 결의한다. 더구나 이 일을 장려하는 방법은 다시 각지의 회의소에서 적당한 방법을 설정하는 것으로 되었다.

그리고 한국의 백동화 문제에 관해서는 단지 한국에 있는 일본 상인들만이 아니라 일본의 상업회의소에서는 외무대신에게 그 의견을 말한 바 있고, 또 각종의 재료를 수집하여 그 의견을 정한 것이 있다. 그리고 한국 정부가 각국 사신의 권고를 수용해 일시 주조를 정지하였기 때문에 이 문제에 관한 토의를 중지하였지만 역시 없지는 않을 것이다.

(본 항에 대해서는 유통구역의 항을 참조하는 것이 필요함)

10. 의정부회의

각국 사신회의의 결의는 한국 정부도 역시 들어서 알고 있고 3월 18일 의정부회의를 열어

(1) 백동화의 주조를 정지하고 50전 은화를 주조할 것.

(2) 각 지방의 공납금에 백동화를 징수하게 할 것.

(3) 민간에 산재하고 있는 은 장식물 등의 사용을 금지하고 인민이 은 물건을 전환국에 납부하게 하여 그 은을 가지고 은화를 주조한 후 그 가격에 해당하는 은화를 지급할 것.

은 장식물 사용도 금지하고 은화로 주조한다고 한 것은 조금은 과격한 경향이 있다.

이용익은 백동화 폭락의 구제책으로 다음의 건을 상주하였다고 전해지고 있다.

(1) 각 부·군에 엄명을 내려 방해 없이 백동화를 통용하게 할 것.

(2) 탁지부에 화폐교환소를 설립하여 관주(官鑄)는 관에서 봉해 날인하여 통용시키고 사주(私鑄)는 발견하게 되면 부수어 지금의 대금으로 지급하게 하면 인민도 원망의 말이 없고 공납에도 밀리는 일이 없을 것이다. 운운

이보다 앞서 외부대신 박제순(朴齊純)은 경흥의 전신주 철거 문제와 관련하여 러시아공사와의 교섭 과정에서 사직하고 후임에는 유기환(兪箕煥)이 서리로 되었다. 그는 사신회의의 결의 통고를 받기 전인 19일에 신임으로 러시아공사관과 일본공사관을 방문하고, 이 결의의 결과를 상세히 듣고서 일본공사의 후의(厚意)적인 권고를 살펴 외무대신의 이름으로 총세무사 브라운에 대하여

"최근 외국인이 백동의 지금을 수입하여 사주(私鑄)하는 폐해가 점점 왕성하기에 각 무역항의 해관에서 단속을 엄격히 행하여 외국에서 수입되어 오는 물품은 하나도 빠짐없이 궤짝 및 포장 속이라 하더라도 일일이 상세히 조사하여 만일 백동지금 기타 사주(私鑄)하는 기계가 있으면 이를 압수하여 보고할 것"이라는 건을 조회하였다. 또 각 항구 감리에게 훈칙을 내리기를 "만일 국내인·외국인으로서 백동지금을 은밀히 수입하는 자를 발견했을 때는 즉시 해당 영사관에 옮겨서 조회하고 현물을 몰수하고 이 외국인의 한국에서 퇴거하도록 하는 처분을 청구해야 한다." 운운.

11. 하기와라(萩原) 서기관의 전환국 순시

사신회의의 결의로 일시적으로 백동화 주조 중지 건을 한국에 충고하고 한국 정부도 역시 의정부회의를 개최하여 관주(官鑄) 중지의 결의를 하게 되었다. 그런데 이용익은 강경하게 반대를 시도하여 주조를 중지하게 되는 경우에는 다수의 직공이 휴업할 수밖에 없어 불이익이 생긴다고 그 고충을 소리 높여 토로하였다. 결국 종래 하루의 주조액이 대략 1만 원(元)이었던 것을 3천 원(元)으로 제한하기로 하였지만 실제로는 매일 제한액 이상의 주조를 하고 있다는 의심을 사고 있다. 그리하여 3월 29일 일본의 하기와라(萩原) 공사관 서기관은 엔도(遠藤) 수비대장, 오카모토(岡本) 헌병대장, 오토리(大鳥) 외교관보, 기타 여러 사람과 함께 용산전환국에 가서 전환국 국장 최석조(崔錫肇)와 회견하여 대담한 적이 있다. 최 국장은 현재 백동화 주조의 원료로 남아 있는 것은 미국에서 도착한 1백만 원(元)과 종래 주조하다 남은 지금 50여만 원(元), 그 밖에 4만 원(元)이 있다고 분명히 말했다. 또 위의 1백만 원(元)과 50만 원(元)은 봉인해 두었고, 단지 4만 원(元)의 지금에 대해 매일 3천 원(元)씩 주조하는 중이라고 하였다. 적동화의 주조 원료는 10만 근을 보유하고 있어도 주조를 할 수 있는 공장이 없기에 현재 공장설비를 설치하고 있는 중이며, 낙성일을 기다려 주조에 착수할 예정이라고 하였다. 50전 은화는 이미 60만 원(元)을 주조하여 현재 일본에서 매입한 은지금 45만 원(元)에 대해서 하루에 9천 원(元)씩 주조를 하고 있고, 어제 이 감독에게서 정부에서 내린 주조 정지 훈령이 있었다는 말을 들었는데, 아직 상세한 명령에는 접하지 못하였다고 답을 하였다.

대화를 한 후에 최 국장의 안내로 전환국 안에 있는 화폐 주조 및 공장 각 기계장을 돌아다녀 보던 중 공교롭게도 전환국 관리 이용익이 출근하여 만났는데, 하기와라(萩原) 서기관은 그에 대하여 "귀국 정부는 백동화 주조 중지 건을 의결하고 또 각국 사신으로부터는 결의안이 송부되어 크게 경고한 바 있는데, 귀국 정부는 기꺼이 이 결의안의 취지를 수용했음에도 불구하고 오늘 직접 목격해 보니 아직도 백동화를 주조하고 있는 것은 의심해야 할 것이다. 애써 개최한 사신회의도 아무런 효과가 없게 되고, 일본공사의 호의와 충고도 수포로 돌아가 결국 귀국과의 두터운 정의를 무의미하게 만드는 슬픈 모습을 보이기에 이른 것인지 아직 알 수 없다. 귀국을 위하여 큰 이익이 되지 않으면 단연코 그 주조를 중지하는 것을 득책으로 해야 할 것이다."라는 뜻으로 충고를 하였는데 이용익은 이에 대하여 일본의 후의(厚意)에 감사를 표시한 후에 "정부로부터는 아직 백동화의 주조를 중지하라는 통지를 받은 바 없고, 주조를 감소하라는 훈령은 받은 바 있다. 이후에 주조를 중지하라는 훈령에 접하면 복종할 것이다."라고 분명히 말하고, 최 국장의 답변도 조금은 모순되는 것이 있는 것 같다고 하였다.

(본 항에 관해서는 또한 주조 총고 항을 참조할 것.)

12. 의정부 재회의

일본의 하야시(林) 공사로부터 한국의 외부 및 탁지부에 대하여 중지 실행에 관한 교섭을 열고 외부 및 탁지부 대신은 여러 번 의정부를 향해 회의를 요청하고 있었다. 4월 1일 밤에 의정부에 회합하여 만장일치로써 각국 사신의 권고를 수용할 것을 결의하고자 할 때, 의정 윤용선(尹容善)이 불가하다고 제창하니 결국 의논이 정리되지 못한 채 끝났다고 전해지고 있다.

13. 러시아공사의 태도

러시아공사 파블로프(A. Pavloff)는 배알의 기회를 얻어 러시아는 사신회의의 결의안에 대해서는 충분히 존중을 하여도 러시아 단독 의견으로는 한국의 화폐에 직접적인 이해관계를 가지고 있지 않기 때문에 어떻게 결정되어도 각별한 의견을 진술하지 않을 것이라는 점을 주청하였다고 전해지고 있다.

14. 백동화 주조 정지

백동화 주조 정지 문제는 의정부회의에서 윤의정의 반대로 인해 부결되었다. 그런데 한국 황제폐하는 이 결의를 들어주지 않고 현재의 폐해를 구제하기 위해서 또는 사신회의의 결의에 무게를 두어 신뢰를 보이기 위해 주조 중지 칙명을 내리게 된 것이다. 4월 5일 위의 의미를 궁중에서 일본공사관에 통고하여 왔다. 이에 고쿠분(國分) 공사관 서기관을 파견하여 전환국을 순시하게 하였는데, 완전히 중지가 실행되어 있음을 인정하였다.

15. 한국 정부의 사주(私鑄) 단속 독려

백동화의 관주(官鑄)를 정지한 후 경무사 이용익은 종로에 게시하여 널리 상금을 내걸고 사주자(私鑄者) 고발을 장려하였다. 그 방법은 다음과 같다.

(1) 기계가 장대하여 주전한 것이 매우 많은 현행자(現行者)를 고발하는 자에게는 상금 1,000원(元).

(2) 기계가 심히 장대하지 않고 주전한 것은 없어도 현행일 때는 상금 5백 원(元).

(3) 이미 주조했거나, 아직 주조하지 않아서 현행이 아니라고 해도 현재 기계를 가지고 있는 자는 상금 200원, 만일 사주(私鑄) 가담자라도 고발한 자는 특별히 그 죄를 면제하고 똑같이 상을 수여해야 한다.

위 현상금에 대해서는 아직 고발자가 없다고 한다. 이것은 그 상금이 빨리 시불할 수 있는지 심한 의심도 있고, 그 고발의 결과 오히려 억울하게 죄를 뒤집어쓰지나 않을까 헤아리기 어렵기 때문이라고 한다. 그리고 한두 명의 사주자(私鑄者)에 대해서는 이미 극형에 처했다고 한다.

16. 백동화 가액의 앙등

백동화 문제에 대해서는 각국 사신회의도 열리고 의정부회의도 열리고 이용익이 임금에게 아뢰어 묵주(默鑄), 사주(私鑄) 등의 단속을 독려하고 있다. 또 평안도에서는 곡물을 매입하기 위하여 10만 원(元)에 가까운 돈이 진남포로 보내졌기 때문에 프리미엄 항에서 서술한 것과 같이 1원(圓) 90전대의 프리미엄까지 떨어졌던 것이 점차 83~84전까지 등귀하였다. 그런데 아직 2~3일이 지나지 않아 전환국과 제일은행의 관계상 다액의 지폐로 교환되어 동행에 납입한 한화(韓貨)를 시장에 유출시켰기 때문에 다시 94~95전대로 폭락하였다. 그러나 또 얼마 안 가서 다시 등귀하여 71~72전대의 프리미엄에서 66~67전으로 앙등하고, 아직 더 오를 경향이 강하다고 한다. 그 원인은 대체로 다음과 같은 것이 될 수 있다.

(1) 귀하환국의 주조 중지와 사주 단속의 독려.

(2) (1)항의 결과로 백동화는 오히려 등귀의 경향이 많을 것으로 예상하여 백동화 어음의 회수가 많았던 것과 어음의 발행을 경계하기에 이른 것.

(3) 종래 백동화를 급하게 팔았던 사람들도 위와 같은 관계에서 급하게 팔지 않기에 이른 것.

(4) 평안도 방면에 수송된 백동화가 많아져서 경성과 인천 간에 돌아다니는 수량이 현저히 그 액수가 감소하기에 이른 것.

17. 결론

생각건대 한국 백동화 문제에 대해서는 다면적인 관찰, 다수의 의견이 있어 지금 바로 토의 연구 중이다. 그리고 한국 정부는 스스로 능히 화폐제도의 기초를 확립하고 재정 정리를 할 의사가 있는지 아니면 없는지에 관해서는 매우 의문스럽다. 단, 지난번 믿을만한 사실로 전해진 바에 따르면 최근 한국 정부의 총고문 가토 마스오(加藤增雄)는 황제의 자순(諮詢)[22]

22 의견을 물어 의논함.

에 의해서 재정개혁에 관한 건의책을 상주하였는데, 그 강령은 다음과 같은 각 항으로 이루어져 있다. 총세무사 브라운도 동의를 표하고, 이 안은 이미 탁지부에 회부되어 현재 각 재무관에서 채택 여부를 협의 중이라 한다.

(1) 화폐제도를 개혁하여 본위 화폐와 보조 화폐와의 구별을 분명하게 하고, 가격의 격변을 방지하여 점차 화폐제도 통일의 방책을 강구하여 경제상의 편리를 도모할 것.

(2) 태환제도를 설정하여 엄격한 규정하에서 이를 단속함으로써 상업 거래에 편리함을 줄 것.

(3) 화폐주조조례를 설정하여 탁지부와 전환국과의 관계 및 전환국과 국내외 각 은행과 함께 상호의 연락규약을 정하여 화폐의 남조(濫造) 및 사주를 엄금할 것.

(4) 교통기관을 발달시켜 상품의 집산이 편리하도록 함과 동시에 이것의 보호법을 설정할 것.

(5) 한국 내륙의 각 역 사이 및 각 항구 사이에 있어서 상업상의 연락을 엄밀하게 하고 적체된 물품을 여기저기 분산시킬 것을 도모할 것.

(6) 수세(收稅)제도를 개혁하여 국세·도세·군세 3종으로 나누고, 각각 일정한 세율을 정해서 지방관이 불법으로 징세하는 것을 금할 것.

(7) 외국무역을 발달시키기 위해 상업상 밀접한 관계가 있는 각국에는 재정 지출이 가능한 한도 내에서 무역사무관을 설치할 것.

(8) 회계검사원(會計檢查院)을 설치하여 수지의 균형, 지출의 옳고 그름을 감찰시킴으로써 국가재정의 낭비를 억제할 것.

(9) 각 세관과 탁지부와의 구별을 분명하게 하고, 그 수지는 상호 간에 대조할 필요가 있는 것을 알아도 양쪽을 뒤섞지 말 것.

(10) 탁지부 대신은 때때로 관리를 파견하여 지방에서의 수세(收稅) 방법을 감찰시킬 것.

만일 이 건의책이 채용되어 실행되면 한국재정의 문란함을 고칠 수 있을 것이다. 우리는 하루라도 빨리 실행되는 날을 기다리고 있다.

한전(韓錢, 통칭 엽전)에 관해서 기술해야 할 것이 있지만 이는 후일을 기약하고 붓을 놓는다.

〈자료 132〉 일한은행 설립안(日韓銀行設立案)

(《조선협회회보》 4회, 조선협회, 1902.11)

한국의 공개무역 시장은 이미 10개소로 많이 있는데, 최근 1년의 해외무역 총액이 2,300만 원을 초과하고 그 해상 운반과 어업은 비상한 진보를 보이고 있다. 또 경부철도는 이미 출발과 종점 양 지점에서 공사를 시작하였으니 국내의 이익이 생기는 근원도 역시 장차 크게 개발될 것을 바란다. 무릇 이같이 일한 양국의 관계가 날이 갈수록 깊어지고 두터워지는 시기인데, 그 식산흥업을 돕고 통상무역을 조장할 대기관을 결여한 것이 있는데 이에 더하여 한국의 화폐제도가 정비되기에 이르지 못하여 자칫하면 빈번히 어지럽고 흔들려서 물가의 변동이 아침저녁으로 헤아릴 수 없게 되었다. 따라서 국내외의 무역을 저해하는 것이 진실로 적지 아니하니 진실로 기관 자신의 임무를 다하게 하여 기능을 발전하게 하여서 그 힘으로써 폐해를 교정하여 제거하기 위해서는 일한은행(日韓銀行)을 설립하는 것이 금일의 급무인 까닭이다. 따라서 이를 주창함은 일한 양국이 같은 뜻이라. 임시의 정관과 계획 등을 처음부터 끝까지 읽어본 후 찬동하심을 희망한다.

1902년(明治 35) 월 일

일한은행 창립 주창자

일한은행 계획서

1. 일한은행의 자본금은 500만 원(圓)으로 하고, 그 10분의 3 즉 150만 원을 제1회에 납입할 것.
1. 일한은행의 주식 수는 10만 주로 하고, 1주의 금액을 50원으로 할 것.
1. 발기인은 전체 주식 수의 4분의 1을 부담하고, 나머지는 일본과 한국 양국에서 모집할 것.
1. 일한은행은 다음의 업무를 경영할 것.

   제1. 일반 상업은행의 업무

   제2. 토지 혹은 건물 등의 부동산을 담보로 한 3년을 초과하지 않는 대부금

제3. 각 거류지와 기타 공공사업을 하는 법인에 대한 연부상환의 대부금

제4. 유익한 농공업을 하는 신용조합을 조직하는 것에 한정된 정기 및 연부 대부금

제5. 한국 정부의 공금출납과 환 취급

제6. 금은지금과 유가증권 매매

1. 일한은행은 본점을 경성에 두고 지점 또는 출장소를 내외 중요한 각 지역에 설치할 것.

1. 일한은행은 일본 정부의 '은행조례'에 따라 설립하는 것으로 제일은행과 동일하게 한국에서 지폐의 발행 및 유통의 권리를 얻기를 기할 것.

1. 위 발행 지폐는 한국 정부의 법령으로 전국에 유통할 것을 지장이 없도록 하게 할 것. 또 이 지폐를 가지고 조세 상납도 가능하도록 기할 것.

1. 계획서에 게재되지 않은 조항은 정관에 대하여 이를 알게 하도록 할 것.

1. 일한은행의 대차대조 예산은 아래와 같다.

○ 부채지부

자본금 500만 원

정부 예산 50만 원

공중(公衆)예금 50만 원

지폐 발행고 150만 원

타점(他店)에서의 차입 10만 원

당기순익금 25만 6,200원

합계 785만 6,200원

○ 자산지부

미불입자본금 350만 원

정부 대부금 100만 원

제2·제3·제4항의 대부금 100만 원

제1항 대부금 및 할인금 40만 원

지점출장소 자금 60만 원

타점(他店)으로의 대부 10만 원
창업비 3만 원
토지·건물·집기 감정 12만 원
현금 및 예금 110만 6,200원
합계 785만 6,200원

○ 손익 감정
수입지부
정부 대부금 이자(1백만 원에 대해 연 9분) 9만 원
제2·3·4항 동일(1백만 원에 대해 연 1할 2분 3리) 12만 6,000원
제1항 대부금 이자, 기타 할인료(40만 원에 대한 연 1할 2분) 4만 8,000원
지점출장소 자본금 이자 수입(60만 원의 연 1할) 6만 원
예금이자(40만 원 연 4분) 1만 6,000원
관민 환 수수료(2백만 원의 100분의 2) 4만 원
관금(官金) 출납수수료(5백만 원의 1,000분의 5) 2만 5,000원
지금은 매매 수익 및 잡수입 3만 원
합계 43만 5천 원

지출지부
본점출장소 제 경비 일체 15만 4,800원
예금이자(50만 원의 약 5분) 2만 4,000원
합계 17만 8,800원
차인 순익금 25만 6,200원

○ 계획서 및 계산 설명
이상의 계산은 원래 창업 초년도부터 기해야만 한다고 해도 수년을 지나지 않아 예산에 근접한 결과를 얻을 수 있는 것은 의심의 여지가 없다.

1. 지폐 발행은 본행이 한국에서 향유해야 할 특수한 권리이다. 그 지불 준비로써 현금의 수중 보유고 또는 당좌예금에 있어서 100만 원을 보유하게 되게 되면 넉넉히 150만 원을 발행할 수 있을 것이다. 또한 다액의 발행을 하여도 준비를 위태롭게 하지 않을 것은 수치로서는 분명한 것이다.

1. 일한은행은 쉽게 한국의 중앙은행이 될 위치를 얻게 될 것이기 때문에 정부와 각종의 밀접한 관계를 가져야 하는 것은 당연할 것이다. 따라서 정부에 대해서는 보통 100만 원 전후의 대출금은 있을 것으로 예상되는데, 이자는 연 8분 내지 1할을 받을 수 있을 것이다.

1. 한국은 도시와 농촌을 막론하고 지가가 매우 저렴하기 때문에 도회 및 각 거류지에서의 택지와 부근 지역의 장래 개발할 토지는 후일에 반드시 지가가 상승할 것은 의심할 여지가 없다. 본행에서는 가치가 있고 장래가 유망한 토지에 한해 대부를 하여도 결코 손실의 우려가 없을 것이고, 또한 좋은 이자를 받을 수 있을 것이다. 현재 한국의 일반 금융 영업자의 성적이 이를 증명할 것이고, 또 이런 항목의 대부를 하는 것이 우리 민간인의 사업을 근저에서 발전시키는 데 필요 불가결한 것이다.

1. 각 항구의 거류지는 각자 자치의 제도를 만드니 멀지 않아 법인으로 인정될 경우로 될 것이다. 따라서 전기사업, 수도공사 또는 매축, 개착(開鑿) 등의 일이 점점 일어날 것이다. 이 기회에 이 일을 위한 자본을 공급할 기관이 결여되지 않도록 하여서 그 수요에 응하여 유익한 공공사업을 성립하게 하는 것은 특권을 가진 본행의 의무라고 할 것이다.

1. 농상공업을 위해서도 역시 자본 공급이 필요하고 상업을 위해서 편리함을 도모하는 것이 모두 필요할 것이다. 단, 이 경우에는 신용조합이 성립되어서 사업의 가장 확실한 것을 선택하는 것이 필요할 것이다.

1. 일반 상업은행의 필요한 용도는 여기에서 부언할 필요는 없다.

1. 이상 대부금 및 할인 이자는 연 1할 5분을 최고로 하고 보통 1할 2분 또는 1할로 한다. 이것을 현재 각종 은행에서 부과하는 4~5전으로 감안해 보면 일보(日步) 6전에 대해서는 오히려 은혜라 말할 수 있을 뿐으로 따라서 충분한 담보를 선택하여 넉넉히 이등의 이익을 올릴 수 있다.

1. 한국에서 정부와 인민의 환을 매매할 일은 매우 유리한 업무가 될 것이다. 왜냐면 통화

는 모두 동전(銅錢)로 현송하기에 불편하다. 또 어떤 지방에서는 통하고 다른 지방에서는 통하지 않는 것이 있기에 어쩔 수 없이 원격지 거래와 조세의 징수는 환에 의하지 않을 수 없다. 만약 현송율을 고려하거나 관과 상인이 결탁한 환 프리미엄을 비교해보면 원근을 평균하여 100분의 2로 되는 것은 오히려 저렴하다고 할 수 있다.

1. 한국 정부에서 위탁한 출납 사무가 매우 다단하다고 믿는데, 제일은행이 해관세 취급을 하는 수수료 1,000분의 5로 하는 것을 여기에 준해 계산하였다.

1. 지금은 매매 수익은 예상하기 어렵지만 상당한 액수에 달할 것으로 예상된다. 대체로 1년에 200~300만 원의 거래로 간주하여 계산하였다.

1. 본점과 지점, 출장소의 제 경비는 상세한 계산에 따라 본점을 1개월 4천 원, 지점을 1천 원 3개소, 출장소는 590원으로 10개소로 하여 계산하였다.

| 자료목록

연번	문건명(호수 일자 등)	자료(책명)	발행처	발행일	본문 쪽수
1	한국에 있어서 제일은행	韓国に於ける第一銀行(한국에 있어서 제일은행)	제일은행	1908	33
2	신식화폐발행장정 수정안(1894)	駐韓日本公使館記錄 5권		1894	288
3	1892~1904년(明治 25~37) 귀하환국의 화폐 주조 추이	「近世朝鮮貨幣及典圜局の沿革」, 『朝鮮總督府月報』 제4권 12호		1914	289
4	한국 재정고문 시대	『남작 메가타 다네타로(男爵目賀田種太郎)』		1938	294
5	한국 중앙금융기관과 화폐 정리사무 집행기관	『澁澤榮一傳記資料』 제16권; 第一銀行編, 『韓國貨幣整理報告書』(1909)		1957	456
6	원(元), 양(兩), 환(圜), 원(圓)의 관계	한국민족문화대백과사전 (encykorea.aks.ac.kr)		1995	459
7	한국 상인 구제 방법	한국사데이터베이스 〈고종시대사〉 6집		1905.8.5	461
8	한국특파대사 이토의 복명서	한국사데이터베이스 〈駐韓日本公使館記錄〉 25권 七. 韓國奉使記錄 (2)		1908.12.8	461
9	한국 경제 구제에 관한 의견교환 요지	한국사데이터베이스 〈駐韓日本公使館記錄〉 25권 七. 韓國奉使記錄 (2)		1908.12.8	465
10	금융구제의 방법	한국사데이터베이스 〈駐韓日本公使館記錄〉 25권 七. 韓國奉使記錄 (2)		1908.12.8	471
11	황실 경비에 대한 황제의 요구 각서	한국사데이터베이스 〈駐韓日本公使館記錄〉 25권 七. 韓國奉使記錄 (2)		1908.12.8	474
12	이토(伊藤) 대사 내알현 시말	한국사데이터베이스 〈駐韓日本公使館記錄〉 25권 七. 韓國奉使記錄 (2)		1908.12.8	475
13	국고금 취급권에 관한 한국정부와의 계약	『澁澤榮一傳記資料』 제16권		1957	477

연번	문건명(호수 일자 등)	자료(책명)	발행처	발행일	본문 쪽수
14	메가타(目賀田)에 대한 내훈(內訓) 관련하여	한국사데이터베이스 〈駐韓日本公使館記錄〉 22권 六. 長谷川 · 丸山 · 스티븐스에 대한 訓令及對韓施設綱領並加藤增雄傭聘契約 (2) 目賀田 氏에 대한 內訓 사본 송부의 件		1904.9.10	478
15	세입 세출 처리 순서를 공포	한국사데이터베이스 《고종실록》 45권		1905.6.30	480
16	창고주식	《황성신문》	皇城新聞社	1905.10.6	481
17	창고 발기인사무소	《황성신문》	皇城新聞社	1905.10.7	481
18	창고 주식보증금	《황성신문》	皇城新聞社	1905.10.23	482
19	한국 정부에 제출한 상업회의소 청원서	《대한매일신보》	大韓每日申報社	1906.1.11	482
20	메가타에게 제출한 상업회의소 청원서	《대한매일신보》	大韓每日申報社	1906.1.12	483
21	창고 부동산 담보 대금	《대한매일신보》	大韓每日申報社	1906.1.19	484
22	경성상업회의소에서 일본 정부에 제출한 '한국 폐제개혁에 관한 진정서'	『韓國幣制改革ニ關スル情願書』; 한국사데이터베이스, 『한국근대사기초자료집』, 개화기의 금융		1905.11.13	484
23	약속수형조례 반포	『관보』 제3260호; 『한말근대법령자료집』 Ⅳ; 한국사데이터베이스, 『한국근대사기초자료집』, 개화기의 금융		1905.9.30	493
24	국내선세규칙	日省錄; 高宗實錄; 官報; 勅令; 한국사데이터베이스 《고종시대사》 4집		1898.6.5	496
25	관세사와 징세서의 관제를 반포하다	《고종실록》 33권, 고종 32년 3월 26일 정유 4번째 기사		1895.3.26	498
26	칙령 제60호 조세징수규정 (광무 10년 10월 16일)	《대한자강회월보》 제4호, 1906년 10월 25일, 58~60쪽, 〈雜錄〉		1906.10.25	499
27	염세규정	《황성신문》	皇城新聞社	1906.11.6	500
28	수산세칙 / 수산세 시행세칙	《황성신문》	皇城新聞社	1906.12.21/ 1907.2.6	501
29	지방세 결정	《황성신문》	皇城新聞社	1906.12.14	503
30	인지수세	《황성신문》	皇城新聞社	1905.11.11	504
31	수입인지 제조에 관한 건	《황성신문》	皇城新聞社	1905.11.14	504
32	수입인지규정	대한제국《官報》, 제2조 1.		1905.12.8	505
33	수입인지매하규정	《대한매일신보》; 〈部令〉	大韓每日申報社	1905.12.12	506

연번	문건명(호수 일자 등)	자료(책명)	발행처	발행일	본문 쪽수
34	연초세법 / 연초세법 시행세칙	《황성신문》/ 《서북학회월보》 제15호	皇城新聞社	1909.2.23 / 1909.8.1	508
35	보세창고가규칙 / 보세창고임시규칙	《萬歲報》/ 《황성신문》	皇城新聞社	1906.10.21, 1906.10.23/ 1906.10.26, 1906.10.27	510
36	대한시설강령	『日本外交文書』第37卷 第1冊 390「對韓方針竝ニ對韓施設綱領決定ノ件」; 한국사데이터베이스《고종시대사》6집		1904.5.31	512
37	칙령 제34호 관등봉급령 / 칙령 제57호 관등봉급령	《황성신문》/ 《고종실록》 33권, 고종 32년 (1895) 3월 26일 정유 5번째 기사	皇城新聞社	1905.7.1/ 1895.3.26	514
38	염전 시찰 / 시찰 후 입성 / 시찰 후 폐현	《황성신문》/ 《대한매일신보》/ 《황성신문》	皇城新聞社, 大韓每日申報社 皇城新聞社	1907.9.22/ 1907.9.25/ 1907.9.25	520
39	독립 검사원(檢査院)	《황성신문》	皇城新聞社	1907.10.8	521
40	일인 원장(日人院長)	《대한매일신보》	大韓每日申報社	1907.10.8	521
41	대한특립제일은행 장정 및 정관	「대한제국특립제일은행에 관한 사적연구」	『상경논총』 12·13	1975	537
42	중앙은행조례(1903년 3월 24일 칙령 제8호)	《관보》 제2470호	대한제국	1903.3.26	543
43	태환금권조례(1903년 3월 24일 칙령 제9호)	《관보》 제2470호	대한제국	1903.3.26	545
44	중앙은행 · 태환금권 양조례 문의	『주한일본공사관기록』 16권	주한일본공사관	1903.3.30	546
45	한청은행과 양전(韓淸銀行과 兩廛)	《황성신문》	皇城新聞社	1900.9.24	549
46	전민청원(廛民請願)	《황성신문》	皇城新聞社	1900.9.25	549
47	(광고) "特立第一銀行을 銅峴으로 設立하오니 僉君子는 照亮ᄒᆞ시ᄋᆞᆸ	《황성신문》	皇城新聞社	1900.10.2	549
48	(광고), 特立第一銀行臨時事務所을 大安門前二層閣으로 定하오니 僉君子 여러분은 照亮ᄒᆞ시ᄋᆞᆸ	《황성신문》	皇城新聞社	1900.11.3	550
49	자칭지사(藉稱支社)	《황성신문》	皇城新聞社	1901.8.24	550
50	중앙은행 의정(中央銀行議定)	《황성신문》	皇城新聞社	1903.3.20	551
51	(잡보) 중앙은행 조례(雜報 中央銀行條例)	《제국신문》	제국신문	1903.3.26	551
52	일사의견서(日使意見書)	《황성신문》	皇城新聞社	1903.4.16	552
53	(잡보) 금화장주(雜報 金貨將鑄)	《황성신문》	皇城新聞社	1903.5.12	553

연번	문건명(호수 일자 등)	자료(책명)	발행처	발행일	본문 쪽수
54	(논설) 논태환지폐성질급발행제도(論兌換紙幣性質及發行制度)	《황성신문》	皇城新聞社	1903.5.19	553
55	중앙은행(中央銀行)	《황성신문》	皇城新聞社	1903.8.11	555
56	은행총재(銀行摠裁)	《황성신문》	皇城新聞社	1903.8.25	555
57	(잡보) 탁상부의(雜報 度相否議)	《황성신문》	皇城新聞社	1903.9.19	555
58	(잡보) 양상사소(雜報 兩相辭疏)	《황성신문》	皇城新聞社	1903.10.2	556
59	은행긴축(銀行建築)	《황성신문》	皇城新聞社	1903.10.20	556
60	은행의정(銀行議定)	《황성신문》	皇城新聞社	1903.10.23	556
61	(잡보) 금화장주(雜報 金貨將鑄)	《황성신문》	皇城新聞社	1903.12.16	556
62	한국은행 창설 준비 관계 자료	《朝鮮銀行史》	東洋經濟新報社	1987	557
63	한국은행 설립 관계 문서	「韓国中央銀行設立一件」	일본 외무성 외교사료관	1907~1909	597
64	은행신건설(銀行新建設)	《대한매일신보》	大韓每日申報社	1909.5.21	623
65	중앙은행 문제(中央銀行問題)	《황성신문》	皇城新聞社	1909.5.21	623
66	중앙은행 정의(中央銀行定議)	《황성신문》	皇城新聞社	1909.6.3	624
67	중앙은행 총재의 유인(中央銀行総裁의 有人)	《황성신문》	皇城新聞社	1909.6.18	624
68	중앙은행 계획(中央銀行計劃)	《대한매일신보》	大韓每日申報社	1909.6.18	625
69	중앙은행 내용(中央銀行內容)	《대한매일신보》	大韓每日申報社	1909.6.30	625
70	중은 자금(中銀資金)	《대한매일신보》	大韓每日申報社	1909.7.4	625
71	중앙은행과 취극서(中央銀行과 取極書)	《황성신문》	皇城新聞社	1909.7.6	626
72	중앙은행 설비(中央銀行設備)	《황성신문》	皇城新聞社	1909.7.28	626
73	이치하라씨 총재설(市原氏総裁說)	《황성신문》	皇城新聞社	1909.7.29	626
74	중은의 신청(中銀의 申請)	《황성신문》	皇城新聞社	1909.8.22	627
75	조선은행법 제정 시말	朝鮮銀行法制定關係書類	조선총독부 탁지부 사계국	1911	628
76	조선은행법안에 대한 대장성의 의견	朝鮮銀行法制定關係書類	조선총독부 탁지부 사계국	1911	630
77	조선은행법안에 대한 조선총독부의 의견	朝鮮銀行法制定關係書類	조선총독부 탁지부 사계국	1911	631
78	조선은행법안에 대한 조선총독부의 의견	朝鮮銀行法制定關係書類	조선총독부 탁지부 사계국	1911	632
79	조선은행법안에 대한 조선총독부의 의견	朝鮮銀行法制定關係書類	조선총독부 탁지부 사계국	1911	632
80	조선은행법안	朝鮮銀行法制定關係書類	조선총독부 탁지부 사계국	1911	634

연번	문건명(호수 일자 등)	자료(책명)	발행처	발행일	본문 쪽수
81	조선에서의 은행 감독에 관한 합의 사항(대장성 제의)	朝鮮銀行法制定關係書類	조선총독부 탁지부 사계국	1911	639
82	조선에서의 은행 감독에 관한 합의 사항(총독부 회답)	朝鮮銀行法制定關係書類	조선총독부 탁지부 사계국	1911	642
83	조선은행 감독에 관한 대장대신과의 합의 사항	朝鮮銀行法制定關係書類	조선총독부 탁지부 사계국	1911	643
84	조선사업공채법에 의한 차입금의 차입 및 상환 수속에 관한 대장차관과 탁지부 장관과의 협정서	朝鮮銀行法制定關係書類	조선총독부 탁지부 사계국	1911	644
85	조선은행법안에 관한 아라이(荒井) 정부위원 참고서	朝鮮銀行法制定關係書類	조선총독부 탁지부 사계국	1911	645
86	통화론(通貨論)	《한성신보》	皇城新聞社	1895.9.21	664
87	전당옥(典當屋)에 번창(繁昌)함이라	《한성신보》	皇城新聞社	1895.9.21	665
88	통화론(通貨論)	《한성신보》	皇城新聞社	1895.9.25	666
89	통화론(通貨論)	《한성신보》	皇城新聞社	1895.9.27	667
90	논지폐발행(論紙幣發行)	《한성신보》	皇城新聞社	1895.10.25	669
91	조선경제책(朝鮮經濟策)	《한성신보》	皇城新聞社	1895.12.3	672
92	조선은행 설립(朝鮮銀行設立)	《한성신보》	皇城新聞社	1896.6.24	674
93	조선은행 정관(朝鮮銀行定款)	《한성신보》	皇城新聞社	1896.9.14	675
94	조선은행 정관(朝鮮銀行定款)	《한성신보》	皇城新聞社	1896.9.16	678
95	조선은행 정관(朝鮮銀行定款)	《한성신보》	皇城新聞社	1896.9.18	680
96	조선은행 정관(朝鮮銀行定款)	《한성신보》	皇城新聞社	1896.9.20	682
97	조선은행 정관(朝鮮銀行定款)	《한성신보》	皇城新聞社	1896.9.24	684
98	조선은행 정관(朝鮮銀行定款)	《한성신보》	皇城新聞社	1896.10.2	685
99	(사설) 이탁지대신재정계획(社說 李度支大臣財政計劃)	《한성신보》	皇城新聞社	1902.8.15	687
100	(사설) 이용익 죄안(社說 李容翊罪案)	《한성신보》	皇城新聞社	1902.11.30	687
101	백동화소관건의서(白銅貨所關建議書)	《한성신보》	皇城新聞社	1902.12.7	688
102	백동화소관건의서(白銅貨所關建議書)(續)	《한성신보》	皇城新聞社	1902.12.10	689
103	백동화소관건의서(白銅貨所關建議書)(續)	《한성신보》	皇城新聞社	1902.12.12	690
104	일청아청양은행비교(日淸俄淸兩銀行比較)	《한성신보》	皇城新聞社	1902.12.24	691
105	일청아청양은행비교(日淸俄淸兩銀行比較)	《한성신보》	皇城新聞社	1902.12.28	692
106	(사설) 지폐발행계획(社說 紙幣發行計劃)	《한성신보》	皇城新聞社	1903.2.3	692
107	중앙은행 계획(中央銀行計劃)	《한성신보》	皇城新聞社	1903.2.3	693
108	소제대언(小題大言)	《한성신보》	皇城新聞社	1903.2.3	693

연번	문건명(호수 일자 등)	자료(책명)	발행처	발행일	본문 쪽수
109	군맹준준(群盲蠢蠢)[가소도인(呵笑道人)]	《한성신보》	皇城新聞社	1903.2.10	693
110	회의소 결의(會議所決意)	《한성신보》	皇城新聞社	1903.2.10	695
111	소제대언(小題大言)	《한성신보》	皇城新聞社	1903.2.10	695
112	한국중앙은행(韓國中央銀行)	《한성신보》	皇城新聞社	1903.2.13	696
113	(사설) 지표원리급국권(社說 紙票原理及國權)	《한성신보》	皇城新聞社	1903.2.15	697
114	회견문답(會見問答)	《한성신보》	皇城新聞社	1903.2.15	697
115	소제대언(小題大言)	《한성신보》	皇城新聞社	1903.2.15	699
116	한성부 고시(漢城府告示)	《한성신보》	皇城新聞社	1903.2.15	699
117	이설난행(易設難行)	《한성신보》	皇城新聞社	1903.2.22	699
118	소제대언(小題大言)	《한성신보》	皇城新聞社	1903.3.1	700
119	(사설) 한국재정 급무의견(1)[社說 韓國財政急務意見(一)]	《한성신보》	皇城新聞社	1903.3.13	700
120	(사설) 한국재정 급무의견(2)[社說 韓國財政急務意見(二)]	《한성신보》	皇城新聞社	1903.3.15	701
121	(사설) 한국재정 급무의견(3)[社說 韓國財政急務意見(三)]	《한성신보》	皇城新聞社	1903.3.18	702
122	(사설) 한국재정 급무의견(4)[社說 韓國財政急務意見(四)]	《한성신보》	皇城新聞社	1903.3.20	703
123	(사설) 한국재정 급무의견(5)[社說 韓國財政急務意見(五)]	《한성신보》	皇城新聞社	1903.3.25	704
124	(사설) 한국재정 급무의견(6)[社說 韓國財政急務意見(六)]	《한성신보》	皇城新聞社	1903.3.27	705
125	중앙은행 시설(中央銀行施設)	《한성신보》	皇城新聞社	1903.3.27	706
126	(논설) 중앙은행 설립(論說 中央銀行設立)	《한성신보》	皇城新聞社	1903.3.27	706
127	백동화사건(白銅貨事件)	《한성신보》	皇城新聞社	1903.12.17	707
128	본위화주조(本位貨鑄造)	《한성신보》	皇城新聞社	1903.12.17	707
129	한국 화폐문제 조사 자료(韓國貨幣問題調査資料)	《조선협회회보》 1호	조선협회	1902.7	708
130	한국화폐의 연혁(韓國貨幣의 沿革)	《조선협회회보》 1호	조선협회	1902.7	730
131	한국 백동화의 유래 및 남발의 사정(韓國白銅貨の由來及濫發の事情)	《조선협회회보》 1호	조선협회	1902.7	744
132	일한은행 설립안(日韓銀行設立案)	《조선협회회보》 4회	조선협회	1902.11	764

| 참고문헌

김기성, 2020, 「대한제국기 중앙은행 설립시도에 대한 거류지 일상(日商)의 대응: 『한성신보(漢城新報)』를 중심으로」, 『역사문제연구』 44

나애자, 1984, 「이용익의 화폐개혁론과 일본제일은행권」, 『한국사연구』 45

도면회, 1997, 「갑오개혁 이후의 근대적 금융기관」, 『국사관논총』 77

배영목, 2002, 『한국금융사(1876~1959)』, 개신

윤석범 · 홍성찬 · 우대형 · 김동욱, 1996, 『한국근대금융사연구』, 세경사

이석륜, 「圜」, 『한국민족문화대백과사전』(encykorea.aks.ac.kr)

조명근, 2021, 「대한제국기 중앙은행 제도의 도입과 변용」, 『동방학지』 196

조명근, 2019, 『일제하 조선은행 연구 - 중앙은행 제도의 식민지적 변용』, 아연출판부

최혜주, 2019, 『정탐: 제국일본, 조선을 엿보다』, 한양대학교출판부

한백홍, 1996, 『구한말 민족은행생성사 연구』, 시나리오알타

황명수, 1975, 「대한제국특립제일은행에 관한 사적연구」, 『상경논총』 12 · 13

『澁澤榮一傳記資料』 제16권, 1957

甲賀宜政, 1914, 「近世朝鮮貨幣及典圜局の沿革」, 『朝鮮總督府月報』 제4권 12호

島田昌和, 2007, 『澁澤榮一の企業者活動の研究: 戰前期企業システムの創出と出資者經營者の役割』, 제10장, 日本經濟評論社

山田寛人, 1999, 「東洋協會專門學校における朝鮮語教育」, 『アジア教育史研究』 通號8, アジア教育史學會

矢野實, 1921, 『鮮魚の冷藏氷藏輸送法及取引上の注意』, 大阪: 共樂堂

羽島敬彦, 1986, 『朝鮮における植民地幣制の形成』, 未來社

日本銀行百年史編纂委員會, 1982, 『日本銀行百年史 1』, 日本銀行

第一銀行 編, 1909, 『韓國貨幣整理報告書』

朝鮮銀行史研究會 編, 1987, 『朝鮮銀行史』, 東洋經濟新報社

波形昭一, 1985, 『日本植民地金融政策史の研究』, 早稻田大出版部

한국사데이터베이스(『駐韓日本公使館記錄』, 『皇城新聞』, 『大韓每日申報』 등)

| 찾아보기

ㄴ

ㄷ

ㅁ

ㅂ

ㅇ

ㅈ

ㅊ

ㅋ

ㅌ

ㅍ

ㅎ

동북아역사재단 일제침탈사 자료총서 40
경제편

재정·금융정책(1)
대한제국기 일제의 재정 및 금융 침탈

초판 1쇄 인쇄 2022년 12월 10일
초판 1쇄 발행 2022년 12월 20일

기획 | 동북아역사재단 일제침탈사 편찬위원회
편역 | 김명수·조명근
펴낸이 | 이영호
펴낸곳 | 동북아역사재단

등록 | 제312-2004-050호(2004년 10월 18일)
주소 | 서울시 서대문구 통일로 81 NH농협생명빌딩
전화 | 02-2012-6065
팩스 | 02-2012-6186
홈페이지 | www.nahf.or.kr
제작·인쇄 | 니케북스

ISBN 978-89-6187-784-8 94910
978-89-6187-783-1 (세트)